Marguerite
DURAS

楚尘
文化
Chu Chen

北京楚尘文化传媒有限公司 出品

杜拉斯传

我的生活并不存在

［法］劳拉·阿德莱尔 著

袁筱一 译

Laure Adler

中信出版集团｜北京

我觉得自己仿佛在梦游一般,弄不懂什么是故事,什么是生活。

写了那么多东西,我将自己的生活变成了影子的生活。我觉得我不再是在地面上行走,而是在飘,没有重量,四周也不是空气,而是阴影。如果有一束光进入这阴影,我会被压得粉碎。

奥古斯特·斯特林堡[①]《书信集》

[①] 奥古斯特·斯特林堡:August Strindberg(1849—1912),瑞典现代文学的开创者,戏剧家,小说家。

↑ 印度支那的童年。　© Gaopin Images

↑ 印度支那的童年。　© Gaopin Images

↑ 玛格丽特和大哥皮埃尔，她在《情人》中这样形容他："他还算不上匪徒，他是家中的流氓，撬柜的窃贼，一个不拿凶器杀人的杀人犯。" ©Gaopin Images

↑ 铅笔裙和双色无带浅口皮鞋：20世纪40年代初期，玛格丽特就是时尚的标杆。

© Gaopin Images

↑ 玛格丽特在两个对她都很重要的男人中间：左边是情人迪奥尼斯·马斯科罗，右边是丈夫罗伯特·昂泰尔姆。　© Gaopin Images

↑ 杜拉斯和迪奥尼斯·马斯科罗于 1942 年结识。他当时是伽利玛出版社的审稿人。
© Gaopin Images

↑《黄色太阳》(1971)拍摄期间的玛格丽特·杜拉斯与萨米·弗雷。对于影片上映后遭遇的批评,她回应道:"《黄色太阳》,它是一部电影。反电影属于电影。反文学属于文学。为什么不能有拍不成的电影,不可能的电影?" ©Gaopin Images

↑ 1971年,《黄色太阳》拍摄期间。 © Gaopin Images

目 录

序言 *1*

第一章　童年的根 *9*

第二章　母亲，女儿，情人 *65*

第三章　玛格丽特·罗伯特和迪奥尼斯 *107*

第四章　从附敌到抵抗 *149*

第五章　幻灭 *227*

第六章　关于沉沦 *381*

第七章　情人之园 *479*

附录Ⅰ "丈夫,这个自私鬼!" 577

附录Ⅱ 致伊莎贝尔·C.的一封信 585

玛格丽特·杜拉斯作品目录 589

译后记 593

序言

我的遭遇是从一本书开始的,《抵挡太平洋的堤坝》。我在租来的一幢房子里发现了它,和其他的书在一道,疲惫的。那甚至还算不上是个书架。它也没有逃脱其他火车站小说的命运,被海滩的阳光烤得焦黄,抑或是被夜晚的暴雨涤荡得水迹斑斑。我几乎没怎么犹豫地选择了它。但是我总有一种感觉,觉得它是在等我。那个夏天,我遭受了个人情感上的一次重创,以为自己永远恢复不过来了。我可以证明,是一本书帮我缓过劲来,让我鼓足勇气面对明天,它的时间替代了我的时间,它的叙事环境替代了我那一团乱麻的生活。《堤坝》里年轻姑娘那一份野性的执着,那一份满含着爱的智慧起到了很大作用。回到巴黎以后,我想要给玛格丽特·杜拉斯写一封信。

这是十五年前的事了。我把信放在圣伯努瓦街的邮箱里,两天后,玛格丽特给我来了电话。她想要见我。说说话,她说。我犹豫了,说实话,犹豫着要不要跨越这一步去见她。一本书能给的,我们知道得很清楚,它的作者却未必能给……再说,那时的玛格丽特似乎属于一个不受任何限制的小圈子,虔诚地宣扬那种扬扬自得的圣徒传记式作品,宣扬作品的"真"不复存在,至少她自己是那么做的。

对于杜拉斯的世界,和我的同龄人一样,我知之甚少。日渐腐朽的印度支那,混杂着印度支那小村庄黄昏日落时的场景。对我而言,这就是那个时代的杜拉斯所意味着的:对一天将尽的这个时刻的追忆,世界的粗糙不平隐没在黄昏的阴沉里,恐惧和暴力似乎都缴械投降了,但是仍然在阴影中徘徊。在那样的时刻,在那样的黄昏时分,所有的袭击都可能发生。殖民地别墅的白炽灯光尚未点燃,而黑暗也尚未浓厚到令流浪者和灾祸预言家驻足的地步。

在那个时刻,小女孩应该留在家中。也是在那个时刻,有一次,在很多很多年以前,有个从来没有违背过母亲命令的小女孩走出了家门,在她身后,黑暗中,一个乞丐大叫着突然跳了出来。小女孩跑啊,跑啊,她再也没能缓过劲来。一直到生命迟暮,这尖叫声仍然停留在她的记忆之中,挥之不去。

按响圣伯努瓦街的门铃时,我有点惴惴不安。不,我没有再去读杜拉斯,但是她一直让我感到害怕。她的声音,她的风格,她的光芒在我心中建立了一个所谓的杜拉斯传奇,我既有对传奇人物的一种不正常的好奇心,又有一种对作家的赞赏。我却发现全都搞错了。玛格丽特来开了门,把我领进厨房,为我准备咖啡。一双活泼的眼睛:这是我的第一印象。非常充沛的精力,笑容满面。后来我得以不断地接近她,而这印象也一直没有改变:她最亲近的,分列在她不同人生各个不同阶段的朋友(因为在她对待不同朋友时,在对比强烈的写作的选择中,在相去甚远、经由她精心区别的各种理念前,她的确会展示不同的人生),在追忆她时几乎都会说:玛格丽特留下的,是她的笑。调皮的、孩子般的笑,传达友情的笑,讽刺的笑,甚至是满怀恶意的笑。玛格丽特笑所有的东西,所有的人,男男女女,甚至她自己。那天,她也是一边说一边笑,一直在笑,谈话是从镜子旁钉的那些照片开始的,她的童年,谈论她的小哥哥。我记得,她还谈到了她的母亲,谈到了她和儿子的各种奇遇。

我们继续不定时地见面。但更多的是电话交谈。玛格丽特专门爱在夜半时分给人打电话。每出一本书,她都会像个小女孩那般焦灼不安,急切地问你的看法,拙态百出却又不容分说。她生病了,我们有相当一段时间没有往来。她把自己隔离起来,一个爱她的男人在照顾她、保护她。我从来不是她的朋友;可能算得上一个她"比较喜欢"的人,这是她的话,一个她喜欢随便谈谈什么的人,什么都能谈,又什么都不谈,从做菜到电影、文学、时装、杂闻、政治,就这样,事先也没什么意向,随意,谈到哪儿是哪儿的那种谈话。她喜欢孩子,喜欢到几近疯狂。我的女儿蕾阿就是在她那本《蓝眼睛黑头发》出版的第二天出生的,也是黑头发,蓝眼睛。她觉得这是某种生命的符号。后来,随着时间的流逝,我们疏淡了来往,但是从来没有完全中断过联系。《情人》的成功让她陷入了荣誉的陷阱。她不再像以前那样和我说话了;她有点拿腔拿调,用第三人称谈论自己,她不知道自己这样正是给诽谤者提供了绝好的证据。不过她也不在乎别人的冷笑,因为她觉得他们根本没有真正读懂她的作品。无所谓。在她身上,我们看到了类似俄国知识分子的悲怆形象,古怪、颓败。声名之后,杜拉斯遭到的是当众被侮辱的命运。

病患又让她再一次远离他人,但她没有远离自己,没有远离自己的写作欲望。昏迷了九个月之后,她说的第一句话就是要求把没完成的稿子继续改下去。她在印度支那的法国学校里长大,教学用的是越南语和法语,到了晚年,她愈发地为自己当年学业证书上的优秀成绩而自豪起来。"我是整个印度支那的第一名。"后来她曾很郑重地对我说,像孩子一样,骄傲极了,双眼放光。"你知不知道,别人都在说这个小女孩是从哪里冒出来的?"这个瘦弱而满身野性的小女孩当时是西贡孩子的榜样,她的拼写和语法都那么出众,大人不无艳羡地拿她来教育自己的孩子;可是也正是这个小女孩,在以后的日子里对我们的语言却越来越粗暴,她扰乱了规则,创造了一个全新的世界,在这个世界里,词语和它们的位置以最快的速度、以世界上最简单的方式——至少看上去如此——导向意义的纯粹性。

杜拉斯就是这样说话的。也许在我们的内心深处,对自己说话时,有时也是这样的,秘密地。无论如何,杜拉斯给我们留下了这样的印象。对于杜拉斯来说——文学和电影都一样——观众、读者是国王。她给予它一种激情,而这激情主要是从我们在最隐秘、最不为人所知的地方所耗尽的强烈感觉中,是从禁地中榨取来的。别人经常指责她自私、自恋,指责她那种吞噬自己的爱。从她出版第一本书开始,玛格丽特·杜拉斯就对自己的天赋确信不疑。很快,她便把自己看成一个完完全全的天才。她建造了自己的雕像。在生命中的最后二十年,她不停地谈论着这个叫作杜拉斯的人。她不再清楚自己是谁,谁是这个写作的杜拉斯。不得不重新回过头去读自己的作品时,她在未出版的一本簿子的留边处用那种一贯细密的字体写着——就在死前不久:"这是杜拉斯写的?""这不像是出自杜拉斯之手。"

谁是真正的杜拉斯?这个狡黠的杜拉斯啊,手上有这么多的面具,而且,随着时间的流逝,故意将自己生活中的某些片段隐藏起来,搞乱线索,以此为乐。这个自传专家、职业忏悔师的杜拉斯成功地让我们相信了她的谎言。在生命的最后一段时光里,玛格丽特·杜拉斯更相信的是自己小说中人物的存在,而不是切实陪伴过她的情人和朋友。在她看来,"真实"这个词本身就是靠不住的,而现实是那么多变,她根本无能为力。就像她所喜爱的一个女主人公那样,玛格丽特·杜拉斯也生活在船上,四周是狂风暴雨。事实的确如此,每当我们想搞清楚她是谁,呈现在我们面前的总是一片沙泥。只有她写作的时候会出现暂时的平静。也只有在此时,她才终于和自己合为一体:"我知道,在我写作的时候,有点什么东西正在形成。我让这东西作用于自己,它也许能在我身上产生某种女性化的特征……就像我转向一片空旷的场地。"[①]

一边是玛格丽特·杜拉斯真实的生活,另一边则是她所讲述的生活。如何区分真实生活与故事、真实生活和谎言呢?在岁月的流程中,她一直想要通过写作重建自己的生活,想要把自己的生活变成一部传记。这本书的目的就在于将不同版本的杜拉斯汇聚在一起,彼此观照,我不敢说能够揭示一个如此喜欢躲避的人的真相。我想要照亮那些不为人所知的区域,那是她用自己的天赋一手炮制的:童年结束时和那个中国男人的关系,她在世界大战中和解放时期的态度,她对于爱情、文学和政治的激情。因为玛格丽特的生活是一个世纪儿的生活,一个深深介入时代的女人的生活,一个与这个世纪所有战斗紧密相关的人的生活。

在她死后,人们找出她的一本私人簿子,在撕下的一页纸上,她写道:"有人说他们不喜欢自己的书,如果确实有这种人存在,那是因为他们没有战胜自己的羞怯……我喜欢自己的书。我对自己的书很感

[①] 玛格丽特·杜拉斯访谈,苏姗娜·科比文,《现实》杂志,1963年3月。

兴趣。书里的人物就是我生活中的人物。"玛格丽特·杜拉斯自己也不清楚是什么时候开始想成为一个作家的。她说，这一点已经在时光的黑暗隧道中消隐了，但是应该是在童年行将结束的时刻。"我自以为我在写作，但事实上我从来就不曾写过，我以为在爱，但我从来也不曾爱过，我什么也没有做，不过是站在那紧闭的门前等待罢了。"必须按字面意义来理解《情人》里的这些话。

传记的门一直紧闭着。1992年的秋天，我问玛格丽特·杜拉斯，她能否接受我写她的传记，她耸了耸肩，又重新回到她的书上，她为我冲了杯咖啡，之后又谈到了别的事：那一天是政治。那个时候，有一本关于她的书[①]快要出来了，她企图推迟它的出版。我到后来才明白她为何如此恼火愤怒。杜拉斯讨厌别人挖掘她的生活，她恨，根本在于恨除她之外的人写她。她对自己生命流程中的某些片段遮遮掩掩并非出于偶然。不准进入。杜拉斯花了那么大的耐心来构建自己这样一个人物，我想，我可能永远也等不来她同意的那一天。我接受了她的建议。我买了她最早出的那些书，按照编年的顺序来读，但是我在这次阅读中产生了很多疑问，有生平上的，也有文学上的。我又去看了她。我的内心有这么多的问题在撞来撞去，以至于在她面前我只有沉默。这天下午是她先开始说的。她给我看了钉在办公桌上的一张照片，是她的小哥哥，接下去她谈了很多……用她那嘶哑而独一无二的嗓音，用那样一种断裂的语言，她谈到了印度支那，谈到了她的童年，她一生中所经受的种种背叛，还有她的恐惧，这份一直不曾离去的恐惧。

玛格丽特·杜拉斯在童年和少女时代非常痛苦。也许这痛苦能够解释她叛逆的能力。她从来就是个叛逆而愤怒的女人，一个为自由而受难的使徒。政治上的自由，还有性的自由。因为，她天生是个关于爱情的作家，但是她也是个为了女性事业而奋斗的战士，她充满激情地捍卫着女性的乐趣。她一直要求享有肉体欢娱的权利，并且终其一生都是一个伟大的情人。她喜欢做爱，并且善于激起爱的力量，她喜

[①] 弗雷德里克·勒贝里《写作的分量》，格拉塞出版社，1994年。

欢肉体的欢娱，喜欢投入，喜欢爱的极致。她探寻着极限，要吸干所有的能量：她在肉体的欢娱中追寻绝对。你们也许还记得，在《情人》里，她写道："我身上本来就具有欲望的地位。我在十五岁时就有了一副耽于逸乐的面目，尽管我还不懂得什么叫逸乐。"杜拉斯一生听凭欲望的支配，直至死亡。欲望是她行动的纲领。她从未曾听任欲望逃离，无论是遭到背弃，还是承受巨大的痛苦。"不存在什么要勾引欲望的事。欲望就在于把它引发出来的人身上，除非根本就不存在，否则只要看那么一眼，它就会出现，要么是它根本不存在。它是性的直接媒介，要么就什么也不是。"①

于是我在玛格丽特·杜拉斯还活着的时候就开始了这本书的写作。我们有过好几次谈话。她那时已经深为记忆障碍所折磨了。她有时清楚，有时糊涂。有些日子她能想起很多事，她的童年，在拉丁区读大学的青年时代，还有对她自己还喜欢着的几本书的深刻分析——因为那时她已经开始诋毁自己的作品了。有些日子则非常悲伤，她的自得、自恋，她重新燃起的某些仇恨屡次中断了我们的谈话。但是整个过程中，玛格丽特始终是活泼的，她那种令人赞赏的活泼，有的时候会让她放声大笑，这笑驱走了一切，抹去了她的怨恨，她又变得迷人起来。我很快明白过来，她并非她自身的档案保管员，她是个毕生为遭到劫掠的童年而哭泣的人，是个捍卫自己不同风格的写作的理论家。

必须到别的地方去寻找。殖民地图书馆里的档案，某些浸润着肉欲的场景，她曾经住过的那些地方，那些地方所显示出来的力量，还有对过去曾经共路的同伴的追忆，丢在一边、没有发表的文章，私人的、已经和菜谱混在一堆的日记簿……我更是一直在倾听，整日整日地倾听那些曾经与之分享过生命、爱情和梦想的男男女女。

很多人都接受了这场追寻真相的游戏，为了她。在这个过程中，我和他们当中的很多人成了朋友。在此我应该对所有的人表示衷心的感谢。但是我要特别提到四个人，如果没有他们珍贵的帮助，这项工作也许永远也无法完成，他们是让·马斯科罗，玛格丽特的儿子，是他

---

① 《情人》，第35页。

把没有发表的档案交给我；迪奥尼斯·马斯科罗，前者的父亲，玛格丽特的同伴，是他让我阅读了她的私人日记和信件；还有莫尼克·昂泰尔姆，在这项工作中，她一直给予我支持和帮助；最后是扬·安德烈亚，这位我和玛格丽特之间殷勤的信使。在最后的几个月里，也是扬将玛格丽特的话记录下来。比如说她对于我在写作方面所提的问题的回答。是在我收到的最后的问题回答中，她说写作没有一点神秘之处，她还说，在生活中，没有秘密可言。

然而秘密依旧存在。我只希望有一些能够得到澄清，即使仍有相当一部分阴影和神秘存在——尽管我们追寻了许久，找了许多证明，还发现了她没有拿去发表的很多东西。玛格丽特·杜拉斯今天也仍然在回避我们。也许这样很好。有的时候，传记所能做的也不过是假设。让读者自己去找真相吧。就像她本人的书，一向都要缺上几块拼板的，漏洞和空白仍然存在。

玛格丽特·杜拉斯的一本传记？它早就来了：书中的一切远比作者本人的生活要真实。她还说："生命的历史并不存在。那是不存在的，没有的。并没有什么中心。也没有什么道路，线索。只有某些广阔的场地、处所，人们总是要你相信在那些地方曾经有过怎样一个人，不，不是那样，什么人也没有。"[①] 的确，很长时间以来，什么人也没有。最多也就是不成体统的一团乱麻中的一点，在这团乱麻中，压力已经退化成暴力。是写作的欲望让她在这世界上扮演一定的角色，是写作给了她这个名字：杜拉斯。

死前，她终于把个人的档案全部移交给现代出版档案馆。她不想保留太多东西，但是就像她自己做的干花那样，玛格丽特·杜拉斯保留的个人痕迹也是毫无章法的。运到里尔街的现代出版档案馆的，是十六个纸盒！有出版物，校稿，世界各地报纸上的文章；但是还有手稿，剧本，她的小说的不同版本，随便涂抹的素描，儿子的练习簿，从街区垃圾箱里翻出来的画书，抄下来或经她修改过的菜谱，没有发表的作品，在反面加过注的照片，扔掉的计划，《情人》的草稿，拿来

---

① 《情人》，第36页。

写《痛苦》的蓝皮本子，私人日记，还有在夜半撕下来的活页纸。其中就有这样一段，没有标明日期，或许可以算作她的警句吧："我从来没有和任何人说过些什么。关于我的一生，我的愤怒，还有疯狂奔向欢娱的这肉体，我什么也没有说，关于这个黑暗之中，被藏起来的词。我就是耻辱，最大的沉默。我什么也没有说。我什么也不表达。本质上什么也没有说。一切就在那里，尚无名称，未经损毁。"

第一章　童年的根

就先按编年的顺序吧。合适的时候可以推翻。玛格丽特的生活充满了事故、断裂、突然的狂热和过眼的狂怒。然而，孕育她这份存在的祖国、故土，深入她身心的真正地方却一直留在她的生命里：印度支那殖民地。这已经成了她生命的底片，西贡那散发着毒气的灿烂令她沉迷，神秘的中国城酝酿着种种被禁止的罪恶，小路上种着的罗望子树，掺杂着干枯玫瑰的花毯，被热气蒸得精疲力竭的白种女人，她们把所有爱的激情都留到了回国度假的时候，还有活泼的越南女人，给白种男人做妓女，为白种女人所不齿的越南女人。玛格丽特·杜拉斯，随着时间的流逝，成了这个已然逝去的印度支那的大使。

她曾经对我说过："你在越南什么也找不到。让扬带你到塞纳河岸去，离巴黎三十公里的地方，那儿有个小河湾，树叶落下来，沉淀在河岸上，河岸的地变成了海绵状的。那不是像湄公河。那就是湄公河。"

我知道，玛格丽特：一切无处不在。没有必要到那里去找寻。加尔各答，欧洲夹竹桃，稀树草原，沙沥，所有这些名字都在记忆中涡旋。在《印度之歌》里有很多地图，但是真实的地点、实际的距离又有什么关系呢。

我去了塞纳河边。闭上眼睛。可没能成功。秋天已经到了，天上下着蒙蒙细雨，没有阳光，岸边的垃圾似乎不容许生出别的什么想象来。

西贡，1996年夏。在大陆饭店的对面，一个小男孩在卖洛朗·多热莱斯的《官道上》和《情人》的照片，照片白糊糊的，胶也没上好，通通摆在一个木头盒子里。多热莱斯对这张伪劣封皮上的照片无权说什么了。但玛格丽特有。平顶男檐帽，满怀乡愁的目光。有点什么不对劲。得买本书来才能发现，在这里，在越南，我们看到的不是她，而是《情人》里的演员，并且，前些年在越南，电影里所谓色情的镜头通通给剪了。所以黑市里有成千上万的所谓"未删节版"在卖。

西贡啊！今天的西贡，胡志明市。老卡迪纳街的末端，一副20世纪20年代香榭丽舍大道的场景，到处是咖啡馆和奢侈品店，年轻人模仿着电视里美国运动员的穿着——褪色的篮球衫，极为宽大的牛仔裤，歪戴的棒球帽，他们在卖日本电脑，都摊在竹笼里，到了夜里，这些竹笼还要用来迷老鼠，第二天一早再把迷倒的老鼠倒在阴沟里。

玛格丽特的妈妈看来确实很难把钻石卖出去：这里没什么珠宝店，少有的几座都是瑞士的，壁垒森严，就像是四周都有守备的城堡。在进去之前还要先打铃，监视器把你全都拍了下来。小的时候——八岁，或者九岁——玛格丽特说她妈妈曾经带她去过伊甸影院，那个时候西贡的大电影院都在渡口，就在市立剧院的旁边。而今，伊甸电影厅变成了摩托车停车场。电影院里只放些淫秽电影。下午，情人坐在坑坑洼洼的皮椅——那倒都是些古董了——上拥抱。胶片就在放映厅里转，没有放映室。放映机发出一种地狱般的声音，上面堆着牙买加黑人说唱乐的磁带。夜幕降临，街区的妓女就把客人带到这里来。游戏在震耳欲聋的音乐中进行。

很多东西都没有改变：街道上参天的树木，西贡的时髦街区满眼热带的灿烂，枝繁叶茂而且排列巧妙，奢华的殖民地时代别墅，缅栀子的味道，还有夜幕降临时分，卖汤的孩子快乐的叫声，中午刺目的阳光，过早到来的夜的湿润。

"玛格丽特·杜拉斯生于印度，父亲是一名数学教师，母亲是一名小学教师。童年时代只在法国度过一次短暂的假期，十八岁前一直在西贡长大。"在作者以前出的书中，一直是这样一份简洁的作者说明。

没有上帝一般的母亲。

没有老师。

没有分寸。没有限度，不论是痛苦——她到处都觉着痛苦，还是对这个世界的爱情。[1]

母亲。严厉,专制,勇敢,现实,盘得一丝不苟的发髻,固执的下巴,直勾勾的目光。照片上的她是这样的,一张脸凝结着母性的痛苦,看上去更像个母亲,而不是女人,也没有什么慈爱,更多的是严苛。在家庭相簿里,很少看见她笑,她神色疲惫,一般只是站在或坐在孩子们身边,几乎从来不把他们抱在手里或让他们坐在膝盖上,她只是轻轻地挨着他们,而且很勉强。[2] 父亲看上去有点沮丧,目光悲伤,眼神空洞。玛格丽特说她的母亲非要强迫孩子照相。这些照片成了他们存在的证据,她寄给法国那边的家。这些家庭照片散发出一种强烈的忧郁,一种一定要战胜的命运。

我们都知道,玛格丽特·杜拉斯的作品里有一个挥之不去的主题,那就是她的母亲。玛格丽特,母亲的女儿,母亲的独女,两个哥哥的妹妹,没有父亲的女孩——因为他过早逝去。但她真的是她父亲的女儿吗?这是另一个故事了,谁也不清楚,我们以后还会谈到的。

于是有这么一对人:一个母亲和一个女儿,但是母亲不喜欢这种关系。她已经有了最亲密的人:她的长子。玛格丽特是后来的。太迟了,无论如何,在母爱的星座里找寻自己的位置都太迟了。她必须到别的地方去找。这正是日后她得救之所在。也正是这样,她日后成了一个作家。

在生下女儿之前,母亲有一段完整的生活。爱情。丈夫。离婚。一段已经被填满的生活,但是她从来不提。甚至玛格丽特对母亲以前的生活也一无所知。

> 我很幸运,有一个如此绝望的母亲,绝望着如此纯粹的绝望,即便是生活的幸福感,且不管这幸福感有多么强烈,也无法完全驱走这份绝望。我一直无法弄明白的是,她用怎样一种具体的方

---

[1] 《伊甸影院》,法国商神出版社,1977年,1986年简装本再版,第17页。
[2] 《玛格丽特·杜拉斯的领地》,第52页。

式使得我们每天的每天都远离命运。①

玛格丽特只知道一些片段，母亲以前在加来海峡省度过的悲惨童年，物质生活的匮缺，没有希望，逃离农妇命运的艰难。"首先，她是个农民，她的出身是农民，她曾经是个农民。"②玛格丽特后来对米歇尔·波尔特说。母亲家是贫穷的，很穷，她也不断地对我说。

母亲总爱对自己的女儿说，在她们那个时代，在她们小的时候，生活是很苦的。玛丽·阿德丽娜·奥古斯汀·约瑟夫·勒格朗生于1877年4月9日，在弗吕日，她的出生证明就是这样写的。她的父母，亚历山大和茱莉在很年轻的时候就结了婚，他们也在弗吕日。茱莉二十一岁，亚历山大二十八岁，那会儿是个批发商。两个证婚人也是弗吕日人，有一个是茱莉的哥哥。他叫奥古斯汀·杜蒙，也是个商人。玛丽是父母第一个爱的结晶，在她之后又有了一大串。但是父亲很快就失去了工作，一家人离开了弗吕日，到了波尼埃尔，可不幸仍然没有放过它。母亲在家照顾孩子，父亲很快又没了工作，只是在波尼埃尔混日子。玛丽后来对玛格丽特讲述过她那一大家子兄弟姐妹，说家里一到月底就非常困难，说她从童年开始就寄希望于教育。那是她的关键词，是她生活的理想，她从来没有背叛过，一种生存方式，但更重要的是一种与命运做斗争的方式。因为玛丽喜欢教书。她是那么喜欢教书，所以她决定要成为一名小学教师，正是在这种愿望的驱使下，她和法国北方的家庭中断了关系，出发到了印度支那，也许中途在洛特-加龙省停靠过。

玛丽进了杜埃的师范学校，开始是学生，后来是见习教师。然后她在莱克斯珀德学校任教，之后又到了敦刻尔克。关于玛丽这份事业的开端，行政记录也就说了这么多。1905年3月10日，她被任命为西贡市立女子学校的临时教师。为什么会去印度支那呢？她和玛格丽特未来爸爸的第二次婚姻记录也许能够给出某种答案：这次婚姻的两位

---

① 《情人》，第22页。
② 《玛格丽特·杜拉斯的领地》，第56页。

证婚人之一，居斯塔夫·安德列·卡岱，殖民地炮兵团的主治医生，时年三十八岁，住在交趾支那，他是玛丽的表哥。玛丽是听从了居斯塔夫的建议吗？抑或她想离开童年的土地，就像人们说的那样，重新开始生活，一切从零开始？

因为玛丽·勒格朗第一次嫁给了同村的一个小伙子，后来小伙子成了商人。费尔曼·奥古斯汀·玛丽·奥布斯居尔①与玛丽·勒格朗缔结第一次正式婚姻，在弗吕日，1904年11月24日。六个月后，玛丽到了西贡。为什么？这又是怎么一回事？我们只知道她离开了她的这位丈夫，而且她再也没有见过他，他在两年以后死去。因此来到印度支那教书的是一个近三十的女人，她孤身一人，却没有离婚。她到交趾支那的第二天就去上班了。亨利·多纳迪厄，公立学校的年轻校长，一个潇洒英俊的小伙子不久就狂热地爱上了玛丽·奥布斯居尔，爱她的一切。玛丽从家里的来信得知了丈夫的死讯。她未来的丈夫日后也迎来了西贡的第一任妻子的病危，是日后成为他第二任妻子的女人在精神上支持着他。因而玛格丽特是两个年轻的鳏寡之人的结晶。

他们在这以前就相遇了吗？没有任何证据可以证明，虽然杜拉斯所在村庄的一些居民到今天还说玛丽·勒格朗在到西贡之前就有可能来过。在多纳迪厄的家乡，则有人说他们是在玛丽有次替人代课的过程中认识的，后来玛丽便秘密地去找他了。在《外面的世界》里，玛格丽特说督导先生在敦刻尔克巡查时，参观了玛丽的班级之后向她求婚。求婚是不可能的，因为亨利已经快要结婚了。但是爱上她是肯定的。她是在那里碰到他的吗？无论如何总是一见钟情。但是亨利还是和阿丽丝结了婚，那是他童年时代的朋友，没有职业，两个孩子的母亲。

关系是从什么时候开始的呢？如果从殖民地行政档案里保存的揭发信来看，一切进展得非常之快。玛丽是阿丽丝的朋友？或者是其丈夫的情人？后来阿丽丝病得很重，玛丽一直守在她的床边，直至她去世。在西贡那个合乎道德的白人的小圈子里，后来不乏讽刺的议论和激烈的指责，这对新的夫妇最终来看是个丑闻。

---

① Obscur，在法语中有"黑暗"的意思。——译注

因为玛丽和亨利住在一起，后来他们决定结婚。速度非常快。第二次婚姻就在阿丽丝死后不久，在一些人看来简直是尸骨未寒。新郎穿了一身黑。没有遵从礼节。从阿丽丝入葬到亨利·多纳迪厄新婚不过五个月，亨利时年三十七岁，是交趾支那嘉定师范学校的校长。

这个家庭很早就有了麻烦。沉重的秘密，玛格丽特的童年一直为之纠缠。玛格丽特怀疑她的母亲——用她自己的话来说——"不贞"，在有他们三个孩子之前。的确，在她长大一点之后，她的母亲透露了一点蛛丝马迹：第一任丈夫的姓，奥布斯居尔先生，比如说。说的时候母亲笑了起来，因为她曾经是奥布斯居尔寡妇。女儿将母亲的第一个姓藏了起来，不露声色，一直藏到她最有名的那本书，《情人》：

> 在她看到那个钻石指环的时候，她曾经轻声说：这让我想起我和我第一个丈夫订婚时遇到的一个独身小青年，我说的就是那位奥布斯居尔先生。大家都笑了。她说：那就是他的姓，真的，真是这样。

费尔曼·奥古斯汀·玛丽·奥布斯居尔。1907 年 2 月 5 日死于阿美利亚海滨浴场。因为什么？历史没有加以说明。有时文学批评有将一切复杂化的倾向，故意在作者的动机上做文章，弄得扑朔迷离（我有必要在这里说明）：比如说在非常棒的《批评》杂志上，曾经发表过一篇精到的文学分析文章，作者认为玛格丽特·杜拉斯造的这个名字非常可笑，奥布斯居尔，他说这表明作者在其作品中彻彻底底地拒绝了一切姻亲关系。[①] 不，奥布斯居尔先生是存在的，他曾经爱过玛格丽特的妈妈，他很年轻就死了，孤身一人。关于奥布斯居尔先生我们再也无法知道得更多。留给我们的只是行政档案里的一个姓，还有就是母亲相簿里的照片，在她还叫玛丽·奥布斯居尔的时代。她看上去很活泼，很漂亮，笑盈盈的，固执的嘴巴，鬈曲的头发。不能否认，这是一个极富魅力、颇具吸引力的年轻女人。

[①]《杜拉斯和别人的名字》，米盖尔·安琪·塞维拉文，《批评》，第 22 页。

从玛丽和亨利在婚姻之初的照片上看来，他们靠得很近，就像真正的情人一样，眼睛看着同一个方向。玛丽的头发还是卷的，眼睛化过妆，嘴唇上也抹过口红。她依旧散发着奥布斯居尔夫人那种诱人的味道。打扮入时，细布绉领上系着的缎带（后来玛格丽特在《萨瓦纳海湾》上就用了这样一身打扮）可以证明。她有着那种堕入情网的女人的目光，迷迷离离的，对夫妻生活充满了幸福的幻想。

亨利是个英俊的男人。现在只剩下很少的一点资料：一张照片，只有一张，玛格丽特一直收着，后来钉在她圣伯努瓦街公寓的入口处。"我不认识我的父亲。我四岁时他死了。他写过一本关于指数运用的数学书，我弄丢了。他留给我的全部，就是这张照片，以及他死前给孩子们寄的一张明信片。"①

"浅栗色的头发，栗色的眼睛，开阔的前额，长长的鼻子，椭圆的脸。"1915年他入伍前，军队医疗卡上这样形容道。海外省档案图书馆的卡片还保留了不少这位父亲的行政及军事资料，我们大致可以勾勒出他的一生。他毕业于阿让的师范学校，1893年被任命为马斯·达让奈的小学教师，后来又在马尔芒德和梅赞任教。1904年9月15日，他停止了法国的教学活动。1905年，和阿丽丝到了交趾支那。他们生了两个孩子，都是在梅赞生的，让生于1899年6月8日，雅克生于1904年6月27日。从有关的家庭通信来看，阿丽丝病重的时候，雅克在西贡，他和父亲一直待到玛丽的第一个儿子皮埃尔出世。父亲死后，玛丽和多纳迪厄家庭之间的关系恶化了，因为在钱的问题上生出了很多纠缠，我们在下文中将要谈到。

但是，将自己作品的大部分建立在这个家庭传说上的杜拉斯——一个守寡的母亲，贫穷，孤独，两个哥哥（一个坏一个好）和她，最小的小女孩——却毫不犹豫地将自己两个同父异母的哥哥藏了起来，不论是在自己的小说世界里，还是在自己的生活中，都见不到他们的踪影。至今，杜拉斯镇的居民还在说，20世纪60年代初，玛格丽特坐

---

① 《绿眼睛》，《电影日志》，第312期，1980年6月，增补再版，塞尔日·达内协编《电影日志》，1987年，第244页。

着一辆敞篷汽车去了，途中她在同父异母的哥哥让的加油站加油，她对去邻村找让的职员说："我没时间等。"让优雅、魁伟，现在是国家狩猎者联盟的主席，经营着几家特许商店，非常富有，人也温和、慷慨，给杜拉斯镇的人留下了非常深刻鲜明的印象。尤其是女人，她们都能回忆起他来，说他举止像个王储，而且很为他那位同父异母的妹妹感到骄傲。雅克，小的那个，开始也在父亲的家乡经营汽车修理店，后来搬到了南方。我们这下可以知道，为什么保尔，杜拉斯书中她喜欢的那个小哥哥，生活中只有两个真正的爱好：一是拆卸汽车的马达，二是玩卡宾枪；我们也明白了，为什么杜拉斯一生中会对汽车有这样一种毫无节制的、强烈的、固执的偏爱，所有种类的汽车，但最好是大的、快的。源于家庭的原罪啊……

如果多纳迪厄家那边喜欢的是机械，勒格朗家的遗传则更偏向颂扬教育的作用。也许玛格丽特·杜拉斯正是这样两种家庭文化冲撞下的产物，既有其物质的一面，又有其智性的一面，她认为写作不是上帝的馈赠，或是灵感的产物，而是工作，是劳作，是把词汇堆积起来的再平常不过的活动。玛格丽特不无困难地出版她第一部小说《厚颜无耻的人》时，她把它献给了"我素不相识的哥哥雅克·D."。

玛格丽特的母亲为了重建一个家庭展开了不懈的努力，有时当然会损害到丈夫前妻两个孩子的利益。命运对她进行这样的猛烈追击，我们也很难指责她不够慷慨。待她再一次成为寡妇时，她决定要拯救自己的孩子于水深火热之中，哪怕有的时候似乎是根本忘了对前面的这两个孩子，她至少还应该负有经济上和道义上的责任。

新的多纳迪厄夫人和第一个温和、可爱的多纳迪厄夫人正相反，很不为交趾支那的白人圈子所喜欢。亨利·多纳迪厄有个好的职位，处境令人羡慕，而她呢，才到印度支那不久，既没有遵守服丧期的规定，就让亨利娶了她，也没有扮演好流泪的后母的角色。

马尔芒德，1914 年 4 月 21 日

部长先生，

您怎么能让这样一位声誉败坏、精神萎靡的多纳迪厄先生

继续领导西贡的高级学校呢？这个男人听任自己的妻子在其情妇的手中神秘地死去。还有个丑闻，他的情妇当时已经怀孕了。这样，妻子就必须消失。那位母亲果然在不久以后成了多纳迪厄夫人，怀孕的事情自然也就不会败露了。

让这些正直的教师听从如此肮脏的人的命令，这是多么耻辱啊。

他们有一个亲戚是在马尔芒德做助产士的，专司流产，他们接触非常频繁，多纳迪厄先生把她召到了西贡。必须对这些人加以监控。

此致敬意。

署名是杜拉斯镇的一个女人。殖民地的部长把这封信保存了起来，后来部长把信转给了人事处，让他们重新考虑日后的任命。一个意欲报复的女人的怨恨？阴险的告密？玛丽的第一个孩子是在他们结婚后一年才出生的。尽管写信的女人会不太高兴，必须承认，这次是完全符合道德准则的。夫妇俩在四年里有了三个孩子。

责任是钉在地面上的。幸福不是。还有自由。也许自由的体验是最难的，但是这是一种别样的、可怕的幸福，这就是为什么，孤独的人往往存在于那些自己说很幸福、很稳定的夫妻中。还有孩子。①

多纳迪厄家属于嘉定这个狭小的白人圈子。嘉定是离西贡不远的一个小镇，在中文里的意思是"完美的安宁"。玛格丽特就是在那里出生的，还有她的两个弟弟。嘉定位于西贡河和湄公河之间。这是一片冲积平原，种着一望无际的浅绿色的稻子和深绿色的椰子树。不知道天地的分界线在哪儿。天是那种没有光芒的白色。在阳光下闪闪发光的田野，河间小小的堤坝，流动不息的河经常会变成泥浆，接着便会

---

① 《绿眼睛》，《电影日志》，第312期，1980年6月，增补再版，塞尔日·达内协编《电影日志》，1987年，第244页。

在阳光下变硬，成为土地，上面插着些可怜的小灌木。这里的自然界永远在变化。河可以变成软泥，而大海退潮后，土地又可以变回原来那种红色的泥浆。河岸上都种着红树，潮水覆盖了红树，接着又退去，露出地下红树那错综复杂的根。耕地在令人精疲力竭的气候中连成一片风景：红色的泥浆，绿色的稻田。斑斑点点的颜色：淡紫色的花藏在火红的叶子下，大片大片蓝色的日本风信子。围绕着这片海中之地的，是森林，广阔的森林，危险的、狂热的森林，到处都是猴子，野猪，老虎，豹子，山猫和椰熊，成群地出没。不要忘了，还有老鼠以及其他类似老鼠的东西。很少看见大象，世纪之初的犀牛已经开始绝迹了，但是鳄鱼倒是随处可见。而烤鳄鱼尾是一道非常精致却花钱不多的菜，因为鳄鱼伤了尾巴后能够在水里很快地再生一条新的尾巴。

外面，是一望无际的稻田。天空一片空茫。惨白的暑气。黯淡的阳光。到处都是小路，孩子驾着牛车经过。[1]

为什么亨利·多纳迪厄和玛丽·勒格朗会先后到了印度支那呢？玛格丽特后来曾经讲述过这样的故事，说路边有张招募广告，说殖民地怎么怎么好，田野广阔，充满奇遇，并保证能挣到很多钱。"有几个星期天，她站在村政府门口张贴的殖民地宣传布告前遐想联翩：'加入殖民地大军吧。''年轻人，快来殖民地吧，财富在等着你们。'"[2]亨利的家乡是个贸易往来很多的地方，受到各种各样的影响，而且，趁着年轻和体壮冒个险是那儿的传统。对于亨利来说，这次到印度支那也意味着晋级：从马尔芒德一个简单的小学教师到嘉定师范学校的校长。在他手下有四个法国教师和五个本地教师。

但是玛格丽特的父亲到达时，印度支那还不甚完善，甚至西贡也不太发达，虽然它是一颗东方明珠。西贡是在第一次世界大战结束后

---

[1] 《来自中国北方的情人》，伽利玛出版社，1991年，1995年简装本再版，第41页。
[2] 《抵挡太平洋的堤坝》，伽利玛出版社，1950年，1990年再版，第162页。

才发展起来的。亨利是否去参观了1900年在巴黎举行的印度支那博览会呢？那次博览会棒极了，简直把殖民地吹上了天。或是朋友鼓励他去的？关于他出发的动机，我一点线索也没能找到，他的家庭成员在回忆中鲜有提及，档案馆里也查不到[①]。玛格丽特后来做出了自己的解释，小说化的，文学的解释：

> 她和一个和她一样的小学教师结了婚，他们也都一样，北方的农村简直是要闷死了，因为他们非常向往皮埃尔·洛蒂笔下的那份神秘色彩。婚后不久，他们就一道去请求投身殖民地教育，接着他们被委派到这个叫作"印度支那"的大殖民地去了。[②]

实际上，真正的原因已经不重要了。玛格丽特·杜拉斯在后来的一系列想象里又进一步地发挥下去，渐渐地勾勒出一个真正的家族传奇。他们走了，割断了和欧洲世界的关系，那种传统上的家庭内部的往来，固定的生活，缺少传奇的命运。但是他们是分开走的。

玛格丽特是个印度支那的孩子。一直到生命的尽头，她还在不断地追忆印度支那的风景，那里的阳光，那里的味道。如果没有印度支那，玛格丽特又会是什么样子？甚至她还会成为杜拉斯吗？这才是养育她的土地，是她写作的摇篮，她不断地培养这份异样的感觉，从中汲取素材，直至死去。她甚至在外表上也长成为东方少女，暗色的皮肤，后来又成了个高颧骨的妇人，长长的眼睛，别人也许都会把她当成越南女人。印度支那的土地浸润了玛格丽特的外表，而越南的语言更是以某种方式萦绕着她。

玛格丽特非常欣赏她的父亲，她经常谈起他，说他——我们知道她喜欢夸张，而且喜欢用镇人的词——是个数学天才。在生命行将结

[①] 当时，海外殖民行政官员一直抱怨缺少介绍殖民地生活的广告，并坚持上报殖民部说学者性的报告不能为大众所接受，应该代之以比较有吸引力的那种折叠式画册。玛格丽特·杜拉斯所列举的那张吸引其父母去殖民地实现梦想的画就在画册后面，画面上，一对在殖民地生活的夫妻一身白色的衣衫，躺在摇椅上含情脉脉。
[②] 《抵挡太平洋的堤坝》，第162、163页。

束之际她承认非常想他。说从他那里，她继承了对诱惑的偏好，继承了幽默，继承了这份优雅的漫不经心和想要被人爱的永不满足的欲望。

亨利·多纳迪厄1905年底到了印度支那。这个日期也许能够说明他为什么会离开法国，因为这正是保尔·波政府推行教育体制改革的时候，教育体制面临全面现代化，进一步向儒家教育方式靠近。印度支那的新教育法得到了修订，部长通过通报和公告的形式向整个教育界宣布说殖民地急需派人填补岗位的空缺。六个月以后，一个由教育家、小学教师和公务员组成的小分队在西贡登陆。亨利就在他们当中。

在胡志明市，那个小小的社会科学图书馆就坐落在离时髦的卡迪纳街不远的地方，年轻的大学生在上课时间会到这里来复习外语，主要是英语和日语，不过还算好，也有法语。午饭时间，图书馆馆长便下班回家了。书停止借阅。如果你每天坚持到图书馆来，别人也许会把你当成这里的常客，这时候他们会谨慎地告诉你，如果你中午也需要在这里工作，可以搞个小小的特殊对待，留下来。图书馆馆长把你身后的那道门锁上，在门口布置一条狗守着，然后把门拉上。午觉时分，风扇轰隆隆地吹着，吵得人昏昏欲睡，有几个年轻女孩子就在长条桌椅上躺了下来，微笑着睡了。那桌椅很奇怪，让人回想起第三共和国学校的模样。在这个时刻探查图书馆最理想了。在一条小走廊的尽头堆放着木制的卡片，你可得小声点儿，不能惊醒那些睡梦中的小姐。我就是这样发现殖民地档案和论文的，排列得非常整齐，看来政府的工作人员非常尊重行政真相，对当时的人员和财产都做过清点，并有详细的记录。这样，我们得以精确地重建当时的生活状况：玛格丽特的父亲到达嘉定的别墅时，嘉定住着八对白人夫妇，二十个单身白人和十二个白人孩子。至于"其他人"，也就是说那些非白人，报告中就没有明确的数字了。当然，安南人、中国人，还有"其他亚洲人"都混居在一起。但只有白人是作为个人而存在的……

嘉定，海军部队的营房，植物园，夏特尔圣保罗修道院嬷嬷办的孤儿院，沿着卡纳瓦吉奥租界的二号省级公路，还有分四站直通西贡的蒸汽火车，途中经过很多货源充足的集市，散播在乡间的小村庄，淹没在高高的芒果树或竹林里的孤零零的房子。这里的村庄都叫"安水""太平"或"极美"之类的名字。在沃瓦市场有人卖秃鹫骨头磨的粉，据说可以预防性病，还有人卖猴子胫骨做的护身符，据说可以保佑孕妇平安。在嘉定什么都可以买到，来自法国的上好的葡萄酒，欧洲所有国家的烈酒、红糖、小麦粉、意大利米和希腊橄榄。第一批白人是1875年到的，他们到这里来开辟了咖啡种植园。此后就没有离开。五年后，一艘名叫"希望"号的船又到了这里，船上的一名海军上尉在这里种上了槐蓝和香子兰。他也留下了。男人们一到星期天就聚在一起，他们骑着水牛，用狗，用网，用弓箭，用上了毒的标枪，甚至用枪，猎老虎、豹子和野猪。女人则在星期天下午聚在一起喝茶，日落时分，太阳下到咖啡园的另一边去了，似乎不再那么刺目。

> 其中有些女人，十分美丽，非常白净，在这里她们极其注意保养自己。她们姿容娇美，特别是住在边远僻静地区的那些女人……她们在等待。她们穿衣打扮，却没人看。她们只能彼此相看。[1]

会计的妻子非常眼红警察署长的新任太太，因为这个警察署长又种了三公顷的香子兰和五公顷的咖啡。这里弥漫着一种冒险的气氛。白人觉得自己属于那一类与旧世界切断一切联系的精英，他们在冒险——经济上和体格上的双重冒险，因为痢疾和疟疾随时都可能侵袭到他们身上。有些人想要做生意。他们得到了殖民当局的鼓励，新的侨民很快得到了新的土地。交趾支那成了新的"远西"，在那个时代，只要你开垦了一块地，你就能成为它的业主。但是为数众多的行政人员却是白人中社会地位最低的。他们的薪水少得可怜，别人也瞧不起他们。

法国征服印度支那只花了二十年不到的时间。埃米尔·伯努尔在1900年就估计到印度支那已经成为法国的一所大殖民学校。"我们在这里陆续进行了各种制度上和政策上的试验。"[2] 交趾支那，这块"附属的"殖民地，因在议会可以代表法国领土，总觉得比印度支那其他地方要优

---

[1]《情人》，第27页。
[2]《印度支那》，埃米尔·伯努尔著，地理、海洋、殖民地出版社，1900年。

越。① 登陆到其他领土上的法国人都享有一种精神上的特权，因为他们是法国人。② 每个法国人都是精英的代表，是在"智力、精力、学识和仁慈之心上都高出一等的精英"③。移民是高人一等的人，比起本地居民来，他们的头脑更发达，四肢更强壮。这是"充分发展"的人。④ 对先进的民族来说，他们应该建好殖民地，逐渐培训当地居民是他们应负的责任。⑤ 那个时代所有的理想主义者，政客、评论家、经济学家，众口一词，都这么说。⑥ 印度支那是法国未来的谷仓，有待开垦的处女地。⑦

白人群体分成很多等级：非常富有的大庄园主，他们在相当快的时间里便靠"绿色黄金"发了财，比如说种橡胶的；接下来是有一定

---

① 《印度支那的法国人，1860—1910》，C. 马耶著，阿歇特出版社，1985年。
② 在1902年为想去殖民地生活的人写的一本指南里，路易·萨隆提醒说，在印度支那，法国人只适合做一定范围内的工作："小职员是不适合到这个国家来的，因为在这个国家里，他的烦恼只会更多，处境只会比法国更困难，这里的气候潮湿闷热，需要特别舒适的条件，生活相应也要求更宽裕一些。总之，那种下级的职位由当地人担任显然更恰当，即便他们不能做得更好，至少他们的劳动力便宜，付给他们的那点工资足够他们过普通生活所用了，再说这些当地人已经非常适应环境，他们往往温顺而忠诚。"（《印度支那》，由作者本人辑录）
③ 《印度支那》，埃米尔·伯努尔著，地理、海洋、殖民地出版社，1900年。
④ 《印度支那，暧昧的殖民地（1858—1954）》，皮埃尔·布舍、达尼埃尔·艾梅利著，发现出版社，1994年。
⑤ 《法国殖民地史》，德尼斯·布歇著，法亚尔出版社，1991年。同时还可参考皮埃尔·贝藏松《印度支那的教育、殖民化和发展：小学教育改革（1860—1949）》，巴黎大学副博士论文，1992—1993年。
⑥ 第三帝国时代，以于勒·费里为首的法国政权一直将法国对于殖民地的教化作用放在首位，认为只有通过文化征服才能巩固法国在这些地区的位置。东京阵营培养了一大批这方面的精英。法国内部分裂为两派：一派是以布洛格里为首的右派，他们认为殖民地的扩张只能削弱法国民族自身的素质，甚至认为殖民扩张的原则本身会威胁到法国的稳定；于勒·费里为首的左派则以法国大革命的理想、法国民族的生命力和东京远征所带来的经济效益为由对殖民政策加以辩护。"不允许法国殖民扩张是可恶的，反法国的。"在吵吵嚷嚷的一回，于勒·费里这样解释说。接下来的事情谁都知道了。法国没有放弃印度支那。可参考G. 阿诺多、A. 马丁诺所著的《法国殖民地史》（尤其是第五卷）和爱德蒙·夏西尼厄所著的《印度支那》。
⑦ 1887年成立了印度支那联盟。囊括了柬埔寨、老挝、安南、交趾支那和东京五个地区，后三个地区组成了法属印度支那。机会主义共和党分子和某些领域的商人联盟很快将印度支那变成了殖民地开发区。"教化这里的人民从现在开始意味着教他们如何工作，挣钱和花钱"，这就是当时的口号（摘自里昂商会主席在1901年的报告）。交趾支那可以享受特殊的对待：1899年任命了交趾支那总署，并辅之以副长官。为了对殖民地进行行政管理，成立了殖民议会，一半是法国人，一半是安南人。

财产、不怎么认真的企业主，来做生意的；当然还有殖民地行政机构的高级官员；再往下是中等收入的白人，商人，教师，最底层的是穷白人，他们组成了"流氓无产者"这个特殊阶层[1]。亨利算是为数众多的公务员阶层的一分子，也许是受到冒险和异国情调的诱惑，教师到印度支那自然不是为了发财的，因为对这些新来的人，条件并不优惠。他们和国家签了合同。他们应该在深知底细的情况下，遵守这份合同：如果离开没有额外的补贴，一旦得了热带病或是身体不好，也不能保证在国内能再找到新的职位。总之，只是一张单程票，通常情况下至少得待三年，回国度假——六个月，而且要减一大半的薪金——需经过严格审查。如果延长在印度支那的时间，回国度假也可适当延长。薪金是用法郎支付的，不受任何诸如皮阿斯特等货币兑换率的影响，所以也不会有那种少数贸易冒险家借此暴富的机会。一个小学教师的工资自3000法郎起，最多可达7000法郎，学监或校长的工资大致在3200法郎到7200法郎之间。在所谓有害健康的地区可以有一点点补贴，但是行政当局要求出示这样那样苛刻的证据，玛格丽特的父亲和母亲都没能得到这笔钱，虽然他们患了严重的热带病。

　　就这样，从马赛到西贡，法国邮船公司的船上装满了从贫穷地区来的公务员和年轻夫妇，都是想到印度支那发财的——有很多科西嘉人（西贡很快就成了科西嘉的殖民地），还有奥弗涅人，布列塔尼人，等等；装满

---

[1] 《越南》，斯坦雷·卡尔诺夫著，西岱出版社，1983年。征服越南的代价是昂贵的，1895年，交趾支那、安南和东京造成了殖民地巨大的财政赤宁。1897年，被任命为总督的保罗·杜迈尔上台后，行政署进行了统一管理，撤销了最后一个越南人当权的机构政府官员处，实行中央集权，采取只对法国有利的经济发展政策，他还强行进行土地改革，使大量的农民丧失了土地，就这样摧毁了原有的农村社会。后来，杜迈尔在《回忆录》中写道："法国人到达的时候，安南人已经足够成熟，充满奴性了。"杜迈尔虽然在他的一篇关于教育问题的报告里显示出对安南旧有的教育体制十分尊重，但他所建立的经济模式直至1954年仍然在越南占有优势。他把越南变成了一个在经济上可以盈利的国家，把经济的重负加诸于越南人民的身上，开始没有什么人敢开口表示反对，因为他成功地将反殖民主义浪潮消减为一小撮知识分子的怪诞。杜迈尔当选为共和国总统后，继任的自由党将文化问题和国家的统一问题放在了首位，但是他们不得不与将经济利益放在首位、对印度支那进行无耻快速掠夺的各集团展开长期艰难的斗争。
　　也可参考马克·墨洛所著的《印度支那银行史（1875—1975）》，历史副博士论文，以及P. 莫尔拉所著的《越南的殖民压迫（1908—1940)》，阿马当出版社，1990年。

了梦想着在那里建立自己的工业王国的小商人；但是还有一些讨人喜欢的美丽女人，想来找个依靠——如果可能，当然最好是丈夫；转船去吴哥的旅游者；做鸦片生意的商人；更有一些很少经历异国情调的作家，他们想来亲眼证实一下，堤岸的中国女人是不是戴着长长的金属指甲，还有交趾支那的那个年轻女人两乳之间是否相距十九厘米。①

亨利·多纳迪厄，他到这里的时候装了一脑子的高谈阔论。临走之前他上过课：领导一所学校就意味着代表整个法国，要成为伦理和灵魂的守卫。非宗教的理想主义者也都争先恐后地告诉他：想要真正占领一个国家，循序渐进地，长期地，必须从教育入手。于是小学教师成了世俗的使者。"这些文明的中心一点点地照亮了联合之路，它们是法国在这个东方极点上最可信赖的守护神。"② 对于大多数殖民者而言，学校是征服心灵的最好手段，是传播法国文明最有效的武器。③ 尽管他们也不得不承认，在这个有着古老文明的国家，传统文化一直受到高度重视，传统的教育方法在这片土地上已经根深蒂固。④ 这是一个过渡

---

① 专题论文《印度支那的女人》，西贡，1882年。
② 《印度支那》，A. 梅本著，1934年。
③ "教育问题也许是困扰殖民统治者的最为重要，也是最为复杂的问题，因为它多多少少囊括了其他问题。"1931年，阿尔贝·萨洛，印度支那前总督，法国内务部前部长和未来的议会主席曾如此宣称道。正如德尼斯·布歇所指出的那样，殖民统治者一开始就非常重视教育的问题。
④ 在印度支那的每一个村庄里都有一所学校，往往只是一座简单的棚屋，朝着大马路。从很小的时候开始，学生就应该接受道德和行为的准则教育。从每个村庄都有的小学——小学里只有一位老师——一直到皇家中学，越南人的精神主要通过人文学科的教育来体现。品行端正和手足相怜是主要的美德。越南小学老师也是生活的导师。他不仅要教书法，还要教音乐、诗歌和地理。学校一向维护传统的教育节奏，没有体罚。老师受到大家的普遍尊重和爱戴，他们仿佛是兄长，职责不在强迫而在指导。征服越南伊始，法国人放弃了这些传统学校和天主教所谓的传统教育。接着在1906年，他们试图进行现代化的改革，建立所谓的半法国化半本地式的教育体制。面对生命力很强，为大家所普遍接受并且体系完善的儒家教育体制，早期的法化教育显得过于粗暴、机械，简直是场灾难。大多数的越南人都认识中国的象形文字，这样才能学写越南文。为了斩断他们的文化传统，法国人禁止在学校里使用中国汉字，代之以法文和拼音，一种罗马化的字母文字。印度支那总督很快便发现了这种教育政策所造成的灾难，有些行政官员甚至公开表示悔过："今天我们真是无法明白我们究竟是以什么样的名义，出于西方什么样的一种神秘的观念，像我们这样一个共和制的，已经将教育世俗化的国家竟然要推翻印度支那所谓的偶像，摧毁他们传统所学的道德理念，代之以一种我们自己也不知为何物的哲学教义，简直就和宗教教义一样难以忍受。"他们当中的一位勇敢地说出了不少人的心声。参考路易·萨隆《印度支那》，见上述引文。

的时刻，法国人在想自己应该做些什么：应该承认并接受传统的儒家学校教育，它已经深入民心，根本是很难清除的；还是应该通过教授法语，根植法国的教育体制呢？后来便是一系列的教学试验，由行政当局的领导人监督进行，他们推行的是同化政策，而教学同仁也承认当地学校教师的权威性。①

想要重建亨利最初在印度支那的生活几乎是不可能的。殖民地的卡片里很少有涉及这个时期的资料，家庭档案也不见了。阿丽丝、雅克和亨利过着幸福的家庭生活，至少在表面上看起来一片晴朗。阿丽丝不工作，一心一意在家带雅克。接着玛丽这个"黑寡妇"突然来了。她带来了混乱，不幸一件接着一件。有很多问题都没有弄清：阿丽丝是怎么死的？好像是疟疾。她生病的时候，大儿子在哪里呢？在西贡，我没有找到一丁点儿关于让的资料。也许他留在法国，和母亲的家人待在一起。在父亲的家乡，玛格丽特的母亲留下的可不仅是美好的回忆……

阿丽丝死后五个月，亨利在西贡娶了玛丽，1909年12月20日，傍晚五点钟。结婚的通告同时贴在西贡市政府和嘉定监察机关。亨利的证婚人是他的"朋友"，一个是飞行员，另一个是商人。玛丽的证婚人，一个是她的表哥居斯塔夫·卡岱，另一个是新婚夫妇的朋友，法国邮船公司驻交趾支那的经理。

十一个月以后的某一天，天刚蒙蒙亮，有个叫路易丝·里加尔的人来到了嘉定省行政署的小棚屋，她三十七岁，没有职业，只说要给怀里的孩子报个户口。"一名男性婴儿，她说是1910年9月7日凌晨一时出生于平治天省省会嘉定平和萨村。父母为他起名为皮埃尔。"

皮埃尔一直是玛格丽特童年和少女时代所有的痛苦和浪漫所在，母亲为这个儿子付出了毕生的心血，甚至赊欠了来生，如今，母亲就永远安息在这个亲哥哥的身边，在同一个墓中。母亲唯一的、独有的、真正的儿子，那么爱的儿子，在杜拉斯《萨瓦纳海湾》和《树上的岁

---

① 正如程云涛所著的《印度支那的法国学校》所解释的那样，卡塔拉，1995年。也可参见阮云奇的副博士论文《越南人和半法国化半本地式的教育》，伊纳尔科，1983年。

月》里得到不朽的儿子。一年后,又一个哥哥出生了。在妹妹玛格丽特来到这个世界之前,哥哥首先拿这个弟弟开了刀,在他身上玩了个够,充分施展了他变态的天才。玛格丽特,最小的妹妹,娇弱的身躯,金黄的眼睛。哥哥一下子就明白了,从她小时候开始,她就是家里多余的。在她身上他继续他的恶作剧,成日无端地找麻烦,而她则只能躲在楼梯下,惊恐不安。

皮埃尔出生的时候,母亲也没有停止工作。母亲从来没有停止过工作。生长子的时候,她教四年级,她一路上升,在1918年升到了西贡的主讲教师。但是自皮埃尔出生后,这对夫妇间便出现了麻烦。亨利的身体非常虚弱。很多医院单据可以证明他时常头痛,胃痛也经常性发作,以至于身体日渐消瘦。亨利去医院做了检查,但是没有结果。无论如何,他带着妻子和两个孩子突然离开了西贡,回到法国。1912年4月,多纳迪厄一家到达马赛。但是他们并没有按照事先与殖民当局保证的日期回到印度支那。亨利非常疲倦,决定留在法国,在老家洛特·加龙省休息。玛丽和孩子们在1913年4月6日回到了印度支那。亨利让步了,最终也回到了西贡。

他回去后不久,玛丽便怀上了第三个孩子。玛丽分娩时亨利就在她身边。这是他的第一个女儿,事先他们为她取名为玛格丽特·日尔曼尼,和她的两个哥哥一样,她也是在嘉定的家里呱呱坠地的,1914年4月4日凌晨四点。玛格丽特六个月的时候,母亲病得非常厉害,西贡的军医赶紧将她送往法国医治。她患了"关节炎,疟疾,心脏也不太好,还有肾病"。在图卢兹军事医院治好病后,她于1915年6月14日回到西贡,而此时,她的丈夫正准备回到法国。

小玛格丽特于是在八个月的时间里远离母亲,由一个越南男孩喂养。家庭团圆后不久,父亲的病又加剧了,深受折磨的他不得不看了急诊,军医诊断他患有肺出血、肠绞痛以及严重的痢疾。印度支那总督命令他立即回法国。

玛丽又成了孤独的妇人,一个人得抚养三个孩子,心里还记挂着丈夫的病情,他几乎没有消息。亨利住在马赛的医院,根本不敢把真实的情况告诉她:医生觉得他病得很重,治疗不知从何下手,他的身体几乎全垮了。他们制订了几套方案，其中有一套允许他回到印度支那。但是命运再一次与这对夫妇作了对。这回不是病患了，而是战争让他们分离。他才拿到去西贡的船票，部队就在马尔芒德找上了他。他入了伍，成了二等兵。

> 这个女人，我的母亲，她想要向我们，她的孩子保证，在我们生命中的任何时刻，不管发生什么，哪怕是最严峻的事件，比如说战争，我们也不会遭到冷落的。只要我们还有房子，只要我们的母亲还在，我们就永远不会被抛弃，不会身处动荡之中，不会一无所有。[1]

归入辅助部门后，亨利再一次病倒了。幸亏，这正好救了他，虽然只是暂时的。他从来没有到过前线。1916年3月，他退了伍，再一次在马尔芒德住院治疗，后来转到了兰斯，他成了医学上罕见的病例，瘫痪在床，精疲力竭。军医又制订了新的治疗方案，想要治好他的"痢疾和慢性疟疾"。他们的治疗如此卓见成效，以至于1916年9月，官方认为他可以再次入伍！但是亨利这次成功地捍卫了自己身为父亲的权利，最终于10月回到了印度支那。

> 在我们小的时候，我的母亲有时会跟我们玩战争的游戏。她拿着一根形状像枪的棍子，扛在肩上，在我们面前一边走一边唱着《桑布勒和墨斯》。最后她会大哭一场。我们都去安慰她。是的，我的母亲喜欢男人的战争。[2]

父亲把长子留在了法国，他决定不读书去参军。两年里，亨利没有这个儿子的任何消息。母亲喜欢男人的战争，而父亲对此有切肤之痛。

多纳迪厄一家住在嘉定学校。没有什么奢华之处，没有人造大理

---

[1] 《物质生活》，P.O.L.出版社，1987年，1994年简装本再版，第60页。
[2] 《物质生活》，第62页。

石,没有懒洋洋的菩萨,没有东方文明的遗迹,这是一座世纪之初典型的公务员住房。只是在进口处种了几株瘦弱的棕榈树,还能让人觉出几分异国情调来。母亲每天乘有轨电车去西贡市立女子学校。四站。差不多要走上一个小时。孩子是仆人养大的。白人小资产阶级的生活方式。在留下来的不多的几张照片上,孩子都穿着领圣体的衣服,乖乖的,就像是画上的。而父母亲则神情疲惫,无精打采,仿佛已经老了。

玛格丽特说过,她也想满怀乡愁、心醉神迷地回忆起自己的童年时代。然而,童年是悲哀的,黯淡无光的。待到老的时候,她甚至不觉得自己有过童年。"再也没有比我的童年更干脆、更实在、更缺少梦想的了。没有任何值得想象的地方,没有一点那种在梦幻中度过的童年的味道,没有一点传奇或童话的色彩。"①玛格丽特三岁时,她的父母离开了西贡。父亲被委派到东京地区。在殖民地的排行榜上可谓又进了一级。不可否认,这次任命的确是提升。亨利成了负责河内小学教育的领导。

河内……三十年前,这里还是散发着恶臭的垃圾场,然而多纳迪厄一家来到这里的时候,城市却已成为热带巴黎式的天堂。在主干道上,巴黎的发廊一家连着一家,附近还有豪华的香水店,商店里的东西都是最新式的,还有就是这些咖啡店,商业咖啡店,广场咖啡店,阿尔班咖啡店,特别是贝纳咖啡店,贝纳夫人以前是随军食品小卖部的女管理员,现在退休了,人们经常能看到她来到咖啡店的平台上乘凉,戴着遮阳阔边女软帽,她还给大本营里的军官斟苦艾酒。在老城区,宝塔差不多都毁了,新的行政办公大楼正在竖起:海军部,财政部,邮局和驻扎官官邸。湖边的散步场所也都整修过,就像法国的公共花园;湖面上,年轻的军人正在划船,展示他们的肌肉。在季风转换期,某个秋季的星期天,天气阴沉沉的,看到这些穿着整齐的小伙子,还有穿着高跟鞋、打着精致小阳伞的年轻夫人,你还以为自己是在布劳涅森林呢。

---

① 战时,玛格丽特将之写在一本小学生练习簿上,现代出版档案馆档案。

那是在河内小湖上一处房子的院子里拍的。她和我们，她的孩子，在一起合拍的。我四岁。照片当中是母亲。我还看得出，她站得很不得力，很不稳，她也没有笑，只求照片拍下就是。她板着面孔，衣服穿得乱糟糟，神色恍惚，一看就知道天气炎热，她疲惫无力，心情烦闷。①

关于河内的记忆总是有一层抹不去的哀伤与悲苦。当然父亲是提升了，但是母亲没有找到工作。她成天打转，烦闷无比，在这个如此安静的白人圈子里显得有点特别。她是另类，别人不太看得起她。吵闹、极端、夸张，而父亲却似乎具有法国行政人员的一切优良品质。她不满足于在家抚养三个孩子，她总是出去找工作，但找不到。父亲正替他的长子感到担忧——让复员了，想到印度支那来，因此向殖民局做了申请："我参军时还在上学，为了能把学业继续下去，我想尽早和家人团聚。我知道，部长先生，我无权和殖民地的父母团聚，也无权留在那里，但是我的情况较为特殊。"后来印度支那总督征询了父亲的意见，父亲说他同意让儿子来河内。他甚至在1919年8月9日致信殖民当局，进一步做出了证明："我以河内小学教育负责人的名义保证，我的儿子没有任何职业，是我同意我的儿子初中毕业以后入伍参军的。"父亲在等这个他几乎不太认识却想要和他一起生活的大儿子。儿子则在马赛等了三个月，等去印度支那的船。行政当局最后同意了。然而他终于能走的时候，让却突然改变了主意，拒绝上船。为什么？又是在什么样的情况下？我们可以注意到，让在信中写的是他的"父母"。父亲和儿子就这样永远地错过了，而玛格丽特也没能认识这位原本可以保护她的哥哥。

玛丽，她没有找到公职，于是决定贷款买下一座房子，将之改为私人学校。她不能停止工作。后来她退休了，疲惫不堪，精疲力竭，可她仍然修缮了在西贡的房子，用来收容老挝的年轻王储，并且让殖民局的孩子在她的房子里寄宿。当时，她主要收河内的学生，但是也

---

① 《情人》，第21页。

会收一点家里还算有钱的寄宿生，在童年的这段时间，小玛格丽特就是和他们一道长大的。后来玛格丽特说，就在这所房子里，她有了第一次性体验。有一天，一个越南男孩让小玛格丽特跟他去他的藏身之所，一个只有他一个人知道的地方，是他自己用木板钉起来的，就在湖边。她没有害怕。他暴露了他的性器，而她按照他对她说的做了。"回忆是清晰的：他碰了我，我被玷污了。我四岁。他十一岁半，他还没有发育。"[1]

玛格丽特等到了七十岁才将这段插曲用文字的形式表达出来。为什么呢？她感到耻辱吗？她一直把这个细节深埋在心底？还是随着时间的流逝，她又重建了一种"似真还假的回忆"？我们知道，有很多并不真实存在的创伤性记忆，而且记忆能够准确地传导一个从未发生过的事件。[2] 她说她一直为这个故事所折磨，每每一想起它就觉得非常可怕："这场景自己在移动。事实上，它和我一道长大，它从未曾离开过我。"

小女孩的经历，使她过早地进入了这个世界，彼时母女之间的关系已经受到了严重的干扰。因为小姑娘把这件事告诉了母亲。母亲决定装得就像什么也没有发生过一样。当然她把男孩从寄宿学校里赶走了，然后她对女儿说再也不要去想这件事。玛格丽特觉得不应该把这件事讲出来的，她觉得自己是造成这个小男孩被逐的罪魁祸首。"我再也没有和母亲谈起过这件事。她还以为，一直以为，我已经忘了。"[3]

她却一直为幼年这个创伤性的时刻所折磨。不管这次遭遇是真实的，还是记忆银幕上的镜头，她因此发明了自己的性配置方式，后来她在好几本书里都写到过：女人通过注视得到欢娱，而男人的欢娱来自孤独的、侵犯性的快乐。在性关系中，每个人都是与他人分离的。爱可以使人忘却——暂时地——这种孤独的欢娱的残忍之处。玛格丽特·杜拉斯家的孩子也是有性欲的：他们懂得并且互换欲望，也在承受欲望的折磨。四岁，玛格丽特就被弄脏了，被碰过了，被玷污了。祭献贪婪的玩偶。她已然是罪恶的了？不幸的玛格丽特，她一直觉得这

---

[1] 《物质生活》，第32页。
[2] 参考伊丽莎白·拉夫斯文《你对我们撒谎时的记忆》，《科学》，杜什，1998年。
[3] 《物质生活》，第32页。

是自己的错。她的身体原本就是逸乐的对象。她知道。她知道这一切来得太早了。"一直到后来，我才把这件事告诉一些男人，在法国。但是我知道我的母亲从来没有忘记过这些童年的游戏。"①

五岁时，玛格丽特去看处决一个犯通奸罪的中国女人。活埋。有时，情人也是要被一道埋的。也是活埋。让他们面对面地躺在棺材里。受到背叛的丈夫是这种惩罚的唯一执法官。女人是绝对跑不了的，她们的情人嘛，有的时候还……在《绿眼睛》中，玛格丽特很简短地描述过这次旅行，和父母一道。她的记忆中，有被一起活埋的女人，一种变态的残忍。显然，这不是一次旅游性的旅行。或者是面对这个世界，玛格丽特把眼睛睁得太大太大了？因为档案里记有这次中国之旅，也记有引起她注意的东西。我们甚至在一本簿子上发现了她一篇没有发表的文章，也没有注明日期。玛格丽特叙述说，在那里，在一所房子前的垃圾箱里，她发现了一个死人，是个男人。

> 他被一折两半，屁股朝下。他身材太高，所以垃圾箱盛不下。他的脚伸在垃圾箱外，脑袋挂着，嘴张着。他的身上灰蒙蒙的，爬满了虱子，老得像一头象。然而这真是一个人。我和哥哥目不转睛地看着他。围着他转。我们这一生还没看到过这样的事情：垃圾箱里装着一个死人。

又一次，母亲就像什么事也没有一样。沉默是最好的解药。母亲的手遮住了女儿的眼睛。但是怎么能够忘记？一个死人居然能被装在垃圾箱里！而经历了这一切之后，又怎么还能继续无忧无虑的童年？

河内之后，父亲又被委派到了金边。又开始了流浪生活。每一次大家都以为能安定下来了，但是每一次都得再度动身，重新开始。玛格丽特的幼年就这样在印度支那的主要城市间游来荡去，漂泊不定，居无定所。没有持续的友谊，也没有学校；母亲自己教育小玛格丽特，她很温和，也很用功，尤其喜欢阅读和写字，和两个哥哥正相反，两

---

① 《物质生活》，第32页。

个哥哥似乎在学习方面是不会有什么进益的了。多纳迪厄一家离开了河内,看上去没有遗憾,只是那所用来办寄宿学校的房子有点问题,他们才买下来,又没能卖得出去。

关于金边,玛格丽特的记忆中只有恐惧、等待和绝望。这座城市对于她来说,永远是和不幸与死亡连在一道的。但开始时一切却非常好:幸亏这次提升,父亲得以继承一座豪华的巴洛克风格的公务员官邸。他们于1920年12月31日搬了进去。简直是奇迹,母亲这次很顺利地找到了公职:她于1921年1月19日被任命为诺罗敦学校校长。一家人都觉得这座地处市中心的房子美妙极了,漂亮极了,周围又是个大公园。白天就由仆人照料孩子们。孩子们一直没有去上学,他们就在公园里打发日子,自由自在,无法无天,什么时候想学习了就学习。玛格丽特一直是个好学生,母亲教的所有知识她都能接受。

父亲很少管孩子,他所有的精力都用来对付毫无道理的体力不支了,也不知道为什么,他一直打不起精神来。2月,他一点力气也没有了,不得不中断了工作。3月,父亲病重,卧床不起。1921年4月24日,他被送上"智利"号轮船,遣返回国紧急救治。一个人。他5月23日到达马赛,很快被送到该市殖民地军医手上。可是没有多大效果。显然的,亨利·多纳迪厄这样的病人还不多见。由于找不到病因,医生决定把他送到布隆比埃尔疗养院。疗养也没起任何作用。亨利的情况越来越糟。殖民当局通知他,禁止他回到印度支那。无论如何,他也没力气回去了,只是他的妻子要求他回去。1921年9月23日,布隆比埃尔的弗罗萨医生诊断他"患了一种非常厉害的病,日渐消瘦,身体极度虚弱,总之情况非常糟糕。目前,他无法继续工作,必须休长假,进行严格的治疗。他需要精神上和体力上的长期休养"。医生小心翼翼地用了"休养"这样的字眼。事实上,亨利·多纳迪厄正在死亡,似乎他自己也已经意识到了。他没有跟医生打招呼就突然离开了疗养院,回家躲了起来,在洛特-加龙省,上次回法国买下的这所房子里,大体在普拉提埃镇的范围内,通过杜拉斯镇可以到帕尔达洋。他的儿子让和他在一起。

他成日躺在床上等死,只接受两个儿子、兄弟罗歇和前岳母的探访。折磨持续了一个半月。亨利死了，按照他的意愿，死的时候孤身一人。他的兄弟看到他去得很平静，眼睛朝着窗户的方向。

母亲得知了丈夫的死讯，在那里，在金边。"我们四个人睡在一张床上。她说她害怕黑夜。就是在这所房子里母亲得知了父亲的死讯。在电报到以前，她已经知道了，前一天晚上就知道了，因为她看见、听见一只鸟在夜半时分发疯似的叫着，隐没在王宫北方的办公室那里，那是我父亲的办公室，只有她一个人看到了这个噩兆。"[1] 玛丽是否相信她丈夫可以再一次地逃脱劫难呢？也许吧。他的身体早就拉响了警报。但是玛格丽特，她，她不能够理解。后来，她曾经思忖过母亲这么做的理由："我的母亲应该是拒绝了和父亲一道回法国，她要留在那个地方，再也不离开。"

母亲不愿意相信这个从法国传来的消息是真的。她要亲自核实电报的内容。是的，您的丈夫刚刚去世，殖民行政署的官员回答她说。我们也是刚刚得到的消息。但是玛丽没有走，没有和三个孩子搭第一班船回去。为什么呢？这好像有点奇怪。行政署应该是给了她假的，并且可能会负担他们的旅费。不，她留下来了，就在这座令人焦虑不安的大房子里，周围是栖息着报丧鸟的大公园。再不离开，是的，不动了。为什么在丈夫生病的时候她不给他支持呢？为什么她不在他身边？玛丽害怕回到丈夫家乡，或是亨利说过他不再希望见到他的妻子？她和她的孩子。她孤身一人带着三个孩子。"我们是她生活里的盐，能使这片土地从今后具有无上生命力的盐。"[2]

亨利·多纳迪厄死于1921年12月4日12点30分。5日，长子让发了一份电报，从杜拉斯镇出发至金边。言辞简短。12月7日，让·多纳迪厄对玛丽的反应感到有些害怕。他写了一封信给殖民部，请求他们照顾玛丽，他称他们为"我的母亲""我的弟弟和妹妹"，要求"采取必要的措施"。他还补充道："我通过电报把这事告诉了我的母亲。"

玛格丽特七岁。她的两个哥哥分别是十岁和十一岁。她后来说过，

---

[1] 现代出版档案馆档案。
[2] 未发表（没有日期）。现代出版档案馆档案。

她想不起来父亲之死对她有什么影响。有些人便异想天开了——尽管这解释是最缺乏想象力的,说玛格丽特的父亲也许不是她真正的父亲,真正的父亲是个中国人……母亲的情人！① 母亲其实已经在扮演父亲的角色,她是这个家的保护人,并且是她挣钱支撑着这个家。玛格丽特甚至炫耀过,说自己一点也不依恋父亲,听到父亲去了的消息时,她甚至也不那么悲伤："父亲死的时候我还很小。我没有表现出一点难过的样子。没有悲伤,没有眼泪,没有问题……他是在旅途中去世的。几年以后,我的小狗丢了。我的悲伤却是无与伦比的。那是我第一次如此痛苦。"② 时间扭曲了她的记忆。在她去世的三年前,她承认了对父亲的柔情。她觉得他比母亲更漂亮,更迷人,更勇敢,更正直,而且没母亲那么神经质。③

父亲之死,对殖民当局来说,始终是个谜。亨利拒绝一切医疗措施,死后也没有颁发任何证明死亡的文件。这死亡似乎非常可疑,以至于五年以后,印度支那的总督还在想他究竟是活着还是死了！没有死亡文件,多纳迪厄夫人也没有领取抚恤金。在相当长的时间里,玛丽一直在努力向行政署证明自己的丈夫确实已经死亡,证明自己确实是多纳迪厄寡妇。她身处印度支那,却一直在和阿让、马赛和布隆比埃尔的医生纠缠,向他们索要这份证明。后来自己也累了,只好退一步要求他们开一张通融证明。医生最后也让了步,开了证明文件。然而印度支那的总督却似乎在很长时间里都不肯让步。"证明提交到印度支那军队医院负责人手里,他认为这些证明只可以说明亨利·多纳迪厄在印度支那染上了慢性疟疾,但是不足以得出该病导致亨利死亡的结论。"1926年12月18日印度支那总督府的一份记录这样明确表示。玛

---

① 尽管玛格丽特·杜拉斯给予她的传记作者以充分想象的余地,母亲有个中国情人的说法似乎——考虑到母亲当时所处的道德环境——非常站不住脚。相反,玛格丽特的很多朋友,和她一样在印度支那生活了很长时间的朋友——而且他们如今的面容同样证明了这一点——都说印度支那的土地会浸透人的身心。至于安吉罗·莫里诺的《中国人和玛格丽特》(塞莱齐奥出版社,巴勒莫,1997年),这似乎算得上是一篇优秀的精神分析作品,而不是建立在资料基础上的自传。

② 她曾对弗朗索瓦·佩拉尔蒂说过,克里斯蒂娜·布洛·拉巴里埃尔在《玛格丽特·杜拉斯》中有引述,门槛出版社现代丛书,1992年,第42页。

③ 《外面的世界》,P.O.L.出版社,同时可参考与作者的对谈,1990年3月3日。

丽耐心等了六年，才领到这笔抚恤金。由于她的坚持，殖民政府最终还是让了步。但是没有任何证明文件。而且她的卷宗最终也没能被归档。所以她只在1927年领过三千法郎的抚恤金，因为这笔抚恤金的四分之一应该是给雅克的，亨利头婚生下的小儿子，但是雅克和罗歇·多纳迪厄——雅克的监护人和叔叔，都没能领到这笔钱。

对于玛格丽特来说，父亲的死亡与其说是不幸的突然降临，更是父爱的继续缺失。母亲已然那么孤独、那么痛苦、那么厌倦生活了，烦恼接踵而来。很长时间以来，命运向她发动了连续的猛烈进攻。抗争也是徒然。玛格丽特的母亲喜欢不幸，而不幸真的降临在她的身上，徘徊不去，就像一个纠缠、变态的情人。

> 我告诉他，在我的幼年，我的梦充满着我母亲的不幸。我说，我只梦见我的母亲，从来不梦到圣诞树，永远只是梦到她。我说，她是让贫穷给活剥了的母亲，或者她是这样一个女人，在一生的各个时期，永远对着沙漠，对着沙漠说话，对着沙漠倾诉，她永远都在辛辛苦苦寻食糊口，为了活命，她就是那个不停地数说自己遭遇的玛丽·勒格朗·德鲁拜，不停地诉说着她的无辜，她的节俭，她的希望。[①]

玛格丽特对我说过，她的童年时代是在母亲和父亲之间一直"维持"着的谈话声中度过的。她对他高声说话，一般是在夜半时分。她向他征求意见，向他汇报。

玛丽回到法国时，她先在北方待了几个月，后来才到了普拉提埃，虽然在她的邻居眼中，普拉提埃才是她真正的家。但是她的夫家拒绝修改房契证明，正式改到她的名下。今天，这座房子已经是一片废墟了。房子中间长了好多树，大花板早没了，到处是野草，而过去，这里有座美丽的房子，旁边是果园，还有烤面包的炉子，种着树木的小径和耕地，总共有十一公顷，由一个雇农维护着。1953年，一场大火

[①] 《情人》，第58、59页。

彻底烧毁了最后的痕迹。1962年，玛格丽特想要重新买回这座房子，再加上一公顷的土地；她甚至开始清除周围的丛枝灌木。但是交易没有做成。去世前两年，她想要和父亲葬在一起。她打电话去问父亲葬在哪里，但是没有结果。亨利在最后的时刻提出要和第一任妻子合葬。即使到了那个永恒的世界，这个家庭的故事还是那么纠缠不清。

玛格丽特也到了普拉提埃。她八岁，在那里过了两年。这是她第一次和法国碰撞。这段经历浸满了幸福的感觉，她强烈地感觉到自己和大自然融为一体："风景清纯，土地贫瘠，风景和人都有一种荒蛮的意味。"她的祖国是印度支那，那儿才是她的故土，但是寄养上的选择却一直伴随着洛特-加龙省这片土地对她的深刻影响，她自己犹自不知。"对我来说，法国就是帕尔达洋，烤炉里苹果的香味，杜洛普特河清澈的河水，还有种着水田芥的池塘。"1992年，她写信给一位帕尔达洋的老乡帕特里西亚·高丹时曾这样说。写作是她的生命，而当她决定选择写作为她的职业，并出版她的第一部小说时，她放弃了父姓，选择了杜拉斯，就是她父亲买下的这处房屋所在的市镇。第一部小说《厚颜无耻的人》的情节也正是在杜拉斯镇，父亲的故土上展开的。

在杜拉斯镇，有不少人还记得起（并且仍然会提及）多纳迪厄夫人当年来到这儿的情景，记得起这座她想据为己有的房子。母亲是一个虔诚的宗教徒，非常虔诚，所以她一直和帕尔达洋的杜弗神父保持往来，后来这位杜弗神父成了皮埃尔的宗教导师。母亲一向在利益上锱铢必较，在生意上毫不通融。一到这里她就企图剥夺丈夫和前妻最小的那个孩子的继承权。亨利的兄弟罗歇和印度支那总督之间有大量的书信往来可以说明当时家庭战争的情况。作为例证，我只举这封罗歇·多纳迪厄在1923年4月22日写给印度支那总督的信：

> 她想要收回普拉提埃的这所房子。她会得逞的。她觉得作为一个寡妇，还要抚养三个孩子，她简直是生活在地狱里，所以尽管她不承担抚养丈夫和前妻所生的孩子，她也要领取归他所有的抚恤金。她也会得逞的。多纳迪厄夫人对其丈夫和前妻的孩子没有丝毫疼爱之心，这次又起诉了他们，目的就在于拖延他们享有

继承我兄弟的财产的权利,而实际上,她早已将我兄弟的财产据为己有。

玛丽没能将普拉提埃的房子归至自己名下,但是她成功地剥夺了丈夫与前妻的两个孩子的继承权,而且一直在领取其中小儿子的抚恤金,直至他成人。她的态度使得自己成为夫家不受欢迎的人。但是在乡间度过的这段岁月却深深影响了玛格丽特的身体和灵魂。伊威特,玛格丽特小时候的邻居,蒙特东退休的杂货店老板娘,对儿时的这位同伴记得非常清楚,村子里所有的人都叫她内内。玛格丽特在这里成了一个真正意义上的小农民,成天跋着个木鞋和小伙伴疯跑,穿过森林和草地。"每个星期四,我都到多纳迪厄家去,在那里待上一下午。晚上,玛格丽特、她的哥哥和她的母亲再把我送回家。由于我们两家靠得很近,我们总是一道穿过田野,一道渡过一条叫里也多的小溪。玛格丽特是个很有性格的小女孩,非常孤独。我记得,有几个星期四,多纳迪厄夫人就把我们留在帕尔达洋神父的母亲家,到了喝下午茶的时间,神父会从柜子里拿出果酱。她不喜欢自己家,在邻居家似乎感觉要好很多,特别是在收养她的布斯克家,她经常在那里睡觉。"[1]

在玛格丽特的一些私人手稿中,我发现了一篇没有发表的短篇小说,题目为《布斯克老夫人》。小说的情节是在帕尔达洋和杜拉斯镇之间的某个地方展开的。主人公是个老夫人,弯腰驼背,牙齿都掉光了,但是却知道很多很久很久以前的事情。

> 对于我们孩子来说,她是和把我们赶回家的夜幕一道降临的,她属于那样一种老夫人,一见到她,我们就要把门关起来,否则夜里就会中了她的魔法。但是只有她那张任谁也无法想象的奇特的脸告诉我们她是个老人,她总是让人觉得,她似乎永远也死不了,让人觉得她很善于对付岁月的流逝。
>
> 可怜的布斯克老夫人。没有人看她,也没有人听她说话。她

---

[1] 作者与玛格丽特·杜拉斯的对谈,1990年1月18日。

的一个媳妇因为遗产的问题想要她死。布斯克老夫人一句话也不说，她只是一声不响地坐在火边，再也不愿离开。火点燃了她的衣服。

法定的行政休假结束后，玛格丽特的母亲本想留在本土，借口说自己的身体状况有问题。她抱怨说自己记忆力严重衰退，并且在殖民地患上了慢性疟疾。阿让的军医却做出了与其愿望相悖的诊断。1924年5月19日，军医会诊后，做出了这样的结论："多纳迪厄夫人从现在开始可以适应殖民地的生活了。她应该立即回到海外的岗位上去。"

1924年6月5日，带着她的三个孩子，玛丽在马赛登船，回到了西贡，但是途中她还不知道自己最后将去何地任职。她希望是在西贡，甚至还奢望过河内；然而在科伦坡换船时，她接到了有线电报，被告知去金边任职。对她来说，这简直是场灾难。她不愿再回到金边，也许是因为她就是在金边这座城市得知丈夫的死讯，她不愿再在这座城市里生活。在那里，她所留下的可不是一些全然美好的回忆，她清楚这一点。她在科伦坡给巴黎的殖民部发了电报，也给西贡印度支那总督发了电报，她让科伦坡专门发报的密使帮她忙。但是船又开了，到西贡时，她得知她在金边任职已成既定事实，无法改变。她大发雷霆，又是闹又是求，最后还是不得不启程赴金边，在那里，她给总督写了一封充满绝望之词的信：

> 如果我是孤身一人，我当然很乐意到柬埔寨就职，因为我曾在1921—1922年间任诺罗敦学校的校长，我非常喜欢我的职业。但是我有三个孩子，其中两个儿子分别是十四岁和十三岁。他们已经结束了六年级的课程，柬埔寨根本无法让他们继续受教育。
>
> 另一方面，我原先在柬埔寨所任的校长一职已另有他人继任，所以，尽管我有一定的级别和资历，我还是不得不和我的孩子住在简陋的旅馆里，我的工资差不多全都要花在住宿费上了。然而，在河内我有自己的住房。
>
> 最后，总督先生，我丈夫死于1921年，他在第一次婚姻中生

有两子，其中一个尚未成年。我为此有很多麻烦……

我从二十岁起就在殖民地工作，我对于交付给我的工作，我在儿童教育方面一直是恪尽职守的，而现在，正是我自己的孩子需要得到帮助的时候，他们的前途不应该受到影响。

总督收到信后，委托殖民行政当局进行调查。玛丽那些"善良"的同事在这件事上全都爆发了。柬埔寨小学校长发了封电报给西贡，说多纳迪厄夫人"不论是在诺罗敦学校还是在考试委员会，名声都非常糟糕"，只要有她在，就有"混乱和不团结的因素"。玛丽感觉到了。她怀疑自己遭到了背叛，觉得自己生活在一种阴谋的气氛里。她想要和同事们谈谈，想让他们就此做出解释，但是所有人都在逃避她。她什么也弄不懂，只身一人在这座不幸的城市里抗争着。她患了偏执狂吗？这位多纳迪厄夫人，无论如何是非常不幸的。面对同事顽固的沉默，她请求教育部门召开代表会议，对"强加于她的种种罪名做出调查，以便澄清事实真相"。但是寄告密信的那些人都装出很惊讶的样子。玛丽把自己和三个孩子关在旅馆的房间里，过着噩梦般的生活，玛格丽特日后回忆道："我母亲害怕为国家做事的人，公务员，财政部官员，海关官员，所有以法律的名义做事的人。就是那种穷人的可怜想法，她总觉得在他们面前她是错的。"[①] 她要求有一份书面的报告。她得到了。"多纳迪厄夫人非但没有受到任何惩罚，她甚至获得提升，向前进了一级。"职业上的荣誉仍然完好无损，没有人当面指责她，但是大家都在她背后指指戳戳。玛丽在敌对的气氛中越来越孤立了。她将自己的绝望电告了印度支那的总督。这位圣诞老人倒是为她做了不少事情。1924年12月23日，她的故事发生了逆转，她收到了调令。12月24日，玛丽·多纳迪厄终于离开了金边，还有那些不祥鸟。目的地是永隆。

玛格丽特十岁。她真正的童年正是从这个时候开始的。玛格丽特离开了高高矗立的行政大楼，离开了学校，离开了喧闹的殖民地城市，离开了白人圈子的沉重气氛，真正地面对河流、森林，面对自己。永

---

① 《物质生活》，第131页。

隆，交趾支那的荒漠，永隆，鸟儿的家园：一副天堂的景象，一切都是温和的，懒洋洋的，时间仿佛拉得格外长，永隆是梦想世界的缩影。就像玛格丽特后来写的那样，"我对它是一见倾心，它就像是冥冥中对我许下的某种诺言"。"它对我来说意味着生命的全部。七十二岁时，它仍然和昨天一般清晰地停留在我的记忆中，通往邮局的小路，睡午觉的时候，在白人区，路上几乎没有什么行人，路的两旁种满了金凤花。河流也在沉睡。"①

永隆现在已经不再有老虎了。但是农民仍然需要提防成群出没的野猪，一到晚上，野猪就会把稻田里的麦苗啃得一干二净。猴子冷冷地笑着，守在森林的入口。永隆没有什么实质性的变化。城市仍然在沉睡，在一种濡湿的缓慢中显示出庄严来。到处都能感觉到河流的存在。沉重的河水夹裹着泥沙，卷起道道漩涡。河流拐弯处是铁匠和首饰匠的铺子。工匠传统在永隆仍然很具生命力。所以不管怎样，青铜制造业能够在共产党的统治下继续存在下去。并且，尽管天主教传教士一直不得入境，神父在永隆还是有市场的。

在20世纪20年代，白人都喜欢穿一身白。女人戴着阔边遮阳软帽，带花边的裙子，小女孩则穿打褶的裙子和漆鞋，先生们戴着软木太阳帽，短运动裤，打着领结。

> 沉默。中国人说：
> "您还想着永隆。"
> "是的。这是我觉得最美的地方。"②

停滞的世界。一家人都缩在原本就离市中心很远的一个街区。在永隆，男子学校和女子学校是分开建的。玛丽是女子学校的校长。她的职责不是教书，而是管理。她的学校里大概有一百来个学生。女子教育以实用为主，主要是缝纫和绣花。除此之外，女孩还要学法语语

---

① 《物质生活》，第30页。
② 《来自中国北方的情人》，第38页。

法和算术。玛丽手下都是本地的教师,但是她很快就烦了,所以自己也上课。她教学生法语,还教缝纫。她非常骄傲,因为她考过缝纫的技能证书。她喜欢自己做的东西。她喜欢学生,这些在儒家传统里长大的女孩,她们并没有被剥夺受教育的权利,但是她们学成也不能到社会上去工作。她们都很聪明,父母卖了田地才能把她们送到学校里来。①

干净的椰树林荫路,直角状的殖民地街道,精心维护的公共花园。一座白色的城市,静悄悄的,偶尔驶过几辆光彩夺目的霍奇基斯汽车,车窗紧闭,这肯定是哪个非常富有的白人的财产,猎老虎的,途经这座幽灵般的城市;要不就属于某位有权有势的中国人。"晚上,在永隆,我们都是乘四轮马车出去。我至今还记得,我们总是坐到一座小棚屋附近,接着渡过河去,最后再穿越湄公河的支流回来。回来的时候往往是夜幕降临之时。"②多纳迪厄一家遵守永隆白人的规矩。从表面上看来是已经融入这个圈子了。但只是表面,因为母亲虽然还算受到别人的尊重,却并不讨人喜欢。她属于另外的一类人,依旧受到大家的轻视,非常孤立。也许因为她是个寡妇,或者是因为她说话声音太高、太激烈。再说她总是引起混乱,总是要求,抱怨,总喜欢对别人妄加评判,喜欢介入,喜欢搅浑水,喜欢训斥别人。

玛丽·多纳迪厄很孤独,负担着她的三个孩子。她的家庭也不帮她一把,而丈夫的家庭根本斩断了和她的一切联系。玛丽一直没有领到作为寡妇的抚恤金。她再次写信给行政署各个级别的官员,面对他们的沉默,她只好给殖民部去了封信。她说她"很烦恼",说她再也受不了啦。她以(她的)"三个孤儿的名义要求,因为她要负担他们的教育费用"。那时她每个月挣一万法郎。除了学校的课以外,她还在外面上法语课,赚点小钱。但这不仅是钱的问题。玛丽不愿意安于这样的生活:按资历一点一点地晋级。她对自己公务员的身份不甚满意。她梦想着奇遇;她要打破这按部就班的日子,一个平庸的穷白人的枯燥生活,没有未来的生活。长子已经离开了学校,根本不会对她汇报他

---

① 我们得记住这一点,当时学校里女生所占的比率不会超过8%。
② 《玛格丽特·杜拉斯的领地》,第54页。

的行踪,成日在中国区东游西荡。母亲也就任他去了。小儿子也开始旷课。一个小学教师的儿子!他们下午五点起床,夜里出去。三个孩子都是光着脚,讲越南语,和仆人在一起生活。白人对这一家的闲话越来越多了。皮埃尔已经开始碰鸦片了吗?无论如何,母亲越来越需要钱了。玛格丽特对此逆来顺受,她也保护不了自己。母亲在家里大吼大叫大骂。辱骂,殴打,不公经常落到她的身上。她就躲在楼梯下,等着这一切过去,过去。仇恨之球越滚越大,仇恨,恐惧,欲望和大笑。家庭对于她来说仅仅是一种生活方式。漂泊不定的家庭,暴风雨气息的家庭,她觉得家里有的只是放纵和过度。我恨的不是家庭,但是我这么爱家,为什么家不爱我呢,既然家不爱我,我又为什么要爱家呢……对于她而言,家庭仍然是她唯一的避难所,然而同时,在这样的家里她根本无法生活下去。写了《情人》之后,她觉得自己仿佛已经走出了这种矛盾的心理,或者,至少得以与之保持一定的距离。

> 在我写的关于我的童年的书里,什么避开不讲,什么是我讲了的,一下我也说不清。我相信对于我们母亲的爱一定是讲过的,但对于她的恨,以及家里人彼此之间的爱讲过没有我就不知道了。不过,在这讲述共同的关于毁灭和死亡的故事里,不论是在什么情况下,不论是在爱或是恨的情况下,都是一样的。总之,就是关于这一家人的故事,其中也有恨。这恨可怕极了,对这恨,我不懂,至今我也不能理解,这恨就隐藏在我的血肉深处,就像刚刚出世只有一天的婴儿那样盲目。[①]

夜里,女儿和母亲一块儿睡,睡在母亲的床上。夜里,她不再那么害怕上帝了。夜突然就来了。有一天,在永隆,突然发生了点什么,有什么东西掠过玛格丽特的脑子和身体。非常严重的东西,自此以后经常缠绕着她,使她感到疼痛,同时促成了著作的完成。童年的创伤不能够成为小说产生的理由,这不断重复,为接连不断的噩梦所变形

---

① 《情人》,第34页。

的创伤,它只能残酷地照亮一个由循环交替的人物和萦绕不去的痛苦所组成的想象世界。

> 我怕极了,我呼救,但是我叫不出声。大概是在八岁的时候,我听到她那尖厉的笑声,还有她的快乐的呼叫,她肯定是在拿我取乐。回想起来,中心就是关于这样一种恐惧的记忆。即便说这种恐惧已超出我的理解、超出我的力量,即便这样也还不够。①

从《情人》到《印度之歌》,包括《抵挡太平洋的堤坝》,女疯子,女乞丐,大呼小叫的女人,从瓶子里跳出来的妖艳的女人,宁可喜欢带有恶臭的金鱼,也不要天堂里的水果的女人,这些形象一直充斥着杜拉斯的世界。在《呐喊》这幅蒙克的画中,画面上的男人满怀激情地投入恐惧与害怕之中。在杜拉斯笔下,女人摇晃着,抽搐着,处在疯狂的边缘。

关于电影《加尔各答的黑夜》,杜拉斯曾经写过一些笔记,没有发表,后来成了《副领事》的草稿。在这份草稿中,我们可以看出杜拉斯竭力在驱除打破她的生活、纠缠她的想象的这个人物。"一个巨大的蛋,黑色的,传播瘟疫的。画面堆积在喜马拉雅山的恒河源头。一个浑身上下全是虱子的讨饭女人,周围是河水,靠近陡峭的河岸,岸边,鲤鱼在沉睡。"②半男半女,在白昼与黑夜的交接时刻突然跳出来,在属于白人的禁城到处乱跑,讨饭女人嘴里咕哝的是《启示录》里的预言。

小女孩害怕了,怕被碰到。玛格丽特并不把自己看成是白人;她是另类的白种女孩,她母亲随她做什么。女疯子是个传播者,玛格丽特感觉到了。疯狂的传播者。玛格丽特一生都在害怕,害怕自己也疯了。疯狂如此频繁地出现在她的生活里,以至于她已经把它当作同伴,而不是当作需要与之抗争的敌人:"成为疯狂的对象,却始终不是个疯子,这大概是一种非常美妙的不幸。"她在《绿眼睛》中如是写道。很

---

① 《情人》,第104、105页。
② 《加尔各答的黑夜》,未发表的笔记,现代出版档案馆档案。

迟，很迟，她才发现自己母亲疯了：她这样说过，也这样写过。仿佛是为了驱除自己身上的疯狂。

玛格丽特被这个嘟嘟囔囔的女疯子追着，白昼将尽时分。几分钟。但是足以令她怕得发抖。在这座永隆的房子里，小径的尽头，她跑过大门，在黑暗中，小玛格丽特跑着，一跨过家门，她就瘫坐在地上。呜呼！终于得救了。劳儿·V.斯坦茵也是这样瘫坐在旅馆后的麦田里的，一对对情人正在麦田里做爱。还有《副领事》里苍老的、怀孕的老姑娘，她也是这样跪倒在家乡湖边的泥浆里，裸着双膝。

女疯子进了家门。手里抱着个孩子。因为这个被追，被打，被抛弃的乞丐是个抛弃自己孩子的母亲。玛格丽特·杜拉斯，当了作家的玛格丽特·杜拉斯，后来不止一次地讲述过在这之后发生了什么。在《抵挡太平洋的堤坝》中，讨饭女人把孩子给了玛格丽特的母亲，母亲照顾着这个小女婴，给她做了一个摇篮，日日夜夜地陪伴她。小女婴最后窒息而死。她嘴里吐出很多蛆。在《情人》里，讨饭女人就是这个在永隆邮局嘟嘟囔囔的疯子，在湄公河边停住了脚步。她瘦得如同死人。她就是死人。在《副领事》里，这个白人小女孩非要母亲收留讨饭女人的小孩，在永隆市场快要收摊的时候。她可能先是离开了母亲，在讨饭女人身边走着——和她迈着相同节奏的脚步，换了一边，一直走到精疲力竭。为了收留讨饭女人的婴儿，小女孩第一次强迫母亲听从自己的生活准则。

> 夫人站在大门口。她打开门，手停在门把手上，回过身，望着自己的孩子。很久很久，衡量着，不知道是同意还是反对，她只是看着孩子的目光，最后终于让步了。大门重新关上。小女孩和她的孩子走了进来。[①]

在和克莱尔·德瓦里厄的一次对话中，玛格丽特非常肯定地叙述了这段童年时代创伤性的回忆：如果说《印度之歌》里的印度是模糊的，

[①]《副领事》，伽利玛出版社，1965年，第57页。

梦幻中的，讨饭女人却是真实存在的。"她来到了我们在交趾支那的家，她几乎在我所有的书里都出现过。她带着孩子来了，一个两岁的婴儿，看上去却只有六个月大，被蛆啃得不像样子。我收养了她。母亲把她交给我。她后来死了，我们没能救活她。"这对她来说是个巨大的创伤。[①]"就像我曾经写过的那样：讨饭女人逃跑了好几次，她逃跑。她脚上有伤。我们追上了她。但是最后一次，她是真正地逃走了，在夜里。"[②]

从永隆的生活开始，玛格丽特没有留下过任何照片。永隆的风景深深刻在了她的脑海里。在准备拍摄《情人》的时候，她和克洛德·贝里有段谈话，后来也没有发表出来，她沉浸在永隆的回忆里："永隆是一块被河流分割得支离破碎的土地，就像贡弗朗。这里不是海水冲积成的三角洲。这里有好多村庄。在永隆四周，有很多沉睡的海湾。这地方很美，公园和土地都是直接临河的，就像在《副领事》里一样。小学教师的房子在白人区的深处，那些地方的名声可不怎么好。永隆到处都是冲积形成的土地，到处都是在外观上还不怎么像样的土地。"长长的街道两边，棕榈树下，茅舍一座连着一座。那是首饰店和杂货店。通常是中国人开的，偶或也有几家是安南人的。悲伤而谨慎的生活。这里的人是在慢慢品味着时间的流逝，等着黄昏将河水映照成玫瑰色。但是在永隆，对于多纳迪厄一家来说，一切美好都与之无缘：母亲常常会打孩子，孩子们都吓得要命，两个儿子都像流氓，让人瞧不起；还有母亲，周围的小公务员越来越难以接受她了：太饶舌，在学校太专制，太喜欢在同事中间挑拨离间，制造事端。皮埃尔越来越粗暴了。粗暴地对待他的弟弟。粗暴，非常粗暴地对待他的妹妹。他总是骂她，打她，虐待她，她怕极了。他一直大吼大叫，冲着仆人，冲着弟弟，冲着妹妹，冲着所有人。他还在邻居中寻衅闹事，他买了好几只猴子，成天就在阳台上给它们捉虱子，要不就是在众目睽睽之下抚摸它们。小玛格丽特就在这种凌乱中学习，在这尖叫声中，在这

---

① 在这次对谈中，记忆和她开了玩笑。她说她当时只有十二岁。
② 《世界报》，1974年7月29日。

永无宁日的战争中,或是隐含着死亡威胁的沉默中,她学习,靠学习维持生活。她学习非常出色,后来在结业考试中,得了整个交趾支那地区的第一名。这个小女孩是从哪里冒出来的?西贡的学监都在说,眼睛睁得大大的。她是从永隆来的。是那个小学老师的女儿。她是从哪里钻出来的?"我母亲到了。我真替她难堪,她和她的裙子。但是大家说她是个寡妇。说我就是她的聚宝盆。我的这一切都是为了对得起她的爱。"①

皮埃尔的粗暴接近于疯狂了。母亲什么也不说。她从来就没有说过。她发现自己不愿也不想去反对儿子的这种疯狂。或者她根本是为儿子的恶所吸引,她毫无羞愧地承认这一点,有时甚至为此而骄傲。但她是三个孩子的母亲。时不时地,她也会想起来。如果说她什么也不说,她倒是在观察。有一天,她终于迈出了这一步,决定把大儿子打发回法国。在《来自中国北方的情人》里,玛格丽特提到过,皮埃尔抢了弟弟盘子里的肉以后,母亲下了决心。"他把肉吃了——看上去像条狗,还大吼大叫:一条狗,是的,正是这样。"②皮埃尔成了恶的具体代表。尽管母亲有点无可奈何,但是还是把他送上了去马赛的船。他将从马赛抵达父亲的故土:帕尔达洋;杜弗神父会收留他,后来神父成了他的导师和监护人。儿子走开了,母亲才终于得以喘上一口气。她又开始想未来的问题,幻想有朝一日能发财。对钱的欲望总是折磨着她。有了钱无所不能。有了钱就有了一切。玛丽终其一生都认为只有钱能带来尊敬和幸福。她从来没有满足于自己的命运。在不停地要求之后,她终于得到了这笔期待已久的寡妇抚恤金。与此同时,她卖了河内的那幢小房子,再加上她那点微薄的积蓄,全身心地投入了一个宏伟的计划,她能够肯定,这是个能够改变她命运的计划:她要买地,让这块地为她带来效益,她要成为太平洋稻米女王。

这种地被称为特许经营土地:是法国行政当局从当地农民手里抢过来的,然后转让给梦想成为地主的白人。正好这时才颁布了一条法

---

① 玛格丽特·杜拉斯和克洛德·贝里的对谈,1996年10月。
② 《来自中国北方的情人》,第28页。

令,鼓励白人从小范围的殖民者成为当地的大地主。交趾支那,柬埔寨和安南的土地都可以划给白人。通过这条法令,玛丽不久就可以免费得到三百公顷的土地。但是玛丽野心勃勃。"这世界并非只是富人的,只要我们想,我们也可以变得富有。"① 玛丽做着她的梦,而殖民当局也能够巧妙地掠夺当地的财富来满足这些穷白人的梦想。于是玛丽开始胡思乱想了。她想象自己成了亿万富翁,成了工业巨头,成了巨富。于是玛丽提交了申请。行政署立即按照她的愿望给了她三百公顷的好地。三百公顷,这太小了。她要的是一座王国。至少得在面积上翻一倍。她同意等。等很长时间。

接着她又向行政署发动了攻势。她希望自己的土地在太平洋边。她在内心已将之幻化得十全十美。她朝思暮想。求殖民署网开一面。殖民署官员又一次向她解释说,她可以很快享受到三百公顷的土地,但是对于增加的这三百公顷,她必须遵从非常苛刻的条件:增加面积将以拍卖的方式转让,并且必须获得殖民署的批准。一位行政署的官员大概给她指出了特许经营土地的范围。② 玛丽接受了一切:堆积如山的行政文件,烦琐的手续,行政调查。一点消息也没有。玛丽绝望了,非要和行政官员谈一次:她又拿出了她的寡妇身份,她的三个孩子,甚至还在证明材料上加了丈夫和前妻的两个孩子,以博得官员的同情。她等了两年,沉浸在疯狂的梦想之中,她在孩子面前高声地谈论着,让他们相信他们的新生活就要到来了。她希望能有块靠近工作单位的地。但是交趾支那已经被占满了,地只能在柬埔寨。"就是所谓的特许经营土地,是的。她得到了,大家都看到这个女人只身一人,寡居,没有保护人,完全孤立,于是给了她一块没有用的地。她根本不知道要给那些丈量登记土地的人送礼,不知道这样才能得到一块可以耕种的地。她得到了一块地,可这根本就算不上地,一年当中有六个月,这块地都沉没在海水里。而她为了这样一块地,付出了二十年

---

① 《伊甸影院》,第26页。
② 特许经营土地未来的使用权以及参与审核的权力只限于某些成分比较好的阶层,或是其名字得到行政署认可的法国人,由行政署判断进行让步的条件。参考 A. 梅本的《印度支那》,见上述引文。

的积蓄。"①

1928年9月，在沙沥，她得知自己被任命为女子学校的校长。沙沥那时被认为是印度支那最美的城市。20世纪30年代末，旅游者发现了这个懒洋洋的小镇，坐落在湄公河弯弯曲曲的河岸边，茂盛的热带植物把它捂得严严实实。

如今，沙沥的中国区依旧满是咕咕哒哒叫的母鸡，铁匠也还在薄荷的香味中工作着。在城市中心，昔日白人居住的小岛在今天成了游览区。颠簸的小船会穿越泥浆翻滚的湄公河，把你送到岛上。依旧是环着小岛的石滩，依旧是倾斜的罗望子树和椰树，自玛格丽特的时代起就没有再变过。学校是殖民地行政署的一座大楼，看上去非常庄严，可里面的教室又小又破。院子里长满了野芒果树。一切都还在，但是有一种时间停滞的魔幻意味，因为仿佛一切都在坍塌的边缘。那里，老虎花长得很疯，不消几天的工夫就能湮没小竹楼的门槛，让你根本不得进入。在沙沥，还有一座1910年的房子，很高，很威严，放眼望过去，却只能看见欧洲夹竹桃的篱笆。跳过栅栏，跨过废弃的花园，轻轻地推开大门——一定要轻，否则门肯定要坏了，一群嘻嘻哈哈打闹着的孩子不知道从哪冒出来，接着穿过接待大厅，来到空旷的舞厅，抚摸着因时间流逝而变得昏黄的那些废纸，然后拉开一点百叶窗，在方砖上划出一步华尔兹。缺少的只是卡洛斯·达莱西奥的曲子。我们是在这里了。印度之歌，加尔各答荒漠里有她的名字，威尼斯，副领事。也许玛格丽特·杜拉斯写的全是真的？也许这座房子，她真的是去得太多了，所以她能毫不费力地在以后的日子将之重建在别的地方？但是对于玛格丽特来说，所谓别的地方，就意味着无处不在。

在沙沥，一位举止优雅，总是笑盈盈的董先生对我说，是的，玛格丽特，他还记得很清楚。他比她小四岁，是她的邻居，每天晚上，都是他母亲把准备好的晚饭送到多纳迪厄家。经常是炒肉片。玛格丽特的母亲从来不去菜场，也从来不做饭。和善？毋宁说令人尊敬。学

---

① 《玛格丽特·杜拉斯的领地》，第56页。

校里的女孩子都怕她。街区里的人称她为"上帝夫人"①。肯定不能称得上和善。的确，她经常把自己看成是上帝。她对学生非常专制，和同事也不大处得来。学监的报告上没少列举她的缺点，还有她的上级，也都对她提出过批评，给她的评价够糟糕的。比如有位东岱先生，沙沥教学专业组的领导，课外主讲教师，在1929学年结束时给了她"合格"的评估，认为她的行为、举止、教学能力都"合格"，然而他却给了她的所有同事以极高的评价。并且，东岱先生在评语结尾处写道："今年，多纳迪厄夫人没有对学校现行的教育方法进行改革。这位校长脾气很坏，很难听从别人的命令，对教学专业组的指导越来越置之不理。"报复？私下里的不和？于是上面要求就多纳迪厄夫人提交一份报告。但是无论如何，她的坏名声是跑不了啦。塔布雷先生，地方行政部门的官员，受命证明道："这个小学教师的性格非常生硬。她对学校当然还是很负责任的，但是她在任期间，学校的人员有点过于臃肿了。"②

董先生在今天还能清晰地回忆起学校的那段日子，那会儿他还是个小男孩：上课的时间、教材、老师的名字。教学用的是法语。他还学会了《马赛曲》，克洛维和拿破仑的故事也熟记于心。在学校范围内，学生是不可以说越南语的，一旦发现就会被开除；孩子之间有时低声地用自己的语言交谈，他们称之为"扣锁"。一直到六年级都是义务教育。今天，董先生说"上帝夫人"对学生那么严厉是有道理的。她想要做好；她希望他们能够得到小学毕业证书，这样他们就能在省里的行政单位得到一个秘书的职位。董先生还记得那个小姑娘非常害羞，她总是粘在母亲身边，而母亲总是一副疲倦的样子，似乎总在思考，目光茫然，经常瘫坐在阳台的扶手椅上，一坐就是几个小时，在众目睽睽之下。后来，有一天，她的大儿子又离开法国回来了，多纳迪厄家的暴力和尖叫便又重新开始。董先生的回忆有殖民行政署的档案为证。皮埃尔，的确，突然离开了帕尔达洋，身上没有一文钱，没得到许可，也没有通知母亲。马赛、西贡、沙沥。他辩解说，第六感

---

① 多纳迪厄夫人，法文为：Donnadieu，后面四个字母正好组成"上帝"Dieu这个词。
② 海外国家档案，埃克斯省。

告诉他，母亲病得很重，说他必须回到她身边保护她。母亲被团团包围住了：钟爱的儿子越来越粗暴，和她纠缠不清的行政署，为了最后得到特许经营土地而贷的款。一个人对付这一切。她将这种社会的孤立变成胜利性的孤独，并且把这份反叛的过人精力传给了女儿，玛格丽特·杜拉斯这篇没有发表的文章证明了这一点：

> 您好，巴尔托里先生。今天，我在众人之中选择了您。您管理着和交趾支那南部多尔多涅一样大的一个省。我的母亲非常害怕您；您对她学校的良好运转负有责任。
>
> 她教导我，不能对您的极端不公正有所抱怨，因为您是沙沥的行政长官，而且已经当了十年。这关系到她是否还能继续担任沙沥当地学校的小学老师。
>
> 但是，如果说她曾经在中国的问题上对我说过谎话，对于您的一切，她却几乎没有胡说过……
>
> 一万个交趾支那的农民在他们湄公河的小船上等着给您交税。确切的数字应该是三个皮阿斯特，不过您还强迫他们多交一个皮阿斯特，交了这一个皮阿斯特，他们才有权向您交税。这些农民中的大多数都没有三个皮阿斯特。他们在湄公河上等了好几个星期，等着您有朝一日能够心软下来，不像传说中那么不事通融。很多人为了向您交税，卖了自己跑船时需要用的食品和生活用品。还有很多人卖了船。
>
> 您巨额的财产为您带来了作为殖民地官员所应受到的尊敬。
>
> 在众多人之中，在我童年的回忆中，今天，我选择了您……我不能够忘记您。[1]

玛丽承受着一切，什么也不说。她承受痛苦，但从不抱怨。还有她的这个长子，她对他有一种激情，在这点上她试图隐瞒自己的女儿，但是女儿很清楚。这个成晚成晚不在家的渣滓！他有的是选择。那时，

---

[1] 在档案中发现的一篇未发表的作品，没有日期。现代出版档案馆档案。

沙沥有五个鸦片烟馆。一个皮阿斯特可以抽两筒，三个小时。一切取决于剂量。从外面看起来，鸦片烟馆就像是一个个小店，黑漆漆的，什么也看不见，里面飘出一股热巧克力的味道。烟馆里面听不见一点喧闹声。最大的烟馆有三排床。那种普通木板支起的行军床，上面铺着席子，董先生进一步确切地说。抽鸦片的人都是侧身躺着，用一种长长的木制烟斗。梦想之舍。在出口处有个苦力，看着烟馆的情况兼带数钱。董先生笑了。所有的人都抽鸦片，富人抽，穷人也抽，法国人鼓励大家都抽。"这可以给他们带来利润，很大的利润，而且可以让我们变得迟钝。"如今他这样说。鸦片的确可以带来巨额的利润，法国以此充盈自己的国库，正如印度支那总督在一份报告里所总结的那样："鸦片属于那种仅仅对国库有益的食品。"是时，鸦片买卖这一项就占到国家总收入的四分之一，总额超过七百万皮阿斯特。在西贡和河内，多亏了与巴斯德学院有着密切联系的分析实验室的关怀，政府建起了真正的鸦片工厂，提炼对人体损害相对较小、同时利润相对较大的鸦片。但是显然行政当局还不怎么满意，他们抱怨缺少"一支有效的队伍在各地推销鸦片"。法国后来成功了，甚至超出了自己原先的希望。20世纪20年代末，越南成千上万的人离了鸦片就无法生存下去。他们成日望眼欲穿地游荡在烟馆门口，昏昏沉沉，魂不附体，形销骨立。穷人为了抽上一筒烟什么都干，仅仅是为了一筒烟。

　　皮埃尔·多纳迪厄就在沿河的一家烟馆里打发日子，回家只是为了要钱。母亲绝望了，对女儿说了真心话。她们一起躺在唯一的那张床上抱头痛哭。女儿冲着母亲吼，接着又请求她原谅。就在床上，夜半时分，彼此相依。"我再来告诉您一切都是怎么回事，都是怎样一回事。是这样的，为了上烟馆，他连仆人的钱都偷。他偷我母亲的钱，翻箱倒柜。他抢。骗。"①大儿子最后还是走了。"有好几年，他不再是我们家的一员。就是趁他不在的时候，母亲才买下那块特许经营土地的。可怕的遭遇，但是对我们剩下的两个孩子来说，远比这个专门在

---

① 《来自中国北方的情人》，第12页。

夜晚，围猎之夜出现的弑童杀手要好。"[1]

接着母亲不见了。带着她的两个孩子。一段空白。她离开了沙沥。到哪儿去呢？西贡，伊甸影院。很久以后玛格丽特才说出来。一直到死她都在悉心维护着一个母亲的神话，时刻准备着为自己的孩子付出一切，把自己幻化成一个工业巨头，一个钢琴家，一个水稻女王。母亲想要扩大自己的财产。玛格丽特后来在作品里曾经演绎过这个时期："她继续教书。但是不够。两年里，她还在外面上法语课。接下去——我们都长大了——还是不够。于是她到伊甸影院去弹钢琴。"十年，肯定是没有，不过玛格丽特声称有十年。在无声电影行将结束的时代，结束她钢琴家的生涯是件很美的事。但是母亲从来都没有逃脱过一个小公务员的命运。在她的行政档案里，在她的晋级表上，从来没有过停滞，没有中断。也许她想要摆脱这命运的，而女儿在日后非常完美地描写了母亲的欲望：孩子们在椅垫上打着盹儿，电影院像个无声的岩洞，深处是黑白银幕，画面流动着，母亲则笔直笔直地坐在钢琴前，弹奏着华尔兹，为卡迪纳街的白人续他们的温存梦。他们正搂着越南女人寻欢作乐呢。但是我不相信。这是打破社会等级的问题，是别人会对此说些什么的问题，是时间运用上的问题，也是性格的问题。我很难想象母亲会屈服于哪个老板，听他的命令弹奏小曲。再说，是的，当然，她弹过钢琴，更确切地说，她是在乱弹琴。很粗糙。她和玛格丽特不同，虽然玛格丽特总是隐瞒自己的音乐修养，并且对此大加嘲笑，但实际上，她弹得很好。伊甸影院存在过，玛格丽特没有撒谎。多美的名字！所以她把母亲安排进去，成为永恒的钢琴家。为什么？在《伊甸影院》结尾处，她说她母亲从来没有停止过编造、夸张，没有停止过对这个世界的阐释和变形。将自己变成电影的一部分。"还有我们。"玛格丽特让她闭上嘴，坐在那里弹琴。将自己变成电影的一部分。最后拍了电影。在欲望的黑色银幕上，玛格丽特后来极善描绘女主人公的恐慌。再说和玛格丽特在一起，我们一直是在电影院里。这世界何在？真实何在？她把电影拍到这样的程度，让我们在她

---

[1]《来自中国北方的情人》，第12页。

的家庭神话中睡去,在她那些远比永远悲伤的真实要美丽的谎言和幻觉中睡去!

1928年底,趁着圣诞节的假期,多纳迪厄一家终于踏上了旅程,奔着这片热烈地觊觎已久的土地而去,母亲还带着两个仆人,这次长途跋涉令他们精疲力竭。玛格丽特发现了这片美丽的稻田,还有一条河,像是虾子的颜色,根据时间的不同,它有时还会是条玫瑰色的沙流。天色却总是非常沉重。

玛格丽特在这片太平洋边的土地上住下来,体验到大自然的碰撞,体验到自由释放的身体,对森林的惧怕和捕猎所带来的激情。这段时间在她身上和想象世界里留下了决定性的痕迹。以前,玛格丽特生活在殖民统治的小镇上,都是一副外省行署的面貌,连公共花园都滑稽地模仿着温柔法国的样子。而在这里,在柬埔寨这块叫作波雷诺普的土地上,在离象山不远的地方,她深深陶醉了,为这阴森森、老虎经常骚扰侵袭的森林,为这河流、绿洲、泥浆似的土地和海边的浪花构成的风景。她说她在那里找到了一种自然的野性,说她喜欢迷失其间。这里的猛兽彼此都很相像,小鱼在树梢上的盛水盘里游来游去,热带树林荆棘丛生,让人望而生畏:这一切都是真的。玛格丽特没有编造。特许经营土地的周围有一种非常庄严的美丽。波雷诺普,离贡布八十公里。只要看看地图就知道了:交趾支那和柬埔寨的西南面,这个广阔的新月形缺口名曰暹罗湾,绝对能和阿降海湾,和玛瑙山、吴哥遗迹相媲美。在多纳迪厄一家到达前不久,暹罗湾还是海盗聚居的地方。其中中国海盗常占据了中部山峰,控制了整个地区。大海离特许经营土地只有三公里。在大海和特许经营土地之间,是大片大片的椰子林和辣椒树。白色的沙滩上到处都是贝壳。直到20世纪初,白人才开发了这个地方。波杜安先生是第一个承认这块土地的人,他曾经描绘过他的迷醉,"岩峰覆盖着天鹅绒般的森林,高高耸立,彼此间只有一点罅隙,一层层的山坡是真正的大自然平台,是真正的提坦城堡的绿色底基"。宝塔和小路都湮没在丛林中,森林深处到处是废弃的铜像,还有烧焦的土地,吱吱叫唤的猴子,透明的小溪,清纯的空气。这一切都是真的。玛格丽特只有迷醉。

波雷诺普是世界的尽头。从西贡到那里要两天。如果从沙沥出发，则要一天一夜。母亲总是夜里走。小哥哥保尔总是利用这个机会对一路上的各种猛兽细加分辨，一有需要，他就立即打开猎枪的枪套。一行人坐在一辆超载的破车上，沿着弯弯曲曲的小路往前进。多纳迪厄一家，再加上司机和忠心的仆人阿杜，他们穿过宽阔的平原，穿过稻田，穿过椰树林和槟榔林，最终到达这"没有村庄，没有房屋，只有水和沼泽的地方。沿海有大片的红树林，在涨潮的时候，只有它能够露出海面"[1]。自由开始了。母亲随他们去，干什么都可以。她把他们俩丢下不管，保尔和她，他们在平原上疯跑了一个又一个夏天，张网捕鸟，午睡时分，太阳正当空，他们也毫不顾忌，爬到冰凉的瀑布上端，那儿有成片的香蕉林。玛格丽特十四岁，哥哥十七岁。她和他一起猎猴子，猎鸟。"这真可怕，我们把遇到的所有东西都杀了。"鳄鱼，豹子，蛇。他们穿过饶舌鹦鹉栖息的郁郁藤林，爬上堤坝的盐场，跳入水草蔓绕的死水中游泳。哥哥教给妹妹各种窍门。他教她听动物的叫声，嗅它们的气味，教她如何不惊动大的猛兽。在对这段幸福时光的追忆中，他们扮演了丛林中的一对兄妹，就像吉卜林的《丛林故事》里一样。要知道，倘若你在童年时经常接触的是老虎而不是猫，那你的童年当然与众不同。在多热莱斯那篇有关印度支那的宏阔报道中，在他的《官道上》一文中，他就很擅长重建这种冒险的气氛，这种自由的感觉，这种华丽的风景。甚至对他来说，是看上去不怎么激动人心的蚊子和黑猪比老虎要危险得多，夜半时分，颇具异国情调的远足，常猎的就是老虎。[2]

玛格丽特和保尔像越南人一样生活着，讲的是越南语，和越南孩子一起玩游戏。少年时代的一段幸福时光。自然的美景，阳光，各种气味和颜色深深地刻在了记忆里。航海家贝尔纳·莫瓦泰西埃也在印度支那度过了他的童年，和玛格丽特差不多是一个时期。他的父母是西贡的商人，也买了一块特许经营土地，离玛丽的地不远。他在《塔

---

[1] 《玛格丽特·杜拉斯的领地》，第59页。
[2] 《官道上》，洛朗·多热莱斯著，阿尔班·米歇尔出版社，1925年，开拉什1995年再版，第115页。

玛塔和盟军》中也提到过这股大自然的冲击,这种和大自然融为一体的感觉以及和越南年轻人一起度过的集体生活。"黎明时分,离天亮还早,我们已经在尚未退尽的夜色中疯跑起来,找到同伴,和他们一道商量今天玩点什么。我们和母鸡睡在一起,公鸡一叫就起来了,我们从今天起就成了木排上的居民。"[1]对于玛丽·多纳迪厄来说,这块特许经营土地从来就不是手段。这是个目的:"她不知道,我的母亲。什么也不知道。她是在夜半时分走出伊甸园的,她对一切都是一无所知。她不了解这个殖民帝国。不知道在这世界上到处都是不公正。"[2]

玛丽需要很长的时间才能明白,她的致富梦是多么荒唐。比荒唐更糟:是一场真正的噩梦。行政署最后好不容易批给她的地根本无法耕种,因为会遭水淹,每年都有一段时间淹没在海水里。沼泽。无论如何,母亲对此一无所知。她既不懂种稻子,也不懂农业,更不懂管理。她也不问别人,也不征询别人的意见,她装得什么都知道。"她的不幸源于她那令人难以置信的天真。"后来玛格丽特说。她花了两年时间才知道自己是被抢了。"除了朝着小路的那五公顷土地,她在这块地当中盖了幢小竹楼,她把她十年的积蓄扔给了海潮。"[3]

如今,在胡志明市,老一点的文人和你谈起玛格丽特的《抵挡太平洋的堤坝》,还会禁不住泪眼蒙眬。并非母亲的绝望让他们如此感动,而是玛格丽特在这本书里,向在沼泽地里,在毒日下为法国修路筑坝最后横遭惨死的人表示了敬意。这些人被一条长形锁链锁住,单个儿根本无法逃跑。都是些饿得要死的农民或是政治犯,殖民地辅助警察的头儿给他们编了队,并且接到上面的命令,说要让他们 直干到累死为止。当时有很多人都目睹一队队警察往外拖死尸。这个故事殖民地不准讲,即使有人知道也仅限于口头流传,没有任何文字记载。所以如果我们看到雷翁·威尔士的书,或是马尔罗年轻时写下的那几篇文章,我们肯定会感到惊异无比的。玛格丽特向这些为法国献身默默死去的英雄表示了敬意。一直到今天,越南的大学生还非常感谢玛格

---

[1] 《塔玛塔和盟军》,贝尔纳·莫瓦泰西埃著,阿尔多,1993年,第39页。
[2] 《伊甸影院》,第4页。
[3] 《抵挡太平洋的堤坝》,第164页。

丽特·杜拉斯,因为她是唯一一个谈到这块平原上的孩子的白人作家,这些孩子一生下来就面临着饥饿、霍乱和疟疾:"孩子死了,草草一埋就回到了地下,就像从高处跌落的野芒果,就像沼泽口头的那些猴子。"[1]

《抵挡太平洋的堤坝》仍然是一本伟大的书,是她关于爱情和绝望的最伟大的书,是一本关于憎恶的最重要的著作:她告诉我们在即将成人的时候,不得不这样生活是不公正的,被世界遗弃是不公正的。玛格丽特在其生命行将结束之际仍然很喜欢这本书。她那时已经开始重复说她这一生没有做过什么有意义的好事。但《堤坝》是神圣的,她总对我说。"我原本可以走得更远。但这是我母亲的领土。书才从印刷厂出来,我就驱车前往,拿了书,送给当时住在卢瓦尔河附近的母亲。我在那儿等着她念完。她一直躺在楼上的卧室里。后来她把我喊进去,对我说你怎么能写这些。这对我来说是一种侮辱。我爱你们,我所有的孩子。"玛格丽特又回到了巴黎。她肯定地对克萨维耶说,在《堤坝》一书里,她叙述得并不"完整"。"我不想把一切都说出来。有人对我说过:写东西必须前后一致。我是到很迟的时候才过渡到不一致的。"[2]

在她的记忆里,《堤坝》是母亲的小说。被生活击垮的母亲,被"殖民吸血鬼"残害的母亲,身体被残害了,精神也被摧毁了,一个人面对这所有的一切,在疯狂的边缘。

> 她醒了。嘴里咕哝着孩子的名字。我们没有回答她,平原上没有孩子了。她准备了晚饭,鸟肉和米饭。也没有人来吃饭。平原空了。我们已经不在了。
>
> 混沌初开的土地。
>
> 她受到了惩罚,母亲

---

[1] 《抵挡太平洋的堤坝》,第234页。
[2] 《谈话者》,玛格丽特·杜拉斯、克萨维耶尔·高提埃著,子夜出版社,1974年,第139页。

因为她爱过我们。[1]

杜拉斯把《堤坝》看成一本揭露资本主义的书，是对殖民体系的控诉，然而早在十年前，在那本应该算是她的第一本书的《法兰西帝国》里，她就已经涉及了这一切。那书是她以多纳迪厄的名字与菲利普·罗可一道写的，当时她二十六岁，是殖民部的办公室主任，乔治·芒戴尔的合作撰稿人；她后来甚至在她的出版书目里完全没有提过这本书。三十六岁时，她出版了《堤坝》。在这十年里，她不仅在文体上进一步成熟了，而且经历了许多事，交了很多朋友以后，她有了政治意识。对于她来说，《堤坝》属于介入文学，即便母亲的痛苦仍然是这本书的中心，它还是深刻准确地剖析了整个殖民体系的运转。

《堤坝》是她的第三部小说，但却是让她得到承认的第一部小说。她成功了。而且因为这本书变得富有：她用勒内·克雷芒改编电影付给她的版税买下了诺夫勒的房子。她的朋友也认为《堤坝》是她最重要的一本书，甚至包括那些日后想授予她龚古尔奖的文学评论家。玛格丽特一直认为，之所以这本书最后没能得到龚古尔奖，主要是因为它在政治上太让人不舒服了。"有人说这是一本共产主义的书。"在准备拍摄《情人》时，她对克洛德·贝里这么说，"总之，我因此受到了惩罚，还有我的母亲和哥哥。事实上，有人指责我母亲承受了这份不公正，而我居然敢于把这份不公正公之于众。龚古尔奖应该让我闭上嘴，对这份不公正保持沉默。"敢于陈述真相就会遭到惩罚，甚至到了晚年，一想到这个她还会油然而生反叛之情。她写《堤坝》时没能得到这项龚古尔"政治"奖，而在三十年之后，在洞城黑乎乎的岩洞里，她得知她的《情人》得到了她曾经如此艳羡、如此遗憾的奖，可想而知她会觉得有多讽刺……

在生命的尽头，她提起《堤坝》的主题，心依然狂跳不已，以至于不得不停下来喘口气。曾经如此相信殖民主义的美德，而后却遭到了无情的背叛和嘲弄，这种痛苦从此以后一直深深地印刻在多纳迪厄

---

[1] 《伊甸影院》，第4页。

一家的身上。玛格丽特为母亲写了这部绝望和不公正的小说,但是母亲只把它当成一个描写魔鬼般可怕家庭的故事。

在玛格丽特死后人们发现的一些手稿中,有这样一首关于《堤坝》的诗,写在一张随手撕下的小学生作业簿的纸上,没有日期:

> 下士之歌
> 等待如此漫长
> 太阳下
> 他们拖着沉重的脚步
> 为希望之链锁住
> 在小道上我等了很久
> 脚上的锁链,颈间的锁链
> 太阳下的脑袋
> 空空的胃,屁股上挨的棍子
> 可怜的米饭
> 铁铸的太阳
>
> 我饥饿的孩子
> 饥饿,疟疾
>
> 哦家乡的平原
> 如此广阔满是
> 饥饿而死的孩子
> 哦盐铸的太阳
> 哦我的家乡,我唯一的命运。[1]

母亲的钱财被骗一空。母亲什么也没有明白。太单纯了,她根本无法明白这所谓的特许经营是怎么一回事。这些腐败的行政官员以法国

---

[1] 在和热纳维也夫·塞罗合作进行广播剧改编时所写的一首诗。现代出版档案馆档案。

国家的名义卖了她一块地，又免费批了她一块地，其实她永远都成不了这块地的地主，而且这是块怎样的地！一块无法使用的地，一块永远无法耕种的地，腐水，海潮。特许经营的制度，混杂着嘉隆皇帝颁布的法令，再加上以一系列复杂的行政手续为幌子进行的掠夺，这一切不过是更深层的堕落。中止特许经营土地的使用几乎是不可能的：首先必须由一个专门的委员会进行核查，然后当事人应当把没有耕种的土地归还给国家。而且，特许经营土地在地方行政官员的严密监控之下，只有大地主出面才能借取，税金也相当高。像玛格丽特母亲之类的小人物要求补助，他们只能再得到一点无法耕种的土地。当地倒是有一些行政官员想挫挫这些穷极了的白人的冒险精神。[1] 但徒劳无功。富人借这些特许经营土地大发横财，而穷人却白白扔进了自己的梦想和积蓄。

玛丽·多纳迪厄非常固执。面对着一步步前进的大海，她要化不可能为可能：她要修筑堤坝。她向上帝挑战。她并非唯一这样做的人，胡志明市的殖民档案有这方面的记录。一共有几十个人，都买了这种无法耕种的土地，都在坚持不懈地与绝望做斗争，在当地农民的帮助下，他们用泥沙和粗木修筑抵挡太平洋的堤坝。在放弃以前，他们都反抗过。他们甚至试着申诉，不过一直毫无结果。幸运的是，玛丽在最安全的一块地上修建了她的竹楼。这座建在不稳定的地上的稳固的建筑为她赢得了与行政署做斗争的时间。避难所的竹楼，丛林中的鸟巢。母亲的领土。两个卧室和阳台朝着香蕉林和疲倦的美人蕉。

母亲终其一生都在等这样的时刻。一座小房子，沿着小道，周围种着很多树，而这座房子花了她五千皮阿斯特，在当时可谓是笔巨款。房子是全木结构的，因为怕水淹，下面用柱子架空，木头是就地分割成木板的，所以这房子耐潮，时间和太平洋的海潮都没有将它摧毁。但是母亲总是贪大，她要的是一个领地。于是她雇用了五十个农民，全是从沙沥招来的。她要他们在丛林里安家，只给他们一点少得可怜的工资，要他们在沼泽地里建起一个村庄，离大海只有两公里。母亲决定一切的速

---

[1] "国家早在我们之前就已经生效了，没有我们也照样继续下去。只要看看本地稻田里的农民就知道，在他之后也没有什么好做的，就像这么多世纪以来一样。"（路易·萨隆《印度支那》，见上述引文。）

度都非常快,然后她就一头钻进去,直至疯狂。很快她就觉得自己无法应付这项声势浩大的工程了,然而她还是想亲自监督。她向教育局请假,很迟才得到批复。她和她的儿子女儿将在那里,在象山和大海之间生活六个月,与世隔绝。《情人》的第一初稿是在"二战"结束之际写的,一直没有发表,玛格丽特以日记残片的形式记录了这个故事。而后来,这些日记残片在《堤坝》和《情人》中都用上了。其中玛格丽特描写了这段日子开始时,她难以名状的巨大幸福:"房子还在建的时候,小哥哥,母亲和我,我们住在一座茅舍里,紧靠着'高级'仆人的茅舍。从我们家到最邻近的村庄也要坐上四个小时的船。于是我们的生活与仆人的生活并无分别,晚上,母亲和我都只在地上垫一个床垫就睡觉了。"

但是母亲很快就病倒了。失望和忧伤使她差点崩溃,她不得不躺在床上。危机持续了很长时间。玛丽说她要死了。孩子们非常害怕。没有人能来帮他们一把。最近的医生也要赶上好几个小时的路才能找到,而柬埔寨的这个地区也还没有通上电话。母亲有时睁开疲惫的双眼,对孩子说不要担心。"一切都会过去的!"她叹道。而不久她的病症就清楚了,患的是蜡屈症。在《堤坝》和《伊甸影院》里,玛格丽特·杜拉斯描绘过这种病的不同阶段,病人有时会大喊大叫,有时又会死一般地沉寂:"自从堤坝坍塌以来,她几乎一句话也不想说,不管发生什么事情,她都不会大喊大叫了。"[1]继不停地哭泣之后,是类似嗜睡症的昏迷。钱的问题更加剧了她的恐惧,她的身体彻底垮掉了。孩子们觉得自己非常孤单,被世界遗弃了。"母亲的危机让那些当地的仆人觉得非常不安,没有着落,每一次她一犯病,他们都险些走掉。他们害怕最后得不到工钱。她生病时,他们就走近我们的小茅舍,在周围的小土坡上静静地坐着。里面,母亲昏睡着,呼吸轻微。小哥哥和我有时会出去,让仆人放心,告诉他们母亲还没有死。他们很难相信。小哥哥还发誓说,如果母亲死了,他会把他们领回交趾支那,不惜任何代价也要还清他们的工钱。"[2]

---

[1] 《抵挡太平洋的堤坝》,第162页。
[2] 未发表的手稿。现代出版档案馆档案。

"在我的幼年，我的梦充满着我母亲的不幸。"玛格丽特·杜拉斯在《情人》里写道。母亲觉得自己被父亲抛弃了。她希望能在冥冥世界中找回他。只有在晚上，她才开口说话，和她喜欢的死人说话。她只和死人说话。对活人她大喊大叫。孩子们也是多余的。母亲没有保护他们。他们最后离她很远。她再也无法给他们点什么了。生命尽头，不在场的母亲。肮脏的母亲，母亲我的爱。从这几张为数不多的少女时代的照片里，我们又怎能读不出玛格丽特眼中的忧郁呢？小哥哥保尔被迫快快长大了，他成了男人，成了特许经营土地的老板，母亲和妹妹生活的保证。"那时我哥哥十三岁。他已经成为我前所未见的最勇敢的人。他一面让我放心，一面说服我，他不会在仆人面前哭的，他说哭也没有用，他说我们的母亲会活下来的。的确，当太阳消失在象山的山谷里时，母亲醒过来了。"[①]

于是生活又重新开始，似乎什么也没有发生过：叫喊、怒吼和绝望，日常生活的地狱。突然来临的夜晚，周围丛林的声响，三个家庭成员各自的孤独。母亲变得越来越茫然，不由自主。晚上，她不停地算账，白天她就睡觉，她的确被击垮了，为之深受折磨。两个小孩子和她之间的关系变得极为复杂，反叛、欲望、仇恨、欣赏和同情交织在一起。他们俩总是在一起，哥哥和妹妹。除了捕猎之夜。哥哥有一支10.7毫米内径的温切斯特卡宾枪，还有一支马尼奥姆357型猎枪，他是一个出色的猎手。他的生活中心就是捕猎，他总是在阳台下用枯草准备陷阱，或潜入森林，在老地方候着猎物的出现。"如果你与猛兽正巧面对面，你就要打它脑袋，两耳正中，如果你在它的侧面就打它的颈子，1905年印度支那出版的一本捕猎手册明确地写着。这些是你最有可能一枪击中猛兽的地方。否则，即使你击中了它的心脏和肺部，它也能把你引到丛林最深处，和你周旋，而在那里，你的神经和思维就不听你的使唤了，这样的捕猎方法可不值得推崇。"

保尔在不打猎的时候，他会趁野兽喝水的工夫在阳台上用一只坏的老式唱片机听爱情歌曲，幻想着能拥有金发红唇的姑娘。玛格丽特

---

① 现代出版档案馆档案。

在《堤坝》中极为到位地描写了这对兄妹的希望以及他们无尽的等待。在第一部分，他们似乎都落入了无尽的等待之中，他们的命运与这块令人恶心的土地紧紧地联系到一起，成了不幸的奴隶。玛格丽特和保尔——苏珊娜和约瑟夫。

> 我还记得起：这种燃遍整个平原的味道。
> 到处都是这股味道。
> 太阳下的这条烟尘四起的，白色的，笔直的道路。
> 在山崖上，是一方方的中国辣椒树。山下是弥漫的烟雾。丛林。还有天空。①

母亲所有的积蓄都扔了进去。二十四年的公务员生涯。但是母亲坚定不移地相信她一定能够在四年之内成为百万富翁。她是这样想的，所以这一切也都成了真的。她不断地重复，说父亲和她"说"过。父亲不会错的。的确，这是父亲"决定"的。母亲只是执行了他的命令，她自认为她知道他在和她说什么。"那时候，很长很长时间，她一直在和我死去的父亲对话。如果她不征询他的意见，她就什么也决定不了，是他将关于未来的计划'指点'给她。她说他的这些'指点'只会在凌晨一点钟左右出现，我母亲为此夜夜守候着他的到来，并且，她觉得展现在她面前的将是美好的未来。"②

大海扫除了一切植物，收成一夜之间被太平洋海潮摧毁得荡然无存。只有竹楼还孤零零地坐落在这片巨大沼泽的中央。第二天，整整八个小时，母亲带着两个孩子，撑着船，巡视了她这片荒芜的领土，而在这样一种无边的摧毁前，她依然不肯退却。她决定向大海挑战，向这片土地，向印度支那总督府。她的假期结束了，她回到了沙沥，迎接开学。因为缺钱，她决定向印度高利贷商借钱，当时的东方到处都是这种高利贷商人。在沙沥也一样，气氛越来越紧张了。白人圈子越来

---

① 《伊甸影院》，第34页。
② 现代出版档案馆档案。

越不能接受她，都觉得她很怪，好斗，自说自话。在学校也是，母亲的问题很多。有一次，上面认为她专制，揽权，好占上风。别的白种女人肯定和她不一样，穿得不一样，活得不一样，说话方式也不一样。

每个周末，她都带着两个孩子消失，去巡视她的特许经营土地。一千六百公里，往返需要两天时间。因为母亲找到了奇妙的解决办法：堤坝。所以她每个周末都要回去监工。堤坝，这也是父亲近乎天才的想法，在夜半时分传递给她。只要我们超越它，大海就是可以战胜的。在一篇没有发表的文章里，玛格丽特·杜拉斯描绘了母亲当时的那份狂喜，当她"发明"了这种用堤坝抵挡海潮的办法，玛格丽特具体地写道："我们招来了一百多个工人，堤坝在我母亲的监督下造起来了，正好是在干季。又是不幸，堤坝给涨潮时躲在泥沙里的螃蟹啃噬一空。"[①]

于是母亲想到了石头，但是，在这块随时会被海潮吞没的土地上，石头非常少。母亲最后倾向于用红树的树干。"又一次，她找到了办法。每一次她找到事情的解决办法时都会告诉我们，这些夜晚是我生命中最美的日子之一。"[②]红树很牢固，稻子终于长了出来。奇迹终于发生了，但是还高兴得太早！母亲的雇工由于不满于她的专制，恨她像对待奴隶那样对待他们，没有告诉她稻子有收成。稻子还没熟的时候，他们就开始收割了，并且卖给了邻近的庄园主。钱一到手，他们就从海路逃走，回到了交趾支那。他们再也没有回到过特许经营土地。学校放假的时候，母亲发现了这一片狼藉。玛格丽特后来回忆起母亲当时的反应："又一次，母亲死了心。母亲的那份纯洁或许只堪用她的麻木来表示。她厌倦了堤坝，她不想知道第二年，这些支撑了一年的堤坝是否还会坍塌！"[③]

母亲仍然留着这块特许经营土地，但是决定在彻底地放弃前只一小部分一小部分地开垦，在离大海最远的那些坡地上，进行所谓的试验。她彻底垮了。她时常还会带着两个孩子回去。只是在那儿做做梦而已。一整夜的旅途，一家人坐着《堤坝》里那辆快要散架的破车。

---

① 现代出版档案馆档案。
② 现代出版档案馆档案。
③ 未发表的手稿。现代出版档案馆档案。

保尔擦着他的武器。玛格丽特梦想着有朝一日写点什么。在那里,母亲终于能够得到休息了。他们一起望着蓝天,呼吸着天鹅绒般的深夜的气味。《堤坝》里的房子成了度假屋。马克斯·贝尔吉埃在1931年第一次遇到玛格丽特的母亲后,曾经寄宿在他们西贡的家,他也记得他们曾经在暑假的时候到那儿去待了两个月:"我们总是在夜里出发。保尔总是带着他的枪。车子很旧,车顶都没了。路也很糟糕。一路上我们会碰到野兽,狍子和大象。那里的房子下面支着木桩,一直开着门。周围全是沼泽地。到处都是鳄鱼。涨潮的时候,海水拍打着房子。房子就像是一座农舍,真的非常简陋。四周一片荒凉,再就是深不见底、令人担心的森林。整个地区都是以危险出了名的。到处都有猛兽出没。保尔带我去打过猎。他有两支枪。一路上我们还会碰到半裸的莫伊斯部落。有一天,保尔打猎回来,乘着一辆威利斯—福特汽车,车上装着三只狍子,还带回了一只活的山猫。他把小山猫留下了,用奶瓶喂它,晚上,它就睡在他房间的抽屉里。"[①]

皮埃尔没有通知任何人,一声不响地回到了沙沥。多纳迪厄家的房子里再次被不和和暴力所侵占。《来自中国北方的情人》一开头就是这样一副家庭场景。皮埃尔要杀了保尔。玛格丽特则想要皮埃尔死。皮埃尔偷母亲的钱,母亲只好再一次向印度高利贷商借钱。皮埃尔又买了一只狒狒,他视之为唯一钟爱之物。晚上,他给它弹钢琴,让它吞硬币。但是与爱相随的是折磨。他让它吞下了那么多的硬币,狒狒几乎都动不了了,老是耷拉着脑袋。他还给它买了一只公鸡,让狒狒仔仔细细地剥它的毛。公鸡叫个不停。狒狒继续下去。接着公鸡就死了。皮埃尔再给它买一只。在主人的鼓励下,狒狒变得很凶恶,成天在阳台上满足自己的淫欲,主人则在一边看得十分高兴。母亲是不是终于明白过来她要把女儿从她邪恶的大哥手上救下来呢?她和她谈心,让她放心。《情人》里,玛格丽特安排母亲这样对她说:"你不应当为他痛苦。作为母亲说出这样的话来的确很可怕,但是我还是要对你说:他不值得。"

[①] 作者与马克思·贝尔吉埃的对谈,1996年9月16日。

第二章　母亲，女儿，情人

母亲终于被彻底击垮了，也终于放弃了通过特许经营土地成为百万富翁的梦想，这时候她才将所有的能量和对未来的希望转化在女儿的教育上。1929年。玛格丽特十五岁，玛丽·多纳迪厄想把她送到西贡的夏瑟鲁普-洛巴中学。她决定让她的女儿成功，就像彼时她决定要通过特许经营土地致富一样。玛格丽特虽然聪明但是不甚安分，老师和同学都不欣赏她。她前一年的学习成绩非常不幸，各科都是一串零蛋，因为缺课太多，还遭到了老师的斥责，并且，在某堂法语课快下课的时候，她将书包扔到了一个女教师的脸上！为此她得到了教导处的惩戒。玛格丽特有不太理想的时期。但是她有天赋，完全有能力学好。母亲清楚这一点，她还记得她很小的时候得过非常出色的成绩。玛丽·多纳迪厄用尽一切办法，想在西贡给女儿找一所不太贵的住宿学校。玛格丽特从来没有住过里奥泰寄宿学校，这所在《情人》中成为不朽象征的寄宿学校。再说，里奥泰寄宿学校并不存在。玛格丽特将到难以描述的古怪的C小姐家寄宿，三十年后，她以一种不乏残酷的幽默笔调痛斥了这位C小姐的恶毒和反常，算是报复吧。

在C小姐的小房子里，还有三个寄宿者：两个老师和一个比玛格丽特小两岁的女孩，科莱特，也上中学。C小姐要了玛丽·多纳迪厄四分之一的工资，这是所谓的"完整"教育必须付出的代价。"只有C小姐知道我母亲是小学教师，我和她都小心翼翼地瞒着其他人，怕她们知道了会不高兴。"[1]C 小姐后来成了小说《蟒蛇》里的"长鬃毛",一个打扮得花枝招展的老处女。这也许能够解释她为什么老是心不在焉,为什么她的身体仍然因为欲望得不到满足而颤抖。玛格丽特成了 C 小姐性游戏的人质。《蟒蛇》中的可怕场面在她的私人日记里也有,并且几乎是完全相同的:每个星期天下午,参观完植物园后,吃完香蕉饼干,C 小姐,就是所谓的"长鬃毛"便在她的卧室里等待年轻姑娘的到来,半裸着身子。

> 她竖得笔直,让我欣赏她,她羞答答地垂着眼睛,沉浸在爱情中。半裸着身子。在她一生中,她还从来没有在别的什么人面前这样暴露过,只是对我。太迟了。七十五年过去了,她从来没有在别人面前这样过,除了我。在这所房子里的所有人中,她只对我这样,每个星期天下午,在参观完动物园后,其他的寄宿者都出去了。我欣赏她的时间长短由她来决定。
>
> "我喜欢这样,"她总是对我说,"我宁可不吃饭。"[2]

没有人看见,也没有人知道。C 小姐每个星期都要安排这样的场面。不摸,不,只是注视。注视,什么也不说。两个人的阴谋。她站在窗前:阳光洒满了干枯的、半裸的身体。玛格丽特用眼睛来看。她还没有做过爱。她当然可以想象。她一直在想。玛格丽特带着一种伪装的艳羡看着这个疯狂迷恋自己身体的老处女。表面上,双方似乎都在努力完成这合同。这对于随着时间流逝而日渐枯萎的老小姐来说已经足够了。她看上去得到了满足,因而兴高采烈。但是年轻姑娘感到恶心,欲望被挑起来了却败兴而归。重新关上 C 小姐房间的门后,玛格丽特就会站在房子的阳台上,哼着小调,想要吸引游荡在西贡街上的士兵的注意,向他们传递伤感而惹人怜爱的秋波。

在杜拉斯的作品里,注视一直是挥之不去的主题。在《迷狂》里,

---

[1] 未发表的手稿,簿子里包括《情人》《抵挡太平洋的堤坝》和《蟒蛇》的片段,现代出版档案馆档案。
[2] 《蟒蛇》,收录于《树上的岁月》,伽利玛出版社,1954 年,比布洛再版,第 996 页。

劳儿·V.斯坦茵就有一种非常奇怪的眼神,没有人能够捕捉住她的目光,虹一般却已然褪色的一双眼睛。《夜航》中的男人不能看到他已经开始爱上的女人,他和她通电话,但是一直回避和她见面。他坚持这样做。他的性欲高潮是在黑暗中来临的。"因为一想到要看,他就越来越害怕,他要看。这是一种让故事分离开去的方式,是结束它的方式。"《琴声如诉》里的安娜·德巴莱斯德也不看,她把自己所有的精力都用来重建她不能看到的东西。"不要看。"犯下罪以后,她对自己的孩子这样说。"告诉我为什么?"孩子要求道。"我不知道。"母亲回答说。在《坐在走廊上的男人》中,女人只有在男人射精的时候才突然睁开眼睛。还有,如何解释杜拉斯电影里的那种黑呢?不得不闭上眼睛?

两年,这一切持续了两年,这种玛格丽特说不得不接受的性游戏场面。幻觉还是真实?后来她曾和一位朋友透露过,说这也是她的创伤,并且在《蟒蛇》里表达了这份创伤,以一种缓慢的、不成形的、模糊不清的方式慢慢地将之销毁。"长鬈毛"的身体已经腐烂了,满目疮痍。第一次,玛格丽特看到她脱光衣服时,她终于明白了死亡的那种特殊味道。长鬈毛小姐发出一种死人的味道。"C小姐左边的乳房患了癌症,在这座房子里的所有人中,她只给我看她的左乳房。她露出左乳,走近窗子,让我看清楚。我的内心升起一种难以形容的感觉,然后我欣赏着这癌症,目不转睛地看上两到三分钟。'你看。'C小姐总是说。我说,'是的,我看'。"[1]

德尼斯·奥约比玛格丽特小一岁,如今是位活泼、诙谐、有品位的大人,很奇怪的是,她也和玛格丽特一样,脸上显然留有东方的印记——地域的影响,她微笑着解释说。她还记得多纳迪厄小姐1929年初到夏瑟鲁普-洛巴中学的情景。一位瘦弱、漂亮、长发编成辫子的姑娘。她说她和善、合群,数学非常好,太好了,中学里所有男孩有不会的题目都找她帮忙;还说她很保守,不太说话,总是给人一种高高在上的感觉。爱打扮。是的。德尼斯还记得有次请她打网球,玛格丽特穿着高跟鞋来了。所有的女孩都笑了。玛格丽特脸红红的,一句话

---

[1] 《情人》的手稿,现代出版档案馆档案。

没说便跑开了。

"我从来没有融入过某个地方,虽然我原本可以感觉比较自如的,我总是在等待,在寻找另一个地方,另一种时间上的安排。我从来没有到过我真正想去的地方。"她在《物质生活》里写道。她真正的家,她在后来才找到,是诺夫勒,接着是洞城,还有她的家,她停泊的港湾,她直至生命尽头的锚地,圣伯努瓦街。因为在她的童年时期和少年时期,玛格丽特一直过着游牧生活,居无定所,名字在学校的附属名单上,住在不知其名的某个公务员的房子里。第一所属于自己的房子是后来母亲在西贡买下的。但是她又在 C 小姐那里寄宿,当她到达这座充满敌意的城市时,她还没有找到自己的方位,所以她只能不停地寻找,寻找属于自己的地方。后来她在堤岸找到了一席喧闹的角落。一个对所有感官、所有气味开放的空间。一小方她成功地据为己有的领土:《情人》里的那个小单间成了她的,她的领地,她的私人领地,在那里,她终于可以听从自己的内心需要,终于可以得到休息,安安静静的,懂得与外界隔离的滋味,在外和内之间建立一道界限。

夏瑟鲁普-洛巴中学七点半开始上课。暑气尚可忍受,罗望子树的味道也还不是那么刺鼻。睡午觉的时候她就回到了自己寄宿的地方,把自己关在房间里。不睡觉。看着自己的乳房。"我的乳房很干净,很白。这是在这所房子里,我身上唯一让我感到愉快的东西。"玛格丽特和很多少女一样喜欢自我欣赏,很多日子都是在镜子前流逝的。她的头两部小说,《厚颜无耻的人》和《平静的生活》便揭示了这种少女的迷惑。如何看待自己的身体,如何保有自己的身体,直到有一天把它奉献给另外一个人?在中学时,她三年级[①]的成绩很糟糕,又是一连串的零蛋,差不多每门课都是。接着,到了二年级,她开始显示实力了:"整个中学都在念我的作文。二年级的老师拒绝为我的作文打分,因为它们写得太好了,但是,那会儿我根本没念过法国文学。"后来她对克洛德·贝里说。德尼斯也证实了这一点。那时他们的偶像就是戴

---

① 法国的学制和中国的不同,进入中学时是六年级,相当于中国学制的初一,然后是五年级,四年级。三年级相当于中国学制的高一,二年级相当于中国学制的高二。

利①，他们把他的作品熟记在心，课间休息时成段成段地背诵。至于在戴利和拉辛之间发生过什么？玛格丽特不知道。"但是我不抄，我只是听。如此而已。"文章写得很美。这对她来说就够了。"有些东西是我硬要加上去的，老师也没有办法。"② 突然之间，玛格丽特成了一个优秀的学生。以前是零蛋，现在却是二十分之十九。她却什么也不想要。也没有努力读书。就像她自己说的那样："这只能让我不再担惊受怕。"母亲到学校来找她的时候她安心多了。她给母亲看她的作业本：玛格丽特记得母亲当时就在院子里哭了起来。甚至，每一次在这样的时刻，她都想要拥抱她。

玛格丽特在夏瑟鲁普-洛巴中学一直和海关官员的孩子一起坐在最后一排，这是社会等级所决定的。二十分之十九，尽管这样还是坐在最后一排。学业上的成功抹杀不了出身。德尼斯从来没有想到有一天玛格丽特会达到荣誉的顶峰。班上倒是有两个少年显得很有天赋的：一个是佩塔斯，后来果然成了一个著名的网球运动员，还有一个叫波莱特的，也成了为欧洲所瞩目的钢琴家。班上还有一对斯特雷泰尔姐妹，玛格丽特·杜拉斯有好几本小说都写过一个叫安娜-玛丽·斯特雷泰尔的人，一模一样的姓氏。这对姐妹分别叫玛丽埃特和安娜，她们也非常出众、非常聪明，她们的爸爸是行政官员，母亲非常漂亮，有一种冷漠和庄严的美。玛格丽特确实数学很好，是的，但是作家……不……德尼斯摇摇头，在沉思。如果是奥迪勒而不是玛格丽特，那可能还有一点逻辑：奥迪勒总是法语和拉丁文翻译的第一名。夏瑟鲁普-洛巴学校的学生是在整个交趾支那筛选出来的。白人不多。每个班有五到六个白人女生。在高一点的年级里，越南男孩——我们也称他们为安南人或本地人的——常常会爱上白人女生。德尼斯说起这些的时候，脸竟然红了，虽然她已经八十二岁："我也有个安南追求者，他每天都写诗给我，弄得我很尴尬。像我们这样的感情是不会有所发展的。我们并不是在种族主义的氛围里长大的，但像这一类的感情却是不自

---

① 戴利：让娜·玛丽和弗雷德里克·佩蒂迪让·德拉罗齐埃尔的笔名，写过一系列畅销小说。玛格丽特·杜拉斯尤其喜欢其中的《玛嘉利》(1910年)。
② 作者与玛格丽特·杜拉斯的对谈，1990年1月。

然的。我属于从来不会蔑视安南人但出了学校门就再也不想和他们接触的一代。"①

德尼斯苦苦搜寻过,也曾写信给以前夏瑟鲁普-洛巴中学的好友,甚至翻出了少女时代的信件,仔细地注视中学照片上的每一个人,但是她还是想不起来谁会是《情人》中那个不朽的海伦·拉戈奈尔的原型。但是她第一次读小说时想起了科莱特。科莱特·杜高米艾,C小姐那里的另一个寄宿生,美丽的科莱特,非常漂亮,漂亮得德尼斯也想去碰碰她,抚摸她。不,不管玛格丽特说什么,夏瑟鲁普-洛巴中学本身没有寄宿生。每个星期四下午,也没有人在空旷院子里的树荫下随着狐步舞曲翩翩起舞,面颊贴着面颊,肌肤相接,呼吸着海伦·拉戈奈尔皮肤的香味。在西贡这样一座充满危险的城市,所有的白人女孩都处在严密的监控之下,根本没有一丁点儿的自由。每个家庭都让司机等在学校门口。玛格丽特,她是个例外。

> 这是学校门口的路。是七点半。是早晨。在西贡的这个时刻,市政府的洒水车刚过,有一种奇妙的清凉感觉,整个城市都浸润在茉莉花的香味里——那么香,以至于都有点让人"恶心"了,不少白人初到西贡时都这么说。但是他们一旦离开殖民地又会想念这股味道。②

德尼斯有一段时间把玛格丽特忘记了。有一天,在巴黎,她正巧看到让·雅克·阿诺的电影广告画。她迫不及待地去看了电影,买了书。但是仍然十分肯定:"我无法弄明白这个关于中国情人的故事。那时不像现在。没有情人,更不要说中国情人。夏瑟鲁普-洛巴中学曾经发生过两桩丑闻:玛格丽特的一个朋友爱上了一个有妇之夫(当然是个白人);她家人立刻把她送到了香港的一所修道院;另一个是在十五岁零三个月大的时候要嫁一个上了年纪的律师,她结婚一个月后就离了婚。"

---

① 作者和德尼斯·奥杰的对谈,1995年3月18日。
② 《来自中国北方的情人》,第160、161页。

玛格丽特的另一个朋友，马赛尔，她高中两年的同班同学，说玛格丽特是个神秘的女孩，虽然她表面看上去羞涩、保守、教养良好，她周围没有任何人能弄清楚她的秘密，他们不知道她下了课以后过的是什么样的生活。但是她记得她曾经两度炫耀过她过着另一种生活，但是没有明确说。她当然还记得，有一天早晨，玛格丽特得意洋洋地到了学校，手上戴着一只钻戒，她给几个同班的女孩看了，说她认识一个很有钱的人。中国情人的故事是真的吗？玛格丽特做得非常艺术，在她一生当中，她弄乱了所有的线索，就是让我们相信她自己的谎言，甚至她自己到最后都成了这谎言的一部分，并且非常虔诚地相信自己的这个故事！她以那么多的方式讲述过这个故事，因为她想要让它不朽，虽然传记作家仍然持怀疑态度。但是我去了一趟越南，并且得到了一本在她死后发现的私人簿子，或许这可以给这个故事带来新的线索。

中国人存在过。我看到了他的坟墓，他的房子。和中国人的故事也确实存在过。这是他的侄子告诉我的，我是在侄子的祖父出钱在沙沥修建的一座塔庙里遇到他的。他请我到沙沥镇上他开的一家小餐馆里，给我讲了玛格丽特和他叔叔之间的故事。他给我看了情人妻子的照片，她生活在很远的地方，在美国，和孩子们在一起。他领我去看了情人父亲以前的产业，现在距沙沥有段路了。大片大片的农业用地，呈蛛网状分布着一些盖到一半就荒弃在那里的建筑。周围是稻田，还有房顶摇摇欲坠的茅屋。侄子领着我奇怪地围着他以前的家族产业转了一圈。然后我们重新沿着一条柏油马路往前走，马路在半中央突然分了岔，接下去是一条田野中泥泞的小道。穿过荒草，他把我带到一个小山丘前：山丘上覆盖着一块巨大的灰色石板，显然没有人维修，已经被热带的暴雨侵蚀得斑斑点点，到处是嗡嗡叫的蓝头苍蝇，固执地不愿离去，而就在这石板上竖着两座样式相同的坟。一座有棺材，一座是空的。第一座坟墓上刻着两个日期，而第二座坟墓上似乎只有生辰。情人的妻子知道有一天她也将安息，在他身边，尽管她知道他在与她公开一起生活之前，喜欢的是她的妹妹，偷偷摸摸恋了很久，过了很久的双重生活。虽然有痛苦和在家人面前的耻辱，虽然有疼痛、沉默、谎言以及地理上的距离，她知道在地下她将安息在他身边。很远，她走得很远。但是她会回来的。这是各自的家庭在很久以前就决定了的。情人的妻子一个人塑造了自己的命运。死了以后，他们会重新团聚。

情人的蓝色房子，也切实存在着。几年前，它成了警察署，禁止拍照。不见了那只情人父亲成天抚摸的吱吱叫的猴子，也不见了在竹塌上盘成一团的蟒蛇，情人的父亲就躺在那上面，懒洋洋的，云雾缭绕，鸦片烟管一直放在身边，在阳台上。深不可测的街道的另一头是河。三个警察正和院子里的孩子一道玩球。尽管同去的翻译再三警告我，我还是小心翼翼地拿出了相机。翻译是对的。警察大叫着向我冲来，还要没收相机。但是这座已经毁坏的房子里今天还能藏着什么秘密呢？我们离开了。侄子把我带到他家，那座他似乎非常为之骄傲的小饭馆。小饭馆坐落在城市的一个贫民区里。外面有四张木头桌子。下午五点钟，光线开始变暗，夜开始一步步逼近的时刻。侄子和我讲了情人在玛格丽特之后的生活，安排好的婚礼，众多的孩子，情人对妻妹的激情，还有他如此特别的双重生活，镇上人都在暗地里指指戳戳。夜幕降临了。啤酒瓶也空了。在革命时期，我们离去前他还对我们说，宪兵把他们家的人都关了起来。只有情人得以逃脱，是以前一个老同学帮的忙。其他人呢？宪兵把他们带到他们自己的土地中央，让他们自己在柔软的稻田上挖洞。一个洞站一个人，身体用土埋好，只露个头在外面。然后宪兵把为他们工作的农民喊来，让他们对着这些脑袋站好，向这些脑袋扔石头。这场由农民执行的"石块击毙刑"一直持续到第二天天际微白。

三个月后情人才回到西贡，夜半时分，走稻田间的运河来的。他的侄子给了我他在西贡的那位朋友的地址，救了他命的那位朋友。接着他突然改变了主意，给我找来了两堆精心捆好藏在床下的资料。我以为里面会是家庭老照片，情书，从来没发表过，没见过的什么……但是他不无骄傲地展示的东西只是一本过了期的法文杂志，旧旧的，疲倦的，封面上翻印了一张他叔叔的身份照片。故事是存在的，因为情人的照片已经上了《巴黎竞赛报》。《绝对相簿》，《情人》的前身就是一篇名为《绝对相簿》的文章。

> 相遇发生在1929年末。
> 她犹豫着。不无歉意地说：
> "我还小。"
> "多大了？"
> 她按照中国人计算年龄的方式回答他：
> "十六岁。"
> "不，"他微笑着说，"这不是真的。"
> "十五岁……十五岁半……行吗？"
> 他笑了。
> "行。"①

玛格丽特的书里出现过很多男人。他们当中有三个情人。《情人》里不朽的情人比起《来自中国北方的情人》里的情人来，显然较瘦，较小，较虚，而后者则较强壮，对自己充满信心且不容置辩。这两个情人都是中国人，来自满洲里或其他什么地方。肤色明亮的中国人，几乎接近白种人。中国人，而不是越南人，这在别人听上去要时髦一点。他们是另一类人，富有，非常有钱。但是玛格丽特描写的第一个情人却是《抵挡太平洋的堤坝》里的，是个白人。瘦弱、乏味、淫秽，爱偷看猥亵场面。他毫无魅力可言，然而却喜欢勾引女孩。他只想着这种事。玩弄猎物。这三个情人都是二十五岁左右，都有黑色的利穆新轿车，总的来说身体也都不大结实。这种身体上的缺陷非常明显，尽管他们都穿着剪裁精致的柞丝绸西服。第一个情人，《堤坝》里的情人，居然得到了女主人公哥哥养的那只猴子的善待。这对于苏珊娜，对于母亲和她的两个哥哥来说也不奇怪，因为他自己就实在像只猴子。更像猴子而不像人。再说"这是

---

① 《来自中国北方的情人》，第48页。

真的，他长得不漂亮。肩膀很窄，胳膊很短，他说他的身高要低于普通男人"。① 幸好有手。杜拉斯笔下的情人的手都是高贵的，非常高贵，玛格丽特总是非常精心地、满怀欣赏地描写他们的手。他们的手非常善于挑逗。激情总是从手开始的。甚至是第一个情人，最滑稽，最瘦弱，最病态的，也得救于这双手，"手，小小的，非常精致，确切地说，很瘦，很漂亮"。

还想得起情人和女孩之间身体的第一次相遇吗？他们在汽车里。两具一动不动的身体。外面是白色的阳光。里面是避难所。两具生命肩并肩地坐着。他睡着了吗？还是在装睡？这呼吸声是那么轻柔温和。是她，小女孩，她向他探过身去。她触到了他的手，那手好像不属于身体，又好像宣告身体的开放。"手很瘦，越往指甲上去越为柔软，还略微有点肥大，就好像曾经断过，有一种令人惊叹的残缺，有一种鸟儿死去时翅膀的优雅。"② 手，包着皮肤的手，她对他的接触就是从这第一点开始的，他仍在困倦之中，似乎什么都没有发生。但是在玛格丽特的笔下，所有情人的手上都戴着钻石。钻石的出现要给予他们一种王者的价值。③ 玛格丽特一直很喜欢钻石，一直到生命结束她都戴着；她从来没有离开过钻石，哪怕是在淘米的时候。《树上的岁月》里的母亲手上也戴满了戒指，不管做任何事情她都不愿摘下。她是有道理的。如果她睡着了，她的儿子就会把她的戒指偷去。苏珊娜，《堤坝》里的女主人公就得到了一枚钻石戒指，是若先生给她的，她也还没有和他睡觉，于是想和母亲一道到西贡把戒指卖了。在杜拉斯的世界里，钻石是一种带有性挑逗意味的装饰物。做爱的进程总是大致不差：首先是看见了钻石，那是欲望的发动机，然后是做爱后身体肌肤散发出的那种琥珀的味道，然后是轻抚情人的绸衣，他们衣服的褶子里总是藏着一种鸦片的怪味。

光滑的身体，带着香气，投入爱的游戏里。男人是女性化的。情人都是反战的，为女性的欲望所吸引。在玛格丽特笔下，总是女孩子

---

① 《抵挡太平洋的堤坝》，第 178 页。
② 《来自中国北方的情人》，第 42 页。
③ 参考《抵挡太平洋的堤坝》，若先生在她的眼里唯一的价值就是他有钻石，第 178 页。

在领舞，是她们首先走进利穆新轿车的，是她们拿起他们的手，让他们等待，是她们释放出某些鼓励性的手势，专注的眼神，骤然温柔的语调，极具魅惑的身体姿态。总是女孩决定故事的开始，然后划分好各个阶段。但是尽管这样，她并不是很清楚自己在做什么，又进展到哪一步。《情人》里的女孩，关上利穆新轿车的车门后，觉得自己浑身上下软绵绵的，一点力气也没有。不是因为她触犯了性和社会的禁忌，而是因为这是她生平第一次脱离家庭这个社会细胞，自己做出某项行动的决定。玛格丽特·杜拉斯去世前几年终于说，就在那个时期，在她的少女时代，她仍然深深地爱着她的母亲，为她的爱所粘着，不能自已。《情人》出第四版时玛格丽特记有笔记，关于女主人公对海伦·拉戈奈尔的欲望，她写道："我不爱海伦·拉戈奈尔，我仍然只是深深地爱着这个家，对这个家的爱就意味着排除其他一切爱情。正是因着它的贪婪和残忍，我得以靠近日后为我所钟爱的地方。"[①] 还有就是在《情人》里的这段话："我仍然在这个家庭里，我是住在那里，而不是别的任何地方。正是因为它的乏味，它那可怕的生硬，它的恶毒，我才会对自己那么有把握，我最能够肯定的，便是以后我会写作。"

情人没有将母亲和女儿分开，也没能让女孩子脱离两个哥哥生活。但是他成功地给了她第二生命：写作。情人是第一个听小女孩说她要成为作家的人，也是第一个相信的人。母亲，她可从来没有相信过，更确切地说是从来不愿意相信。她是到很久以后才明白的，等女儿的书出版了以后。又一次！就像她一贯所表现出来的那样，她不要看，她讨厌所有的这些书。"在书中你撒了谎。"她总是对女儿说。母亲是对的吗？也许玛格丽特只在自己的书里撒谎？玛格丽特想象、歪曲、捏造。她经常要她的读者相信她这个作者。于是读者便把她以小说形式表现出来的东西当成了真的……

玛格丽特在《情人》中并没有准确细致地重建她中学的生活，虽然她似乎让别人相信她是这样做的。玛格丽特在写小说，很夸张。她还编造过，说自己的母亲在伊甸影院里当钢琴家。为什么不呢？谁又

---

① 现代出版档案馆档案。

会因此恨她呢？她能够向谁汇报呢？向她的母亲吗？而她的母亲恨的正是这个，恨她把这一切陈述了出来——即便是以小说的形式，对母亲而言，这一切应该是私人的，秘密的，根本不应该公开。对于母亲来说，她女儿是个作家，这事实本身就够下流的。也许应该是个农妇，最好是会计，或是教师，然而作家？母亲从来不想进入女儿笔下的故事。她宁愿置身事外，漫骂攻击。女儿后来又选择了画面作为表达的手段：但是母亲从来不愿看女儿的电影。女儿写的东西从来没有让母亲感动过。然而只有写作才能让女儿活下去。女儿还是继续在写，因为她要在母亲的眼皮底下活下去。这场战斗早就输了。女儿却在相当长的时间里装作不知道。

她遇到了情人，故事发生在她身上，而不是她的哥哥或母亲身上。她彼时仍然附属于母亲和两个哥哥，在她自己眼里，她也不过是可以忽视的存在，是家里的累赘。她还没有一丁点儿独立的感觉。情人的故事让她脱离了家庭这个重大的存在。故事发生的同时，她已经在想，已经在选择词语，要在日后"把它写下来"。"你不听也没什么关系。你甚至可以睡觉。讲述这个故事，是为了日后我能把它写下来。我无法自持。"[1]

玛格丽特的一生从来没有停止过讲述这个和情人之间发生的故事，她用尽了各种办法。第一次以小说的形式叙述出来是在《抵挡太平洋的堤坝》里，她那时还没敢让情人成为中国人。他第一次出现时是个白人。还是个白人。富有，孤独，优越，丑陋，甚至是非常丑陋；也许，但是他有钱，那么有钱，戴着钻石的手闪闪发光。场面发生在兰姆餐厅。是母亲在看那个家伙，并且注意到这个家伙正目不转睛地盯着她的女儿。"为什么你要埋着头？"母亲说，"你就不能显得可爱一点？"于是苏珊娜冲着北方的庄园主笑了。订下合约的笑。必须服从母亲——老鸨似的母亲[2]，把女儿送了出去的母亲。苏珊娜不是玛格丽特，完全不是。关于这次相遇，玛格丽特·杜拉斯一直在写新的版本：

---

[1]《来自中国北方的情人》，第101页。
[2]《抵挡太平洋的堤坝》，第178页。

盛年的时候是《堤坝》里的相遇，老年的时候是《情人》里的相遇，再接下去是《来自中国北方的情人》。杜拉斯曾宣称，《堤坝》是一部小说，而《情人》是叙述，是自传式的记忆残片。她想在《情人》里重建真实，想要告诉我们这一回是真的，她的真实："不是在兰姆餐厅，您瞧，就像我以前写的那样，我不是在兰姆餐厅碰到了那个有一辆黑色利穆新轿车的富商，而是在彻底放弃了特许经营土地以后，两到三年以后，那一天，我说，是在那样一种雾蒙蒙的光线和暑气中。"[1]

我们也许可以相信，玛格丽特到晚年确实有点记忆衰退的表现，而且她觉得自己写的东西远比她过去的生活更真实。但是在她死后发现的一份文件给这个故事带来了新的光明。这是一则日记，以自传的形式写的，有点混乱，已经埋藏着日后《情人》和《堤坝》里的片段；这则日记没有标明日期，但是据现代出版档案馆的专家鉴定，应该是在"二战"期间写的。玛格丽特·多纳迪厄就这样写下了这篇她从来没有打算拿去发表的文章：

> 我是在沙沥和西贡之间的轮渡上第一次遇见雷奥的，我回寄宿学校，有人——我现在已经记不起是谁了——把我安排在他的车上，正好和雷奥的车一起上轮渡。雷奥是当地人，但是他的穿着很法国化，法语说得也很好，他是从巴黎回来的。我十五岁还不到，我只在很小的时候才到过法国。我觉得雷奥非常优雅。他手上戴着一颗很大的钻石，穿着很罕见的纱丽柞丝绸外套。从来没有一个戴着这么大钻石的人注意过我，而且我的两个哥哥都穿着白色棉布的衣服……雷奥说我是个漂亮的姑娘。
>
> "您熟悉巴黎吗？"
>
> 我脸红了，说不熟悉。他很熟悉巴黎。他住在沙沥。沙沥居然有人非常了解巴黎，而我直到那个时候还对巴黎一无所知。雷奥追求我，我为之心醉神迷。那个负责带我回沙沥的医生把我送到寄宿学校就走了，而雷奥说我们还会再见面的。我知道他非常有钱，我

---

[1] 《情人》，第36页。

受到了诱惑,我没有回答雷奥,因为我既震惊又没有把握。

一气呵成,没有断裂,字体细腻清晰,文章被精心地装在一只信封里,玛格丽特从此再也没有拆开过。看上去它比《厚颜无耻的人》要早,当然肯定是在《痛苦》的手稿之前。玛格丽特还没有顾虑到文体。她用第一人称描写了初次相遇的情况和他们交往的开始。是一种忏悔吗?或者已经是小说的开始了?很难判断。细节的堆砌,想要重建一段复杂感情不同阶段的愿望,它的笔调,甚至是自我释放的一种欲望,这一切都使我趋于相信它的确是一个真实存在过的故事。在这篇文章中,虽然叙述者用了第一人称,但是她还是很小心,没有让情人用他真实的名字。杜拉斯关于真实和事实的概念总是值得怀疑的。无论如何,这篇文章讲述了一个似乎是真实的故事。杜拉斯从来没有想过发表。她忘了吗?真实之谜的一块残片,她后来一直在重新叙述这个故事,用不同的方式,而这则以日记方式叙述的故事像是真的。第一次,玛格丽特讲述了这桩爱情和背叛的故事,这桩折磨她直至生命尽头的故事:

> 第二天,睡午觉的时候,我猛然听见喇叭声,很响。是雷奥……就这样雷奥乘着他的汽车从家门口过,一连三十五次。在房子面前他减慢了速度,但是不敢停下来。我没有出现在阳台上……我尽可能穿得好一些,下午两点钟,我下楼去上学。雷奥在路上等我,倚着车门,总是穿着生丝的套装。

下面我们都知道了。但是《情人》所有"正式"版本从来没有清楚地提到过的,这篇文章却毫无掩饰,那就是钱,钱的魅力——钱成了欲望的发动机:

> 雷奥的汽车着实令我痴迷。一上车,我就问这是什么牌子的,值多少钱。雷奥对我说这是一辆雷翁·阿美达·波雷,值九千皮阿斯特,我想起了我们家的那辆雪铁龙,只值四千皮阿斯特,而且

母亲分三次才付清。雷奥看上去非常幸福,我们开始了谈话,很随意很自然。他晚上来的,第二天又来了,后来就是天天如此。他的汽车让我觉得非常荣耀,我想别人也一定会看见的,我故意让他把车停在那里,因为我怕同学过去的时候会看不见。

我想以后我可以和印度支那高级官员的女儿交往了。她们当中没有一个人有这样一辆利穆新,也没有任何一家有这样穿着制服的司机。黑色的利穆新轿车,还有衣服,都是专门从巴黎定做的,汽车大得出奇,有一种王家的品位。不幸的是,雷奥是安南人,虽然他有一辆美妙绝伦的汽车。只是这汽车令我如此着迷,以至于我忘了这一点不利之处。

我们可以看出来,写下这些文字的玛格丽特与《法兰西帝国》的作者非常接近,但与写下《121通告》的作者却相去甚远。安南人,真可惜他是安南人。这是必须付出的代价。如果他不是安南人,他也就不会对她感兴趣了,她对自己说。我喜欢你的钱,所以我能够爱你。钱,这故事一开始,钱就可以制造欲望。没有钱,故事也不会存在了。首先是钱。至于剩下的,小姑娘会安排妥当。安排好她自己,安排好母亲。也包括她对于爱情的概念。

我继续观察雷奥,有好几个星期的时间。我总是想方设法让他谈谈自己的财产。他大概有五千万法郎的不动产,散布在整个交趾支那,他是独子,他有巨额财产。对雷奥财产总额的估价都让我混乱了,我朝思暮想。

如果我们把她1950年出版的《抵挡太平洋的堤坝》和这篇文章放在一起仔细读,我们真的会搞混的,这些不同却极为相近的场面,还有叙事的结构和人物之间的姻亲关系。当然若先生是个很富有的白人,而雷奥是个很富有的安南人。必须等到老了,无所顾忌了,等到足够的一把年纪,玛格丽特才敢写情人不是一个种族的,甚至在最后那本书的题目里还写了他的来处:《来自中国北方的情人》。有个当地的情人是件非常有损体面的事情。"不幸的是，雷奥是安南人，虽然他有一辆美妙绝伦的汽车。"

小姑娘和雷奥永远都不可能结合。于是这故事一直到最后也只能是关于钱的肮脏故事。而钱，又一次胜利了。在欲望、性和婚姻这场赌博中，白人输了。中国家庭不喜欢混血，也不会挥霍他们的财产。对于玛格丽特的母亲来说，故事还是可以赌一把的。雷奥既然那么有钱，不是显得有点白人的味道了吗？她，小姑娘，既然她那么穷，几乎已经成了黄种人？当时，玛格丽特的母亲每个月有两万两千法郎的工资。她将工资的四分之一付给了西贡的寄宿学校，另外四分之一要寄给法国皮埃尔的监护人，再三分之一还高利贷，那是购置特许经营土地的欠款。她所剩无几。她已经度过了生命中最黑暗的时期。一个人，几近崩溃，没有任何防备的能力。贫穷，但是还值得尊敬。母亲想挽回面子。不能让别人知道。正如玛格丽特在这篇没有公开的文章里写的，当然还算审慎："我们为贫穷所折磨，而我们的悲惨之处就在于我们要将自己的贫穷掩藏起来。"

如果是在远离世人目光的庄园，这贫穷尚可忍受，因为别人看不见。但不是在沙沥，"决不能让周围六十个法国人知道我们的境遇，不管是什么样的境遇。因此，每个月的一号，母亲把自己三分之一的工资拿去还高利贷和他们的利息时，她都是偷偷摸摸地去的，夜幕降临的时候。有好几次她都没能还成。我也不知道为什么。高利贷商人到我们家来过。他们在客厅里坐下来等。有好几次母亲都当着他们的面哭了，请他们赶快走，因为仆人会看见的。可高利贷商人不走。最后，母亲把钱扔到他们的脸上"。[1] 女孩奋起反抗母亲所承受的不公正命运。母亲有很多缺点，但是她对孩子们隐瞒事实真相是对的。玛丽·多纳迪厄在她的孩子们看来是一个殉道者，一个人过着寡居的生活，非常孤独，被所有人抛弃，遭到了社会的放逐。但是钱的问题越突出，母亲也就越粗暴，越愤怒。她和东岱先生——她在沙沥的直接领导，沙沥教育指导小组的负责人——之间的战争还在继续。不乏尖酸的讽刺，

---

[1] 现代出版档案馆档案。

年终总结时夸张的评语。

有时,母亲会和保尔一道开着家里旧的雪铁龙到西贡看女儿。女儿为母亲感到羞耻,就像她在《情人》里写的那样。为她破旧的衣衫,为她干枯的身体,为她补过的袜子,还有她的嗓门总是那么高,又总是那么一副与周围格格不入的样子。女儿赶紧把母亲藏起来,有的时候她甚至躲在课间休息的院子里,躲在一个阴暗的小角落里,不让母亲看见她。于是母亲也厌烦了她的伎俩。她不再到学校去了。太疲倦了……由女儿自己往返。八个小时的路程,坐在一辆拥挤、喧闹、破旧不堪的公共汽车里。我们只有明白了地点上的双重性:西贡,开放的城市,沙沥,昏睡的城镇,母亲工作和受难的地方,才能真正读懂《情人》。在两个地点之间,是冲走一切的河流,是泥浆,是动物残骸,是树。相遇发生在轮渡上,木排下就是汹涌的波涛。

从很少的几张照片看来,轮渡没有什么变化,湄公河岸也没有。破旧的汽车照样在开,让人不禁要问是怎么……里面和外面一样拥挤,坐车的人总是那么多,挤成一团,踏板上,车顶上爬得到处都是,摇摇晃晃地寻找着平衡,还有动物笼子——一个真正的家禽场,自行车和稻米。总之,诺亚方舟就这样在这条坑坑洼洼的路上开着,不停地按着喇叭,让别的汽车让开。到轮渡上更是需要一系列了不起的壮举,尖叫声,一团黑压压的商人从游客头上跳了过去。终于开船了。河岸渐渐地远去。轮渡好像已经非常旧了,架子都已经锈迹斑斑,缆绳也坏了,让人怀疑随时都会发生事故,被吞没,在玛格丽特的记忆中也是那么可怕:"我怕在可怕的湍流之中看着我生命最后一刻的到来。激流是那样凶猛有力,可以把一切冲走,甚至是岩石,教堂、城市都可以冲走。在河水之下,正有一场风暴在狂吼。风在呼啸。"[①] 今天,柴油卡车代替了雷翁·阿美达·波雷,但是沙沥的汽车还在,而且司机旁边的座位上也总还放着一尊手绘的大菩萨,那是司机的保护神。渡河至少需要一刻钟的时间。轮渡上熙熙攘攘。一个盲人音乐家摇着木铃在唱歌,旁边有两个孩子陪着他,手里都拿着一只木碗。在一辆巧妙改

---

① 《情人》,第18页。

装过的自行车上,有一种类似蒸汽装置的东西,这样里面装的白色透明的点心就不会冷了。女人大声夸自己的鸭蛋好。风猛烈地刮着,让人觉得大海就在很近的地方,河水卷起道道漩涡。两侧的河岸都有好多小姑娘在卖牛轧糖和一种稻米和玉米做的点心,有一点甜,包在香蕉叶里卖。"中国人给了她一个。她接受了。吞了下去。没有说谢谢。"[①]

美荻到西贡之间的路很平坦,很直,景色单调。香蕉树、水棕榈和椰子树随风摇摆着。水稻梗子在颤抖。田野里,一片绿海之中,时不时地可见星星点点的灰色或白色的坟墓,总是面对太阳落下的方向。小镇上,一个小姑娘躺在路边的一张床上,在玩一根小木棍。就在她后面站着个男人,在描木头棺材上的红字。生命,死亡,等待,不朽。天色灰暗。正是放假的时候。学校在大风中敞开大门,没有窗,也没有水泥地。"过了村庄后她又睡着了。有司机的时候,我们总是喜欢在稻田和天之间的路上睡觉。"[②] 情人的司机不久前死了。这是父亲的司机。雷翁·阿美达·波雷也被一辆标致403所取代,没有那么艳情而浪漫了。

在轮渡上初遇的那一天,小姑娘穿着一件独一无二的裙子,剪裁很注重肩部和侧面,上面还有图案,在腰部,是樱桃树枝上的一只巨大的鸟儿,展翅欲飞的样子。裙子很保守。还有那顶玫瑰木色的毡帽,是母亲发慈悲给她买的,可以把小女孩的辫子藏进去,这样小女孩看起来就有一种美国牛仔的味道,这在20世纪初期可是很流行的。

> 我缺乏魅力,这一身打扮也没有什么特别可笑之处,况且我并不美得出众。我个子矮小,身材扁平,脸上还有雀斑,身后有两条沉甸甸的辫子,棕红色的,差不多一直垂到屁股。庄园里的阳光把我的皮肤都要烧坏了,因为我们大多数时候都在外面(而西贡那时的风尚是白皙的皮肤)。
>
> 也许我的轮廓还算是合适的,原本也算是美的,但是我脸上

[①] 《来自中国北方的情人》,第39页。
[②] 《来自中国北方的情人》,第47页。

那样一副顽固不化，不讨人喜欢，沉默寡言的表情令我的轮廓大大失去了光彩，没有人注意到我。我看人的目光也很不好，母亲说简直有点恶毒。我在我的脸上找不到一丁点儿温柔的表示，找不到一丁点儿柔软之处。

母亲有时会对她说，不过很少，而且总是偷偷地说，说她漂亮。不，不，你会漂亮起来的，玛格丽特。你会漂亮的。她让她不要太在意。皮埃尔不打她的时候（待会儿我们要回到殴打上来的），就会骂她，骂她长僵了，骂她是个废物，长得那么丑，男人都吓跑了，丑得日后根本嫁不出去，她应该有自知之明。

真的，我没有嫁妆，母亲一想到我有一天要出嫁就觉得害怕。从我十五岁开始，这就成了家里的问题。"你可以跑一跑，"大儿子总是说，"看看有没有人要她。她三十岁的时候，你还得把她抱在怀里。"这是我母亲很忌讳的一点，她会发怒的。"明天，只要我高兴，我就把她随便嫁一个人。"

要做老姑娘的前景让我不知所措。死亡与此相比都不显得那么糟糕了。我听着这一切。我知道母亲说的不是真的，她不会把我随便嫁给什么人，但是我还是希望能够找到一个"婚姻对象"。①

待售的玛格丽特。两个哥哥都不想工作，母亲也认为，只要付现款，女儿离家也是很道德的。甚至在和雷奥的故事之前，他们已经在给她找婚姻对象了。可是徒劳。没有人要玛格丽特，至少从表面上看起来如此。接着，像奇迹一般，就出现了和雷奥的相遇。"雷奥怎么会注意到我的呢？他觉得我对他的胃口。我不愿对自己解释说是因为他也丑。他曾经出过天花，留下了痕迹，但不严重。他肯定比一般的安南人还丑，但是他的穿着很有品位。"②

---

① 现代出版档案馆档案。
② 现代出版档案馆档案。

丑也只好认了。也许对于单纯的少女以及比较脆弱的心灵（我曾经就是这样的）来说，只好幻想情人的性魅力了，雨一般柔滑的皮肤，煽情的手，完美的身体。情人很丑，而且长得不太对劲。在这个柔嫩的年轻女孩看来，情人甚至长得让人恶心，是的，但情人对她感兴趣。终于有一个异性注意到她了，重视她，让她感觉出自己的存在。当然，玛格丽特也曾经吸引过夏瑟鲁普-洛巴中学的一个同学，他在暑假的时候追了她好几个月。但是在玛格丽特看来，他比雷奥还要丑。更让人恶心！再说他也没有钱……"他是班上的垃圾，渣滓，我不准他碰我，因为他长着一口烂牙。班上同学都看不起他。他的哥哥在中国区开了家小店。他已经超过二十岁了，可还在上三年级，因为他留过级。"这个可怜的小伙子求了几个小时，求玛格丽特和他到教室后面去，坐在他身边。接着，他用一种令人悲悯的低三下四的口吻坚持要求玛格丽特把手给他，他贪婪地把她的手拥在怀里。"我好奇地看着他……这是个不幸的存在：我根本看不下去，因为他是我要避开的那类人的具体体现。那类可怜的，让人瞧不起的人，而我也属于这类人。"[1]

在幼稚无知的同学和雷翁·阿美达·波雷汽车里的麻脸之间，她的选择不难理解。再说这真的是一种选择吗？可能还算不上。玛格丽特无路可逃。哥哥和母亲的压力对她影响太大了。她觉得自己有必要找个男人。她找到了。她没有等他，但是他正巧落在她面前。她觉得自己有义务拯救家庭于水深火热之中。她一个人就能做到。开始时她没有告诉母亲。下午，她和他坐在车里游遍西贡的大小马路，车窗紧闭。她向他，也向西贡其他居民打探消息，想要确切知道他究竟有多少财产。她很快证实了他拥有巨额财富。暑假的时候，她把他带到沙沥介绍给了她的家人，然后渐渐地，在母亲和大哥哥的督促下，迫使他尽快做出选择：用有望成真的爱情交换很多很多的皮阿斯特。以前曾经有过《堤坝》的梦想。而在这以后有了对情人财富的梦想，这梦想不是玛格丽特一个人的，而是整个家庭的。

---

[1] 现代出版档案馆档案。

雷奥进入这个家庭改变了一切计划。自从我们知道他的财产总额以后，就一致决定让他来还高利贷欠款，并让他投资好几个企业（让他给我小哥哥开个锯木厂，给大哥哥开个装饰车间），我母亲仔细研究过各项计划，除此之外，还要他给家里的每个成员配备一辆汽车。我负责把这一切计划转达给雷奥，试探他一下，但是不能允诺他什么。"如果你可以不嫁给他那就最好了，不管怎么说他是当地人，你以后会明白的。"①

情人于是成了交易的对象，钱的来源，多纳迪厄一家唯一的资源。在这出以她为首的反常游戏里，玛格丽特究竟是骗子、同谋还是牺牲品呢？她一头扎进了游戏之中。爱的游戏，后来她将之转化为情人的两个版本。作家对于肮脏事实的美丽报复！故事得到了润色，并且成了小说，反响很大，作者以如此感人而且看上去如此真实的方式将它表现出来，以至于情人成了她真实生活的一部分——没有任何人会反对这一点。她用《情人》进行了报复。她把一个再平庸不过的故事发展成了一个艳情故事。她喜滋滋地把钱收了起来。她似乎终于可以平静了。但是她曾经和我解释过，说她那时完全在家庭的控制之下，说她被束缚住了手脚，成为一件物品，不得不将交易进行下去。她说的是真话吗？筹拍《情人》的时候，她也和雅克·特罗奈尔，和克洛德·贝里说过同样的话。"小姑娘没有被强奸，是母亲把她送给情人的。"②作为情人的男人对此不负有责任。女孩是对母亲而不是对情人让步的。对女儿，母亲能提任何要求。女儿是母亲的财产。母亲把女儿的一切捐了出去，除了性。想要占有她，那就得娶她。但是母亲想要避免婚姻——不管怎么说他是个本地人，同时还要尽可能地利用这种关系为他们带来经济上的收益，能利用多长时间就利用多长时间。

杜拉斯成为作家以后，一直致力于再现这份痛苦。在她自己眼里，这段时期仍然是黑暗模糊的，她不明白，这一份爱的需要，这种为默

---

① 现代出版档案馆档案。
② 玛格丽特·杜拉斯和克洛德·贝里的对谈。克洛德·贝里档案。

许的母亲做出的牺牲,这种把戏,她相信把自己给了母亲,而实际上她是委身于一个男人,一个可以把她从母亲控制之下解救出来并让她因此得到快感的男人。"还有,他还算是走得出去的,因为人们看不见他的身材,通常只注意到他的脑袋,如果说这脑袋的确很丑,却还算不失某种高贵。我从来不同意在街上和他一道走一百米以上。如果一个人能够耗尽他的羞耻之心的话,我可能和雷奥在一起就已经耗尽了。"她在日记中写道。

在《来自中国北方的情人》里,有孩子、男人和欲望。欲望很快就产生了。如此强烈的欲望,语言已经多余,只有沉默。爱的沉默。玛格丽特通过写作耗尽了她的羞耻之心。她通过文学滤光了生命中阴暗不幸的部分,只留下经过精炼的东西。她充满激情地重复,将一个个人的故事转化为爱情的套话。

> 故事已然存在,已然不可避免。
> 一个盲目的爱情故事,
> 不停地向我走来,
> 从来没有忘却。[1]

和中国人的故事持续了两年。在第一年里,玛格丽特还是西贡的住宿生。这是乘着黑色轿车兜风的一年,偷偷摸摸的吻,晚上出去到堤岸的饭店吃饭,性游戏的房间,和海伦·拉戈奈尔永不结束的谈话,她唯一的朋友,是经过她心灵筛选出来的朋友,她对她充满了欲望,对她的身体,对她的目光,她的嘴唇和她的乳房。后来母亲离开了沙沥。被任命为西贡一家女子学校的校长,她搬到离夏瑟鲁普-洛巴中学不远的一幢房子里。这一年是在泉园夜总会度过的,蓝色的游泳池,可笑的狐步舞,忧伤而无精打采的母亲,无端狂吠而好斗的哥哥,他们一直都在,黏着他们,就像小姑娘和情人的看门狗,穷凶极恶地监视着他们。

---

[1] 《来自中国北方的情人》,第52页。

故事才开始的时候，年轻男子总是和他的司机一道等在中学的出口。他们把自己关在这辆在年轻女孩看来奢华之极的车里，彼此交谈，互相熟悉。几个星期以后，年轻男子握住了她的手，对她说：我爱你。这几个字突然将她带入了欲望。这几个字震惊了她，这几个字，她曾经在一本书里读到过，一本她觉得最好、熟记在心的书，戴利的《玛嘉利》（她炫耀说她至少看了五十遍以上）。在《玛嘉利》里，这句"我爱你"只说过一次。但是正是这几个字在情人之间建立了一种牢不可破的关系，由数月的等待，痛苦的分离，折磨人的痛苦锤炼而成的关系。我爱你，这话我们只说一次。在日记里，她写道："说出来之后，他就再也不会说这句话。而这话他是对我说的。"[1] 他或是别的什么人，没有关系。重要的是这句话在年轻女孩身上产生的那种炽热的感觉。一种强烈的高贵感让她对这个世界敞开了心扉，使她激荡不已。"不管是谁都能对我说这句话。在相同的条件下也会产生相同的效果。"但是雷奥很丑。他不讨她的喜欢。怎么才能忘了他缺少魅力的事实呢？玛格丽特在日记中详细描述了年轻男人对她一步步的引诱。雷奥很有方法，他从头发开始，然后是腰，接着到乳房，他企图抚摸她的乳房，遭到拒绝后绝望地往上到她的唇。战斗持续了几个月。

"我，我希望待在任何一个人的怀抱之中。"《堤坝》里的苏珊娜说过，是在若先生不停地给她涂指甲油之后，涂了手上的指甲又涂脚上的指甲。身体支离破碎。腰肢，颈项，臂膀，手，头发，嘴唇。不，没有唇。从来没有唇。别的部分——再抚摸一遍。这种令年轻姑娘恶心的感觉，在日记的陈述中已经非常强烈了。于是，她笔下的初吻几乎成了强奸：

> 他突然间吻了我。我的反感真是难以名状。我推开雷奥，啐他，我想要从汽车里逃出去。雷奥也不知怎么办是好。有一秒钟的时间，我紧张地如同在弦之箭。我不停地重复着：完了，完了。我本身就令人恶心……我不停地吐唾沫，我吐了一晚上的唾沫，

---

[1] 现代出版档案馆档案。

第二天，我一想到当时的场景，还是要吐唾沫。①

七十年后，她的这个故事众人皆知，甚至成了国际性的畅销小说。她从自己体内把这些词赶了出来，个个硬如碎石。但是，她第一次写这个故事的时候，她想要把它从自己体内彻底驱除出去。写的时候她远离了自己。这则日记似乎是扮演了某种净化的角色。而且她从来没有把这篇文章拿出来过，她的同伴和朋友都不知道它的存在。她描写了她对降临到她身上的这一切是如何反应的，身体上有怎样的反应，虽然她没有真正弄明白，但是她把一切都记录在她身体的褶皱间。她体验到了一种情感和认识上的混乱。通向意义之路，对这个世界的理解只能通过词语来表达。"我已经记不得当时对雷奥都说了些什么。再说这一切如此可怕，说了些什么已经不重要了。"②

玛格丽特的日记遵从的是时间的顺序：首先，在反感之中还混杂着想要让中学里蔑视她的女孩刮目相看的欲望。黑色的轿车在出口处等她。双手交抱，缠在一起。车窗紧闭，两个人都登上了一条自己不太情愿的不归路。他不明白年轻女孩玩的那种模糊的游戏。她也不知道自己究竟能到哪一步。母亲对她说过：你和雷奥什么都能做，除了睡觉。但是她不明白睡觉意味着什么。她的大哥从一开始把她当成娼妇来对待，但是也没有人告诉她娼妇意味着什么。他又骂她是肮脏的妓女。妓女这个词对她来说一直有一种神秘的色彩，每一次他骂她，她都牢记在心。她还是不知道这个词的意思，但是她喜欢这个词。她不知道为什么，反正这个词很吸引她。妓女，肮脏的妓女。大哥骂她的时候，她就直勾勾地看着他。找寻词语的含义，然后可以把自己的感觉表达出来：玛格丽特需要很长时间才能把词语和事物一一对上。也许把写作当作一种澄清正是源于这份自少年时代就包围着她的差距和这份永远的混乱。当然能够理解，但是从来都不是很明白，从来都不能够完全理解。

---

① 现代出版档案馆档案。
② 现代出版档案馆档案。

雷奥鼓足了勇气。他要碰她。雷奥挑起了她犹不自知的快感。雷奥成了夜晚的偷渡者。他把她带到堤岸，她对于堤岸的了解还只限于那些昏昏欲睡的当地警察。堤岸是生活本身，永远都是那么拥挤，一种色彩、感觉、气味、动作上的大杂烩，一种堆积，一种不相容的存在，一种动感的美，强烈的美。

以前，西贡和堤岸以一块平原为分界线。才建殖民地的时候，白人在堤岸看到的是一大块坟地。如今，坟地消失了，取而代之的是沥青马路和林荫大道，到处都是黄包车和轻便摩托车。一切都被运送到堤岸。堤岸是城市的肚腹，是印度支那最大的市场。没有人在堤岸过夜，夜晚白天都浸没在小店铺里，脚上沾满泥浆的老先生在卖晒干的蟹脚，据说这能让男人更加强壮，而旁边就是装扮入时的年轻女孩，妆化得很浓，头发剪成亮闪闪的鲤鱼。在堤岸闻到的是泥沙和鱼酱的味道，是辛香作料和飘着清香的茶的味道；人们挤来挤去的，总是很忙，除了那些正在一团混乱中习中国字的小孩，很认真地拿着一本漂亮的簿子，照着老祖母给他们写的样字在描。堤岸还是20世纪30年代的风貌，没有什么变化。巴黎街仍然装点着彩色的花环，饭馆的楼梯也还是亮晶晶的，店里都放着大肚菩萨。香烟店总是开着门。门前男人在洗澡，笑着溅了一身的泥浆。人们在玩多米诺骨牌，大声喊着数字，一个小姑娘躺在支在路边的行军床上唱歌。下面，苦力围着一盆辣椒汤。上面，稻米大王正在喝香槟，喝醉为止。雷翁·威尔士说他觉得堤岸是一幅巴黎比加尔和贝尔维尔并陈的图画，彼此混杂，饭馆则像《情人》里写的一样，用硕大的盆盛货物，乱哄哄的光线和声音，侍者大声地叫菜，来来去去穿梭得让你头昏，坦率的城市，交易的城市，贱民和妓女的城市。所有东西都可以卖。堤岸和世界上任何一个地方都不相像。多热莱斯说得很有道理："我们从塔庙里出来赶去听歌女唱歌。我们在市场上漫无目的地闲逛。街上到处都是摊子，花十个苏就可以买一个蓝色瓦罐，还可以买好几串糖渍的李子干。我们爬上香烟店，混入人群，在摊子上翻来翻去，等脑袋里塞满了乱哄哄的景象和声音之后，我们吹口哨叫来一辆马拉巴尔基督徒的汽车或一辆黄包车，精疲力竭地陷在车里，从北面的那条路绕回去。借着黄昏的光线，我们胡思乱想地望着光着肚子的店主和画着'小花'的脸颊。"①

雷奥好像吃醋了。他监视年轻女孩，成天等在学校门口。他要求知道她的时间安排，开车跟在她后面，跟着她从学校回到C小姐那里。小女孩让他抚摸。每天更进一步。她不愿意但是她不知道该怎么阻止他这样得寸进尺。他对她说：如果你欺骗我，我就杀了你。他带她去看美国的警匪片，趁着黑暗在她身上乱摸。她不敢推开他，一边让他抚摸一边贪婪地睁大眼睛看着银幕上美丽而勇敢的女主人公。她一直有一种罪恶感。因为不会爱。因为不能够爱他。她把这个故事当作她的宿命。然而，正如她所说的那样："从一开始我就非常认真地对待我们的关系，我从来没有给过他吃醋的机会。"嫉妒能让两个人的关系牢不可破，使之持续下去。还有对性关系的等待。玛格丽特·杜拉斯在《堤坝》里成功地描写了这种颇为漫长的进程，苏珊娜开始只让那个或许可以成为她未婚夫的人用眼睛看，用目光占有她，但是她不让他碰她。在日记里，她已经分析了这种快感的一步步来临："面对雷奥，我真的觉得自己有罪，我很痛苦，因为我不能再进一步。"后来母亲和哥哥也到了西贡。年轻女孩又重新回到了集体生活里，疯笑，还有殴打。

无论如何，这是玛格丽特在日记中写的。文章有的时候简直让人心碎，因为她用不容置疑的笔调描述了加之于她的暴力，真的是不堪忍受。牺牲品小玛格丽特？猥亵成性的大哥在母亲的默许下玩弄的对象？他们也许可以从中获得某种快感？从表面上看起来应该是安全的，小资产阶级的生活。德尼斯·奥约，玛格丽特在夏瑟鲁普–洛巴的中学同学说她从来没想过玛格丽特会挨打。马克斯·贝尔吉埃，后来母亲在西贡收的寄宿生则认为这根本是不可能的事。她的朋友中，一直和她关系很好的爱德加·莫兰、克洛德·卢瓦都没有听她谈起过挨打的事，尽管有好几次，她说起过大哥的粗暴，说她非常害怕。但是她对莫尼克·昂泰尔姆说过，说她小时候经常挨母亲的打，这丝毫无损于她对她的爱。据一位她从印度支那回来以后认识的朋友讲，她母亲在行为上的确非常粗暴，而且对女儿有一种敌意，总是喜欢和她斗。到底是怎

---

① R.多热莱斯，见上述引文。

么一回事呢？

玛格丽特的某些情人——比如说热拉尔·雅尔罗——曾经和周围的同伴说过她喜欢挨揍。后来，她和她儿子之间也经常动手。不都说挨打长大的孩子长大也会变成粗暴的父母吗？有时儿子也还击。玛格丽特的好多朋友都看到过这种母子之间互相攻击的场面，他们甚为尴尬，也没有办法上前阻止。这位母亲是否经常倾诉她童年的不幸呢？受虐狂玛格丽特？在我和玛格丽特的谈话中，她肯定了母亲和大哥打她的事实，但是她不愿意多谈，也拒绝评论。在这则日记里，她却多次提到自己挨打。究竟是真的存在过，这些肮脏的秘密，还是仅仅是作家的想象，带着某种快慰重新编造这一段即将结束的童年时光？

殴打，也许有过。很多，很野蛮，粗暴，伤痕累累，但是她等待挨打，希望挨打。暴力是这个家庭星座的中心。女儿对于母亲的爱—欲望—服从正是通过殴打传递的。小女孩可以接受殴打，但是害怕雷奥的反应：

> 妈妈经常打我，尤其是她神经紧张的时候，她没有别的办法。因为我是她最小的孩子，最可控制，因此妈妈打我也就打得最多。她打得我团团转，只是我躲闪得非常轻盈，像跳华尔兹。她用棍子打我。愤怒让她气血上冲，她说她会死于脑溢血的。于是尽管我想反抗，但是我更害怕失去她。我能够赞同妈妈打我的动机，但是我不喜欢这样的方法。我知道雷奥不能够理解，他从来不能理解妈妈对待我的态度，然而在这一点上我和妈妈的意见一致，我不能忍受任何人，包括雷奥，指责她。①

玛格丽特把自己看成一个坏女孩，粗野，孤独。她没有朋友，除了变成她笔下的海伦·拉戈奈尔的科莱特，还有几个围绕在她周围的崇拜者，她们组成了一个知心朋友的圈子。德尼斯在今天相当后悔，她从来没有请过玛格丽特参加家庭舞会或茶舞会什么的。她从来没有出

---

① 现代出版档案馆档案。

席过这样的场合。"我几乎总是生活在一种罪恶感之中，而这一切只能增加我的傲慢和恶毒，因为我很骄傲，我不愿意表现出悲伤的样子。"①她弄哭了好几个学生，不和他们说话，以此来证明自己的恶毒。她甚至敢拿教师开刀，就是那样定定地看着他们，把他们都看病了。她还制造事端，让督学不舒服，让他们喘不过气来，最后不得不离开学校。其实她自己也害怕，害怕她制造的这种恐慌。她也许的确"该打"，因为唯有这样才能平复她这种单纯的恶毒，她确信自己为这种恶毒所包围。大哥也打得越来越巧妙了。母亲随之仿效，在一种病态的竞争中母子俩紧密地团结在一起。

> 要看轮到谁打我。如果大哥觉得母亲没有用合适的方式打我，他会对她说"等等"，然后替她上阵。但是她很快就后悔了，因为每次她都觉得我会被打死的。她发出可怕的吼叫，但是很难让我大哥停手。有一天，大哥改变了战术，让我冲着钢琴滚过去，我的太阳穴正好撞在钢琴脚上，几乎站不起来。母亲害怕极了。以至于后来她一直活在这些战斗的阴影里。大哥制造我的不幸时显得力大无比，他的肱二头肌简直是畸形发展，令我母亲深为敬畏，也许她因此更想打我。②

雷奥的故事使得大哥不仅仅能满足于殴打了。他又开始了辱骂。继妓女之后，烂货成了他的口头禅，但是还有母狗、无赖和毒蛇。小女孩默默地承受这一切，但是越来越为自己的生活感到担心。在日记里，玛格丽特写道：

> 母亲的殴打和大哥的殴打的不同之处就在于，大哥的殴打更疼，更让我无法接受。每一次，我都觉得他简直要把我杀了，我不再是愤怒，而是害怕，害怕我的头会掉下来，在地上乱滚，或

---

① 现代出版档案馆档案。
② 现代出版档案馆档案。

者头还在，但是疯了。①

晚上，雷奥"来来去去"，就像玛格丽特写的那样，带着一大家人。在堤岸的饭馆里，哥哥总是点最贵的菜，而且从不说谢谢，接着还要去最时髦的夜总会——泉园夜总会度过夜晚的剩余部分。

日记和《来自中国北方的情人》里的泉园夜总会真实存在过，老的西贡人还能记起涂脂抹粉的白种女人乘着那种城郊才有的加长的汽车来了，已经喝得有点醉醺醺的法国人在等她们。如今，泉园不复存在。过去这里曾以耀眼的奢华著称，热带花园里散布着一个个小房间，供客人荒淫之用，而现在，它真的从地图上彻底抹去了。过去滋养着游泳池的小河如今从一大堆垃圾之海中流过。舞池也被市场取代。再没有拉莫娜了，也没有玛尔岱尔·拜里埃。成群的孩子簇拥在一位老先生周围，他过去曾是泉园的侍者，他至今还满怀激情地回忆那个灯红酒绿的时代，富有的中国人把白种女人喊出来，让她们陪着喝酒跳舞直到天亮。再没有狐步舞了，也没有查尔斯顿舞了。

"我们最常去的是距离城市二十公里的泉园夜总会，那里有个游泳池，是直接截取某条湍流，就在它的河床上挖成的。灯光和游泳池上方流畅而柔软的身体照亮了它。在吃冷餐和跳舞之前，我和两个哥哥就在那里面游泳。晚会非常奇怪，一点也不好玩。两个哥哥都看不起雷奥，他们总是显出一副高高在上的样子，也不说话。母亲则和善而悲伤地微笑着，看着她的孩子骄傲地跳舞。她总是穿着那种晨衣一样的裙子，肩部和侧面打了裥，没有腰身，还穿棉袜和过时的皮鞋。她几乎是靠着桌子，大包从来没有离开过她的膝盖，里面永远放着种植园的地契以及高利贷的收据。"泉园的晚会越来越多。玛格丽特·杜拉斯忠实记录了一个年轻女孩的心情和母亲的沮丧。母亲觉得自己是个牺牲品："她每天都这样说，每次打我的时候都要说。正是为了我们她才沦落到这种悲惨的境地。我们仿佛越来越悲惨。她是牺牲品，而我们不是。她总是说，'我已经被附着在不幸之上了，我被摧毁了，我还

---

① 现代出版档案馆档案。

不如死了好……'她经常这样说，我们已经麻木了。人家都说她很罪过，一点用也没有，尤其是和雷奥的故事，别人都把错归咎在她身上。"①

母亲由雷奥供养着，两个哥哥亦是如此。但这还不够。母亲和大哥需要现钱。母亲想方设法让女儿明白——但也没有解释得很清楚——她需要皮阿斯特，需要买东西。女儿听从了命令，但是花了很长时间才执行。雷奥有权吻她，抚摸她的手。最后会有一支探戈舞曲的。房间里的爱，她是到最后才松口的，就在她回法国的前几天，并且，根据日记记载的，只有一次。唯一的一次。钱，她最后还是问他要了钱。他从来没有主动提出过要给她。六十年以后，玛格丽特·杜拉斯还在自忖她究竟是怎么达到"极限"②的——这是她用的词。万事开头难。后来，她所感觉到的只有羞耻。她在这则私人的日记里写道，她带回钱的时候，终于在亲人的眼中读出了自己的存在。她再一次向他要钱。但是雷奥让她求了又求，他弄懂了这个计谋，他觉得这一切非常可耻，让人恶心。母亲在等刚和雷奥分了手的女儿。今天是多少？女儿没有回答，拖延快乐的时间。"当她得知我拿到了钱，母亲进入了一种半睡眠状态。"母亲寸步不离地跟着女儿，大哥也始终跟着她们，赤着膊。女儿终于可以支配母亲了。她因为缺少她的爱而饱受折磨，这一回她终于可以拥有她了，当作人质。她侮辱她，让她低头，让她因为欲望而气喘吁吁。她知道把钱交出去以后她会挨揍的。她在拖延时间。这时钱已经不是欲望的发动机，而是感情的兴奋剂。钱只是一种手段，是欲望的致命武器："'你会马上把钱给我的。'手举在我脸的上方，差一点就要落下了。我给了。钱在包里，也就没人再想着了。"③母亲对女儿很满意。她不再为她担心。她觉得，女儿最终还不算太糟，还能应付得了生活。她也许不会结婚，但是她知道怎么和男人周旋。这才是最重要的。

在中学，玛格丽特越来越孤立了。到处都是蔑视的眼光。同学把她当成妓女来对待，人家都说她是西贡最年轻的腐化女人。她很少去

---

① 现代出版档案馆档案。
② 玛格丽特·杜拉斯和克洛德·贝里的对谈，未发表。克洛德·贝里档案。
③ 现代出版档案馆档案。

学校。她说学校有同学冒犯她，而她也不能求助于学监，因为他曾经把她关进自己的办公室，企图抱她。也就是在这个时候，她疯狂地迷恋上了文学。她厌倦了戴利，喜欢上了莎士比亚和莫里哀，她后来也一直非常喜欢他们，读了一辈子。接着她又在一堂英语课上对刘易斯·卡罗尔一见钟情。她羡慕爱丽丝能够为自己创造一个世界。玛格丽特，她从来没有梦想过还有别样的生活方式。她并不梦想可以活得更好。在日记里，她把自己描写成一个坏女孩。她知道自己是个坏女孩。她再也摆脱不了这份恶毒了。坏，你就是个坏女孩。雷奥不停地对她重复说。铁石心肠，是个只能让他痛苦的废物，麻木，就是为了他的钱。然而，她开始有点爱他了。雷奥也是，突然间占了上风，能够控制局势了。她爱他，她说"以她自己的方式钟情于他"，而他为了惩罚她，一个星期都没有理她，甚至没有任何表示，她非常痛苦。雷奥和她谈起了未来的生活，而小女孩也觉得自己真的会和他一起生活的。无论如何，她什么也不等。和雷奥在一起生活也许没有和母亲在一起生活这么艰难。"我接受了雷奥的蠢话。我接受了一切。我的母亲，我的大哥，雨点般的殴打。一切。我觉得逃离这一切的唯一方法就是嫁给雷奥，因为他有钱，有了钱我们就能去法国，我们就会有好时光的。我可不想留在印度支那，因为我觉得我没有办法一个人和雷奥在一起生活。"

但是雷奥，在维持了两年的关系之后，有一天来对母亲说他的父亲禁止他娶玛格丽特。剩下的事情非常匆忙。母亲很快要回到法国重新开始生活。但是她一个子儿也没有。她把雷奥看成这新的不幸的罪魁祸首。于是她向她要钱。两百万。真的是两百万，玛格丽特后来对我说，声音中有一种骄傲，她也是这么对克洛德·贝里说的。在她的书里，她说到了一颗钻石，一颗很大的钻石，只可惜坏了，这颗有瑕疵的钻石是情人家给的，母亲曾试图把它卖掉。我不知道情人家是不是给过钻石，不过是给了他们一笔现金。情人的父亲打听清楚了多纳迪厄一家到法国所需的费用。

1931年夏，玛丽和她的两个孩子登上了去马赛的船，"圣-皮埃尔的贝尔纳圣徒"号。旅费不是母亲出的，虽然她还是公务员，可以享受免除旅费的待遇。情人的父亲最终让了步。钱，这是母亲的报复。

法语里说得很好：付出代价。他们走了，情人一家想，终于走了。在《情人》里，玛格丽特也描述了分离的场面，邮船公司的港口渐渐远去，雷奥的身影渐渐在情感的跌宕中变得模糊不清，接着是船航行到一半有个年轻的旅者自杀，他的尸体被黑暗吞没了，一点声音也没有。玛格丽特和自己的童年诀别了，但是与她想要缔造的传奇正相反，她没有和印度支那诀别：一年以后，她又和母亲回到了这里，上了一年的学，才最后真正地回到了法国。

> 相信自己的童年无足轻重，我想，这是一种深层的、决定性的、根本的缺乏信仰的表现。
>
> 所有的人都会对童年表示首肯。所有的女人都会为了随便什么人的童年故事落泪，哪怕那是个凶手，是个暴君。最近我才看过一张希特勒在童年时代的照片，他穿着衬裙，站在椅子上。
>
> 如果从一个人的童年出发去考虑问题，那么所有的生命都值得无限同情。也许我只是这样来看待别人的，因为在我的童年里，有一种让我觉得骄傲的动荡。[①]

法国的大驳船仿若灯火辉煌的城市，是唾手可得的欢娱和短暂激情的领土，玛格丽特曾经在书中仔细描写过这一切，而如今这些船不再停靠在邮船公司前了。不过有些大的货船还在这里下集装箱，港口挤满了赤手空拳抓白鱼的年轻人。《印度之歌》和《副领事》里的讨饭女人似乎还在不远的地方游荡，在又深又黏的水里寻找她所谓的食物。邮船公司的货舱还没有完全损坏，但是大楼已经成了胡志明市的博物馆，门口有个胡子拉碴的守卫，不允许闲人进入。革命旗帜飘扬在湄公河上。西贡过去是通往中国和日本的交通要道，并且是到印度和马来西亚半岛的必经之地，而今却已经完全失去了往日的光彩。情人不再泪眼蒙眬地等候在码头上。

关于多纳迪厄一家这次在法国短暂的停留我们知道得很少：殖民

[①] 未发表的手稿。现代出版档案馆档案。

行政署名单上的一些临时地址可以证明他们先在母亲家住了一段日子，是在索姆山，后来到了杜朗，然后经由普拉提埃到了杜拉斯镇。让·路易·雅戈曾经陪玛格丽特到过杜拉斯镇，那是她最后一次到那里，她走在以前父亲家的田野里，大声地和自己说话，说的都是母亲那时想要收回房子的事情，其实母亲自己也很清楚这是一场徒劳的战争，他们果然一无所获。至于母亲为什么如此执着，原因在玛格丽特的第一本书《厚颜无耻的人》里可以找到，她在书里写了生活在乡村里的一家人，有一个恶毒的哥哥，一事无成，游手好闲，一个极不稳定、头脑狂热的妹妹，还有一个不公正、粗暴的母亲，陷入对儿子的畸形溺爱中无法自拔。母亲想用这块地来束缚住儿子，让他成为那种绅士型的农场主。她的努力白费了，因为儿子需要的是容易到手的钱和城里的姑娘。

伊芙特，玛格丽特小时候的朋友，这会儿却再也认不出那个当年在田野里乱跑的玛格丽特了，那个狡猾的玛格丽特，说话的腔调真正像个乡下小女孩。玛格丽特已经长成一个年轻女人，神秘，孤独，似乎也不想和村里的人多接近。她美得让人吃惊。星期天下午她在两个哥哥的陪同下走在村里的路上去看电影，年轻的男孩都向她吹口哨。伊芙特的两个朋友还能记起她那种非常害羞的神情。勒内·勃朗叙述了那天他们拍卖的场面，周围的人都很激动，看到从远东和中国运来的财宝家具散乱地堆放在那里。这个时期也留下了不多的几张照片，我们可以看到，多纳迪厄一家三人很可亲地对着镜头。表面上看起来很团结。玛格丽特很苗条，头发梳得整整齐齐，裙子也很入时，只是目光非常忧伤。

在普拉提埃过了暑假以后，玛丽决定到巴黎安家。在《物质生活》一篇题为《波尔多的火车》的文章里，玛格丽特追忆了当时或许真的有可能发生过的事情——这篇短篇小说写得如同连环画片一样——这次旅行之夜。她和母亲以及两个哥哥一道在三等车厢里。在她对面坐着一个三十来岁的男人，一直在注视她。"我一直穿着殖民地那种浅色的裙子，赤脚穿着凉鞋。我一点睡意也没有。这个男人问到了我的家庭，于是我告诉他我们在殖民地是如何生活的，那里的雨，那里的热气、阳台，和法国的差别，森林里的远足，还有我那年取得的业士文凭……"玛格丽特的声音这么低，周围人都在她的陈述中睡着了。接着突然一切都在"一瞥的时间"里发生了。她睡着了，又醒了过来。一只温热而柔软的手正顺着她的臀部往上。夜，母亲、哥哥都在她身旁，她被他们挤得几乎窒息了。火车到达巴黎，当她睁开眼睛时，看见对面的座位是空的。

玛丽·多纳迪厄一到巴黎就着手去市政厅办理手续，想要在巴黎城附近找一处住房。寡妇，三个孩子，做了很长时间的公务员。在她的坚持之下，她获得了一套房子，在旺弗的维克多·雨果大道十六号。法国生活对于玛格丽特产生了什么样的冲击呢？她从来没有谈起过，除了在《厚颜无耻的人》的第三章间接谈起过一点，只不过旺弗变成了克拉玛，女主人公心不在焉地游荡在不甚规则的郊区冰冷的街道上。"随着时间的流逝，她越来越孤独，一直远离生活的家庭河岸。"小说在最后的几章用非常肯定的笔调追忆了"精神失常"的母亲，她越来越粗暴了，不惜一切保护她的大儿子，对她的女儿极其不公正。多纳迪厄一家在旺弗的日子很快变成了地狱一般的生活。皮埃尔赌钱，他抢母亲的钱去挥霍，他总是夜里出去，天蒙蒙亮才回来，输得一塌糊涂。玛丽那一点点可怜的积蓄全部用光了。玛格丽特承认当时她家没有任何必要的设备。母亲甚至拿不出给她买大衣的钱，而且他们天天吃的都是冷饭。就在这种混乱的环境里，玛格丽特专心致志地准备她的中学考试。是哪所中学呢？我至今还没有找到。玛格丽特只是说当时成绩是贴在索邦大学门口的，而母亲像个疯子一样，因为等得心焦，在大学的院子里过了一夜，第二天，她发现女儿的名字排在第一。

关于这段时间，玛格丽特·杜拉斯很少谈及。她把它看成一种过渡，之后她回到了印度支那，又彻底地离开了印度支那。但是，在和路斯·佩罗的一次很长的对谈中，她却又谈到了钱的问题，讲她是如何替家里骗钱的："我不得不……不是偷……不过如果你愿意的话，我们姑且称之为拿吧。我跟别人拿钱，班里的同学。我知道他们很有钱……后来警察来了……他们也没说……但是他们还是发现是我干的……他们没叫我赔，谁也没要我赔。这很奇怪，但真是这样的……

每次做这种……事的时候,我觉得自己几乎不能呼吸了,但是我还是做了。"[1] 在日记里,她也简略地提了一下这段时期的事,主要还是谈钱。"我们在法国生活时,我又和中学的男孩重新开始了交易,大哥每天晚上都翻我的口袋。然后他就打我,借口说我得养活我自己,说他有责任教会我生活,说他这样是为了我好。"

关于钱,她在生命迟暮时曾多次谈及。玛格丽特很有钱,但是她总害怕会缺钱花。贪婪的玛格丽特,她从来不会感到满足。在拍摄《情人》之前,她曾经在一次和雅克·特罗奈尔的谈话中承认说,回到法国之后,开始她确实觉得向男生拿钱很羞愧。接着她就成了习惯,只拿男生的钱,后来她也只向男人要钱。过了这么多年以后,她带着一种极度的幼稚和欲望为自己辩解说:"从来没有一次,如果我撒谎就让我死,我为自己留下过一个法郎。所有的钱都拿去给了母亲和大哥……我一点也没留。甚至一块巧克力也没给自己买过。所以我不是个唯利是图的人。"

对于杜拉斯来说,钱和写作是不可分割的两部分。滞留。释放。困扰。母亲,大哥,殴打,钱:写作的领域。正是因为那时候她没给自己留一个子儿她才能写作的。她,她比唯利是图的人看得更远。替别人拿钱,但是在自己内心保留着的是这份残忍和醒悟,有了这些才能够开始写作。在这段时期,她已经写了很多,短篇小说,她后来全撕了,还有诗歌,很多很多的诗歌,后来她也烧掉了大部分。"天际的雾里,有一个移动的洞":她在这个时期写的一首诗是这样开头的,没有写完。还有下面的这一首,从来没有发表过:

大海

哦大海,那么多吻,吻在我们可怜的目光上
那么多簇拥在一起的浪花
那么多的欲望
在这被吞没的荒漠的纠缠中

---

[1] 和路斯·佩罗的谈话。现代出版档案馆档案。

99

周围的人在泡沫中沐浴
你的牢房中传出的声音
在他们的身上渐渐熄灭
哦人啊，总有让你们远离大海的明天
你的声音和你的手变得更加令人心碎
而在你的眼睛里已经有
反地球的回忆

  在回印度支那以前，母亲一直在犹豫。她不可能继承丈夫的遗产了，于是她不得不想是不是该继续她的职业生涯，这要比退休金多一些，退休金要四年以后才能拿到，但是也足够补贴家里，特别是满足大儿子的需要了。如果说她已经埋葬了美丽的堤坝之梦，她却仍然信心十足、精力十足地要改变命运，并且仍然幻想着某一天能发财。尽管她承受了那么多的不幸和不公，印度支那对于她而言仍然不失为一座埃尔多拉多城，一块仍然可以寄予发财梦的土地。

  的确，美丽的殖民地吸引了越来越多的本土投资者，那里的法国企业骤增。20世纪30年代初对于西贡的白人来说是扩张和敛财的时期。靠着印度支那银行贷款和殖民行政署操纵的皮阿斯特交易，橡胶种植园主和做稻米生意的都发了大财。种族主义盛行，随之而来的是蔑视和粗暴。白人圈子等级森严：最上层的是少数几个极其富有的家族，法律就是他们制定的；最下层的是当地的穷人，非常穷，受尽白人的剥削和侮辱，有时白人还打他们，因为白人知道极不公正的法律不会拿他们怎么样的。不过随着殖民主义的发展，道德标准也有所变化。在1895年前后，如果一个殖民军工厂的士兵杀了个越南人，他只需要赔——根据这个越南人的重量——四十法郎左右，用于他的丧葬。为了修公路和铁路，殖民军队不知道牺牲了多少人——通常是政治犯和苦役犯。而后来，殖民总督府行事要巧妙得多。越南人也不再像先前那样服从于大屠杀般的统治，雷翁·威尔士在1926年出版的《印度支那》里谈到过这种变化，这位反殖民主义者却也因这本书的出版遭到情报局的监控。这会儿杀一个越南人可不止四十法郎了。如果士兵有虐待越南人的行为，他将受到军事当局的惩罚。甚至还就此发过一个通告，即所谓的萨罗通告，正式禁止白人殴打越南人。这可谓殖民者的丑闻。欧洲式的粗暴不再敢这么明目张胆了，改换了其他形式，威尔士注意到。过去是肌肉和武器盛行，而现在，单纯的行政管理已经足够维持种族之间的不平等状况了。

玛格丽特回到印度支那的时候，一小撮法国知识分子已经成功地和受过良好教育的越南年轻人缔结了互相尊重、平等友好的关系，这些越南年轻人醉心于所谓的平等，要求国家独立，随时都有可能为此而进行革命。这些越南富翁的儿子都是在巴黎完成的学业。在那里，他们学习了法国大革命，知道什么是他们应有的权利，甚至他们当中有一部分人还经常和马克思主义分子及无政府主义分子来往密切。回到越南的时候他们都已具有律师、工程师、医生的资格。这些人在法国法律眼中既非针对对象，亦非保护对象。他们几乎和法国人拥有相同的权利。只有玛尔岱尔·贝里埃笔下的那些迟钝而不明事理的法国人才会把他们看成西贡小男孩。一个西贡小男孩，倘若他不得不为一个粗鲁的法国人工作，他不会用"服务"这个词，而会用"喂养"这样对象专指动物的词。从法国回来的年轻的越南工程师、医生、律师很快就对印度支那总督府继续维护的种族特权感到惊异和愤怒了。

当然，有一些富有的安南人，非常富有的安南人已经被法国归化，很听殖民当局的话。他们仍然非常崇尚绥靖文化为他们带来的好处。他们的孩子进了夏瑟鲁普-洛巴中学后，很快就厌倦了黑色长袍，穿起西装来，他们觉得这一切都很正常。殖民政府禁止他们的孩子在法国大学注册，除非得到总督府签字，再加上地方行政署和公共教育部长的同意，对这些他们同样可以忍受。他们是非越南化的越南人，是假洋鬼子。其他人则在法国发现了一个完全有别于殖民地白人的白人种族。有些人甚至在法国找到了反抗压迫的内部动因和理论武器，开始寻求独立解放的道路。这些人被称为反法国主义者和布尔什维克。"反法国主义者"这个词和第一次世界大战期间我们所说的"失败主义者"一样流行和常用。那些被视为反法国主义者的越南人和法国人开始通过自己的行动、语言和笔抨击殖民政府。中国人的方式启发了越南人。

1927年，越南国民党成立。1930年，越南共产党在香港成立，起名为印度支那共产党。20世纪30年代初，那些纯粹的民族主义分子实际上都是中国人。他们为数尚不算多。他们想要把越南从白人征服者的手中解放出来。农民大众能够并且应该起来。有力的武器尚待找寻。这种萌芽状态的民族主义是否有一天能够真正成为反抗压迫的组织？前途仍然比较渺茫。①

玛格丽特不是一个熟谙政治的年轻姑娘，但是很难想象她真的对当时的国家环境一无所知，还有遭到共产党指责的血腥镇压，那是在1931年底，她第一次离开印度支那几个月后。这样一位想要成为出色大学生的姑娘，怎么可能没有读过安德烈·维奥里的文章？她在1935年出版了一本名为《救救印度支那》的书，安德烈·马尔罗作的序，这本书揭露了殖民主义者的丑恶。一时间群情激愤。②据说，当时有一千五百个政治犯在西贡中心监狱的囚室中都腐烂了。在那里，殖民主义者用的都是前所未闻的酷刑，有的时候还拿年轻人来做试验。在安南饥馑遍地。安德烈·维奥里的书并没有对这一切加以评论，她只是在叙述。她曾经陪同殖民部部长保尔·雷诺对越南进行过正式访问，她知道如何避开官方做出的表面文章，并同《独立日报》的一些负责人见了面；她甚至进监狱看过，她还考察过北越大地，亲眼看到成千上

---

① 关于这一点，可参看德尼斯·布歇著的《国民主义的兴起》一书。1929年至1930年间，国家非常动荡。从1930年5月1日开始，越南共产党就组织了一系列的罢工、游行，甚至扫荡了殖民署大楼。1931年，殖民地行政署又占了上风，进行了残酷的镇压。在保尔·雷诺访问越南之际，威尔士为自己的人民伸张正义道："我们是一个正在寻找祖国却尚未找到的民族。这祖国，部长先生，对于我们来说不可能是法国。"威尔士的书引起了骚动。法国人指责作者在为布尔什维克服务，甚至为俄国的知识分子服务！威尔士奋起争辩，历数了殖民主义残酷、邪恶和暴虐的统治。六年后，对印度支那殖民主义的指责仍然非常激烈。

② 在这篇炽热而抒情的文章里，马尔罗抨击了殖民企业和行政署串通好的阴谋，揭露了国家当时缺乏有效法制的状况。印度支那很远，所以那里发出的叫声我们听不见。这位冒险家，1923年头次赴印度支那即倒卖雕塑，发现了殖民观念的暴虐和行政官员的腐败。1925年他创办了《印度支那日报》，要求拥有平等的权利。他承受了来自四面八方的压力和不断的恐吓。殖民地的精英分子高叫着这是耻辱，要求报纸停刊，但是马尔罗在法国继续着他的斗争。记者安德烈·维奥里1931年到达印度支那时，却发现情况更加恶化了。面对许多秘密的团体以及越南信奉马克思主义的年轻大学生协会要求自治的呼声，殖民地当局在其间进行了残酷镇压，在城市里则把许多反对派大学生关进监狱。

万的农民在法国人的检疫站里因饥饿而死去，因为法国人不给他们饭吃。她也看到了灯红酒绿的西贡，罪恶的西贡，大种植园主，富有的移民统治着那里的一切：奢华，香槟，赌场，自动钢琴，巴黎的化妆品，男人的白色西服，香气四射的白种女人穿着色泽明快的衣裙，进出卡迪纳大街时髦商店的混杂的人群，黄昏时分大陆饭店的露天平台上，身着白色无尾礼服的乐手在演奏爵士乐。表面上一切都还没有改变，东方的帕西，懒洋洋的帕西。这个区的街道两边都种着罗望子树，房子也都是白色的，有阳台，四周都是花园，栅栏，走到街角，或许还能听到玛丽·多纳迪厄弹奏的几个钢琴音符，她和她的女儿及小儿子还是决定在这里安家。

这个小家庭在1932年9月14日下了"圣皮埃尔的贝尔纳圣徒"号。玛丽在泰斯塔街141号得到了一幢房子，现在这条街已经改名为沃万唐街了。马克斯·贝尔吉埃曾是玛丽·多纳迪厄1932年底的第一个寄宿生，如今是上萨瓦省法国电力公司的退休职员，曾获过蝶泳的全国冠军。他还清楚地记得那幢房子，记得房子里的那种气氛，记得总是把他纳于保护之下的玛格丽特以及那个严厉、专制但是令人尊敬的母亲。马克斯的脑子里能够清楚地再现泰斯塔街空旷的房子。他说有十二间房间，都带阳台，前面还有一个小花园，花园里有座喷泉。马克斯每天早上都和多纳迪厄夫人一道乘黄包车去镇上的学校，她在动物园对面教书，离海军兵工厂很近。玛格丽特对小男孩很好，她教他念书，每个星期四下午，还带他去动物园看大象喷水，蟒蛇吞鸡。马克斯和玛格丽特睡一个房间，在她的上铺。

生活安定下来，极有规律。学校—午觉—学校。小马克斯觉得自己已经融入了这个家庭，甚至远离父母也没感到有什么痛苦的。他的父亲以前是个男中音，后来成了市政府的征税管理员，母亲是个服装设计师，是法国二家大公司在印度支那的代理，他们生活在距西贡三百公里的一个偏僻的小镇上。马克斯的父母希望他能上学。玛丽很快就接受了这名寄宿生。从表面上看，马克斯的父母并没有付给玛丽什么钱，只是马克斯的母亲时不时地会送点裙子给他们家。巴黎的裙子。晚上，多纳迪厄夫人在饭厅教他读书写字。玛格丽特要么在自己的房里做功课，要么和母亲在一起。"有的晚上，我们一起在客厅里。内内（玛格丽特）在读书，多纳迪厄夫人弹钢琴。如果我父母来了，多纳迪厄夫人还会给我父亲伴奏，父亲则唱一段歌剧。"

玛格丽特重新回到了夏瑟鲁普-洛巴中学，准备第二个业士文凭。在马克斯的父母所拍下的照片上，她已经是一个漂亮的年轻姑娘了，眼部化着很浓的妆，很精致的模样，目光炯炯有神。德尼斯说她这次重新回到中学，依然还是那么孤独，孤立，几乎从不出门，西贡的白种姑娘很少请她去参加网球俱乐部的小型舞会或是茶舞会什么的。但是她非常用功，好几次都取得了突出的成绩，受到校方的表扬。在家里，母亲起得很早，睡得很晚，还在算她那些永远都算不清楚的账。保尔也有工作：海军兵工厂的一点零碎活儿，开始的时候他是在一家车行做技师，后来又在堤岸的行政署找到了一份工作。他对汽车的确有一种真正的激情。他经常换车，星期天，花上很多时间在家里修修弄弄。他最喜欢他修理过的一辆可以去车篷的德拉热车，后来母亲给了他一笔钱，倾家荡产为他买了一辆霍奇基斯。在马克斯的记忆中，保尔和玛格丽特相处得非常融洽，他们之间有种无法明言的默契。每顿饭大家都在家里吃。母亲很少讲话，偶尔开口也就是下点命令。有两个仆人。马克斯自始至终和玛格丽特睡在一起。她喜欢开着软百叶窗，一直到天亮。天很热的时候，她就在平台搭张行军床，睡在星空下。平静的生活——后来这成了玛格丽特·杜拉斯的第二部小说。

卧室的门一直都是开着的，马克斯明确说道，没有看见过情人。雷奥消失了。母亲只是在后来才看到他的，在玛格丽特永远离开西贡以后。母亲很让人望而生畏。家里从来没有过高声说话，也没有暴力。显然，由于大哥不在，家庭气氛要安宁得多，母亲和女儿之间的关系也很正常。家庭暴力的时代似乎一去不复返了。母亲干巴巴的，像年轻姑娘一样疑心重重，马克斯说，她从来没有在仆人面前或是当着别的什么人高声说过一句话。她似乎和保尔更好，与玛格丽特保持相当的距离，但是没有挑衅也没有敌意。总之是那种母亲和女儿之间的适度距离。在《情人》的一份草稿里，玛格丽特在文章开头的留边处写道："母亲决定回西贡争取退休金时，女儿决定和她一起回去。"接着她又补充道：

> 于是我和她又一起到西贡过了一年。我还不能这样快地丢下她一个人。我在西贡通过了第二张业士文凭。这一年是我和她共同生活中最好的一年。我做出的这项决定是我生命中最美好的事情之一。她随我怎么决定。我的大哥留在了法国。我们不再害怕。母亲习惯了这个她不是很喜欢的女儿，而且在这一年，她也许已经开始有点爱她了。在这之后她又把我给忘了。大儿子重新成为她生命中唯一的孩子。我知道她把我这样一个孩子留在身边是个错误。但是我爱她，因为我知道我拥有她，而她自己都不能拥有自己。①

玛格丽特于是觉得不怎么怕母亲了，她经常想到上帝的问题，她读《福音书》，迷上了哲学，研究斯宾诺莎，沉醉在学习中，不再在镜子前左顾右盼，想拿下这个业士文凭。她得到了哲学业士，而且评语甚高。母亲很满意，女儿也一样。分离终于还是来了："母亲把我送上了船。她希望我在巴黎继续学业……有个有文凭的孩子，就是这么蠢的想法。我做到了，我得到了文凭。她想得到的都得到了，但是我不再爱她。我不再爱她，就像我不再爱一个情人。"② 母亲、哥哥和马克斯陪玛格丽特到了邮船公司的码头。马克斯回想起来，觉得她那天似乎很幸福。

马赛殖民局的下船记录写得清清楚楚：玛格丽特·多纳迪厄小姐，十九岁，校外教师多纳迪厄夫人之女，在马赛下了"波尔多斯"号轮船。提前休假！这是1933年10月28日。马克斯·贝尔吉埃的叔叔在码头等她，把她送到圣查尔斯火车站。目的地：巴黎。

---

① 现代出版档案馆档案。
② 对谈，无日期。现代出版档案馆档案。

第三章　玛格丽特·罗伯特和迪奥尼斯

她的名字叫作法朗士。黄昏日暮时分，我们总会看见她在离家不远的城堡公园里给乌鸦喂食，要不就是在家含饴弄孙，再不就是看贝尔纳·皮沃在电视里主持的听写节目。那会儿，一切都停滞了下来。仿佛朝圣的日子。活泼，滑稽，完好的记忆，这个警觉的妇人话很多，而且不乏尖酸。追溯青年时代的记忆让她觉得非常有趣，她兴奋极了。法朗士·布鲁奈尔和乔治·波尚是为数不多的证人之一，那个时候，他们曾经与一位来自别处的年轻女人——玛格丽特频繁接触。在巴黎法学院的教室里，或是在拉斯帕耶大街的咖啡馆里，年轻女人有着暗色的皮肤和长长的眼睛；法朗士给玛格丽特起了个绰号，叫她"猫"，因为她总是一副想要得到爱抚的神情，和年轻男孩子在一起，她也总喜欢在佯嗔中展示她的妩媚。小D，小伙子还喜欢这样叫她。由于她个子颇小，而且她对他们说过，说她讨厌自己的姓。有时会变成金褐色的绿眼睛，梳得十分精心整齐的头发，无可指责的裙子，略带乡愁却满面欢笑的神情，东方人的轮廓。很多人都会对她一见钟情。再说她也喜欢那样．那样的眼神，还有她看你时的那种方式，乔治·波尚肯定地说，他还说他很幸运地躲过了玛格丽特极具魅惑力的引诱。他笑着补充道，只要是坠入玛格丽特的温柔陷阱的，很少能有好的结局。

玛格丽特很少谈及自1935年开始她在拉丁区度过的大学生活，不过借助这两位证人，这段时期至少还可以得到重建，但是她到达巴黎后，在碰到那一小撮日后与她保持了终生友谊的朋友之前的一段日子却成了一个盲区。我们只知道很少的一点事情。最多就是把她送上火车的马克斯的权叔说的，说皮埃尔在巴黎等她。至于剩下的，我们只好从杜拉斯本人的片言只语中猜测几分了，再说她也很少和朋友说起这一段时期。[①] 皮埃尔不仅没有给她些许的帮助，还想继续榨她，从她身上得到好处。玛格丽特再一次忍受着大哥的粗暴，觉得自己再一次堕入不幸的深渊。从前是印度支那小混混的大哥现在成了巴黎街头可怜的掮客；他还给下层妓女拉皮条，有时就在蒙帕纳斯圣心教堂前拉客，当着女朋友的面。他曾经把自己的女朋友介绍给玛格丽特，她们之间倒是缔结了一种牢固的友谊。但是那个年轻姑娘很快就病倒了。猝然生了肺结核，她无法继续工作了。皮埃尔抛弃了她，但是玛格丽特却把她送进了医院，并且陪着她，直到她剩最后一口气。[②]

在她的第一部小说《厚颜无耻的人》里，还保留着这份自传式的痕迹，我们可以看出大哥对钱永无止境的欲求，他可以不惜一切手段，赌或者骗，对其他任何人都毫不关心，包括爱他的女人。等他有了钱，他又完全成了另外一个人。后来在《树上的岁月》里，我们又看到了那个爱吹牛、邪恶的小偷。后来，玛格丽特和一个朋友谈到他在蒙帕纳斯做鸦片生意，有时还做"男妓"，不过他眼神中的这一份淫邪的沉默以及他职业标准的性服务可谓是价值不菲。为了得到快感的注视。这注视也是要付钱的，为了最后能够得到快感。在《大西洋人》里，读者可以领略到对于这份欲望配置的详尽描写。玛格丽特建于大哥身上的一种传说？还是她一直想要隐藏的秘密？无论如何，玛格丽特后来拒绝和大哥在一起生活，她想和他中断一切联系，自己搬进了有钱学生住的那种时髦公寓，还装上了活动窗帘，就在彭马歇商店的后面。她有一小笔积蓄，是她离开印度支那时母亲给她的，她足以过上体面，甚至是很体面的生活了，因为在1935年底，她买了一辆非常漂亮的汽车。

她在圣雅克街的法学院注了册。出于对父亲的爱，她说她同时还要修高等数学。后来她在1963年《现实》杂志对她做的一个很长的访谈里承认说，那段时期她的生活颇为"动荡"。她说她有过不少艳遇。

---

① 朋友尤其是指弗朗索瓦·密特朗、莫尼克·昂泰尔姆和乔治·波尚。
② 作者与迪奥尼斯·马斯科罗的谈话，1996年6月4日。

不是为了挣钱，虽然有的时候别人会给她一点。她宣称——大声而有力地宣称，直至生命迟暮，她对肉体之爱仍有一种真正的激情。她喜欢做爱，需要做爱。她这样说，这样写。和她共同生活过的不少男人也都肯定了这一点。贪得无厌的爱情需要性来平息。在那个时代，这毕竟不多见。于是她很讨男人的喜欢，这个美丽而大胆的女孩，她说她喜欢这个，爱。为爱而爱。不总是一种真正的爱。更确切地说是俘虏性的爱。"真正救我的，是我总是欺骗和我生活在一起的男人：我总是会离开。这一点救了我。我是不忠实的女人。不总是不忠实，但大部分时间都是。也就是说我喜欢这样。我爱的是爱情，我喜欢这样。"①

她给母亲写信，在信里让她放心，说她工作非常努力，说她一直想成为教师。在西贡，玛丽在卡迪纳街买了一栋房子，办了一所真正的寄宿学校，而不是仅仅象征性地收留几个朋友的孩子。关于未来她还在犹豫，不知道退休了是继续留在印度支那好，还是到巴黎和女儿在一起好。印度支那的大地上动乱的因素与日俱增，知识界的精英组织起来要求自治，并且揭露了殖民当局的野蛮行径，他们为了榨取利益让成千上万的农民饿死在街头。安德烈·维奥里在一份名为《星期五》的日报上对重新蔓延越北的饥荒做了详细报道，要求"这个国家的人要有自由的声音，以及世界对于争取自由的回声"②。

这份路易斯·马丁·夏非埃编的周报，玛格丽特是否自创刊开始每期必读呢？夏非埃要"参与政治，而是要讨论道德价值，知识分子的良心以及对现实的认识"。也许，正和同时代的许多大学生一样，玛格丽特也不愿错过纪德、马里坦、朱利安·邦达和保尔·尼赞那些没有发表的文章。她的朋友们回忆道，玛格丽特还没有加入某个明确的政治阵营。她没有加入与当时日益高涨的纳粹势力做斗争的知识分子反法西斯警惕委员会，但是她也曾对当时拉丁区的捣乱分子制造的事端表示过愤慨。③ 她有没有参加1935年7月14日从巴士底狱到国民广场的万名学生反法西斯大游行呢？法朗士·布鲁奈尔和乔治·波尚都没有

---

① 该簿子没有日期。现代出版档案馆档案。
② 在1935年11月8日第一期报纸上安德烈·夏姆森做了引述。
③ 作者与法朗士·布鲁奈尔的谈话，1996年9月5日。

这样的印象。她肯定是一个热情的观察家,但尚未介入。法朗士,玛格丽特在大学认识的这位新朋友确切描述了当时他们的思想状况:"当然,从内心来说,我们和反法西斯主义者是一致的,但是当时我们还年轻无知,根本不操心政治上的事情。"①

事实上,玛格丽特很快就觉出了自己的孤立,她扮演不好自己的角色,以至于她没有和朋友告别就离开学校加入了救世军,为时六个月。"为什么?我不知道。因为这气氛令人无法呼吸。"② 六个月的时间和社会最底层的人生活在一起,给他们提供帮助,帮他们找点能够保暖的衣物,让他们吃上饭。六个月的使徒生活,一头扎进穷苦人的日子里,她很少谈及,但是正是这段时间的生活使她成为一个醉心政治的人。玛格丽特虽然离开了大学,但是还保留着自己的房子,虽然不经常回去睡。1935年底的一个夜晚,一场火灾波及房顶,玛格丽特住的那幢楼开始燃烧。玛格丽特这晚却恰巧在。在一片喧闹之中,在消防队员前,她认识了同一楼层的邻居,那位叫作让·拉格罗莱的先生。无论从任何角度看来,这都是一场炽热的相遇。

"我1918年11月11日出生于贝约纳。家道败落,我成了孤儿,在一群聋哑老人中长大。我曾经学过法律、文学和政治。战争时期,我曾经做过三年的囚犯,后来我逃走了。自此以后,我就什么也不做,基本上过着乡下人的生活,就在这段时间,我游历了很多地方。"这就是让·拉格罗莱在1956年出版小说《战胜嫉妒的人》时,在伽利玛出版社授意下自己撰写的作者传略。

这个举止优雅、气度从容、知识渊博却甚少吹嘘的英俊小伙无可救药地坠入了玛格丽特的情网。他们发现彼此竟是同学,而且平常都很少去听课,除了一些自己欣赏的大人物,比如说民法家亨利·卡比当、弗尔图纳·斯特洛夫斯基和贝尔热隆。两个人疯狂地迷恋着文学,玛格丽特和让都梦想着将来能成为作家。当时的玛格丽特远远没有其同伴懂得多。如果说她已经忘了戴利以及戴利给她带来的那种少女时

---

① 作者与法朗士·布鲁奈尔的谈话,1996年7月11日。
② 电台谈话的片段笔录,没有日期。现代出版档案馆档案。

代的愉悦，她还只是停留在洛蒂、多日莱斯以及斯宾诺莎的范围里，沉醉于笛卡儿的《沉思集》。让·拉格罗莱挑起了她对外国文学的兴趣，尤其是美国文学：是他让她发现了福克纳的《八月之光》，还有艾略特的诗歌，接着又让她读到了康拉德的作品，她迷上了康拉德，直至生命尽头都在不断地读，再读。让·拉格罗莱睡得很少，成夜成夜地下象棋，再不就是把报纸剪成一条一条的。玛格丽特就睡在这一条条的皱纸中。他不停地抽烟，经常陷入忧伤而不能自拔。他忘不了他的童年，没有母亲，父亲对他充满了敌意，因为父亲认为就是他让自己失去了唯一深爱的女人——母亲是因为生他去世的。周围的女佣都很宠他，但是在那所空荡荡、冰冷冷的大房子里，他是那么孤独，还有哥哥对他那种不健康的嫉妒。遇到玛格丽特时，他刚刚彻底离开了他的家庭，但是他有一种罪恶感，他觉得自己不应该抛弃哥哥。自由了，但是非常不幸："一只秃鹫落在我的肩膀上。我知道自己扼杀了生存的理由。头颅之墙坍塌了。"①

让·拉格罗莱非常迷人，很具诱惑力，很浪漫，但是他让玛格丽特感到害怕，因为她不知道如何才能抚平他心灵的伤口。他经常在夜里号叫，非常可怕的号叫，他自己根本无法自持。在写《副领事》的时候，玛格丽特一直都没忘了这叫声。在根据这本书改编的电影里，米盖尔·隆斯达勒也大声地叫出了这一份生存的无奈，这种不能生存下去的痛苦，没有真正的安慰。他很英俊，让·拉格罗莱，他有点像蒂龙；比他还迷人，法朗士·布鲁奈尔说，声音因为激情总是有点嘶哑。他那么英俊，那么有钱，可那么痛苦。他经常产生幻觉，把自己锁在阴影里，就像俄狄浦斯，因为看到了别人看不到的东西，恨不得把自己的眼睛挖出来。在他的噩梦里，他就是那个满怀激情地用一支上士的笔揭开真实表皮的人。

玛格丽特和让都上大学三年级。那时的大学男女生的比例大概是十比一。玛格丽特的功课很好，课后总是去找教授，法朗士笑着评价道，还是有这种勾引的癖好。她对政治经济学尤其感兴趣，同时在政

---

① 私人档案，让-路易·雅戈。

治学院注了册，并且还继续上她的高等数学。成绩都非常好，因为聪明过人、富有活力，颇为引人瞩目，同学都惊讶于她具有如此旺盛的精力。法朗士还记得每个周末她们俩出去散步的时候，玛格丽特口袋里都装着法律的功课，还有个本子，好随时掏出来写点什么。法律很好，但是她不想以此为职业。她想成为一名作家，她曾经向法朗士透露过。两个人还都很喜欢看电影。她们经常去波拿巴影院，几乎看了所有的新片。

多亏了拉格罗莱，玛格丽特发现了戏剧，并且渐渐疯狂地迷恋上了它。舞台代替了银幕。从此以后，她每周至少有两个晚上是在剧院度过的，在法兰西喜剧院专心致志地看了一出又一出的古典剧目，尤其是拉辛，在她看来这是真正的大师。她发现了安托南·阿尔托，《钦契》的导演，还有崭露头角的让-路易·巴罗，他在试验剧场上演了他的第一部作品《在一个母亲身边》，五年后，科伯聘用了他，把他请到法兰西喜剧院，他用惊人的方式重新诠释了《熙德》。玛格丽特和他之间缔结了经久不衰的友谊，并且在日后发展成为一种卓有成效的合作关系。她欣赏十月小组，经常去看路易·儒维和查尔斯·都兰排演，但是她对舞台的激情是在发现了路德米拉和乔治·皮托埃夫以后，才真正达到了高潮：幸亏大学生享有玛都兰剧院的折价票，她得以把《罗密欧与朱丽叶》看了一遍又一遍，得以听到克洛岱尔、伊布森和皮朗代罗的演唱。她曾经谈起过当时，一连好几个晚上她都到剧院去，总是等人都走空了，她才站起身，步履蹒跚，因为那些词仍然萦绕在她的耳际。皮托埃夫夫妇让她着了迷。他们在接触中产生了一种身体上和精神上的振动。也正是从这时候开始，她产生了另一种欲望，她希望有朝一日自己笔下的词也能回响在剧院的舞台上。

乔治·皮托埃夫的秘密就在于他能使他所接触到的一切都具有一种诗意，哪怕是最简陋的装饰和最可怜的服装，经他之手也都蒙上了一层魔力。高克多说他为戏剧界带来了一种令人震颤、令人迷失的东西，让人感到害怕，就像听到自己的心咚咚地跳着。几个立方体、两块灰色的窗帘、三个投影机就能创造出前所未有的激情。皮托埃夫夫妇是第一个取消幕布和提示台词的人。文本，只有文本，不追求手势、姿态、服装引起的注目效果，只通过声音来显示高贵。导演必须追溯到作者最原初的灵感，皮托埃夫总是喜欢这样解释；必须进入他的意图，进入他的世界。一旦发现了这个源泉，导演便可以自然而然地控制整个局势了。玛格丽特在后来正是牢记了他的训诫。将文本去粗存精，剩下最本质的东西，这样才能接触到观众的灵魂和肉体，这正是她后来在欧洲戏剧舞台上不断进行的试验。

让·拉格罗莱更喜欢吉罗多和亨利·波恩斯坦，并且把他们推荐给自己的同班同学弗朗索瓦·密特朗，后者则正迷恋着克洛岱尔。在法学院，所有的政治时间都能令气氛紧张起来。大多数学生都是右派，有的甚至是极右分子。他们经常到老哥伦比亚剧院听雅克·班维尔和查尔斯·莫拉的理论报告，在座的都是布拉西亚什的朋友。在那儿经常可以看到某一位奥托·阿贝茨宣扬纳粹主义，号召德法青年联合起来。法朗士和玛格丽特经常躲到圣米歇尔大街的咖啡馆里，以免夹在左派和右派学生的争论里左右为难。从内心来说，她们的灵魂更趋向于左派。共和党人，当然是反法西斯的，不过这更是一种情感的选择而非政治的选择。

1936年初的耶兹事件使局势发生了变化，玛格丽特她们也不得不表明自己的态度。"加斯东·耶兹，税法教授，因过于严厉素来不为学生所喜爱，由于他给埃塞俄比亚皇帝出了主意，被法律系视为叛徒，一个反纳粹主义者，"法朗士·布鲁奈尔回忆道，"因为他反对墨索里尼入侵埃塞俄比亚。有些同学叫他犹太人耶兹，小黑鬼耶兹，不让他上课。这激起了我们的愤怒。"法学院被迫关门，冲突一直到3月方才结束。极右分子禁止耶兹上课，甚至不准他发表任何言论。耶兹事件，正如皮埃尔·佩昂[①]所解释的那样，标志着国家的分裂：一边是极右分子，神圣联盟的成员和以前的军人，另一边是左派，国民阵线；工人大众，想要与"法西斯主义抗衡"。雷翁·布鲁姆没有搞错，他写道："耶兹丑闻不是学生自发的吵闹。这是一种政治操作。它不是拉丁

---

① 《法国年轻一代，弗朗索瓦·密特朗（1934—1947）》，皮埃尔·佩昂，法亚尔出版社，1994年。

区特有的，它早就被料到了，是从外界引入的，是自外界上升成今天的势态的。在这种情况下，法学院不过是叛乱分子组织行动的阵地而已。"[1] 如果说弗朗索瓦·密特朗因为参与了反耶兹游行而深为极右分子所拥戴，玛格丽特却依旧非常审慎。她几乎不参加任何集体行动，法朗士·布鲁奈尔和乔治·波尚一致肯定道，因为她害怕人群——但是在一些朋友的聚会上，她明确地表示过，说她不赞成某些同学所表现出来的前法西斯主义狂热以及极右分子的暴力行为。她既没有介入政治，亦不循规蹈矩。如果说她喜欢《玛里亚娜》和《星期五》，迷恋尼采，只听弗尔图纳·斯特洛夫斯基的文学课，如果说她发现了梅尔维尔[2] 和卡夫卡的世界，她也喜欢布拉西亚什的《鸟贩》和莫拉的《里面的音乐》。第二轮战争是国民阵线赢了，5月3日的午夜，她并没有像大多数知识分子那样，下楼高唱《国际歌》，高喊"打倒法西斯主义"的口号。玛格丽特的生活只是一个教养良好的小资产阶级的生活，她想的只是学业成功和享受生活。

但是她和让·拉格罗莱的关系越来越复杂了。让经常陷入沮丧之中，玛格丽特对此毫无办法。玛格丽特在形式上远离了他，当然感情上还没有。她后退了，离开了宿舍楼，一个人在保尔·巴路埃尔街28号安顿下来。他在爱情前也退缩了，似乎缩在自小就营造起来的孤独的城堡里，任谁也无法接近。1936年1月的一天，他把玛格丽特介绍给贝约纳的两位同伴：乔治·波尚和罗伯特·昂泰尔姆。他们三个人自中学时代开始就结成了牢不可破的三人组。"北上"巴黎在法学院求学，三个人都很博学，很引人注目，布尔乔亚，讨人喜欢。玛格丽特很快加入了他们这个小团体。经常在一起谈天说地。玛格丽特是他们的女皇。他们一起玩赛马。万桑，隆尚，奥特伊。玛格丽特是个毫无节制的赌徒。她说她知道赌输后该如何双倍下注，说这是拉斯帕耶大街咖啡馆里的一个侍者教她的。他们一道在洞城或南部溜达，开着那辆福特车，这在当时算是奢侈品了。由玛格丽特"开车"——一切意

---

[1] 《法国年轻一代，弗朗索瓦·密特朗（1934—1947）》，皮埃尔·佩昂，法亚尔出版社，1994年，第47页。
[2] 赫尔曼·梅尔维尔：Herman Melville（1819—1891），美国小说家，诗人。——译注

义上的。乔治·波尚现在想起来，真觉得是个疯狂的小组。无忧无虑，活泼，友好。无法抑制的狂笑。他们可谓是经受住了任何考验。生命的考验，死亡的考验，很快我们就会明白的。他们相爱，彼此尊重，彼此信任。

如何说罗伯特·昂泰尔姆这个人呢？我所遇到的所有的女人和男人都说他是一个非常出色的人物。他们会谈起他的优雅、深刻和无与伦比的慷慨。一只形而上的大熊，日常生活里的诗人，生活的艄公。还有他的微笑，永远的微笑，发自内心的一种善良，只要有他出现，在场的男男女女都觉得安心。他的父亲是贝约纳的副省长。正是他行使了自己的权利，逮捕了参与史塔维斯基事件的那个市长和市信贷银行的老板。他的事业却一下子崩溃了。他被降职做了税务官，定居在巴黎的杜班街。母亲生于意大利的罗卡塞卡，科西嘉萨尔泰纳大家族。罗伯特有两个姐姐，玛丽·路易斯，大家都叫她米奈特的，还有阿丽丝。从当时留下来的照片上可以看出，罗伯特一副很喜欢开玩笑的样子，肉感的嘴唇，贪婪的目光，很富朝气。罗伯特也学法律，因为他是资产阶级人家的儿子，必须学点什么，但是他钟爱的是文学、戏剧、历史和考古。原先他是天主教徒，后来他在奥斯维辛集中营放弃了信仰。"如果有人和我谈起基督教的仁慈，我就会用奥斯维辛来回答他。"波尚去集中营看他的时候，他小声地对朋友这样说。"真遗憾，您没能认识他。"后来玛格丽特曾对让·马克·杜里纳说[①]，"哪怕只是在一间小酒馆见个面也好，和他谈谈，与他的目光交会，感受一下他的人道主义。"这个男人是个圣人，克洛德·罗伊，乔治·波尚，迪奥尼斯·马斯科罗都这么说。一个世俗化的圣人，一个非常深刻的知识分子。"这是我所认识的，对周围人最具影响力的人，不论是对我而言还是对别人而言他都是最重要的人，"玛格丽特说，"我不知道应该怎么说，他沉默的时候也仿佛在说话。他不会劝你什么，但是没有他的意见，我

---

① 让·马斯科罗和让·马克·杜里纳所拍的电影《圣伯努瓦街的小组》，法国音像制品图书馆有藏。

什么也做不了。他本身就代表着智慧，但是他很害怕说聪明话。"①"这是我所遇到过的最出众的人物，"乔治·波尚沉浸在思索中，"而我已经八十岁了，并且我还是密特朗的朋友。"②"他很快让我想到了陀思妥耶夫斯基《白痴》里的人物，"爱德加·莫兰评论道，"他是个非常善良的人，非常仁慈。实际上，他也很复杂。他让人景仰。他总是一副倾听的样子。"③

在罗伯特和玛格丽特之间，开始是一份激烈的爱情，后来则成了友谊。乔治·波尚说："让·拉格罗莱和玛格丽特·多纳迪厄之间的感情越来越淡了。她厌倦了这个痛苦不堪的小伙子。她也曾试图让他振奋，让他试试鸦片什么的，但是她越来越难以忍受他那些颇具智性的胡说八道。罗伯特，他则一直在他身边。在让的身边。听他说，而且很专注。他没有让英俊，但是他总是笑容满面。让·拉格罗莱是多里安·格雷式的人物。而她想要的是安宁和平静。她为罗伯特离开了让。"乔治从罗伯特手里夺下了手枪，手枪是藏在父亲办公室里的，他想自杀，因为他背叛了自己最好的朋友。这段时间，让吞食阿片酊企图自杀。玛格丽特则把自己关在房间里哭泣。是乔治挽救了局势。他把玛格丽特和罗伯特留在巴黎，让他们自己去过那种小情侣的生活，然后他带着因药物作用变得有点痴呆的让·拉格罗莱——尽管他不是很情愿——到中欧转了一大圈。乔治倒是对斯拉夫魅力颇感兴趣，而让依旧沉湎于爱情创伤中不能自拔。从此以后，让·拉格罗莱再也没有碰过任何一个女人，并且再也不掩饰自己的同性恋倾向了。

罗伯特和父母生活在一起，杜班街。玛格丽特住在保尔-巴路埃尔街。法朗士成了他们约会往来的情书信箱。在别人看来——也许是为了不让让·拉格罗莱伤心，他们之间更像一种智慧相当、志同道合的友谊，而并非传统意义上所说的爱情。玛格丽特非常欣赏罗伯特，她很听他的话，而在她一生中，她很少听别人的话。她欣赏他的智慧、他的慷慨和他的悖论意识。和他在一起她终于有了安全感。罗伯特死

---

① 让·马斯科罗和让·马克·杜里纳所拍的电影《圣伯努瓦街的小组》，法国音像制品图书馆有藏。
② 作者与乔治·波尚的谈话，1996年4月23日。
③ 作者与爱德加·莫兰的谈话，1995年9月18日。

后，她说她是他的孩子，她说只要他在，他就不会允许任何人伤害她。他们的关系经受住了很多考验。什么也没能让他们分离。他们在一起生活了很长时间，虽然在他们共同生活的同时，两个人都有过别的情人。凭着对这个世界的敏锐触觉，凭着相同的政治观点，两个人的关系转化成一种牢不可破的友谊。玛格丽特终于找到了她的大哥，真正的大哥，和他在一起她才能投入爱的游戏，投入对真理的追求。最终还是罗伯特疏远了她，那是在 20 世纪 70 年代末，因为她谈话的内容只剩下了自己和自己的作品，有的时候甚至用第三人称。而玛格丽特在《巫婆》杂志上发表了那篇《没有在集中营中死去》[1]之后，他们的关系彻底破裂了，玛格丽特在文章中详尽地描写了她的丈夫从集中营回来以后是如何一点点地恢复生命的过程，如此细致详尽，令罗伯特感到震惊。

那些年，如果是拉丁区的知识分子或大学生坠入了爱情，这通常意味着与一群朋友共享，在蒙帕纳斯的咖啡馆，后厅里永无止境的争论，成夜成夜，讨论希特勒主义带来的后果，国民阵线的前途和能够帮助西班牙共和党人最有效的办法。那个时候，萨特和西蒙娜·德·波伏瓦就是在小酒馆过日子的，在文学上的一致并不排除他们各人可以拥有自己的生活。[2]《不受任何约束的姑娘》[3]取得轰动十多年后，经济上独立的女大学生毫不犹豫地拿自己与小情人的关系冒险，这样爱情方才经得起考验。女孩很少待在知识分子圈里或政治性的聚会中，看上去男孩子也尊重她们的选择。情人—同学不一定会发展成丈夫。婚姻只是父母的理想，这些观念解放的年轻女孩觉得爱情不过也是过一天算一天而已。

大家都觉得玛格丽特是个观念解放和独立的女孩，她有钱，她的

---

[1] 这篇文章于 1976 年发表在《巫婆》杂志的第一期上，作者用了化名，文章完全是冲着稿费写的，很快玛格丽特·杜拉斯便矢口否认文章出自她手。

[2] 多米尼克就在那些年碰到了让·图森·德桑蒂，在巴黎高师的舞会上。她曾在自己的回忆录《世纪告诉我的》（布隆出版社，1997 年）中有所记述，说他们当时没有多少时间从事自己喜欢的活动：在小酒馆里接吻或在保姆房里爱抚温存。对政治的热情把他们带到了街头的游行队伍中，高喊着"给西班牙大炮飞机"，1936 年 5 月到 6 月间，到比杨古尔支持罢工，暑假去青年旅社和年轻的工人混在一起。

[3] 《不受任何约束的姑娘》，维克多·玛格丽特著，1922 年。

朋友都这么说。不少钱。母亲经常给她寄钱，那段时间她在西贡的卡迪纳街开了自己的学校，别的学校放大假的时候她就开学，收的孩子也越来越多。她聘用一些下层官员的妻子借以保证正常的干部制度和教学制度，并且以铁腕手段控制着学校的大权。"对她来说，孩子不过是能带来利润的牲口。"亨利·塔诺说，这是她以前的一个学生，1938年进过她的学校。她要求学生遵守铁一般的纪律和严苛的生活方式：教学、休息和午觉都在学校的同一张桌子上。"在她和他儿子之间形成了一种鲜明的对比，她总是穿着黑衣服，脸上没有一丝笑容，一副寡妇的神情，而她的儿子穿着华丽——柞丝绸的西服，光彩夺目的皮鞋，还经常买白轮子的豪华轿车，吱吱嘎嘎地打孩子们面前开过。母亲发疯般地工作，为了维持儿子的奢华享受，她拿儿子一点办法也没有。她还要给女儿寄钱，她说她女儿通过了所有的考试。"[1]

先是同伴。罗伯特还经常和乔治·波尚、让·拉格罗莱见面。国民阵线越来越没有希望了，罗伯特、乔治和让则越来越趋向于和平主义。他们不无讽刺地发现这个疲倦的法国正在上演自己的不幸。他们共同的一个朋友是将军的儿子，有一晚把他们带到了多里厄的聚会上。他们似乎碰到了弗朗索瓦·密特朗，他们法学院的同学，但是真正的相识应该是在六年以后，他们都加入了抵抗组织。那时的弗朗索瓦·密特朗经常为《巴黎的呼声》撰稿[2]，那是一份为墨索里尼和法西斯主义辩护的日报，他还参加了反共和反布鲁姆的十字军。1938年曾和罗伯特·昂泰尔姆编入同一个连的雅克·贝奈和弗朗索瓦·密特朗相交已久，因为两人同是天主教徒。他们是在主母会寄宿学校认识的，沃吉拉尔街104号。他说密特朗那时是一个"说不太清楚的人"。"我们都是从外省来的小年轻。"[3] 弗朗索瓦·密特朗一直是社会天主教徒，读大学的时候，系里的图书馆掌握在出售保王党报纸的人手上，密特朗经常去，他对文学的兴趣显然要比对民法的兴趣大，他一直劝他的一个亲戚，玛丽·克莱尔——后来成了雅克·贝奈的妻子——多读点布拉西亚什。

---

[1] 作者与亨利·塔诺的谈话，1997年12月30日。
[2] 参考皮埃尔·佩昂，见上述引文，《〈巴黎的呼声报〉记者》一章，第61页。
[3] 作者与雅克·贝奈的谈话，1996年4月15日。

所有的这些年轻人都觉得没有必要从属于某个政党，也不具有某种特别的信仰。他们感到变革是必要的，觉得这个腐朽的旧世界无法面对这么多的经济危机。① 他们不崇尚共产主义或法西斯主义的理论，他们宁愿选择有助于个人在精神上得到发展的思潮。莫拉、巴莱斯、普鲁东、索莱尔对他们产生了很深的影响，他们的理论在这些年轻人的脑子里混作一团，形成了一种非享乐主义和模模糊糊的革命主义的东西。当然就他们的立场来看应属左派，可又不那么左。玛格丽特·多纳迪厄和罗伯特·昂泰尔姆这一对年轻人就在这样一种知识和伦理的气候中前进，不乏狂热，却又不很确定，感情气象随时会有所变化，政治观点也没有最后定型。那时代很少有人像克拉拉·马尔罗一样，已经是个坚定的反法西斯主义者，并且对所有的斗争都倾注了满腔热情，遗憾的是，当时如此重要的一个人物在今天却已被淡忘了。

当时，克洛德·罗伊经常和法国行动组织的大学生接触，开始先在《我无处不在》杂志上写文章，后来又为法国行动组织创办的《战斗》撰稿。罗伯特·布拉西亚什则是个温和的诗歌爱好者，疯狂地迷恋着絮贝尔维耶勒，是他将克洛德·罗伊带进《我无处不在》的阵地的，开始罗伊用的是"克洛德·奥尔罗"的名字，直到1938年2月才用了真名。布拉西亚什自己也经常写点报复性的政治文章，比如说这样的一小段："雷翁·布鲁姆，埃里罗在我们看来，简直是人类中最令人厌恶的存在。"② 弗朗索瓦·密特朗和克洛德·罗伊经常在一起熬夜谈论文学。"我们当时唯一的激情，"密特朗对我说，"都倾注到了对我们的真理的追寻上。"③ "声称自己拥护君主政体，或是说自己属于无政府主义的纨绔子弟的确很有意思；但是把两者协调起来是件非常难的事。"克洛德·罗伊在《宾我主我》里承认道。1939年9月，他被动员入伍，后在洛林沦为阶下囚；1940年10月，逃跑成功，到了非敌占区，并

---

① 正如赫尔波特·洛特曼在《左岸，从国民阵线到冷战时期》中所解释的那样，门槛出版社，1981年。
② 参见皮埃尔·佩昂上述引文，《内部政变：上帝和贝阿特里斯》一章，第77页。
③ 作者与弗朗索瓦·密特朗的谈话，1995年9月5日。

和维希政府的报纸电台合作①。莫里斯·布朗肖、梯也里·莫尼埃和克洛德·罗伊一起发明了一种异端的莫拉学说。布朗肖自己也在1936年进入了《战斗》编辑组，战争前夕，他转到《倾听》，战争期间又转入《年轻的法国》。克洛德·罗伊后来加入了抵抗组织。战后，莫里斯·布朗肖发表了关于犹太人燔祭的文章，可谓轰动一时，接着又成了反镇压阿尔及利亚战争的一名斗士以及游行的主要煽动者。在后人书写的历史中，即便英雄也并不总是清楚自己行动的方向和程度，后人也会替他们弄清的，克洛德·罗伊曾经这样说过。这些年轻人当中的一部分原先曾经非常迷恋尼采，暗暗希望爆发一场他们自己也不知道应该是怎样的革命，而在战后，他们却聚集到了玛格丽特·杜拉斯家，又对共产主义产生了同等程度的激情……溃败的时代为他们敲响了警钟，重组了他们激情的棋盘。这些年轻的大学生迫不及待地冲入各种政治事件中，正是这些事件造就了他们，让他们得以定型。

　　1938年夏末，罗伯特·昂泰尔姆入了伍，这对他后来的人生影响很大。在跨越这超乎寻常的一步之前，他给好朋友法朗士写了一封颇具怀念之情的信："是的，我准备'走'了，我自己也不知道将要去向哪里，但是我穿着我再熟悉不过的制服。我的精力和诗情将缓慢地流向何方呢？同样，对周围的人，我没有冷冷的苦涩，我有的只是纯粹的遗憾。他们把自己关了起来，有的时候非常痛苦和强烈，就像香水一样，显示出的是倦怠和奇怪的冲动。"②罗伯特感觉到自己将要彻底告别以前的生活，他觉得那是在浪费自己的智慧。他知道自己在进行个人的追寻，他需要事件和灵魂的安宁。他觉得自己快离不开玛格丽特了，可爱而诱人的玛格丽特……作为一个普通的士兵，他亲身体会到法国确实没有做好打仗的准备。他生活在恐惧之中，并在和贝奈的长谈中表现出了这份恐惧。欧洲处在恐惧之中，民主举起双手投降，如何还能憧憬和希望呢？在罗伯特·昂泰尔姆看来，这段时期是欧洲进入荒蛮时代的开端。1938年9月17日他写给法朗士·布鲁奈尔的这封信证明了这一点：

---

① 《知识分子词典》，米歇尔·维诺克、雅克·贝奈著，门槛出版社，1996年。
② 罗伯特·昂泰尔姆书信。法朗士·布鲁奈尔私人档案。

看到法国的这副新面孔,如何能不深感揪心呢?这还是我们小时候历史书上教我们深爱的法国吗?苍白,胆怯,只要战鼓一经擂响,它就随时准备做叛徒。

这样的一个小国家只能依靠我们,而我们任由它去。我们处在最底层,我们是最贫穷的。您也许可以立刻回答我,说"我选择战争"或告诉我您害怕战争,但是听凭别人开始构建一个荒蛮的时代,这是否是真正的和平主义呢?

如果再没有法规,没有正义,精神本身也将失去它最后的机会,那么我们应当坐等德国革命来临,等着看这原有的一切都不复存在?不幸的是,我们知道,这些野蛮的力量,这种应时的爱国主义形式包裹下的实际内容只是在替邻国的革命布下最后的陷阱。

面对选择,我们不愿意恢复理性的位置。我们和您谈论的只是瓦格纳和他的《罗思格林》,把内部的传奇和流血的时代混为一谈,把和谐和鏊饬混为一谈。

这就是法国人,正巧堕入错误之中的法国人,思想"超凡脱俗"的法国人,我们欣赏第三帝国的活力,欣赏第三帝国带来的新鲜空气。

我已经有一个月没有到过巴黎了,我们现在待在这儿什么也不干,我想我们待在这里也没用。

慕尼黑,张伯伦和达拉第答应了希特勒关于瓜分捷克斯洛伐克领土的苛刻要求。回来时,达拉第在机场看到等候他的人群,他以为会遭到嘲笑和辱骂。但是只有长时间的掌声。"这些笨蛋",这是他唯一的评价。的确,法国人一点也不想打仗。以和平的名义做出牺牲对于某些人来说似乎仍然是实际可行的办法。西蒙娜·德·波伏瓦在日记里写,无论如何,哪怕是最残酷的不公正,也要比战争好得多,而萨特反驳她说"我们不能对希特勒一让再让"。[①]我们可以看出,罗伯特·昂

---

① 参见 H. 洛特曼,上述引文,《投入野蛮》一章。

泰尔姆已经放弃了他的和平主义思想,也认为向希特勒让步是一种耻辱。他支持捷克斯洛伐克作家联盟"唤醒这个世界"的呼吁,并且密切注视着事态的戏剧性发展,与他同寝室的雅克·贝奈说。①

罗伯特在部队里苦捱。二等兵,入伍时他就犹豫不定。在部队,他体会到了所有教养良好的年轻人都会有的那种空虚,一个小兵能有什么条件呢。和他同时期入伍,并且编入同一个宪兵队的弗朗索瓦·密特朗这样不无讽刺地描写道:"对于我们这些1938年应召入伍的士兵来说,当兵就是学会作为一个诚实普通的市民,怎样在最短的时间内习惯肮脏、懒惰、嗜酒、营房和困倦。"②

于是罗伯特获准后便回到了巴黎。他和后来成为他妻子的莫尼克以及乔治③都说过,好几次回到巴黎,他都没能通知玛格丽特,他只好睡在她房前的门毡上等她回来,一等就是一夜。法朗士·布鲁奈尔记得当时玛格丽特和不少杰出的大学生都发生了"荡气回肠的爱情"。玛格丽特拿到了政治经济学的学士文凭,开始找工作。"当时可不太困难,"法朗士叹道,"我很快就在国防部找到了工作,玛格丽特则就职于殖民部,每天下午我都到她的办公室去找她。"

1938年6月9日,玛格丽特进殖民部做"助理",月工资一千五百法郎。部长乔治·芒戴尔在6月13日签署的一份文件可以证明。她受聘于殖民地互通信息资料处,在特隆歌街11号。出于家庭经历她才选择了这份工作?也许吧。1936年7月24日,殖民地行政署的干部名单上已经彻底地划去了她母亲的名字,母亲以小学教师的身份退休了,但还和部里保持一定的联系。尽管年龄到了,她还在争取留用,印度支那总督府办公室和部里的译电办公室为此通了大量的信函。母亲还让女儿替她跑巴黎的殖民部办公室。女儿的说情也没能打动殖民部部长。可能正是借这个机会她第一次见到了殖民部部长吧?不管怎么说,她对这份工作非常投入,法朗士说,她看到她每天都要吞下成堆的文件,主题各异,比如说莫伊斯高原的茶叶质量,西非的河流状况,或

---

① 作者与雅克·贝奈的谈话,1996年4月8日。
② 《自由报》,1945年6月22日。
③ 作者与莫尼克·昂泰尔姆和乔治·波尚的谈话,1996年3月至4月。

是加工香子兰的方法之类的。玛格丽特学得非常快。接着她还能起草不同主题的技术文章供内部参考之用。她表现得如此出色，立刻引起了大家的注意，于是后来被调去准备部长的政治发言。多亏了当时与殖民地办公室合作颇多的菲利普·罗可，她的身份、重要性和肩负的使命很快就发生了变化。是他慧眼识珠，赋予她更为重要的职责。1938年6月20日，菲利普·罗可直接受聘于殖民部部长，正好负责聘用玛格丽特的这个部门：殖民地互通信息处。如果没有在芒戴尔手下过渡的这段时间，玛格丽特还会投入写作吗？也许，但是她的第一本书，《法兰西帝国》正是为殖民部起草的，是部长亲自要她写的。

先前任法国邮电通讯部部长的芒戴尔很不情愿地接任殖民部部长一职。这是个小部，没有钱，设施简陋，也没有什么资产。他像一头雄狮一般斗了很久，开始想要当国防部部长，结果却是达拉第连任，后来他又要求过当内务部部长、航空部部长。历史真是不无讽刺。这位曾经不懈地与殖民主义做过斗争的克莱蒙梭的老弟子，从此却掌管了务迪诺街的事物。他被激怒了，不过政界和新闻界似乎对这项任命深表赞赏，《巴黎的呼声》上的这篇文章可以为证："他将在殖民部干点什么？晚上他会给黑鬼国家的国王打电话，看他们有没有准时到达王宫。如果有人胆敢迟到，他会废黜他，鲁瓦耶·科拉尔就是很好的榜样。"但是这位有着钢铁意志并且固执得出奇的人物决定对原本昏昏欲睡的殖民部进行改革，很快组织了一帮心腹，其中就有后来和玛格丽特·多纳迪厄交情颇深的菲利普·罗可以及皮埃尔·拉夫。菲利普·罗可负责和新闻界的关系，皮埃尔·拉夫则专门为部长准备发言稿。

芒戴尔打破了一切旧习惯，通过一系列的任命使殖民部走上了正轨，他还罢免了不少能力不足的人，那些他喜欢称为"殖民部的殖民主义者"的人。他不仅仅是让殖民部有效地运转起来，这还不算他的头等大事，他觉得最要紧的就是让殖民地随时投入战争。[①] 他没有考虑求助于国防部：算了吧。逆来顺受的芒戴尔要把自己的小部变成殖民

[①] 正如贝尔特朗·法弗勒在其为乔治·芒戴尔所做的传记《乔治·芒戴尔或共和国的激情》中所指出的那样，法亚尔出版社，1996年。也可参考尼古拉·萨尔科兹所著的《芒戴尔》，格拉塞出版社，1997年。

国防部。在一次大战中深受创伤的他深信战争再次爆发绝对不会仅限于欧洲的范围,他要让所有的殖民地都成为法国军事上战略上有力的支持,一旦开战随时可以调来抵御。"战争事件猝不及防,我的职责就在于积极防御,加强自己国家的力量。"他对政府成员这样解释道。遵循着这种将殖民地军事化的思想,1938年5月12日,他从达拉第手上争取到了在国防部高级委员会占有一席之地的权力,过了一个星期,他又设立了殖民地参谋部,负责军队的组织和调遣,并任命布莱尔将军指挥。"我再也拖不起了。战争已经迫近,而我们还没有准备好。"芒戴尔对布莱尔将军说。下面的关键就在于增加殖民部队的人员,并且保证他们的自治权借以削弱法西斯势力。"从今以后,我们这些殖民地将对德国和所有的法西斯分子展开颠覆性的战斗。"对那些觉得他有点自我中心、滥权和悲观的政治势力,他总是不厌其烦地这样解释道。在战略和军事领域,芒戴尔的确办事得力。1939年6月,他向政府宣称他手下已经有六十万军队可以在世界各地随时投入战斗。但是他很快就明白了他的政治战略行动必须得到信息界的配合。他任命玛格丽特为新闻专员!玛格丽特将成为军事——殖民部宣传战线上一名勤勉有加的士兵,的确,她将拿起作家的武器,高声有力地捍卫伟大的殖民政策。

但是在得到这个政治位置之前,她在行政上已经跨越数级。1938年9月16日,她获得了第一次提升:她被任命为成立于1937年6月的法国香蕉宣传委员会的助理。后来她离开了香蕉,先是到了种植委员会,继而又到了茶叶委员会。1939年3月1日还是回到了殖民地互通信息处。此时她的任务非常明确:她要和她的上司菲利普·罗可合作完成一本宣扬殖民帝国的伟大和完美的书。身为历史学家、作家的部长红人皮埃尔·拉夫也来助他们一臂之力,拉夫于次年在伽利玛出版社出版了一本题为《潜水》的小说。这是命令。没有时间可供浪费了,部长说,书必须尽快出版。玛格丽特——正如我们所看到的一样——已经颇受瞩目,为着她的综合意识、工作能力、快捷的撰稿速度以及她过去对印度支那的了解。她投入了这项任务,没日没夜地在纸上涂涂写写,然后再拿去给罗可修改,重写。

而这段时间，罗伯特·昂泰尔姆在鲁昂的军事驻扎区烦闷到了极点。幸运的是，他结识了同宿舍的一个伙伴，他可以向他倾诉他的心事，而这个伙伴对他日后的生活可谓是起了决定性的作用，因为两年以后，就是这位伙伴让他参加了抵抗组织，并且引荐他认识了自己的朋友弗朗索瓦·密特朗：雅克·贝奈记得他第一次遇到罗伯特·昂泰尔姆是在1939年的4月，在第三十九步兵团。"我和他一起过了一个月。我们整夜整夜地谈论希特勒主义，还有墨索里尼入侵阿尔巴尼亚事件。我们感到很快就要和德国正面遭遇了，他是个强烈的反希特勒分子。无论如何，我们都觉得战争已经迫在眉睫。我很为他所吸引，为他的智慧和敏感。"[1]

有一天，罗伯特·昂泰尔姆收到一份电报："要嫁给你。回巴黎。停下。玛格丽特。"雅克·贝奈记得那天罗伯特高兴极了。他请了三天的假，赶头一班火车奔赴巴黎。1939年9月23日11点15分，他在十五区区政府娶玛格丽特为妻。只有很少的几个人出席了他们的婚礼。玛格丽特负责手续的事。朋友离得很远，大多数都已经参军入伍，比如说乔治·波尚和让·拉格罗莱。但是他们甚至没有收到书面的通知，就像这场婚姻根本不存在似的。显然，对于这对夫妻来说只不过是履行一下简单的手续而已——再说也没有结婚证，在那个不幸的年代，这也许是一种安全的措施，一种希望，一种对于未来的担保。

是的。他们当着两个证婚人的面说"我愿意"。玛格丽特的证婚人叫约瑟夫·安德莱尔。这是个英国记者，不久就从他们的视野中消失了。罗伯特的证婚人叫费尔南德·菲格里。是玛格丽特选的。罗伯特和玛格丽特共同的朋友中没有一个人听说过他，见到过他。闪电般的结婚。法朗士第二天从西南部的家乡赶来。玛格丽特把这事告诉了她，就像谈论下雨或天晴那么平常，她说她昨天和罗伯特结婚了。三十年后的某个晚上，罗伯特告诉他的第二任妻子，说他后来才得知那天玛格丽特的证婚人是她当时的情人。

---

[1] 作者与雅克·贝奈的谈话，1996年3月。

他们为什么要结婚呢？因为宣战的缘故，他们周围一些比较亲近的人这样说。不久以后在"二战"期间成为玛格丽特新同伴的迪奥尼斯·马斯科罗至今对这一点仍很肯定，他说他们想要——面对日趋严重的局势——通过法律来巩固彼此之间炽热的同志式的关系。两个同伴最终还是结成了夫妻。"她嫁给罗伯特，因为他们彼此间确实真诚相待，再加上罗伯特那时入伍了。"① 但是这种毫无浪漫之意的结识遭到了莫尼克·昂泰尔姆的强烈反对，她说，罗伯特对她说过，当时他正疯狂地迷恋着玛格丽特，玛格丽特愿意嫁给他为妻，他有一种深切的幸福感。因为是玛格丽特愿意嫁给他并且向他求婚的。对玛格丽特来说是一场试验婚姻，而对罗伯特来说是一场爱情婚姻？我们不能忘记当时那个动荡的时代，法律关系是一种保护、援助和力量。这对夫妻在结婚的当天就分开了。别忘了，这个圈子里的男男女女会为了以后更好地分手而结婚。可解决的婚姻。谁也不能得到谁的财产。多米尼克·德桑蒂在她的回忆录② 里谈到过，说她的未婚夫让·图森·德桑蒂不仅没有任何爱情誓言，反而建议她每隔六个月进行一次反省。如果一方想要离婚可以立即提出，另一方没有权利反对。多米尼克秘密结了婚，给把她当成保姆的父亲造成了巨大损失，结婚的当晚，"为了除去资产阶级习性"，她去了年轻哲学家在蒙帕纳斯那间乱七八糟的住所，和这位斯芬克斯门徒共同陶醉在爱情里。玛格丽特，她在结婚的当晚则乖乖地回了家，然后陪罗伯特到了火车站，送他继续去鲁昂过小兵的日子。

一个月后罗伯特写信给法朗士：

我们都不知道什么时候才能从这里出发。我告诉你，这里真是要人的命。还有什么可以证明我们是人呢？是的，又是长时期的沉睡，一旦醒来将是多么痛苦。

我们，我们参与了这场混乱。我们全身心地介入了斗争，我们在丑陋中奋争。即将打响的战斗从原则上来说是和人类的荒蛮

---

① 作者与迪奥尼斯·马斯科罗的谈话，1996年2月、3月、4月。
② D.德桑蒂上述引文。

所做的斗争，这正是你和我所一直做着的事。希望我们能够接替上去，我们也的确应该接替上去，竭尽全力反抗一个愚蠢而空虚的时代的到来……

我坐在稻草上给你写信，一团乌云过来遮住了我的视线，我给你写信，在黑暗之中，在周围这些从此以后成了我邻居的人的号叫声中。①

当时，与之有着同样经历的雷蒙·格诺也在日记中写道："这些家伙夜里一直在喊妈妈，妈妈。都四十岁的人了，还被当成新手来看待，自己行为做事也像个孩子。所有的小伙子都很神经质，都患了神经官能症。的确，昨天他们反复地看他们的武器。很自然，他们希望自己的子弹很干净，但是他们不是为了这个来到部队的，他们是为了'干掉'两三个家伙，惩罚他们。"②也是在同一时期，弗朗索瓦·密特朗写道："如果说人类互相残杀，那也是活该。就让他们学会什么是生活吧；让他们看看在那些污秽的住所自己都做了怎样的蠢事；让他们为自己的野蛮行径捶胸顿足吧。就是这些人，为了找乐子或是为了满足自己的野心，即将丧失自由、细腻和所有的优点。让我感到烦恼的是为了我并不崇尚的价值付出生命。于是我还是向自己妥协了。"③士兵萨特把自己描写成一个"城市气象预报员""社会理性的圆皮垫"，在军营里把司汤达读了又读，完成了自己的《理性的时代》，给于勒·勒纳尔的《日记》加了注，他也感到无比烦闷，下象棋，给加斯托尔写了很多的信，并且在信里很少谈及政治形势，即便略有提及，也是三两句带过了事。萨特和其他很多人一样，忍受着这场不事反抗的战争："我想正是这种对和平的彻底遗忘使得我们能够忍受战争。现在，在我四周随时可能建起一座又一座的坟墓，我当然非常害怕，但是这就像是害怕一场自然灾害那样。"1940年5月12日，他写信给西蒙娜·德·波伏瓦："我们已经想通了，血生来就是为了流的，而不再像以前那样把

---

① 法朗士·布鲁奈尔私人档案。
② 雷蒙·格诺日记，伽利玛出版社，1996年。
③ 参见 P. 佩昂，上述引文，《前线的中士密特朗》一章。

这看成一种渎圣的表现。"①

在巴黎,玛格丽特·多纳迪厄为部长的书马不停蹄地工作着。芒戴尔自从到了部里以后,一直想要将自己在务迪诺街所做的一切昭示天下,并将自己的思想好好锤炼一番。出于这样的目的,他从来不放弃任何一个出头露面的机会:广播讲话,宣扬殖民地富庶与优势的广告插页,菲利普·罗可领导下的宣传委员会,经常散布有关殖民部重要性的信息,当然,还有部长本人的丰功伟绩,某些接受他思想的报纸对他评价颇高。不过有些记者对芒戴尔贪得无厌的胃口进行了公开嘲笑:"图卢兹电台,在芒戴尔先生的请求下,就芒戴尔先生的开拓性成就向芒戴尔先生表示庆贺,这位芒戴尔先生,比任何一个芒戴尔先生都要芒戴尔,请求图卢兹电台为他做一个殖民地特别节目。"②

1940年3月18日,殖民地办公室的弗朗索瓦·德鲁将《法兰西帝国》的手稿寄往伽利玛出版社,塞巴斯蒂安·波丹街。弗朗索瓦·德鲁是加斯东·伽利玛的朋友,1935年,前者多亏了拉蒙·费尔南德兹的帮助,把在《新法兰西评论》上发表的小说《没有荣耀的日子》拿到伽利玛出版社出版。加斯东·伽利玛1939年8月底逃到米朗德避难。巴黎的出版社全权交给了布里斯·帕兰,他在加斯东不在的时候代理出版社秘书长和社长。③ 几天后,营销部主任路易·达埃尔·伊尔什同意出版《法兰西帝国》一书。签的合同中注明,由殖民部包销三千册。鉴于法国海外博览会将在5月1日开幕,书也必须在这个日期前出来。芒戴尔准备为该书作序。在这封邮件里,罗可被写成部长的红人。玛格丽特·多纳迪厄的名字甚至未经提及。

部长的序一直没有写出来。出版社倒是遵守了原定的出书日期。《法兰西帝国》一书于1940年4月25日出版,作者署名为菲利普·罗可和玛格丽特·多纳迪厄,二百四十页,首印六千三百册。书分五章,前有序言,教科书式的技术文体,书只有一个目的,只有一个,那就

---

① 《致卡斯托和其他人的信(1940—1963)》,伽利玛出版社,1983年。
② 参见 B. 法弗勒,见上述引文。
③ 参见《加斯东·伽利玛,法国出版业的半个世纪》,皮埃尔·阿苏里纳著,巴朗出版社,1984年;门槛出版社1996年再版。

是作者在书的一开头就明确了的：让所有的法国人都知道，他们拥有一个巨大的海外领地，一个帝国，每个法国人都应该时刻意识到这一点。这是一本战斗的书，对此作者丝毫不加掩饰：法国应该知道它在"殖民领域的能力"，并应该以此为骄傲。"但是如此重要的任务是两个人合作完成的。读了这本书后，我们希望读者能够确切无疑地总结出一点：帝国已经建成。是战争最后造就了帝国。"

书的出版日期明确解释了这种介入的观点：帝国和它未来的军队能够也应该成为法国抵抗德国威胁的主要力量。书里用的词也清楚地表明了作者的思想状况：在殖民地出生的人是"当地人"，他们都非常"爱"他们的祖国母亲，对"温柔的法国"他们有一种"孩子般的信仰"。书用一种家长制的腔调追溯了法国殖民地的历史，并对各个殖民地进行了清点。书还顺便抨击了克莱蒙梭，因为他反对于勒·费里的殖民扩张政策，而于勒·费里则成了坚忍和富有现代精神的代表。《法兰西帝国》是一本宣传性的册子。作者非常赞同法国对这些殖民地所起的监管作用。殖民地政策本身是正确的，而且是永远正确的[①]，这点已经无可置辩，虽然1939年的调查显示，各个殖民地越来越成为法国财政和经济上的重负，在这项法国民意测验所做的题为"对于我们的殖民地，您是寸土必争呢还是愿意做一定的让步"的调查里，有百分之四十四的法国人回答愿意让步，百分之四十的人要寸土必争。但是在法国，"殖民人道主义"的思想似乎占了上风，大家认为法国与殖民地各国可以建立友好的共同体关系。能够理解共产主义知识分子的独立政策的人却也非常非常少，更不要说附和这种观点的人了。对于大多数法国人而言，殖民地意味着异国情调和别样风情，是"另外的地方"。大体上，他们既不清楚这些殖民地的疆界，也不了解它们的文化，虽然印度支那成立了所谓的法国远东学院，虽然马赛尔·格里奥勒让一些对此怀有浓厚兴趣的大学生精英发现了复杂而充满力量的殖民地文化，这些文化很久以来可谓鲜为人知。

[①] 政府将帝国看成是人的储蓄池。渐渐地，当局失去了对帝国的兴趣。从1935年开始，G.阿诺多注意到大家都闭口不谈殖民扩张的成功了。

玛格丽特·多纳迪厄和菲利普·罗可的书却没有一点让别人了解殖民地文化的意思。对于两位作者而言，白人理所当然的是精英，是征服者。对于这一条已无异议，因而也毫无再讨论的必要。如果说书对土著居民的勇气和骄傲表达了敬意，如果说我们毫无理由指责作者有种族主义倾向，它却是以人种之间的差异和不平等为根本出发点的。这样，如果我们把殖民地的土著居民分一分类，最高的种族算是安南人——是玛格丽特对于故土的支持？——而最底层的种族则是非洲的尼格利罗人："尼格利罗人被大自然的力量压倒了。他们孱弱、体虚、多疑，躲在森林的阴影里不敢出来，面对周围的神秘觉得自己束手无策。欧洲人进入了森林，他们就退居到森林深处，把地方留给了更经得起考验的民族。"[①] 但是随着森林的日渐明朗和白人征服的日渐深入，在玛格丽特·多纳迪厄和菲利普·罗可看来，"土著居民的种类分布也会有所改变"。的确，"大草原的黑人更为骁勇善战"。

于是，不可否认，土著居民和别的人种不一样。也就是说和我们这些西方人不一样。这正是所要解释并给予充分理由的，我们应该继续按照我们的标准锻造他们，将我们优秀的文明带给他们。因此，教育和医学是最有力的武器。但是对于某些土著居民当中的精英又应该怎么看呢？他们要求的是认同而不是服从。玛格丽特·多纳迪厄和菲利普·罗可主张采取审慎观望的政策。在他们做出让步的情况下，法国也可以将一部分不甚重要的权力交给地方议会，尤其是在印度支那。法国的大学校可以接受部分土著居民中尤为杰出的人物，比如说圣西尔军校和综合理工大学等，甚至可以让他们进入军队的高级智慧层。但是仍然必须在原本就不平等的不同种族间加以严格区分。"如果采取同样的方法强迫安南青年和黑人青年劳动，那简直是疯了，因为越南具有真正的智慧和伟大的历史，而非洲各部落却经历了几千年的滞后。"所有非洲国家的尼格利罗人还要经过努力才能和其他土著居民一样得到平等对待！

《法兰西帝国》宣扬的是业已建立的秩序，希望战争之后殖民地

[①] 《法兰西帝国》。

政策仍然能够继续存在。当然和某些殖民地可以逐步发展一种被称为"协助甚至是合作关系"的新型外交政策，不过要采取谨慎的态度。民权的觉醒不是一件特别好的事情。当时，有些改革派已经提出了建立帝国议会的构想，认为可以给殖民地代表保留一定的席位，在玛格丽特·多纳迪厄和菲利普·罗可看来，这种想法似乎还太新潮也太危险，因为，他们又一次提到，"黑种人还处在幼儿阶段"。"要通过一系列的摸索，经历一系列的错误，黑种土著居民才能跟上其村庄所在的地方上的管理、政治、商业体制。如果我们现在把投票权交给他们，他们会感到无所适从，不知道如何运用是好，甚至会交给巫师来决定。"我们这些土著居民想要抬高精神上的地位，那只有一步步慢慢地来。当前最重要的任务是让他们做好准备，在对德国的未来之役里作为肉弹武装上阵。而"具有'远见卓识'的芒戴尔先生，正如这两位非常虔诚的作者所强调的一样，正好预见到了这一切"。

《法兰西帝国》的笔调颇为惊人。首先必须简要地说明一下当时的历史背景，这样才能澄清作者的推理方法。玛格丽特·多纳迪厄表现出的更像一个普通的法国人，而不是一个肮脏、落后的殖民主义者。当时只有极左势力是反对法国的殖民工程的。宣称自己支持西班牙共和党人的芒戴尔在极权国家看来是一个不容忽视的对手。他的提议总是让人感到难堪。在德国和意大利，他成了一个有待打倒的人物。他关于殖民武装的计划是否奏效，最后已无从评判；有一本关于他的传记谈到过，他的建议没有得到充分的重视和妥善的运用[①]。但是他的殖民部队却并不是乌托邦构想，1944年，正是这些部队给法国和意大利的自由法国力量以决定性的支持。作为宣传之用的应时产物，《法兰西帝国》没有引起什么反响。伽利玛只卖出了三千七百册，也就是说实际数量只有三百册，因为殖民部买走了三千册。玛格丽特看来是"忘记"了她的这部作品，所有的传记里都没有提到。她不喜欢——这一点我可以证明，被别人勾起这段回忆。她想把它彻底抹掉，就像从来没有存在过那样。但是事实摆在那里。既然不能否认，她只好遗忘，有时

---

① 参见 B. 法弗勒，见上述引文。

说是年轻时代的错误。通过这本书,玛格丽特进入了出版,尽管还没拥有读者。一年以后,当她想要出版自己的第一部小说时,她抬出了自己曾是伽利玛出版社合作者的身份。一本真正的书,她肯定地说,但是这一回伽利玛拒绝了她。1940年5月18日,芒戴尔被任命为内务部部长。他带走了他的合作者兼朋友菲利普·罗可,又把他整合进自己的新领导班子,让他继续发挥重要作用。玛格丽特却决定留在殖民部,不过她还经常和拉夫、罗可见面,私下里还为他们工作。

1940年6月6日,德国人切断了索姆战线,10日渡过了塞纳河。19日,魏刚将军宣布巴黎为开放城市。当天晚上,部长会议在巴黎城外决定政权更替。大迁移开始了。七百万男男女女和孩子上了通往南方去的公路。政府移到了图尔。芒戴尔是最后一个离开巴黎的。内务部部长的头衔还在,不过他已经没有实权了。10日到11日晚上,他带着一小撮人到了图尔,把安德尔-卢瓦尔省省政府改成了内务部。在他身边有菲利普·罗可、皮埃尔·拉夫,还有……玛格丽特。部长都住在郊区分散的城堡里,完全的荒郊野外,没有一点办法联系。法朗士·布鲁奈尔也随国防部代表团离开巴黎,开始是徒步,后来改乘马车,开始了逃亡之路,12日下午,她看见玛格丽特进了康结城堡的公园,当时那是分给总统阿尔贝·勒布朗的临时官邸。玛格丽特看上去精神饱满,而且精心打扮过,从省政府一辆非常漂亮的车里下来,罗可和拉夫一直陪在左右。这天下午6点召开了值得纪念的部长会议,气氛非常低沉。芒戴尔和雷诺面面相觑:是不是应该离开图尔到波尔多呢?散会后,魏刚将军发布了停战决定。这是非常愚蠢的,芒戴尔说。战,直至战死,他想要说服大家。走也是为了战。13日,芒戴尔在图尔省省政府会见了丘吉尔。下午6点,芒戴尔参加了在康结城堡重新召开的会议。他注意到在场的大多数人还是主张停战。8点,他给各省省长发了电报,命令他们守住。当夜,他和时任战时国家副国务卿的戴高乐将军有一次长谈,讨论继续战斗的必要性。

玛格丽特间接经历了这些让法国命运发生中转的悲惨的日日夜夜,但奇怪的是,她从来不曾——不论是在与他人的谈话中还是小说中——谈及当时那种包围着濒临灭亡的共和国的有毒气氛。6月14日,芒戴尔离开了图尔抵达波尔多。他们的命运自此分道扬镳。玛格丽特再也没有看见过他。玛格丽特决定跟皮埃尔·拉夫逃到布里弗，拉夫到表亲玛德莱纳家暂避，而就是这位玛德莱纳·阿兰斯日后成了玛格丽特·杜拉斯作品最权威的评论家和最忠实的朋友之一。流亡的一切偶然都是在布里弗发生的，法朗士·布鲁奈尔稍后也在布里弗与玛格丽特重逢，玛格丽特不仅在布里弗安顿下来，甚至在那里找到了职业，作为殖民部流散的公务员，她当时在省政府任编辑。她在那里一直待到夏末。幸福而忙碌。她的有些朋友说她那时正享受着和拉夫的完美爱情……

1940年9月，罗伯特·昂泰尔姆回到了巴黎。玛格丽特也到了巴黎。11月1日，她辞去了殖民部的职务。罗伯特通过父亲的斡旋，进巴黎警察署做了助理编辑。他在警察署一直待到1941年5月。因此，有人指责他在加入抵抗组织以前曾经和德占巴黎的伪政府合作过。这些人却不知道，正是借助这样的地下身份他很快投入了抵抗活动。罗伯特·昂泰尔姆运气很好，的确，进入时任警察署编辑的雅克琳娜·拉夫勒尔所在的部门工作，她自1938年3月进了警察署开始就投入了抵抗运动。她帮助处在困境中的外国人，偷取危及他们的文件，而且经常销毁从第一办公室下来的揭发信。她搜集和他们有关的情报，送往她的"同胞"组织，每次在可能的情况下，尽量通知被警察署盯上的人。她成功地将军事地图转交到英国政府的手上，给上了伦敦警察署黑名单的人提供证件，还把英国飞行员藏在自己家里，竟然在警察署的办公室里给他们上法语课！雅克琳娜和罗伯特成了终生的朋友。罗伯特也冒着生命危险加入了这些行动，有力地协助了他的这位和他只有一墙之隔的同事和上司，就像乔治·波尚证实的那样，他曾经想办法让警察署搜捕的人登上了飞机。巴黎解放后，雅克琳娜·拉夫勒尔获得抵抗勋章和英法两国的勋章，以表彰她1940年8月到1944年8月间为抵抗运动所做出的伟大功绩。

1941年2月，罗伯特偶然在圣日尔曼-德普雷的街头碰到了旧时曾睡一间营房的同志，雅克·贝奈。"我是逃跑的，"他说，"想找个地方躲起来。我甚至还没有开口，罗伯特立刻就提出让我上他那儿。于是我到了罗伯特和玛格丽特家，圣伯努瓦街。我找了一点工作维持生活；但是晚上我回他们家。1941年，他们像所有结了婚的夫妇那样生活着，该怎么样就怎么样。在我看来，玛格丽特是个漂亮姑娘。她和我谈过很长时间，谈她在多尔多涅的家庭，她还经常谈起她生活在印度支那的母亲。"[1]乔治·波尚是在1940年底与罗伯特重逢的。夫妇俩才在圣伯努瓦街安顿下来。"我通过人物博物馆通讯站，帮助把英国和加拿大的伞兵聚集起来，罗伯特也一直在帮我。"[2]乔治·波尚说。雅克·贝奈、罗伯特和玛格丽特·昂泰尔姆经常成夜谈论局势以及和侵略者做斗争的办法。我们在他们那里喝酒休息。朋友们会不请自到。比如说拉夫，他经常来，还有法朗士·布鲁奈尔，以及以前法学院的老同学。圣伯努瓦街五号成了聚会和交换意见的场所，在那里可以谈论司汤达、尼采和圣茹斯特。玛格丽特把这套房子变成了一个永久性的论坛，圣日尔曼－德普雷的中心飘荡着自由和友谊的空气。战时，这是个抵抗组织成员躲避追捕的藏身之所，战后，这是不少法国知识分子的精神共同体之家。

圣伯努瓦街五号也成了玛格丽特一生之中写作的领地，直至她去世。在她的生命中和在她的作品中一样，地点始终具有决定性的意义。米歇尔·波尔特指出，她甚至用地点做过书名。幸亏卖了《抵挡太平洋的堤坝》的电影版权，她得以买下诺夫勒城堡，后来又在洞城黑岩别墅区买了房子，临着大海。地点对她而言是容器。"我们可以把房子看成避难所，到了房子里才能安心。但是我相信，它对于事物来说也是一个封闭的圆。"玛格丽特将诺夫勒城堡开辟为自己的领地，在那里重新发现自己的历史，找遍了历史中每一个角落和隐蔽的角落，审视自己的灵魂。这是属于她自己的"夜航"，是她的孤独之所，她可以在好几个月里切断和外界的一切联系，欣赏月夜里一只苍蝇的恐惧，或是玫瑰花泛白的样子，可以任由自己深陷在酒精里，整夜整夜地写作。

圣伯努瓦街则是罗伯特和她的家。她在那里有一间房。她把男人

---

[1] 作者与雅克·贝奈的谈话，1995年3月。
[2] 作者与乔治·波尚的谈话，1994年9月。

领到房间里。有些人在爱情结束后还能和她保持很好的关系。圣伯努瓦街是分享的领土，是共同体之家，是交流的场所，不论是有关烹饪的、理念的还是文学的。在圣伯努瓦街，玛格丽特情绪激动地跑来跑去，从裁剪到敲敲弄弄——她在这方面可是个天才，同时也没忘了她的洋葱回锅牛肉，泰国米饭，小家伙的功课和来这里做客的朋友，当然，还有，在两项活动之间，她也还没忘了抽空写上几页。如今圣伯努瓦街的家具已经搬走了，再也没有圣伯努瓦街五号了。她儿子曾经努力过，想收回已经不属于他的这幢房子，但是没有成功。他是有道理的。圣伯努瓦街五号，这是属于她的空间，她的家庭相片，她那些干枯的花朵，那么漂亮、那么富有光泽的家具，她打破的厨房用具，她放在坏了的扶手椅上的披肩，散了架的镶木地板，还有玫瑰花瓣的香气。圣伯努瓦街五号简直可以成为一座杜拉斯博物馆。

玛格丽特是偶然找到这套房子的。有一天，一块儿在里普酒吧喝酒时，邻座的一位夫人告诉她，她住的那幢楼里空出来一套房子。这位夫人正是贝蒂·费尔南德兹，作家，自1927年以来就任伽利玛审稿委员会成员的拉蒙·费尔南德兹，雅克·里维埃尔和马赛尔·普鲁斯特的朋友兼合作者。"于是我们谈了谈。贝蒂·费尔南德兹的智慧真是让人无法拒绝。后来我们又再次见了面。"① 空出来的那套房子就在他们上面。小资产阶级的房子，很宽敞，也不算贵，而且地势很好，在圣日尔曼-德普雷的中心。玛格丽特和费尔南德兹夫妇之间结下了很深厚的关系。"我从来没有碰到过比他们俩更具魅力的人。一种极其特别的魅力，他们就是智慧和善良的化身。"玛格丽特后来说过，她和拉蒙的记忆可谓不谋而合，因为多米尼克·费尔南德兹，拉蒙的儿子也谈到过他们的关系。② 德国宣传部负责人，书报审查处代表吉尔哈特·海勒，德国学院院长卡尔·埃普丁，夏尔多纳，塞利纳，约昂多以及德里厄·拉罗歇尔都是他家里的常客。在1941年他随法国作家代表团到魏玛所做的那次悲惨旅行前，他曾经和夏尔多纳、德里厄以及布拉西亚什一起

---

① 《情人》未发表的手稿，现代出版档案馆档案。
② 作者与多米尼克·费尔南德兹的谈话，1995年3月。

负责《新法兰西评论》专栏——后来杂志改由德里厄负责——并且是法国人民党多里奥手下的智囊团成员。

玛格丽特和罗伯特了解拉蒙的政治活动。在这样的知识分子圈和文学圈里，不知道是不可能的。正如皮埃尔·阿苏里纳在为加斯东·伽利玛所写的传记里指出的那样，拉蒙·费尔南德兹在当时和德里厄可谓权力相当，这不是指在《新法兰西评论》的权力，而是在伽利玛清除了犹太人之后的审稿委员会："炙手可热的人物不再是罗伯特·阿隆，也不是本杰明·克雷米厄，而是拉蒙·费尔南德兹。"① 关于房子的事很快就有了结果。罗伯特·昂泰尔姆签约租下了房子。他们很快又从邻居发展为朋友。② 在圣伯努瓦街的两层楼之间，没有谴责也没有恐惧。恰恰相反，正在偷偷写自己第一本小说的女士每个星期天都要到楼上去参加讨论。教养良好的拉蒙·费尔南德兹，非常优雅。有的时候也很勇敢。难道他不是——正如他儿子所提醒我们的那样——第一个在犹太哲学家柏格森 1941 年去世时向他表示敬意的附敌者？为此他还遭到了塞利纳的辱骂。玛格丽特对这位极富魅力的男人很有好感，他喜欢赛车，探戈跳得相当好，虽然年纪不小了，再加上因为酗酒，导致身体不太好，但是每当他谈起那些他为之作传的作家时，她总是听得津津有味，什么巴尔扎克啦，莫里哀啦，纪德啦，还有他即将要写的普鲁斯特。③ 他家每个星期开一次沙龙，玛格丽特是他忠实的听众。在《情人》中，她写道："大家不谈政治，只谈文学。拉蒙·费尔南德兹谈巴尔扎克。人们通宵听他谈巴尔扎克。"玛格丽特上楼到费尔南德兹家，但是她不请他到她自己家去。如果是和贝蒂，她非常欣赏的贝蒂，她们就上咖啡馆里去。她们之间当然是友谊，但不混在一起。

《情人》的初稿里还混杂着一些没有发表过的笔记，关于费尔南德兹，玛格丽特写道："我们从来不一起出门。也不会上对方家里去吃饭。晚上我们在咖啡馆见面。再就是贝蒂有她的'接待日'，每个星期一次。那里有个男人，德里厄·拉罗歇尔。很英俊。晶莹洁白的肌肤，

---

① P. 阿苏里纳，见上述引文，第 319 页。
② 正如多米尼克·费尔南德兹想借助自己的两本小说驱除父亲对于记忆的缠绕一样。
③ 《莫里哀》，新法兰西杂志丛书，1929 年；《安德烈·纪德》，新法兰西杂志丛书，1931 年。

我找到可以形容他的词了：像雅利安人一样英俊，简直到了令人嫌恶的程度。他不看女人。女人看他。他很少说话，说也只跟为数不多的几个男性听众说，而且成见颇深。在场的还有乔吉特·德·C.，是贝蒂的一位女性朋友。非常漂亮，也住在圣伯努瓦街。"[1] 玛格丽特说在那里从来没有碰见过德国人。这份友谊维持了将近两年。玛格丽特欣赏拉蒙，欣赏她谓之的"精到的礼貌"。他给她一种永远在冒险的艺术家的感觉，仿佛生活是一件即兴创作出来的艺术品，是场游戏。1943年，罗伯特和玛格丽特加入了抵抗组织，他们的关系便中断了，是在玛格丽特请求之下："拉蒙正好下楼。我和他擦身而过。我对他说，拉蒙，我们才加入抵抗组织。我们在街头不能互相问候了。也别再见面。别再打电话。"

"您的父亲在保守秘密和谨慎小心方面是个国王。"她后来和多米尼克·费尔南德兹说，多米尼克深为感动，为这份友谊的生命力，也为这种忠实的力量。玛格丽特没有忘记贝蒂也没有忘记过拉蒙。[2]《情人》出版两年后，一方面她为这巨大的成功所迷醉，可另一方面她也甚为恼怒，说公众的反应是对她的误解，她开始讨厌《情人》，和身边的几个朋友说起过，在自己的私人日记里也写过。仔仔细细把《情人》再读一遍以后，她觉得只有几段还算好，特别是她谈起费尔南德兹的那些段落，她为自己找到了合适的语句来描述这份友谊而感到高兴。之所以会有《情人》，她后来告诉我[3]，和贝蒂不无关系。贝蒂，她这个人物，她的气度，她的魅力，她渐渐消失开去的样子，她生命流程的那种方式。《情人》最初时就是从她开始的："贝蒂·费尔南德兹。只要一提起名字，她就立刻浮现在眼前，她走在巴黎的大街上，她眼睛近视。她就像一株植物，茎长长的，瘦瘦的，举手投足都随着风的节奏。她很美，美出于这份醒目。她几乎自始至终都保持着生存的诗意，她的友情非常专注，非常忠实，柔情似水。"[4]

---

[1] 现代出版档案馆档案。
[2] 后来在《情人》里她又使他们得以重生。
[3] 作者与玛格丽特·杜拉斯的谈话，1990年4月。
[4] 现代出版档案馆档案。

第二年，玛格丽特是不是通过拉蒙的介绍才在书籍组织委员会找到了一份新工作呢？可能是，但无从考证。费尔南德兹和布里斯·帕兰一样，都是审读委员会的成员，帮助检查处审读出版物并发放出版证。检查处成立于1942年4月1日，是贝当元帅根据雅克·波诺伊斯特·梅山的报告批准建立的，主要负责出版证的发放。玛格丽特当时就在那里负责阅读笔记处。是附敌者？稍后我们再回到她在1942年的行为和姿态上来。无论如何，她从1941年就非常专心，不顾一切地想要出版自己的小说。她不太关心政治。要不要在敌人的铁蹄下出版？这对她而言不是问题。出版。随后我们就会清除的。"在1941年成为作家，把手稿交给伽利玛的审读委员会，这首先意味着要通过阿尔朗、帕兰以及其他一些正得宠的人物的审读，但委员会里也有像R.费尔南德兹这样的人"，阿苏里纳在关于加斯东·伽利玛的传记里这样写道①。玛格丽特没有情绪管这些事。也不是只她一个人这样。所以她把第一部小说《塔纳兰一家》的手稿寄给伽利玛是很自然的事：作者名签的是多纳迪厄，下面留了丈夫家的地址，尽管费尔南德兹当时是响当当的人物，她却没有提及。在她附的信里，她写道：

先生：

也许您对我的名字有所耳闻，因为我是去年在您这儿出版的《法兰西帝国》一书的作者。但是我今天寄给您的这份手稿，《塔纳兰一家》和前一本书没有任何关系，那仅仅是我的应时之作。

我寄给您的这份手稿，亨利·克鲁阿尔、安德烈·泰里弗和皮埃尔·拉夫都读过。他们都说非常喜欢，竭力劝我寄给您出版。我相信他们的判断。也希望它符合您的要求。

玛格丽特·多纳迪厄

M.昂泰尔姆家

杜班街2号六楼

---

① P.阿苏里纳，见上述引文，第319页。

但是伽利玛没有给予任何答复。玛格丽特觉得等待的时间太过漫长，简直丧失了耐心。皮埃尔·拉夫支持她：在他眼里没有比这个更正常的了。他因为对她的爱而变得空前盲目。罗伯特，如果说他也鼓励她，却并不粉饰她的缺点：文体不太统一，叙事安排显得松散。比较起拉夫，玛格丽特更害怕罗伯特的意见。她求他去一趟伽利玛。罗伯特去了，但是，尽管他坚持，伽利玛还是没有给他任何答复。多亏了伽利玛档案，我们今天终于知道，当时是马赛尔·阿尔朗负责手稿的阅读，他持否定意见。稿子已经被判了死刑，但是退稿信还没有寄出。罗伯特去伽利玛的第二天，在某地走廊上碰见了格诺。他满怀激情地和格诺谈起了这份手稿，以至于格诺决定再重新看一下稿子。1941年3月6日，格诺读了《塔纳兰一家》的稿子。他也持不予出版的意见，虽然他承认作者有天分，但是在他看来，这篇小说结构散乱，作者没能很好驾驭住主题，而且受美国文学的影响太深，尤其是受福克纳的影响。但是伽利玛一直没有答复玛格丽特。于是她又寄了一封信。假称——或许也是真的——想要进行修改，她借口说要改题目。

1941年3月31日

先生：

一个半月前，我给您寄了我的小说稿，我暂时想叫这部小说为《塔纳兰一家》或是《莫德》，不知道您选定了哪一个。如果您能告诉我您的决定，我将感激不尽，因为我要离开巴黎一段时间。请原谅我的催促。

四月份过去了。一直没有任何消息。非常奇怪，玛格丽特没有求助于费尔南德兹，而是请求拉夫介入。老情人，逃难的同伴，殖民部的旧同事，而且拉夫也是拉蒙·费尔南德兹的朋友。1941年5月8日，他给加斯东·伽利玛寄了这封信：

亲爱的先生：

我从拉蒙·费尔南德兹那里得知您将对《塔纳兰一家》这部手

稿做出决定。

当然这部手稿有很多缺点,但是它有一种艾米莉·勃朗蒂的味道。

拉夫的介入看来卓有成效。5月16日,加斯东·伽利玛回复了皮埃尔·拉夫:

我读了玛格丽特·多纳迪厄的小说《塔纳兰一家》。的确,这是一部很有意思的小说,它的作者很有希望,但是像这样的一部手稿还没有达到出版要求,我们注意到作者还不够成熟,手法稚嫩。

我会和多纳迪厄夫人见面的。我很遗憾目前不能出版这部小说。我非常感谢您对这位作者的关心。

就在同一天,伽利玛出版社也发了一封信给玛格丽特·多纳迪厄。信末的签名是雷蒙·格诺。

夫人:

我们读了您的手稿,觉得很有意思。在我们看来,目前出版它是不可能的事。但是如果能和您谈谈,我将非常高兴,倘若有可能,请于近几天到塞巴斯蒂安·波丹街来一趟。

格诺接待了玛格丽特。他当时三十七岁,已经出版了七部小说:"我学到的一切都毫无价值,我经历得很少。"[1] 他们很快成了好朋友,这份友谊强烈、丰富而活泼。格诺也成了罗伯特·昂泰尔姆的朋友,并且是玛格丽特和她未来同伴迪奥尼斯·马斯科罗的中间人,马斯科罗也在塞巴斯蒂安·波丹街工作,就在格诺身边。格诺是战后圣伯努瓦街晚宴的常客之一。他极其幽默,善于嘲讽,姑娘们都很讨厌他,不过小伙子却对他甚为赞赏。对玛格丽特来说,与格诺相遇在她的文学发展上起了决定性的作用。格诺建议她放弃美国式的写作方式,用一种

---

[1] R.格诺,见上述引文。

更为明晰、更为直接的语言，切中主题。他对她倒是很温和，很亲切，也很具说服力。玛格丽特听他的。他自诩为文学生活分析家，而且是个专栏作家、杂文家，曾经负责一家日报社。可惜的是，在1941年至1945年间，他几乎中断了一切活动。在这段黑暗时期，他只作为审读委员会成员而存在：《塔纳兰一家》这件事儿便是个很好的证明。

格诺并不把自己的趣味强加于人，他讨厌影响。他只是倾听。玛格丽特非常欣赏他的这个优点，他与人平等相处的这种方式。多亏了他，她没有因为伽利玛的拒绝而气馁，把稿子投往他处。格诺一直在她身边，在她承受打击时给予她支持，和她讨论文学，给她有益的帮助；多亏了他，玛格丽特才得以出版自己的第二部小说《平静的生活》，而他正是小说的责任编辑。就她这么一个拒绝与出版人对话且不接受一丁点儿批评的人，却视格诺为真正的大家，对他有一种绝对的信任。他知道她的优点，比如说在勾画人物方面强有力的笔触或是在描绘风景方面独到的文体，他给了她重新创作的勇气。她说他们第一次见面对她起了决定性的作用，格诺那时只给了她一个建议：写，什么都别做，只是写。作家是种职业，必须坚持到底。她从来没有忘记过他给她上的这一课。

玛格丽特带着手稿去了好几家出版社，都遭到了拒绝。多米尼克·阿尔邦在自己的回忆录里曾经提到过，1941年夏天的某一天清晨八点钟，她接待了罗伯特·昂泰尔姆的来访，他带来了玛格丽特的稿子。那时多米尼克在布隆出版社任审稿人，她从朋友那里听说过玛格丽特·罗伯特这对夫妇，也很欣赏他们。但是她还是很惊讶，罗伯特这么一大早就来了，而且脚步匆匆。罗伯特对她解释说："我得预先告诉您。如果您不说她是个作家，她会自杀的。"她跟他说她可不会受别人威胁的，这对她来说没有用，但是罗伯特也不听。他走了，留下了稿子。是多米尼克·阿尔邦救了这稿子，据她回忆，小说当时题为《阴谋》。当然作品深受海明威和福克纳的影响，可在当时这也很平常。"我开始读的时候就没感到讨厌，后来甚至来了兴趣。不可否认，这个年轻女人的确是个作家。我读了下去，一页，又一页。不，我没有弄错。"①多米尼克在布隆出版社老板兼社长布尔戴尔面前竭力游说。玛格丽特的小说总算见了天日,不过她得等上两年才能出版她的第一本小说,书名是《厚颜无耻的人》。

1941年秋末,玛格丽特得知自己怀孕了。她曾经不止一次地和乔治·波尚以及雅克·贝奈表达过她想要个孩子的愿望。她成功地说服了罗伯特。他最终同意了。玛格丽特开始了非常艰难的妊娠期。在一本不公开的簿子上,她记录了自己身体的疲惫,与日俱增的恐惧,心悸,还有她自己也不能完全弄明白的身体的变化。罗伯特后来也和莫尼克·昂泰尔姆说过,玛格丽特那时深为恐惧所折磨,似乎都要活不下去了。她一步也不能离开罗伯特,跟着他到街上,还大喊大叫。玛格丽特已经察觉到罗伯特有了外遇?玛格丽特一直认为自己有巫婆的本事,可以未卜先知,可以捕捉到尚未实现的欲望和事件。罗伯特的确开始爱上另外一个年轻女人了,叫安娜-玛丽,但他还爱着玛格丽特。他没有离开她。他们的夫妻生活仍在继续。表面上完美无缺。朋友们也不知道罗伯特和安娜-玛丽的关系。法朗士·布鲁奈尔经常去看玛格丽特,觉得她似乎非常害怕,她对罗伯特表现出来的天使般的耐心尤为欣赏。法朗士也怀孕了——她们的预产期在同一个月,后来她回忆说当时在德国占领下的巴黎很难找到卫生营养的食物,还说她们经常一起在拉丁区挺着大肚子散步。

玛格丽特在法朗士之前分娩。婴儿看上去很糟糕,夫妻俩慌极了。罗伯特开车把玛格丽特送到她做定期检查并决定在那儿分娩的一家诊所。一家教会诊所,设备简陋,一旦遇到复杂情况就无法应付。手术进行得很慢、很痛。持续了二十个小时。嬷嬷们非常不熟练。玛格丽特吃了很多苦。孩子是夜里出生的。没有啼哭。生下来就死了。巨大的痛苦令玛格丽特几乎窒息。她面前的世界一片黑暗,摇来晃去。她陷入一种罪恶感的纠缠之中,因为她不会、不能创造生命。孤独的童年,老是挨大哥揍的小姑娘,母亲的漠不关心,种种种种萦绕在她的脑际,淹没了她生的欲望,抹黑了她的记忆。玛格丽特饱尝精神上的

---

① 《我会经常回去,记忆》,多米尼克·阿尔邦著,弗拉芒里翁出版社,1990年。

折磨。她能够让孩子从她体内排出来，为什么不能让他呼吸呢？生命在哪里？在她体内他还活着，是她让他离开她时造成了他的死亡，而她，她居然还活着？

这个小男孩的死亡纠缠了玛格丽特的一生，并且以一种不太引人注目的方式隐没于她的作品之中。不是母亲的女人还算是什么女人？一点意义也没有，那是一个沮丧的女人，只注意自己的哀愁，等着生命终结。杜拉斯欣赏花一般的少女，却尊重做了母亲的女人。女人只有做了母亲才算是真正做全了女人。这一点甚至是毋庸置疑的。再明显不过的事实。在她看来，没有孩子的女人不是真正的女人。孩子的消失，她的无从追寻，这份生命的榨取，这个生下来就是为了死亡的孩子，这个她养大的，她一手造就的孩子一直追随着玛格丽特。我们都不会忘记《毁灭吧，她说》里的伊丽莎白·阿里奥纳。她满怀忧愁地在旅馆里追忆失去的年华。别人问她的时候，她回答说："我在这里，因为分娩的情况很糟……孩子生下来就死了……我吃了很多安眠药。我一直在睡。"

玛格丽特和伊丽莎白一样，好几个月都睡不着觉。她曾经想要弄个明白。后来，过了很长时间，她想要给予发生的这一切一个合理的解释，她控诉战争，战争造成的恶劣条件，还有那些所谓仁慈的嬷嬷，当时的医疗状况。事实上，在很长一段时间里，她指责的是自己。直至儿子乌达出生。她等了三十二年，才在一本女性杂志《巫婆》里发表了一篇文章，描述了这个她永远不能忘怀的悲剧。第一部分描述了这个降临到世界时生命就已终结的孩子，第二部分描述了在一次散步时孩子和母亲之间的紧密结合。

乌达是活着的——她的第二个孩子有这样一个绰号，真实的名字叫让，玛格丽特终于可以谈谈乌达消失了的哥哥。第二个儿子生下来后的两年里她又流产过一次，所以她对儿子说他是个奇迹。[①] 玛格丽特一直为朋友们的生命担心。她把生命看成一种奇迹，她自己只有自然地跟从。晚年的她向种种医学规律挑战，玩儿似的徘徊在生与死的

[①] 作者与让·马斯科罗的谈话，1996年9月18日。

边缘。玛格丽特非常喜欢婴儿。你只要看她是怎么爱抚他们,和他们说话的就知道了。这是一种令人迷醉的场面。小男孩死了以后,一些自认为是同情她的人——其中也包括她的朋友——对她说:没有这么可怕,你的孩子一生下来就死,这反倒好。她回答说:"是不是这么可怕?我觉得是。确切一点说:是这份同步,他降临到世界上与他死亡的同步。什么也没有。什么也没有留下来给我。这空茫真是可怕。我没能拥有过孩子,哪怕是一小时也没有。我不得不想象一切。我一动不动,只是在想象。"①

苏茜·鲁塞在这件事后几个月见到了玛格丽特,当时,玛格丽特正在帮她寻找丈夫大卫·鲁塞的下落,因为她丈夫被关进了集中营,她说当时玛格丽特一直和她谈论这份巨大的悲伤。乔治·波尚也说她似乎受到了很大打击。在他看来,自从这个小男孩死后,罗伯特和玛格丽特之间再也不能像以前那样了。即使他们在精神上仍旧相互依靠,但是裂痕却横亘在他们的身体之间。她回到这世界,却没有把孩子带来,她觉得自己有罪,觉得自己没有能力给罗伯特生个孩子。"我仰面躺着,望着窗外的刺槐。肚子上的皮肤贴着背,因为我的身体空了。孩子出来了。我们不再在一起了。"②婴儿死了以后,罗伯特一直悉心照料在她身旁,和颜悦色,体贴有加,令所有在场的人为之动容。玛格丽特和这世界切断了联系,除了罗伯特谁也不要。"我对罗说:'我不要别人来看我,除了你,我谁也不要。'"③

玛格丽特在这间教会诊所又待了几天,有几个嬷嬷对她不太友善。她不仅没有受到保护,反而受到了惩罚。因为她没能创造生命,所以要受到惩罚。但是为什么玛格丽特会选择这家教会诊所呢?她的一些朋友为此而责备她,她也为此后悔不迭。嬷嬷没少对她说那些套话。小孩子上了天堂,死去的婴儿都会变成天使的。但就是这些嬷嬷抢去了她的孩子。以上帝的名义。她没能看上一眼,不得不整夜整夜地想象。罗伯特,他倒是还看了看孩子;嬷嬷让孩子在他的臂弯里停留了

---

① 参考 P.阿苏里纳,见上述引文。
② 现代出版档案馆档案。
③ 现代出版档案馆档案。

几秒钟的时间。玛格丽特不停地问罗伯特。嘴巴呢？头发呢？是的，都像你，他和你一样，玛格丽特，罗伯特非常温和地回答她。

"是您吗，玛格丽特嬷嬷？"
"是我。"
"我的孩子在哪里？"
"在分娩室旁边的小房间里。"
"他是什么样子的？"
"一个很漂亮的小男孩。我们用布把他包起来了。您的运气还不坏，我还能有时间给他做个洗礼。所以他是个天使，一直向天上飞去，他是您的保护神。"
"既然他已经死了，你们为什么还要用布把他包起来？"
"这是习惯。对于到医院来的亲朋比较好。现在已经是凌晨两点了，您应该睡觉了。"

这段对话是在玛格丽特死后从她一些散乱的纸头里找到的，根据信封上的日期来看，应该是写于战后，对话这样继续下去：

"您有什么事吗？"
"不，我只是待在您的身边，但是您应该睡了。所有的人都睡了。"
"所有的人都睡了？"
"我给您拿一片安眠药来。"
"您比您的上级嬷嬷要好。您去替我把孩子找来。您让我和他待一会儿。"
"您不是说真的吧？"
"不，是真的，我想要和他待一个小时。他是我的。"
"这不可能，他死了。我不能把死了的孩子给您。您要他干什么？"
"我想看看他，摸摸他。"

在这间诊所里，死了的孩子都是要烧掉的。玛格丽特在 1976 年写道。在 1945—1946 年，玛格丽特在日记[①]中谈到了她得知自己的孩子化作轻烟后的恐惧，还有她不能抱一抱他的痛苦以及那些所谓仁慈的嬷嬷对她的粗暴态度，事故发生了，她们竭力推卸责任，想要挽回名誉，借口说母亲不懂得"用力"，让母亲承担起所有的罪责。这是您的错，他死了，她们一直对她这样说。

还有一页从日记本上撕下来的纸也同样谈到了孩子生下来后玛格丽特所遭受的侮辱：

"您真的不要领圣体，也不要神父，甚至不想向圣母献束花？"
"没必要这样大事宣扬，我不要。"
"而您竟敢抱怨？您也不给圣母献束花，却自己在这儿哼哼，抱怨自己的孩子死了。"
"我没有抱怨，出去。"
"我是主事嬷嬷，我想什么时候出去就什么时候出去……您为什么一天到晚哭个不停？瞧瞧我在您桌上发现了什么？谁给您的橘子？"
"玛格丽特嬷嬷。"
"橘子，在我们这里橘子是给妈妈的。给生了孩子的妈妈。给孩子喂奶的妈妈。不是随便什么人都可以得到橘子的。"

孩子是让你口舌生津的青涩的果实，玛格丽特说。对于她而言，孩子是这世界的缔造者，是宇宙的修补匠，是与上帝齐平的圣灵，是真正提出问题的哲学家，与成人那些装神弄鬼的伎俩相比，他们更接近真理，没有受到丝毫的污染。在玛格丽特的作品里，孩子才是应该授勋的英雄。天才如艾奈斯多，什么也没学就都懂了；孤独调皮如《80 年夏天》里走遍灰色沙滩的小男孩；或是像《琴声如诉》里的小音乐家那样善于欺诈，不喜欢和谐的音符；再或是像《塔尔奎尼亚的小马》里那个金色头发的小男孩，温柔而痛苦。他们是永远的流浪者，

[①] 现代出版档案馆档案。

他们代表的是自由和真理。其实我们只要听他们说就行了,但我们总是命令他们闭嘴。在杜拉斯看来,只有孩子是有理性的。[1]在她的笔下,孩子和女人都是疯子,是真理的预言家。

---

[1] 正如克里斯蒂娜·布洛·拉巴里埃尔在她的传记《玛格丽特·杜拉斯》中所说的一样,见上述引文。

第四章 从附敌到抵抗

1941年5月，罗伯特·昂泰尔姆离开了警察署。他进了工业部办公室，身份是信息资料处专员。部长叫皮埃尔·普舍。这是一位巴黎高等师范学校的毕业生，颇具社交手段的行政人员，也曾参过军，在拉罗克和雅克·多里奥身边就职。罗伯特是怎么进去的呢？据他表兄弟朗波维尔·尼古拉回忆说，是他一位名叫皮耶特里的叔叔聘用了他。罗伯特很快成了普舍身边的红人和合作者，普舍非常信任他，让他承担起特别秘书这样一个极其微妙的角色。后来普舍到内务部任部长，罗伯特也跟了过去，接着作为契约专员就任信息部编辑一职，直至1943年末。

1942年7月，玛格丽特则进了书籍组织委员会做雇员。她在出版证检查分配处做秘书。是附敌者？不是附敌者？不管怎么说是听从贝当元帅的命令，这时的玛格丽特，这段时期里，她是在扮演双重角色吗？到今天，做出判断是件非常容易的事。对于和玛格丽特在同样地方工作的人来说，如果在这样的委员会工作就意味着附敌，那么所有法国人都是附敌者！战时巴黎文坛各色人等所走的弯弯曲曲甚至混乱暧昧的道路上，犹豫在今天看来根本是微不足道的胆怯的面具。① 从今以后暧昧成了行为的准则。继续卖书，哪怕付出和德国人和解的代价，这成了绝大多数出版商的信条，他们在停战协定签署三个月后，在法国出版总工会主席授意下，和侵略军当局签订了一份审查合约。通告明确地写道："签订这份合约，德国当局意在表示他们对出版系统的信任。而出版商，他们应当让法国思想得以继续发挥影响，同时也要尊

---

① 这一点可参考洛特曼和阿苏里纳的有关著述，以及帕克斯通和克拉菲尔德的有关著述。

重征服者的权力。他们希望可以成功地做到这一切。"出版商同意不出版任何带有反德内容的书以及德国的禁书。如果某出版商有可疑之处，工会负责事先预审，并将稿子交给德国人，要"标明可疑的段落"。德国开了一个禁卖的书单，即鼎鼎有名的奥托书单，可怜的奥托书单，为了表达对德国大使奥托·阿贝茨的奇怪敬意，一直没有更改过名字。正如赫尔贝特·洛特曼指出的那样，工会未曾坚持过一秒钟就立即屈服于德国宣传部的淫威之下。布鲁姆、邦达、弗洛伊德、马尔罗、尼赞、阿拉贡、凯斯特勒以及其他很多人的作品都成了禁书，全都堆放在大部队街的一个汽车库里，亟待销毁。这叫人如何不联想到1933年以来在柏林组织的一系列焚书事件呢？

在帕斯卡·弗歇关于德占期巴黎出版界状况的著作里，他对玛格丽特当时工作的出版证检查委员会做了详细的分析，包括这个委员会的构成、运转和权力。① 委员会主要是在不同的出版商之间协调分配出版证，所以它不仅要对库存数量负责，还要对书的质量进行把关。"出版负责人"必须对六类"消费"严加注意，正如书籍组织委员会发给各出版商的公告里所特别指出的一样，"必须考虑到不适当的运用会造成原材料的浪费，比如说有违审查合约和法国利益的书，这些书有可能遭禁或是事后被抓住"。总之，帕斯卡·弗歇提醒大家注意，委员会着手进行的主要是审查书的质量。要知道，这些决定都是贝当元帅签署的，然后再送往罗伯特·昂泰尔姆刚刚就职不久的总信息秘书处。

在越来越烦琐的手续前，出版商本身就减少了自己的出版量，他们考虑的已经不是如何卖得好的问题，而是如何"维持"。1942年初开始，德国宣传部决定直接对书籍组织委员会施加影响，热哈特·海勒也和玛格丽特一样，经常出入费尔南德兹一家在圣伯努瓦街举行的星期天下午的茶会，1942年4月10日，就是他书面要求"在德占区，只有百分之百支持德国利益的出版社才有权参与出版证的分配"。这样一切都明了了。一个月前，出版工会主席已经在德国人命令之下为他们的这一举措在铺平道路，1942年3月7日，主席发出过这样一封致出版

---

① 《德占期间的法国出版业》，帕斯卡·弗歇著，BLFC出版社，1987年。

界全体同仁的公告："被德国宣传部部长阿部泰朗认定不守纪律的人将被剥夺出版证的许可。"公告结尾时还写道："我很遗憾，我不得不以牺牲通过审查协定所保证的自由原则；目前的困境可以解释我所做的一切。"

对于这个机构的附敌程度，玛格丽特不可能一无所知，因为机构本身就受到德国宣传部的严密监控。检查委员会要通读所有的稿件，以甄别是否值得出版。至于发放的出版证的数量，委员会要提交一份清单给德国宣传部，由宣传部决定同不同意。这种出书制度一直延续到巴黎解放，据说法国和德国当局都很满意，因为"德国宣传部根据自己的意愿可以改变出版证的分配，并将它不愿看到出版的书审查删去"。作为委员会的秘书，玛格丽特"地位颇高，她所扮演的角色相当重要"，里森·于贝尔[1]明确指出，他是委员会所属的书店俱乐部书籍总主席马赛尔·里弗的秘书。"我们非常重视她，她仪容优雅，表达流畅。她发挥了很大的作用，在她可控制的小范围内，大家都听她的。"的确，由玛格丽特决定并做出判断。为了帮助自己选择，她有一个四十人左右的阅读班子，读完后把审读意见填好表交给她。克洛德·罗伊还能清楚地记起第一次看到玛格丽特·杜拉斯在书店俱乐部办公的场景："我想要在于里亚尔出版社出版一本诗集。出版社的人对我说，'态度好一点，去见书店俱乐部的那位夫人'。因为出版证很少。在我看来，这位多纳迪厄夫人是个小个子的善良女人，非常活泼。您的诗是关于什么的？她问我。爱情，我羞涩地回答她。她笑了，回答我说，您会有出版证的。"[2]

自1942年夏天开始，出版证的匮乏就成了一个焦点问题，再次印刷也要等上很长时间，新书的阅读报告更是要求越来越细。玛格丽特需要新的审读者。表面上大家非常信任她，因为她有能力在自己名下招募那么多人，这本身就证明了她的权威性，虽然在今后的很长时间里，大家，包括她自己在内，都低估了这份权威性。就在这时候她第一次见到了迪奥尼斯·马斯科罗，他是来替伽利玛出版社说情的，他才进伽利玛不久，她建议他给委员会做审读者，他同意了。阅读报酬是

---

[1] 作者与里森·于贝尔的谈话，1996年11月12日。
[2] 作者与克洛德·罗伊的谈话，1996年4月3日。

根据稿子长短来定的,一般价格是三百页左右的小说付一百五十法郎。

但是,在真正虔诚的附敌者看来,这个委员会实在是过于知识分子味儿了,过于职业化,因而速度太慢,也不够热心。德国当局风闻不少抱怨之声。比如说有一位叫 M. 波地尼埃尔的先生,一个亲德的文学爱好者,公开说委员会缺少诚心,指责委员会是"观望主义"小宗派,成员都是掩藏着的"戴高乐主义"分子。他对德国人说,这些人,"在战前与犹太人、共济会和极端主义分子来往颇为密切",这一点众所周知。德国当局也许确实觉得委员会做出决定的速度太慢了,总之出版证是越来越少了,委员会拒绝出版成了例行公事,而不是像以前一样,还要加以判断。伽利玛正待出版的保罗·瓦雷里的《坏思想及其他》以及雷翁-保尔·法尔格的《太阳的午餐》都遭到了拒绝。出版商的情绪很大,纷纷表示了不满。于是德国人在表面上不再负责委员会的事务,但实际上仍继续在监视委员会的活动,尽管他们玩的是猫和老鼠的游戏,装出一副不再把委员会当成审查机构的样子。事实上,仍然是德国宣传部决定一切,他们的代表列席所有会议,乔治·杜阿迈尔,法兰西科学院驻委员会的常任秘书也证实道:"实际上,德国人的检查可谓是吹毛求疵,他们只允许支持其政策的书出版,让那些不让他们感到一丝难看的书通过,作者没有一点发言权,他们把所有的作者都视作敌人,当然他们这么做也是有道理的。"[①]1942 年,吕西安·勒巴泰的《瓦砾》轰动一时,书很快销售一罄,并付梓重印。对于这位《我无处不在》的附敌作者来说,简直就像奇迹一般,出版证不再构成任何问题。

玛格丽特有将近一年的时间在出版物遴选机构里工作,机构也是在德国人的严密监控下。也许,她也尽自己所能帮助他人摆脱审查,鼓励尽可能多的出版物得以见到天日了吧。但是她不得不和参加会议的德国人周旋,并且不得不听从他们的命令。她的边缘性工作显得有点软弱无力,尽管在她可控制的范围内,即所谓的纯文学领域,她具有决定权。在她生命将尽之际,有人问到她这段日子,玛格丽特反手挥了挥,抹掉了这个让她愤怒的问题。她也不知道自己为什么又是如何到委员会

[①] P. 弗歇曾引述,见上述引文。

去工作的，装出一副漠不关心早已忘却的神态。帕斯卡·弗歇在撰写自己那本著作时也激怒了她，他到头来还是没搞清楚事情的原委。记忆弄人……1996年，我问起迪奥尼斯·马斯科罗，他如何就玛格丽特的态度做出解释以及他自己当时的精神状态如何，他回答道："我那时很穷，没有工作，我念了一年的哲学，但是我没有通过考试，我是个当差的、接线员之类的人物，但是我想成为知识分子，我觉得自己处在一种普遍的反叛状态中。多亏了米歇尔·伽利玛，大学时的一个同学，我能够进伽利玛做点小工作。当玛格丽特建议我进她的委员会工作，我接受了，因为这是一份坐办公室的文学工作。"但是他补充道，"这是一个类似审查机构的委员会。当时不是想出版什么就能出版什么的。大家都知道。"①

玛格丽特和迪奥尼斯第一次相遇是在1942年11月。玛格丽特从来没有否认过，她对迪奥尼斯是一见钟情，她觉得他"英俊，很英俊"，"像上帝一样英俊"，去世前她还这么说。她使尽浑身解数想要征服他。迪奥尼斯觉得她很可爱，很活泼，但是……太固执己见了。"她总是要我对她说'我爱你'，但是当时我不习惯说这样的话。"②这是一段互相发现、心醉神迷的日子，两个人经常在旅馆房间里厮混掉一个下午。"她非常喜欢肉体之爱，她对我说。我们彼此之间都存在着欲望。"他们谈得最多的是文学。迪奥尼斯自己说那时被司汤达"毒"得不浅，他还推荐玛格丽特读司汤达的作品。玛格丽特那时则陶醉于巴尔扎克。她已经开始构思自己的第二部小说，尽管第一部小说始终未能找到出版社。他们经常去电影院，一看到银幕上的新闻中出现了贝当元帅就起哄以示抗议。"这都是些小姿态，很小的姿态。真正重大的举动在后面呢。"迪奥尼斯说。她是在两个星期之后才和他谈起罗伯特的。"她对我说一宣战她就嫁给了罗伯特·昂泰尔姆，因为她要为他们之间的这份友谊盖上正式的印章，她说他们之间有一种亲和力。"她谈起了他们各自自由的生活，罗伯特和安娜-玛丽的关系，还有她和她的情人们的

---

① 作者与迪奥尼斯·马斯科罗的谈话，1996年5月。
② 作者与迪奥尼斯·马斯科罗的谈话，1995年4月。

关系，她的一系列情人，尤其是最后一个她称之为诺伊情人的。但是迪奥尼斯和她之间和先前的一切都不是一回事。很快，他们俩都觉得想要延续这份爱情。和别人在一起，玛格丽特不觉得是在欺骗罗伯特，也没有觉得自己辜负了他的信任。可是和迪奥尼斯在一起不一样。迪奥尼斯概述道："我们在通奸。"六个月过去了，玛格丽特才让他去见罗伯特。"认识他能够让我更了解玛格丽特。她对他非常尊敬。她总是对我说，如果您认识罗伯特，您就会知道我是一个对男人要求很高的女人。"迪奥尼斯则介绍她认识了自己的母亲。他们的故事开始昭示天下了。玛格丽特切断了和其他情人的一切联系，尽管迪奥尼斯并没有要求她忠诚于他。她也突然切断了和诺伊情人的关系，这个后来突然出现在她的文集《绿眼睛》里的男人。并且，在她的簿子里，我们也发现了关于这个男人的一些片段。诺伊情人喜欢读《圣经》以及一切宗教文章，在圣日耳曼咖啡店的后厅里，他不停地朗诵。

> 她，她喜欢做爱。他们做爱的时候，他不说话。做完爱后，他又开始讲述圣热罗姆的一生，说他花了一生的时间翻译《圣经》。
>
> 他很瘦，背有点弓，他有一头鬈曲的黑发，一双漂亮的蓝色的眼睛，上面是两弯黑黑的眉毛，他的脸色很苍白，嘴唇很富表现力，在与嘴唇平齐的牙齿上不停地翻动，高颧骨。他不是很干净，他的衣领有点脏，还有他的指甲……他胸部非常单薄。他把整个青春都用在读圣书上。[1]

神经，富有，把自己围困在一种神秘的孤独之中，诺伊情人就这样深深印刻在玛格丽特的记忆里。她很感谢他，是他挑起了她对《圣经》的兴趣，于是《圣经》和《克莱芙王妃》一道，成了她终生必读的书，并且给了她取之不尽的灵感。

玛格丽特经常和迪奥尼斯谈起印度支那，谈起雨后大地的那种气味，季风转换期的天色，太平洋岸边包围着母亲房子的那片巨大的沼泽，她

---

[1] 现代出版档案馆档案。

喜欢走在沼泽地里那种深一脚浅一脚的黏糊糊的感觉，还有夜半时分蓝得要命的天。印度支那仍然是她的故土，她的身心都浸润在那里的空气中。还有如鬼魂附体的母亲，尽管母亲从来没有爱过女儿，但是她养活她，从大洋的另一边给她寄汇款和米，钱和米都要走上好几个月才能到圣伯努瓦街，每次她打开袋子，都高兴得简直要跳起来。如今从巴黎遥望印度支那，她想起的倒不是西贡和母亲为聪明的——当然首先最好是有钱——孩子改成中学的那座房子，她想起的是普雷·诺普的那片土地，是山间的远足，或是和小哥哥保尔在泥流里洗澡的场景。她还会不停地想起母亲的恶毒，大哥的反常，打了她以后还要跟着她报复她的大哥："我觉得她似乎深受两个最亲近的人的压迫，她的母亲和她的大哥。"

玛格丽特，森林里的玛格丽特。
玛格丽特·杜拉斯生于嘉定。

有天晚上，在她生命的尽头，玛格丽特，疲倦的玛格丽特，筋疲力尽的玛格丽特，想要给一个她才认识的小女孩写几个字。她在纸上草草写道："给你的一个建议，你这个小女孩，只给你一个人：你是第一个。到越南去看看，我们多少都有那里的血统。接下去你就可以装成是任何一个地方出生的人了。"

1942年12月的某一天，她接到了母亲从印度支那发来的一封电报。利落。突然。简便。保尔去世。迪奥尼斯记得玛格丽特当时受到了很大打击。她几乎不能动，不能呼吸！她蜷作一团，好几个月都没能恢复过来。哥哥怎么死的，玛格丽特从来都没有弄明白过，后来在她的作品里经常出现这个事件。她不停地和我谈这个哥哥，她喊他小哥哥。她说他善良，英俊，温柔。经过雨水冲洗后的柔软的肌肤，那是他，不是情人。闷热的空气中午后的昏睡，身体挨着身体，并排躺着，一动不动，听着彼此的心跳，这是他，不是情人，也不是来自中国北方的情人。她把女性的秘密告诉了小哥哥[①]，她给他她的唇，是唇，不是其他什么性

[①] 玛格丽特·杜拉斯与路斯·佩罗的谈话。

的部位,而是代表着性的唇。"你看他的目光是多么深邃。"玛格丽特总是对我说。她指着贴在圣伯努瓦街房子入口处镜框上一张他的照片对我说:"他从来都不会,你听着,从来都不会做一点损害我的事情。"

玛格丽特的一生都在追寻失去的兄妹情谊。情人,她真正的情人都是她的兄弟。并肩战斗的兄弟。和生活战斗,和死亡战斗。保尔死后,罗伯特成了她真正意义上的兄弟。迪奥尼斯,兄弟兼情人,他们之间永远在争吵,却又永远存在着不断更新的欲望。当然后来又有了扬,真正的、永恒的兄弟,闭着眼睛的同伴,和他在一起,她终于可以打破乱伦的禁忌,因为她挑起了一个原本只对男人感兴趣的男人的欲望。痛苦、残酷、反常的乱伦。在玛格丽特的生命里,与男人一次又一次的相遇绝非偶然,那是一种实现,她自己也不甚明了的预感的实现,以前发生的种种事件在减速时的回音,在她的梦里,或童年生活里发生的种种事件。

保尔去世。玛格丽特根本无法相信。她没有错。保尔死得非常奇怪。他甚至没有生病。他在堤岸的行政署有个小职位,买卖汽车,有时跑跑马。他爱上了一个年轻女人,如今也是个老夫人了,我在法国南方遇见过她,但是她不愿将她的姓名公布于众。他们在 1941 年订了婚。她也是多纳迪厄夫人的学生,后来在她身边做了一年的秘书。周末前的晚上,保尔曾经对她和母亲说过,说他呼吸有点困难。母亲想等周末离开西贡出诊的医生回来再说。未婚妻听从了母亲的决定。可等医生回来,保尔已经被送往医院。未婚妻证明说:"他走得很快。他一直很清醒,感到害怕。我握着他的手,直到他永远闭上眼睛。母亲也在他的身边。"

突发性胸膜炎?还是没有及时发现的传染性肺炎?医生的诊断略微有点不一致。当时医生也没有盘尼西林一类的药物治疗这种疾病,肺部由于连续高烧已经没有一点抵抗感染的能力了。一个星期后,保尔的葬礼在西贡教堂举行。教堂里满满的人。母亲坐在第一排。一个人。穿着黑衣。没有人上前慰问她。玛格丽特从来没有去看过保尔的坟,西贡殖民地公墓,罗望子树下。小哥哥死了,湮没于人世间,这让她想象到各种奇怪的死亡:死于战争,死在稻田里。因为小哥哥之死,她好几天都没有开口说话,几乎喘不上气。她终于决定性地远离了多纳迪厄一家,成了永远的杜拉斯。

1942年末。全国作家委员会的成员聚集在伽利玛珀兰的办公室。玛格丽特曾经竭力推荐出版的阿拉贡在这里遇见了莫里亚克、萨特、盖昂诺、艾吕雅、加缪和雷蒙·格诺。迪奥尼斯·马斯科罗后来和雷蒙·格诺成了只有一墙之隔的同事和永远的朋友。西蒙娜·德·波伏瓦最后决定不加入他们的组织,即便她对他们的行动表示支持。她说这可能是"一次不够谨慎的展示"。萨特也劝阻她不要去,对她说他们的会议"令人厌烦"。洛特曼不认为这种"知识分子的抵抗"有什么效果。当敌人占领了我们的国家,词语又能起什么作用?"一些人去炸火车。另一些人则在精雕细琢他们的四行诗。"让·加勒提埃·布瓦西埃尔不久后说道。[①]

和玛格丽特合作写下《法兰西帝国》的菲利普·罗可早就厌倦了文字游戏,加入了抵抗组织。他成了自由法国的一名士兵,正是自由法国凭着自己的勇气、决断和明确的政策方向,形成了法国抵抗德国侵略军的第一批核心力量。只是菲利普·罗可的行程没有和别人一样永垂青史,他死得太早了。但是让·路易·克雷米厄·布里亚克在自己关于抵抗运动的著作[②]里向他表示了敬意,并列举了他的一些行动:他一直非常忠于芒戴尔,芒戴尔被关进波尔塔莱监狱后,他一直去看望他,1941年11月以后,他奉以前的上司迪泰尔姆之命负责和议员单线联系的秘密任务。1942年春,他提交了报告。1942年夏天,他加入了自由法国,在这之前他就断言说:"每天都会有法国人为了戴高乐将军的使命被捕乃至牺牲自己的生命。他们决不会为了其他什么人做出这样的牺牲的,除了共产党员,他们也会为了自己的理想而壮烈献身。"他向伦敦提供了一份加入抵抗组织的议员名单,告诉伦敦仅他们就可以组成一个秘密行动小组。丘吉尔也曾通过菲利普·罗可给芒戴尔带去希望的口信——"我一直走在正道上。请相信我。"1943年2月,菲利普·罗可遭到德军逮捕,因为企图逃离被枪击身亡。

让·拉格罗莱也曾身陷德军囹圄,但他成功地逃走了。回到巴黎后,他联系上了乔治·波尚,在他家一直住到战争结束。他们是波尔德莱一线

---

① 让·加勒提埃·布瓦西埃尔,由 H. 洛特曼引述,见上述引文。
② 《自由法国》,让·路易·克雷米厄·布里亚克著,伽俐玛出版社,1996年。

的，主要帮助英国的飞行员并承担联系的任务。罗伯特·昂泰尔姆当然对他们的行动一清二楚。在圣伯努瓦街，玛格丽特把迪奥尼斯介绍给了罗伯特。"我们之间也是一见钟情。"迪奥尼斯说。像很多接近罗伯特的人一样，他也很快为罗伯特的魅力所吸引。罗伯特还保持着和安娜-玛丽的关系，迪奥尼斯经常去看玛格丽特和罗伯特。他那么快就成了罗伯特家的常客，以至于贝蒂和拉蒙·费尔南德兹的茶会名单上也添上了他的名字。格诺听说他经常出入这位附敌者家，曾在伽利玛的回廊上劝他保持一定的距离。"随着德军的渐趋深入，我们都政治化了。"迪奥尼斯说[1]，尽管他拒绝加入任何小团体，他也自称是个无政府主义者。"玛格丽特同样如此，她也是个无政府主义者，"他肯定地说[2]，"多亏朋友有路子，我买了一支手枪，我跟玛格丽特说如果有必要的话，我就把手枪藏在壁炉后面。"

玛格丽特把所有空闲的时间都用来写作，她一直在修改她的第一部小说，从来没有真正死心过。迪奥尼斯说，她每天晚上都扑在这个上面，重新组织章节。她把修改后的小说先拿去给罗伯特看，他非常赞赏，然后她再给迪奥尼斯看，迪奥尼斯则往往持批评态度。"这在我看来并不难。她其实并不自负，很重视我的意见。我刚刚进伽利玛的文学编辑室，和很多年轻的作者在一起工作。"玛格丽特把他介绍给了奥蒂贝尔蒂，他们之间也结下了深厚的友谊，经常在一起讨论文学，但是格诺一直是玛格丽特无可争议的老师，她在文学上的真正向导，正是他的话让她坚持下去，没有放弃文学的志向。迪奥尼斯肯定了这一点："格诺起了决定性的作用。在玛格丽特怀疑自己的时候，是他给予她帮助。他拒绝了她的第一部小说，但他鼓励她继续写下去。"[3]

后来，在《绿眼睛》里，玛格丽特向格诺表达了敬意，并发表了和格诺的一篇访谈，她问到他所扮演的审读来稿、发现天才的角色。如何决定一篇文章可否发表呢？玛格丽特问。格诺回答她："就看作者是否有成为作家的可能，也许他根本就是个门外汉。我不会判断这是篇好稿子或坏稿子，这太主观了。但是我可以看出作者是否可以算得上是作家，

---

[1] 作者与迪奥尼斯·马斯科罗的谈话，1996年3月24日。
[2] 作者与迪奥尼斯·马斯科罗的谈话，1996年3月12日。
[3] 作者与迪奥尼斯·马斯科罗的谈话，1996年5月7日。

或者未来的作家,或者根本就是个业余爱好者。"[1]格诺让玛格丽特明白了她是未来的作家。玛格丽特对此深信不疑,以后她会成为作家的。

  第一部小说是在布隆出版社出版的,用了杜拉斯的名字,题目是《厚颜无耻的人》。在她送给迪奥尼斯的那本书的环页上,她写上了这样的题词:1943年4月21日,献给教会我蔑视这本书的迪奥尼斯。第二天她又补充道:

  43年4月23日
  昨天晚上我们研究了它
  我们都发现它原本可能更糟
  如果你仅仅告诉我这个,也算不了什么
  但是你还告诉我我很聪明
  知道这一点我感到非常骄傲

  这本书是从我这里掉下来的:恐惧和欲望
  源自艰辛的童年的恶意

  现在好了

  给你写题词很蠢
  但你坚持让我写"让我们看看她到底会
  不会说出我期待的话"。这让我喜欢而且
  "不会让我陷入这本书里"

  你瞧,你就是这样的,是个骗子
  可又不是个骗子

  昨天我们一起数了日子:六个月

---

[1] 《绿眼睛》,第148页,《电影日志》,1987年。

我知道你有点害怕，我也同样

我不喜欢这样，不喜欢吃惊

从今天开始，需要

安安静静地数，多少星期，多少天。

书出版了以后，玛格丽特显得很不自信。后来甚至不承认、故意遗忘它的存在，直到1992年，伊莎贝尔·伽俐玛要出一本杜拉斯年轻时代的作品总集，在她的坚持下，玛格丽特才同意再度发行。1963年3月，在《现实》杂志里，她也承认过这是她第一次尝试着写小说，从头到尾都是一种尝试："很糟糕，但是不管怎么说，小说已经在那里了。我没有再读过它。写下来的就已经成了既定事实，我从来不倒过头去再读。当时谁也不要我的这本小说。德诺埃尔出版社的人对我说'您白费工夫，您根本成不了作家'。"

在这么长的时间里否定这本书的存在，玛格丽特也许自有她的道理。文体上的笨拙从第一章开始就已经很明显了：过于浮夸的风景描写（！），远处的地平线，闷热潮湿的日子，轻蔑的猜疑，对话倒是很多，简单粗暴；还有过多的重复，比如"恶心"这个词。不过这个词却是很好地概括了这本讲述家庭的小说的氛围，在这个家里，是衣橱注视着人物！玛格丽特没敢把少女时代在这片故土，这片收养她的土地上的所有激情都表达出来，而且她隐去了这片土地的名字，她所做的只是在记忆里挖掘，当时所有的感觉，那样的日光都被包裹在稚嫩的文体里："下午像是一天的精髓所在。"但是除去陈词滥调和文体的不够流畅，对于人物性格的描写还是相当引人注目的：母亲聪慧却消沉，哥哥只知道赌和偷，把母亲的钱洗劫一空，而且永远在背叛身边的每一个人，性格叛逆的年轻女孩始终离不开这个令她窒息的家庭。杜拉斯式的配置已经可窥一斑了：钟情于邪恶长子的母亲，破坏了一切的金钱，成为大哥牺牲品的小哥哥，母亲也懒得去管，任由大哥的那些邪门歪道成为家庭唯一的准则，还有小姑娘战战兢兢的恐惧。这个奇怪的家庭，这个爱与恨滚成的富有黏着力和保护性的球成了这本书的主题。玛格丽特把它写出来，在某种程度上也是为了驱除少女时代行将结束时的恐惧：年轻女孩莫德隐隐约约地感觉到，倘若继续待在这个束缚住她、阻碍她生存的恶毒的家中，她就不会有光明的未来，就会被彻底地毁灭。"她在黑暗中脱去衣服，动作很快，没有发出一点声音，像她这样早已被遗忘的一份存在，微不足道如茫茫大海里的一点残骸，根本不应该惊动任何人。她莫名地感到愤怒，仰面躺倒在小床上，伸出双臂抓住床。"

莫德因为渴望得到爱，泪流满面，抽泣着在上盖尔西省的宁静乡村中醒来。当然乌德朗镇不是杜拉斯镇，建于13世纪的奥斯泰尔城堡也不是建于15世纪的杜拉斯城堡，上盖尔西不是洛特-加龙省，但这仅仅是初习小说的人在地点上的单纯易位——在当时那个时代，读者可能会指责她把自己的生活和小说的主题混为一谈！年轻的玛格丽特·杜拉斯用了很长篇幅描写自己的感觉，河水触到身上那种透骨的冰凉，夏天小路当中惨白的月亮，收割后刺人的麦秸，夏末细雨后朦朦胧胧的风景，因浸泡过雨水烂了心的李子，秋初开始自山间升起的光晕，还有周围各种各样令人陶醉的声音，比如说黄昏时分池塘上方的鸟叫。房子像是父亲的房子，这一切也正像是发生在玛格丽特的母亲想要把农庄争到手交给长子，然后在父亲的家乡彻底安家的那会儿。像《情人》里的小姑娘一样，莫德在某种程度上已经被母亲卖给了邻家农夫的儿子，但是她爱上了一个绅士般的农场主，那是个读书人，她偷偷守候着他的到来，在夜里，就像所有小说里的年轻姑娘守候着她们的白马王子："她呼吸着孤独的香气，这种香气永远和夜的香气混在一道。"玛格丽特还没有完全忘记戴利，但是对欲望的描写——对男人的欲望在时时刻刻折磨着女主人公——显然已经使《厚颜无耻的人》超过了一般的爱情小说："男人可能从四面八方过来，从地平线的各点冒出来，从沉没在黑夜中的各条小路上过来，她不知道她应该在哪一条路上等待。这是一种怎样的折磨啊，这种多重可能的接近，她仿佛被置于一个越来越窄、越来越危险的圆圈的中心。"莫德先下了手，把自己奉献给他。她第一夜做爱后醒来，仍然沉湎在逸乐之中："腰有点痛，仿佛有热的气流在突撞，这是快感留下的记忆。"但是莫德的贞洁是家庭以及大哥的钱柜，还有打算把贞洁换成钱的母亲。这对恶毒母子的肮脏交易后来又在《抵挡太平洋的堤坝》中再次得到描写,而且更加丰富,文体也更加纯净。

莫德献身于他,但是并不想结婚,因为她只是想要个男人。从母亲家逃出来的莫德并不觉得自己有什么不名誉的。她是自由的野姑娘,只是像受伤的野兽一样,走投无路,第二天清晨倒在灌木丛中,鲜血流尽。终生萦绕着玛格丽特的三角关系已经形成了:女儿,儿子,母亲。儿子和母亲出于一种复杂奇怪超越了善与恶的关系结成了联盟,而小姑娘永远被驱逐在外,得不到母亲的爱。如果您的母亲不爱您,您又如何能找寻到自己在这世界的位置呢?"莫德不恨她的母亲;她不停想着的是她的大哥,包围着她的大哥,可能想要用仇恨置她于死地的大哥。她感觉到大哥紧紧缠绕着她,彼此命运紧密相连。"莫德怀孕了。她向母亲承认了一切,母亲也不拦她。她于是明白了自己永远也赢不了大哥。她决定把位置留给他,整个儿地留给他。母亲鼓励她走,这样她就可以安安静静地和儿子生活在一起,享受这份不知羞耻的爱。在莫德的箱子里她放进了一封介绍信,是给即将继承她女儿的那个男人的。以母亲的口吻写下的,关于生活的使用说明:"我担心您会误会我的感情。在您看来,也许我没有做我应该做的事,对一个爱着我的孩子无动于衷,漠不关心。您错了,恰恰相反,我对她怀有一份强烈而令人心碎的爱,我爱她如此之深,以至于不敢轻易涉及。有的爱是没有出路的,即便是在母亲和孩子之间,也存在着完全排他的爱情。"

一个相信爱情的年轻姑娘的幻灭,这可能就是小说《厚颜无耻的人》的副标题的由来。书的结构很糟糕,但是从心理学的角度来看却很有意思。玛格丽特知道如何阐述一个发现了男人世界的年轻女人的绝望:让人看不起的哥哥,谎话连篇,残忍邪恶,还有情人,一旦征服的激情过去之后,每天夜里竟然陷入了一种令人恶心的昏昏然中。爱得不知羞耻。年轻姑娘因为自己的仇恨而感到罪恶。永远驱不走的恐惧,肮脏的交易,世界的不甚纯净。一切主题已经在这本书里了。作者想要说,想要剥离,想要吐掉这种恶心的感觉,想要进入欲望。但是文体过于复杂,像是学生的作文,太学生气,讲究到了夸张的地步。初涉文坛的新手那种滞重冗长的语句,仿佛为了展示自己丰富的词汇。如果说杜拉斯在《抵挡太平洋的堤坝》里找到了自己的风格,这并非出于偶然。为了描写童年时代和少女时代的生活,她在很长的时间里只沉浸在自己的回忆里,她不再追求故事的曲折,抛弃了对美国文学的兴味,净化语句,直接切中要害,把她的个人体验变成了世界性的小说。

玛格丽特后来说,写这部小说只是为了从她的少女时代挣脱出来。"我们有时很蠢,"她补充道,"写的第一部小说应该放在抽屉里。我当时只有二十四岁,非常、非常幼稚。"小说没有引起读者的注意,但是拉蒙·费尔南德兹在《概况》上写了一篇很长的文章[1],向她致意,阿尔

---

① "《厚颜无耻的人》表明年轻的小说家在主要艺术手段的运用上已臻完善:翻动多个人物,将之聚合在一起,掌握于手中,再突然拆开,她不对人物做过多的描写,不有意地将他和周围其他人区分开来,但却遵循着他们各自的轨迹发展下去。当然,玛格丽特·杜拉斯夫人多少对自己的主人公有所幻想,为他们所纠缠。可在另一方面,玛格丽特·杜拉斯夫人的人物不是她心里勾勒的人物的翻版:她写他们的时候,似乎远离了他们,他们带着某种历史的沉淀,这正是他们的来处,她是在潜意识的熔炉里设计他们的。她善于想象他们,但是他们——我们能够感觉到——保留着使她本人迷失的可能甚至是权利。格朗-塔内朗家族(这两个姓氏正好与塔内朗夫人两任父亲以及两任丈夫的姓氏相符)成了这一类特殊家庭的代表,有点混乱,不过这种中等资产阶级家庭远比我们想象中多,在这样的背景下分离出了雅克和他的妹妹莫德,雅克才失去他的妻子,一次意外的事故,他是个'非常聪明的人却从来没有享受过精神的愉悦'。但是事情要复杂得多:'雅克变得恶毒了,他又回归到自身。善在先前让他感到无比沮丧,因此他现在小心翼翼地避免自己过分善良;他不敢走得太远,因为任何一种开头——哪怕这仅仅是一种态度——都是非常艰难和荒凉的,就像黎明时分的感觉。'这份心理描写的精彩之处正在于此,而我们现在的大多数小说家做的却恰恰相反,满足于一种不完全的心理描写。雅克是个爱花钱的人,总是在赶路:他是自己命运的操纵者。莫德正相反,她天生就不会反抗。她总是沉浸在自己的世界里,没有一点阴险之处,她在生活中除了沉默和深深的退缩,就是对逃跑的向往,逃跑于她与其说是一种绝望,不如说是对生活和反抗的高贵向往。应该说格朗-塔内朗家族足以让一个追寻生活意义的年轻人感到不平衡,他们从来不自己选择家具,彼此漠不关心,却不能分离,仇恨和爱恋如同覆于神秘之上或掩饰感情混乱的面具,一会儿就能换上一张,回到莫德曾经度过童年的南方将使悲剧彻底地爆发。在让·佩克莱斯和乔治·杜里厄之间,莫德倾向于选择后者,或者是因为他能让她的精神兴奋起来吧。对年轻姑娘内心感情起伏的描写里有一种罕见而美丽的坦率,丝毫没有女性作家最常见的那种迟到的早熟。'莫德看到乔治时一点也不高兴,因为他也同样冷漠。在这份沉默的反抗中,她像所有女人一样决定不惜任何代价地战胜拒绝,虽然她连真正的原因都不清楚。她这样做毫无骄傲之意。把乔治再留上几分钟,延长他忍受折磨的时间,她很喜欢这样,而他并不知道。这里有一种受到教育后仍不失小小野蛮的顽固,突然间把生活的牌抛在一边。'在一种炽热的特别气氛中(格朗家的紧张空气,比如一个年轻女孩子用布带勒死了自己),莫德将自己给了杜里厄。莫德对情人、对家庭、对自己、对哥哥的感情,她那一份奇怪的仇恨,作者描写得非常独到。这一切显得既奇怪又自然。乔治的犹豫,他在她面前表现出的羞怯决定了他的命运。而在再次出发来找他之前,莫德应该先回到巴黎。似乎每当将年轻男子和他们之间那种奇怪的爱恋分离出来看时,她便无法自持。小说中充满了对风景以及灵魂的细腻刻画,看到这些,我们会觉得既陌生又熟悉。当然,小说是围绕着莫德这个中心人物展开的,'厚颜无耻'的人的世界和年轻姑娘的内心世界正好吻合。这是个活人,周围却是影子在出没。待到作者将有时略显滞涩的文体练得更精细一点,待到她不再写这种有时似乎有点漫不经心的话,她无疑会充分显示她的写作天赋。"拉蒙·费尔南德兹,载于《概况》,《欧洲周刊》(皮埃特罗·索拉里,R.卡尔迪纳·佩蒂主编)第15期,1943年5月27日。

贝·玛丽·施密特也在《戏剧》杂志上写文章吹捧她。她对此并不感到惊讶。重要的事情已经完成了：坚持到底，知道如何收尾。她把从这部小说中走出来看成是重生。并非毫无阻碍，她战胜了重重困难，直至达到最后出版的目的。在途中她替自己找了一位教父：格诺。同时也替自己找了一个不带任何文学色彩的名字：杜拉斯。

杜拉斯是白酒的故乡。杜拉斯海岸就在帕尔达洋附近，属于洛特·加龙地区。这个地区盛产葡萄、烟草和李子。真正的名字应该是自己赋予自己的，而不是接受下来的。她曾经把迪奥尼斯领到杜拉斯镇，在那里度过了两个难忘的夏季，住在一个叔叔借给她的房子里。灌木和田野纵横交错。这是父亲的土地，他生于这里，死前又回到了这里，精疲力竭，孤独一人，在抚平他伤痛的这片宁静和谐的风景里死去。换了名字以后，玛格丽特终于有了标志着和家里彻底决裂、只属于自己的名字，终于有了属于自己的独特命运；她离开了母亲和大哥施加于多纳迪厄家族其他成员的故事。她做出决定的时候，曾向迪奥尼斯陈述过用这个笔名的原因。"她对我说，她之所以要起这个笔名，是因为她一点也不以她的大哥为骄傲，她想要逃避自己非文学的出身。她说这样可以避免向那些知道她姓多纳迪厄的人汇报。同时，我也用了格拉西安的笔名，因为我生在圣格拉西安。"[①]迪奥尼斯·马斯科罗说。

大哥在蒙帕纳斯一带游荡，经常不请自到地敲响圣伯努瓦街的门，跟她要钱，再不就从壁橱里偷。他的行为很可疑，交往的都是些不三不四的人。他吹嘘说自己重新开始在圣心教堂前拉皮条，他和一个不太看重钱的来路的年轻女人住在一起，需要的时候还做女朋友的生意。这个女孩感动了玛格丽特。她保护她，甚至想要照顾她。一个迷失方向、可爱单纯的女孩，后来玛格丽特写到《树上的岁月》里儿子的女伴时，就是拿她做的原型。玛格丽特以她大哥为耻，却又躲不开他。他靠她生活，这一点又让她感到满足。可怕的兄妹关系，永久的折磨，爱恨交织的感情，这一切直到母亲去世方才作罢。

1943年1月，比诺撤职之际，弗朗索瓦·密特朗和其他在维希南

---

① 作者与迪奥尼斯·马斯科罗的谈话，1996年9月12日。

部地区监狱的高级专员朋友一起辞职。1月28日,他写信给他的一位朋友说:"我对自己的未来并不担心,不管怎么看,我的前途都是光明的,我想稍事休养,巴黎有不少问题等着我去处理。"[1] 在巴黎,他重新见到了以前沃吉拉尔街104号天主教会寄宿学校的老同学雅克·贝奈。这一年的头三个月他活动频繁,一边开始组织抵抗运动,一边在身份上仍隶属于维希政府。他接触了很多抵抗组织的内部成员,法国共济会成员、于里亚日会的工作人员以及青年劳工会成员。正如皮埃尔·佩昂所说的那样,他手里拿了一把好牌,想尽快摆脱自己的双重身份。他小心翼翼,不愿意让别人看见这局牌,顺利实现了身份的转变。雅克·贝奈可谓是他的一张王牌。也正是通过他,玛格丽特才得以进入抵抗组织,和她一起的,还有她的丈夫和情人。

雅克·贝奈从德国逃回来以后经常去看密特朗,还有沃吉拉尔街104号的另一个老同学,保勒·比尔文。密特朗和贝奈互相欣赏,互相尊重,彼此之间极为信任。贝奈在巴黎的身份是秘密的,他受密特朗之托就职于里昂。他找到了发挥自己才能的领地。6月,他又到了巴黎。自然,他去看了老朋友罗伯特·昂泰尔姆,自他逃跑回来,他就经常到他家去,在他家他总能受到热情的接待。"我跟罗伯特和玛格丽特说想住在他们家。他们想也没想就同意了。但是作为交换他们对我说:'你让我们俩进抵抗组织。'"[2] 雅克·贝奈于是在圣伯努瓦街住了下来。"他们对我说:'我们想百分之百地加入抵抗组织。'我们之间有一种深厚的友谊。当时,我们都沉浸在溃败的悲伤里。"雅克·贝奈经常和罗伯特及玛格丽特彻夜长谈,谈政治。玛格丽特和他谈起了死去的孩子。"她悲伤极了,劝都无从劝。第一次她把文学当成一种慰藉来谈。以前我没有真正明白她想当作家。"[3]

罗伯特继续去看他的中学同学,乔治·波尚。乔治有不少麻烦……他经常参与地下活动,负责寻找英国伞兵,把他们藏起来,最后让他们离开。他在找关系。罗伯特和他谈起了贝奈。贝奈又说起了弗朗索

---

[1] P. 佩昂,见上述引文。
[2] 作者与雅克·贝奈的谈话,1995年10月5日。
[3] 作者与雅克·贝奈的谈话,1995年5月13日。

瓦·密特朗。于是他们约定在宪政厅地铁站的咖啡馆见面。乔治·波尚和弗朗索瓦·密特朗竟然是法学院的同级同学,然而他们却从来没有碰过面。兜了这么大的一个圈子。他们再也没有分开过。

玛格丽特仍然对贝奈坚持她的愿望。她知道她可以做更多的事情。当然她让他住在她家,但是正如她自己对贝奈所说的:"我们想要和您一起工作。"贝奈建议她收留弗朗索瓦·密特朗。"我们的行动还没有名称。仅仅是开始。我们在为挽回战俘的名誉而战。我让罗伯特把在部里收集到的所有资料提供给我,我还问他是否认得别的部里的人。"①罗伯特·昂泰尔姆向雅克·贝奈引荐了大卫·鲁塞,他才出了本小册子。罗伯特冒的险越来越大,领了不少人加入行动小组。"我们在咖啡馆见面。尽量小心,怕被探子看到。"波尚回忆道。玛格丽特不仅让抵抗小组的成员住在家里,还充当信箱的角色。风险非常大。她才辞去书籍委员会的职务。成为抵抗组织新成员的姿态?也许。她推荐楼上的女邻居代替她去工作,这位邻居的女儿虽然只有十七岁,但已经参加了抵抗组织。雅克·贝奈记得有好几回,他在圣伯努瓦街的楼梯上和拉蒙·费尔南德兹擦肩而过,拉蒙还拉他去里普酒吧喝过酒,谈论文学。雅克·贝奈尽量不对他做出任何判断,不过他认为他的妻子贝蒂和他的想法不太一样,只是因为爱情而沉默。这一小撮人就这样在酒馆谈话,重新塑造这个世界。就像爱德加·莫兰后来说的:"我从来没有这样频繁地出入剧院、影院或朋友家。大家的生活都合并在一起了,非常激动人心。"

玛格丽特·杜拉斯帮助丈夫招募新成员。乔治·波尚在和强制劳役做斗争。他成功地进了劳务部,做送买卖文书的年轻职员,这样他就能接触到被强制劳役的年轻人的档案了。他告诉他们说不应该走以及为什么不应该走。玛格丽特帮助传送信件,并组织小组成员见面。"她让自己成为一个有用的人,而且总表现出非常乐意的样子,"雅克·贝奈继续说道,"她也是我们联系的中介。我们让她做什么她就做什么。自打她让我住在她家起,她就承担了所有的风险。"玛格丽特中转,而

---

① 作者与雅克·贝奈的谈话,1995年11月。

罗伯特在玛格丽特的帮助下招募新成员。"为了妥善安置他人,他们逛遍了整个巴黎。"贝奈和波尚都这样说。

7月,弗朗索瓦·密特朗打响了他抵抗运动的第一枪。事实本身似乎引起了不少争议,但是正如皮埃尔·佩昂所说的,他冒了很大的险,干得非常漂亮利落。1943年7月10日,在瓦格拉姆大厅,这天是法国押送囚犯的日子,他去搅了局,叫喊着他对德国政府感到恶心。遭到警察质询后,他在几个同志的陪同下离开了大厅,就当着犹豫不决的警察的面。伦敦非常欣赏他的挑衅行为,通过BBC的莫里斯·舒曼空中授予他爱国证书。几天后,弗朗索瓦·密特朗和玛格丽特·杜拉斯见了面。后来,这次相遇被人们崇高化、神化了,甚至包括当时在场的那些人!又是记忆耍了花招,日期模糊了。弗朗索瓦·密特朗初次见到玛格丽特·杜拉斯时,他并非——像那个把密特朗和莫尔朗置于英国香烟的云雾缭绕中的神话所说的那样——从英国回来,而是从维希,英国是第二年的事情……

实际上,他们的初次相遇是在1943年年中。密特朗一直不停地更换身份、职业和藏身之所。在维希和在巴黎一样,他的活动非常紧凑,他一面和贝当元帅周围的人接触,一面和抵抗组织各部门频繁约会,一会儿在阿尔及尔,一会儿又在伦敦。戴高乐将军说他"什么槽里的料都吃"。[1]1943年夏,他的影响越来越大,以旧时战俘共同体老板的身份出现——如果这算得上是老板的话。"我只有通过使诡计,或是恐吓,再不就是非人道主义的冷酷网络成为老板。"[2]1943年7月,他曾经写信给他的一个亲密朋友这样说,在《另类日报》第一期上[3],玛格丽特·杜拉斯和弗朗索瓦·密特朗追忆了他们第一次相遇时的情景。玛格丽特说她要忘记一切,但能够清晰地回忆起当时的场景:"是在夜深的时候,你们两个人。你们坐在大厅的壁炉前,在一口平底锅的两边,锅下面的一个老油桶里烧着报纸揉成的球。我不记得是不是给了你们一点吃的东西。马斯科罗也在。你们三个人在说话,但说得不多。

---

[1] 《这就是戴高乐》,阿兰·佩雷菲特著,德法鲁瓦和法亚尔出版社,1997年。
[2] 参见佩昂上述引文,《吉伦特派》一章。
[3] 《另类日报》,1986年2月26日—3月4日。

突然,您抽起烟来,房间里顿时弥漫着一股英国香烟的味道。"她说她当时叫了起来,于是他默不作声地把香烟盒放进口袋里。啊,英国香烟……这对玛格丽特来说就足够了。"您从来没有告诉过我英国香烟是怎么来的。但是我在那一晚明白过来,我们已经加入了抵抗组织,一切都成了。"

这就是如何从一个真实故事中抽取成分构筑史诗、构筑神话的全过程。这是杜拉斯的特权,滋养事实,让它变得更为引人注目,重新加工以避免堕入平庸。在玛格丽特这一时期创作的小说里——即后来的《平静的生活》,女主人公说:"如果我事先知道有一天它将成为我的故事,我就会选择它了;我会非常注意,让它更加有魅力,更加真实,我喜欢这样。"您已经在抵抗组织了,玛格丽特。一切都成了。也许有点迟,但是至少您成了抵抗组织的成员。您可不会仅仅满足于抽英国香烟!这时期所有在您身边的人都可以证实这一点。您是一个出色的联系人,勇敢而谨慎。首先是马斯科罗,您那时的朋友兼情人,后来是您儿子的爸爸。他对于和密特朗的初次见面也记忆犹新,是密特朗让他加入了当时尚处于萌芽状态的法国战俘及被放逐者行动,在宣传部门工作。密特朗让他负责编辑一份秘密的宣传材料。马斯科罗自己解决纸张和机器的问题。密特朗本人也记得玛格丽特当时是一个活泼、决断、充满激情的年轻女人,总是满腔热情地投身于各种最微妙的使命。[1]

马斯科罗和玛格丽特一道度过了这个炽热的夏天。迪奥尼斯在他的书橱里翻出玛格丽特那时写给他的信,放在旧鞋盒里。令人心碎的信和普普通通的信。"说你爱我。""我幸福得受不了啦。""这句话比别的任何话都奏效,我们彼此接触得很近,"迪奥尼斯说,"她会再一次要求做爱。对彼此的欲望使我们紧紧相连。她已经沉浸在对我的爱情之中了,而我还没有。我们从来没有觉得够过。"他们在咖啡馆约会,去旅馆的房间做爱。玛格丽特请求他说爱她。迪奥尼斯一直都不愿意。"这让她发疯。"他说。实际上,那时马斯科罗正和另一个温柔可爱的年轻姑娘谈恋爱,他感到很平衡。他对玛格丽特有欲望,但是还没有

---

[1] 作者与弗朗索瓦·密特朗的谈话,1995年9月8日。

爱到要抛弃另一个姑娘的程度。玛格丽特纠缠他。她要他，要把他包起来，置于自己的圆里。而他还不知道。再说还有罗伯特。传奇让他们在德法宣战时缔结了婚姻关系，因为他们的友谊和团结。传奇安排好了所有的人。罗伯特爱着玛格丽特，玛格丽特也爱着罗伯特，罗伯特爱着安娜-玛丽，安娜-玛丽也爱着罗伯特，罗伯特还爱着玛格丽特爱着的迪奥尼斯。现实总是比我们所能想象得要复杂得多。罗伯特一面爱着玛格丽特，一面仍然继续和安娜-玛丽保持着关系。安娜-玛丽也经常到圣伯努瓦街来，但不在那里睡觉。马斯科罗也一样，他天天都到圣伯努瓦街去，但是也不在那里睡觉。玛格丽特在4月一手炮制的昂泰尔姆和马斯科罗之间的会面很快成了"一见钟情"，甚至把玛格丽特排除在外，这让她感到非常嫉妒。迪奥尼斯笑着说："这一切发生得很快，罗伯特身上有一种神圣的简单。我从来没有遇到过像他这么本色的人。对我而言，他远远不止是兄长。自从我认识罗伯特以后，我爱他远远超过我的三个兄弟。"两个男人经常彻夜长谈，互相尊重，并且开始互相爱慕。但玛格丽特那时还没有告诉罗伯特，她和迪奥尼斯之间是怎样一种关系，她在1943年夏天写给迪奥尼斯的两封信证明了这一点：

> 我即刻便到。他似乎怀疑到了什么，因为他给《新法兰西评论》打了电话，问我是不是和你在一起。如果你遇到他，你应该心中有数。别说得太多。我没有和你在一起。写信给我，放在我的保留信箱里。[①]

罗伯特决定带玛格丽特到杜省去度几天假。她跟他去了，但是和迪奥尼斯分离令她感到万分痛苦，她写信给他说：

> 我非常孤独。如同一个人刚刚完成他的创作，想要找个人谈谈，可所有的人都睡了。我觉得自己落入了圈套，我被孤独淹没

[①] 迪奥尼斯·马斯科罗档案。

了。我把表放在身边，好听到它跳动的声音。人是会越来越孤独的。这根本没有底。①

下午玛格丽特和罗伯特出去散很长时间的步。她不敢离开他回到巴黎。于是她只好不停地写啊写啊，偷偷地给迪奥尼斯寄信，还不能让丈夫怀疑到她。

  爱你比给你写信更好。我绝对知道这一点。当然，有些词是属于夜晚的，我们听着这一片空茫，就在我们的体内，无所欲求。我们分开了。每天我都在问自己没有你的日子我怎么过……最好有一天你能对我说，给我发封电报说你爱我，我要你，我也不知道写这些云里雾里的话干什么。我将在你的怀抱中睡去。瞧，这就是今晚我写的一页纸。也许写作是为了这个？别扔掉，我以后会找不到的。就像一个女孩子来到了大海边。

玛格丽特正在写后来那本题为《平静的生活》的小说：一个年轻女人被迫在乡间过着日复一日的生活，在她单调的世界里突然出现了一个小伙子。他叫蒂耶纳。玛格丽特·杜拉斯把他写成了一个天使，圣灵显现。蒂耶纳就是迪奥尼斯。小说里的年轻女人只想着蒂耶纳，蒂耶纳裸露的身躯，这带来欢娱的永不干枯的源泉。蒂耶纳让她发现了"清凉之井"。以前她知道自己是个女人，但她不知道这份呼唤，这份焦灼，这份她谓为"被拦住的"欲望意味着什么。以前，在她的体内有一个洞，一种不成型的东西："从那洞里爆发出一声空茫的呼喊，并不是在叫谁。自从有一种我无法抗拒的力量在那洞中渐渐壮大，有一种想法便生根了，在我的体内，在冲撞我……"就这样，游戏开始了。对于这份放纵的、她觉得需要的肉体之爱，她并没有真正期待过。它只是深刻在她的肌肤里。"我爱。我爱蒂耶纳。哪怕离他很远，我也能够非常清楚地感觉到除了他我谁也不要。我自认为是一直在支撑着我

---

① 迪奥尼斯·马斯科罗档案。

的东西从此消失了。"

玛格丽特一直隐瞒着罗伯特。她在骗他，用了各种诡计，甚至对自己撒谎，躲进创作中逃避。但是对于那时的她来说，写作是对自己的一种澄清，是找寻真相的过程。如果自己不是活在真实里又怎么能继续写下去？玛格丽特日渐消瘦，预想到最坏的情况。这将是最后一个夏天。就在这个8月，她写信给迪奥尼斯：

> 凌晨6点。我是一具尸体。没有你我成了一具尸体。①

她想象迪奥尼斯此时正像只蝴蝶般在伽利玛的走廊上飞来飞去，卖弄风姿。罗伯特不明白妻子的心何以就这样离开了，从魅惑到恶毒。她写信给迪奥尼斯："我总是处在愤怒之中，对竭力适合我的罗伯特有一种恶意。"罗伯特即将孤独一人去走自己的路了。玛格丽特一直为迪奥尼斯对她不甚明朗的态度所折磨。她想通过种种事实做出判断，把这笔烦琐透了的账算来算去；如果我离开罗伯特，迪奥尼斯会愿意和我在一起生活吗？一天晚上，她躲过了暴风雨对她的袭击。她穿过田野的时候，雷正好劈在她身上。玛格丽特觉得自己与死神擦肩而过。她陷入了一种病态的情感中。那个死去的孩子又折磨着她。她对孩子的渴求正是她对生命的渴求。玛格丽特想再要一个孩子。她很快就向迪奥尼斯提出来了。"她对我说她想要个孩子，"他回忆道，"这是她特有的宣告爱的方式。"迪奥尼斯很吃惊，这份强烈的爱情令他不知所措。他还没有做父亲的感觉，也不愿意自己的生活从此被打乱。他有很多做书的计划，他的新工作占去了他很多的时间，再说他还经常去看他的小情人。但是玛格丽特纠缠他：

> 你对我说过你会遭到诅咒的。如果你不给我一丁点儿希望……只要想到和你生个孩子是给你添麻烦，我真的是害怕了。没有爱就不能有孩子。有了孩子就必须和与你有了孩子的男人在

---

① 迪奥尼斯·马斯科罗档案。

一起。那我只有和罗伯特在一起了。在未来的灰烬中，我只寄希望于背叛你。

玛格丽特和罗伯特回到了巴黎。安娜-玛丽在等罗伯特。玛格丽特又重新回到了迪奥尼斯身边。

很多人走过圣伯努瓦街，他们都会上来喝一杯，说说话。一个团体已经渐渐开始运作起来了。雅克·贝奈数度睡在圣伯努瓦街，和弗朗索瓦·密特朗一起，在顶头的那个房间。"我们两个只有一张床，而且床很窄。"

玛格丽特正在——或者说正试着——给她的第二部小说结尾。她把稿子拿给迪奥尼斯看，只要迪奥尼斯觉得写得不到位，文体过于笨拙，或是滋养她的美国文学的痕迹过重，她就全部涂掉。找到你自己的路，他总是对她说。玛格丽特听了他的话，把注意力集中到对主人公灵魂状态的描写上来。她很高兴能够找到合适的词来描绘她自己内心的各种冲撞以及她对生存的恐惧。玛格丽特·杜拉斯，在1943年这一年，也和其他左岸年轻的知识分子，特别是存在主义者一样，有点疯狂。但是她从来不承认存在主义对她的影响，非常强烈甚至带有一定挑衅性地为自己辩解。不管是在哲学方面还是在友谊上，她对萨特和西蒙娜·德·波伏瓦既谈不上喜欢，也没什么复杂的感情。

8月底，罗伯特和玛格丽特请求雅克·贝奈和弗朗索瓦·密特朗换个藏身之所，到罗伯特母亲家去住，在杜班街。罗伯特和玛格丽特都没有说是为了什么。贝奈日后在回忆时认为当时夫妇俩之间发生了严重的危机，但是表面上他一点也看不出来。罗伯特参与的活动越来越多了。他在行政部门招募新的成员，把他从部里窃取的文件送出来。迪奥尼斯为了影印传单，在安托尼和残废荣军院做工，这样就可以弄到油印机。同时，他还加入了《战斗》杂志，多亏了加缪，他在那里做编辑。马斯科罗建议加缪加入他的法兰克人小组。加缪犹豫后谢绝了。马斯科罗还运送武器，传递军事情报；他带着枪在街上到处溜达冒险。"我把枪藏在自行车工具袋里。还藏在我母亲家客厅的壁炉前。"①加缪起草传单,写文章。他和马斯科罗的办公室成了信箱。正如奥利维尔·托德指出的那样,在1943—1944年间,起草传单随时都有被捕和遭到流放的可能。"我加入这个法兰克人小组是因为我想要行动,我梦想着另外的东西。"迪奥尼斯评论道,他从来没有把自己看成是个英雄。"弗朗索瓦·密特朗是不是在维希干过,我不清楚,到现在也还不清楚。我们是叛逆分子,我们在斗争。全国战俘及被放逐者运动不组织军事行动,因为他们的人全在游击队里。"②

玛格丽特去找迪奥尼斯的次数越来越多。"她不停地对我说:说你爱我。我总是说不出口。她确实对我有很大的诱惑力,我们之间是一种非常强烈的激情。作为情人我们相处得很好,在心理上和政治上都非常融洽,这倒是并不多见。我们都很叛逆,反对一切准则。"乔治·波尚一直在劳工部递送文件,劳工部当时是在法奸组织的保安队监管之下。为了把强制劳役集训通知的资料成功地送出去,他和一个女演员一起在部里组织了一点小演出,趁排练的空当他便溜了。乔治·波尚有一天对地下共产党员、全国战俘及被放逐者运动宣传小组的成员爱德加·莫兰说:"你瞧,今天我要送你一份礼物。"他们在特鲁岱纳街见了面。礼物是迪奥尼斯·马斯科罗。"我很喜欢他。"莫兰说,"我觉得他聪明,英俊,勇敢。他让别人叫他马斯。找个假名对他来说不是件很费力的事。"③波尚、莫兰、马斯科罗、贝奈、密特朗、穆涅经常在昂泰尔姆家见面,杜班街,罗伯特的一个姐姐,玛丽·路易斯,又称米奈特的就住在那里。玛格丽特很少参加他们的聚会,再说他们也没有邀请她。她仍然充当联系人的角色,并且很快为全国战俘及被放逐者运动的报纸工作。"我没有介入他们的政治活动,"后来玛格丽特回答儿子的时候这样说,"我们是被拉上船的,我们不是英雄。抵抗组织到了我的面前。我们都是正直的人。"④玛格丽特觉得所有的姿态都非常自然;传送信件,把资料藏在自己家里。她不感到害怕,也不觉得这些

---

① 作者与迪奥尼斯·马斯科罗的谈话,1996年3月24日。
② 作者与迪奥尼斯·马斯科罗的谈话,1996年4月17日。
③ 作者与爱德加·莫兰的谈话,1995年12月4日。
④ 电影《圣伯努瓦街小组》,见上述引文。

行为有什么了不起的。在玛格丽特的生命里，抵抗运动分成相距甚远的两个阶段：第一阶段平庸而宁静，而相比之下，在第二阶段，她终日提心吊胆，害怕得几乎无法呼吸。有前一阶段和后一阶段之分。罗伯特被捕彻底打乱了她的生活，改变了她的世界观。

罗伯特一直在普舍的办公室里工作，开始时是契约专员，后来做编辑。他利用职务之便经常将被怀疑对象从黑名单上一笔勾销，其中有不少是共产党员。1943年10月，密特朗建议抵抗组织的同伴成立一份秘密日报，起名为《自由人》。万圣节，他告诉他最亲近的朋友说他准备去伦敦："我在守望着未来。我准备全身心地投入新的实际。不少人都相信我，我却害怕他们。我不相信任何人，这一点让我对自己也感到害怕，但是道路是激动人心的，进步也是不容忽视的，除去这一切，我的追寻中还有一种人们所谓的策略和战略，这是人类的游戏，是事物的智慧所在，这一切都很吸引我，令我心醉神迷。"[1] 杜班街的会议越来越频繁了。贝奈和密特朗从此就住在那里。密特朗记得他和小组之间的确友谊深厚。他非常欣赏玛丽·路易斯。这些年轻人都很慷慨，充满激情，更兼之颇有学识。这正是让他感兴趣的地方。因为在杜班街，大家不仅谈论俄国战线和军事进展，还经常谈起司汤达和福克纳。1943年11月15日到16日，密特朗到了伦敦。四天前他躲开了到他维希办公室去逮捕他的盖世太保。1943年12月3日，他又从伦敦到了阿尔及尔。他受到了戴高乐将军的接见。为准备这次会晤的一张卡片上说他是个可疑的人。密特朗希望戴高乐把夏莱特一线的抵抗组织交给他领导。戴高乐拒绝了，劝他加入意大利远征军作战或者去做伞兵。"他拒绝了这两项建议。我把他撵走了。我们之间再也没什么好说的了。"[2]

杜班街的彻夜长谈。在圣伯努瓦街的是工作。玛格丽特的小说收尾收得很艰难。她去看一直在鼓励她的拉夫，还有德诺和格诺。她念给罗伯特和迪奥尼斯听，迪奥尼斯总是笑话她滞重的文体和过于明显

---

[1] P.佩昂，见上述引文，第251页。
[2] A.佩雷菲特，见上述引文。

的美国腔。"她听我的,我尤其给她手法上的指导。"他说。罗伯特则总是保护玛格丽特,鼓励她继续到底。对于罗伯特来说,自从1941年起,这已经是定了的事情:玛格丽特肯定是有文学天赋的,问题是她不能浪费自己的这种天赋,不能堕落到写女性文学,那种小资产情调的连载小说式的作品。罗伯特要求她要精确、纯粹、有力。他对玛格丽特很有信心,相信她总有一天会成为一名伟大的作家,如果她不受到太多魔鬼的引诱,不过分自恋的话——那时这一切已经在玛格丽特身上初见端倪了。迪奥尼斯,他采取的则是一种讽刺而怀疑的态度。当然,他很为她的执着而感动,但是彼时他既不喜欢她的问题也不甚明了她要当作家的志向。在他们之间,交流不是在知识的领域进行的;这是猫和老鼠的游戏。他是一只蜷成一团的猫,如果有必要就会伸出爪子;他不需要任何人,甚至也不需要玛格丽特,玛格丽特为此深受折磨。在他们之间是一种战争。在这战争的外部他们俩则出双入对。他们关起门来约会时,总是玩爱得要死的游戏。"我占有她,似乎是为了杀死她,似乎我是在用斧子砍死她。"迪奥尼斯在日记里写。①

"玛格丽特让我明白,"迪奥尼斯后来承认道,"让我明白肉体之爱是一种艺术,再也没有比这更沉重、更富悲剧性的了。"玛格丽特赢了:迪奥尼斯终于成为她唯一的情人。"我们那时根本不是那种琐碎的人。对方倘若没有艳遇,我们还真受不了。"玛格丽特和罗伯特继续着他们那种爱情——友谊式的生活。玛格丽特既没有对罗伯特坦白,也没有离开他。

玛格丽特在1943年10月23日写给迪奥尼斯的信:

> 我对罗伯特说今晚和您一起吃饭。他说这样可不够友善。他也很乐意和您一起用晚餐。如果您不反对的话,我明天到塞纳街去看您。

玛格丽特写给迪奥尼斯:

---

① 迪奥尼斯·马斯科罗档案。

1943年11月28日

　　猫在叩门。我坐在地上。我不是一个撒谎的女人。当然，我说了谎话，但是我在离你那么远的地方活着。

　　1944年2月底，密特朗从阿尔及尔转道英国回来后，立即和雅克·贝奈以及罗伯特·昂泰尔姆取得联系。他又一次住到杜班街。用别的名字隐居起来。3月12日，抵抗组织的三个战俘运动代表见了面，决定从此以后合并为一个运动，起名为全国战俘及被放逐者运动。密特朗成了这个得到正式承认的运动的领袖。玛格丽特在1986年曾经和密特朗一道追忆过这个"我们都还年轻的时代"，就是发表在《另类日报》第一期上的对谈①。烦忧，恐惧，害怕，激动，额上的汗珠，检查身份证时的心跳，被德国岗哨拦下来时的自控力。"我这样说不是要说明我们是英雄，而是我们倾注了热情，我们很喜欢这样。"他对玛格丽特说，而后者反驳道："我们和其他所有人一样只不过是建设中的一分子，我们和所有人一样被造就。"

　　自1944年4月起，运动核心成员受到的压力越来越大。告密？背叛？法奸保卫队和盖世太保的手下经常对小组发起围捕，而且似乎对他们聚会地点以及藏身之处掌握得越来越准确。6月1日是个黑色的日子。早晨本该在查尔斯·弗洛盖街举行一次运动的重要会议。有人按响了门铃。密特朗开了门。来人说要见让·贝尔丹，说有话对他说，并且他叫的是贝尔丹在抵抗组织的化名贝拉尔。密特朗没有怀疑，把贝尔丹叫了出来。贝尔丹走到门口，来人突然用手枪瞄准他，低声命令他跟他走。通过窗户，朋友们束手无策地望着他在那个要和他说话的人的胁迫下走在大街上，脸色苍白。贝尔丹先被监禁在弗莱斯恩监狱里，受尽虐待，8月又被放逐到德国。密特朗和其他人倒是逃走了。"毫无疑问，当时肯定有人叛变了，"密特朗在1995年对我说，"我已经有所怀疑，但是又不能说出来，因为我没有证据。我的疑心只能越来越大，

---

① 《另类日报》，1986年2月26日—3月4日。

甚至疑心某些小组成员。"①

同一天，另一个会议应该在杜班街召开，18点。玛丽·路易斯，罗伯特，保尔·菲利普和他的妻子，让·穆涅即又名罗单的已经到了，他们在等其他同伴的到来。波尚约好密特朗在里普啤酒店碰面，然后两人一起步行到杜班街。当时的密特朗还没有养成传奇中的迟到习惯，但是他没有到。波尚匆匆走了一百来步。玛格丽特就在距离他们几百米的家中，她没有被邀参加会议。马斯科罗从马恩街的母亲家步行去杜班街和他们会合。让·穆涅已经感觉到形势不妙。他在房间里转着圈子。"我总有一种预感"，1996年时他对我说。密特朗气喘吁吁地赶到了花神咖啡馆，悄悄地对波尚说："别去。我刚打过电话。一个女人用非常严肃的声音回答我说：先生，您打错了。我听出那是玛丽·路易斯的声音。等等我。我再打个电话。"电话铃再次响起时，昂泰尔姆家是死一般的寂静。几分钟以前，穆涅从窗户里看到对面的人行道上站着个大人物，他穿着便衣，旁边还有两个警察。他察觉出了危险，三步并作两步地跑下楼梯。楼下的警察截住了他，问他要证件。他给了他们一拳，夺路而逃，一直跑到马路顶头才上气不接下气地停了下来，着手通知其他同志不要再上圈套。几分钟后，他看见了盖世太保的两辆汽车。警察押送着罗伯特·昂泰尔姆和保尔·菲利普走了出来。菲利普夫人和米奈特被关在房间里。密特朗在圣日尔曼大街的一个公用电话亭再次拨通了他们的电话。这一次玛丽·路易斯的声音不带一丁点儿感情色彩，而且没有任何余地："但是，先生，我已经和您说过了，您打错了。"于是密特朗明白了。后来大家才知道盖世太保的人要玛丽·路易斯让和她通话的人尽快赶来。穆涅也通知了好几个同志，免得他们掉进陷阱，其中就有拜当古尔。马斯科罗在彭马歇商店前接到了通知。他跑到圣伯努瓦街，找到了他藏在壁炉里的名单和地图。他还顺便拿出了藏在扶手椅下的手枪，后来偷偷扔进下水道里。就在这一天早上，乔治·波尚才把德国军工厂的地图交给罗伯特·昂泰尔姆，幸亏罗伯特在问话前已经及时把地图吞了下去。

---

① 作者与弗朗索瓦·密特朗的谈话，1995年10月。

保尔·菲利普和玛丽·路易斯遭到了放逐。菲利普的妻子先是被关进了监狱，几个月以后又被释放了，因为她不是犹太人……菲利普倒是得以生还。玛丽·路易斯却再也没能回来。她被放逐到了拉文思布卢克，集中营解放后，她已经衰弱之极，一点力气也没有，终于没能回到法国就死了。罗伯特开始被关在弗莱斯恩监狱，8月17日到18日，被转移到了贡皮埃涅，在那儿他又被押上了前往布痕瓦尔德的最后一批车厢。是友谊产生的奇迹，也是出于偶然和命运的安排，他最终回到了法国。他是少数得以生还、重新得到自由的人之一，他体会到了生存的极限，在《人类》一书中对我们得以面对这世界的不可摧毁的核心重新下了定义。就在出事前的一个月，《文学》杂志发表了他的四首诗，原本收在他计划出版的一本诗集里，诗集的名字叫作《栅栏上的手》。或许这些诗已经表露了他的一种灰色预感吧。在第二首名为《血的独白》的诗里，罗伯特·昂泰尔姆写道：

> 我是地球的一半
> 我不知道何为虚空，
> 因为我属于它，
> 并且大家留住了我：
> 也许我是个活人。
> 在牢房里我很安宁，
> 有一天，一个
> 用我的名字的人出现在他人面前，
> 但那早已不是我。
> 我自己也几乎记不起他；
> 从监狱里出来，大家都说，我赢得了自由：
> 于是我完了。
> 我只能完蛋，

这是我所经受的最严峻的考验。①

6月1日晚上，密特朗打电话给圣伯努瓦街的玛格丽特。他对她说，她附近的地方现在有火灾，会很快蔓延到她那里的，要她十分钟内离开。她下了楼，在修道院街找到了密特朗。"我看到了您，我是从大学街走的。只有在今天，"杜拉斯四十年后如是对密特朗说，"我才明白您在为我着急，告诉我哪里能去，哪里不能去。您拦住了圣伯努瓦街的方向。一直到今天，我才清楚地读懂您横在马路中央的身体意味着什么，四十年以后。当时我听从了您的安排，可根本没能明白。"②很晚，密特朗见到了罗单，后者向他讲述了在杜班街发生的一切。密特朗对照了一下，当天早晨在查尔斯·弗洛盖街敲门的和指挥杜班街逮捕的是一个人。这人从小组的叛徒那里得到了消息。他对这一线的成员掌握得一清二楚，因此可以连续发动对小组的打击。

玛格丽特想要打听出关押丈夫的地点，到盖世太保的办公室等候消息。她到索塞街的时候，已经有一百多个女人等在那里，而且等了好些时辰。焦灼不安。玛格丽特排在队尾，她看见一个身着黑衣、怀有身孕的女人。德国人对她说，刚到的邮件表明她丈夫已经被枪毙了，让她去收拾他的遗物。年轻的女人排了二十个小时的队。十五天后就是她的预产期了。玛格丽特也在盖世太保的办公室前等了一天一夜。没有用。别人让她下次再来。于是玛格丽特又在火车站守候着，希望能在车厢里发现自己的丈夫。她听到传闻，认为他有可能被送往弗莱斯恩监狱。6月6日一早，她准备好了包裹，动身前往监狱。她和同去的十来个人一起耐心地等候着，在监狱的候见室。几个小时后，德国人关上大门。巴黎城上空传来空袭的声音。警报拉响了。"他们今天六点钟就上了船。"一个年轻男人小声地对玛格丽特说。玛格丽特不相信。她对他说："这不是真的。不要传播假消息。"③德国人把候见室里

---

① 刊登于《罗伯特·昂泰尔姆，关于"人类"未发表的文章，作品与证明》中，伽利玛出版社，1996年。
② 《另类日报》，1986年2月26日—3月4日。
③ 《痛苦》，P.O.L.出版社，1985年，1993年简装本再版，第91页。

179

的人全给赶了出去。今天不送包裹。玛格丽特回到了圣伯努瓦街。迪奥尼斯·马斯科罗找到了她。上面的邻居——尼古拉,那个十七岁的,帮助大家传递消息的抵抗组织成员——看见他们一起骑车走了。他们重新往弗莱斯恩的方向冲去,但是监狱不再允许给犯人送包裹了。她去了好几次,一无所获。玛格丽特于是只好去找以前的一位朋友,信息部的秘书,罗伯特·昂泰尔姆以前的同事,想获得一张送包裹的许可证。朋友对她也说还是得去索塞街。她等了三四天才进入德国警察署的办公室。包裹许可证发放处的秘书曾经给过玛格丽特一个名字,说这位叫赫尔曼的先生或许能帮上她忙,可是她进了他的办公室才知道他不在。赫尔曼先生的秘书允许她第二天再去。可是他仍然不在。而玛格丽特自己的通行证在当天早晨就已经过期了。

> 等了二十来个小时还是有点好处的。我在走廊里碰到了一个大人物,于是请求他将我的通行证延长到晚上。他让我把材料给他。我交了出去。他说:"这可是杜班街事件。"
>
> 他说出了我丈夫的名字。他说正是他逮捕了我的丈夫。并且是他进行了第一场审讯。这位 X 先生是盖世太保的警察,在这里我们称他为皮埃尔·拉比埃。
>
> "您是他的亲戚?"
>
> "我是他妻子。"
>
> "啊!……这是一桩很棘手的案子,您知道的……"[①]

接下去发生的事情,玛格丽特在《痛苦》中一篇题为《X 先生,皮埃尔·拉比埃说是在这里》的文章里有详尽的叙述,四十年以后,她在前言中声称她所说的一切都是真的,包括最细的细节,说之所以她没有早发表这篇文章,是因为考虑到这位在解放时被枪毙的先生的妻儿的利益。

这个男人叫查尔斯·戴瓦尔。时间并未抚平伤痕。戴瓦尔夫人当时

[①] 《痛苦》,P.O.L. 出版社,1985 年,1993 年简装本再版,第 93 页。

读了《痛苦》后颇为震惊。今天她则认为玛格丽特在撒谎，而她这么做完全是有好处的。因为戴瓦尔事件比表面上看起来还要复杂。这不仅仅是引诱、陷阱和背叛的故事。这还是一个关于性、谎言和演变关系的故事。谁欺骗了谁？是谁先产生了诱惑对方的念头？因为不仅仅是玛格丽特·杜拉斯和查尔斯·戴瓦尔之间一种不洁的引诱，更有解放初期迪奥尼斯·马斯科罗和波莱特·戴瓦尔之间的错位的爱情。这个故事就像一篇拙劣的小说，起伏过于复杂，一点也不真实，手段太不高明，过分强调情节。但是，这的确关系到一个真实的故事。

玛格丽特在1985年出版《痛苦》时解释说，她完全是出于偶然才找到这篇文章的，几个月前，《巫婆》杂志向她约稿，要她年轻时写的一篇文章，她却在乡间住所的两个柜子里发现了自己在战时和战后不久写的一些东西，都写在记事簿上，她早就忘记了它们的存在。她很惊讶地打开它们，重新发现了这个故事，与其说是重读，不如说是全新的阅读，因为当时她写下这一切正是为了忘却。她在阅读时被深深感动了，甚至流下了眼泪。应该拿去发表吗？她犹豫了。她于是就此事征询了朋友、出版商保尔－奥查可夫斯基·洛朗的意见，朋友劝她发表，并且连同后面的文章一道出版[1]。有些评论家对这事的来龙去脉是否真实表示怀疑。玛格丽特也许故意制造了这些记事簿的存在，只是为了挽回自己的命运，实际上这些故事可能都是她在20世纪80年代初期写就的。玛格丽特编造了那么多故事，以至于今天没人再相信她了。但是，这些记事簿的确是真实存在的。

由于时间的流逝，这些写得密密麻麻的记事簿已经有些破损了，如今保存在现代出版档案馆。它们的存在彻底打破了某些评论家的推测，在《痛苦》出版之际，他们认为这又是作者一手导演的好戏。尽管如此，这篇文章却并非战时那些记事簿的翻版。故事的第一版写于1945年。1975年，作者又重新起草了这个故事。最后，作者又对故事进行了"再次剪裁"。出现了大量的增添、修改和锁定，真的就像做衣服一样。保尔－奥查可夫斯基也肯定说杜拉斯一直在修改这篇文章，

---

[1] 作者与保尔－奥查可夫斯基·洛朗的谈话，1996年5月4日。

直至它最后出炉。涂涂改改的校样的确可以证明这一点。杜拉斯不喜欢别人说她"写"成了《痛苦》。她把这篇作品看成是生命中最重要的事情之一，它是慢慢成熟的。《痛苦》不像她自己在前言里说的那样，是毫无改动的日记的翻版。它不是这些可以证明"思想和情感上惊人混乱"的纸页的简单而纯粹的复制，她说她一度不敢触及这些记事簿，正是害怕触及这"惊人的混乱"[①]。这是文学的再现，是对时间的超越，是对自己的审视。

《痛苦》原稿的第一本记事簿是米色的。一本小学生用的簿子，全是手写的，几乎没有什么涂改，但是有很多句子写了又被画去了。第二本簿子是灰色的，混杂着《泰奥朵拉》的一些色情片段和《痛苦》的开头。总的来看，四本记事簿大多是手写的，有些片段开始是手写的，后来又用打字机重新打过。用了两种墨水。这里面有私人的日记，作品的初样——《塔尔奎尼亚的小马》的开头和后来成为《多丹夫人》的故事雏形，整页整页《抵挡太平洋的堤坝》里的内容。拉比埃先生的故事并没有出现在《痛苦》初稿的这几本记事簿里。玛格丽特是在决定出版《痛苦》这本书的时候才添上去的。因为完成这卷作品，这一章在她看来必不可少。

玛格丽特等了四十年才把所发生的一切记录下来。时间模糊了她的记忆。她只是叙述了她回忆起来的一切以及她愿意叙述的一切。其他证人所提供的事实与玛格丽特所记住的这出以某个男人的死亡而告结束的悲剧不甚吻合。从另一方面来说，拉比埃·戴瓦尔的故事也残酷地照亮了玛格丽特和迪奥尼斯复杂的感情纠葛。1984年，玛格丽特在发现了战时那些记事簿后，正式出版《痛苦》前曾犹豫过，不知道要不要把这篇文章放进去。发现当时写的这些东西又给了她写作的欲望，写一写那个时期的欲望。犹豫之中，她还是放进去了。"就这样读者会想：为什么要出版这种在某种程度上可以被称为逸事的东西呢？当时非常可怕，当然，生存的可怕，简直到了可以因恐怖而死去的地步，但这就是一切，没有夸大，没有一点转向文学宽度的端倪。所以呢？"

[①] 《痛苦》序言，第12页。

所以，她相信时间会让她恢复名誉——相信她未曾向 X 先生透露过自己的真实身份这一事实可以让她摆脱责任。再说，正如她自己所说的，"大家都已经老了，即便知道了事实真相，也不会像年轻时代那样，受到过多的伤害"①。于是，玛格丽特设计、构造、想象了一位 X 先生，不完全是戴瓦尔的写照。但是玛格丽特过于轻信了时间能抹去痛苦的所谓能力。如今已是位老人的戴瓦尔夫人依旧因《痛苦》的出版而受到很深的伤害。玛格丽特说考虑到她的利益。在这点上玛格丽特也欺骗了自己。她嘲弄了戴瓦尔夫人的名誉和自尊。

让我们回到故事本身，来理清楚这一团乱麻。1944 年 6 月 6 日：戴瓦尔和玛格丽特在索塞街第一次碰面。1944 年 6 月 7 日：他们又在索塞街的办公室走廊上见面了。她凑巧碰到他。"他挽着一位几乎已经晕过去的女人，脸色苍白，衣服也湿透了。"②在盖世太保办公室的走廊上，戴瓦尔就这样走上前去，和她谈起前天的逮捕事件。他谈到了抵抗组织网，还有他差点拿到的地图，就放在房里的桌子上，他问她知道与否，是否认识丈夫的朋友。"我说我不清楚，或者说一点也不清楚，说我是写书的，说我对别的任何事情都不感兴趣。"③戴瓦尔说他知道，"说他奉命逮捕时甚至在桌上发现了两本我写的书，他笑了，甚至把书也一道带走了"。戴瓦尔为奉承她撒了谎？玛格丽特添了这一段……为什么她要添上这个两本小说的故事呢？《厚颜无耻的人》也许会在杜班街，但是《平静的生活》当时还在构思之中！戴瓦尔·拉比埃想要显示自己的学识素养，这样和她谈起话来也可以默契一点。他觉得能找到一个知识分子的谈话对象很光荣，因为他一直梦想着成为他们当中的一员。玛格丽特则希望通过他见到自己的丈夫，保护他，甚至可能让他出来。

正如弗朗索瓦·密特朗对我说的那样④，玛格丽特那时处于一种崩溃状态，神经质，非常害怕。尼古拉·顾朗，邻居家那个参加抵抗组织

---

① 《痛苦》序言，第 90 页。
② 《痛苦》序言，第 93 页。
③ 《痛苦》序言，第 94 页。
④ 作者与弗朗索瓦·密特朗的谈话，1995 年 5 月 23 日。

的小姑娘，觉得她那时"非常焦躁不安"。密特朗觉得自己是造成昂泰尔姆被捕的罪魁祸首。雅克·贝奈也是这样想的，因为是他们让他加入了抵抗组织。马斯科罗住在母亲家，每天都去看玛格丽特，也对当时玛格丽特的反常状态记忆犹新。她不吃饭，成夜成夜地失眠。每天晚上他们都在火车站台上走来走去，想要看看有没有押送囚犯的车子。出于对安全问题的考虑，密特朗要求她断绝和组织一切成员的往来。她只和迪奥尼斯见面，如果他不在她身边，她就给他打电话。三个星期过去了。看到盖世太保没有来搜查圣伯努瓦街，玛格丽特联系了密特朗，要求重新为他们工作。密特朗接受了她的请求，让她充当联系人。有一天，正当她安排两位全国战俘及被放逐者运动的成员——戈达尔和杜蓬索——见面时，她再次碰到了戴瓦尔·拉比埃，在议院门口，完全是巧合。"我冲拉比埃笑了一下，我对他说，'我很高兴能遇见您，好几次，我等在索塞街的出口处，希望能看到您。我仍然没有丈夫的任何消息'。"关于这段故事，玛格丽特给了三个版本。[①]她当时感到的只是害怕。戴瓦尔是不是知道抵抗组织的这些活动了？盖世太保会把他们三个都抓起来？玛格丽特应该把戈达尔介绍给杜蓬索。戴瓦尔突然出现的时候，她正向戈达尔走去。就在戴瓦尔和玛格丽特打趣着谈话的时刻——时间在这一刻简直像是停滞了，两个男人僵立在那里没敢动。"我吓得脸色发青，拼命咬紧牙关。看上去拉比埃没有看见他。他说了十分钟的话。很多人走过去或停下来。"[②]在《痛苦》里，玛格丽特想起当时她的邻居，比高利夫人和儿子正经过那里。在《另类日报》里，她说在那天她还遇见了密特朗，也是巧合，就在他和戴瓦尔·拉比埃谈话的时候。密特朗骑在自行车上。他说道："您正在和他谈话，站在人行道上。我骑着车子过来，我不知道您在那里。我看见您和一个人在说话，我从自行车上下来（那会儿我把这个当杂技玩），对您说：'您好，玛格丽特，还好吗？'我看了您一会儿……您的面色很尴尬。是拉比埃……"密特朗说他非常清楚地记得当时的场

[①] 见《痛苦》，弗朗索瓦·密特朗与玛格丽特·杜拉斯载于《另类日报》上的对谈和弗朗索瓦·密特朗与作者的谈话。

[②] 《痛苦》，第96页。

景。但是密特朗才读过《痛苦》，他的记忆被玛格丽特叙述的故事给弄乱了。那天，他并没有从议院门口经过。幸亏如此，因为戴瓦尔·拉比埃掌握了抵抗组织的所有负责人，再加上资料都是带相片的，如果他真的经过，戴瓦尔很可能认出他并逮捕他。玛格丽特知道密特朗弄错了，但是不敢反驳他："在《痛苦》中，我说的不是您，而是那两个我安排见面的人。"

这些极富戏剧性的遥远事件就这样被有关人士夸大和重建了。密特朗和玛格丽特一样，在四十年后，也想要歪曲事情的轮廓，稍稍摆个姿态，突出某些事件的重要性，重建事实的迷宫，甚至不惜编造新的故事。在《中断的记忆》里，密特朗谈到玛格丽特时说她和戴瓦尔之间是一种猫和老鼠的游戏。是谁先发动了这场邪恶的游戏？戴瓦尔还是玛格丽特？密特朗是否想说是玛格丽特，认为是她先挑的头，这样她就能经常见到戴瓦尔？我和他在1995年6月有一次谈话，他不像在《另类日报》上那么肯定了，他也记不清是否真的是他做出的决定，以小组负责人的身份，让玛格丽特继续和戴瓦尔见面。他觉得似乎是玛格丽特要求的，然后他同意了。"这很正常，她希望通过戴瓦尔打听到丈夫的消息。"

玛格丽特和戴瓦尔之间发生了什么？私情？她在抵抗组织的一些朋友似乎相信这是事实。在密特朗看来也合情合理。但是他不能够肯定。再说这个并不重要："玛格丽特是个忠实可靠的朋友。"没有一个人清楚这件事。戴瓦尔夫人认为什么事情也没有发生。她丈夫曾经和她谈起过，说："他和一个知识分子圈里的年轻女人见过面，在食物比较丰富的餐馆里。他说是那女人要求见他，他也很同情她，说她非常瘦，所以他请她去吃饭。"[①] 波莱特知道丈夫是亲德分子。他并不隐瞒这一点，但是她不知道他和盖世太保一起工作，也不知道他逮捕抵抗组织成员。在密特朗的铁哥们儿乔治·波尚看来，玛格丽特又在玩火，他认为她喜欢这样。而对于法兰克人组织负责人、负责抵抗组织成员见面安全的让·穆涅来说，玛格丽特是在冒险。

从收集到的各种证据来看，今天似乎已经可以肯定，玛格丽特自

---

① 作者与波莱特·戴瓦尔的谈话，1995年12月。

己一手缔造了和戴瓦尔的这种关系。在《痛苦》中，她写道："我经常跟着他，坚持要见他，和他约会。"玛格丽特认为戴瓦尔既是监狱看守，又是或然的救世主。她知道罗伯特在法国领土上的日子屈指可数，知道他很快就会被放逐到德国去。戴瓦尔告诉了她一点重要消息：罗伯特在弗莱斯恩监狱，但是很快就会被送往别的地方。玛格丽特经常去弗莱斯恩监狱，希望能见到她的丈夫。她想收买戴瓦尔，好给罗伯特送个包裹进去。戴瓦尔让她相信他能做到。戴瓦尔在撒谎，他甚至在对自己撒谎。他夸大了自己的重要性。他根本不能够掌握确切的消息。但是他让别人相信他能。他在吹牛。玛格丽特不知道，也不愿意知道。我们能够理解她。她把所有的希望都寄托在他身上了。她愿意相信戴瓦尔可以控制局势。她先下了手。但是她事先通知了密特朗，并且问他：我是否应该继续见他，还是应该再也不去见他？密特朗意识到玛格丽特已经迷失了！她在犹豫，她不知道该怎么办。密特朗肯定地说："您非常守纪律，您问过我，说，'告诉我，我应该怎么做'。当时我甚至有点吃惊。这不是您的行事风格。您问我这个问题不是出于对自己安全的考虑，而是因为您手上掌握着一条线，很可能会牵连别人。"① 密特朗和大家商量了一下，最后决定让玛格丽特继续去见戴瓦尔，但是她应该被置于抵抗组织的军事保护之下。诱饵玛格丽特。"我们把继续去见戴瓦尔的任务交给您。"1986 年，密特朗在《另类日报》中肯定地对玛格丽特说。② 但乔治·波尚反对这种说法。"弗朗索瓦·密特朗从来没有下达过这样的命令，让玛格丽特经常和戴瓦尔见面。弗朗索瓦甚至觉得这样做很让人不安。穆涅和他手下的小伙子当时可能负责保证她的安全。他们有可能在人群中乱开枪，而穆涅也阻止不了。但是密特朗还是接受了玛格丽特的要求，因为他考虑到玛丽·路易斯和罗伯特·昂泰尔姆的生命安危。戴瓦尔从来没有把玛格丽特看成是我们这个行动的一分子。他只觉得她是一个漂亮姑娘，他可以和她在一起风流风流。"③

---

① 《另类日报》，1986 年 2 月 26 日—3 月 4 日。
② 《另类日报》，1986 年 2 月 26 日—3 月 4 日。
③ 作者与乔治·波尚的谈话，1996 年 11 月 25 日。

他们的约会非常频繁。不像她在《痛苦》里说的那样每天都有，但一星期至少一两次。戴瓦尔总是在将近中午的时候打电话给她，约的也总是当天。所以玛格丽特只能等他的电话，成了他的猎物。他把我攥在手心里，玛格丽特在《痛苦》中写道。迪奥尼斯清楚地记得这段日子，尼古拉也是。戴瓦尔有时也透露一点消息。但是玛格丽特从来没有得到过直接关系到罗伯特的消息。模糊不清的传言是有的，玛格丽特就信这个。她听他说，弗莱斯恩的一些囚犯将被送往德朗西。有天晚上，她从弗莱斯恩打电话给迪奥尼斯，当时他正在圣伯努瓦街。她让他赶快到火车东站，带上香烟和糖。她听某些囚犯的妻子说罗伯特有可能在火车上。迪奥尼斯请尼古拉帮忙。两个人飞速骑车赶往火车站。没有见到罗伯特。但是罗伯特后来是被送往贡皮埃涅的。戴瓦尔最终还是向她透露了这个消息。什么时候？不知道。她在 8 月 17 日或者 18 日的早晨看到罗伯特在一辆从弗莱斯恩监狱开出的囚车里。她在站台上望着他。和其他囚犯的妻子一起跟在后面跑，拼命地挥动着双手。他和其他人在一起，身边是全副武装的士兵。"我一边跑一边问他这是去哪里。罗伯特大声地回答我。我觉得似乎听到他说的是'贡皮埃涅'。"[1] 玛格丽特求戴瓦尔帮忙。当时他们天天见面。戴瓦尔最终悄悄告诉了她贡皮埃涅监狱中心一个秘书的名字，说她有可能会受贿后行个方便。玛格丽特第二天给了戴瓦尔一个黄玉金戒指。她从来没有见到过那个女秘书，她的戒指也无影无踪了。不管是在弗莱斯恩还是在贡皮埃涅，罗伯特根本没有拿到过任何她给他准备的包裹。

乔治·波尚越来越怀疑这位戴瓦尔先生，提醒她要加以戒备。让·穆涅还能想起戴瓦尔和玛格丽特的这些约会。密特朗将地点告诉了他。"第一次约会是在圣日耳曼大道上。我看见一个面目清秀的小个子女人来了。有一次约会后，玛格丽特对我说：'戴瓦尔今天问了我关于您的情况。他问我是谁在给了警察一拳后躲过了杜班街的逮捕？'"[2] 让·穆涅在他们约会的时候一直负责保护玛格丽特的安全，他耐心地观

---

[1] 《痛苦》，第 120、121 页。
[2] 作者与让·穆涅的谈话，1996 年 12 月 4 日。

察着戴瓦尔的全部伎俩,在他看来,非常明显:"戴瓦尔爱上了她。他们一起在饭馆进餐,喝很多的酒,他们看上去像一对相处融洽的情侣。他优雅、古典、穿着考究,戴着金边眼镜,一副富裕的资产阶级的派头。"[1] 穆涅自忖两人中究竟是哪一个会让对方坠入圈套。过去了这么长时间再回头去看,他认为两个人都迷上了这个游戏。"密特朗对我说:'我相信她,但是我们应该保护她。'有一天约会结束后,玛格丽特似乎被击垮了的样子,走近我,对我低声说:'我差点越过了鲁比肯河。我回不了头了。'"在《痛苦》里,玛格丽特·杜拉斯说她几次想要和他彻底断绝关系。但是都没做到。"我一直害怕再也得不到任何有关罗伯特,我丈夫的消息了。"

可消息一直都没有。戴瓦尔一直没有提到罗伯特,还有玛丽·路易斯,包括他在杜班街逮捕的其他同志!他是否知道了点什么?戴瓦尔的确是玛格丽特和我们说的那个男人吗?她有没有夸大他的作用?这是波尚的猜疑,他一直不赞同这种约会,并且把自己的意见告诉给了密特朗。贝奈和波尚开玩笑说:不管怎样,戴瓦尔的故事牵动了组织里太多的人,如果戴瓦尔真的在索塞街算得上是重要人物的话,那么玛格丽特就是不安全的,这样做不够谨慎,而且她过于投入,反而不能让这双重游戏朝好的方向发展。密特朗也一直在思考。他非常谨慎,波尚和穆涅都证明了这一点:他采取了很多预防措施。的确,对任何人和事都应该持怀疑的态度。全国战俘及被放逐者行动遭受了严重的打击。绝大部分组织遭到了破坏,摧毁,几乎奄奄一息。每次开会前,他都会安排一个联系人,由他随机指定地点和时间。有时甚至由第二个联系人把已经定好的时间和地点再度更改。密特朗知道组织有人叛变,他怀疑是某个核心小组的成员。几次都是在这个人参加了会议后,同志们遭到了逮捕。但他总能逃脱……小组究竟被腐蚀到何等程度呢?密特朗不知道,他一直很小心。戴瓦尔—玛格丽特的故事让他忧心忡忡,他不得不经常更改地点,于是危险也就更大了。戴瓦尔和玛格丽特之间的关系看来是有百害而无一利了。

---

[1] 作者与让·穆涅的谈话,1995年9月。

密特朗一直在为玛格丽特辩护，玛格丽特本人也开始明白戴瓦尔撒了谎，他远远没有他所说的那么重要。"我想他甚至想让我相信，他能够让我丈夫出来，但是我对这一点表示怀疑"①，玛格丽特后来承认。对于玛格丽特来说，她和戴瓦尔的交往分两个时期，第一个时期从罗伯特被捕一直到小组开会要求她起草一封给弗朗索瓦·密特朗的信，在信中她以她的名义担保"只要确定她的丈夫和大姑并不在拉比埃的手上，就立即配合行动组织在自由法国部队到来之前将他结果掉"。这个阶段她非常害怕。难以忍受、令人窒息的恐惧。第二个时期是在她通过迪奥尼斯将这封信转交给密特朗之后一直到戴瓦尔在法国解放时被捕。"她当然也很害怕，但是有时也很高兴，因为大家决定让他死。在自己的范围内目睹死亡。"②

玛格丽特于是起草了这封信——这表明了小组毫不掩饰对她的怀疑，仍然继续赴戴瓦尔的约会，心咚咚直跳。玛格丽特到的时候，戴瓦尔总是已经等在那里了。他在等她。在对面的人行道上，或是在旁边的巷子里。他看着她来。她从来没有和他约定在某个室内的地方见面。有一天，他约她在花神咖啡馆碰面。她有充分的时间通知组织。两个小组成员前往监视。他从书包里取出手枪和手铐，在众目睽睽之下。他把这些东西放在桌上，重新打开书包，从里面拿出一叠相片，挑出一张，放在玛格丽特眼前。"我看着相片。相片上是莫尔朗。相片很大，甚至有真人这么大。弗朗索瓦·莫尔朗也在看着我，四目相对，笑容可掬。我说：'我不知道，这是谁？'我一点思想准备也没有。相片旁边是拉比埃的手，他的手在颤抖。拉比埃是因为希望而颤抖的，他认为我一定能认出弗朗索瓦·莫尔朗来。"戴瓦尔强迫她立即做出选择：如果她交出化名莫尔朗的密特朗，罗伯特·昂泰尔姆当晚就会得到自由。"我对他说：'即便我知道这人是谁，如果我把他的行踪告诉您，这简直是令人不齿的行为。我不明白您怎么敢要求我做这样的事情。'"③

---

① 《另类日报》，1986年2月26日—3月4日。
② 《痛苦》，第100页。
③ 《痛苦》，第110—111页。

玛格丽特立即通知了迪奥尼斯，让他通知密特朗，然后密特朗又通知了波尚、穆涅和其他人。他们召开了会议，决定把戴瓦尔干掉。密特朗要求玛格丽特描述一下那些照片。他推断他应该是在杜班街逮捕行动时把这些照片拿去的。有他在哈古尔工作室拍的肖像照，还有他出席贝尔纳·费尼弗特在图卢兹的婚礼时拍的照片。照片上不仅有他，还有达尼埃尔·古兹，他未来的妻子，以及好几个朋友，都是地下党。戴瓦尔把这些照片交给了盖世太保。必须干掉戴瓦尔。他们制订了好几个计划。玛格丽特知道得也不完全。迪奥尼斯自荐由他来执行这项任务。他和组织的其他成员一道，设置了一整套周密的行动方案，可以在戴瓦尔毫不知情的情况下杀了他。当然迪奥尼斯事后一定要能够脱身，要安排好逃跑的地点。不幸的是，戴瓦尔和玛格丽特约会的地点都是没有出口的死胡同。迪奥尼斯于是想到还不如在圣伯努瓦街把他给干掉。但是尽管玛格丽特几次三番地邀他上楼，戴瓦尔始终没有落入圈套。全国战俘及被放逐者行动小组的空气再一次趋于紧张。6月20日，在维希，组织成员皮埃尔·古尔萨勒遭到了逮捕，而且被狠狠揍了一顿。密特朗要求达尼埃尔即刻离开巴黎，找到克鲁尼的藏身之处。戴瓦尔手上的照片对达尼埃尔也非常不利。

盟军登陆以后，德国人越来越紧张了，抵抗组织的成员当然要考虑到他们有可能会对囚犯动手。他们会加紧把他们放逐到德国的集中营呢，还是干脆把他们枪决了算呢？玛格丽特在日记中写道："……我已经支撑不住自己的脑袋了……这不是脑袋，而是一个脓包……如果他回来，我们就去海边，这是他最喜欢的事情。我想，无论如何我都要死了。即便他回来，我还是会死的。"[①] 丈夫已经由弗莱斯恩监狱押往贡皮埃涅，那等于是集中营的编组站啊，自从玛格丽特得知这一消息以后，她再也不可能对戴瓦尔有任何反常的感情了。"时间一下子变得紧促了。我怕死。所有人都怕死。"[②] 她对迪奥尼斯说必须在戴瓦尔趁机逃跑前把他交给组织，让组织干掉他。迪奥尼斯在1995年找到了玛格

---

① 现代出版档案馆档案。
② 现代出版档案馆档案。

丽特写的一张卡片："您应当负责解决这个人，必须这样。"玛格丽特想要"负责解决"这个人的欲望变得越来越强烈。她不停地对小组里的朋友说这件事，并且给出了她和戴瓦尔约会的所有地点。密特朗有更要紧的事情要办。"当时大部分抵抗组织总体上都处于崩溃的边缘，负责人相继被捕，组织遭到很大的破坏。"①密特朗后来明确说道。7月7日，和密特朗极为要好的亨利·盖兰也遭到了逮捕，审讯在索塞街的四楼进行。盖世太保拿出了密特朗的照片，还是杜班街逮捕行动中拿走的那一叠。盖兰遭受了盖世太保的残酷折磨，德国人把他打得遍体鳞伤，然后又浸在装满粪便的浴缸里。所有的问题都是冲着密特朗和他的组织去的。玛格丽特继续和戴瓦尔在黑市的饭店里约会。她一直想从他口中套出点什么来。她不再那么害怕他了："他的重要性越来越小。他什么也不是了。他只不过是德国人的警察。"她着急的倒是小组的成员怎么还不干掉他。迪奥尼斯对她说，他们准备就在这几天把他结果掉。"动手的地点都定好了，圣日尔曼大街，我记不清确切的位置。"②

迪奥尼斯·马斯科罗没能干掉戴瓦尔。再说，他真的希望如此吗？他并没有对玛格丽特的欲望让步，后来不管戴瓦尔是被捕还是受审，迪奥尼斯一直很注意，没有过激的言行。全国战俘及被放逐者行动的军事小组制订的好几次行动计划都流产了。一次是在"两人像"饭店前，另一次在与之毗邻的街道上。"我们不是杀手。"③后来密特朗对玛格丽特说。他派了三个人执行这项任务。"但是对我们来说这是件大事。戴瓦尔对我们这个组织的上下关系最为了解，是他逮捕了我们的十四个朋友。因此我们决定干掉他。"一个专门负责类似任务的专家对密特朗说——这个专家一直不愿意透露姓名——"干掉戴瓦尔很容易，但是必须把他身边的那个小个子女人也一道干掉。"可以说玛格丽特是幸免于难了。

玛格丽特自己说和戴瓦尔的故事持续了三个月。最后的这几次约会中，有一次是在圣乔治街和洛莱特圣母院街交会路口的一家黑市饭

---

① 《另类日报》，1986年2月26日—3月4日。
② 《痛苦》，第134页。
③ 《另类日报》，1986年2月26日—3月4日。

店里，1944年8月16日。她在《痛苦》中对此有专门的叙述：高峰时间的喧哗，单面仿皮漆布的长凳，顾客全都是盖世太保的警察。戴瓦尔·拉比埃是这里的常客了，他认识所有人，他是在自己的领地里，附敌者的领地。玛格丽特又羞愧又害怕。"我为自己站在盖世太保皮埃尔·拉比埃的身边而感到羞愧，但是我也为自己对这个盖世太保，这个犹太人的杀手撒了谎而感到羞愧。羞愧，也许到了可以因他而死的地步。"那一天，玛格丽特和迪奥尼斯策划好了埋伏。玛格丽特把约会的地点告诉了她的情人。他应该和一个朋友一道来，因为这个朋友认识拉比埃。在《痛苦》中，她写道："我看见他们在街上，正在放自行车。是D。另外一个是位年轻姑娘。我闭上眼睛。拉比埃也看着他们，接着又转移了视线，他什么也没有发现。那个姑娘大约十八岁的样子。是个朋友。我看见他们面无表情地穿过一间啤酒店。"

朋友十八岁。她名叫尼古拉，是邻居苏珊娜·顾朗的女儿。她对那天仍然记忆犹新。迪奥尼斯上楼去找她，请她一道骑车陪他去保护玛格丽特。他们穿过巴黎市区。尼古拉觉得这一切非常正常：战争一爆发她就加入了抵抗组织。这天天气晴朗。尼古拉只有一个问题：她时间很紧。下午三点钟，她要赶到巴黎的另一头为一个朋友做证婚人。迪奥尼斯也因为别的什么原因有点焦躁不安。"一切进行得非常快。他对我说：玛格丽特在某个饭店里。必须立即赶到那里，认出那个家伙后引他下楼。"玛格丽特看见迪奥尼斯和尼古拉在她对面的那张桌子边坐下来。"我干劲十足，"尼古拉说，"我对迪奥尼斯说我们应该坐在他们旁边。我们逆着光，分坐在两张凳子上。"① 在《痛苦》里，玛格丽特还添了这么一段，说迪奥尼斯让饭店的小提琴手拉一支玛格丽特喜欢的曲子。玛格丽特笑了，在拉比埃面前笑靥如花。她引起了迪奥尼斯的注意，后者直盯着她，她和戴瓦尔。等待。因等待而振奋。爱情和死亡的游戏。小提琴手手下流出的罗曼史像是在传递什么密码。在爱情上，玛格丽特一向是个单纯轻佻的少女。从来都是，永远都是。她觉得戴瓦尔的故事可以刺激迪奥尼斯的欲望。"在今天看来这简直像一

---

① 作者与尼古拉·顾朗的谈话，1996年10月4日。

出情节剧。戴瓦尔是个诱饵。一切都混在一起，肉欲和暴力相吻合。"①
她知道戴瓦尔的日子屈指可数了。她希望由迪奥尼斯来结果戴瓦尔·拉比埃，她喜欢这个想法。玛格丽特和戴瓦尔一道走出饭店，在迪奥尼斯和尼古拉的注视之下。她喝得太多了。"只稍再多喝一点点，她就会告诉他，有人准备把他干掉。"她同情他吗？她要他吗？她自己也不知道了，她醉了，她不知道迪奥尼斯会在什么时候下手。也许就在几分钟后。他们跨上自行车。戴瓦尔在前面。玛格丽特看见戴瓦尔把手铐挂在踝骨边。她笑了。"有一秒钟，我举起了右手，模仿瞄准的动作，乒！他一直在不停地蹬着自行车。他没有回过头。我笑了。我瞄准他的脊背。我们骑得很快。他的背很宽阔，身量很高，离我有三米远。"②在离开她之前，他建议她和他一块上楼到他的小套房去。她说不。他没有坚持，很快就停止了游戏。她再也没有和他单独见过面，等再见到他时，他已经在被告席上了。

迪奥尼斯第二天参与了圣米歇尔街和圣日尔曼街十字路口的混战。在罗单·穆涅的指挥下，法兰克人小组攻占了哥伦布区政府、哥伦布森林区政府和阿斯尼埃尔区政府。和行动负责人帕德里斯·拜拉以及让·穆涅一道，他们手执武器，攻下了巴黎不少战略要点。他们刚刚和法国国内武装部队会合在一起。穆涅在昂丹河河堤边的一幢大楼里安顿下来，并且占据了黎世留街《小报》大楼的地下室。第二天，拜拉接收了整个大楼，还有报社在新月街的一个印刷厂。他任命迪奥尼斯·马斯科罗为行动小组报纸《自由人》的总编。头四期秘密地销售一空。弗朗索瓦·密特朗写了头几期的社论。③"三天以来，巴黎沸腾了；三天以来，我们在每个街区，每条街道揭竿而起，把侵略者赶出去，要求他们将生存的权利还给我们……在这个我们终于能大声喊出我们的快乐和希望的时刻，我却认为我们有必要记住，我们曾经经历过那

---

① 作者与迪奥尼斯·马斯科罗的谈话，1995 年 4 月。
② 作者与尼古拉·顾朗及迪奥尼斯·马斯科罗的谈话，1995 年 3 月至 4 月间。
③ A. 佩雷菲特，见上述引文，第二卷。在因犯事务委员会主席亨利·弗雷奈的支持下，1944 年 5 月，临时政府任命密特朗为秘书长，只是暂时的，戴高乐明确表示。是时密特朗 27 岁。

么多秘密的战斗,那么多紧紧相握却又悲惨地松开的兄弟的手,那么多与痛苦记忆相连的人类的交流。"①

这些日子,玛格丽特是在迪奥尼斯、乔治·波尚和爱德加·莫兰的陪伴下度过的。她和迪奥尼斯一道参与了一次远征行动,开始是接收黎世留街以前《小报》的办公大楼,她很快就成为《自由人》的撰稿人,开始是匿名的,几个月后则在社论上签上了玛格丽特·杜拉斯的名。接着她和爱德加·莫兰以及莫兰的同伴维沃莱特一道乘车攻占克里西广场的战俘营,那里是行动组织的巴黎分部,然后她又出发赶到黎世留街100号,波尚要求她在那里负责接待,准备食物。她成了那里的厨师长,领导整个餐厅。必须喂饱这些兴奋而饥饿的年轻人。的确,有一个由一百二十个小伙子组成的营团在她那里安顿下来。玛格丽特和里塞特一道给所有这些来和全国战俘及被放逐者行动会合的法国国内武装部队成员做饭煮汤。在两顿饭之间,她赶到街头,和秘密安插在《巴黎晚报》大楼里《法国文人》编辑部的朋友会面,那时《巴黎晚报》大楼已经被法国国内武装部队接管了。索邦大学竖起了法兰西共和国的旗帜。一个大学生在拥抱他的情侣。"我生命中最美的一天。"克洛德·罗伊写道。他是《国民战线日报》的战地记者。玛格丽特身上带着法国国内武装部队发给她的通行证,一点也不怕榴弹的袭击。女战士?不,她没有武器,但是陶醉于自由中的她在街上走了几个小时。在雅各布街和波拿巴街的街角她正赶上交火:"我和克洛德·罗伊找到了路,两个人一起往塞纳河的方向走去。简直无法想象这条波拿巴街此时变得多么陡峻。这条通往码头的巷子里到处都是枪声,也不知道是德国人还是法国人。我们走过一扇又一扇能通车辆的大门。真是疯狂极了。我们本应该躲在一边等枪战过去再说的。"大家都在叫,在扔鲜花。游行和激烈的战斗交替进行。克洛德·罗伊在日记里写到学院街血流成河的场景。玛格丽特为大家分发德国卡车上的香烟和面包。法国国内武装部队搜捕附敌者,搜捕行动持续了几天几夜。有些人要揍他们,要他们血债血偿。尤其是西班牙人组成的那个小组。玛格丽特

---

① 《自由人报》,1944年8月22日。

不顾同志们的劝阻，依旧利用两顿饭之间的空隙在大楼里到处乱窜，去看那些被逮捕的附敌者，和法国国内武装部队的成员交谈，什么事都想插上一手。迪奥尼斯很不赞成她这样。波尚也是。但是迪奥尼斯和波尚很快就离开大楼到巴黎大街上参与军事行动去了。"我们执行的是非常艰险的军事任务，"波尚说，"我们负责拦截德国人的火车。我们抓了不少犯人。把他们带到第九区的区政府或者黎世留街去。我们一个人也没杀。"① 他们既感到兴奋，同时又感到害怕，因为有时的确是太危险了。"起义的这些天到处都是可怕的声音。子弹就在屋顶上飞来飞去，除了迪奥尼斯和我，谁也不愿意出去，"波尚说，"迪奥尼斯非常浪漫。今天我才觉得我们运气实在是很好，而且这根本是无谓的冒险。"② 行动组织又攻克了一个新的地方：波布尔街一家破旧的旅馆，大家把俘虏统统带到那里，进行审讯。但是迪奥尼斯·马斯科罗、乔治·波尚、爱德加·莫兰和弗朗索瓦·密特朗表面上都很彬彬有礼，他们都跟我严正声明，说他们对俘虏没有一点施虐行为，他们赶紧把俘虏送到警察署，这样做是为了保护他们，因为有些同志火气实在是很大，说是为了让俘虏开口，动用了刑罚。据皮埃尔·佩昂说，全国战俘及被放逐者行动组织只在巴黎主持了几天的局势。迪奥尼斯、波尚和莫兰禁止手下人殴打俘虏。但是行动组织内部都有一种复仇的情绪。玛格丽特不无理解地观察到这些年轻人非常渴望报复，恨不得立即把他们给杀了。

在玛格丽特死后才发现的一本标明从 1944 年 8 月 24 日开始记的簿子③里，玛格丽特写道：

> 人们在高声叫喊。他们舔着沾满鲜血的嘴唇。是甜的。这是奶。在 8 月 23 日这天夜里，人们就像新生儿一般在黑夜里探寻。找寻乳头。血很好……

---

① 作者与乔治·波尚的谈话，1995 年 9 月 15 日。
② 作者与乔治·波尚的谈话，1995 年 9 月。
③ 现代出版档案馆档案。

隔了几行，仍然是在同一篇没有发表过的文章里，她更进一步地写道：

> 血的节日。绽开的花朵。盛开。即刻间。这些罪犯身上的血尚未射出。但是在他们经过的路上，令人爱慕的嘴唇已经张开。钟情的嘴唇……混乱。丰满中的丰满。

玛格丽特一面负责烧饭，一面为香皮翁上尉工作。"这是一个非常固执，暴力的家伙，"波尚后来说，"他和玛格丽特一起到旅馆去审讯犯人。朋友们到今天都觉得玛格丽特那时的态度过于粗暴了。"贝尔纳·吉洛雄，抵抗组织的同伴，这个时期的另一位见证，也肯定了玛格丽特的粗暴，说她非常渴望和敌人打架，说她一直说"要以恶制恶"。[①]

巴黎起义拖延了枪决戴瓦尔的计划。迪奥尼斯在玛格丽特的一再坚持下，曾试图在雷诺德街戴瓦尔的住处逮捕他。但是戴瓦尔不翼而飞。后来完全是出于偶然，小组成员又找到了他。因为戴瓦尔已经被逮捕了，他的邻居告发他有亲德行为，全国战俘及被放逐者行动组织还不知道。他被囚禁在德朗西，他和警察解释说他把证件给丢了。他差点被放了，警察匆匆忙忙对他审讯了一番后，没有对他提出任何指控。马斯科罗通过行动组织的一个成员得知戴瓦尔即将获释。他亲自去了德朗西，并就地逮捕了他。这是1944年9月1日。迪奥尼斯把戴瓦尔带到波布尔饭店。审讯可能就是在这天开始的。马斯科罗和密特朗主持了审讯。"每个人都有属于自己的俘虏，"莫兰肯定地说，"他就是属于我们的俘虏。我们把他关在我们的监狱里。我和迪奥尼斯不得不一趟一趟地去饭店看看有没有消息。我们一点也不喜欢这样。我们看到俘虏都戴着镣铐，被打得很厉害，嘴里都是血。而且在俘虏中有很多北非人。别人告诉我们说他们是新纳粹分子。可是没有任何证据。这让我们感到非常难过。"[②] 两个男人都没有对戴瓦尔动粗。密特朗想要

[①] 作者与贝尔纳·吉洛雄的谈话，1996年12月26日。
[②] 作者与爱德加·莫兰的谈话，1995年2月3日。

知道是谁叛变了行动组织，他知道只有戴瓦尔掌握事实真相。"我们谈得很深，甚至可以说精神上是相对自由的。"①他后来说，就在他努力找寻戴瓦尔的犯罪证据的同时，马斯科罗去了雷诺德街，想要找到资料。他碰上了戴瓦尔夫人。至于后来，波莱特·戴瓦尔说："他对我很有礼貌。他让我跟他走。我和我的母亲以及我的小儿子在一起，他让他们走了。我前几天在监狱的候见厅见过我丈夫一面。从马斯科罗那里我得知丈夫现在在波布尔街。他把我带到了黎世留街。我一到就有个女人——后来我才知道她就是玛格丽特·杜拉斯——对我说'你没有权利睡在床上，今晚你就睡在地上吧'。凌晨时分他们把我送到饭店，让我和丈夫见了一面。他们没有找到任何对他不利的证据。"②

密特朗的确在波布尔饭店的房间里审了整整一夜，但是他既没有得到任何关于叛徒的信息，也没有找到戴瓦尔的罪证。直到1995年，他还是不能够确定戴瓦尔是否真的那么重要，不知道他以前是否在撒谎，夸大了自己在秘密警察局的作用。③密特朗审讯后第二天对马赛尔·海德里西说，在他看来，戴瓦尔不过是因为堕落而叛变的可怜的家伙。④波莱特肯定玛格丽特也参加了对戴瓦尔的审讯。她说她看见她走进关押戴瓦尔的囚室，在波布尔街。马斯科罗则记不起有这回事了。密特朗也一样。爱德加·莫兰也不能肯定玛格丽特是否在场。波莱特继续说："前一天晚上我到黎世留街时，一个女人对马斯科罗说，'她看上去挺可爱的，但是你要对她粗暴一点。她很漂亮。的确有点遗憾，因为我们不得不打她'。"波莱特说她立刻明白过来，这个女人就是玛格丽特。马斯科罗当着众多全副武装的同伴的面反对她这么做。玛格丽特非常恼怒，和西班牙战士一块出去了。第二天，马斯科罗对波莱特提了不少关于她丈夫的问题。"他很和善"，如今她也只是这样简短地评论道。接下来轮到密特朗了："他也非常彬彬有礼，很有礼貌。"⑤

---

① 《另类日报》，1986年2月26日—3月4日。
② 作者与波莱特·戴瓦尔的谈话，1996年12月13日。
③ 作者与弗朗索瓦·密特朗的谈话，1995年3月至4月。
④ 参见P.佩昂，见上述引文，《玛格丽特，爱德加，弗朗索瓦和其他人》一章。
⑤ 作者与波莱特·戴瓦尔的谈话，1997年2月2日。

两个男人都没有发火。他们知道波莱特很爱她的丈夫,她是 1939 年嫁给他的。她把自己所知道的一切都告诉了他们:戴瓦尔在一家石油公司工作,但是他最近成了鉴定艺术品的专家。到了 1996 年,波莱特依旧爱着她的丈夫。"他有一颗金子般的心,这是个英俊的男人,金发,蓝眼睛,所有人都找他借钱,当然他是亲德的。因为战前他认识了一个德国人,和他来往得过于频繁。再说他家是阿尔萨斯的。"在波莱特看来,戴瓦尔算得上是个附敌者,但不是盖世太保的秘密警察。波莱特一直否认她丈夫在索塞街有办公室。在她居住的巴黎郊区,相当长的时间里,人们一直在她身后指指戳戳,她儿子也不能参加夏令营,就因为她丈夫是个附敌者。市政府一直不把埋葬证发给他。波莱特·戴瓦尔是个受到双重伤害、双重背叛的女人,正如我们在接下去的故事中所看到的一样。"在我看来,她是个单纯、无辜、漂亮、慷慨的女人,疯狂地爱着自己的丈夫。"[1] 弗朗索瓦·密特朗后来说。

审讯后,当着丈夫的面,波莱特被关进波布尔旅馆的一间房子里。有个早晨,玛格丽特来找她,把她带回黎世留街。在那里,把她的双眼蒙上以后,玛格丽特审了她很长时间。很长很长时间。穆涅则认为这几乎是不可能的。穆涅和波莱特一样都非常肯定。那么相信谁呢?又如何来读《痛苦》里这篇题为《首都的阿尔贝》呢?玛格丽特在里面描写了一个女人,泰蕾丝,以折磨人为乐的泰蕾丝。谁是泰蕾丝?"泰蕾丝是我",杜拉斯在前言里写道;她还写过:"那个折磨叛变者的人是我。"在《首都的阿尔贝》里,有 D 先生和泰蕾丝。D 是迪奥尼斯:"D 走出房间去吃饭。泰蕾丝身边有两个想要报复的人。门关上了,灯光直射在附敌者的眼睛上。泰蕾丝一脸恶意。她很孤独。"的确,没有 D 陪伴的泰蕾丝十分孤独,但是她也是——在她的那些同志中——唯一觉得应该虐待俘房的人。她太粗暴了。叫得太多,不管说到什么都叫。没有人喜欢她,除了 D,他虽然也不赞成她这么做,但是不想对她的行为做出任何评判。D 知道为什么泰蕾丝会如此粗暴:"起义的时候她不计一切地耗尽了自己,尽管不够温柔,并非不够善良。她心不在

---

[1] 作者与弗朗索瓦·密特朗的谈话,1995 年 3 月至 4 月。

焉,孤独无助。她在等一个也许已经被枪毙了的男人。这天晚上尤其明显。"

《首都的阿尔贝》这篇文章是站不住脚的。一个被怀疑叛变的人被脱光了衣服,遭到众人的侮辱,他们想要他承认罪状。这种场面就是这个叫泰蕾丝的女人一手策划的。杜拉斯描写了折磨人所带来的快感。她毫不掩饰。她是在通过写作驱除自己身上有可能出现的邪恶的激奋。读者可以读到全过程。叛变者的身体。这柔软的身体,不是用于做爱的身体,干瘪的睾丸,不够洁净的身体散发出来的气味。泰蕾丝有点羞愧。但是她负有使命,她相信这一点;她要拯救抵抗组织的荣誉,为死难者复仇。对于她来说,战争还没有结束。D不同意她的意见,俘虏只是在战争中被俘的士兵。泰蕾丝要把他们通通杀光。D把他们交给了警察。泰蕾丝则想由自己"负责他们"。

玛格丽特在这段时间有点不知所措。她不知道迪奥尼斯究竟会拿她怎么办。她也不知道丈夫的命运。自从罗伯特被捕以后,迪奥尼斯和玛格丽特之间就再也没有发生过任何事情。迪奥尼斯在她身边,非常忠实,是个专注的同伴。玛格丽特又变成了罗伯特的妻子。迪奥尼斯正准备和另外一个女人开始另一个故事。他想念她,挑逗她。这个女人就在那里,关在他们身边。她叫波莱特·戴瓦尔。玛格丽特感觉到了吗?泰蕾丝没有动手。她让自己手下的人动手。词语远比拳脚更富有打击力。泰蕾丝对同志们说:"上啊。"她鼓励他们打得更重一点,速度更快一点。是的,"一切都混在一起,肉欲和暴力相吻合"。我让迪奥尼斯再读一遍《首都的阿尔贝》。他是这样评论的:"玛格丽特把粗暴一点的问话叫作折磨。"[①]但在文章里却毫不含糊。"'上啊!'他们越打越凶。没有关系。他们是不知疲倦的……他们越是打他,他血流得越厉害,一切就越清楚:应该揍他,这是千真万确的,是公正的。"只有在泰蕾丝自己看来,她这么做是出于公正。这时门开了,同志们都不赞成这么做。D一直没有回来。"上啊",泰蕾丝对手下的那些人重复道。继续下去。她就是真理。所谓的司法在她眼里已经成了夸张

[①] 作者与迪奥尼斯·马斯科罗的谈话,1995年4月17日。

和讽刺,她再也不要这些东西了,不要虚伪的审讯程序,不要保护性的说教,不要谎言式的表白。"还不够。"叛徒倒在地上,赤裸着身体,抱成一团滚来滚去。那些家伙着了狂,拳头上满是血迹。泰蕾丝快乐地大叫。必须把这文章读了再读:"泰蕾丝站起身来,叫道'不要停。他会开口的'。好一阵拳打脚踢。一切就到此为止。"是 D,是 D 阻止了一场血腥的屠杀。D 让泰蕾丝去睡觉。"泰蕾丝拿起一杯葡萄酒。她喝了一口。她感到 D 在看她。酒有点苦。她放下杯子。"还要揍,泰蕾丝又说道。"在这种时刻,如果我们自己不代表正义,这世界根本就没有正义可言。"

玛格丽特一直是这样想的,直至生命尽头。她从来没有后悔过,没有后悔说她折磨过别人。1994 年,我问她的时候,她不愿意回答,做了个手势,表示应该谈些另外的问题。但是,在 1985 年 7 月,正值《痛苦》出版之际,《电影画报》采访她,她又谈起她曾经折磨过一个男人,并说她从不为此感到后悔。1991 年她还对露丝·佩罗解释说,"有时真的会折磨一个人,会成为一个警察。我根本避免不了。我不是要说后悔。我这样做的时候一点也不觉得幸福,也没有觉得痛苦。我只是说确实会有这样的事情落在身上……我有一段可怕的回忆,"她补充道,"很可怕。我们揍了这个男人,他浑身是血,肿了起来……总之,我觉得我是没能避免掉对这个家伙的折磨,我从来不能避免。这是避免不了的事。我想是仇恨,我的仇恨那么深,我简直会为之而死。我不是想要杀了他。他也没有死。但折磨他是事实。这就是所谓的折磨。"[①] 玛格丽特死后,在她的纸箱里,我找到了关于这次访谈的速记,和《痛苦》的初稿放在一起。玛格丽特在留边处写道:"在我身上再也不会发生这样的事了,再也不会了。"蓝色的墨水,大写的字母,她又补充道:"这是自然发生的故事。"

《痛苦》中,紧接着《首都的阿尔贝》的是《民兵泰尔》。也是发生在同一时期的事情——巴黎解放后最初几天,在全国战俘及被放逐者行动中心,昂丹河堤旁,黎世留街的延伸部分。玛格丽特·杜拉斯扬

[①] 路斯·佩罗私人档案。

扬自得地描写了西班牙士兵运送一具尸体的场面。才干掉一个人,这已经不是一个人,或者一个人的身体了,而是一堆东西。"这东西出现在我们面前。白白的。白白的,摊在地上。"隔了没几行:"这东西很软,搬尸体的人每走一步它就要颤一下,像是白烧肉。"这是第一个被干掉的人。玛格丽特·杜拉斯谈到院子里有带血的石块。就像在《首都的阿尔贝》里一样,D始终是关键人物;他总是陪在泰蕾丝身边。D指挥、颁布他的法令,让别人服从他的命令。包括那些情绪激动的西班牙人也都听他的。他走到哪里,泰蕾丝就跟到哪里,黏着他,像只受伤的动物。她起协调、组织的作用,还给部队士兵做饭。她也参加审讯。这个叫泰尔的家伙就是由她问话的,别人才把他带来,玛格丽特在《痛苦》里把他写成一个英俊的家伙。玛格丽特总是对英俊的家伙感兴趣。D和她审问了很长时间。泰尔和阿尔贝一样是个混蛋。民兵。波尼·拉封的朋友。问题在于他的英俊。"他生就一具耽于逸乐的身体,纵欲,斗殴,姑娘。"泰蕾丝开车把泰尔送回黎世留中心。D在后排的座位上。他手上握着一支子弹上了膛的手枪。泰蕾丝知道。泰蕾丝和D都知道泰尔有可能逃跑,逃离他们的控制。但是泰尔想都没想,他在享受这份在巴黎街头小游片刻带给他的快乐,更何况旁边有个握着方向盘的漂亮女人。他觉得她车子开得很好。D和泰蕾丝相互笑了一下。总是这样一种肉欲的激奋在燃烧,在复杂的形势下。在D和泰蕾丝之间,存在着泰尔的欲望。D和泰蕾丝是这种邪恶爱情里的同谋。泰尔在某种程度上是目不转睛地盯着泰蕾丝看。"泰尔有一张花花公子的脸,看上去就很喜欢吻人,女人离开他都会想他的。"您如何能在战争时期对一个民兵产生欲望呢?帕斯卡·波尼采尔和塞尔日·杜比亚纳曾经问过她。"什么都是可能的。可以对一切产生欲望。这欲望和别的欲望一样,是一闪而过的,随时在街头就会产生的,但是这份欲望会走得很远,这才是禁止的游戏。"[1]玛格丽特回答说。

在《痛苦》最初的那几个记事簿中可以找到《民兵泰尔》的开头。有的话整句整句地被照搬进《痛苦》里,其他的则都改掉了。泰蕾丝

---

[1] 《电影日志》,1985年7月。

还叫泰奥朵拉。泰蕾丝是我,玛格丽特一直这样说。但是她决定在发表时略去好几段,她在那几段里写到自己对死亡的向往,显然她是害怕故事揭露出当时事实的真相,她认为这段历史一直还是模糊的。关于折磨也一样,她删去了把自己当成主角来写的一些段落。

1944年9月14日,查尔斯·戴瓦尔被移交给司法局警察。马斯科罗把他交给克洛和莱维特两位警官。同一天,他还放了波莱特·戴瓦尔。"他们把我带回母亲家,送回她的小楼。第二天,我回到自己家,家早已被洗劫一空。"[1]

预审就地进行,由塞纳河区一审法官吉尔比尼先生主持。查尔斯·戴瓦尔是作为索塞街听从德国人命令的警察受审的,职业:艺术鉴赏家。[2]他承认非常欣赏德国人民:"我欣赏这个律己的民族,欣赏他们的制度、信仰和勇气。"他是被捕后开始为德国人工作的,因为他们曾怀疑他是戴高乐分子。他让德国人相信他的诚意,他们果然对他放松了警惕。几天后,他成功地进入了索塞街。他"协助德国人行动,负责搜查和核对被捕人员的证件"。[3]他承认参与了查尔斯·弗洛盖街逮捕贝拉尔的行动,还有杜班街逮捕行动组织成员罗伯特·昂泰尔姆、玛丽·路易斯·昂泰尔姆、菲利普、蒂博、麦尔、博斯盖和阿朗西奥的行动。在行动时,他总是带着手枪和手铐,同时还有一张字条上面写着:"如果送信人遭到法国或德国警察逮捕,在真正的搜捕之前,必须给安如街1404号打电话,422分机。"戴瓦尔说他尽量说服索塞街的德国人释放被捕的有关人士,并且反对让囚禁在德朗西和贡皮埃涅的犹太人缴纳巨额罚款。

法官召法国国内武装部队的少尉迪奥尼斯·马斯科罗听证。同时还传了乔治·克洛警官记录。迪奥尼斯列举了事实经过,结束时他说:"我们通过昂泰尔姆夫人——当然她自己会和你们解释的——发现这些事是个叫戴瓦尔的人干的。"[4]

---

[1] 作者与波莱特·戴瓦尔的谈话,1996年1月。
[2] 戴瓦尔案宗,国家档案馆。
[3] 诉讼笔录,戴瓦尔案宗,国家档案馆。
[4] 戴瓦尔案宗,国家档案馆。

1944年9月14日，致乔治·克洛

我叫昂泰尔姆，原姓多纳迪厄·勒洛瓦。1914年4月4日出生。文人。住在圣伯努瓦街。

起先，我和丈夫把两个行动组织的负责人藏在我们家里：又名莫尔朗的弗朗索瓦·密特朗和又名杜尔吉斯的雅克·贝奈。他们有时在我们这里，有时也住到杜班街我大姑家里。

知道丈夫被关在弗莱斯恩监狱后，我前往索塞街申请包裹证。等了很长时间后，我在走廊里碰见了一位先生。我把我的材料交给他。看到我的名字以后，他对我说他知道这起事件，说是他前往逮捕我的丈夫并审问了他。负责这起事件的预审法官在索塞街415EC4办公室里。

戴瓦尔问我，我丈夫是不是抵抗组织的成员。我全部否认了。他没能给我包裹证。

玛格丽特接下去记述了她在执行联系任务时在议院前恰巧再度碰见他。她没有说到密特朗的出现，但是对那天看见戴瓦尔后的惊恐记忆犹新。

我对杜蓬索说他是盖世太保，说我们完了。我向戴瓦尔走去。杜蓬索跟在我身后。开始时他的语气非常严肃，我说我很高兴能在这里碰见他，因为我想得到丈夫的消息，他缓和下来。他和我谈了有二十分钟左右，并在我的要求下，约我下午5点30分在玛里尼咖啡馆见面，波汰广场。我把戈达尔指给杜蓬索后就离开了。

玛格丽特谈到了电话和约会，以及戴瓦尔多次请她共进午餐。

除了丈夫的消息，我从来没有问过戴瓦尔任何别的情况，所有的事都是他自愿谈起的。有一次，和他一道吃饭时，有人打电话给他，我才听见他叫戴瓦尔。那是在亨利四世饭店，圣乔治街，

7月底他对我说他在索塞街根本算不上什么。我推测他大概专门负责逮捕。有一天他对我说,他在索塞街一个月挣一万五千法郎,再加上五千法郎的补贴,再加上自己的事务可以挣上十万法郎。我知道他买卖旧书和油画。①

玛格丽特最后强调,戴瓦尔被捕后,她曾经和戴瓦尔夫人谈过话。她问她是否清楚她丈夫是秘密警察,是否清楚他一个月挣多少钱,"她说她根本不相信自己丈夫能挣那么多钱"。波莱特·戴瓦尔此时不能和丈夫见面,只能通过他的律师弗洛里奥律师联系,后者在战前曾替他打过一桩生意上的案子。一天下午,有人敲门,雷诺德街。波莱特开了门,是迪奥尼斯·马斯科罗。"逮捕您时好像有人将您家洗劫一空。我是来道歉的,并且把东西还给您。我还找到了您的照片。现在我还给您。"②波莱特谢了他。就在她关门的一瞬间,迪奥尼斯争得了一次和她约会的机会。波莱特同意后天和马斯科罗一起在饭店吃饭。

这段时间,预审继续进行。第二次听证会时,戴瓦尔宣称"我从未向索塞街的德国警察告发过任何人,恰恰相反,我还救了一些人,出于私下里的原因,他们的名字我只能日后再公布"。他还说除了全国战俘及被放逐者行动的那几次逮捕,他再没有参与过其他的逮捕行动了。法庭上,戴瓦尔和玛格丽特碰面了。玛格丽特指控了戴瓦尔。戴瓦尔则强调,在杜班街逮捕了她丈夫和朋友以后,他在桌上发现一张摊开的军事地图,是他避免玛格丽特·昂泰尔姆也遭到逮捕和审讯的。玛格丽特对警察说她怀疑戴瓦尔的身份,说她认为德国人赋予戴瓦尔某种特殊使命,戴瓦尔断然否认这些令他成为间谍的指控:"至于德国人走后还在法国负有什么使命,这完全是无中生有。我也许对昂泰尔姆夫人说过这个,那只是为了让她觉得我很重要。"波莱特也被传召到庭,她重复了丈夫被捕后对迪奥尼斯和玛格丽特所说的话:"我丈夫每个月给我三千法郎。他和我从来不谈政治。他从来没有对我说过他在

---

① 戴瓦尔案宗,国家档案馆。
② 作者与波莱特·戴瓦尔的谈话,1996年12月8日,以及作者与迪奥尼斯·马斯科罗的谈话,1996年5月26日。

索塞街工作。"

预审后期到审判正式开始前,迪奥尼斯和波莱特的约会越来越频繁了。"他不算伟大,但是他也还不错,由于我丈夫的事情,我们经常见面。马斯科罗答应他会尽力试一试把他救出来。"[①] 后来她对我说。波莱特成了迪奥尼斯的人质。默许的人质。迪奥尼斯后来和波莱特有了个孩子。迪奥尼斯说玛格丽特从来不曾知道他和波莱特的关系,更不知道那个孩子的存在。波莱特再也没有和玛格丽特见过面。玛格丽特去世后,在她的纸箱里,我在两本手稿之间找到了一个封好的信封。上面是玛格丽特歪歪斜斜的字迹:"戴瓦尔事件,勿拆。"现代出版档案馆打开了这个长长的信封:四张用别针别好的波莱特和查尔斯·戴瓦尔的结婚照。波莱特穿着婚纱,微笑盈盈,颇具魅力;查尔斯穿着礼服,不苟言笑,中上层社会的人惯有的表情,直瞪瞪地盯着镜头。照片是1939年1月27日他们在教堂举行过婚礼后到照相馆拍的,波莱特对我肯定道,她认出了这些照片,但是弄不懂玛格丽特为什么要把它们保存那么久。玛格丽特知不知道这些照片是从她家抢走的呢?

在弗朗索瓦·密特朗领导、迪奥尼斯·马斯科罗经营的行动小组的报纸《自由人》上,1944年12月4日开始的戴瓦尔事件上了头条,题目为《法庭前的面孔》:"十二个恶棍,两个魔鬼。"直到今天,我们依然不能明白,戴瓦尔为什么会和洛里斯通街两大盖世太保头子波尼和拉封一道受审。但事实上,戴瓦尔从来没有参与过——不管是近是远——波尼—拉封集团的活动,与其他十一个罪犯的罪行相比较,他的罪行根本算不上什么。戴瓦尔为这份混同付出了生命的代价,尽管弗洛里奥律师颇有能力和说服力,并且一直努力在将戴瓦尔事件从波尼—拉封集团中抽出来,法官最后还是没能理解这其中的关系。但是在《自由人》的记者安德烈·玛里亚娜看来却十分明显:从审判的第一天开始便可以看出,戴瓦尔是个无足轻重的人物:"在所有被控告的人当中,只有他是最不重要的人物,虽然他有野兽那种孩子般的、不可捉摸的、残酷的目光。"所有的注意力都集中到了拉封、波尼和克拉维

---

① 作者与波莱特·戴瓦尔的谈话,1996年1月。

埃身上。

预期十天的听证。第一天,波尼—拉封集团的起诉书就读了五个小时:强奸,谋杀,敲诈,叛变,性虐待,绑架,持枪杀人。正如安德烈·玛里亚娜所写的那样:"我本来是反对死刑的,我认为自己必须光明磊落才有资格对别人进行审判,而现在,我却明白了为什么大家都认为这个人被判上一百次死刑也不为过。"12月7日,在指控官勒布尔有力的指控之后,开始听取罪犯的当庭供认。"戴瓦尔承认了所有,或者说差不多所有的指控。他身材很高,金发,玳瑁架眼睛,声音平稳,因他的理智和不知羞耻而颇为引人注目。"记者评论道。他解释说全国战俘及被放逐者行动组织里有两个叛徒。马斯科罗证实了他的话。

12月10日,法官传玛格丽特·昂泰尔姆作证。《自由人》的记者为他在头版上的文章起名为《告密者的一天》:"我们的朋友用安静、平稳的语调叙述了1944年6月到7月间这些致命的日子,我们的行动组织受到了很大的威胁。她谈到了她被迫和戴瓦尔往来,谈到他想确证莫尔朗时所耍的诡计,还有他夸口说他曾把战俘送往德国。"听她陈述时,法庭上一片死一般的寂静。玛格丽特说他对戴瓦尔只有仇恨和蔑视,并描述了他无耻的行径。法官听得非常专心。大家都明白了。不管是戴瓦尔的律师,还是记者玛里亚娜,"今天,多亏了昂泰尔姆夫人。一切都完了。戴瓦尔的命运从此再也无法逆转"。

弗洛里奥律师慌了。他了解他的当事人,知道他爱吹牛,行事笨拙,他后悔没让他去看精神病医生,或许还能救他一命。律师清楚戴瓦尔将承受和波尼—拉封集团那些恶棍一样的命运。果然,可怕的公诉状之后,勒布尔用"丧神一般的黑色幽默"要求法官判处所有被告死刑。弗洛里奥为所有人做了辩护。拉封、波尼、克拉维埃和其他所有被告。其中也包括戴瓦尔。尽管绝望,弗洛里奥倒不失为一个天才和精力充沛的律师。正如玛里亚娜在12月12日所说的:"如果还有什么人能够救拉封一命的话,这人也只能是弗洛里奥律师。但是什么也救不了拉封。没有任何人,任何事。"

在整个审判过程中,马斯科罗一直在安慰波莱特·戴瓦尔,波莱特没有到场听取审判,马斯科罗不停地对她说,说她丈夫会出来的,说无论如何他都不可能和可怕的杀手集团混为一谈。但是，听到弗洛里奥律师转述了玛格丽特的证词以后，她再也不抱有任何希望了，只求马斯科罗想尽一切办法救他一命。波莱特·戴瓦尔说马斯科罗曾强迫玛格丽特到弗洛里奥家去一趟，在 1944 年 12 月 11 日到 12 日的夜里。玛格丽特建议收回自己第一次的证词。弗洛里奥没有把握，他认为法官会觉得这是个阴谋。但是他已经一点办法也没有了，所以最终还是接受了玛格丽特的提议。弗洛里奥想的是有道理的。没有人能理解玛格丽特怎么突然转变了态度。第二天，当玛格丽特表现出犹豫、笨拙的样子，并且推翻了前一天的证词的时候，整个大厅都乱了。她承认戴瓦尔有不少优点："戴瓦尔和我在一起时行为非常检点，我给他钱，想把丈夫救出来，他也拒绝了。但是他对我说他会尽力帮我的。"她还补充道：

有一天他对我说要逮捕一个犹太人。这个犹太人不在。他和其他警察一道破门而入。的确，他们要找的人不在，没有藏在里面，房子里一个人也没有。他在饭厅的桌子上发现了孩子的一幅图画，图画下面有一行说明文字，上面写着"送给我亲爱的爸爸"，或类似这样的话。戴瓦尔告诉我："我走了。我没有勇气逮捕他的爸爸。"

主审官：但可惜的是，他逮捕了其他人！

玛格丽特·昂泰尔姆：也许，但无论如何，主审官先生，我不是在为被告辩白，我是在为自己的良心辩白。您知道，我的丈夫还在德国，我甚至不知道他是不是还活着。尽管这样，我觉得我应该说真话。

主审官：这种良心上的不安会给您带来荣耀的。

但是，在审判行将结束的时候，一个女人说，为了救出她在阿尔萨斯集中营的丈夫，她被戴瓦尔敲诈了四十万法郎。他收了这笔钱；她丈夫已经获释了。这个证据又动摇了法官已经改变了的信念吗？判决很干脆：所有的被告一律被判处死刑。他们当中的一个因为心脏病在判决之前就病发身亡了。戴瓦尔听到判决后一副无动于衷的表情。他妻子说他非常安静地等待死亡的来临,在他的单身囚室里读书写字。

我得以接触到审判时的卷宗,我和皮埃尔·佩昂有同样的感觉[1]:就戴瓦尔所犯的罪行来看,他是不应该被判死刑的。弗朗索瓦·密特朗对玛格丽特说过,[2]战后几年的某一天,他和弗朗索瓦·莫里亚克和弗洛里奥在一起,后者谈到了司法错误,他认为司法中肯定是有错误的,列举了戴瓦尔的情况。他说他的卷宗里根本没有什么致命的罪状。"大家都不是很清楚,他究竟是怎样一个人物,但看上去他不像是波尼集团内部的人。"戴瓦尔被判死刑,仅仅因为一个女人指控了他——"他甚至可能用了'疯子'这样的字眼,我也不很清楚了。"密特朗回忆说。是的,一个疯子。一天,她来说他曾经做过这个,然后第二天她又来说:不过他还做过这个和那个。"我从来没有想明白过这件事。"弗洛里奥对密特朗说。查尔斯·戴瓦尔被枪毙于 1945 年初。他的律师在他身边。戴瓦尔交给律师一封信,是写给波莱特的,在信中他保证说他是爱她的。波莱特和迪奥尼斯的儿子出生于六个月以后。

审判结束两个星期后,1944 年 12 月 28 日,玛格丽特·杜拉斯的第二本小说终于出版了:《平静的生活》。[3]但是,马赛尔·阿尔朗又一次对出版杜拉斯的小说表示坚决反对,而雷蒙·格诺也签署了不少负面意见:叙事不够紧凑,文字驾驭能力欠缺,美国文学影响过重——仍然是福克纳的风格。但是尽管有这些缺点的存在,格诺表示可以出版。雷蒙·格诺在 1944 年 3 月 28 日给她寄了合同,玛格丽特在合同上签了字,并表示想用杜拉斯的名字出版该书。[4]格诺一直在迪奥尼斯·马斯科罗隔壁办公。玛格丽特于是经常去伽利玛出版社。她甚至还时不时地去帮点忙,做点小事情。就这样,1944 年 11 月,伽利玛出版社委托她修改皮埃尔·拉夫《贵族或世纪之夏》的样稿,玛格丽特和这位旧时的同伴已经没什么来往了。是雷蒙·格诺把这项任务交给她的。她还经

---

[1] 作者与 P. 佩昂的谈话,1995 年 11 月。
[2] 《另类日报》,1986 年 2 月 26 日—3 月 4 日。
[3] 《夏末》是预先定的一个题目。
[4] 她后来说自己用了两年的时间才写成。

常和出版社的另一位作者安德烈·泰里弗见面，以前她就是靠他出版了《厚颜无耻的人》，泰里弗的名字也列在全国作家委员会的名单里，委员会里当然还有塞利纳、德里厄、莫拉和孟戴朗。

同时，她还给《自由人》报写稿，都是政治性的社论。在文章里她主张彻底清查，对附敌者严惩不贷。她刚刚体验到了自己在打倒戴瓦尔时所起到的决定性的作用，特别是在法庭第一次作证的时候。抵抗组织的有些朋友指责她过分苛刻。他们对戴瓦尔被判死刑一事都感到非常震惊，宁愿他被关在监狱里，这样他们就能够弄清楚究竟是谁背叛了行动小组。当清查委员会的维尔戈要制裁加斯东·伽利玛时，玛格丽特却为了在伽利玛出版没有发表什么意见。①《平静的生活》与加缪的《给一个德国朋友的信》和雷蒙·阿隆的《从停战到国民起义》同时出版，这两位作者及时洗刷了遭到德里厄·拉罗歇尔主持的《新法兰西评论》玷污的出版社的声誉。玛格丽特抱怨说她的书出版时，出版社没有给予她应有的支持。然而有三位记者却在当时一大堆书里注意到了她的这本小说：布朗匝、布里斯尼埃和拉普拉德，他们都做过这本书的宣传②。1945年夏初，该书首印的五千五百册销售一空③。

《平静的生活》篇幅不长，分成三个部分。背景——父亲的农场——和《厚颜无耻的人》里是同一个，父亲的故土，主题也很相似：家庭的黯淡故事，主旋律依旧是兄妹之间的反常关系。④小说大部分写于1943年夏玛格丽特和罗伯特前往杜省度假的时候。白天，玛格丽特一个劲地在外面走，想要碰到奇遇，想要感受大自然那种包围她直至令她害怕的力量，晚上她就写作。玛格丽特把罗伯特改过的稿

---

① 强迫加斯东提前退休似乎是大家一致赞成的。是萨特或是波朗施加的影响？还是出版界清查委员会没有多少实质权力所致？抑或是因为大多数出版商都是附敌者？总之是什么也没有发生。正如皮埃·阿苏里纳所指出的那样："我们似乎有一种机器空转的感觉，上层负责人和出版商一致同意什么也没有发生。"
② 后来，在出版《抵挡太平洋的堤坝》时，莫里斯·纳多谈到了这个情况，并说当时是取得了一定的成功的，他文章的题目叫作《斑尾林鸽》。
③ 1972年该书再版时又受到了普遍欢迎。
④ 1963年，雷蒙·格诺在《勒诺·巴罗日志》里提出了这本书，指出该书受到1942年出版的加缪的《局外人》的一些影响，以及时下流行的未完成过去时的运用，并说作者没有滥用。

子陆续寄给迪奥尼斯。丈夫鼓励她,情人批评她。女主人公二十六岁。她叫弗朗索。自童年开始就生活在农场里。弗朗索喜欢洗澡,喜欢冰凉的水流过身体时的那份战栗。她跨上小马驹的时候,总喜欢把裙子撩起来,好直接接触到牲畜微湿、强壮的侧脊。关于情事她一无所知。或者说只知道很少的一点点。只有一个男孩接近过她。他叫蒂耶纳,是哥哥的朋友,有一天,也在农场里安顿下来。有几次夜里,蒂耶纳上楼来到了弗朗索的房间。如果他像来时那样悄无声息地离开,她会因此而死的。蒂耶纳很英俊:"他非常奇妙。他的身体美得令人吃惊。再也离不开这金色的身体了,灵巧柔软如水如风。他什么衣服也不该穿,他以太阳为裳。"蒂耶纳不愿对她说我爱你。蒂耶纳弹钢琴。我们可以看出:蒂耶纳正是迪奥尼斯的翻版,而弗朗索则很像玛格丽特:她喜欢勾引男人,带有一种天生的恶意,对哥哥有一种接近乱伦的感情。小说里有三次标志性的死亡。弗朗索是直接或间接造成死亡的罪魁祸首。弗朗索对死亡毫无畏惧。她和别人一道把棺材板盖上,守候着垂死的病人,一点也不感到害怕,她还眼睁睁地看着一个男人淹死在她面前,无动于衷。弗朗索是死神的小未婚妻。弗朗索开车送她哥哥去干掉叔叔,接着哥哥也自杀了。

　　正是在写这部小说时玛格丽特获知了小哥哥的死讯。她所体验的这份痛苦也被融进了小说之中。她的哥哥,她的情人,她的保护人永远离开了她,《平静的生活》里,玛格丽特大量描写了她对他肉体上、感官上和精神上的爱。弗朗索瓦兹到公墓去找到了他:"我想要抱抱哥哥空了的眼眶。想要吮吸他暴出的眼睛,直至吮吸出哥哥的味道来。"玛格丽特本人从未去过西贡寻找她哥哥的坟墓,而得知哥哥死了的一个月里,她不停地拿自己的头往墙上撞——真的是在撞,不分白天黑夜地咆哮。玛格丽特说这书是从她自己的体内落下来的。她很快就忘了,甚至不愿谈起。但她却错了,因为这书在心理描写上入木三分,并且精确分析了一个年轻女人的精神状态,即便在现在,它也还是一本引人入胜的书,同样它也刻在了作者的记忆之中。1993年,玛格丽特又重读了一遍,她也为它的深刻所震撼。"这本书是一段旅程后的产物,逻辑简单,过于沉湎于谋杀。读这本书的时候,我们可以比书走得更远，超越书里的谋杀。"①

《平静的生活》正好是在玛格丽特等待罗伯特的时候出版的，她陷入一种无法承受的惶恐中。就在这段时期，她一直试着在各中转中心收集被放逐者的信息，然后登在《自由人》报上，她自1944年9月开始就在那里负责一个栏目："行动专栏，军官集中营、战俘集中营和被放逐者集中营信息分类。"这段时期，她经常和苏茜·鲁塞见面，后者也始终没能得到丈夫的消息。她们在一起做肉罐头，帮助回来的战俘，还四处打探丈夫被关押的地点。她们经常在一起谈论政治。玛格丽特恶狠狠地说自己是共产党员。在一篇题为《害怕俄国人》②的社论里，她批评了大多数人的沉默，所有这些接受了贝当的父道主义的法国人，在德占期间根本不敢公开表示反对。所有这些构成今日法国的人"不知道，也永远不会知道我们可以因荣誉而痛苦"。现在，他们又害怕起俄国人来。又如何能对他们横加指责呢？我们不能改变一个民族。应该团结在一起生活。玛格丽特衷心地呼吁抵抗组织所提出的民族团结，她知道这种团结恐怕是不能实现的，因为太多的法国人已经埋葬了自己的革命理想和团结一致的激情。

白天，玛格丽特还能支撑得下来，到晚上她却要崩溃了。她失眠，成夜地哭泣，逐渐进入一种迟钝状态。她根本不知道自己在做什么。好像是在走路，在说话。迪奥尼斯陪着她。她几乎吃不进任何东西。这篇文章也是写在从本子上撕下来的一页纸上：

> 厨房的桌子上放着两只盘子。D和她。面包都像是死了。他们死了，肚子空空的。每天都有人因缺少面包而死去。计算重新开始：一根手指代表一块面包。地面上到处都是尸体，稻田里都是尸体而不是面包。
>
> 像这样一个饥饿的存在又如何能受到他人的尊重，如何能协调地发展，顾及自己的灵魂，向上帝祈祷。他又如何还能有人性

---

① 《写作》，伽利玛出版社，1993年简装本丛书，第36页。
② 1945年2月9日发表。

的行为，尽管人性仍旧存在，生机勃勃地发展着。

在布痕瓦尔德，一个比利时教授死了。他的九个学生眼看他死去，一等他闭眼，他们就抢过了他的面包，分成九份。①

很多证人②都说她那时很瘦，成天迷迷糊糊的。迪奥尼斯看着她，夜里，白天。迪奥尼斯说她疯了。他说得有道理。玛格丽特处在一种难以忍受的等待之中，她一直在胡思乱想。"是的，我疯了，这一点刻在我的额头上。"③她承认道。玛格丽特只相信自己。她"感觉"到了罗伯特的死亡。她几乎可以肯定。她在日记里写："他已经死了两个礼拜，被扔在沟里。脚底朝天。雨落在他身上，还有阳光，凯旋的部队的灰尘。手掌摊开。"她决定一旦正式得到罗伯特死亡的通知便自杀："我活生生地为他而死。"玛格丽特感到自己被抛弃了。迪奥尼斯也不再是她的依靠。她忘了自己曾经想和他要个孩子，甚至连这个念头都给忘了。她只想着那个死去的孩子。

玛格丽特是《自由人》报的记者，有什么军事消息她很快就能知道。集中营的解放给她带来的是恐惧而不是兴奋。她记道：

我受不了了。我对自己说要出事了。这不可能，我应该用第三人称叙述这份等待。我无法再在这份等待中生活下去。④

接着是 1945 年 4 月 23 日：

寂静。寂静。寂静。又是一片寂静。我站起身来，走到房间中央。这是在一秒钟之内发生的。发生了什么？窗外的黑夜在窥伺我，我拉开窗帘。它一直在窥伺我。发生了什么事？……房间里到处都是黑色和白色的符号。太阳穴不再跳了，我觉得我的面

---

① 现代出版档案馆档案。
② 爱德加·莫兰、苏茜·鲁塞和迪奥尼斯·马斯科罗。
③ 作者与迪奥尼斯·马斯科罗的谈话，1996 年 3 月至 4 月。
④ 现代出版档案馆档案。

孔在慢慢地变形，瓦解。一个人也没有。我在坍塌，在舒展，在变形。我害怕。脊背上一阵战栗。我在哪里？在哪里？她在哪里？发生了什么？太阳穴又跳得厉害。我感觉不到自己的心脏。恐惧慢慢地升起，就像是大海。我被淹没了。这是什么地方？还有，这到底是个怎样的故事？怎样的故事？关于什么？罗伯特·昂泰尔姆是谁？你在等待一个死人，好吧，让我们来看看死人，是的，看看什么。

不再痛苦。我恰恰是弄明白了。这个男人和你之间没有一点相通之处。这个 R. A. 是谁？他从来没有存在过吧。谁把他变成罗伯特而不是别的什么人的？两个星期来给你装上脑袋后你又做了些什么？你是谁？这房间里发生了什么？我是谁？D 知道我是谁。D 在哪里？

第二天，4 月 24 日，玛格丽特得知罗伯特还活着，或者确切地说，是两天前还活着。"这就像水一样从四面八方漫出来。活着。活着。"[①] 有证人看到，遣散布痕瓦尔德集中营的时候，他被编在一路纵队里。密特朗和朋友到处调查，寻找他的踪迹，但是没有任何人可以确证他一直还活着。玛格丽特于是感觉到自己和这个世界没有任何关系了。她什么也听不进去，任何人的都不听。甚至是 D，守候她、保护她的 D。[②]

罗伯特回来后告诉玛格丽特和迪奥尼斯，说他走了十天。他所在的纵队在比特菲尔德解散了。活下来的人被装上火车送往达朔，他们到达时根本是精疲力竭了，状况非常可怕。罗伯特·昂泰尔姆接下来的回归故事就有很多个不同版本了。密特朗和玛格丽特的是同一个。密特朗受戴高乐之召，奉命至美国指挥部执行一项军事任务，于 1945 年 5 月 1 日乘飞机前往达朔。穿过尸堆，他听见有人在喃喃呼喊他的名字，他走近那个奄奄一息的男人，把他抱在怀里，很难确认他究竟是谁。罗伯特则通过密特朗的声音认出了他，要求和他一起走。美国人不让

---

① 《痛苦》，第51页。
② 现代出版档案馆档案。

他就这么走了，密特朗从德国给玛格丽特打电话说："听好了，罗伯特还活着。镇定一点。是的。他在达朔。听好，尽一切力量支撑住。罗伯特非常虚弱，虚弱到了您无法想象的地步。我应该告诉您实情，这只是个时间的问题。他还能活三天，但不可能再多了。让迪奥尼斯和波尚今天就出发，今天早晨就出发到达朔来。"①故事变成了传奇。密特朗在未来的日子里没少添油加醋。神意安排了他们的重逢！重要的是罗伯特活着出来了。看上去是多亏了密特朗。但是玛格丽特和密特朗各自叙述的细节却对不上号。

4月30日，在美国军人尤其是列维将军的要求下，一个由临时咨询议会成员构成的代表团成立了。代表团应当对德国集中营的解放事宜进行考察。达朔在29日晚上就已经解放了。四个全国战俘及被放逐者行动组织的成员承担了这项任务：布若、加尼埃尔、德夏尔特和贝奈。但是密特朗没有参加，因为他不愿意参加咨询议会，他想在部里找到一个位置。贝奈追上了他，让他以行动组织主席的身份一同上了美国人的飞机。飞机在施瓦本格明德附近降落。好几辆指挥车在等着他们。第一站停靠朗德斯堡，所谓的康复集中营。事实上，这里已经成了可怕的墓地，沟里全是死尸，但大雪遮覆了一切。没有一个是活着的。这样的场景，所有见了的人都说终生难忘②。接近中午，代表团到了达朔。贝奈、密特朗、加尼埃尔在里盖神父的陪同下进了美军参谋部的小棚屋，可正在巡视周围情况的布若突然跑了进来，对代表团的其他人叫道："我找到勒洛瓦了（罗伯特·昂泰尔姆在抵抗组织用的名字）。""我们一起朝临时搭建的医疗棚屋跑去，找到了淋浴下的罗伯特"，雅克·贝奈说，"他只有三十五公斤，浑身发抖，非常虚弱。他用一种垂死的声音和我们说话。"雅克·贝奈至今还悔恨自己没有坚持向美军参谋部要人，把罗伯特一道带走。密特朗再三恳求。但命令终究是命令。美国人说他患了伤寒，并且现在卫生用品配额有限。代表团的成员只好自己回到了巴黎，没有带回罗伯特。罗伯特在他们走的

---

① 《痛苦》，第65页。
② 作者与M.布若以及雅克·贝奈的谈话，1995年3月至4月。

前一天给玛格丽特写了一封令人肝肠寸断的信。蓝色的铅笔，信纸折了四折，没有信封，玛格丽特的儿子在她死后发现信藏在一本簿子里。罗伯特——编号8147—29团—3号房—达朔——给玛格丽特："我的小宝贝，终于能给你写这封信，是在这世界的悲惨中，在痛苦中赢得的时间。一封情书。"他相信自己很快就能回去。他知道自己有继续活下去的勇气。他想念她。"再见玛格丽特，你不会知道的，你的名字令我这样痛苦。"

密特朗一到巴黎，当晚就约了波尚，如今波尚想起来还觉得仿佛是昨天发生的事情。密特朗说集中营现在正在检疫隔离，说每天仍有大量的人在死亡。"找个人帮忙，"密特朗对波尚说，"带上证件，我的汽油券以及参谋部的地图。"波尚晚上到密特朗家去了一趟，向他借了一套上校制服，他很自然地就想到了迪奥尼斯，巴黎解放时他的助手，迪奥尼斯也找人借了一套上尉的制服。第二天一早，密特朗让他们以替谍报及监察总局执行命令的身份行动。他们立即开着乔治的车上路了，乔治已经在头天晚上准备好了一切。他们不停地开着。波尚说："在达朔附近仍然有战斗发生。看守集中营的人都戴着防毒面具。我们也不得不戴上面具进入集中营。集中营里，美国人正在处决秘密情报局的人。我们找了很长时间才找到罗伯特。我们屋里屋外寻了个遍。活人和死人都在一块儿。我们在一组站着的人中间找到了他。那天天气很好。是他喊住了我们。他站在一排人中间，在方队中。他只剩下三十五公斤。我们没有认出他来。"[1]

被监禁的人中有一个叫巴塞维尔的共产党员，在他的帮助下，他们找到了一个看守稍有松懈的地方。"我们告诉罗伯特他应该逃走。为了逃走，我们让他穿一套军官制服，还给他扣了一顶橄榄帽。"罗伯特出来了，迪奥尼斯和乔治架着他。"我们走过秘密情报局的集中营时，罗伯特想要摘帽致敬，还像他被关押时的那样。我们等巡逻完了便架着罗伯特跑向汽车。"坐进车里，罗伯特要他们答应一直开过边界，不要停下来，因为他害怕再次被抓住。乔治开车。迪奥尼斯在后

---

[1] 作者与乔治·波尚的谈话，1995年9月。

座扶着罗伯特。罗伯特一个劲地说啊说,不停地说。乔治和迪奥尼斯都担心他会耗尽最后一点气力。就是在这个时候他对迪奥尼斯说:"如果有人对我谈起基督教的仁慈,我都会用达朔来回答他。"他完全溃不成样了,就只剩下这点话,迪奥尼斯回忆道。① 他什么都说,他这一年来暗无天日的生活。"安静片刻对他来说根本是不可能的。他不停地说。没有停顿,很平稳,就像是开了水龙头,压力让他的话语源源流出一样,这是他的一种需要,在或然的死亡来到之前尽可能多说一点,而在他这种迫切需要面前,死亡都不算一回事了。"乔治·波尚记得他谈了很多集中营里的共产党,谈到他们的团结,他们保护弱小的方式。迪奥尼斯则记得他逃跑的时候不停地说,离开纵队的场景,还有,孩子追上他,朝他扔石头。乔治和迪奥尼斯都将罗伯特的话深刻在自己的记忆里,万一他真的死了,也能够重复出他都说了些什么。他们在普法尔泽海姆的一个法国军官食堂停下来吃饭。罗伯特被两个朋友架着,一小步一小步地穿过饭厅。人们都低下了脑袋。等他们重新上路的时候,他们发现备用轮胎给偷了。他们穿过了魏森堡边界。罗伯特终于答应试着睡一会儿。"他没有绝望,"波尚说,"但是他觉得自己快死了。不过他感到很幸福,因为他在临死之前能拥有这片刻的自由。"他答应在到达旅馆前休息几个小时。在去睡觉之前,他突然在旅馆旁边发现了个鳟鱼塘,他说他想吃鳟鱼。"夜已经深了,我们还是走出去把鱼塘的老板弄醒了。旅馆的老板娘煮好了鳟鱼。罗伯特只吃了一口就倒下了。"精疲力竭。他和迪奥尼斯睡同一张床。或者说他只是在说话的间歇打了个盹儿。话源没有枯竭。又一次,他说他觉得自己快要死了。他说话就是为了不死。他这样不停地说话,是为了等他死后,迪奥尼斯和乔治可以转述他的话。他说他害怕,害怕侥幸活下来后却不能复生。迪奥尼斯后来写道:"原本想来死亡是很神秘的,而现在看来却毫无神秘之处,如果说它还牵涉到什么神秘的地方的话,那也不过是物种单位的一种神秘,这种神秘是显而易见的,其他的神秘不过

---

① 作者与迪奥尼斯·马斯科罗的谈话,1996 年 3 月至 4 月。

是我们盲目的猜测罢了,罗伯特在这一夜里教给了我新的认识。"①

第二天早上,罗伯特还在呼吸。几个小时后,他们到了凡尔登,停在一家啤酒店前。迪奥尼斯和乔治用肩膀架着罗伯特,把他扶到桌边。就在他们慢慢穿过凡尔登这家啤酒店的中央时——这是战争结束后第二天下午1点半,人们纷纷站起身来,探着身子在看。大家想起了左朗·穆齐克在集中营里冒着生命危险画下的那些画儿:消瘦的脸庞,呆滞滞的目光,伤痕累累的身体,但是给人一种纯净、力量和不可战胜的感觉。一种纯粹的尊严,而不是溃败。"罗伯特可能给最初看到他的人留下了这样一种印象,"迪奥尼斯后来写道,"在他身上表现出的,与其说是一种与逆境做斗争的英雄主义气概,毋宁说是一种更高层次的坚韧不拔的完成,在那样一种恶劣的环境中,他想着的只能是保全自己不从恶如流的中立。"②他还属于这个世界吗?是什么支撑着他的生命?肯定是思想的激情。后来,有个和罗伯特关押在一起的人对玛格丽特及迪奥尼斯说,在集中营里,罗伯特每天都给他们讲哲学、文学和诗歌。在凡尔登,他们去看了医生,医生对他们说要把车尽量开慢一些。只要有一点颠簸,这颗在空空的身体里跳动的心脏都可能会停下来。他建议他们阻止罗伯特进食。慢慢地,罗伯特丧失了最后一点气力。他不再说话了。迪奥尼斯一直在汽车的后座,用胳膊圈着他。他们在黎明酒吧过了一夜。罗伯特又开始说话了。

第二天早晨,迪奥尼斯给玛格丽特挂了电话,通知她他们下午到达。"我给您打电话是为了让您有思想准备,他的情况比我们想象的还要可怕。"③他们到达的时候,邻居和看门人都在圣伯努瓦街房子的楼梯上。玛格丽特站在二楼的平台上等。一看见罗伯特,她就开始跑。她大叫着跨过房门,然后像只球一般滚进了壁橱,把自己关在衣服堆里。过了几个小时她才出来,又过了几个小时,她才敢靠近他。

---

① 《围绕着回忆的努力。关于罗伯特·昂泰尔姆的一封信》,迪奥尼斯·马斯科罗,莫里斯·纳多出版社,1988年,第53页。
② 《围绕着回忆的努力。关于罗伯特·昂泰尔姆的一封信》,迪奥尼斯·马斯科罗,莫里斯·纳多出版社,1988年,第56页。
③ 作者与迪奥尼斯·马斯科罗的谈话,1996年3月至4月。

罗伯特的另一个姐姐阿丽丝——玛丽·路易斯还在拉文思布卢克集中营里，奄奄一息——和密特朗都在。罗伯特拥抱了他们，看了看房子，慢慢地转了一圈。两个医生等在那里，给他检查过后对玛格丽特说他可能活不过今天晚上。玛格丽特当场把他们赶走并找来了第三个医生，正是这个医生救了罗伯特的命，他叫德伊。他曾在印度待过很长时间，是个糖尿病学的专家，他对因饥饿而导致的营养不良很有研究，而当时西方对此尚一无所知。他没有让罗伯特进食，而是给了他一点糖浆，然后慢慢地，慢慢地，再教会他进食。

虚脱的状态持续了三个星期。罗伯特的身体徘徊在生与死之间，差不多只是一具空壳。就像要逐步回到岸上的潜水员，罗伯特·昂泰尔姆也应该注意不能一下子吃太多的东西。玛格丽特后来说她当时不得不把食物藏起来。罗伯特要吃。在集中营是不能吃东西的。而他的身体也经受不了输液了。"不，他吃了东西就会死。但是他不吃东西也会死。这才是困难所在。"[①] 德伊教授日夜守候着他。是他救了罗伯特。还有玛格丽特。她的表现令人赞赏：投入，牺牲，忘我。安娜-玛丽经常到圣伯努瓦街来看罗伯特。然而是玛格丽特一直在照顾他。陪他徘徊在生与死的边缘。玛格丽特和罗伯特之间是一生的问题。玛格丽特对我说她再也想不起罗伯特刚从集中营回来的那些日子了。彻底地从记忆中抹去。乔治·波尚则对那时的玛格丽特和罗伯特记忆犹新。"真是让人感动。罗伯特向玛格丽特的方向走去。他在集中营的时候，从来没有停止过对她的思念，他忘记了自己曾经离她而去。"乔治·波尚能原谅玛格丽特的一切，她的欺骗，她的背叛，她的夸张和自恋，就因为她那时表现得如此慷慨和勇敢。

"十七天以后死神终于疲倦了"[②]，但是又过了四个礼拜，德伊教授才敢告诉玛格丽特罗伯特已经得救了。就在这段时间，波尚和密特朗经常定时地来看望他。迪奥尼斯差不多一直在他身边。罗伯特非常信任他。稍微有一点力气以后，罗伯特便和大卫·鲁塞一起到外面散步，

---

① 《痛苦》，第71页。
② 《痛苦》，第75页。

鲁塞从集中营回来的时候也只有三十八公斤。苏茜和玛格丽特陪他们慢慢地走几步。到6月中旬，贝奈建议罗伯特到全国战俘及被放逐者行动组织才开的一家康复中心去休养，在维里埃尔灌木丛附近。罗伯特和玛格丽特动身去了疗养院。玛格丽特表现出一种令人敬佩的忠诚。"听他说了一切，我们又知道了一切后，我们真的无法再像以前那样。"[1]迪奥尼斯·马斯科罗后来写道。

　　罗伯特又重新恢复了尊严。但是接下去呢？罗伯特和其他从集中营里回来的人一样，被一种强烈的犯罪感所纠缠：为什么是我活着而不是别人？1945年6月21日，他给迪奥尼斯发出了第一封他称为"凝固的活人"的信。他是还活着，因为他会哭。但他是凝固的活人，他知道。"我第一个给你写信，因为你可能在相当长的一段时间里都会有一种美妙的感觉，觉得自己救了一个人。"这封长信写在出版证检查委员会的办公信纸上，他第一次白纸黑字地写下了他对自己从集中营回来的思考和自我的改变，迪奥尼斯是他的救星，是营救他的人。他可以向他倾诉，倾诉他的恐惧：他不知道该如何"选择"，也不知道什么能说，什么不能说。他请求原谅。因为"在地狱里人们什么都说"。他斗争了，为让自己从外表上恢复人的形状而斗争过，他终于又变回一个能支撑住自己的身体，能吃饭、说话，甚至睡上一会儿的人，但是在这之后，罗伯特不知道应该怎样做才能得到精神上的重生。正是出于这份形而上的恐慌，他把迪奥尼斯视作自己的知心密友。"我有一种感觉，当然也许并非所有的同志都有这种感觉，我觉得自己获得了新生，这个'新生'不是韦尔斯所说的新生，也没有一点神话中新生的意思，恰恰相反，它直接导向这个词最隐秘的意义。"他的精神在四处搜索，他知道这一点。他按照现象学的步骤和方法在观察自己，想要更好地了解自己。他从他所掌握的哲学知识里汲取力量，作为自己这次既激动人心又不太健康的新生旅行的指南针。他像个昆虫学家在观察将被氯仿麻醉了的虫子，不无严苛却又不无好奇地审视着自己这份

---

[1] D.马斯科罗，见上述引文，也可参考《路线》杂志，第33期，1998年3月，《与迪奥尼斯·马斯科罗在一起》一文，上面全文转载了R.昂泰尔姆被逐出党后的这封信。

思想缓慢的新生,看着它一点点冒出芽来。"一切都不会是枉费工夫,我在一种很有益处的孤独中艰难前进着。有的时候我还会有一种强烈的荣誉感,但是不久这一切就平息下来,缓和下来。于是,有一天也许我能够接受和自己相像的那一份存在,因为我知道那不是我;我也许会接受一副面孔,再也不会有这副面孔了。"玛格丽特和迪奥尼斯都是这份新生的见证。罗伯特通过语言把他们带入过去的那个世界,他不仅是要成为这个世界的见证,更要哲学地分析所有的结果。正如迪奥尼斯和玛格丽特所理解的一样,他自此以后迫不及待地将他们推进了这个他所处的世界。

就在同一时期,玛格丽特成了一个炽热而激烈地捍卫着自己处境的作家。如果说她忘我地将自己全部奉献给了罗伯特,她依旧专注地延续着自己的事业之路。就在罗伯特将他存在的恐慌倾诉给迪奥尼斯的同一天,她也从疗养中心发了一封愤怒的信给她的出版商加斯东·伽利玛:

> 出于您或许有所了解的原因,直至今天以前,对《平静的生活》一书,我似乎没有能力过问。自它 1945 年 1 月出版之日起,我既没有时间,也没有胃口过问自己在这本书上所应享受的利益。而今天,我自己觉得应该有这样的能力了,因为——我这样说没有一点刻薄之意——没有一个人可以站在我的位置上对这本书负责,我的书至今仍然被搁在一边。

在抱怨了一通出版社不给予应有的支持之后,在提醒对方注意她的书已经售完的事实后,玛格丽特提请出版社要注意战后年轻作者的命运和条件。这种想要引起注意、得到承认的极端方式,玛格丽特运用过很多次,从这一次中我们却能够看出玛格丽特已经毫无疑问地认定自己是个完完全全的作家,她所感到害怕的是从此以后默默无闻:

> 三个月前,我和米歇尔·伽利玛匆匆见过一面,她说目前重印这本书还不是时候,说像阿拉贡和艾吕雅这样的作家也还在等。

我不同意。阿拉贡和艾吕雅可以等。首先因为他们有钱。再说他们是不会被忘却的。**而我需要钱，读者不消多少时间就会忘记我**。如果我的观点惹得您不高兴了那也活该。我最近所经历的很多事情教会了我一种根本的犬儒主义，到五十岁或者更老的时候我们还在艰难中生活。

其次，我还很年轻，我不想死。但是我觉得在伽利玛只有死，慢慢地死，但是肯定会死。也许我错就错在晚生了二三十年。如果您把格诺的书印上二万册，而只将阿拉贡的书印上很少一点，我会多么高兴！尽管这种年轻化也许会暂时损害出版社一点经济上的利益。先生，您会重印我的书吗？您这样蔑视我的书，我的书怎么能取得一点点成功呢？在这样的漠不关心面前我应该怎么办是好？我永远不会和您见面的，我不认识任何人，也不属于任何一个圈子。这是否就是你们对我置之不理的理由？

事实上这是多么让人厌烦的事情啊！

请您告诉我，经过了这样的四年之后，如果还没有人诚心诚意地对年轻人施以援手，如果他们和过去一样，被看成令这个时代讨厌的人，他们该怎么办？

玛格丽特的斗争是有道理的。7月11日，加斯东·伽利玛给她写了一封长达三页的辩白信。他解释了出版社目前的困难，纸张匮乏，制作成本增加，年轻作者的小说不好卖。他谨慎地、彬彬有礼地请她相信自己的天赋。"我非常喜欢您的书。我知道您在法国文坛应该占有怎样的位置，我不怀疑您一定会占据这样的位置的。"狡猾、实际的伽利玛给了她一些重印上的建议："有很多深受这类问题（纸张匮乏）困扰的《法兰西杂志》丛书的作者把他们所需消耗的纸张交给我们。难道您就没有办法为我们提供类似的帮助吗？这样事情会好办得多。"善于诱惑、精通恭维艺术的伽利玛肯定地说他相信她的未来。他不愿意——这很明显——让她就这么和伽利玛擦肩而过。8月份书重印了六千五百册。玛格丽特和楼上邻居顾朗夫人联系了一下，就是她接替了玛格丽特在出版证委员会的位置，事情很快就解决了，她派人给伽利玛送了八百公斤的纸。

玛格丽特又重新和罗伯特生活在一起。安娜-玛丽也经常到疗养中心来看罗伯特，罗伯特被放逐的消息是玛格丽特告诉她的。迪奥尼斯和罗伯特之间的友谊如此强烈，以至于占据了他所有的精力。玛格丽特也不知道自己的心究竟倾向哪一边。她爱迪奥尼斯，她又恢复了和他的情人关系，但是她和罗伯特之间已经融为一体，难分彼此了。接着迪奥尼斯便躲开了。目前，两个男人和玛格丽特之间的爱情故事反而把她驱逐在外。她感觉到了，猜到了。她从疗养中心写信给迪奥尼斯：

> 我星期二到巴黎来。罗伯特睡着了。他非常爱你。他对我说，他觉得自己把你弄得疲惫不堪。
> 也许我们永远不能在一起。
> 一切都不可挽回。再也不会有你的孩子了……
> 我们不想和任何人生活在一起。我们不会有孩子的。
> 等我变成一个善良的老妇人吧。死亡。谁能让我们的心不再黯然神伤？①

6月底，德伊教授允许罗伯特离开疗养中心，不过还需要医疗监控一段时间。玛格丽特和罗伯特在圣若里奥兹靠阿奈西湖的一家旅馆安顿下来。罗伯特重新学习走路，吃饭，呼吸。玛格丽特对未来忧心忡忡。她在对罗伯特不乏痛苦的爱情和对迪奥尼斯焦灼不安的激情间摇摆不定，几乎崩溃。迪奥尼斯躲着她。她瞒着罗伯特偷偷给他写信，一封封充满绝望的信。正如这封写于1945年7月初的信："我想你。我终于相信这根本是不可能的。"还有在同一个月里写的另外一封："试着每天给我写信。当然这不太谨慎，但是有什么办法呢？邮局就在旅馆对面。最好是写那种可以公开的信。我也不知道。我的上帝啊，如何才能活得本质一点呢？你给我带来了怎样的孤独啊。"

---

① 迪奥尼斯·马斯科罗档案。

玛格丽特就这么一直在山间走啊走啊，走得头昏眼花为止。她看着生命又一点一点回到罗伯特的体内。她谈到了无辜，谈到了抛弃。他们租了一间两张床的房间。玛格丽特写信给迪奥尼斯："在我的平静之中，有一个小小的冰点。"自从在维里埃尔灌木丛得知玛丽·路易斯的死讯后，罗伯特很少开口说话。"是在夜里。我和他最小的妹妹在他的身边。我们对他说：'我们有一件事情要告诉你，我们不能再对你隐瞒下去了。'他说：'你们对我隐瞒了玛丽·路易斯的死讯。'在这之前我们都一直待在房间里，从来没有谈起过玛丽·路易斯，从来没有。我破口大骂。我想当时所有的人都在骂人。他只不断地重复说'二十四年'，他坐在床上，手放在他的拐杖上，没有哭。"[1] 玛格丽特不再吭声，任由他沉默。

朋友给他写信——密特朗、波尚——但是没有来看他。圣若里奥兹，松林，小鸟在歌唱，老鹰在盘旋。一片寂静。巴黎则呈现出战争结束的场景，单调而忧伤。密特朗写信给玛格丽特和罗伯特：

  所有的人都在跳舞，一直在跳。翻身的人民尽可能地开怀大笑，成日大吃大喝。生日的生日。解放的解放。机械的装饰。大家燃起了烟火。警察被人捧上了天。正直的人都知道他们是英雄。

  这一切却并不严肃，玩笑也终于开完了。多列士只知道就生产夸夸其谈，革命是唱出来的，而不是靠工作得来的。

罗伯特阴沉着脸。旅馆里，有个从集中营里回来的小孩子在吹口琴，脑袋剃得光光的，这会儿已经恢复了体力。玛格丽特又跑开了，躲到森林里去，让罗伯特一个人沉浸在他的哲学思考中。一连好几个小时，罗伯特就这样看着海水挽起的浪花轻轻地吻在岩石上。事情的表面还能继续维系下去吗？他问玛格丽特。在旅馆旁边用来晒衣服的空地上，一个老德国士兵正在割草。罗伯特在等玛格丽特说些什么。但是玛格丽特什么也不说。他希望和她重新开始生活吗？在集中营里

---

[1]《痛苦》，第79页。

他从来没有停止过对她的思念。她对他来说就好像是人生的一个定点，是故土，是他现实生活的港湾。8月7日凌晨3点12分，她写信给迪奥尼斯："不，我不玩双重游戏。在这里没有人碰我。我会忍不住大叫大喊的。"

于是，玛格丽特尽量躲开罗伯特；她找到了行动党在萨瓦分部的两个同志，一个是厨师，另一个是机械师，在他们的陪同下，她出发采访为《阿尔卑斯劳动者报》写报道。她才写完一篇短篇小说，寄给了《影响》杂志，然而始终没有回音，她等得几乎不耐烦了。每天，她都要写信给迪奥尼斯。她对他说她想他，身体的需求，性的需求，情感的需求，她说只要他不在身边，体内就像有个洞似的，她还想着孩子。"我们要个孩子吧……我没有孩子……没有自己的孩子。"她还不停地说她再也不能忍受如此暧昧的状况了。"我不幸福……罗伯特已经猜到我不属于他了。他对我同情得要命。"

安娜-玛丽有时来看罗伯特，甚至会在旅馆留上几天。迪奥尼斯最终也还是来了。正好是广岛原子弹爆炸的那天到的。在《痛苦》里，玛格丽特写道："他（罗伯特）像是要打人，愤怒让他昏了头，而他也只有发泄出愤怒才能继续生活下去。知道广岛事件之后我想他和D在谈话，D是他最好的朋友，广岛事件是他回来后看到的外界的第一件大事，是他读到的外界的第一件大事。"罗伯特于是明白了玛格丽特最终将离他而去。她在他的身边，像个专注的母亲，一个充满爱心的朋友，她照顾他，陪伴他，同情他，就像一个护士，为他生命中每一天的进步而欣喜若狂。但是孩子。有孩子的问题。和迪奥尼斯要个孩子的欲望。还有和罗伯特生的那个死去的孩子。玛格丽特不想马上告诉他。她等待着合适的时机，等到她认为他可以承受的时刻。"后来有一天，我对他说，我们离婚吧，说我希望和迪奥尼斯要个孩子，说离婚是为了孩子姓什么的问题。他问我我们是不是还有可能再在一起。我说没有，说自从两年前碰到迪奥尼斯起，我就再也没有改变过主意。"[①]

迪奥尼斯在圣若里奥兹和罗伯特坦陈了一切。他谈到了生，谈到

---

① 《痛苦》，第80页。

了死。他们之间没有游戏。我们找到了罗伯特在小学生练习纸上写下的这首诗：

> 这是我的朋友
> 他对我说了一切
> 他的脸只有一点点红
> 双手在颤抖
> 而我，我迈着局外人的步子
> 走进他的故事
> 然后我把他抱在怀里
> 瞧，让我们哭吧，哭吧
> 他看着我，我的朋友，他站起身来
> 在钢琴上弹奏了
> 四五个音符
> 他走了
> 我待在原地，浑身脏兮兮的
> 在床上蜷成一团
> 抱着这个故事
> 这是我的朋友
> 他对我说了一切。[1]

---

[1] 迪奥尼斯·马斯科罗档案。

第五章 幻灭

"我们这些地下人,我们这些恢复健康的鬼魂,我们那时还不知道,我们当中的很多人已经放弃了真正的生活,我们变成了鬼魂。"爱德加·莫兰在他的《自我批评》一书里,重建了这一小撮被释放出来的自由主义分子的生活氛围,一种焦灼不安的狂热。未来不再属于他们,而没有他们的明天已经是那么令人失望。玛格丽特经历了解放后的财产充公,疲惫不堪、脾气暴躁。她觉得自己遭到了敲诈,一无所有。在日记里,她说秩序的恢复是在一种普遍的冷漠中进行的,她对法国人民的麻木表示了愤慨,并且抱怨抵抗组织的地位几乎被缩减到零,以议会、政府为中心重建的政治生活越过了抵抗组织,卡得它们几乎喘不过气来。革命没有发生。[1] 政治生活仍然回复到以前的轨道上去。和她的同志密特朗一样,玛格丽特也曾经认为未来的生活会有很大的改变。密特朗加入了直接由抵抗组织演变而来的政党:民主社会抵抗联盟,势力尚弱。抵抗组织似乎已经被人遗忘了。玛格丽特认定教会是酿成这一切的罪魁祸首。她在日记中写道:"在这样的时刻,那些与我们并非怀有同等程度的仇恨的人的胃口令我们感到恶心。教会身披长袍颤抖不止,因为它害怕即将发生的抢掠,这种民众的动物般的饥饿感……教会又一次吞咽了纳粹的罪行,纳粹罪行的黑色圣体。它将纳粹的罪行与上帝的惩罚混为一谈。希特勒是它最最亲爱的迷途羔羊。下流。下流。"[2] 解放初期,她和她的同志们一直沉浸在革命的狂热之

---

[1] 《第四共和国时期的法国》,第一卷,《炽热与必然》,让·皮埃尔·里乌克斯著,门槛出版社,1980年。
[2] 现代出版社档案馆档案。

中，接着，她又带着这份狂热转向了对罗伯特生命的关注。但是抵抗精神已经令她厌烦了。①不可能再回到、再跳入从前那种日复一日的生活里去。难以承受的溃败。在这个虚弱疲惫颤抖哆嗦的国度里，先锋们，还有梦想建立新世界的乌托邦分子没有等来他们的机会。

圣伯努瓦街，夏末，罗伯特和玛格丽特回到了这里，他们听说了贝蒂·费尔南德兹的事情。解放前的几个月，她丈夫死于心肌梗死，多里奥参谋部的人全都参加了他的葬礼。葬礼过后，贝蒂就藏在家里，足不出户。拉蒙死了也好，她觉得，这样他就不用接受审判了。但是，盛夏的时候，原籍匈牙利的贝蒂·费尔南德兹·冯·波文斯遭到了逮捕，她被剃光了头发以后押往拉丁区游街。在《广岛之恋》里，杜拉斯重现了她的形象。二十岁的女人被剪光了头发，在纳韦尔的大街上游行示众，《马赛曲》雷鸣一般响彻四周，这就是贝蒂。这是怎样的痛苦。内心的痛苦。真是疯了！这个走在巴黎大街上的女人，气度从容，带着一份与众不同的美，瘦弱、轻盈，像个影子，人们回首只是因为她的美。也正是这个贝蒂·费尔南德兹，在她消失了十年之后，杜拉斯在《情人》里向她最后一次致意："那份高雅，我依然记得，现在要我忘记看来是太晚了，那种完美依然还在，丝毫无损，理想人物的完美是什么也不能损害的，环境，时代，严寒，饥饿，德国的败北，将罪恶昭示于天下——都无损于她的美。"

杜拉斯一直在复仇的欲望——解放初期她所表现出的暴力或许就是对她这种欲望的极好诠释——和对和平未来的无限向往间纠缠不清，她觉得在解放全世界的共产主义麾下是可以实现这份和平的。像她这样为一场有毒的过去所折磨的人并非少数，有一些人一直试图把这份过去彻底从记忆里抹掉。很多知识分子在清查的时候都互相诋毁。应该忘却吗？民族的和解难道必须以忘却恐怖为代价吗？弗朗索瓦·莫里亚克指责加缪假仁慈。加缪以仇恨和原谅为辞加以否认。共产党员喜欢迅速简便的法庭。玛格丽特会不会后悔当初自己花了大力气把查尔斯·戴瓦尔送上不归路呢？她是否会受到罗伯特·昂泰尔姆和善之心的

---

① 1945年4月，有12%的法国人认为抵抗组织可以成为一个政党。

影响，他可拒绝和旁人一起津津乐道于这种清查方式的呀。

因为1945年11月罗伯特已经在《生者》杂志上充分表明了自己关于复仇的立场。此时德国仍然有一些战俘还被关押在法国，有人提出抗议，说他们受到了很好的对待。但是一个旧敌之死是绝对抹不去成千上万的死亡的。"只有战士们为之而死的观念和行为占了上风，这才是复仇的意义。"昂泰尔姆说。仇恨和原谅都不能让人忘却牺牲者本不应该看到、本不应该经历的一切。"只有对人的尊重可以让我们再在一起重新开始生活。仍然抱着仇恨不放，以恶抗恶只能将我们永远关在战争的牢笼里。同样，面对复仇的狂热，面对秘密的谋杀，面对毫发无损的胆小鬼，我们说：不。"

玛格丽特加入了法国的第一个政党：法国共产党。1944年她就成了共产党员。独自一人。没有听取任何人的意见，甚至包括迪奥尼斯。她说自己是秘密加入共产党的，因为当时情况很糟，她处在一种深深的狂热之中。[①] 回到巴黎以后，她便像个军人那样努力工作。她加入了722小组。她和任何一个优秀军人一样谨记党的誓言；她相信自己是在为一个公正和平等的新世界的到来而斗争。共产党员，她肯定是的，有好几个证人，其中包括雅克·弗朗西斯·洛朗、爱德加·莫兰、克洛德·罗伊，迪奥尼斯·马斯科罗说她那时星期天一早就尽忠尽职地在自己的街区卖《人道报》，她还在自己的本子上记下售出的报纸数额，大概是每个星期四十到五十份——并且一次不落地参加了722小组会议。她为自己参加这个自称是"被枪毙者政党"，并且能够对抵抗爱国主义和红军的威胁有所防备的政党而感到骄傲。[②] 玛格丽特之所以加入共产党，是因为这是个工人阶级的政党，因为它保护穷苦人和纯洁的人的利益。但是她是一个特殊的共产党员，狂热、乌托邦、理想主义的共产党员。她确实全身心投入了党的事业：她的时间和精力。不是像一个勇敢却被动的小兵，像只知道服从的军人那样——因为这是一个要求服从的政党——而是像希腊悲剧里与命运抗争的女英雄，为了

---

① 作者与迪奥尼斯·马斯科罗的谈话，1996年5月4日。
② J.P. 里乌克斯，见上述引文。

这世界的美好愿意牺牲自己。也正是出于同样的原因,当年她会选择离开舒适的大学环境加入救世军日夜工作。如今玛格丽特也选择了全身心投入共产党的事业。很多个夜晚,她丢下迪奥尼斯和罗伯特,在他们讨论这个世界向何处去的时候,她忠诚而执着地进行她自己的工作,一个军人的工作。迪奥尼斯那时在自己的本子上这样记道:"玛格丽特,不知矫饰,不善撒谎的玛格丽特,悲伤的玛格丽特,可她具有惊人的信仰。"她穿上她"共产党员"的制服——部队那种粗布短工作服,翻毛的靴子——去敲别人家的门,走遍大街小巷,甚至进咖啡馆兜售她的信仰。从她那时拍的照片上,我们可以看到一张正在执行任务不苟言笑的脸。她对任何事物任何人都视而不见。非常喜欢她、一直喊她"小妹妹"的奥蒂贝尔蒂在花神广场和两人像广场碰到她,逗她说:"哦,我最爱的小政治警察,今天可好啊?"这个小政治警察拿着她那叠《人道报》一句话没说就走了。她还经常带着看门人弗塞夫人,她动员她也加入了共产党。弗塞夫人是"属于"玛格丽特的无产者。在拉丁区,能够加入共产党的无产阶级的代表的确不多。大家都在想办法争取,玛格丽特于是对弗塞夫人大大恭维了一番,终于能带着她一道上街巡查了。

冬天到了,玛格丽特还在街上到处乱逛,罗伯特和迪奥尼斯都在自忖是否应该介入。比较起命令来,两个人显然更喜欢书。迪奥尼斯在重读康德、黑格尔、圣茹斯特。罗伯特则在克莱斯特身上重新找寻自己的思想源泉。起先他只是谈论,先是和迪奥尼斯,后来和他们两人一道谈论,但很快他就明白过来,光谈是不够的,谈话只能令他窒息,而不是给他力量。"对于我们自己,"他后来在《人类》的序言中写道,"我们可说的话已经开始有点**不可想象**了。"玛格丽特和迪奥尼斯经常听罗伯特彻夜长谈。他们确实因此而得到了改变。这可以说是一种启发。他们变成了另外的人。犹太教徒。如果真的有这样的血统他们便是完完全全的犹太人了。要将纳粹传播在他们灵魂最深处的想法彻底打破:否认犹太人是人,否认属于他们属于整个人类。他们的儿子乌塔说,他很迟才发现自己不是犹太人,因为听父母在谈起出身这个问题时，他一直认为自己理所当然的是犹太人。[1]爱德加·莫兰回忆起自己在圣伯努瓦的特殊身份时依然觉得有趣，因为他是犹太人。"有一个，有一个真正的犹太人，"莫兰笑着说，"于是我身上有一点什么特别的地方。在他们眼里，我戴着一顶哲学和存在的光环，所以我说起话来自然有一种别样的深刻。"[2]今天这份狂热令所有人不禁莞尔，犹太主义在这份狂热中成了一种超自然的能力，有一种红衣主教般的价值，也正是这种梦想性的犹太主义使他们加入了本身也很理想化的共产主义政党。"正是因为这个，我们在对犹太主义和共产主义一无所知前就身陷其中。"迪奥尼斯·马斯科罗在《追寻思想中的共产主义》[3]中写道。

这些新的信徒在政治上应该大大失望了，不无苦涩。他们先是被共产党给轰了出去，正如我们后来所看到的那样。但是这份生存上的犹太化影响了他们的一生。玛格丽特的许多书里都可以看出这一份独特的标记。即便在某种程度上没有明确的表现，但它始终是理解整部书某些主题——晦涩，非常晦涩——的关键所在。就像她一直在要求得到的宽恕，就像是令她喘不过气来的一种折磨，一种原罪。必须知道，在当时，"犹太人问题"——以及这个问题所引起的后果——还没有被提上议事日程。犹太人是公共话题的禁忌。安妮·克雷日勒在她的回忆录里记录了在接待被放逐者时人们所表现出的那样一种缺少热情的模样，以及他们的漠然："在所谓的尊重和礼貌的表面下是一种沉默，二十年来，他们就是用这样的沉默来隐藏对战争的现代版本和阵发性的恐惧的。"[4]只有少数在集中营里侥幸存活下来的人敢于作证，并且带有一种普遍的漠然。的确，不管是知识分子还是政客，那时鲜有揭露维希政府反犹行径的，更没有人从精神上和智性上去分析将犹太人当作燔祭的后果。当时报纸最多也就是不无羞涩地谈到"对非雅利安人的迫害"。在审判贝当元帅的整个过程中，"反犹主义"这个词甚至根本没有出现过。密特朗在他自己的《自由人》报上也从来没有提

---

[1] 作者与迪奥尼斯·马斯科罗的谈话，1996年4月。
[2] 作者与爱德加·莫兰的谈话，1995年11月12日。
[3] 《追寻思想中的共产主义》，迪奥尼斯·马斯科罗著，弗尔比出版社，1993年。
[4] 《我自认为理解的东西》，安妮·克雷日勒著，罗伯特·拉封出版社，1991年。

过一次。皮埃尔·佩昂指出这点是很正确的：战后数以万计的审判都避开这方面的主题不谈。一直到1948年，阿尔贝·加缪在给雅克·梅利的《让我的人民过去》作序时才提到了反犹主义。

早在罗伯特从集中营回来之前，玛格丽特就有机会注意到官方在谈到被放逐者时总是面有难色。自1944年秋天开始，全国战俘和被放逐者行动组织的爱德加·莫兰便提议玛格丽特和迪奥尼斯开一个揭露希特勒罪行的展览。司法部派出的官僚使得这项工作根本无法进行下去。玛格丽特倒足了胃口，放弃了该项计划。有些政客也认为那时举办这样的展览是不合时宜的，因为会对尚在集中营里的男男女女产生直接的影响。共产党人在《人道报》上多次报道德国人的残忍行径，但从来没有对存活下来的人加以区分：战俘，政治流放犯，种族流放犯，抵抗组织成员……某些侥幸从集中营里存活下来的人倒是很早就将种族流放犯的"被动"和政治流放犯的"主动勇气"做出了比较。[①] 经过一番波澜壮阔的论战之后，玛格丽特退出了。但是准备展览时，美国人借给她的资料却深深地刻在了她的记忆里。

再说，他们三个人，罗伯特、玛格丽特和迪奥尼斯都想自成一体。三个人都和战前的自己判若两人。他们在找寻一种新的身份，但是又不希望就此确定下来。流浪者。疯狂地读着马克思和荷尔德林，友谊是他们唯一的祖国。"对于寻找真理的人来说，和朋友一道分享的精神生活，通过写信或高谈阔论进行交流而形成的思想是必不可少的。没有这一切，我们对自己而言是没有思想的。"荷尔德林写道。他们三人像要将荷尔德林的哲学思考付诸实践，投入了高密度的道德沉思之中。他们三个一道对灭绝犹太种族进行了分析和理解，其范围之广、程度之深，没有堪与之相提并论的。世界和先前不一样了。玛格丽特·杜拉斯在了解了这种燔祭的广泛范围之后不由深深震惊了，她后来塑造了奥蕾里娅·斯坦纳这个人物。奥蕾里娅出生于奥斯维辛集中营。死亡的白色方框就是她的出生空间。劳儿·V.斯坦茵也是犹太人。"是的，犹太人，我想。"奥蕾里娅·斯坦纳的母亲就是在集中营里分娩时死的。

---

① 《我自认为理解的东西》，安妮·克雷日勒著，罗伯特·拉封出版社，1991年。

她也叫奥蕾里娅·斯坦纳。她死去的时候，她的女儿就在她的脚跟前，仍然活着。犹当·劳儿，犹当·奥蕾里娅。孟买的副领事也是犹太人。玛格丽特笔下的奥蕾里娅·斯坦纳并非凭空塑造。玛格丽特刚通过美国人之口知道有五十来个孩子出生于奥斯维辛并在那里长大。他们当中有一些活了下来。没有一个人会说"我"。他们只知道用于辨认自己的编号。后来在《绿眼睛》里，玛格丽特说她和奥蕾里娅一道被关过一个半月。于是她对她说了一切。和冥冥世界的通灵，这种和死者对话的能力，这种把自己视为犹太人的方式，玛格丽特终其一生都没有改变。如何还能对《爱》里那个深受折磨的男人的痛苦流浪做出别的理解呢？如何又能对《阿邦·萨巴娜和大卫》里的长篇的抱怨——抱怨这个叫作"犹太"的种族实际上被别人看作是狗——做出别的理解呢？杜拉斯小说中的很多人物都是犹太人，犹太人的名字，或可以被看成是犹太人。一见钟情——犹太人。清醒是在对奥斯维辛有所认识的时刻。她不愿意——也不能够对此做出解释："我可以把犹太人写进故事，写进小说，写进电影里。但是我小说中和电影中的犹太人和我一样保持沉默。"[1]"她，她是站在犹太人一边的，可是你们瞧，不能相信她写的东西，她隐藏了自己的游戏。"[2] 很长一段时间里，玛格丽特一直在梦想着德国的覆灭："我惩罚德国人和这片屠杀犹太人的土地。这梦是如此强烈，如此可怕却又如此令人心醉神迷。"[3]

在1990年，玛格丽特·杜拉斯说她最爱读的书始终是《圣经》。[4] 她越老就越需要把《圣经》重读上一遍又一遍。很多段落她都熟记在心，她喜欢高声地背诵。雅克·弗朗西斯·洛朗1946年时夫讨一趟印度，在玛格丽特的要求之下，见过孟买的副领事。他是个遵守教规的犹太人，《圣经》注释专家。玛格丽特只承认是他挑起了她对《圣经》的兴趣。杜拉斯对自己不是个犹太人甚为遗憾，因此大声说："真可惜我不是犹太人。即便读《圣经》也成不了犹太人。"不是犹太人就意味

---

[1] 《外面的世界》卷二，P.O.L.出版社，1993年，第30页。
[2] 《外面的世界》卷二，P.O.L.出版社，1993年，第30页。
[3] 《外面的世界》卷一，《罪恶的幸福梦想》，第354页。
[4] 作者与玛格丽特·杜拉斯的谈话，1990年11月11日。

着自己多一分做蠢事的可能，饱食终日而无所事事，1996年2月，迪奥尼斯·马斯科罗这样对我解释说。犹太研究让他们对西方文明产生怀疑，彻底地放弃了天主教教义，并让他们试着理解犹太教，拒绝个人崇拜，寻找一种新的思想，期待一种混合的文化。

1945年秋，罗伯特和玛格丽特仍然在圣伯努瓦街一起生活。迪奥尼斯还是住在他母亲家，经常过来看他们。罗伯特和玛格丽特各自有各自的房间。迪奥尼斯从来不在圣伯努瓦街睡觉。有的时候他也会在进口处的沙发上打个盹儿。这个被那些持有偏见的人大肆兜售的三角故事其实也没有多少特别之处。不过作为生活还是有点滑稽。玛格丽特当然是很高兴的，她和罗伯特住在一起，他们之间的关系是由深厚的友谊、彼此的尊重和智性的交流织就起来的，与此同时，她依然能将和迪奥尼斯的爱情发展下去，常常是当着罗伯特的面。在很多不解内情的人看来，罗伯特和玛格丽特是夫妻，迪奥尼斯是这夫妻俩的朋友。迪奥尼斯笑着说："我们不得不到旅馆里去做爱。谁也不在圣伯努瓦街做爱。"从表面上看来，这套房子更像是一座修道院。但只是表面上，因为一个星期总有一两次，房子会变成狂欢场所，即兴的音乐声中，大家跳啊喝啊直至黎明。结婚的夫妇被拆开重新组合。互相绞缠，互相拥抱，但是第二天一早，每个人还是乖乖地带着自己的那位回家去。

1945年底，玛格丽特和罗伯特成了临时的出版商。必须给罗伯特找一份工作，迪奥尼斯解释说。印刷厂的伯努瓦先生答应帮忙，罗伯特·玛兰答应给他们的出版社以经济上的资助。他们成立了一家世界城出版社，社址在杜班街，昂泰尔姆父母家。"这家小出版社可以诠释我们那种想要独立的迫切心情。"迪奥尼斯补充道。它只出版了三本书，红白两色的封面，随后就由于经济原因倒闭了。玛格丽特和罗伯特出版的第一本书是爱德加·莫兰的《德国的公元零年》，出版于1946年。之后不久便是圣茹斯特的文集：《共和党人的谈话，关系和制度》，由格拉西安作序，那是迪奥尼斯·马斯科罗的笔名。罗伯特还想出版1945年在德国出版的泰奥多尔·普列维尔的《斯大林格勒》，他把书交给若日·桑普朗翻译。但是翻译工作一直未能结束。这项出版计划坚持了两年不到的时间。1947年，世界城出版社推出了《人类》，在关于种族灭绝的论述方面，这本书堪与普里莫·莱维的著作相提并论。并且和普里莫·莱维的书一样，《人类》也没有引起多少人的注意。

在圣伯努瓦街，玛格丽特继续尽心尽职地如母亲般照顾着罗伯特。死神自此之后被他甩在了身后。他终于从困境中拔了出来，在这场战斗中，玛格丽特始终日日夜夜地守在第一线。她不能脱离他的存在而存在。经常去圣伯努瓦街的朋友们都记得很清楚。"她没有重新成为罗伯特的妻子。"迪奥尼斯肯定地说。他们相爱，但不是情人间的那种爱。也许是在潜意识里，也许不是，玛格丽特希望两个男人同时在她身边，这个圈子里的朋友都说。对此玛格丽特报之以大笑，她在自己的一本簿子里记道："我这样迷恋他并不是因为我爱他，这不是爱情……但我确实迷恋他，这一点很重要……对我来说，罗伯特和迪奥尼斯一样是永恒的，在同一水平线上。"

玛格丽特成了罗伯特的母亲，保护他，为他做饭，抚平他的恐惧，并且看顾着迪奥尼斯的日常生活，让他幸福。在他们面前，她总是很平静，寸步不离，从来不嫉妒两个男人之间的友情。她是友谊爱情的信使，是春蚕吐丝式的爱情的信使，是智慧爱情的信使。他们俩是她忠实勤勉的读者，是她可以信赖的人。她把自己写作上的困惑告诉他们，把即将在《影响》杂志上发表的短篇小说结尾的构思告诉他们。这篇小说却始终没有发表。过于滞重的论证？不够完善的结构？过于明显的存在主义的影响？也许是因为所有这些原因。在这篇题为《艾达或叶子》的小说里，玛格丽特在写作程序上做了新的尝试，小说是建立在视觉之上的。小说中的主人公观察到了心爱女人在自己身边死去的全过程。这篇哲学沉思在今天只能当文体练习来读，其中也不乏笨拙和重复。玛格丽特·杜拉斯试着在对表面看来颇为平庸的事物的观察中找寻灵感，但是她渐渐走了形。主人公让打开房间的窗户，他心爱的姐妹奄奄一息，春天的香气和力量扑面而来。杜拉斯花了好几页纸描写叶子慢慢舒展的过程，描写空气中流动的活力，植物复苏的生物欲望。这些东西不是从平常的角度去看的。杜拉斯对大自然的复苏做了精心的记录：

叶子日复一日地醒目起来。很快它们就会打开了,让自言自语地说,舒展开来,直挺挺地竖在树枝上。目前,它们还紧紧地贴着树。它们让人想起点什么,让人不舒服的什么东西。它们的肌肉是那么富有生命力。

外面的生命又重新开始了,里面,一个年轻的女人正在死去,没有斗争的愿望。让的精神游弋开去,各种意象纠缠着他,还有各种不甚健康的幻觉,纷纷涌入他的脑海:

一个女人压在您的身上,您使她变得大起来,大起来,浑身是血,绝妙无比。有人在敲门。什么门?是一扇关着的门,我们都很清楚。以上帝的名义。以上帝的名义。敲门。敲门。拳头落在拳头上——拳头都敲疼了。但是外面百叶窗在风中吱嘎作响。这是召唤。我们将向着敞开的方向去。外面。墙包围着花园,里面全是熟透了的西红柿,热热的,一咬就全是血。

这篇被退了好几次稿的小说是罗伯特、迪奥尼斯和玛格丽特三个人的结晶。当时,玛格丽特还能接受修改的建议,她改得很多。迪奥尼斯始终比罗伯特难对付。每次她完成一部稿子,总是先给罗伯特看,他说"还行"以后,她再把稿子交给迪奥尼斯,惶惶不安。她把第一稿交给迪奥尼斯的时候,小说的题目还是《叶子或莱达》,她觉得已经差不多了,结构也很好,于是她用大事已定的口吻对他说:"别改得只剩下重要的东西,我希望。它已经很完美了,不管你们说什么。不,我的小迪奥尼斯,如果你对我说这不行,我会生病的,因为你对我说的一切,没有人能够推翻。"迪奥尼斯还是改了。玛格丽特于是重写。几个月后,她再次把小说交给他,求他不要太严厉:"我写信给《影响》杂志的贝尔特莱,告诉他我已经完成了我的小说。别抨击得太厉害,别再改了……我的小说还行,它会行的。"1996年4月,迪奥尼斯想起了这段往事:"是的,我在她写作的事情上非常严厉。当时,她非常感谢我。"

玛格丽特·杜拉斯那时的确对自己非常没有把握。她经常开了头就放弃了。她在法共的传单背面起草小说的开头,比如说这段名为《大屠杀之夜》的片段,一个混乱的故事,说的是诺伊一个很有钱的男人,父亲掌握着轮胎橡胶的硫化合格证,他把整个的时间都用来读《圣经》。我们可以在《直布罗陀的水手》和《副领事》中发现这个片段的总集。玛格丽特什么也不扔掉。就像她经常把前一夜的剩饭做成美味无比的杂烩汤一样,她也保存着这些零散的碎纸片,等着有朝一日再度翻新。

圣伯努瓦街,门永远是开着的,她的厨师美名已经传遍了拉丁区的知识分子圈。她喜欢招待客人。格诺、梅洛-庞蒂、奥蒂贝尔蒂都是她府上的常客。通常都是不很正式的饭菜。大家在一起喝很多的酒。有时还跳舞。爱德加总在,罗伯特和迪奥尼斯也是。玛格丽特的卫兵。但是所有的人都说:玛格丽特狡猾,和善,滑稽,太滑稽了,迷人,狂热。她喜欢大家都围着她转,她喜欢感受到自己唤起的欲望。她坐在男人的腿上,就是为了看看她能不能使他们感到兴奋。男人喜欢这种永远不会演变成艳遇的游戏,有一点邪乎。[①] 这正是得不到满足的欲望。延搁下来。"和她在一起,大家觉得什么都是可能的,觉得可以和她走,开始一桩艳遇。"一个坚持不愿公开姓名的人对我说。圣伯努瓦街既非布勒东所梦想的那种玻璃房子,也不是19世纪那种乌托邦主义者要建立的法伦斯泰尔,在那里可以交换一切:性、领土和理想;更不是19世纪俄国年轻的虚无主义者所建立的革命分部,它是一个非常简陋同时又高度密集的地方,是一个以友谊为宗教信仰的地方,所有的人都有一种慷慨的愿望:愿意对他人敞开心扉,所有的人都在一种不确定的自由状态中生活。圣伯努瓦街,大家可以再次度过青少年时代,但对自己更有把握,更持重,更自由。每个人都可以按照自己的习好和感情在这里过夜。当时,钥匙总是放在门毡下,客房的床上,新换的褥单在等着过夜的朋友,还有睡袋,玛格丽特负责接待,她就

---

① 作者与莫尼克·昂泰尔姆的谈话,1995年10月14日。

像彼时科西嘉岛上好客的女主人。

在所有人的眼里,玛格丽特是罗伯特的妻子,迪奥尼斯是罗伯特最好的朋友。知道迪奥尼斯和玛格丽特之间关系的朋友很为她做出来的表面现象感到焦虑,她似乎还想维持和罗伯特公开的夫妻生活。在街上,玛格丽特挽着罗伯特的膀子,迪奥尼斯走在他们身边。罗伯特也习惯了,而且他还继续着和安娜-玛丽的故事,安娜也怀孕了,但罗伯特不想要这个孩子。不久以后他又和另一个年轻女人发生了关系,而这个年轻女人以前也曾是迪奥尼斯的情人。团体的精神占了上风。

1946年夏初,玛格丽特去了多尔多涅。这一次是一个人。她住在奥特弗尔的一家小旅馆。她想一个人静一静,思考一下,找到一种更平衡的生活方式,因为她说她再也不愿意夹在两个男人中间生活了。但是如何选择呢?她写信给迪奥尼斯:"我们三个人之间这种互相欣赏的感情的确非常美妙,但也非常可怕。上帝啊,我何时才能得到安宁呢?我不要再为你们担心了……我只爱你。你们总是置我于不顾,让我一个人承受痛苦。没有办法。无论如何我们大家都被这个故事拖垮了。"[1] 玛格丽特之所以还在犹豫要不要切断和罗伯特的共同生活,是因为她在等着迪奥尼斯开口,开口让她和他一道过。但迪奥尼斯一直保持着沉默。迪奥尼斯住在他母亲家!那一阶段,他经常去看波莱特·戴瓦尔,这种双重生活安排得井井有条,他不禁为之心花怒放。玛格丽特什么也不知道。照波莱特今天的说法,迪奥尼斯是愿意离开玛格丽特和她永远在一起的。他允诺了很长时间却始终没有做到。波莱特怀孕了。迪奥尼斯很幸福;他对罗伯特也什么都没说。直到三十年后他才向罗伯特承认了这份父子关系。虽然从表面上看起来,罗伯特和迪奥尼斯走得很近,实际上也相距很远。迪奥尼斯保守着自己的秘密。罗伯特希望形势能够更明了一些,一直在问自己这种不太正常的同居是为了什么。他觉得自己妨碍了他人。于是他开始找住房。但是玛格丽特打消了他的这个念头。最终离开的却还是罗伯特,而不是玛格丽特,她怀孕了,在等待这个她期待已久的孩子出世。玛格丽特还以为

---

[1] 迪奥尼斯·马斯科罗档案。

这是迪奥尼斯的第一个孩子。一直到死她都不知道她的孩子还有个同父异母的哥哥。

1946年3月，春天一个天色阴沉的日子，迪奥尼斯和罗伯特决定加入法国共产党。"……我们让步了，不想再戒备下去，罗伯特和我看起来都非常悲惨，是那种既像是要结婚又像是要入土的悲伤，我们朝着圣－徐布里斯广场走去……胳膊挽着胳膊——我们之间一直是这样的关系，当一个人感到不堪承受的时候，另一个人总会振作起来给予他支持——跨越了这一步。"①迪奥尼斯和罗伯特就这样和玛格丽特在拉丁区722小组的会议上碰面了，并没有太大的热情。而玛格丽特已经炽热地战斗了两年。在他的私人日记里，迪奥尼斯说玛格丽特表现出一种不甚明了的忠诚，她对于牺牲和绝对的信仰总是怀有莫大的激情，那时她让所有周围的同伴都相信，唯有靠这经过改动，已经有点自由主义味道的共产主义才能与旧世界彻底决裂。

小组缺少工人阶级基础。只有圣伯努瓦的印刷厂提供了几个工人。当然，还有圣伯努瓦街5号的看门人弗塞夫人。但是，要实现无产阶级专政，仅一个弗塞夫人怎么够，尽管她显示出了过人的精力！会议开始总是一刻钟的政治形势，然后分配任务：玛格丽特负责张贴和散发传单，走访穷苦人民。玛格丽特把自己看得非常重要，她是第一个要求从最底层的事情做起的。总是全身心地准备投入各项苦役。在她的一本簿子里，我找到了这个时期的一张传单，折得好好的："5月27日星期一，在鼓励协会大厅，法国共产党特地为您召开一个大型的信息代表大会。"在反面，她记道：

——政策：平静。我们将为提高工人工资和改善食物供应而斗争。要点：不能有过激行为。争取获得某些食物的自由市场。

政体：我们不放下武器。和社会党的联合是我们一项成功的举措。要取得普选权。所占比例要合适。

——场所：我们对新方法感到很满意。传单很有效。不要强

---

① 《围绕着回忆的努力》，见上述引文。

迫别人接受我们的意见。尽可能地传播我们的家庭文学——和同情我们观点的人保持联系。这是工作的基础。

她表现得实在是像一名优秀的共产党员，所以她成了小组的秘书，做了一年，后来又差点成为塞纳河支部的支委，但是她拒绝了，因为她要留在基层。接着她又公开拒绝任何党内职务的提升机会。她觉得自己的这个小组有点过于时髦，过于知识分子化。而且在加入722小组前，她曾在742小组战斗过，那个小组的工人比较多。小组有点像第一批基督教团体。迪奥尼斯记道："几个月来，她带着一种无所顾忌的慷慨，一言不发，自如地工作着，所有的任务她都要求一个人完成，没有证人，没有或然的承认，她完全忘却了自己的存在，似乎不再知道何为恐慌，在她没有完全沉浸于某项她钟爱的工作中的时候，她是会感到害怕的。"①

她通过政治生活所体验的，总是这种响应他者的呼唤，这种忘却自我的欲望。后来，从《琴声如诉》开始，她将文学当作通向无法形容的世界的入口，也是出于这样一种欲望。目前，作为一个优秀的共产党员——在党内，同志，她尽量克制自己，不提太多的问题。目前还不要提……和她的一些同志一样，她相信党。玛格丽特和罗伯特在信仰上还是相通的。迪奥尼斯则和他们有一段距离。他对党总是有点怀疑，时不时会逗上一两句乐，甚至会发展为讽刺。迪奥尼斯是个讨厌加入任何党组织的人，共产党员的身份让他感到厌烦，一想到自由有可能受到限制，他就不快活。政治生活和爱情生活一样："婚姻也是一样。我们从来没有结过婚。我们反对这些俗礼。"②

罗伯特或许在加入共产党之前已经是个共产党员了。他以前就认为共产主义是唯一能拯救这个世界的道路，在经历了人类的最大惊恐之后，这也是唯一能让他活下去的思想范畴。甚至在1950年3月他非常痛苦地被共产党驱逐出队伍，他也还是共产党员，直至生命结束。

---

① 日记，迪奥尼斯·马斯科罗档案。
② 作者与迪奥尼斯·马斯科罗的谈话，1996年4月。

共产主义：均分财富的理想，社会阶层的废除。共产主义：家庭，一种生活的方式，爱，读书，讨论。激情，执着，希望。共产党人。优秀的共产党人。尽管有这么多事件。尽管德—苏共产主义的阵营有所分裂。尽管，尽管这一切，正如克洛德·罗伊说的，在圣伯努瓦街，革命已经被提到议事日程上来。然而第三杯威士忌下肚，罗伯特还是会承认自己更喜欢米什莱而不是马克思。梅洛-庞蒂仔细剖析了以共产党的名义对马克思理论做出的过度阐释，莫兰对无产阶级专政的前途做出了评判。但是所有的人都很盲目，或者说他们不愿意有更清醒的认识。玛格丽特就一系列的莫斯科事件做了报告，在同志们中传阅。莫斯科当然很遥远，但是对党的信念动摇了。她去参加会议的次数越来越少。她大声嘲笑散发给党员的注意事项，这份注意事项名为"要做一个优秀的斯大林主义者必须知道一切"。从表面上来看，玛格丽特还是一个好党员。她在街区里募捐，为小组活动筹集资金。她的房子也贡献出去了。节日前堆满了小啤酒瓶；节日后又是没有卖出去的成堆的《人道报》。不论谁都可以自由进出，在这里歇上一个小时甚至一夜。"我们相信未来，"雅克·弗朗西斯·洛朗说，"我们要和人民站在一起，对人民说话。"①

实际上，罗伯特和迪奥尼斯正式加入共产党的时候，玛格丽特已经开始心存疑虑，和党保持一定的距离了。她把自己的疑虑告诉了党组织。她去找她的上级，想要让他们对日丹诺夫做出解释。她反对斯大林这种精神上的大统一，几乎都不愿意出去卖《人道报》了。上面安抚她，让她平静下来。暂时的。第二个月，在圣伯努瓦街的这个蜂窝里，这个让·图森和多米尼克·德桑蒂、若日·桑普朗和弗朗西斯·庞日经常去的蜂窝，有天晚上，克洛德·罗伊带来了一位意大利的朋友，艾里奥·维托里尼。这次相遇对于玛格丽特来说也是决定性的，他们之间自第一次相遇起就结下了深厚的友谊，艾里奥对她的影响不论在政治观点还是文学上都很大。

艾里奥·维托里尼是作家，共产党员，在意大利的知识分子圈赫赫

---

① 作者与雅克·弗朗西斯·洛朗的谈话，1996年4月25日。

有名。他英俊,谨慎,迷人。在他身上散发着一种感性的魅力,带着幽默的活泼。艾里奥现在越来越被视为意大利最重要的政治思想家之一。他提醒理念上有点迷失的法国知识分子要尽量避免法国斯大林主义的枷锁,他说要重新建立自由主义的马克思理论。受法国作家委员会的邀请,艾里奥·维托里尼对法国共产主义知识分子中盛行的思想进行了严厉的批判。"我们都为之震颤,"迪奥尼斯回忆道,"我们之间立刻就缔结了深厚的友谊,可以为之生,为之死。我们再不愿意分开。"①

自1943年底开始,欧洲的作家和知识分子就将他视为他们当中的一分子。维托里尼成了他们的标志。他是诗人,抵抗运动成员,现代思想家,行动家。1945年他出版了一本题为《人和其他》的小说,1947年被译成法文。艾里奥·维托里尼还是1942年出版的《西西里岛的对话》的作者,书出版后立刻遭到墨索里尼政府的查禁,但是却在布鲁塞尔被翻译成法语,并且在德占期间的法国秘密流传。维托里尼本来想把《人和其他》译成《人和非人》,或许是冥冥之中的一种相通吧,这本书的主题和后来写下《人类》的罗伯特·昂泰尔姆的思考极为相近。小说的主人公是个米兰的抵抗成员,他和其他任何一个人一样,都有阴暗的一面。究竟还剩下点什么能够让人之所以为人呢?在种族灭绝后人类会联合起来不可分割吗?战后,抵抗组织成员成了超人,纳粹和法西斯分子则成了非人。维托里尼拒绝接受其善恶二元论,大声并有力地肯定事情要复杂得多。"人,造物主这美妙绝伦的创造,大部分时间却都是带着一种无耻的意识在生活",他在《大众报》上写道。他笔下的主人公一直在和自己做斗争,想要重新分辨出事物的味道,开辟一条自己特有的真理之路,彻底摆脱二十年来已经深入他骨髓的法西斯主义。

在玛格丽特看来,艾里奥·维托里尼既是个伟大的作家,又是一个真正的抵抗组织成员,他在1943年就加入了意大利共产党,他信仰的是一种道德上的、自由主义倾向的共产主义。和昂泰尔姆一样,他从未停止过要求清洗法西斯主义和纳粹主义对世界的"侮辱"。在他所有

---

① 作者与迪奥尼斯·马斯科罗的谈话,1996年4月12日。

的书中，我们都可以看到"对世界的侮辱"这样的字眼，它表达了战后意大利某些共产主义艺术家和知识分子的共同心声。恐惧，道德和精神上的绝望，他们对所有教义都持怀疑态度："噢，人啊人！只要有侮辱存在，我们就立即站在被侮辱的人的一边，我们说这就是人。这就是人。眼泪？这就是人。"[①]艺术家，哲学家，美学家，艾里奥还会做饭，喜欢走路和游泳，他是快乐而喧杂的晚会上的好同伴，他很快就彻底进入了玛格丽特的圈子。接纳。授予骑士称号。吉内塔、玛格丽特和艾里奥之间是非常美妙的友情故事。玛格丽特一旦爱上就会爱得发疯，会马上就要。第一次见面的两个月后，她建议迪奥尼斯和罗伯特夏天一起到意大利去看望维托里尼夫妇。大家又重逢了，又重新在一起了。不再分离。在生活的漩涡里，玛格丽特的心紧紧地贴近这份上苍赐给她的礼物。火热的夏天，大海，罗伯特的身体面向着大海，面向着人群，生机勃勃，真正地生机勃勃；她和吉内塔躺在太阳下，在岩石屏障后赤裸着身子畅饮阳光。还有迪奥尼斯，总是那么英俊，身上还留有游泳的印迹。迪奥尼斯，哦，她是那么喜欢和他做爱。玛格丽特说她从来没有度过这么难忘、这么幸福的夏天。

维托里尼给了她很多启发。慢慢地，不自觉地。这种影响照亮了《塔尔奎尼亚的小马》，这是她在若干年后，在1953年出版的小说。这种影响并非表现在她描写人物时所玩的捉迷藏的游戏上——读者很容易就能发现艾里奥和他妻子吉内塔的影子，而是表现在她对文学本身的定义上：人物，在她先前的书里，都是以他们自己的口吻来表达感情的；作者站在他们的位置上，从他们的内心描写发生在他们身上的事情。可从《塔尔奎尼亚的小马》开始，杜拉斯倾向于只通过人物的外在行为来表现他们的感情。向她一向欣赏的福克纳致敬，也许是受了萨特关于人物作用的理论影响，尽管她不愿意承认。但是最大的影响来自维托里尼，是他让她放弃了古典的美学观，接受了关于写作的新概念：词语之于小说就像音乐之于剧本。在机械的和外在的含义之

[①]《人和其他》，伽利玛出版社，1947年。

外，它还赋予语言一种诗化的含义。正如在维托里尼笔下[①]，在事物和动作的现实含义之上，存在着一种只有写作能够达到的神秘的意味。杜拉斯的艺术很大程度上借鉴了维托里尼的技巧，他对重复的运用，词语咒语般的回旋，它们在句子里撞击着原来日常的含义，带着一种难以名状的光晕，任何分析都不能触及它们的灵魂。

维托里尼的出现对圣伯努瓦小组的政治思想同样具有决定性的意义。维托里尼是个观点非常开放的人，他曾经为意大利抵抗组织的机关报纸秘密工作过，解放后成了意大利共产党党报《团结报》的总编。尤其难能可贵的是，他还要编辑自己的杂志《政治技术》，为杂志撰文的都是他自己喜欢的作家，有的是共产党员，有的不是。但是，玛格丽特越来越不适应共产党的限定范围了。玛格丽特，激烈的玛格丽特，过于激烈的玛格丽特，正如迪奥尼斯在1946年所记下的那样，她被要求绝对顺从的斯大林主义激怒了，她不停地写信辱骂共产党内的知识分子干部，虽然最终这些没有寄出的信都被她扔进了字纸篓。她怀疑他们在背叛，在撒谎。维托里尼认为她的怀疑是有道理的，认为她最糟糕的预感都将成为事实。受到法国共产党正式接待的艾里奥能够就那些一心想着革命的人的精神状况做出准确的判断。他不无震惊地发现，在法国，斯大林主义盛行，只不过不是表现为军事上的狂热，而是表现为头脑的狂热，思想和文化范畴里的问题也是通过服从而不是通过追寻真理来解决。维托里尼的话，玛格丽特都听了进去。她知道他说的是真的。但是她觉得非常痛苦。如何自处，附着于哪一个阵营，真正的敌人在哪里，如何继续战斗，和谁一起继续战斗？玛格丽特终其一生都在拒斥萨特。同时她也讨厌西蒙娜·德·波伏瓦，出于个人原因（因为她们曾经爱过同一个男人）——和文学上的原因（她讨厌波伏瓦写的作品），她从来不掩饰她对这对伴侣的厌恶。萨特当时对斯大林主义极为醉心，尽管他也觉得主义本身有些模糊之处，所以他提出了介入的概念。在《自我批评》一书里，爱德加·莫兰说，介入这个概念之所以能够取得成功，正是因为它恰好符合知识分子面对共产主义问

[①] 他在《红眼睛》的后记里做了解释，伽利玛出版社，1950年。

题的新心理。玛格丽特从来没有采纳过所谓的介入概念。她决定遵循维托里尼的建议：做一个自由的知识分子和共产党员，不一定是马克思主义的共产党员，而是一个和善的、新教徒式的共产党员。世界的变化会产生新的伦理。但只有通过革命道德才会真正地开始存在。自以为建立了一种新型的知识分子，法国共产党也许只是产出了一种新型的混蛋，在出发回到意大利前，维托里尼对狂热的玛格丽特说。

圣伯努瓦街，罗伯特开始起草《人类》。爱德加·莫兰从德国回来以后，和他的妻子维奥莱特住在一起。日子在争论、劣质酒和歌唱声中一天天地流逝。特别是皮雅芙的歌，玛格丽特基本上都熟记于心，他喜欢和迪奥尼斯二重唱。"在这个疯狂的蜂窝里，"克洛德·罗伊说，"冉森教派的蜂窝，神奇、喧闹而焦虑不安的蜂窝，玛格丽特是女皇。她像山羊一样粗暴，像花朵一样无辜，又像猫一般温柔。她既有巴罗克式的那份精致，又像农妇那般单纯。"[①] 迪奥尼斯的母亲由于生病到圣伯努瓦街住了几个月。玛格丽特很喜欢她。她温和，细腻，非常非常和善。母亲原来可以是这样的！玛格丽特一面在和共产党内部斗争，一面仍然全身心地投入各项战斗。也许是为了赎罪，但是很长时间以来，她已经觉出了这些工作的无聊之处。这也是一种逃避，一种忘却，不再纠缠于自己的精神状况，不再纠缠于知识分子中普遍盛行的斯大林主义化和背叛的同伴。玛格丽特，还有和她站在一边的爱德加·莫兰、迪奥尼斯·马斯科罗、罗伯特·昂泰尔姆继续幻想着可以让法国共产党接受新的道德观、政治观和爱情观。出于这样的目的，圣伯努瓦街成立了马克思主义研究小组。对共产党的某些行径提出批评但并不退出党的组织。在哲学上回归马克思和恩格斯。迪奥尼斯·马斯科罗认为就是从这个小组开始，大家在理论上和政治上开始出现了真正的分歧。莫兰后来则更加严肃地对待这个问题，他觉得当时也不过是聊聊天而已，最多也就是对党所持的态度喋喋不休地争论，不知道党究竟会拿他们这些总是归不到自己队伍里来的波西米亚知识分子怎么样。另外，为给工人阶级做点贡献，小组决定将《人道报》的资料分分类。

[①] 《我们》，克洛德·罗伊著，伽利玛出版社，1972年。

一些人开始埋首剪报，这个在思想上不无问题的小组就在不知不觉中消失了。

支持还是不支持？共产党把喜欢强词夺理的知识分子集中在一起，成立了一个"支持批评会"，这正是收编他们的序幕。莫兰对这些所谓的"支持者"非常反对。玛格丽特、马斯科罗和昂泰尔姆也是一样。这个莫里斯·梅洛-庞蒂和大卫·鲁塞经常参与的小组表现出某种灵活性和幽默性，同时也有一定的距离和怀疑。共产党员和知识分子的双重属性使得这些人专门和令人焦虑的间谍作对。他们在哪里？他们是谁？怀着虔诚的信仰又如何还能对事物及其反面做出判断？无论在理智上还是在道德上都是花了不少力气的，因为这要求在言辞上或精神上装腔作势：大家以革命的成效，为苏联的无产阶级专政和真正的民主辩护。没有人愿意弄明白。就这样，殖民地问题也被遗忘了。玛格丽特和其他人一样，那时对她童年的故土发生的事情一无所知。法国海军炸毁了海防，战争开始时，玛格丽特还根本不知道印度支那的兄弟姐妹正处在水深火热之中，她只满怀热情地关注着捷克斯洛伐克和波兰。"我们的反殖民主义思想本身就已经够清晰的了。"莫兰在《自我批评》一书里写道。

迪奥尼斯说，对于玛格丽特来说，想要让这份共产主义的介入不朽的愿望一直非常强烈，她为此深受折磨，这可能也属于一种对绝对的追寻吧。她仍然留在共产党里，继续着精神上的求索。如何给人重新定义？如何改变人类状况？对于正在忍受痛苦的人类，文化应当起到什么样的作用？多亏了艾里奥·维托里尼。她读了大量的哲学和经济学著作，就剥削、奴隶制和需求问题做了很多笔记。玛格丽特属于那类神秘共产党员。当然，她嘲笑阿拉贡，可是她也看不起加缪。她认为自己是个真正的战士，因为和工人阶级来往。圣日尔曼小组的三个排字工和她的看门人已经足够她进行自己的事业了。海明威刚被共产党从文学队伍里清除出去，因为他胆敢在《丧钟为谁而鸣》中对安德烈·玛尔蒂提出质疑。在意大利，维托里尼以连载的方式把这部小说发表在他的《政治技术》杂志上，表面上看起来还没有什么问题。法国共产党和意大利共产党的差别越来越突出了。法国共产党把亨利·米勒当成淫书作者来对待，把萨特看成是令人厌恶的老鼠，意大利共产党却能通过它最有力的一支笔对加缪的伦理主义、存在主义的主题以及欲望在美国新文学中的分量做出平心静气的评判。成为马克思主义者并不意味着思想上受到限制，玛格丽特对自己说，迪奥尼斯和罗伯特也更靠近意大利共产党的模式。这群一心想成为革命的知识分子的朋友发现了意大利共产党的力量，意大利共产党在欧洲是最为强大的，这才是真正的希望之乡。

玛格丽特处在革命的前沿，她丝毫不为这段为共产主义而斗争的日子后悔。某些人对此只有苦涩的回忆，内疚、报复的精神和钟爱不成的恼恨。玛格丽特在共产党里接受了初步的政治教育，党离开她的时候，玛格丽特也并没有葬送自己的政治生涯。我们知道，后来她先是积极投身阿尔及利亚战争，接着又介入了1968年的"五月风暴"。

1946年底，玛格丽特所战斗的小组有一种青年基督徒协会的氛围。大家团结互助，还帮助生活在困境中的老年人。开会时人数基本上在六到十二个左右，根据会议的大小而定。沃韦尔是经常去的，这是个不事通融而单纯的人；洛朗德·佩尔里冈，一名老战士，巴黎的议员；令人赞赏的弗塞夫人，虽然只剩了一颗牙齿，却丝毫不妨碍她能够大声而有力地在一刻钟的政治演说中激情投入；雅克·马丁内，小组的秘书，总是认为真理掌握在自己的手里；雅克·弗朗西斯·洛朗，共产党在共和国军队的代表；以及若日·桑普朗；当然还有永远的三人组——玛格丽特、罗伯特和迪奥尼斯。玛格丽特总是提前到，和罗伯特相挽而来。迪奥尼斯总是迟到，才心不甘情不愿地放弃了自己的钢琴，来到这里，耐心地听取小组秘书的马克思主义说教，一副懂得真正生活乐趣——音乐、爱情和文学——的美学公子哥的表情，一个耳朵进，一个耳朵出，他肯定自己才是最了解马克思主义的，他从希腊哲人和圣茹斯特的角度重新审视了马克思主义。会议开到后来，桑普朗和马斯科罗经常要进行舌战。玛格丽特总是认为迪奥尼斯有理。仅仅撰写有关共产主义的文章，或是无休无止地就其原则发表意见是不够的，必须实现它，桑普朗冲着马斯科罗说。这种不乏友爱的革命争论却并不妨碍他们等会议结束后到小酒馆去喝上一杯，然后再一同到圣伯努瓦街去共度美好夜晚。

大家都知道，战士的钱袋永远有个洞。只要玛格丽特的母亲寄的米一到，玛格丽特就会邀请大家上她家吃饭。她为同伴下厨：格诺，雷里斯，哲学家乔治·西筛尔——他拿玛格丽特总是一点办法也没有，他评价她说："这个女人，她对那些具体化了的词有一种魔力，非常具体化的词。"[①]——巴塔耶，庞日，阿特朗，克拉拉·马尔罗，让·杜维尼奥，有天晚上罗曼·加里也来了，拉康也来过好几次，在彻底决裂前，多米尼克和让－图森·德桑蒂也经常来。在多米尼克·德桑蒂看来，圣伯努瓦街起了一种解毒的作用。后来她受命于共产党，背叛了她昵称为"嘟嘟"的玛格丽特的友谊，圣伯努瓦街的朋友在1949年就斯蒂芬诺夫事件写了一本斯大林主义风格的小册子。"这是斯大林化的开始。这的确很下流，但是我们都是平常人，这命运是不可避免的。"她说。她后悔了，并且在自传里表达了这份后悔之情。玛格丽特决不原谅她，不再愿意见到她。玛格丽特从来不会听从党的命令，她是党的战士，同时她也背叛了党，尽管她自认为，在相当长的时间里，她对这样一个政党有一种盲目的同情。

同志们天天在一起，日子就这样流逝过去，仿佛一场永远也不结束的对话。一场永不言散的聚会。大家在一起喝很多的酒。放声大笑。尤其是玛格丽特，总是疯笑不止。她是整个小组强有力的中心。大部分男人在他们生命的黄昏时分都承认爱过她：雅克·弗朗西斯·洛朗，克洛德·罗伊，爱德加·莫兰。她知道这一点，有时甚至利用它来挑起迪奥尼斯的欲望，她仍然疯狂地迷恋着他。"我为她的魅力所吸引，"克洛德·罗伊说，"她很有凝聚力。""玛格丽特闪闪发光，她喜欢获取，是个真正的收藏者。"克洛德·罗伊说。政治友谊，情感友谊，爱情友谊，在玛格丽特的铲头小棒下，所有的都混在一起，在封斋前四天，她总喜欢做烤兔肉和印度支那的米饭给大家吃。这个世界里很少有女人。克拉拉·马尔罗，玛格丽特非常欣赏她，总是让她说几句，维奥莱特·莫兰则差不多是勉强忍受了，她基本上一言不发，只在一边

[①]《世纪告诉我的》，D. 德桑蒂著，见上述引文。

观察。在玛格丽特家里，女人宁可沉默。再说女主人极富嫉妒心，她是绝对的权威，决不容许任何一个其他的女人吸引大家的注意，遮住她存在的光芒，哪怕只是一小会儿。所以只有她可以发表自己的意见。罗伯特也总是相对地沉默，耐心地，非常耐心，爱德加不无幽默地争辩几句，迪奥尼斯在她这种不可通融和理论暴力前也缴械投降了。爱德加·莫兰回忆说，争论可谓技艺高超，充满了智性的光辉。[①] 多亏了女主人玛格丽特的天赋，每天晚上都有新奇的东西，都像是又放了一颗卫星。但是玛格丽特总是在政治辩论中和大家保持一定的距离。她观察到某些煽动者在自由共产主义阵营也押上了第二出戏，她只是听，但不加以评判。

圣伯努瓦街成了共产党员聚会之所，隐蔽的共产党员，即将被驱逐出队伍的共产党员，它仍然是大家交换意见的地方。从表面上看来，这个自由的小窝崇尚的是自由的思想。但是猜疑和告密的空气已经飘荡在圣伯努瓦街的上空。有些同志的话令人怀疑。有些人不再发表意见，害怕被揭发。有几个人害怕担上分裂的罪名，自此永远离开了圣伯努瓦街。

令玛格丽特自己也感到难以置信的是，她怀孕了。这次怀孕却和第一次相反，是一个非常快乐的过程。她突然找到了灵感。朋友们都可以作证：挺着大肚子的玛格丽特在圣伯努瓦街重新打开了打字机，一边忙着她的烤箱。她爆发出阵阵快活的大笑，觉得自己终于接近了以前自己一直梦想实现的野心：在自己的肚子里制造一个孩子，让他出生，抚养他长大，给他尽可能多的自由，这个远比在文学圈里确定自己的存在更为重要。这个孩子，她在耐心地等待。她观察着自己身体上的日益变化，并记录下自己的感受：

> 他开始乱动，正好就在我的肚脐下面，于是我把手平放在我的肚子上，感受他。他顶起我的手，在肚子里面到处乱窜，那么调皮，我不禁笑了。我在想他睡着了没有……我试着用手去感受

[①] 作者与爱德加·莫兰的谈话，1995年5月4日。

他的形状,但我只能大概地摸出他的轮廓,特别是他的高度!他在我身体很深的地方,差不多都贴到背了,在这个热热的盆地里,他舒舒服服地躺着,无所顾忌地住在我的体内,随心所欲地瞎哼哼。就这样,每天他都要长大一点,强壮一点,吮吸一点我的血。每天,他的力气都要大一点,直到有一天,他彻底长好了,他神圣地、庄严地穿过我的肉体,与我分离。①

玛格丽特仍然和罗伯特生活在一起。迪奥尼斯现在天天晚上都来,但他还是回到母亲家去睡。爱德加那时也仍然生活在圣伯努瓦街,他说玛格丽特再一次请求罗伯特不要到别的地方去生活。她对罗伯特有一种动物般的依恋,正如我们所看到的,她根本不能离开他。迪奥尼斯也不能离开罗伯特。但是自打玛格丽特宣布她怀孕之时起,罗伯特就决定给迪奥尼斯腾出位置。玛格丽特和迪奥尼斯拒绝了。玛格丽特生活在天使之间。她喜欢在**这两个男人中**过日子。体内的孩子给了她莫大的力量。她觉得自己比这两个男人都要强,并且告诉了他们。他们都从心底接受了女性这份奇妙的高高在上。在玛格丽特温和的指导下,他们也进入了"女性的世界"。整个街区都以为这个孩子是罗伯特的。玛格丽特也没有否认,她什么也没说。甚至弗塞夫人也认为罗伯特是个幸福的父亲。乌塔出生后的一次小组会上,罗伯特新的女朋友小声对后来成为第二任昂泰尔姆夫人的女孩说:"别说蠢话。别恭喜罗伯特。迪奥尼斯才是孩子的父亲。"② 但尽管玛格丽特在朋友和邻居面前一直保持着暧昧态度,她还是毫不犹豫地在法律上澄清了和罗伯特的关系。迪奥尼斯白白嘲笑了玛格丽特一场,他觉得玛格丽特和罗伯特离婚非常荒唐,而且令他感到不快,因为这样一来他就不得不承认自己的错误。在玛格丽特的坚持下,这对夫妻还是在孩子出生前分了手,1947年4月24日,塞纳区民事法庭宣布他们离婚。

乌塔生于6月30日。他的出生使两个男人之间的友谊更为牢固。

---

① 现代出版档案馆档案。
② 作者与莫尼克·昂泰尔姆的谈话,1995年10月4日。

迪奥尼斯是罗伯特的救命恩人。罗伯特是迪奥尼斯的良师益友。他们之间的友谊从来都不是男性化的、外露的、吵吵闹闹的那一种。它是秘密的、启发式的、理性的、诗意的，而且敏感的。玛格丽特一手炮制了这份友谊。她点燃了火柴，然后慢慢看着这永不熄灭的火焰。罗伯特是玛格丽特第一个孩子的父亲。他在他的未来伴侣莫尼克的陪伴下，一直在乌塔左右，着实令人赞叹。

乌塔的出生彻底打乱了玛格丽特的世界，不管是在身体上还是在精神上。她终于能够创造生命了。她向全世界证明了她的能力。让这份生命附着在她的身上，孕育它。也许是因为第一个孩子出生时就死了，她一直害怕自己在第二次妊娠过程中也不能坚持到底。孩子离开她的肚子时，她欣喜若狂，因为这份生命真的可以继续了。

> 我蹭着他。我的怀抱里是他的生命，刚刚出生，已经与我分离。他曾在我的体内，他的独立是那么鲜明，那么强烈，我简直觉得被这真相弄得无可适从，一个因为真相而熠熠生辉的女人……现在我重新读到这一切，他就在我身边，离我几米远的地方，他睡了。他和我一样的自由。我的生命与他的生命相连，取决于他的生命，他最微小的一点变化也能牵动我的生命。①

乌塔的生命开始了。这将是个全新的生命。玛格丽特成了一个贪婪、不安、占有欲极强的母亲，但同时也是个快乐、诙谐、活泼且尤其尊重孩子自由的母亲。玛格丽特把乌塔放在和她完全平等的位置上。这个孩子给了她那么多，她简直觉得自己欠他的。她钟情于自己的孩子，疯狂地迷恋着他，他们有属于自己的密码、仪式、秘密和语言。她和他，短兵相接。他们在自己的周围竖起了一顶保护伞，一座谁也进入不了的无形的城堡。她的儿子远比那个写作的自我要重要。在《外面的世界》里，她讲述过自己带着年龄尚小的孩子走在大街上的情景。人群，街道，喧嚣："他笑着，发出笑的声音。有风，这声音的一

---

① 现代出版档案馆档案。

部分传到我的耳朵里。于是我掀去了童车的篷,把他的长颈鹿给他,想让他再笑一下,我把我的头埋进他的车篷,想要抓住这声音。我孩子的笑声。我把耳朵贴在贝壳上,我听见了大海的声音。"

孩子的出生几乎没有改变圣伯努瓦街的生活方式,也没有限制玛格丽特的行动,除了给他喂奶,她仍然继续战斗,做饭,写作。

1947年秋,她放弃了——而且似乎是完全放弃——自己的一篇作品,现在这篇作品还保留在她的手稿簿里,绝大部分是在一本灰色的簿子里,题为《泰奥朵拉》。她以为自己已经烧毁了的一篇小说。没有完成,甚至是完成不了,她说。实际上她却保留了这篇小说。一共四十页左右,现在在现代出版档案馆里,小说的片段曾在1979年的《新文学》杂志上发表过,她在诺夫勒城堡的橱子里发现的。下面就是小说的开头:

> 辛雅诺是很罕见的,目前可能算是最罕见的了;不久以后也许会多起来,再以后会更多。我不知道帕斯卡愿不愿意给我一个。他会随便就把辛雅诺给他的客人。非常谨慎地,把桌子擦干净,说了三个字……[1]

玛格丽特在寻找,她把她寻找的一切都写了出来。她试着写最微不足道的东西,最平庸的事情。她犹豫着,不知道给这篇作品起什么样的题目好,她曾经不想用《泰奥朵拉》这个名字,而是把小说叫作《阿司匹林药片》。"非常朴素,"她记道,"我觉得这个名字很有分量。它的微不足道给我一种异样的晕眩感,在微不足道的东西前,我们总会有这样一种感觉。"烦闷逐渐成了小说的主题。她找到了地点,是一座旅馆:"在这里也是滞重的烦闷的空气,很明显的事实,就像阿司匹林药片又轻又不引人注目一样。"幸亏发生了一桩事件,改变了生活。"心因为希望而狂跳。终于结识的机会来了。"玛格丽特没有找到什么更好的东西可以改变旅馆客人的存在,她用的是一个小男孩的病!"一

---

[1] 现代出版档案馆档案。

天晚上，旅馆里似乎升起了某种模糊的希望：一个母亲非常焦急不安。她的孩子病了。病得很厉害。"可惜，她写道，小男孩只是一般性的头痛。"他明天不会死。今晚也不会垂危。"玛格丽特描写了每个人的行为，从"姿色平庸的女孩的亲吻，桥牌，太阳浴一直到同一楼层的邻居被邪恶地谋杀"。但是她的叙事能力还是没有进步。于是她记下了自己在写作时的困难："怎么才能跳出来呢？我一直在考虑这个问题。我想让每个人都和我一样感觉到这个令人焦灼的问题，像我一样感到遗憾，因为那个小男孩病得不像我们所希望的那样严重！"玛格丽特那时很害怕失去乌塔，她总是要去看他是否还在呼吸，白天看，夜里看。玛格丽特无法意识到她的宝宝就在那里，在她身边，很健康。她想在小说里插入一段和上帝的对话。"我听到了他的笑声。"她写道，关于死去孩子的对话。手稿乱七八糟的，正面反面都有。为了忘却这份惶恐，她整段整段地涂改。她想要通过写作拔除自己不正常的心理，但是感到自己做不到。于是她对自己说话，接着又编造出了一个想象中的对话者，她把自己的疑虑都告诉了他。"现在也许是开始的时候了。我也许会惹恼您。我并不讨厌这样做。写作的人都有这样奇怪的被虐心理。是的，我惹恼您了。但等等。我想给您斟一杯可以让您失去记忆的酒。我准备好了，把自己献给您。"她给旅馆找到了一个名字——怡留旅馆，把一对情人放在一个角落，描绘了一对正在行路的连体姐妹和一座满是仙鹤的小岛。这个没有完成的故事接下去从视觉上看来全是彼此分散的镜头：一百个女人以同样的速度在饭厅里默默地咀嚼，一个十四岁的年轻女孩，淡褐色的头发，冰凉的眼神，轻巧地出现在大家面前。人物的名字一步步地往前进：旅馆的巨人叫科佩尔小姐，还有死亡夫人和泰奥先生、布隆一家。叙述里还有自传性的片段：1945年和罗伯特休养时在阿尔卑斯山的那座旅馆，封闭的山谷。泰奥朵拉是她。T是罗伯特·昂泰尔姆。T不知道他能不能活下去，泰奥朵拉不知道自己会不会和T在一起生活，T希望如此，泰奥朵拉成天昏昏沉沉。T知道她在等一个男人。"我们必须改变。必须分开。必须找寻另一份爱情。"他对她说。"别这样。"泰奥朵拉回答说。叙述戛然中断。泰奥朵拉永远陷入了沉睡之中。

玛格丽特为什么要放弃这篇小说？我们知道她曾经怀着怎样的热情结束她的头两部小说，接着又修改，接着又出版。而这一篇，她却永远让它就这样处于未完成状态。她再也没有碰过它，没动过，这是很罕见的。昙花一现。中断的理由也许是她自己也成了母亲，开始了自己的家庭故事，她迫切地想回到童年，有种将母亲置于台上加以澄清的深层需要。儿子的出生让杜拉斯产生了澄清的愿望。在摄影上，我们把这叫作对焦。写作变成了对真相的体验，面对这世界，面对自己。1947年4月，玛格丽特开始写主题单纯的《抵挡太平洋的堤坝》。差不多就是同一部作品，她写了好几次。与自己母亲和解的迫切欲望？不同的版本之间几乎没有什么断裂。生下了第一个活着的孩子后，杜拉斯开始了和母亲的第一次对话。

1958年6月，勒内·克雷芒改编的电影《抵挡太平洋的堤坝》出品。在《法兰西观察家》上刊登的一篇访谈中，玛格丽特这样解释她和母亲之间的肉搏战："面对母亲，面对让母亲进入我的一本书的问题，我重新开始了好几次，是的，我以为我要放弃这本书了，甚至放弃文学。接着，是的，还是因为她，我觉得我只能搞文学，如果做别的会非常困难，我只能这样来解决她。正是我在解决她的时候产生了一种难以名状的激情，于是我突然转向了文学。正是基于这一点，我说我通过小说来澄清自己的思想，我通过小说表现出来的这种趣味是很真实的。"[①]

罗伯特·昂泰尔姆的《人类》在乌塔出生前的一个月出版，出版社就是一直由玛格丽特、迪奥尼斯和罗伯特三个人负责的世界城出版社。赠阅活动在圣伯努瓦街举行。如何用语言来表达他的斗争呢？他在继续斗争，为做一个人而斗争，因为别人——纳粹分子——剥夺了他属于人类的权利。在序言里，昂泰尔姆说他想要重建德国集中营里一个戈曼多式人物的生活。作品从头至尾穿插着哲学思考，是对一个尚未命名的世界的具体描述。这也是文学上的一篇伟大作品，在遭遇了那么长时间的冷淡之后，今天终于得以付梓重印，拥有了新的读者，

[①]《新闻的文学》，《法兰西观察家》，1958年6月8日。

尤其是年轻一代的读者。与其说这是回归集中营，毋宁说这是在回归自我，自我，人之所以为人的永难摧毁的核心。为事物命名，让它们得以存在，描述这个世界让自己能够活下来。这本书是世界的新开端。写这本书的人重新发牌——词语，正是为了阻止这份空茫，阻止这份窒息。"我们遭遇到的是一种依然超越想象的事实。显然，今后唯有通过选择，也就是说通过想象我们才能够说点什么。"一点什么。一点名为文学的什么。罗伯特·昂泰尔姆在写这本书的时候成了作家。他甚至在《人类》里进行了文学极限的誓言。他成功地破门而入，这扇玛格丽特说了一辈子的门。再说玛格丽特受恩于他。正是借助罗伯特这个驿站，她净化了自己的语言，最终摆脱了矫揉造作，语法上的装腔作势，和事实的捉迷藏游戏。如果没有《人类》，就不会有《抵挡太平洋的堤坝》。玛格丽特在文学上的革命——以及将文学看成是暴露自己的一种方式——就发生在这个时期。自此以后，文学对她来说只是一种极限的尝试，是对空茫的学习。"和堕入深渊的那股力量相抗争，我们不得不赶上它，否则就会被它甩掉、被它消失的力量。"在《绿眼睛》里她这样说。

  罗伯特·昂泰尔姆告诉我们，语言在何等程度上塑造了作为世界存在的我们。他是在自己身上感觉到的，在他的脑子里，在他的体内，新的话语突然蹦了出来。语言的这份震颤，意义的这份晕眩，存在的这份诗意，以及将活着的存在定义为抵抗者的方式，也许正是这一切让我们可以相信，这是一本唯一到达目的地的书。"刚形成的词，无论如何都不会老化的词释放出来，但是让它只根据我的气息而改编，你瞧，这份幸福最终还是伤害了我。"1945年6月，罗伯特写信给迪奥尼斯说。罗伯特在进集中营之前就写了很多诗。1948年，在一篇题为《抵抗的爱国者》的文章里，他又强调了诗歌的重要性，并解释了何为意识永不停止的抵抗："这才是诗歌的主旨，表达体验，表达一直经历着的现实，遭到集中营否定的现实。不管是作为证据还是预言，集中营诗歌最后可能成为揭露真相的诗歌。"[①] 为事实命名也就意味着掌

[①] 文章收录于《罗伯特·昂泰尔姆，关于"人类"未发表的文章》中再次发表，见上述引文。

握明天。

书出版后，有几篇赞誉颇高的评论文章相继刊出。

"罗伯特·昂泰尔姆不仅驱除了集中营的噩梦，而且彻底推翻了旧时主人和奴隶的二元对立。"克洛德·爱德蒙德·马尼写道。1947年，在《精神》杂志里，阿尔贝·贝甘是这样评论的："他通过亲身体验让我们了解了圣灵聚集，原罪者聚集的神秘，并且不带一点宗教概念。"但是最炽热、最重要的评论是在《行动》杂志上，作者署名是乔治·弗科——若日·桑普朗的笔名。桑普朗说自己与作者有着相同的体验。他说这是第一次，死人，我们这些死人终于开口说话了。昂泰尔姆超越了单纯的叙述，将他的思索铭刻在今天的石碑上，因为"集中营并非过去的罪恶，不是已经给20世纪甩在身后的事情。在集中营的生活和今天的生活之间，并没有本质的区别"。虽然评论文章都属经典，然而书还是遭到了普遍的冷遇；和其他那个时代的证明一样，它只能被窒息，被钳制。一部分人推崇大卫·鲁塞的作品。另一些人则推崇热奈维也夫·戴高乐的作品。法西斯主义者断言集中营早已不存在了。这一切都没有令罗伯特·昂泰尔姆感到震惊，他很快就明白了，必须放下伪善的幕帘，忘却和沉默。忘掉吧，快点忘掉，我们不停地对流放者说。当然他们有权开口，别人也会随他们干什么的，但是我们希望他们闭嘴，我们真的是这样希望的，所以赶快过渡到另外的话题上去。社会同化、消化了一切。1948年，昂泰尔姆在写到集中营时这样说："我们不再需要证据，哪怕只是作为不在场证明，我们唾弃、拒绝证据。消化已经完成。"①

《人类》也是一本战斗的书，一本介入的书，一本唤醒所有无产者的书，不管他们是犹太人、黑人、黄种人、基督徒还是共产党："我们会发现在'正常'的剥削制度和集中营制度之间并没有质的区别。只不过集中营是地狱的象征，不事遮掩，但是然后仍有这么多人生活在地狱里。"②1948年昂泰尔姆写道。

---

① 文章收录于《罗伯特·昂泰尔姆，关于"人类"未发表的文章》中再次发表，见上述引文。
② 《教堂的年轻时代》，第9期，1948年9月。

所有国家的无产者，联合起来。流放的经历应当成为穷人反抗的动力，从今以后，与资本主义的斗争只有更加迫切。《人类》出版时，维托里尼在巴黎，他知道这本书在政治和哲学上的重要意义。他迫不及待地买下了版权，他在艾诺迪出版社负责一套读者颇为看好的丛书。在维托里尼眼里，罗伯特是个真正的介入作家，因为他是从美学的角度而不是从政治的角度来表达革命要求的。罗伯特·昂泰尔姆，共产主义的作家？一个只出了一本书的作家，一个默默无闻的作家，之所以这样说，是因为罗伯特不愿意把自己看成一个作者，他觉得自己是另一个世界的信使，共产主义所倡导的那个新世界的预言家。

1947年夏，做一个共产党员又意味着什么呢？对于玛格丽特、罗伯特、迪奥尼斯、艾里奥·维托里尼、爱德加·莫兰来说，这并不意味着服从党的强权，恰恰相反，这意味着面对这一系列的事件时，对新的伦理和新的行为规范的向往。圣伯努瓦街的小集团仍然留在党内。党再一次感觉到了他们的异样，但是什么也没说。1947年6月27日，迪奥尼斯·马斯科罗和爱德加·莫兰起草的艾里奥·维托里尼访谈登在《法国文人报》的头版上，这篇文章点燃了火药。艾里奥·维托里尼在访谈中说，从本质上来说，共产党人是一个非暴力主义者，说革命罪行这个概念本身就是可耻的，无论如何，目的都不能成为手段的借口："我们应该通过人类完全的自由之爱来实现共产主义，通过做一个完全的人的欲望来实现。"六个月后，出于报复，艾里奥的《政治技术》杂志消失了。杂志本身是意大利共产党资助的，两年以来，它成功地发表了萨特、加缪、福克纳、海明威、帕斯捷尔纳克的作品，但是从来没有登过苏联官方作家的文章。陶里亚蒂不无苦涩地指责维托里尼本该是"改造"读者的，却将信息"传达"给读者……苏联现实主义已经赢得了自己的阵地，并且影响了整个欧洲的共产党人。维托里尼的意大利同志都说他是抒情主义异端分子；在法国，他的访谈也引起了共产党文化当局的狂怒。洛朗·卡萨诺娃愤怒得都喘不过气来了，让·卡纳帕也不明白，这样一篇文章怎么居然没有遭到同志们的查禁。辱骂劈头盖脸地冲着维托里尼去了。"我们为这些谩骂者感到耻辱",后来,克洛德·罗伊在自传作品《我们》中评论道。玛格丽特投入了这场论战,充满激情地捍卫着她的朋友艾里奥。很长时间以来,玛格丽特已经感觉到身后有告密的阴风在刮,她觉得自己在公开场合发表的那些攻击之词都是正确的,包括在自己小组里,她也攻击过卡纳帕、卡萨诺娃和其他官员——这些腐败、奴性的监察员——的行径和言论。最终,还是夏天的到来平复了来自四面八方的谩骂攻击。

8月初,玛格丽特和迪奥尼斯带着小宝宝离开了巴黎。方向是齐农城堡,他们的同伴借给他们一座小房子,在草地的中央。当然没什么舒适的条件,但是小河就在不远的地方。真没办法!密特朗忘了告诉他们这美妙的大自然的一角已经成了虫子的乐园。小宝宝柔软的肌肤上被羌螨幼虫咬得一块一块的:他因此得了个绰号,叫乌塔,到现在他也还保留着这个父母的昵称。夏末,玛格丽特回到了巴黎,她这才得知艾里奥给意大利共产党主席写了封长信,并且在自己的末期杂志上公开发表出来,以向往文化自由的名义和共产党决裂。共产党员的任务是发现真理而不是发展真理,他写道。文化从来都不应该听命于政治。再说何为政治人物?政治人物就是"放弃追寻只知道行动的文化人"。何为文化人?文化人是一个"致力于追寻的人"。[①] 在这篇文采斐然、勇敢大胆、论据充足,几乎堪与卢卡斯同一主题的重要文章相媲美的文章里:"对于意大利共产党对卡夫卡和海明威的批评,苏联共产党对陀思妥耶夫斯基的批评,法国共产党对普鲁斯特的批评,我们根本无法理解。谎言让那一类靠自己的本事无法生存的小知识分子的脾气变得格外暴躁,让他们做出不够体面的事情。"

陶里亚蒂两度回击了维托里尼的这封后来发表在法国《精神》杂志1948年1月号上的长信:开始他还彬彬有礼地驳斥了维托里尼的论据,最后在《遗嘱》杂志上他干脆就说自己有理。艾里奥不久后离开了意大利共产党,但是离得并不远。

[①] 正如多米尼克·费尔南德兹所指出的那样。

玛格丽特、罗伯特和迪奥尼斯又在法国共产党内待了两年，不乏批评之词。毫无疑问，三人当中，罗伯特是最深意义上的"入党"。迪奥尼斯越来越讨厌开会，他宁可弹钢琴。作为抵抗组织的文化人，玛格丽特仍然留在共产党里。她仍然坚持去卖《人道报》，但是她公开批评了自1947年9月以来就高喊要和美帝国主义以及苏联左翼分子做斗争的日丹诺夫。她还公开在酒吧里嘲笑卡萨诺娃和爱尔莎，这是她最喜欢的两个攻击目标。她对——她一直高声宣扬这一点——卡纳帕和多米尼克·德桑蒂的文章表示愤慨，毫不掩饰地骂他们卑鄙，但是她继续去参加小组的会议。

无论如何，什么都可以说了，但不是对外说：这至少是卡萨诺娃对几个愿意相信她的同志再三重复的。"事实上，我们已经和党保持了一定距离，但我们想要挽救与党的关系，但是，我们一定要和现实的斯大林主义划清界限。"莫兰说。在这段时期召开的一次会议上，卡纳帕受到了罗伯特和迪奥尼斯的批评。党的答复很快到了：大家要求解释。1948年春在拉法耶特街120号举行的会议可谓是历史性的。玛格丽特—罗伯特—迪奥尼斯"三人组"对党内的斯大林主义展开了猛烈抨击。迪奥尼斯还记得玛格丽特帮了很大的忙，她非常激奋，极富反抗精神，激烈而不事通融。她总是说，"必须永远结束这样的局势"。迪奥尼斯给我看了她那时起草的攻击卡纳帕和其打手的信。在信的留边处有这样的话："当然要一直斗争到底。"罗伯特则从真理和正直出发，首先为共产党辱骂的两位作家平反：马尔罗和福克纳。"这些指控甚为挑衅，我们只觉得可笑。"在济济一堂的共产党老卫士前，他字斟句酌地说。战斗事先就已经注定要失败了。只有玛格丽特、罗伯特和迪奥尼斯认为这些话能唤醒共产主义战士的心。但是昂泰尔姆的语调是那么感人肺腑，他的批评是那么有说服力，那么富有激情，以至于在会议即将结束之际，不少人站起身来热烈鼓掌。"终于大家开口了，"海伦娜·帕尔姆兰写道。玛格丽特、爱德加、迪奥尼斯以为自己取得了胜利。罗伯特仍然很焦虑。罗伯特是有道理的。实际上是小组失败了。1948年9月，卡纳帕在《共产主义日志》里对他们做出了回击："你们这些自命不凡的同志，你们弄错了，你们自以为是王宰的顾问，你们在败坏工人阶级的道德,我们再也忍受不了你们了。"卡纳帕要置玛格丽特、罗伯特和迪奥尼斯于死地,党把他们视作绊脚石,认为他们不听话,于是有方法有步骤地孤立了他们。知识分子委员会的会议神奇地中断了。党装出一副想要建立一个更加文学化的委员会的样子。事实上,他们的活动已经被禁止。但是他们还是没有被驱逐出党。他们无论如何不想辞职。这种既想留在党内又总是对党的决策表示争议和不满的态度在今天看来很难理解。但是留在党内是一种生活的方式,是一种希望的方式,构筑未来的方式,不管这是否让人高兴,总之是被"家"包围的一种方式。成为一名党员意味着永远不再孤立,所以还是尽一切可能留下的好。哪怕是不让步。爱德加·莫兰的《自我批评》对这种情感和信念的伪装游戏做了最好的描述,这本书是一个日渐丧失准则的战士的忏悔录,是一个精神分裂症患者充满激情的招供。

玛格丽特留在了党内。爱德加也一样。和迪奥尼斯及罗伯特一起,他们想要筹建一本党内的批评杂志,依然是那么单纯……他们遭到了礼貌的拒绝。他们还是党内人士,抱有幻想的党内人士,但是越来越边缘化了。夏天到了。大家分散开了。玛格丽特独自一人带着宝宝到了吉贝隆。波卡蒂玛格拉太热了,她对邀她前去的吉内塔和艾里奥说。玛格丽特等到乌塔四岁的时候才带他去,并把那时的他当作主角写进了《塔尔奎尼亚的小马》。玛格丽特发现了布列塔尼的美景。她给留在巴黎伽利玛工作的迪奥尼斯写信说:"事实上,森林总是让我觉得厌烦。而这里是大海、蓝天、沉甸甸的玫瑰花,大海和岩石。我想这才是一直以来我所喜爱的。"她满怀激情地照顾着她的儿子,带着他去散步,一散就是几个小时,看他蹒跚学步时的样子。只守着孩子一人,既让她感到无比高兴,又让她害怕。她为迪奥尼斯的沉默而焦灼不安,对他的逃避做出这样或那样的解释,认为他是造成她爱情创伤的唯一罪魁。说你爱我。玛格丽特不停地要求这份爱的肯定。"你在指责我的沉默……你相信解释……我怀疑你热衷于解释……你的这种性格,我觉得已经超出了我们的关系所能承受的范围。有一百次我都觉得我们要完了。可又一百次地烟消云散。"

迪奥尼斯不愿意到布列塔尼去,但是罗伯特带着他的新女友去了,庆祝乌塔的一周岁生日。玛格丽特在考虑要不要回巴黎。她写信给迪奥尼斯说她讨厌圣伯努瓦街的生活方式——再说"你显然是烦我了,你不停地弹钢琴,让我的神经几乎都要崩溃,尤其是你对我的蔑视……我看出来了,你想压倒我,想整平我"[1]。情人的争吵。再也找不到安宁的绝望。我爱你,我离开你。但是说你爱我。一次就行。只要一次。

> 我是一个平常的女人,智力平庸,一生只希望在你身边扮演一个小角色。你那蔑视一切的神秘有一种可贵的价值,我等你,只等你一个人。有人可以相守却不相爱。有人可以相爱却不能相守。我们,我们肯定是在争吵中相守。

厌倦了争吵的迪奥尼斯后来还是到吉贝隆去找玛格丽特了。

而圣伯努瓦街,生活又重新开始:狂喝豪饮的晚会,临时安排的庆祝,文学讨论,要死要活的友情。马斯科罗邀请了很多过境的外国作家。玛格丽特给伊塔洛·卡尔维诺和多斯·帕索斯烧饭。她专心致志地照顾着她的孩子。一个古怪、美妙、调皮的孩子。在经济方面,玛格丽特和罗伯特都不宽裕,但是玛格丽特知道如何招待客人。她知道哪里能买到不算太贵的菜,也知道如何去买。有些夜晚,争论十分激烈。甚至是第一批进入这个圈子的朋友,分歧也日益明显。

> 在理念方面,论战尤其激烈。将铁托清除出共产主义的队伍的确让他们感到吃惊,但还没到震惊的地步,这和选择站在南斯拉夫阵营一边的克拉拉·马尔罗正相反。玛格丽特、罗伯特和迪奥尼斯在2月接受了布拉格派,他们可以忍受对铁托的辱骂,借

---

[1] 迪奥尼斯·马斯科罗档案。

口说真正的战争是和法国日丹诺夫主义者的战争。他们没有完全服从。他们很信赖莫里斯·纳多，1948年10月28日在《战斗》杂志发表了《共产主义知识分子间的讨论》一文。过了忏悔期、回顾期及精神分裂症发作期之后，是滞隔期。他们开始无所适从，在一种令人窒息的沉默中生活。迪奥尼斯说这段时期是内部辞职期。玛格丽特却已经对朋友们关上了圣伯努瓦街的大门，因为这些朋友在斯大林主义的控制之下，和阿拉贡、卡纳帕、卡萨诺娃一道叫嚷着萨特是阴险狠毒的打字员，说毕加索是资产阶级形式主义者。

莫兰丢掉了自己在被放逐者联盟的日报《抵抗爱国者》的总编职务，原因是与党的文化战线不一致。昂泰尔姆继续写作，在他的新任女朋友莫尼克的帮助下——他们的关系仍然是秘密的，他是在圣日尔曼-德普雷小组会议上认识的她。他一直充满激情地领导着被放逐者联盟的小组。"党对他来说就是同伴"，莫尼克概括道。深厚的友谊，极富生命力的团结一致，温暖的氛围。当然，他曾经去过捷克斯洛伐克，他们那里的共产党作家也曾向他倾诉过自己的恐慌。但是作家只是知识分子的一部分，他对玛格丽特和迪奥尼斯说，只有人民和人民的未来才是最重要的。

4月，玛格丽特出发到米兰和吉内塔及艾里奥会合。他们一起游览了皮埃蒙，之后又在瓦莱斯逗留了些日子。"超乎寻常的美。一种精神的力量。简直能让人发疯，"玛格丽特记道，"帕斯卡式的大自然。"

回到巴黎后，玛格丽特又陷入了722小组的政治观念的论战中。朋友以及稍后变成前朋友的人聚集在圣日尔曼-德普雷的小酒馆里。在小组内部，玛格丽特和朋友还能装出一副很听党的话的样子，似乎是个真正只知服从的优秀的共产党员。但是晚上，在圣伯努瓦街，大家都在一起取笑某些响应卡萨诺娃忠诚事业的同志，对他们表示愤慨，卡萨诺娃教他们应该如何思考！做一个共产党员，玛格丽特后来说，是站在生活的一边；我们切断和生活的联系却依旧完好无损，我们不会丧失希望。① 做一个共产党的知识分子，对她来说，就是不成为一个宗派主义分子，不骄慢地将看起来根本无法够到的真理强加于人。但是托雷兹同志，卡萨诺娃同志提到的托雷兹，还有卡纳帕同志提到的卡萨诺娃同志本人，都不同意这样的观点。知识分子从定义上来说就是值得怀疑的，因为它和资产阶级有着天然的联系。他传播的是溃败的谣言，而不是全身心地附着在无产阶级队伍里。

> 悲剧实际上已经发生了，但是玛格丽特、罗伯特、迪奥尼斯还不知道。党决定和他们脱离关系，但是决定还没有下达。有人揭露他们对党内的某些同志不够尊重，并且进行了过度的讽刺。今天我们在法国共产党档案馆里读到将他们驱逐出队伍的原因时不免感到可笑，但是罗伯特·昂泰尔姆当时却因此受到了很大的伤害，玛格丽特作为一个女人、战士和作家也受尽了嘲弄。玛格丽特、迪奥尼斯·马斯科罗、罗伯特·昂泰尔姆、贝尔纳·吉洛雄以及莫尼克·雷尼埃的信和党对他们的答复都寄放在这个档案馆里。

事情的起因是1949年5月这个众所周知的晚上，争论非常激烈，在波拿巴咖啡馆，也是在小组令人昏昏欲睡的会议之后。吧台前，是玛格丽特、欧也尼·玛诺尼、罗伯特、迪奥尼斯、莫尼克·雷尼埃、贝尔纳·吉洛雄和他的同伴，还有若日·桑普朗。大家一块儿喝酒，嘲弄，放声大笑，打趣逗乐。至于谈话的主题现在众口不一。有的让人说，玛诺尼极尽科西嘉式幽默之至，对卡萨诺娃同志大肆嘲笑，说他是个拉皮条的，而且说在科西嘉岛无人不知无人不晓。一阵狂笑。但是，在共产党档案里，卡萨诺娃的名字没有出现。只提到了阿拉贡。"大家都参加了这次谈话。很多批评意见都是冲着阿拉贡同志去的。"

---

① 《绿眼睛》手稿，现代出版档案馆档案。

几天后，贝尔纳·吉洛雄得知有一个同志向党的高层组织汇报了这次谈话。罗伯特·昂泰尔姆和贝尔纳·吉洛雄想到了桑普朗，并决定把自己的怀疑告诉他。贝尔纳·吉洛雄今天已经不在了，但是他曾经清楚地回忆过当时那些日子政治上和心理上的气氛。"我很快想到向党组织当局'泄露消息'的人可能是若日·桑普朗，我和他说了。开始时他竭力为自己开脱，接着，桑普朗和我都觉得有必要在圣伯努瓦街召开一个会议。玛格丽特、罗伯特、雅克·弗朗西斯·洛朗、莫尼克，我们都参加了。"① "这次会议的气氛非常激烈，针锋相对。"法国共产党档案馆保存的卷宗如是记载。罗伯特·昂泰尔姆（在他 1950 年 3 月写给共产党的一封信里）认为这次会议是悲剧性的。"有些时刻会议到了一种模糊的暴力程度。不过无论如何，这个夜晚的暴力和狂怒表达了我们想要知道事情的真相。桑普朗同志没有能让我们大家接受他这种不谨慎的行为，恰恰相反。"② 紧接着又召开了一次 722 小组的会议，玛格丽特、罗伯特和迪奥尼斯都没有参加，在会上，雅克·马丁内要求他们对自己的行为做出解释，并要他们自我批评。

如今若日·桑普朗否认了这些事情，肯定说自己根本没有揭露他们。"我不接受这种说法，我不是造成他们被逐的罪魁。这在很大程度上是传说，是家庭小说。之所以他们那么热衷于把矛头指向我，指向这种天真的方式，那只是因为他们觉得我比任何人都更像是做这种事的。当时我曾与罗伯特谈过一次话。这次对话我已经记录在《多晴朗的星期天！》一文中。罗伯特对我说：'我看见你出席了驱逐我的会议，而你什么也没有说。''我是什么也没有说，'我对他说，'因为我根本没有参加这次会议！'我想我说服了他。实际上，自打他们正式被逐出共产党开始，我就要求调到我家所在的蒙马特地区，不想赶这一趟浑水。并且我利用这个机会脱离了法国共产党。我已经加入了西班牙共产党，这就足够了！"③

---

① 作者与贝尔纳·吉洛雄的谈话，1997 年 3 月 12 日。
② 罗伯特·昂泰尔姆致法国共产党塞纳河支部的信的片段，在《路线》第 33 期上部分转载，1998 年 3 月。
③ 作者与若日·桑普朗的谈话，1998 年 2 月 23 日。

夏天延搁了这场论战。罗伯特、莫尼克、玛格丽特和迪奥尼斯在暴力地区租了一所大房子。玛格丽特梦想着能在离巴黎不远的房子里开始一种乡村式的新生活。她写信问她母亲要钱。一直没有回音。这个夏天，玛格丽特读了狄德罗，觉得甚为枯燥冗长，于是她又重新回到拉辛的世界里，回到编织和洗洗涮涮的小事里，她尤其沉迷于她那个已经开口说话的儿子。"他叫我妈妈，"她写信给迪奥尼斯说，"他灿烂极了。这个小家伙绝对讨我的喜欢。今天早上，在教堂里，一辆灵车经过，神父开始唱诗，小家伙竟然跳起舞来，不肯停下，跳得好极了，我们花了好大的工夫才让他安静下来。这还真是你的儿子。"

但是即使在夏天，政治上的争论也没有结束。迪奥尼斯不想做自我批评，可也不想那么快地和共产党完全中断关系。罗伯特和迪奥尼斯持的是一样的态度，尽管他对共产党的态度比较起迪奥尼斯来更为深沉也更为真诚，桑普朗的所作所言让他受到了极大的伤害和侮辱，因为他以为他会是自己永远的朋友，并且和他站在同一个战壕里。玛格丽特则采取了断然措施。三个人当中，她的态度最干脆：1949年9月27日，她示意小组的秘书吕西安娜·萨瓦兰说，她不想再取回自己的党证。12月底，她把党证还给了组织。但是大家还是没有完全脱离共产党。是党离开你们，并且要求你们做出解释。玛格丽特拒绝解释。关于她的揭发信到了党组织手里。其中有一封尤为可耻，说她在德占期间，曾经为德国的书刊查禁部门工作。谣言盛传：说玛格丽特具有邪恶的政治意图，说她是个生活腐化的女人，夜间经常出入圣日尔曼-德普雷的夜总会。败坏名誉开始了。党的叛徒，小资产阶级颓废派，资本主义的看家狗。某些人试图通过玷污她来败坏她的"名誉"。玛格丽特听到了传言。1950年1月16日，她给小组成员写了这封信，回击了党对她的辱骂：

亲爱的同志们，
我向你们明确一下9月27日吕西安娜·萨瓦兰给我带1949年贴画来时我对她说的话：我不再拿回我的党证。

正是因为我不再认为自己是个党员,所以我没有去参加上个星期三的党小组会。如果我去了,这也是作为一个党的老党员去的,也是为了让你们尊重6月会议的事实真相。但是我必须承认,我无法战胜自己,我一想起我又一次要面临这些可怜的、激动的小人的肮脏而狡猾的伎俩——当然我们也可以把这些人叫作"马丁内集团",既然"集团"这个词已经被用滥了,我就禁不住感到恶心和可笑。

我离开党的原因和迪奥尼斯·马斯科罗的不一样。我没有受任何人的影响。我是独自一人做出的决定,并且早在马斯科罗之前。在深层意义上我仍然是个共产党员。我加入共产党已经六年了,我很清楚自己只能是一个共产党员而不能是其他什么身份。至于离开党的原因,本来在不知道某些同志决意要不择手段地歪曲最根本的真相时,我是很愿意说出来的。少安毋躁:这些原因,既然不能在你们面前说,我也不会说给任何一个旁人听。

我仍然完全信任党。我甚至可以肯定,随着时间的推移,党一定会把马丁内之流远远抛在身后,这类人,以所谓的警惕为借口,实际上做的全是坏事,一心只想着满足自己尖酸刻薄的本性和私人的仇恨,使其开花结果。我相信,马丁内之流实际上是弄错了自己的指向。他们应该加入的不是共产党,应该加入火警——坑道兵(至少在那里他们可以穿上制服,有机会洗上几个有利于身心健康的淋浴)或是去做本堂神甫,这样他们也可以享受到听人忏悔的快乐。但是党,我相信这一点,会让他们回到正道上去的。你们瞧,我是多么信任党,是多么的乐观。

致以兄弟般的敬意。

又及:我没有将共产党和马丁内之流混为一谈。但是三年来正是和马丁内打的交道。

和共产党断绝关系,我们并没有和共产主义断绝关系,迪奥尼斯后来说。他们俩指控的不是共产党,而是某些党员的宗派主义行为,尤其是对"卡纳帕主义"唯命是从的马丁内。马丁内是玛格丽特的抨击目标,她在他身上倾注了自己所有的敌意;她不愿看出马丁内根本就是共产党唯一认可的代表。同时,他们有一种深切的犯罪感,觉得自己远离了群众,背叛了革命。迪奥尼斯于1950年1月11日寄给吕西安娜·萨瓦兰的这封信就是很好的证明。

完全是出于个人理由——很不幸,我也是不得不这么做的——我希望暂时不取回党证。我坚持要向你说明,同时也希望你能把我的意见传达给同志们,我是完全站在党这一边的。我知道某些同志认为我反党。这不是真的,我完全站在党的一边。

我坚持要说明我对党忠诚依旧,今天我依然想做个共产党员,理由与我加入党时是一样的。

了解我的人知道我的理由是很严肃的。

重读了这些他精心保存的资料后,迪奥尼斯在1996年评论道:"这些信写的都是假话,和党的分歧已经很深了。"事实上,不管是迪奥尼斯、玛格丽特还是罗伯特,他们竭力为自己辩护正是不希望被共产党清除出队。被开除党籍是种羞辱,是可耻的,是污点。爱德加·莫兰说他那时也想过退党。有一天,他向克洛德·罗伊敞开过心扉,而后者惊慌失措地回答他说:"可党是我们的保护栏。"① 被驱逐出党还如何能够活得下去呢?对侮辱和孤独的恐惧。塞纳河左岸的大多数共产党员都在等着被驱逐出党的命运。铁托被逐出共产党后,埃迪特·托马斯旋即退党,但这种情况是比较罕见的。

党组织立即答复了他们。1950年3月8日,六区支部将这封信寄给了玛格丽特:

圣日尔曼-德普雷党小组通知您:

1) 我们考察了您总体上的政治态度,觉得您和党的政治路线

---

① 作者与爱德加·莫兰的谈话,1996年3月8日。

有很大的分歧，尤其是在关于文学和艺术的观点上。

2）我们在星期三和星期一的党小组会上讨论了很久，您一直拒绝前来解释。

3）读了您的来信，我们认真地予以讨论，觉得您对党以及党的民主选举制度甚为不满，可是没有任何充足的政治理由。

出席的党员以绝大多数票（十九票里有十一票同意）决定将您立即清除出党的队伍。七位同志也坚决不同意您在信中的措辞，但是希望您能在开除党籍前做出解释，尽管您一直拒绝解释。

理由

1）企图通过分裂党小组达到摧毁党的目的，用谩骂和讽刺的手段攻击党委，寻找借口掩盖与党的政治路线的高度背离。

2）与托洛茨基分子接触频繁，例如大卫·鲁塞，以及其他一些工人阶级和苏联政府的敌人（尤其是前南斯拉夫大使）。

3）频繁出入圣日尔曼-德普雷区的夜总会，这类地方无论是在道德上、政治上还是在学术上都腐败之至，为该区的劳动阶级和正直的知识分子所不齿。

1950年2月16日的党支委会上一致通过开除党籍的提议。

根据党章的第三十五条，决定暂停您的一切职务，待党委复议党小组及党支部的提议后再定。根据这一条，您有权上诉。

党小组组长

迪奥尼斯决定通过一篇论文来反驳，论文讨论的是共产主义这个词本身的意义。他宣扬回到马克思主义上来，他举了圣茹斯特，高扛人民的旗帜，并说作为一个知识分子他永远不会放弃为真理而斗争。玛格丽特则远远不满足于反驳。得知自己被某些同志泼了一盆脏水后——大家公开地把她看成一个婊子，她把这个事件看成是一桩诉讼，她要通过自己的笔来作证，来澄清事实真相。也许她还抱有重新加入党组织的幻想？

巴黎，5月26日，1950年

同志，

您让我写一份报告，解释一下我被开除党籍的前因后果，我与 D. 马斯科罗于同一天，以同样的理由被开除出党。但是正因为我们有如此多的共同点，他的报告在某种程度上也是为我写的。再说我无意请求再次加入共产党。我住在第六区，如果我再次加入党组织，我则必须与周围的这些同志斗争下去，他们如此无耻如此邪恶，简直无可救药，我没有一点勇气和他们斗了。

我给您写这封信是为了替自己辩护，因为马斯科罗的报告没有专门涉及我的情况。

我1944年入党。46年、47年我参加了很多的斗争，直至妊娠后期我无法上街为止（我还必须补充说明直到分娩前一个月我还在卖《人道报》）。我曾担任过一年的党小组组长，并且在不同的委员会斗争过（社会服务部，巴黎六区党支部，节日庆典部等等）。有人曾两度（甚至也许是三次）提名，让我到党支委工作，我都拒绝了，因为我要待在基层。我自认为这样才能成为一个真正的共产党员。我曾是724小组的小组长，那里有很多工人，我也是在那里得到了很多的锻炼。您瞧，我是多么看不起知识分子，一直到两年以后，我才对一个同志承认说我曾在伽利玛出版社出过书。小组里于是都知道了这件事情，同志们指责我，因为我原本可以从事"完全不同的工作"。但是那时的指责和今天的指责可谓有天壤之别。"你干得太多了，你会生病的。"大家那时都对我这么说。现在，我的同志们，自722突变后就没再见过的同志们写信给支委，说我是个"婊子"。也许他们骂我婊子只是因为他们找不到别的罪名来骂我而已。把一个女人说成婊子是件很容易的事情，因为这个概念很模糊，也很容易用。是否因为我离过婚呢？还是因为我和一个男人生活在一起却并没有结婚。我无法相信这一点：指责我的人，如桑普朗和马丁内，他们本人都离过婚，而且党内有很多同志像我一样，都是没有结婚就生活在一起的。

我觉得这份绝对超乎寻常的恶意让人难以理解。我希望您能够仔细地问一下提交那份报告的同志，让他进一步地说明自己的看法从何而来，如果您确实认为这和党有关。

马斯科罗的报告在其他方面基本上都说了我想说的话。我们的朋友是共同的，同样，我们经常一起出去活动。我不记得自己认识什么南斯拉夫人，正如我也不认识杜鲁门或尼格斯一样；还有，杜鲁门或尼格斯至少我还能说出他们的名字，但是说到南斯拉夫人，我连一个名字也说不出来。夜总会？两年里，我去过两次圣日尔曼俱乐部，而且，为了避免凑巧碰到共产党内的知识分子或其他人（我的怪癖），我是肯定不会去夜总会之类的地方的。我很遗憾共产党总部里的某位同志没有住在我这个街区，这样他就可以透过圣日尔曼的咖啡馆看见我们这些为萨特主义而斗争的年轻人了。"我失眠，根本不能待在床上……"有一位兢兢业业的同志在向我解释他为什么每晚都去夜总会时说。正是这位同志第一个建议开除我的党籍。我们，如果我们不需要这样的不在场证明的话，我们可以说我们每天都睡得很好。

最后一点。大家说我不同意党的政策，特别是关于艺术的政策。是这样的，我承认，但是这点必须得到正确理解。党说要挨家挨户地推销，我就挨家挨户地去推销。党说要上门募捐，我就去募捐。我到咖啡馆的平台上和别的地方去募捐。党要求我们——因为必须这么做——看顾罢工者的孩子。我把一个矿工的女儿领回家，看了她两个月。我在市场上拦住家庭主妇，让她们签名，我卖《人道报》，我张贴宣传画，我让昂泰尔姆、马斯科罗和其他很多同志也入了党。我所能做的一切，我都做了。我不能做的，就是改变自己的趣味，比如说文学趣味，我喜欢什么就是什么，改变不了。但是我不会站到屋顶上大声宣扬我的兴趣，为什么到了最后一刻这竟成了我的主要罪状？我入党六年了，从来没有过一次，我一次也没有在小组里公开谈过我的这些看法，想也没有想过。我只在私下里对小组里的一位同志说过，而他还鼓励我，说和我的看法完全一致。

您瞧，对我的指责唯一能够成立的地方也就在这里了，在这点上我基本可以同意，这是我的辞职信。我和您联系是因为我希望您能够了解我愤怒到什么样的程度。还有，尽管我已经绞尽脑汁，我还是想不起我什么时候给党写过这封罪恶的信，谩骂讽刺党，而大家都这么说。我攻击了马丁内和他的朋友，您不了解马丁内。我可是非常了解他。我对党仍然十分忠诚，可这丝毫改变不了我对马丁内同志的看法。

"警惕"这类的词带有专横的意思，否定是很蠢的行为。但是真正的警惕应该是冷酷和清澈的。而马丁内自认为可以把他人从警惕中拯救出来，实际上只是更加夸张了这份警惕。在这个小组里，却有两到三个同志对警惕抱有一种奇怪的激情：两个，接着是三个，再后是四个五个同志相继被开除党籍（包括莫尼克·雷尼埃和贝尔纳·吉洛雄），出于一些歪曲的、令人难以置信的理由，比如说厕所堵塞不管了，还有什么乱搞男女关系之类的。应该注意到，一些新近入党的共产党员拒绝就开除我们投票表决。

这就是我要和您说的一切。我坚持重申一下我已经在信中说过的话，灵魂深处我仍然是一个共产党员，除了共产党员我不知道今后还能做什么样的人。我需要向您说明，即便在这样的境遇中，我也不会做出任何有损于党的行动，恰恰相反，我还会尽自己的一切力量帮助党。

致以兄弟般的问候。

玛格丽特·杜拉斯

几个星期以前，罗伯特·昂泰尔姆也写了一封长信给法国共产党的塞纳河支部。信中他表达了自己深深的恐惧，澄清了自己在道德上仍然是个正直的人，这篇文章可以说是当时这些革命知识分子灵魂深处的写照。

若日·桑普朗和罗伯特·昂泰尔姆之间的友谊从此破裂了。①那么多幽默的谈话，酒馆里的话题，从此以后只能愈加让人痛苦，曾经那么深厚的友谊，如今想起来也只能令人脊背一阵发冷。"我永远不能忘记那天，昂泰尔姆来告诉我他已经被开除党籍时那无比痛苦的面容。我向他伸出手，想告诉他我们的关系不会因此得到丝毫的改变。他犹豫了一下才握住我的手，'怎么办呢，都结束了。'他眼含热泪地对我说。"②皮埃尔·戴克斯证实了罗伯特被开除出党后心理上的那份惊惶和深深的忧伤。"他总也不明白究竟是为了什么。他到《法国文人报》的办公室来找我。他觉得这是盲目的制裁，是不公正，是命运的打击。他到的时候脸色发白，手脚发颤。他们终于打碎了他的幻想。"皮埃尔·戴克斯说，罗伯特被开除党籍后，他曾经试图说服塞纳河支部的"上层人物"，让他重新加入党组织。没有效果，因为他也是"和玛格丽特睡觉，淫荡的人"。③这群朋友就这样永远地离心背德了。从此以后再也没有美妙的和谐，对真理的捍卫和文学的重要位置。大家都知道罗伯特是一个多么伟大的哲学家，多么细腻的实践家，又是多么看重友谊。莫尼克，他的伴侣说这次决裂给他带来了很大的影响，在相当长的一段时间里，他一直陷在痛苦里不能自拔。在这个故事中，玛格丽特以响亮有力的方式支持着他，但是她对此却只留有一丁点儿的记忆。还有一个小插曲，是若日·桑普朗自己说的。"有一天，玛格丽特给我打电话。我那时住在圣日尔曼街。'很紧急。'她说。她约了我，半个小时后在我家楼下的咖啡馆。玛格丽特和我不认识的一个年轻女人来了，她就是后来成为我好朋友的弗洛朗丝·马尔罗。我像个傻瓜似的站在她们俩面前，她们则一副完全信服了的表情：'就是他，就是他！'简而言之，玛格丽特想让我扮演皮特·布鲁克导演的电影版《秃头歌女》里的朔万一角。他也瞄准了我，用同样的方式说道：'是他，就是他！'我不能告诉她们我不可能演这个角色，因为我那时还领导着

---

① 作者与若日·桑普朗的谈话，1996年12月12日。
② 作者与皮埃尔·戴克斯的谈话，1996年12月12日。
③ 作者与皮埃尔·戴克斯的谈话，1996年12月12日。

西班牙共产党,得经常到西班牙秘密逗留。我没有讲出真正的理由,但玛格丽特和皮特在我的婉拒之下也只好让步。故事的结尾有点像在开玩笑。皮特·布鲁克说:'那只好算了,我约好拉乌尔·列维在马克西姆餐厅见面,我就和贝尔蒙多签约吧。'"①

到了第二天,朋友就能变成叛徒。但是被开除党籍后如何还能活得下去呢?在党外游离,就像在这个世界之外游离,爱德加·莫兰陈述道:"大家都很热烈,在家里,在各种会议上。到处都是工人在游行,我则像个幽灵,孤独一人。从此之后,我永远地失去了团体,失去了兄弟般的友谊。我被驱逐在一切之外,一切人之外,生活,热情,还有党。我开始哭泣。"②玛格丽特也为此痛苦过。在她的日记里③,她谈到被开除党籍时的心情时说,她觉得自己很罪恶,像个孤儿,大家看到她就会转过身去,甚至换到另一边走,她为此病倒了。被驱逐出党成了她在相当一段时间里挥之不去的"厄运"。她害怕自己在心理上永远也走不出这个阴影。从贱民再到非存在,到一个值得同情的衣衫褴褛的流浪者。"我想的只是要不要说'晚上好',如果我打招呼说'晚上好',他们可能不会回答,可如果我不说'晚上好',他们又会认为我不愿意对他们说'晚上好'。"爱德加·莫兰说,他看着原先亲近的人渐渐都离他而去。玛格丽特、罗伯特、迪奥尼斯和爱德加是第一批受到打击的。有些人出于友谊撕毁了自己的党证,比如说莫尼克·雷尼埃和贝尔纳·吉洛雄,还有一些则仍然留在党内,但也不公开发誓弃绝自己的朋友。他们还继续出席——虽然感到非常尴尬——圣伯努瓦街的聚会,听玛格丽特、爱德加和罗伯特分析斯大林主义全面化的危害,对他们来说,这简直就像是跨越地狱之门,他们都觉得自己犯了死罪。雅克·弗朗西斯·洛朗、克洛德·罗伊随后便被开除了党籍。接着若日·桑普朗本人也被开除了党籍。

玛格丽特被驱逐出党后,一直宣称自己仍然是个共产党员,只是空前地自由,每天早晨她都是一个全新的共产党员,每天晚上她都要

---

① 作者与若日·桑普朗的谈话,1998年2月23日。
② 《自我批评》,见上述引文。
③ 现代出版档案馆档案。

重新诠释共产党员的定义。一直到生命的尽头，她说她一直是共产党员。"我从来没有放弃过共产主义的希望。我就像是着了魔，不停地希望，不停地把希望放在无产阶级身上。"① 说这话是在1993年，到了1994年，她又说："我想重新加入共产党。我会这样的。"② 可是一直到死她也没有这样做。

1949年圣诞节前，她把《抵挡太平洋的堤坝》的手稿交给了雷蒙·格诺。在1950年1月15日，她和加斯东·伽利玛签了合同。昂泰尔姆夫人不复存在了……在姓氏的位置上她又写上了多纳迪厄！预定的版税很高，一千册为百分之十，一千到两千册为百分之十二，超过二千册达到百分之十五。这将是一部巨著。玛格丽特告诉出版社，她写这本书的时候觉得有一种空前的幸福，写完了，像所有的作者那样，她仿佛被掏空了，精疲力竭。和前面两本书一样，她先让迪奥尼斯和罗伯特读了手稿。他们只建议她做点小的修改。"都是很小的地方，"迪奥尼斯说，"语法上的滞重也没什么大不了的，重要的是她把手稿交给加斯东·伽利玛时，这已经是一部完善的小说。"③

完善，的确如此。小说以古典悲剧的方式建构，抛却了影响叙述纯粹性的心理分析，但是在文体和情节的展开上却是现代性的，直到今天，《抵挡太平洋的堤坝》仍然不失为20世纪关于母爱——痛苦、粗暴、毒害人的母爱——的最伟大的书。女主人公，一个日渐衰老的女人，随着故事的展开，渐渐丧失了和这个世界周旋的生命激情。殖民吸血主义祭坛上的可悲的祭品，这个女人以孩子的名义，顽强地和行政署斗争着，和他们的腐败，和自己的命运，甚至是和太平洋的潮水。她的领地——殖民地的官员以不可思议的价格把盐碱地卖给她，她在这些地的中央盖了一座可怜的小竹楼——完蛋了，被海水扫荡得精光。但是为了平原的孩子不像雨季前坠落的芒果那般死去，为了农民能够吃饱肚皮，为了受到近一个世纪殖民统治的苦役犯能够挺起胸

---

① 见伯努瓦·雅戈与玛格丽特·杜拉斯的对谈，未发表，是《写作》的前奏，现代出版档案馆档案。
② 作者与玛格丽特·杜拉斯的谈话，1998年4月8日。
③ 作者与迪奥尼斯·马斯科罗的谈话，1996年4月18日。

腔做人，她还在斗争。

倾诉灵魂的声音：玛格丽特是这样定义作家的使命的。让大家都听到这来自时代深处的呐喊，这因为不公正，因为要反抗而发出的呐喊。还有愤怒，出自每一个作为存在的人在灾难前所表现出的自尊。《堤坝》里人道的、过于人道的母亲，同时也是个自私、多疑、喜欢诉苦、过度的母亲，她生活在一块似乎是非人生活的土地上，现实不过是幻想的装饰带，时间是最终失去正常的舵。疯狂在徘徊，但是还有神圣。母亲本人与种种事件肉搏时不乏迷醉，她和冥冥世界对话，因为只有她丈夫生活的那个死人的世界会给她一点启示。《抵挡太平洋的堤坝》还飘荡着死亡的气息。书是以马上的死者开篇的，结束时是母亲的死亡。约瑟夫不停地在自忖他是否应该自杀。在小说中，死亡通常作为一种解决办法。希冀的、自己要求的死亡是自卫的合法方式：负责土地估价的官员又一次来巡查母亲的灾难时，约瑟夫拿出了武器，一把毛瑟枪。他把枪扛在肩上，慢慢地瞄准，调校。令人畏惧。母亲和苏珊娜平静地看着这一切，她们在等，什么也没有做，她们没有阻止约瑟夫，让他放下武器。哥哥瞄准官员，正如《痛苦》里的玛格丽特·杜拉斯瞄准 X 先生。他们完成的是同一个手势，他们为这个念头感到快乐：以恶制恶。只是一笑而已。只是为了让自己相信这一切都是可能的。因为不管是哥哥还是她都没有开枪。其他所有人在他们看来都是一类人：是他们的敌人。母亲、哥哥和妹妹也不是一个世界的人。他们只是为了表明是可能的。但是他们都有暴力的倾向，充满野性，游离于法律之外，并且以此为骄傲。很长时间以来，母亲都想选择死亡，但是她有孩子，苏珊娜和约瑟夫，"我们，她的孩子"。玛格丽特·杜拉斯并没有局限在自传式小说的神话里。苏珊娜不是玛格丽特，约瑟夫也不是她喜爱的小哥哥，但"这是我们。她的孩子"。小说既是颂歌也是清账，就这样超越了多纳迪厄夫人的故事，达到一种普遍性。

玛格丽特认为书之所以会成功，主要是因为她独特的文体。究竟经历了怎样的过程，她才能如此老到地把握住人物的对话——书中有很多对话——以及如此精确地描写人物的心理和感受呢？因为读者会沉浸在她笔下的那个世界里。潮湿的空气,雷翁·波雷开过贫瘠而干燥的平原上唯一一条公路时扬起的灰尘,母亲每顿饭都要做的家禽杂烩汤那股令人恶心的怪味,令人战栗的丛林前,阳台上断裂的木板:这个摇摇欲坠的世界仍然奇迹般留在玛格丽特的记忆中,而玛格丽特,通过到位的词汇、把握准确的节奏、简洁的句式和省略的艺术又成功地为我们重建了这个世界。在这篇视觉效果颇好的小说里,作者借助于镜头式的风格带着我们穿过这片土地,她儿时走遍了的、非常熟悉的土地:太平洋岸边的这块土地。她去的时候还是个孩子,她度过整个少女时代的西贡,一到晚上就开始女人和鸦片交易的昏昏欲睡的小镇,浓密的森林,小鱼在树顶上游泳,还有烟熏火燎的田地,差不多都荒废了,黄昏时分就会有老虎出没。玛格丽特没有一点编造之处,她只是在记忆中搜寻,任凭记忆驰骋。

《抵挡太平洋的堤坝》也是一本关于梦想生活的小说。小说里的人物和虚幻中的幽灵一样,一面清醒地生活,一面在幻想着别样的生活。在幻想和巫术之间,"真实生活"于是只能寄居在黑暗的一隅,就像那个电影厅,女儿有时躲在里面呼吸一下另外的空气,儿子和他的情人也会去那里在暗中互相抚摸。电影院是绝对的避难所,黑乎乎的,生活的粗糙不平全都隐去了,我们可以享受这世界的景观却无须碰撞。"只有在那里,在银幕前,一切都变得简单了。和陌生人一道坐在同一幅画面前会让你觉得你恰恰需要这份陌生。不可能的一切也似乎伸手可及了,再也没有什么东西会阻碍你,一切都成了想象中的。"约瑟夫是在电影院里碰到了他爱的女人。也就在放电影的时候,在银幕前。苏珊娜反抗得累了,任由卑鄙的若先生抚摸她。"在那里,在电影院的黑暗中,这似乎变得可以接受了。"

从开始到最后交稿,《抵挡太平洋的堤坝》历时六年。值得称赞并且卓有成效的耐心,格诺评价道。无须任何怀疑了——对他而言,也许从来没有过怀疑:玛格丽特从今以后成了"她这一代最杰出的女小说家之一"。[1] 不过如果说书的确受到了圈内人的注目,出版时却没有

---

[1] 《勒诺·巴罗日志》,1965年12月。

获得太大的成功。但是，莫里斯·纳多在1950年6月22日的《战斗》杂志上撰文，让读者都来注意他认为是伟大发现的作品。"我们有理由认为，"纳多宣称，"这本书会给作者带来成功和名誉，从此玛格丽特将进入——当然她早就应该占有这样的位置了——我们这一代最优秀的作家之列。"莫里斯·纳多认为，该书揭露了殖民主义统治下的悲惨生活，所谓的异国情调不过是披着绚烂色彩的贫穷，他还让读者注意作者对于人物的心理描写——母亲、儿子和女儿，他说，"占据了整个镜头"。电影式的小说，人物交替不是逃跑就是死亡。气喘吁吁的小说。"完美无瑕的叙事不受时间的束缚，从头至尾贯穿着激情，一系列剪辑得当的悲剧或滑稽场面环环相扣。"纳多觉得作者在很大程度上受了考德威尔的影响。后来在《法兰西观察家》中，罗伯特·萨莱夫又再次将杜拉斯和考德威尔相提并论。

克洛德·罗伊，这个在任何情况下都十分专注忠实的朋友，他也是作者炽热而真诚的崇拜者。在1950年6月29日的《法国文人报》上，他发表了一篇满是赞誉之词的文章。作为一名共产党员，对着自己的同志，尤其是在共产党的报纸上可不是想说什么就能说什么的。所以，罗伊从介入文学入手，赞扬了小说的政治性，他让大家注意，小说描写了"殖民主义统治下的印度支那这个巨大的集中营，这个令人厌恶、潮湿、残忍的地方"。杜拉斯描绘了一个"呼唤起义，需要起义的印度支那，也解释了为什么印度支那会有不平和抗争"。克洛德·罗伊也注意到了考德威尔式的笔触："但是我得承认，我更喜欢考德威尔那种略显生硬和短促的笔调，玛格丽特·杜拉斯会让笔下悲惨的主人公突然表现出一种令人惶恐的诗情，一种巨大的愤怒，这就拓宽了他们原本可怜的视野，将之纳入人类不公正这个宏阔的主题之下。这份不公正，是白人强加给他们征服的这块土地、这块土地上的人民的。小说有一种难以名状的美，出自一个白人的良心，对人类有着深切同情的一个白人。小说透着顽强的希望。"在文章的结尾处他向"这座终于阻挡住海水，阻挡住战争和死亡之潮的堤坝"表示敬意。

在9月，这本书再度受到重视。"这无疑是本年度最优秀的小说之一。"让·布朗匝在9月23日《费加罗报》的专栏里写道。这正是开始评选各奖项的时候,他直接针对评委们说:"如果《抵挡太平洋的堤坝》不在提名之列,不参加奖项的最终角逐,这就太不可思议了。"《抵挡太平洋的堤坝》被提名龚古尔奖。[1]尽管有些记者站在年轻的作者这一边,并且有伽利玛出版社的支持,玛格丽特最终却只得了一票,该年度的龚古尔奖由保尔·戈兰的《野蛮的游戏》获得。她是输不起的,她对自己说,评委之所以没有投她的票,是因为她是一个共产主义革命者。

书一出版,她就带着乌塔去度假了。在到费雷角——她在那里租了一幢房子——前,她在翁赞短暂停留,在卢瓦尔-歇尔省,母亲在那里买了一座小城堡,就是路易十五时代的那种假城堡。玛格丽特的包里放着她的书。她曾经描述过自己这份焦灼不安的等待。[2]母亲在楼上的卧室里读了整整一夜的《抵挡太平洋的堤坝》,女儿在下面等着裁决。劈头盖脸的辱骂。母亲指控她撒谎,背叛,甚至是高度淫秽,把自己和母亲的某些生活片段拿出去成为大众茶余饭后的谈资。"我对自己说写作的主题不外是死亡和爱情。"[3]女儿认为书是关于母亲的愤怒和自尊。她的作品在她自己看来是在表达敬意。但母亲看到的只是对她邪恶的揭露,并且认为女儿在指责她没有尽到做母亲的责任。她们这次见面的时间很短。母亲把书还给了女儿。"在她看来,我在书中控诉了她的失败。我揭露了她!她这样理解,这一直是我生命中的悲哀之一。"[4]玛格丽特记述道。萨特的母亲读了《词语》后,是这样评价的:"布鲁根本没能理解自己的童年。"母亲能够理解孩子的写作吗?一个自认为占据孩子童年生活的母亲对自己孩子记述的童年表示不敢苟同,难道不是很自然的事情吗?无论如何,一切都太晚了。外孙也太晚了。

---

[1] 该年提名的作品为:塞尔日·格鲁萨尔的《没有过去的女人》,保尔·戈兰的《野蛮的游戏》,米歇尔·采纳法的《泡沫和盐》,艾尔韦·巴赞的《小马之死》,乔治·阿尔诺的《恐惧的工资》,热拉尔·布尔泰罗的《腹语》和让·乌格隆的《你将收获风暴》。总共是十一部作品,角逐龚古尔、费米纳、雷诺多和内部小说四个奖项。
[2] 《新观察家》,1984年9月28日。
[3] 克里斯蒂娜·布洛·拉巴里埃尔在《玛格丽特·杜拉斯》第三章的说明里曾做引述,见上述引文。
[4] 《新观察家》,1984年,9月28日。

故事已经放在这里：多纳迪厄夫人一直到死只是丈夫的寡妇和长子的母亲。在母亲和女儿之间再也不会有任何发展。玛格丽特已经感觉到这点，早在六个月以前，母亲带着仆人从印度支那回来的那一刻就感觉到了。

母亲回来时很有钱。她在西贡开的寄宿学校已经声誉卓著，她每年都可以定期地收取股息；她还购置房产——她买了五处房子，现在都已增值；此外，她和殖民地的所有白人一样做皮阿斯特交易，从中也赚了不少钱。她在巴黎一家饭店安顿下来，从来没有在圣伯努瓦街睡过。玛格丽特精心筹划了一次解释性的晚会，还招来了她的"男人们"为她撑腰。她想弄个明白，而且希望从母亲那里听到请她原谅之类的话，以平息在童年和少女时代所承受的一切痛苦。于是玛格丽特在这个晚上邀请母亲到圣伯努瓦街吃饭。迪奥尼斯、罗伯特、爱德加都在。"玛格丽特的母亲，"爱德加说，"是一个看上去很保守的女人，没有什么表情，很自尊。"[①] 晚饭后，玛格丽特离开了。迪奥尼斯开始问她，问她为什么如此粗暴地对待自己的女儿，要求她对此做出解释。谈话变成了质问，持续了大半夜。母亲的反应表明她似乎根本不明白他们在说什么。一直到母亲要走，女儿才回来。

在费雷角，玛格丽特和乌塔相守过了7月份。她看着儿子渐渐成长，和他之间已经建立了一种激情，想要替他挡住一切，就像贝壳为生命挡住海水。在日记里，她记道："我不是一个疯疯癫癫的母亲……不。我知道孩子的珍贵。这是因为我已经失去了一个孩子，而且我知道孩子是会死的，所以我才这样。我知道这样的爱会带来多大的恐慌。母性会让人变得善良，人们都说。真是异想天开。自从我成了母亲，我变坏了。无论如何，我知道自己非常害怕。"甚至孩子的笑声她也不愿放过。"一想到这笑声会随风消散，我就受不了。我把他抱在怀里。我拥有这笑声。"在一篇名为《源于同一份爱的恐惧》[②]的文章里，她在结尾处描写了母亲那种占有的快乐。乌塔是个美妙的孩子。非常优雅

[①] 作者与爱德加·莫兰的谈话，1996年9月22日。
[②] 《外面的世界》卷一，第351页。

滑稽，他让所有生活在他周围的成人感到快乐。玛格丽特从来没有让他独自生活过。一些人对此感到惊奇，例如格诺，另一些人则怨词颇多，比如说孩子的爸爸迪奥尼斯·马斯科罗。幸好，莫尼克的孩子和他一样大，他们经常在一起玩……孩子的生活。玛格丽特什么都可以为孩子做，莫尼克说。她井井有条，充满了干劲。白天，她工作，做饭，修修补补，而且还要照顾儿子。晚上，大家一块儿讨论问题，一块儿喝酒。她的写作活动便融于这日常生活中。她很善于做体力活，写作只是她诸多活动中的一项。尽管她从来没有说起过这一点，她的确不专门做某件事情。

正是在这个夏天，她开始构思一本新书的写作大纲。《直布罗陀的水手》，两年不到，书就出版了。在《抵挡太平洋的堤坝》出版之前她沉默了相当时间，但在这之后，她基本上一年出一本书。《直布罗陀的水手》之后，《塔吉尔奎尼亚的小马》《树上的岁月》《街心花园》相继出版。

玛格丽特对迪奥尼斯的爱充满了痛苦，她几乎喘不过气来，但她又是那么欣赏他。我爱你。说你爱我。迪奥尼斯对她说得不够多。不像她所希望的那样多。他经常把她一个人丢下，一丢就是一整天。迪奥尼斯和玛格丽特一直是未婚关系，彼此分开的存在。在玛格丽特看来，迪奥尼斯拒绝"爱的温柔"。她为这份粗暴所伤，产生了独自生活的念头，觉得这样才能继续写作。1950年8月23日，她写信给迪奥尼斯：

> 我爱您，但是由于您始终不肯承认这份爱，我希望离开您，非常希望。
>
> 我在一种奇怪的境遇中，没有悲伤也没有欢乐。当然，我想得到您的吻，并且只有您能够让我满足。我不再害怕孤独。也许我变得坚强了……
>
> 过了五年这样的生活，我累了。
>
> 我知道，通常情况下，法律是站在男人这一边的。但是如果我写的东西对男人而言同样是有价值的呢，如果我写的东西跳出

了那种不假思索、单供消遣的平庸文学的范围呢……①

迪奥尼斯拒绝分开。于是她提出了条件：

> 我希望您能够帮助我……这是我最后的愿望。知道我们相爱，这是一件很沉重的事情。相爱但是不说，也许比起承认相爱来更能够体现爱。如果承认相爱也许爱就要走下坡路了。想想看吧。②

整个秋天，这一对情人一直在互相折磨。玛格丽特怀疑迪奥尼斯欺骗了她。也许玛格丽特没有错，雷蒙·格诺的日记里经常影射迪奥尼斯的事情，他喜欢约办公室里的漂亮女人一道出去，或是和女作家在办公室里谈完事后，一道消遣消遣。于是，玛格丽特试着通过引诱经常出入圣伯努瓦街的男人让他也尝尝嫉妒的滋味。玛格丽特在玩火，迪奥尼斯却几乎不为所动。玛格丽特将唐·璜的天赋发挥得淋漓尽致。1951年12月31日夜里，爱情游戏突然来了个大转弯。在这个大吃大喝的圣诞前夜，玛格丽特和新来的一个客人接了个长吻：雅克-洛朗·博斯特，作家，记者，西蒙娜·德·波伏瓦的朋友，萨特、格诺、梅洛-庞蒂的同伴。博斯特先生上了玛格丽特的圈套，还暗暗高兴。玛格丽特终于实现了她的威胁。开始的时候她还把这种关系限制在平庸的通奸范围内：她只是让他定点和她一块儿"上"旅馆去，其他一切都不存在，和迪奥尼斯的家居生活也丝毫未加改变。在1月中旬的一次晚会上，她向新的情人规定了这桩奇怪交易的期限，就在罗伯特和迪奥尼斯的眼皮底下！西蒙娜·德·波伏瓦在《致尼尔森·阿尔格林的信》③中用一种非常滑稽的方式记述了这段为时甚短却波涛汹涌的感情。玛格丽特就是麦格，"三十六岁，半白人，半印度支那人，不漂亮但也不惹人厌，共产党员，去年和丈夫一道被驱逐出党，经常接触非共产

---

① 迪奥尼斯·马斯科罗档案。
② 迪奥尼斯·马斯科罗档案。
③ 《致尼尔森·阿尔格林的信（1947—1966）》，西蒙娜·德·波伏瓦著，伽利玛出版社，1997年。

党的左派人士"。她怎么能和一个非共产党员睡觉呢？她的前夫和现在的同伴都问她，"她沉默了。装作一边织毛衣一边听他们说话，但是已经下定决心，一定要和这个博斯特睡觉，尽管他从来不是共产党员"。两天后麦格在咖啡馆里找到了博斯特，一副做生意的口吻："行，我们上旅馆去吧，我们接吻，我只有一个小时。"博斯特不干了，两个人开始争吵，结果一起睡觉的时间也没有了。不过最后事情还是成了，偷偷摸摸地。玛格丽特和雅克－洛朗·博斯特的关系维持了几个月，她一直不愿放弃，但是结局非常糟糕。迪奥尼斯要求她中断和博斯特的关系，罗伯特也掺和进来，西蒙娜·德·波伏瓦说"麦格"对博斯特说："比起我现在的伴侣来，是我的前夫更想杀了你。"艾里奥和吉内塔3月从意大利赶来平息这场家庭风暴。所有的人都严正要求玛格丽特中断和博斯特的关系。作为和解，玛格丽特接受了迪奥尼斯的建议，和他一起到威尼斯做一次旅行。去威尼斯多少有些出于迫不得已，走的时候她已经被这件事弄得精疲力竭。在《绿眼睛》里，她追述了这段日子："我问自己，怎么能够承受如此的温存，如此的关怀，如此的深爱和保护，如此的同情，如此的哄骗，如此如此的建议，我真不知道自己怎么会一直待在那里没有逃走，怎么会没有死去。"[①] 玛格丽特没有能够离开迪奥尼斯，也不愿中断和博斯特的故事。但是迪奥尼斯和罗伯特做出了另外的决定，她服从了。为什么呢？ "被宠坏了的生活，贪婪的生活。所有女人生命中所持的右翼路线，女人故事中的这份沉默。这种看起来像是成功的失败，这份并不存在的成功，一片沙漠似的成功。"

《直布罗陀的水手》就带有这些日子以来所承受的爱情苦难的痕迹；但是玛格丽特小心翼翼地颠倒了性别：小说中是男人要离开女人。《直布罗陀的水手》的手稿证实了作者当时似乎很难寻找到一种统一。这书不仅存在着两个完整的版本，还有不少写了又放弃的开头，书的主题在构思时也不止一个。借助档案我们可以重建该书生成的过程：开始叙述的主题是战争，特别是德占期间的法国，而在最后的版本里，有关战争的内容只剩下了为数不多的几小段。水手是个遭到伪军枪击

[①] 《绿眼睛》，见上述引文，第187页。

的伤员，安娜救了他，安娜为了得到药品，不惜将自己奉献给一个医生。重新站起来以后，男人却消失了。"于是她对自己说如果他被打死了，她也会自杀的。她没有忘记自己和他已经有了孩子。但即便是有了他的孩子，她也活不下去。"孩子可能会死，安娜悲伤地穿过自由法国。在另一个版本里，对殖民政府的批评却成了小说的中心，玛格丽特·杜拉斯看来是要和她以前的老板、前殖民部部长乔治·芒戴尔算清账，她在小说中对他进行了大致的勾画，可不怎么好："他对我们有一种极大的蔑视。在他年轻的时候，也曾经被一个大人物如此蔑视过。他自认为找到了权威的秘密。秘密就是他自己曾为之痛苦过，而今又让他的合作者痛苦下去的这份蔑视。他从不和任何人握手。把文件给你时，他扔在地上。他说'捡起来，我的朋友'。看上去他似乎千头万绪，有很多事情要做。在这样强悍的人面前，几乎所有的人都要发抖。除了我。我是个行政官员的儿子，喝的是雀巢奶粉和含氧化铝的水，吃的是经过次氯酸钠消毒的色拉，平常还偷偷地手淫。据说手淫会让孩子变得迟钝。我可不是这样的。恰恰相反，手淫挑起了我对理性、对反叛、对欢娱的追求。"[1]

《直布罗陀的水手》在很长的一段时间里一直叫《火枪手》。情节本来是在本土展开的，可有一天，玛格丽特上电影院，偶然间看到了《上海女人》，立即对片中的丽塔·海威尔士一见钟情，这是个高贵、贪婪的女人，一个上流社会的魔鬼，只对钱感兴趣。玛格丽特在写作时用尽了一切办法。她改编了奥尔森·威尔士的故事，放弃了美人鱼的利欲，转向集中描写她的淫欲。但是，将小说看成是对生活以及作者爱情的单纯描摹，背离了玛格丽特的写作精神。一切都易了位，进行了重新组合。文学不应当只满足文学本身的需要。但是，从文学的角度来看，这部作品显得有点奇怪，不平衡也不完善。第一部分迷失在人物描写中，一个可笑、懦弱、无能的家伙，一个再也忍受不了自己妻子甚或是忍受不了自己的男人，读者陷进了通篇重复的散文中，时不时地穿插进一些甚为空洞的对话，可以看出作者深受福克纳和萨特

---

[1] 现代出版档案馆档案。

的影响。接着,突然之间变得明亮起来,真正意义上的明亮。在视觉上:一艘白色的船跳了出来,一切都变了;阳光亮得刺眼,爱情也是那么清晰;故事又突撞到了另外的地方。受伤的男人躺在海滩上,这时出现了白色的船只,船上有一个女人。她是平息风暴的圣女,是大海和水手的情妇,还是大洋的妓女?这个女人从哪里来?她只要一出现,周围的空气似乎都中了毒,男人几乎看不见了,他又像是等了她很久。她要干什么?当然她要引诱他,但是这个男人已经没有欲望了,他的身体沉得如同死人。但是他为什么会接受上船呢?也许是因为他再也没有什么可以失去的了,他想和自己和解。如何向自己妥协?这是《直布罗陀的水手》中最揪心的问题。这个很长时间以来已经不再对自己做些什么的女人,她还是来了:"这不可能。最后总是要对自己做点什么。"于是她穿越大海,寻找自己的情人。

杜拉斯这段时间和莫里斯·布朗肖往来频繁,她很欣赏他,受到他很多启发。他宣扬文学应该通过短促的话语来表现力量,他宣扬一种只有通过文学本身而存在的文学,写作行为就是为了挖掘不可读性。"我们知道,只有当我们完成了跳跃,我们才会写,但是要完成这个跳跃的动作就必须写,不停地写,从无限出发开始写。"[①]《直布罗陀的水手》是未完的追寻,暗喻着等待永远是要让人失望的,这是一部哲学性的小说。小说中有一位天使,叙事者在参观博物馆时遇见了他,并且认出他来。这个天使曾经是叙事者童年的看护神,他床头挂的那幅画上画的也是这位天使。叙事者一直盯着天使看,似乎天使从博物馆的画上下来,活了,在向他眨眼睛。《直布罗陀的水手》中有很多天使。有一个天使化成卡车司机,他掌管着女人的真理,还有守护着荒无人烟、泥灰剥落的博物馆的小天使,以及大海的天使——船上的女船长,危险的、将港口所有男人都要吞进肚里的美人鱼。

玛格丽特写作时并没有预先拟定的写作计划:"写一本书的时候我自己也是在冒险。但是接下来,一切都重新组合,形成一个整体。总

[①] 《未来的书》,莫里斯·布朗肖,伽利玛出版社。1959年。

的来说，起因和主题在开始时都不重要。"① 玛格丽特描写的是她所熟悉的地域：波卡蒂玛格拉和法国南部。地点的变换也不重要，因为人物是在永远的流浪之中，无数的相遇，各不相同的语言。玛格丽特·杜拉斯不知道相似的规则。她甚至对此加以嘲笑。她似乎在演一出情景喜剧。书里有很多戏谑。《直布罗陀的水手》的人物几乎是从头笑到尾，而且还喝很多的酒。什么都能让他们发笑，任何微不足道的东西，多亏了酒精，他们可以忘却礼仪，对自己没有丝毫的扼制。安娜是劳儿·V. 斯坦茵的姐姐。两个女人都因无辜的欲望而迷失，因爱的力量而不能自已。就像巴洛克时代的圣女一样，她们生活在等待激情之中。在港口上，妓女也在等待。妓女是玛格丽特笔下的主人公，是真正为爱迷失的女人。所有的人都付钱给她们，机械地重复那一套爱的程序，她们可以对任何人开放身体，但是她们却在等有朝一日可以将自己只奉献给一个人。劳儿、泰奥朵拉、安娜、安娜-玛丽·斯特雷泰尔都是深为贪婪的爱、迷途的激情所折磨的人。

书本来预计在1952年秋出版。加斯东·伽利玛想把书放在周末丛书里，但是克洛德·伽利玛给罗伯特·伽利玛留过一张字条，说作者拒绝了，她希望能放在白色丛书里。玛格丽特胜利了。于是书的出版日期稍有推迟。签合同的时候，以两千册计算，玛格丽特收到了十二万法郎的版税。书一出版，她又索取八万的预付金。加斯东·伽利玛在她的信上批注了"同意"，把信转到财会处。但是玛格丽特要的更多。1952年，《堤坝》卖到三千二百册，玛格丽特总共收到了十七万五千法郎的预付金。在签《直布罗陀的水手》的合同时，她欠着九万七千法郎的债务。要知道，当时玛格丽特的生活非常拮据，她决定把作家当作自己唯一的职业，还没有想到可以通过给报纸杂志写点文章来支付月底的账单。她唯一的收入来源就是出版社。

"看了《直布罗陀的水手》，我们不禁要惊讶于玛格丽特·杜拉斯的想象力，小说宏阔壮观，心理描写充分。"书出来的时候，在《摩洛哥

---

① 让·马克·图里纳辑录《语言的痴迷》，玛格丽特·杜拉斯在法兰西广播电台访谈录，1996年。

劳动者》[1]杂志上，我们读到了这样的评论。在法国，这本书似乎不很受欢迎。不过在《战斗》上，多米尼克·昂东撰文说这是一部"坚定而正直的小说，充满了人性的、密集的、慷慨的、残忍的真理"。伽利玛出版社为她在《费加罗报》《艺术》《文人杂志》《新文学》和《巴黎杂志》上专门做了广告插页。1952年底，《水手》卖到两千八百册。1953年9月15日，玛格丽特再次索要二十五万法郎的预付金。并且这一次她给出版社带去了新的小说《塔尔奎尼亚的小马》——"应该在两年里完成两部小说"，在生命行将结束之际玛格丽特郑重地说。[2]

的确，1952年夏末，玛格丽特开始了另一部作品。玛格丽特的所有作品之间都有一种割不断的姻亲关系，至少表面上看起来是这样，尽管时间、距离和主题各自不同。于是在《艾米莉·L》里，我们发现了《直布罗陀的水手》的片段和《恩奈斯托》的开头。《塔尔奎尼亚的小马》和前一部作品的关系也非常明显：意大利，夏天的炎热，大海。但是《塔尔奎尼亚的小马》并非《直布罗陀的水手》的续集。杜拉斯所擅长描绘的那种氛围在《塔尔奎尼亚的小马》里已经渐渐显山露水：心理上的恐慌，由于酷热而更加昏昏欲睡的身体，情感的匮缺，对生存不和谐的质问，男人女人之间潜在的战争——你爱我，我却不要你。小说的主人公是萨拉。一个小男孩（和乌塔一样年纪）的母亲，生活在一种永远的疯狂和恐惧之中，她的同伴叫雅克，和迪奥尼斯一样英俊，一样精于游泳，他爱思考，是个理想主义者，幽默而尖酸。雅克和萨拉之间也有个分离的问题，他们随时可能分离。在一起度假，然后呢？他们最终会有分离的勇气吗？"因为萨拉不再渴求属于自己的房子、公寓，和一个男人共同的生活。年轻的时候她渴求过。"玛格丽特快四十岁了，萨拉也是。她做爱的欲望仍然非常强烈，但她不总是希望和同一个男人做爱，萨拉也是。"如果你只喜欢和一个男人做爱，那就说明你不喜欢做爱。"她对自己的好朋友吉娜说，吉娜却在耐心地等待自己有朝一日不再有欲望。"我觉得我可以和五十个男人做爱，"

---

[1] 《摩洛哥劳动者报》，1952年10月31日。
[2] 作者与玛格丽特·杜拉斯的谈话，1994年3月16日。

萨拉说。萨拉希望在旅馆里生活，远离雅克。"'你厌烦我了。'他笑了，她也和他一起笑。'就像你厌烦我一样，'他补充道，'我们对此无能为力。'"杜拉斯以令人惊叹的笔触描写了爱情的衰亡，黯淡而不快乐的夫妻生活。假期——家庭——太阳。为了忘却，大家喝康巴里酒，躺在海滩上，在星空下城郊的小咖啡馆里跳舞。再来一小杯康巴里酒。我知道不少读者在读了《塔尔奎尼亚的小马》以后，都"迷"上了这种促进血液循环、让人背叛的饮料。十杯康巴里，萨拉她能一口喝下十杯！雅克也是，但不是吉娜，吉娜喝酒时非常自控，而且她压根儿不喜欢喝酒。吉娜和吉内塔·维托里尼一样美丽、聪明和深刻，做得一手好菜，特别擅长面食，对待女朋友温柔有礼，对男人却很冷酷。艾里奥·维托里尼，这个对马克思主义不再抱有幻想的哲学家现在只钟情于自己的妻子和她的美食，以前这样一个炽热的革命者，现在是有点累了——是夏天的酷热或康巴里的酒精成分使然？再也没有不顾一切地改变这世界的愿望了。在这两对相爱相憎却又无法分离的伴侣身边，还有一个女人迪亚娜，和一个不属于这个小圈子的男人。迪亚娜唯一的伴侣是康巴里酒。那个男人不配她。没有一个男人和她相配的，因为她把爱情看得太崇高。那个男人——我们暂且就这样称呼他吧，开始有几页，这个男人有一个绰号的，但是这个美丽的小圈子似乎是不愿意记取，很快就忘了——很壮实，肌肉发达，尤其是胸肌，虽然谈话无甚意趣，但是脑袋并不重要，只要他有一副迷人的身体，萨拉说，她可没迪亚娜那么计较，在《蓝色月光曲》中萨拉倒在了他的怀抱里，晚会后烂醉如泥的她任由自己在阳台的石板上和他做爱。"她惊叹于自己竟然就这样成了欲望的俘虏。并且她总是惊叹于男人对她所产生的欲望。"萨拉不相信自己。萨拉找不到合适的词来表达思想。她需要靠丈夫来理清自己的思路，然后她才知道自己应该干什么。

玛格丽特于是再三地问自己是不是真的希望独自生活，远离迪奥尼斯这个审查官，和他的共同生活似乎已经不那么吸引人了。但是她不知道自己是否有这个能力。我们不能一起衰老。最好是在越过四十岁这个岬角前决定下来，四十岁这个年龄令玛格丽特感到非常恐慌。《塔尔奎尼亚的小马》正是失败的两人生活的写照。她和迪奥尼斯相互疲倦了，蔑视看来也不会太远。她不想再过这种枯燥的、约束的生活。"我们当中唯一能够承受这种恶魔般的浪漫和混乱的，还是罗伯特。"[1]她在当时的一本记事簿里写道。她亲昵地称呼罗伯特为温柔的犀牛，她觉得自己欠他的，对他做了不少坏事，她也知道他最终会疏远她的。她很后悔和罗伯特搞成这样。萨拉和玛格丽特一样继承了一种生硬的性格，想要独自生活，认为这样就可以不再打扰亲近的人。《塔尔奎尼亚的小马》里的人物身上都有玛格丽特他们自己的影子。他们处在绝境里。唯一可以躲避的地方是大海。而耐心就是唯一走出这种他们挥之不去的不快的武器，阳光是那么强烈，以至于一切都变得模糊不清。悲剧潜伏在高处的山脉中。小说开篇，有一个年轻男人从矿山上跳了下来，落在矮灌木丛中，他死了。火稍后才燃起。被大海、河流和山脉隔离的人物注定是要在真理的火刑架上奉献出自己的生命。

玛格丽特在这个夏天真的碰到了一个她喜欢的男人。一夏之爱。她也许和他在星空下共舞过，坏的留声机在吱吱呀呀地放着一位意大利歌手的歌。在《痛苦》的手稿反面，的确记述过她在与迪奥尼斯度假时碰到的这段感情，当时艾里奥和吉内塔·维托里尼还陪着他们。这个故事给了她安慰，让她暂时远离了自己那些不太正常的癖好：

> 海滩上，在刺目的阳光下，尘土飞扬，在大海前，在这8月中旬，我心深处死亡的念头也蒸发了……死亡的念头一直让我的生活沉没在阴影中，但是现在它在慢慢地蒸发，等这蒸发突然停止的时候，我得到了自由。在我炽热的肌肤下，血和器官有一种清凉的微颤的感觉。我真正感觉到了，因为我才出水……我感觉到自己的肌肉在皮肤的保护下清凉凉的（我看着自己，觉得真的看见自己的心脏就在肚子的皮肤下跳动）。我如此确定，如此不可逆转的生活在阳光下被压得粉碎，尽管先前它是那样强悍，不可中断，这样一来，死亡似乎也变得可以接受了……只要我经历过这种时刻，并且在这样强烈的阳光下竟也能觉出自己不可摧毁，

---

[1] 现代出版社档案馆档案。

我可以快乐地老去了……

玛格丽特写《塔尔奎尼亚的小马》花了九个月的时间。在把书送到出版社以前，她还是习惯性地先把手稿给迪奥尼斯和罗伯特看，他们都不看好。两个人一致认为书不能发表，因为与现实生活太接近，并且把维托里尼夫妇暴露了个够，简直有点接近淫秽。玛格丽特固执己见，一行也不愿意改。于是在罗伯特家开了个家庭咨询会，参加者有雅克·弗朗西斯·洛朗、爱德加·莫兰、未来的昂泰尔姆夫人莫尼克，当然还有迪奥尼斯和玛格丽特。最为激烈最为尖酸的批评出自迪奥尼斯之口。讨论非常热烈。有一会儿简直是要把这亵渎圣灵的手稿永远扔进塞纳河，从此再也无从谈起。玛格丽特寸步不让，捍卫着自己的作品，把手稿藏在她坐的沙发下。接着，等几杯威士忌下肚，大家的热烈劲儿都过去了，她便把手稿夹在胳膊下走了。书是1953年12月出的，玛格丽特可找到了对付他们的办法：她把书献给了吉内塔和艾里奥！出于友谊，他们只能装出一副戏谑的态度来读玛格丽特的作品，尽管玛格丽特把他们的夫妻关系以戏剧化的方式清晰地展现给读者。无论如何，玛格丽特也不在乎艾里奥的反应了，她正在疏远他们。感情过于外露，过于善用讽喻，过于夸张的艾里奥。因为《塔尔奎尼亚的小马》不仅描绘了苦涩的爱情，它还是一篇论证友谊渐渐失去光彩的美妙作品。

评论界没有对她网开一面。甚至在书出版以前，玛格丽特的名字倒是进入了角逐文学奖项的名单。可惜啊，"小说没有什么内容，它让读者感到不舒服"。在《费加罗文学杂志》上，让·布朗匦写道，而他还算是玛格丽特第一批炽热的捍卫者之一。"服从于命运的人物，无能改变一切。"玛格丽特只是在重复，毫无创新。更糟糕，她是在抄袭！"再说，和她其他的小说一样，从总体上来说，小说仍然在模仿美国小说的技巧，"布朗匦继续道。杜拉斯写了一部海明威式的女性心理小说。"她过分发挥了技巧。对人物性格的描写非常混乱，没有区别。必须非常专注才能分清人物在对话中的各自角色。"① 路克·埃斯当在《十字架》杂志上给予她致命的打击:"出了四部小说后,我们也应该忍受得起了,玛格丽特·杜拉斯只会按美国人的方式来写法语。为什么是——玛格丽特·杜拉斯也许会说——评论界选了她这个对话片段。"②《被缚的鸭子》杂志也毫不犹豫地诋毁作者和她的这部作品,用它一贯的尖酸语调:"这位夫人,玛格丽特·杜拉斯,她是个骗子,她的词汇都非常简短……例如说:……我们都是蠢货。妈的多么雄浑有力啊。但是她也没有能做到通篇都这样简洁,因为在闲谈中,玛格丽特·杜拉斯又显示出了她女性的一面。饶舌。通篇废话!夸夸其谈!高谈阔论!的的嘟——的的哒!有的时候我们会对作家的语言做出评判。玛格丽特·杜拉斯的语言,至少应被列入闲谈语言之列。"《新文学》的评论家是作为"苦行赎罪","痛苦得牙齿都咬得嘎吱作响",才将小说勉强读到底的,这本书通篇都是莫名其妙的话,"时而粗俗时而文雅,语言既非大众语言,亦非盗贼语言,更非贵族语言"。③

狮子被放开了。从今以后,巴黎的杜拉斯以破坏语法、专门描写虚无、自恋鼻祖、巴黎俄式知识分子而闻名于作家圈。她感到痛苦,更是因为迪奥尼斯激烈地指责她没有自己的风格,仍然深受美国大作家的影响。但是,《洛桑新闻报》却显示了作者独特的风格和非道德主义的主题,对此《文学观察家》评论道:"肤浅的读者也许会为之愤怒。相反,深刻的人却会为之狂喜。"④ "尽管这本书也没有打响,但还值得一读。"《快报》这样评论道。到处都在谈论杜拉斯:摩洛哥、埃及、比利时,甚至是美国。她的一张大照片甚至刊登在《法兰西星期天》上,还附有她的传奇:"杜拉斯,D.马斯科罗的女人。"副标题是这样的:海明威的弟子,这个女人也许是这个时代最伟大的女小说家。大家都在谈论杜拉斯,但是没人买她的书……

六年以后,玛格丽特的《塔尔奎尼亚的小马》也只卖到二千零

---

① 《费加罗报》文学版,1953年11月29日。
② 《十字架》,1953年10月29日。
③ 《新文学》,1953年12月11日。
④ 《新观察家》,1985年6月14日—20日。

二十三册。书失败了。她知道。但是没有任何东西可以让她停下，让她泄气。她继续在疯狂地写作，一边要抚养儿子，接待朋友。在两本书的间隙，她还会抽出时间给迪奥尼斯和罗伯特缝制睡衣。活该她生活拮据，圣伯努瓦街还是对朋友们永远敞开着大门，而且菜肴丰盛。这一小撮忠实的朋友仍然在永无止境地讨论着马克思主义的衰落，而玛格丽特则在一边烧她的半熟芥末兔脊肉或者给客人做都喜欢吃的越南肥肉加一点香菜。迪奥尼斯和玛格丽特总是当众互相漫骂，互相讽刺，但最后也总要合唱皮雅芙的老歌以示和解。玛格丽特笑也罢，接待朋友也罢，和这些教养良好、学识渊博、涉足政治的男人谈话也罢，都是白搭，说到底，她终究还是个女人。可爱，迷人，有魅力，聪明，但她是个女人。女作家？也许。但是迪奥尼斯还不能确定，他害怕最后她只不过是个夸张的女文人，专门给《家庭》那些处于更年期的女读者写连载小说。幸亏她还没有取得成功，这倒保护了她。写作依旧像别的事情一样是很物质的。她喜欢写作，也知道如何按自己喜欢的方式写作，她还喜欢烹饪，做桌布，帮助乌塔做功课。在她的卧室里，有一张桌子，还有本子，成堆的小学生练习簿，都是她在给儿子买东西的同时给自己添置的。耐心而感觉敏锐的玛格丽特很善于捕捉自己的所见，然后她会通过筛选词语在自己的内心深处升起一种感觉和印象。玛格丽特还在为驱除童年和混乱的少女时代的梦魇而写，她一直都在为这个目的而写，绕了多大的圈子，也都要回到爱的匮乏这块烧焦的领地上来。

在短篇小说集《树上的岁月》里，杜拉斯又塑造了一个母亲的形象，但这一回不是失败、绝望的母亲，双乳下垂，混纺棉布的裙子，为了孩子能够继续活下去在太平洋边不懈地斗争着，不，这一回不是，这一次的母亲是个富有、非常非常富有的母亲；富有，但是孤独一人，如此孤独，想要再见儿子一面，她喜欢的那个儿子，这是死前的最后一面。第一次，玛格丽特·杜拉斯站在了哥哥一边，站在令人痛恨的哥哥一边。而在《平静的生活》和《厚颜无耻的人》里，她揭露了大哥的恶行，痛斥了他和母亲结成的联合关系，她将这份沉重的，甚至带点邪恶的爱昭示于天下。儿子怎么做才能忍受母亲在他家过几天呢？

从何时开始他问她要钱或者偷她的钱？"外面是春天的大太阳，天气晴朗，微风扫过街道。自由的男人——母亲却在很远的地方或者已经死了——走在人行道上。"母亲贪婪地索取一切：孩子的爱，还有人们的尊敬。但是她到头来还是没有。什么也不能让她感到满足：儿子送的火腿，或是她自己要的腌酸菜。什么也不能让她的身体继续承受下去。既然这身体已经毫无"用处"，又为什么还要喂饱它呢？母亲到儿子这里来，要他陪她去买床，她就要死在这张床上。两个人都没有任何东西再好失去的了。反正她就要死了，儿子想。他还在这令人作呕的夜总会里邀请那些女人跳舞干什么呢？这样做能让他回到年轻时代吗？母亲在问自己。"我不要别人对我好，从来不要。我是坏人。"儿子说。"我快死了，孤独得像只狗。"母亲反驳他。香槟，甜食，酩酊大醉，什么都改变不了母亲，老得像个只知道抱着自己钱袋的巫婆。"我拿我母亲一点办法也没有，"他想，"只好在她死之前请她去吃饭。"但愿她快点死，他暗自希望。儿子快要喘不过气来了。最后，母亲终于睡着了。儿子可以趁机取下她的金手镯。如何才能忘却这份抑制不住的悲伤呢？儿子显然已经老了，在这桩重罪完成以前，身体因为抽泣而颤抖，发出了痛苦的悲号。"鸟儿会把您带到远处的，把您带到荒凉的黑夜里，这是它选择的生活。他不再哭泣，但是在他心脏的位置上，有一块黑色的硬石在跳动。"

玛格丽特说过她是个早起的人，她喜欢黎明时分，喜欢在黎明时分走路、写作、呼吸新鲜空气。在她童年和少女时代，母亲总是命令她早晨起来不要弄出声音，因为这样会吵醒才从鸦片馆回来、此时正在睡觉的大哥。玛格丽特一直害怕黑夜。在印度支那，夜幕降临得很快。正是夜幕初降时，在永隆，那个女乞丐一边大叫着一边疯跑；而1940年某日的深夜，她才和一个男人睡完觉回来，凑巧碰到了突然回来的丈夫，正在门前等她；还有那些个在恐慌和等待中度过的长夜，丈夫被放逐了，她每天都在等他的消息；接着，解放以后的这些夜晚，醉醺醺的、谩骂的夜晚，说话早已不受思维的控制；然后就是在生命尽头昏睡的黑色长夜。对于睡不着觉的人来说夜真是漫长。如果说在《树上的岁月》里，大哥是在夜半时分劫掠母亲的财物，这可不是偶然。也许是他自打生下来起做的最坏的一件事情。他也不知道。但是也只有母亲可以偷,什么都能偷。偷来的钱很快就在一场赌博中输得精光。"清晨他回到家里,轻飘飘的,解脱了,像条虫子,输得赤条条的,终于又回到了成人的样子——就在这一夜——疲惫不堪。"母亲回到了自己家中,什么也没有发觉,仍然很为自己的儿子感到骄傲。这个儿子,很小的时候就开始成日在树间游荡,她真的为之骄傲。

玛格丽特·杜拉斯写这篇小说的时候,多纳迪厄夫人在自己购置的房子里过日子,卢瓦河边的冬天太冷,一大群鸡和羊围着她,给她温暖。阿杜一直生活在她身边,这个忠心耿耿、遭到过大哥强奸的女仆,可怜而令人赞叹的女仆,她什么都会做,打扫,做饭,缝纫,甚至还读书给多纳迪厄夫人听……才在巴黎安顿下来的时候,多纳迪厄夫人以为自己还能继续教书,领导一所学校。于是她把房子改造成了一所小小的私立中学,收留了几个中国和越南流亡富商家的孩子。但是负担太重了,多纳迪厄夫人太老,阿杜太累。故事很快转了向。于是很奇怪地,她选择了养鸡,一个颇为狡猾的商人以全价把一套电取暖装置卖给了她,她便投入了电照养殖中。但是她可不比玛格丽特会弄,控制不了那套电子装置。大屠杀开始了。幸存下来的鸡都被剪了嘴,走路也一步一跄的。她接着投资养羊,她想——只想着——可以剪羊毛……鸡和羊和睦地和主人一起住在这座资产阶级的大房子里。周围的邻居都在说长道短……儿子,又一次,在困难面前显得一无用处。但是他就生活在几公里之外,他母亲给他买了一座蘑菇房,他似乎在忙着这事儿。每天他都来看母亲。有时他倒是不声不响地就走了;消失在卢瓦河绿洲的树间或去首都的游戏房赌博。玛格丽特也是,她经常到母亲家去。远比她告诉朋友的次数要多。她对母亲再也无所要求:不要钱,也不要感情。她只是在追寻她的存在,守候着她的每一个姿势,日间往返于巴黎和翁赞之间,就是为了给她煎一块牛排,因为母亲说只有她能买到好肉。只要能取悦于母亲,她什么都能做!有时她会带儿子一道去,有时她还会带上莫尼克·昂泰尔姆和她的孩子们去住几天。"真可怕!"莫尼克回忆道,"她强迫我们每顿饭都要吃鸡,而且还要检查每个人的盘子里是不是有剩的。"专制,呆板,孩子们自然不敢靠近她。"她只是做，很少说话。她跟着玛格丽特和我。她是不容分辩的。但是穿得很朴素：脑后盘了个髻，黑裙子。汤里只放一小块黄油，去咖啡馆的时候总要拿上几十块糖。我看得出，玛格丽特还是很怕她。"

在母亲死后，玛格丽特才说："今天，我不再爱我的母亲了。"如果说生了孩子之后她就已经摆脱了母亲，《树上的岁月》正标志着这个渐渐远离母亲的阶段：母亲先是成了文学素材，后来，到了《情人》里，母亲已经成了"通用写作"——这是杜拉斯日后很喜欢重复的一个词。她终于对她着了迷，这个诱人的母亲，殉道的母亲，从来不知欢娱为何物，却生下了一个对欲望有本能的敏锐的女孩儿。"我写这篇小说的时候，我认为，我甚至可以确信，小说的唯一主题是一个母亲对儿子的爱。充满激情的爱，像大海的激流，在它所到之处吞没了一切。"1976年10月17日她在《纽约时报》上说。接着时间流逝，改变了记忆，1965年在为让·路易·巴罗改编戏剧脚本时，她甚至改变了作品本身的性质。这个游手好闲的小伙子不再令她感到震惊。他偷母亲的钱似乎也不那么可耻了。"比较起以前，现在我对他更多的是同情。他非常的孤独。他再也不年轻了。虽然母亲和他的关系与他二十岁时没什么分别，并且仍然把他放在超越一切的位置上。"[①] 玛格丽特为她的哥哥辩护，说只是母亲对他怀有一种强烈的感情，而他可能是无辜的。母亲一直到死还在指责玛格丽特没有能成为一个商人或农妇；作家，这可不是职业！但是她从来没有指责过儿子的无所事事。在《树上的岁月》里，母亲在赚钱的时候有一种类似性的快感。"这些话，"玛格丽特·杜拉斯后来说，"我都是原封不动地取自母亲之口。"这不再是文学了，而是招供：

"钱，钱滚滚而来……填满了橱子，利润每天都在增加，你听见了吗？从磨坊的水声中……你感觉到这一切的时候就不会厌烦了。"

"看你变成了什么样。"

[①] 《纽约时报》，1976年10月17日。

"我原本就是这样的,只是没人知道罢了,我自己也不知道,没有人知道,因为我穷。我们都是一样的,都是钱的俘虏,只要开始挣钱我们就都是一样的。"①

母亲并非《树上的岁月》里的唯一女主人公。书里还有多丹夫人,即看门人弗塞夫人。这个多丹夫人只有一颗牙齿,一颗地狱之桃,油嘴滑舌到了可怕的地步,她成天抱怨:垃圾箱太沉,房客总是把屋子搞得太乱,楼梯太高。她浓妆艳抹,话基本上不经过思考就冲了出来,是无产阶级中的无产阶级,被剥削者中的被剥削者,她是——我们还能够清楚地记得——第一批得到党证的"工人阶级"之一,还是玛格丽特牵的线,那时她总是和弗塞夫人手挽着手地出席 722 小组的会议。"这非常愚蠢,不只是从一个方面看来如此,我理解我自己,天对正直的人会放晴的。多丹夫人很会说话。"杜拉斯用人种志学家的方法,在《塔尔奎尼亚的小马》中成功地创造了一种属于知识分子部落的语言,传递了他们的密码,他们的激情。在小说《多丹夫人》②中,她又将被知识分子称为小人物的大众语言搬到了小说里。《多丹夫人》是一篇杰出的幽默小说,是对日常生活平庸之处的论述。对于杜拉斯来说,谁在说话远远没有怎样说话重要。她不会对部长和看门人的语言加以区别。再说,她的同伴密特朗那时就是个部长,她和他在一起比和看门人在一起更俗。她问他能不能把公车转手处理给她!③ "弗塞夫人比密特朗还要会说话",懂得沉默的玛格丽特说。正是懂得沉默这一点让她能够听别人说。杜拉斯把她听到的都写了出来。她充满热情地倾听平常大家所使用的各种语言;她只想成为信息传递者,而不是法官或审查官。她听任自己浸润于所有这些词中,然后把它们放到笔下人物的嘴里。文学对于她而言正是这样:它是一种证明,应该体现语言原初

---

① 在一本关于母亲的集子中,玛格丽特承认道:"她在我心目中的形象不是很美好,也不是很清晰。再次审读她会阻碍我拥抱她,会让我伸出手去推开她,让我安静一会儿。我总是写她。她一直在。"文章后来收进了《外面的世界》。
② 第一次发表在《当代》上,稍有不同。
③ 作者与弗朗索瓦·密特朗的谈话,1995 年 3 月。

的一面，而不是造作粉饰的一面。后来为了这一点，不少人都指责她。也许在《树上的岁月》的最后一篇小说《工地》中，她冒了最大的险。正沉浸在尚未完成、无法形容的爱情艳遇中的她发明了一种写作方式，在写作中自问写作的功能和目的何在。首创的作品，这篇小说几经拆建后，在1966年，成了《毁灭吧，她说》的一部分。

《塔尔奎尼亚的小马》失败——相对的——之后，伽利玛出版社决定将《树上的岁月》的首印缩减到三千册，而不是原来定的五千册。如果说这一次批评界的欢迎程度仍然有限的话，却是比前两本书要热情多了。《洛桑新闻报》定了调子："这本书非常美，非常有力，非常惊人，因为玛格丽特·杜拉斯的天赋显示在她雄浑有力（！）上；我们真的很难理解，一个女人竟然能有这样粗野、这样无耻、这样不容分辩的笔触，这本小说集显示出的竟是这样一种风格。"玛格丽特·杜拉斯不是女性作家。她是作家。有些文学记者愤怒得牙齿都吱嘎作响，有些男人却尽可能地靠近玛格丽特。罗伯特·伽利玛也是圣伯努瓦街的常客，他证实道："在她生活的那个圈子里，她所亲近的人都对即将成功的作家表示怀疑，女文人，他们觉得在女性报纸上读到那些文章似乎是件并不荣耀的事。所有的人既欣赏玛格丽特，同时又指责她。'你可不要成为我们当中的路易斯·德·维尔莫兰'，他们老是对她说。"[①] 有些人的讽刺还是善意的，但是另一些人的讽刺就不乏尖酸了。嫉妒？知识分子的男子优越感使然？玛格丽特后来一直在问自己，她如何能在这么长的时间里，以这样一种服从的姿态，听从他们这么多的建议、批评和评价。在一篇没有发表的文章里，她追述了这段时间："我为自己说好话。本应该是由别的什么人来说的。真是奇怪，大家都不相信我。而我还为他们做饭，买东西。总是有很多客人。所有吃的喝的都是我准备的。我不时地告诉自己：我很高兴，我工作得很好。我记得那时人们老是对我说：你太重视你所做的事情了，太重视写作了；瞧，我们都是这样，可他们从来不说'我们'。"

在1955年的一本簿子上，她正在写《街心花园》的时候，我们也

---

① 作者与罗伯特·伽利玛的谈话，1995年10月18日。

找到了这份粗暴所留下的痕迹以及批评界对她的怀疑：

> 我把我的作品拿给迪奥尼斯看，他说：您这阶段在看海明威吧？他让我觉得很绝望。我想对他说：是的，我是在读《绿色山陵》，可我写的东西，即便我不读海明威，我也写得出来……再说关于多丹夫人垃圾箱的故事，它原本就是个故事，在我看来，这是个滞重而缓慢的故事，它给了我一种愉悦和悲伤，根本和海明威那种闪电般的笔触毫无关系。
>
> 这一天会来到的，我会用一句富有决定意义的话回答迪奥尼斯。我找这句话找了四年，可是一直没有找到合适的。我的问题一直是由他来发表决定性的意见。这个问题应该展开讨论，我必须解释清楚，是的，我相信迪奥尼斯具有决定意义的话，但那只是关于迪奥尼斯的决定意义的话，而不是关于我的。

玛格丽特认为话语是人类的一种声音，而不仅仅是知识性的信息。她如此执着于写作，正是因为她相信通过自己使用的这些词，能够够到另一种事实，无法形容的事实。在这方面，她似乎和娜塔丽·萨洛特比较接近，所以她不停地吹捧萨洛特的天才，她还很少公开宣扬某个活着的作家是天才。这种写作的概念，她谓之为接近内在的影子，自己的档案正是藏在内在的影子中。我们每个人都有这种内在的影子。所以我们每个人都能写作。再说对于杜拉斯来说问题在于：如何才能不写作呢？我们并不一定非要冒这样的险，到这秘密的领地里来闯荡。杜拉斯从来都不掩饰她糟蹋了自己的生活，身子俯在桌上写啊写啊，排除一切干扰，让混杂的内心变得荒凉。她经常觉得自己是在"真正生活"的旁边过日子，正常的生活，平常人的幸福，生存之轻。即便到她的身体已经不容她再写的时候，她还在以写作的方式说话，让扬·安德烈亚把她的话记录下来，变成书。作家应该是什么样的，她在20世纪50年代中期就找到了，在海明威的《非洲的绿色山陵》里有这样一页纸，玛格丽特的朋友玛德莱娜·阿兰斯说她可以熟记于心：

"您在说什么？"

"说我们可以写的东西，说如果我们是严肃的，如果我们运气好，散文可以写到一种怎样的程度。我们可以达到第四层乃至第五层境界。"

"如果作家达到了呢？"

"那么一切都不重要了。这比他能做到的要重要得多。成功需要运气。"

"但您说的是诗歌。"

"不。这比诗歌要难得多。还没有人写过真正的散文，没有技巧，没有弄虚作假的东西。没有所有那些日后会变得糟糕的东西的散文。"

"为什么会从来没有真正的散文呢？"

"因为这游戏中有太多的因素。首先得有天赋，非同一般的天赋。吉卜林那样的天赋。接着还必须遵守纪律。福楼拜那样的纪律。然后还必须有一种明确的概念和一种绝对的意识，就和计量单位米一样精确，容不得任何弄虚作假。再然后作家还必须很聪明，对周围一切都漠不关心，超越一切，这样他才能继续存活下去。把所有这些特点集中在一个人身上，让他经受所有能压垮一个作家的影响。"[1]

玛格丽特在圣伯努瓦街每周要招待几次客人，她不仅被看成是个女知识分子，一个以写作为职业，把激情投入写作上的知识分子，更被看成是个迷人的主妇。男人经常只身前来，围着她耍花腔。玛格丽特很善于控制这种激情——欣赏。这一撮人就在这个地域相对狭小的空间里生活着。圣伯努瓦街到伽利玛出版社和"希望"小酒馆约摸有几百米的距离，那是罗伯特和迪奥尼斯经常在上班或下班途中停下小憩的地方。迪奥尼斯在伽利玛负责再版以及改编版权，是出版社六个日常事务的负责人之一。罗伯特·昂泰尔姆负责七星丛书。格诺换了工

---

[1] 《非洲的绿色山陵》，恩斯特·海明威著，伽利玛出版社，1937年。

作以后，离玛格丽特远了，但是他还经常去参加他们的聚会。他终于敢在《树上的岁月》出版之际对这本书保留了一定的意见，结果激怒了玛格丽特。她要求伽利玛出版社更换一位谈判对象，于是出版社换了罗伯特·伽利玛。罗伯特·伽利玛很高兴能够为一位他欣赏的作家编书，并且，随着时间的流逝，这位女性成了他的朋友。朋友，也许吧，但更是一位可以对话的作者。因为她只在出版《树上的岁月》的时候还能听得进意见。从下一本《街心花园》开始，她就不再接受任何批评了。"她看上去温和灿烂，但是只要一谈到她做的事情，她就容不得任何怀疑。我还记得，有一天，我向她指出一点小问题。她立即打断了我，对我说，'你和我不是一个水平线上的'。"从今以后，给玛格丽特编书就意味着停下手头的一切事情，只读她一个人的作品，并且她总是要人替她跑腿去拿稿子（而她家到伽利玛出版社步行只需要五分钟），然后，两个小时后，你必须告诉她，她的作品无与伦比。迪奥尼斯已经没有权利在出版前阅读她的作品了。路易·勒内·德弗莱，既是作家、编辑，又是玛格丽特的朋友，他继续仔细地阅读玛格丽特的作品，提出自己的意见。但是他也记得很清楚，哪怕是一点点的不同都会让玛格丽特勃然大怒。[①] 后来玛格丽特也默默地疏远了他。她唯一害怕的意见还是罗伯特的。

玛格丽特已经把自己看成是个大作家了，在经济上也想独立，脱离迪奥尼斯。但是仅仅靠她的稿费是不够的。于是她一面抬高出版社的部分稿酬，一方面想应报纸杂志之邀写些关于杂闻、时尚和电影的文章，因为这些文章稿酬很高。"如果你这样做，你是在堕落。"罗伯特反对说。玛格丽特于是只好拒绝不写。暂时的……她仍然遵守这个团体的规则，也仍然是圣伯努瓦街的女皇：布朗肖、德弗莱，有时巴塔耶、格诺、拉康、巴特也会来。忠实的看守，莫兰、昂泰尔姆、洛朗、迪奥尼斯则每晚都聚在一起。"这些男人都是属于她的，"罗伯特·伽利玛说，"我不属于她，我有另外的生活，生活中有另外的人。这恰恰是她不能忍受的。"玛格丽特非常专制，什么事都要插一手，从

[①] 作者与路易·勒内·德弗莱的谈话，1995年2月18日。

新衣服的颜色到共产党的最近一次宣言。当然,她懂得如何招待客人,她做得一手好菜,而且知道在哪里可以买到巴黎最好的(也是最便宜的)猪尾巴;她会做美妙的熟肉馅点心和越南米饭,黏黏的、辣辣的,可口极了。她很活泼,善开玩笑,永远都是这样,滑稽,富有生命力。一个敏感、感人、调皮,有时让人无法忍受却又美妙绝伦的孩子。她能将蒂诺·罗西的曲子熟记在心,经常在大厅中央翩翩起舞,长时间地转着圈,陶醉在音乐里。让人心旌摇动,无法自持的玛格丽特。但是她很会嫉妒,为了随便一点点小事。尤其是为了女人和朋友,她对朋友有一种反常的专制和占有欲。必须懂得反抗。只有莫尼克·昂泰尔姆能凭借自己的魅力和性格做到这一点。莫尼克也有一个和玛格丽特儿子年龄相仿的孩子,她成了乌塔的第二个母亲,也是当时玛格丽特唯一的、真正的知心伙伴。维奥莱特·纳韦尔当时是爱德加·莫兰的同伴,她还记得,在她决定离开圣伯努瓦街小组的那一天,罗兰·巴特提醒她注意,说她这些年一直沉默着。维奥莱特甚至都没有发觉自己沉默了那么久……玛格丽特让别的女人都住了嘴?她只对男人感兴趣,对他们的判断和目光感兴趣,对于女性的友谊,就像20世纪70年代经常说的姐妹之情,她一向是带着那种斗争性的女权思想来看的。

西蒙娜·德·波伏瓦不属于她的圈子,也从来都没想过要加入她的圈子。20世纪50年代中期,玛格丽特曾经做过努力,想要在《当代》杂志上发表一篇甚至是几篇小说。萨特接待了她,粗暴地拒绝说:"我不能发表您的作品。您写得很糟糕。不过这话不是我说的。必须写得好一点,要不然您永远也不能在《当代》上发表作品。"一直到生命结束之际,玛格丽特·杜拉斯仍然坚持认为那个胆敢说她写得很糟糕的人一定是西蒙娜·德·波伏瓦,她从来不曾忘记过这次屈辱的会面。杜拉斯和波伏瓦之间的敌意或许也有嫉妒的成分——她们在某一时刻曾经爱过同一个男人:雅克-洛朗·博斯特,但是杜拉斯坚持说是写作概念上的分歧使然。玛格丽特·杜拉斯经常指责罗伯特·伽利玛竟然出版,同时又公开宣称喜欢她的书,她让他说"波伏瓦一钱不值",而西蒙娜·德·波伏瓦也对罗伯特说:"解释一下杜拉斯的书,我可看不懂她都写了些什么。"玛格丽特不喜欢其他女作家。她们会给她造成阴影,并且她从来不掩饰这一点。她从不掩饰对玛格丽特·尤瑟纳尔的蔑视,尽管她从尤瑟纳尔的作品里得到了不少灵感,而且还和她不得不分享同一个名字。唯一一个在她眼里还值得称道的女作家是娜塔丽·萨洛特,四十年来,她一直赞扬她的文体,赞扬她为自己开辟道路的执着——但是她还是表现得非常审慎……

玛格丽特没有停止过写作,作品一完成她就拿去发表。1955年,《街心花园》出版,一本在体裁上甚为奇怪的书,介于短篇小说和哲学故事之间。如果说它不停地问着同一个问题:生命真的值得坚持吗?真正的主题却是语言,日常生活的语言,遭到使用者破坏和重建的语言。作者力求语言平淡无味,但是作品却不乏充满诗意、梦幻的段落,甚至还描写了先兆意义的梦。两个主角——一个有点萎靡不振的正在旅途中的商人和一个新鲜活泼的年轻保姆——在一个春天的美丽午后,站在街心花园交换他们对于这世界的看法。他经历过一切,工作时表现得极为勤奋,从不抱怨,或者对自己的命运还感到非常满足,再说既然他没有憧憬过另外一种生活,又为什么要抱怨呢?他四十来岁,以前的生活井井有条,而未来已经不属于他了。而她,她二十岁,带着年轻人的热情和肯定认为自己不应该承受这样的命运,有朝一日一定会走出现在的困境的。保姆不是她的选择。她觉得这不是工作,只能算是境遇,是一份活儿,而不是职业。她也不抱怨,她只是希望有一天她能进入上流社会而不是在一旁待着看他们。她属于那类可以被忽视的小人物,希望大家都能发现她的存在:于是她拼命地吃,希望能够多占一点空间,星期六晚上她要去参加一个舞会,她憧憬着能在舞会上遇到一个慧眼识珠的丈夫,把她从什么都做的保姆变成一个温柔而亲爱的、专属于他的保姆。"我二十岁,什么都还没有经历过。我仍然在沉睡。"保姆一直处在一种昏昏欲睡的状态里。她就这么昏昏然地侍候她的主人,照顾主人的孩子,想着晚上她就能回到床上真正地睡上一觉。他和她都处在一种不在场的情况下:

"哦,我们真是最后的最后了。"

"据说就应该这样。"

"在别人看来，什么都是应该的，小姐。"

整个下午，他们都在说，就这样认识了，确定自己的存在。他们进入另外一个时间，进入对这世界的另外一种观点里。说啊说……为了存在而说："这样是有好处的，是的，到后来才会觉得有点无聊，说完话以后。时间变得很慢。也许我们再也不该说话了。"街心花园快关门了。每个人又回到他们的梦想中。旅途中的商人想着那座海边城市，他一直就期待着能住在那里；年轻的保姆一边给浑身散发着臭味的胖老太婆梳洗，一边梦想着能在克鲁瓦·尼维尔的舞会上碰到一个香喷喷的男人。

《街心花园》的结尾没有留下一点点希望的征兆。每个人物都被打发回自己的孤独和了无生趣的存在之中。这篇作品对于玛格丽特本人来说是一篇宣言，一篇发言稿，1957年，为了把它搬上舞台，她费了不少劲。而今天，关于剧本改编的记忆已经模糊了，因为它曾经被多次搬上舞台，有好几个不同的版本。《街心花园》发行了二千二百册——三年来，玛格丽特的新书印数可谓每况愈下。书在出版之际又遭遇了批评界的冷淡态度。《法兰西观察家》认为文章是对《等待戈多》的苍白模仿，甚至《新法兰西》杂志也认为玛格丽特最终是"厌倦了人类之爱"。朋友们也大多同意这样的看法。莫里斯·纳多觉得作品过于饶舌，没有自己的风格。路易·勒内·德弗莱说她是在用漫画的手法描绘自己。于是玛格丽特把送给他夫人并且题了词的书又要了回来。但是莫里斯·布朗肖稍后却在《新法兰西》杂志上发表了一篇文章，充满了赞誉之词："玛格丽特·杜拉斯以非常细腻的手法道出了男人也有善于对话的时候，她的观察非常仔细：必须要有相当的运气和相当的单纯才能在街心花园碰到这样单纯的事情，而这份单纯恰恰又和这两个人即将面对的隐藏的压力形成鲜明对照。这两个人在谈话，但是他们有没有互相理解呢？两个人都将外面的世界弃置身后，将一个容易理解的世界弃置身后，这个容易理解的世界却很少能够给我们一种真正的谈话所需要的运气和痛苦。"[1]

写这本书的时候,玛格丽特遇到了经济困难,于是她只能坚持问罗伯特·伽利玛要。后者不得不略带幽默地提醒她注意这样的事实:如果说玛格丽特出版了很多书的话,卖出去的却很少。"您的欠账现在已经达到十五万法郎了……"他写信告诉她,"但是您的话正说在我们的心坎上,我们一向也是非常敏感的,我不能表现得过于不事通融了。这里是一张五万法郎的支票,但这还将增加您的赤字……请原谅我只能做这些了,但是能做到这点也不容易了……"

玛格丽特和她的出版者之间是一种复杂、充满激情、混乱、相爱的关系,和伽利玛一家如此,和热罗姆·兰登亦如此,她后来和他度过了三十年的共同生活。在生命行将结束之际,她在奥查可夫斯基·洛朗身上找到了安宁和和谐,洛朗懂得倾听,给她以安慰。因为玛格丽特虽然声名卓著,虽然获得了龚古尔奖,虽然成了百万富翁,虽然书卖得越来越好,她却处在永远的恐慌之中,像个胆怯的小姑娘,每次书出版之际,都希望能够得到认可,希望读者能记住她。所有的评论家几乎都有过这样的经历,在夜半时分——她把书寄出的第一天或第二天——得到她抖抖索索的电话,问他们印象如何,评价如何。无度的自傲?极度的自恋?不断重复的场景?当然,但同时还有她的疑惑,不知道为什么每一本书出版,她总是遭到被评论界拒绝的痛苦。

但很快,政治事件将文学问题推至身后了。法国陷入了战争中,玛格丽特从战争一开始就反对法国在阿尔及利亚制造的一系列事件。在迪奥尼斯的倡导下,反阿尔及利亚战争知识分子委员会成立了,很多性格和身份千差万别的人都参加了这个组织:左派和右派,共产党员和托派,甚至还有超现实主义者。1955年10月,玛格丽特和其他三百个知识分子及艺术家一道,第一批在反北非战争请愿书上签名。

这是一场非正义的战争。他们以我们的名义追捕、关押、折磨、枪毙了那么多人,而他们的罪行就是为了自己的利益胆敢运

---

[1]《新法兰西评论》,第39期,1956年3月1日,第492—503页。

用起我们的原则,用我们那种曾经把他们逼入绝境的反叛的语言。

这场战争是可耻的。

这场战争是徒劳的……

现在签名的这些人,不仅是在表达被卷入这场战争的年轻人的感情,更是在表达大多数法国人的感情,他们团结起来要求尊重各民族的权利,要求北非得到兄弟般的友谊和和平。

在第一批签名的名单上,除了马斯科罗、昂泰尔姆和杜拉斯,还有罗杰·马丁·杜加尔、弗朗索瓦·莫里亚克、伊莱纳·若里奥、让·高克多、于勒·罗伊、娜塔丽·萨洛特、让-保罗·萨特、西蒙娜·德·波伏瓦、埃迪特·托马斯、让·戈……所有人一致要求:停止镇压,立即和阿尔及利亚人民展开和谈,结束阿尔及利亚的紧急状况,解散部队,停止种族迫害。在最后,全体签名者庄严地宣布,为了中止这场威胁共和国的战争,他们将"竭尽一切他们认为可行的办法"行动起来,反对这桩非人的罪恶。

布勒东参加了委员会的开幕会议。莫里亚克和马丁·杜加尔也毫不犹豫。爱德加·莫兰、克洛德·罗伊、罗伯特·昂泰尔姆、路易·勒内·德弗莱成了委员会的核心。1955年11月5日,玛格丽特参加了在格勒奈尔街园艺大厅举行的会议。她提出了两个想法:拍一部反映法国北非人生活的片子,揭露一下他们受到的是何种程度的蔑视,尽量地争取法国人民的同情。她甚至找到了制片人,克洛德·日阿热,并建议和马克·皮耶莱合作完成电影脚本。第二个想法是争取尽可能多的画家加入行动委员会。她主动提出由自己负责这项任务,和毕加索、杜布菲、弗特里埃频繁接触,当然,还向已经签名参加合作的人索取电影的制作费用。每个人都给了点钱,但是电影始终没有出来。委员会定期召开会议,编辑印刷宣传传单,选出了常委会的人。财物主管先是J. B. 莲塔里斯,后来换了罗伯特·伽利玛。

委员会的宣告激怒了阿尔及利亚总督雅克·苏斯泰尔,他一向炫耀自己所谓科学的专权——他本人是个种族学家——和在种族学领域的知识,11月26日,他在《战斗》上发表了一篇题为《一个知识分子致其他知识分子的信》，进行澄清和更正。他反对"阿尔及利亚战争"这个概念本身，在他看来，使用这个词的是一小撮迫切地想要建立一种犯罪情结的知识分子。对于他来说，阿尔及利亚人——他称之为暴乱分子——既没有梦想也没有原则，他们只是些蒙昧主义者，脾气暴戾，喜欢放火，他们才是真正的极权主义者和种族主义者。12月3日，委员会发表了一篇分析阿尔及利亚局势的政治性长文，题目为《答阿尔及利亚总督》，反驳了苏斯泰尔的观点。12月17日，看到苏斯泰尔没有做出再次答复，委员会重新提出要任命一个调查委员会。12月23日，苏斯泰尔做出了答复，认为这些胆敢取代并猛烈抨击公共权力的人是非常恶毒的，根本不了解情况。

1956年1月10日，玛格丽特以集体的名义承担起驳斥他的任务。在一篇长达几页纸的通告里，她提请大家注意，阿尔及利亚有集中营，警察对他们滥施淫威，而且法国政府和军队对阿尔及利亚人民进行过集体性的屠杀。

> 有的人不遗余力地揭露他人的残忍，却根本不考虑自己犯下了多少残忍的罪行，对于这样的人，我们知道该如何定性。停下吧。任命你为阿尔及利亚总督的国家元首也把您看成是个傀儡。"在阿尔及利亚，不管是在经济上还是在社会管理上，都是封建当局说了算。"他会这样说。您根本不懂应当怎样行动，怎样做一个行动的人。您装作致信给知识分子（因为到最后谁也不会把您的信看成是一封知识分子写给知识分子的信），然而这些知识分子当中的一部分为您的杂乱无章和粗鲁所震惊，另一部分则为您的自得和恶毒所瞠目。

这封信以委员会的名义寄给了苏斯泰尔。他是如何知道写信人的身份的呢？听别人说的，还是警察局的调查。谁也不知道。无论如何，他私下复信给玛格丽特·杜拉斯，后者将这份珍贵的资料保存了下来：

> 您错了，我想我有理由这样说，您错误地认为法国一千个知

识分子都会毫无怨言地跟着您干您和其余几个作家喜欢干的事情。在我的回信发表以后,不止一个在您通告上签名的人告诉我说他们并不同意您的煽动之词。至于您想否定我是个知识分子,我对此只有报之一笑。据我所知,至少我们还没有向您索要您的证明。您被共产党驱逐出队伍的事情,我不太感兴趣,也没觉得有多少好玩的。

夫人,请相信,我和您一样具有法国公民的感情。

1956年1月27日,玛格丽特在迪奥尼斯的陪伴下到瓦格拉姆大厅参加大会,迪奥尼斯因此被带到了法庭。在会上,达尼埃尔·盖兰、让·阿姆路什、艾梅·西塞尔、让-保罗·萨特严正申明他们坚决抵制任何形式伪装下的殖民主义,要求彻底放弃将阿尔及利亚变成法国行省的想法,解散阿尔及利亚议会,接受阿尔及利亚抵抗组织的和谈。萨特要求阿尔及利亚立即独立。阿姆路什想要发言,说他就是个卡比尔人,是个基督教徒。他的声音却被喧闹声遮没了。在电影《不服从的精神》(让·马斯科罗和让·马克·杜里纳出品)里,玛格丽特回忆了这个极为重要的夜晚:"参加了这次会议,我感到非常骄傲,我们都是些政治小孩,我们成功地和阿尔及利亚知识分子一起召开了这次会议……我一直没有忘记当时那种幸福的感觉。我们聚会的目的是让他们走出恐怖,走出恐惧的阴影。"

委员会在准备一份小册子。2月3日事件后,委员会致电给议会主席,请求他坚决不要在殖民主义者的暴乱和恫吓面前让步,同时他们还给莫莱、芒戴斯·法朗士和时任司法部部长的密特朗发了电报,请求他们缓期执行因反对阿尔及利亚战争被判的死刑。也正是在这个时候,密特朗和玛格丽特又重逢了。他们之间颇为冷淡。玛格丽特对密特朗很失望,从此以后便与他保持一定的距离,甚或对他不无蔑视,在这一点上玛格丽特也从不掩饰。一直要等到1981年密特朗当选为总统的时候,玛格丽特才和他重新接上头,积极地投身于他的阵营,为他写圣徒传记,显然,她奇迹般忘却了他在阿尔及利亚战争中作为一个部长的所作所为。安德烈·布勒东和其他超现实主义者加入了知识分子委员会，1957年，该委员会解散，代之以知识分子革命委员会，主要成员有米歇尔·雷里斯、让·杜维尼奥、让·舒斯特和迪奥尼斯·马斯科罗。爱德加·莫兰、乔治·巴塔耶、莫里斯·布朗肖也是委员会的成员。

但是知识分子对于阿尔及利亚问题的看法也不尽一致。玛格丽特·杜拉斯属于加缪所谓的"阴性左派"，用一种无聊的方式，要求什么"阿尔及利亚人民斗争下去，从侵略者手中获取自由"。在加缪看来，阿尔及利亚民族由两部分人民组成，他们都有保留故土，在正义中生活的权利。知识分子间的不和很快就在圣伯努瓦街爆发了。爱德加·莫兰，接着是克洛德·罗伊反对阿尔及利亚民族解放阵线的某些行径，拒绝和向法国人开枪的家伙混在一起。"我们介入这个事件的时候对阿尔及利亚一无所知。"① 他承认道。不管怎么说，民族解放阵线在法国的行动让他想起了曾经大大震惊过他的某些斯大林主义分子的态度。在圣伯努瓦街，争吵有时相当激烈，并且一直持续到夜深时分。罗伯特·伽利玛决定悄悄地离开。叙埃远征和苏联入侵匈牙利加速了共产党员和其他人的分歧。玛格丽特深受匈牙利事件的影响，加入了大卫·鲁塞的阵营，而在这以前，她对大卫·鲁塞颇为怀疑。小组决定解散。会议也越来越少。只剩下那几个老成员。

玛格丽特那时几乎将所有精力都投入了政治事件中，没有什么特别的写作计划，但是她又需要钱。她不想问迪奥尼斯要，因为她正想着要彻底地离开他。她正在经历思想、爱情和经济上的难关。她转向了她的出版商，向他发出令人心碎的求救信号，甚至为了取得更大的效果，不惜以断交相威胁。危机最后果然以断交而告结束，这也是玛格丽特早就预料到的。由于她再次索取《街心花园》的预付金，而她当时的欠债已经达到八万九千六百六十五法郎，于是克洛德·伽利玛答复她说，她是故意地在装聋作哑。② "但是您这样做也无法为您要求解除合约的行为进行辩解，"他补充道，"我们都同意为您的新书预支一

---

① 作者与克洛德·罗伊的谈话，1996年3月17日。
② 伽利玛档案，1956年4月23日。

笔款子,想想看,您能保证新书的计划吗?我们都想帮助您,正如我们先前所做的一样,但是我们不能毫无理由地支付您钱。请您设身处地地为我们想想。"

玛格丽特从来没有设身处地地为她的出版商着想!在她看来,出版商首先是银行,再说她一直害怕出版商会榨取她的钱。当然,写作是她的职业,她唯一的职业,而且在当时,她也只有这样一个谋生手段。直至生命尽头,她依然强烈地感受到对钱的这份需求。在钱这方面,她从来没有觉得够过。再说作为作家,又如何还能按功付酬呢?在她看来,伽利玛出版社几乎对她的威胁毫无反应,对她缺少足够的激情。出版社的奥岱特·莱格勒在很长时间里一直担当着玛格丽特和出版社的"联系人",角色相当重要,她回忆说玛格丽特一直就希望得到承认,她在这方面的欲求永远是得不到满足的。玛格丽特把奥岱特拖到希望咖啡馆,心惊胆战地问她有没有读过她的稿子。总之,玛格丽特觉得在出版社没什么人喜欢她,所以每次新书出版,她对出版社的人都显出一副高高在上的态度,很难接近。她一直在寻找能够相信她、理解她的出版商,而且还尝试着在杂志上发表短篇小说。她的努力白费了。

1956年夏非常难过。玛格丽特先是和儿子到了特鲁维尔。她在等迪奥尼斯,但是他没有来。"哦,是的,我希望你能来——有点希望——来一次也好。"后来她开着车子出发去了南方。速度,控制。玛格丽特一直很喜欢驾驶。甚至上了年纪、体力不支的时候,她还让人开着庞大的旧汽车带她兜风。再老一些,在她彻底地被关在圣伯努瓦街以前,疾病已经妨碍她的行走了,她还和朋友一道开车兜风,游夜巴黎,游她喜欢的郊区,或是下午的时候开车到诺曼底。甚至扬,她生命中最后的情人,也不得不考了驾照。到了南方,因旅途而精疲力竭的她写了最后一封信给迪奥尼斯,要断绝关系:

> 您从来没有和我说过。我说的关于您的……我欠了您什么?四十二岁,我不想再继续以前的生活。我太累了,请您原谅。似乎我以前所有的巨大的善意已经被劫掠一空。也许是我的错。我的童年无名无姓,我曾经一无所有,所以您辱骂我的时候我都觉

得这是对的。我想要在您的身上得到这世界所有的美好。但是如果您想在我身上得到这种美好，我却不愿意。

其实直到旅行结束才真正做出了决定。断绝关系而不是分离，因为迪奥尼斯仍然住在圣伯努瓦街，一直住到1967年。他的女儿去世后，他才决定和女儿的母亲——索朗日——住在一起，昂泰尔姆给他们找的房子。和当初他甚难离开母亲的住所在玛格丽特家安顿下来一样，迪奥尼斯并没有斩断和玛格丽特的一切关系，他继续和玛格丽特住在一起，和她共同承担起乌塔的教育。莫里斯·纳多是他们中断关系的见证："是个晚上。我们三个在一起。迪奥尼斯问玛格丽特'您究竟对我有什么不满？'玛格丽特干巴巴地回答说，'刚才您还用你来称呼我'。"[①] 结束了。玛格丽特开始过没有迪奥尼斯的生活。远离他批评的目光。自由了。摆脱了这份怀疑性的、永远不变的关系。尤其是不用再在夜晚等他归来，不用再怀疑他在欺骗她。她终于安静下来，能够安心地睡着了，而不用深更半夜地等他回来后，看着他一句话也不想说的样子，要他——作为要求和证明——和她做爱。"痛苦，折磨人的不忠，没有未来、监视、嚎叫的痛苦，沉默的痛苦，为什么？为什么？"她在《绿眼睛》里一篇题为《我问我自己如何》的文章里追忆了这段日子。

如何？她如何能够忍受这一切？和所有的女人一样，玛格丽特知道和她生活在一起的男人在欺骗她。和所有的女人一样，她知道却又不愿意知道。像很多男人一样，迪奥尼斯否认了。这更增添了玛格丽特的怀疑和犯罪感，觉得自己有这样的坏念头简直可耻。她身边的每一个人都知道迪奥尼斯和别的女人有关系。除了她。朋友们也许未必知道迪奥尼斯和波莱特·戴瓦尔的事情，但是他们清楚迪奥尼斯唐·璜式的天赋，正如格诺在1996年出版的《日记》里所证实的那样。玛格丽特是个容易遭到欺骗的女人。玛格丽特对和她生活在一起的男人总是要求过高。她太善妒，占有欲太强，恶毒、让人难以忍受。于是男

---

① 作者与莫里斯·纳多的谈话，1996年3月17日。

人在某个时刻会离开的……到别的地方,不很远……只是为了呼吸一下自由的空气。但是她又不是一个在爱情上可以接受权宜之计和妥协的女人,可以像那种小资产阶级的女人一样,为了社会上的体面,可以接受已经破绽百出却修修补补的夫妻关系。在《塔尔奎尼亚的小马》里,萨拉决定和一个想要她的男人睡觉时,她这样说和她生活在一起的男人:"他经常欺骗我,而我至今还从来没有欺骗过他。"萨拉梦想着可以有别样的男人。玛格丽特也是一样。

从此她和迪奥尼斯是一种同伴的关系,这种关系建立在他们深层的相通和相互的尊重上。他们的分离不是地域性的,而是肉欲和爱情上的分离。玛格丽特在她生命的尽头仍然承认她很少像爱迪奥尼斯那样爱一个男人,并且将他作为情人的优点大大夸奖了一番。每次在看相簿时,只要看到迪奥尼斯,她总是要夸他英俊优雅。

玛格丽特于是在她的三个男人之间生活着:首先是她的儿子乌塔,每次报纸杂志采访她的时候她都会提起她的儿子,她说他是她生命中最重要的人——"自打他生下来的那一刻起,我就生活在一种疯狂之中。"① 她说,接着是迪奥尼斯和罗伯特。罗伯特的《人类》在伽利玛再版了,人们终于承认他是个哲学家、作家、历史学家。莫里斯·纳多在《观察家》② 上说这部作品具有伟大的现实性,它让我们对社会的内在机制提出质问。在《解放报》③ 上,克洛德·罗伊指出罗伯特的作品里那种"毫不夸张的残酷和明显的高贵"。他说"昂泰尔姆在1957年仍然是那个时代的见证,他从来没有停止过思考这不能思考的事情,没有停止过想无法想象的事"。罗伯特·昂泰尔姆几乎没怎么修改原稿:只是出于个人的原因对段落划分做了点调整,文体上也稍做修饰。在当时的访谈中——那时人们经常拿他和让-保罗·萨特相提并论④,两人在外表上甚至也不乏相似之处,同样凝重的面容,在深度近视的眼镜片后同样富有生命力的眼神,以及他们赋予知识分子的角色——呼唤理性的

---

① 现代出版档案馆档案。
② 《观察家》,1957年4月4日。
③ 《解放报》,1957年3月13日。
④ 《巴黎—诺曼底报》报道,1957年3月8日。

爆炸性生活，积极的悲观主义以及反对一切压迫的斗争：在阿尔及利亚的压迫，在匈牙利的压迫，正是这压迫开启了人类的无能怀疑。

玛格丽特很为《人类》再版的成功感到骄傲，她鼓励罗伯特拿起笔继续写下去。而她自己正处在等待和匮缺之中，无法开始新的小说。勒内·克雷芒才买下《抵挡太平洋的堤坝》的版权，正在着手寻找演员。他没有征询玛格丽特的意见，玛格丽特非常失望，因为克雷芒没有找她改编电影脚本："这部电影不是由我亲手建立的，我非常悲伤。题目将保留下来，还有我的名字，都将一并出现在片头字幕上。"① 她觉得别人将她的想象窃为己有，尽管收到了一笔很大数目的版权费，她还是表现得非常震惊和悲哀。不过电影能够开拍她已经够欣慰的了，因为两年前，热纳维也夫·塞罗也想把《抵挡太平洋的堤坝》搬上戏剧舞台，由于经费不足，不得不中途放弃了。②

那时的杜拉斯比较起电影来，更寄希望于戏剧。她认为电影是一种娱乐而不是艺术，是一种生产，而不是创造。戏剧则是一种经济上的赌注，一直是冒险的领域。杜拉斯相信戏剧里有一种牺牲的崇高，它带有旧时代的痕迹，演员通过他们的台词在拿自己的生命冒险。玛格丽特·杜拉斯的第一部戏剧是1956年9月17日在香榭丽舍剧院上演的《街心花园》。玛格丽特缩减了前一年出版的小说。受到莫里斯·布朗肖3月发表在《新法兰西》杂志上文章的启发，作品在节目单上的名字叫《谈话的痛苦》。《街心花园》由克洛德·马丁执导，凯蒂·阿尔贝蒂尼、R.J.－硕法尔主演。玛格丽特承认自己还没明白过来这是怎么回事儿就写了剧本。"当然，我不是故意的，我不知道自己以后是否还会写剧本。"③ 她谦虚地解释道。改编的时候导演征询了她的意见，并建议她参加彩排。她立即投入了游戏之中，并且非常欣赏两个演员："他们很快就领会了我的想法。我没有什么再多说的。"这出戏只演了很少的几场，几乎不为人所知。玛格丽特于是试着让它再度上演。于歇特剧院临了又放弃了，香榭丽舍剧院同意下一季度上演，但是要求他们付

---

① 《星期天》，1956年2月19日。
② 参见玛格丽特·杜拉斯1954年3月2日致加斯东·伽利玛的信，伽利玛档案。
③ 《巴黎－诺曼底报》报道，1956年12月6日。

费。玛格丽特于是在 1957 年 4 月 3 日写信给加斯东·伽利玛："据说剧院要的会越来越多。如果可能的话，我们会很高兴。这就是我所要说的一切。您想象不到，加斯东，这一类的事情是多么让人难以忍受。"

加斯东付了钱，1957 年 5 月 1 日，该剧再度上演。戏剧评论界的反应也相当冷淡。让－雅克·高提埃借此机会竭尽讽刺之能事："我不知道我是在哪儿读到杜拉斯夫人的作品的，她先是写了小说，后来文学评论界的人劝她把作品改编成剧本。剧本，如果这也算是剧本的话，没有情节，没有背景。没有生。没有死。甚至我要说没有人物。或者是几乎没有……对话？也不全然。我们姑且算是犹疑的闲谈吧。公共场所的一次节日，都是平庸、微不足道的事情，用一种看似单纯的语言表达出来，省略号，还有长时间的思考性的沉默。"[①]《曙光》认为这是一出感人的戏剧，《法兰克枪手》认为剧本的质量有问题，《巴黎人报》说这是关于无聊的一课。尽管没有得到承认，玛格丽特这次似乎却不为所动。她刚刚陷入一场恋爱，她不再斤斤计较，老想着算账了。[②] 玛格丽特疯狂地爱上了一个男人，现在朋友们都还能回忆得起她的生命中突然出现了一个英俊、阴郁、迷人、古怪、学识渊博的男人，职业是记者，也是个作家。这个人将对她产生重要的影响。等时光流逝，这份爱情不再的时候，玛格丽特开始说他的坏话，想要彻底地忘了他。她甚至试着写他，写了两次。没有成功。这个男人是无法用语言来表达的。"撒谎的男人"，她总是这样称呼他。但是她和这个男人分享了所有的生活：朋友，约会，房子，风景，油画。她和他一起旅行，特别喜欢到意大利；她和他一起喝酒，很多的酒。她和他接吻。他是个非常善于接吻的人，她说。母亲下葬的时候，他也在，就在她的身旁。是他安慰她，她因酒精变得迟钝时，他把她揽在怀里。也是他，在她因为忍受不了和儿子分离——儿子的父亲觉得儿子还是远离她为妙，也不顾她怎么看，就把儿子送进了香本-里尼翁寄宿学

[①] 《费加罗报》，1957 年 5 月 3 日。
[②] 但是这出戏从此进入了现代戏剧的保留剧目。1960 年，约瑟·加格里亚对剧本做了删节性的修改后重新将该剧搬上舞台，1965 年，该剧又以完整的形式再度登上达尼埃尔·索拉诺剧院的舞台，由埃弗里纳·伊斯特里亚和亚历山大·阿斯特吕克执导。

校,因为儿子和母亲之间的关系已经超越了一般的亲情了——而哭泣时,让她安静下来。多亏了这个男人,她用新的文体写成了两本重要的书,《琴声如诉》和《劫持劳儿·V.斯坦茵的迷狂》。也多亏了玛格丽特,这个男人写成了一本非常美妙的小说。他和迪奥尼斯不同,作为一个作家,他很欣赏玛格丽特。文学之爱,同时也是肉体之爱。他们的相遇本身就像很多人所希冀的那样罗曼蒂克。

他叫热拉尔·雅尔罗。有人说他那天夜里是在玩牌,另一些人则说他是和同伴打赌,赌他最迟到第二天就能和杜拉斯睡上觉。他留下的照片很少。等到他获得梅迪西斯奖,他的肖像可以登上各大报纸的那天,他的脸却已经有点发抖了。在当时拍的他们度假的电影上,他穿着泳衣,正和玛格丽特在深蓝色的大海里一道游泳。幸福,非常幸福。健壮,笑盈盈的。一个英俊的男人,所有认识他的女人都这么说。英俊的棕发男人。不完全是那种圣日尔曼大道上左岸知识分子的做派。他属于那种好斗的记者,套着件灰蒙蒙的雨衣,说话很有意思。总之,是一个富有生命力的人,在他身上,有某种东西能够吸引一个才和痛苦的知识分子在一起生活了很长时间的女人。和他在一起,她可以笑,随便说点什么,不谈政治,在酒吧度过长夜,逛大街一直逛到天亮,下午的时候在他那间朝着杜勒伊花园的房间里做爱。

他太英俊了,1945年7月14日在救火队员的舞会上,他迷住了一个女医生,在他看来,他的生活从此后发生了逆转。他二十岁,就在伽利玛出版社出了第一本小说,题目叫作《白色的武器》,他那时在阿拉哥的报纸《今晚》任通讯员。他的妻子艾娃·雅尔罗说,"他实在是很迷人"。玛格丽特遇到他的时候,他三十四岁,已经结了婚,有三个孩子。非常男性化,他的朋友米歇尔·米特拉尼说,喜欢吹牛,既轻浮又持重,外表有点像英国人,斯蒂芬尼式的口音,成天不是喝酒就是勾引女孩了。玛格丽特和他第一次是在节日聚会上遇见的。那天是圣诞节。他们在一起说了很多。他提出送她回去。她拒绝了。多亏了一位朋友——雅克·弗朗西斯·洛朗,他得到了她的地址,给她写了一封信。上面写着:我在某咖啡馆等你。他等了八天。每天都等上五到六个小时。接下来的故事,杜拉斯自己叙述过:"我抵抗住了他的进攻,我每天都出门，但不到咖啡馆那一带。但是我非常渴望新的爱情。第八天，我走进了咖啡馆，就像走上绞架一样。"他在等她，对她说他会永远等下去。她装作相信了。他们在咖啡馆里继续谈情说爱。从一个咖啡馆到另一个咖啡馆，从一张桌子到另一张桌子，米特拉尼说。回去的时候他们喝得烂醉如泥，直到中午才能醒。

他是个王子，那时她说。轻浮，迷人，浅薄，给报纸写写文章，或是写电影脚本，再或写小说，有时能写完，有时开了头就扔下了。他接受过非常好的教育。他的老家在欧坦，出身于一个富有的外省资产阶级家庭，是父亲最钟爱的儿子，在第二部小说《糟糕的地方》里，他描绘了欧坦这座城市。他家庭希望他成为公证人或律师，但是他对这种职业毫无兴趣，他"上"到了巴黎。他的目的在于接触艺术家，跻身圣日尔曼-德普雷的小团体。他自然是成功了，因为他迷人、细腻，并且心眼很好。他成了鲍里斯·维昂的朋友，后来又联系上了阿拉贡，在他身边一直工作到1953年。他喜欢爵士乐和现代艺术，于是和他妻子——他的妻子是产业主——一道开了一间小小的卢森堡画廊，沃尔斯、马蒂厄和里奥佩尔正是从这个画廊开始他们的抒情抽象主义运动。

玛格丽特遇见他的时候，他受克洛德·朗兹曼之聘在《法兰西星期天》当改写编辑。每个周末，按照事先规定好的主题，他对报纸进行改写。他写作速度很快，他的妻子证实道，不带一丁点儿情绪地写满了一张又一张纸。他的文章涉猎范围很广，从外省偷偷摸摸的爱情、血腥的杀人案、轰动一时的诉讼，到女性的菜谱，因为这样可以吸引女性读者的注意。总之，他成了所谓快餐文学的专家。他那时的老板克洛德·朗兹曼提醒过他，找到合适的文体，构思出一个引人入胜的故事，并且在规定的期限里完成它可不是一件容易的事情。雅尔罗却在这种练习中显出自己是个一等的好手。但是他对朗兹曼承认，他做这个只是为了钱。他的偶像是乔伊斯、斯威夫特和普鲁斯特，他成天都在谈论他们。他把自己看成是个作家，克洛德·朗兹曼回忆道，而白色丛书出版了他的两本小说，这让他能在记者圈子里占有一席之地。纳多也还记得，他喜欢围着真正的作家打转转，是那种善于摆架子的人。"我不行，又羞涩，又不出众。总之，我不是冠军，我想要强大起来，这只有通过文学来实现。"他说。杜拉斯后来说："这个男人是个非常有天赋的作家。他很细腻，很古怪，很迷人。他还很健谈，身上有很罕见的品质。"① 无论如何，他都算是一个爱吹牛的人，甚至有点观淫癖。

作家，也许吧，但肯定是个杰出的情人，克洛德·朗兹曼就是这样认为的。雅尔罗经常和报社的同仁吹嘘说，一边和玛格丽特做爱一边自我欣赏。他甚至把那些表示感兴趣的人带回家，让他们参观他的杰作。他不太谨慎，也谈不上优雅。雅尔罗，喜欢夸口，太饶舌。玛格丽特尝到了前所未有的爱抚，不断地衍生出新的欢娱，以至于渐渐地沉迷进去。这是一种美妙的堕落，她对一个朋友说。"说到底这不是一个故事……我的意思是说这不是一个爱情故事，但还算是个故事……怎么说呢？我想我是出不来了。真是奇怪。"② 杜拉斯已经度过了自己觉得危险的时期：少女时代是和中国情人，和罗伯特·昂泰尔姆结婚前或结婚后她和各个不同的陌生人在一起续写自己的故事，战后又和戴瓦尔。但这一回，她第一次没能控制住局势。在玛格丽特的生活中，前也是雅尔罗，后也是雅尔罗。她自己都说："在相当长的时间里，我生活在社会之中。我到别人家去吃饭。这就是我的一切。我去参加鸡尾酒会，和各种各样的人见面……我写书……就这样。接着，有一天，我有了一桩爱情故事，我想一切就是从这里开始的。"她的写作和她写作的方式发生了改变。肉体之爱令她头晕目眩，却同时也让她发现了自我，让她产生摆脱某几个导师的欲望：海明威、维托里尼、贝克特。从今以后，她是在自己的内心找寻写作的力量。以前，她是个正在学习的女人，认为只有比她年纪大，比她学识渊博的人才能帮助她。从今以后——有的时候简直到了夸张的地步——她只相信她自己。她完成了她所谓的拐向真实之路。

将近几个月的时间，她一直无法投入创作，因为和雅尔罗的故事占去了她所有的精力。几个月后，她向克洛德·萨洛特承认说她才开

---
① 《物质生活》，第105、106页。
② 《谈话者》，第59页。

始一部小说的创作,她要写疯狂的爱情,很短的爱情,里面的人物都是气喘吁吁地说话。但是母亲的死中断了她的写作。她是通过电报得知母亲的故去的,收到电报时已经晚了,她正和雅尔罗在圣托佩兹附近的一所房子里度假。她决定立即出发,想要赶上第二天早晨的葬礼。他们飞速行驶了一整夜,雅尔罗和她轮流驾驶。黎明时分,精疲力竭的他们在一座饭店里休息后又上了路。他们俩都醉了。天亮了。雅尔罗在颤抖。他把持着方向盘。靠近母亲家的时候,他们又停下了,走进一家旅馆。"我们又做了爱。我们无法说话。只是喝酒。他很冷血,一边喝一边打。打我的脸和身体的其他地方。我们无法彼此接近,我们很害怕,一直在抖。"她去了母亲家;雅尔罗在旅馆里耐心等待。丧葬官在等她。他们三个人围着棺材:仆人阿杜,哥哥和她。在入葬前她吻了吻母亲冰凉的前额。哥哥哭了。她看着他哭。她不想哭。一点也不感动。她在想那个她爱的男人,她爱他,他也爱她,而且在等她。在《夜里的最后一个客人》[①]中,她写道:"我一点也不为死去的这个女人感到痛苦,还有这个哭泣的男人,她的儿子,我从来没有为他们感到过痛苦。"葬礼后她回到了雅尔罗身边。他们一起待在旅馆的房间里——互相殴打,然后相爱,他们一起哭泣,一起在夜里奔跑,喝酒,直至第二天早晨一起倒下。六个月里,他们都是这样一种由暴力、酒精、肉欲结合而成的关系。整个冬天也是如此疯狂,玛格丽特说。"然后就没有这么沉重了,成了一桩爱情故事。"再往后,她终于写下了《琴声如诉》。

《琴声如诉》里到处可见这个故事的影子。书本身就是献给热拉尔·雅尔罗的。平素我们习惯于讲述爱情的表面;在《琴声如诉》里,玛格丽特跃跃欲试地想讲述不能讲述的东西。小说的主人公是个厌倦生存的资产阶级年轻女人。她叫安娜·德巴莱德。她是一个调皮捣蛋的小男孩的母亲,非常忧郁,小男孩在所有方面都是超乎常规的,母亲回答他的问题时也往往驴唇不对马嘴,她根本不在听他说话。安娜酗酒,却是那种不乏高贵的酗酒,她泡在港口的一个小酒馆里,生活在

[①] 《物质生活》,第20页。

昏昏然中，与鸟儿为伴。她有个特点，就是她非常讨厌茶花。这个喝到第三杯酒手就会发颤的女人当然是玛格丽特的翻版，但是她也已经是劳儿·V. 斯坦茵和安娜-玛丽·斯特雷泰尔的开端了。

书从一节钢琴课开始。在这个聪明但是捣蛋、极有天赋但是顽固沉默的小男孩的身上，我们如何能不看到乌塔的影子呢？钢琴教师只知道强迫他弹琴，却不懂得让他品味到音乐的美妙。而在这个如此为自己的儿子感到骄傲，又如此专制，似乎总有暴力倾向的母亲身上，我们如何能不看到玛格丽特自己的影子呢？

"您会非常痛苦的。"——德巴莱德夫人低下了脑袋——"和这个孩子在一起，"她说，"这话是我说的。"

"已经这样了，他几乎吞噬了我的一切。"

在1975年的一次广播访谈中，玛格丽特自己证实了这一点："我的儿子很有音乐天赋，他学钢琴时，我的生活全乱套了。整整一年，我没有写作，我做的唯一一件事就是陪他去上钢琴课，督促他练琴。"[1]

钢琴课下了，他们走出来，母亲和儿子正撞上犯罪现场。在楼下的咖啡馆，一个女人刚死去，她是被一个男人谋杀的，而这个男人正抱着她，平静地呼唤着我的爱我的爱。安娜·德巴莱德想要知道关于死去的这个女人的一切。《琴声如诉》讲述的便是女主人公对事实真相接近于痴狂的追寻，她如同魔鬼附身，到最后真的把自己看成是那个死去的女人。很快，安娜只为那个死去的女人而存在，而活着。于是她回到了犯罪现场，似乎这地方也能开口说话，解释，证明一些不可证明的事情。男人是不是因为女人要求他而杀了这个他爱的女人？会因为爱情而杀人吗？谋杀一结束，男人最后一次抱着她，冲着她微笑，和她说话，直至最后被警察带走，沉沦在疯狂中。安娜·德巴莱德是个捕猎者，是个小偷。她沉湎于这桩故事，以为这故事可以解她的渴，绝对之渴。对于她来说，这桩罪行是生活的一课。安娜·德巴莱德看上

---

[1] 《语言的痴迷》，见上述引文。

去和后来《副领事》里的女主人公一样脆弱温柔。实际上,她在等待选择美妙折磨的时刻。安娜·德巴莱德是个贪婪的女人。这个女人外表顺从平和,骨子里却想侵犯他人,捕获他们。

《琴声如诉》于1958年在子夜出版社出版。在玛格丽特的作品中,这本书的确标志着某种断裂。玛格丽特本人也认为从这本书开始,她不再像以前那样写作了,她希望大家都能知道这一点。离开伽利玛之后,她和子夜出版社接上了头,在公众的眼里,她自此以后成了新小说派的一员,尽管她自己一直否认,但是读者经常给她披上这件外衣。为什么玛格丽特最终还是选择离开她谓为"家"的伽利玛?迪奥尼斯和罗伯特都在伽利玛工作,加斯东也是个老熟人了,大家经常在一起吃饭,而且格诺此时仍然掌管着审读委员会,仍然经常去圣伯努瓦街度过美好的夜晚。杜拉斯对皮埃尔·阿苏里纳说伽利玛没人认真读她的书,以此作为对自己离开伽利玛的辩解。① 确实,她觉得自己的书在伽利玛越来越不受重视了。热罗姆·兰登希望她能加盟子夜,老是在她耳边吹风。比较起神圣不可侵犯的机构,她当然更喜欢有人的确钟情于她的作品,充满激情和能量,尽管——正如罗伯特·伽利玛所指出的那样,她在伽利玛也是想出什么就出什么,想什么时候出就什么时候出。阿兰·罗伯-格里耶当时是子夜出版社一位很有活动能力的编辑,成功地说服了玛格丽特。他的说服工作已经进行了两年。他们一起到英国和比利时做过讲座,在此期间成了好朋友。他觉得她生动、滑稽、活泼,有一种非同寻常的敏锐性。他读了她的书,很看重她,于是开始想到把她纳于自己出版社的麾下。

和前两次出版《树上的岁月》和《塔尔奎尼亚的小马》一样,玛格丽特将《琴声如诉》的开头以短篇小说的形式发表在莫里斯·纳多的《新文人》杂志上。阿兰·罗伯-格里耶被这短短几页所富含的浓密的悲剧性所震惊,他觉得"在叙事的力量中蕴藏着一种颠覆的力量"②。他鼓励她继续写下去,可是换一个方向,"不要那么传统",他明确地提

---

① 作者与皮埃尔·阿苏里纳的谈话,《读书》,第112期,1985年6月。
② 作者与阿兰·罗伯-格里耶的谈话,1996年6月16日。

出,并建议她删除略显稚嫩,"让人心里难过的"几段文字。当时,他还能提醒她注意,她也还"有一种轻盈的自由倾向,滑稽,友好,可控制的"[①]。玛格丽特听从了罗伯-格里耶的建议。1957年10月16日,她终于下了决心写信给加斯东·伽利玛。

亲爱的加斯东:

我想向您提个请求,这事对我而言很重要,对您而言就不那么重要了。

请您准许我将下一本书放在别的出版社出版。我的书没有给您带来什么利润(除了《抵挡太平洋的堤坝》),同样,您也没有能给我很多钱。

趁这一本书出来的时候我们分手吧,加斯东。我非常想——真的非常想——在别的地方试试我的运气,试一次。

为什么出版不能像生存一样呢?为什么只有出版社要求作者有条件的忠诚?而在人类的其他领域,经济的,感情的,等等,却是另外一回事?我们可以换工作,可以改变生存的方式、行为的方式。在我看来,这一次我们也应该能够换出版社。

再说我这本新小说的内容、长度都和《街心花园》差不多。如果说还有什么相同点的话,那就是同样它也不会有商业操作性。

……每个人都会抱有愚蠢的幻想,或者总的来说,这改变并不能使身体复原。难道这不是为了更好地回到过去的习惯中吗?

自1943年以来,加斯东就一直表现出相信玛格丽特的天才,很喜欢她的作品。两天后,他给她发出了这封信,信上写得清清楚楚:

亲爱的玛格丽特:

您错了。您要求的事情对我来说非常重要。我甚至可以说这事对我而言比对您而言重要得多。因为这关系到我的行为准则。

[①] 作者与阿兰·罗伯-格里耶的谈话,1996年6月23日。

您知道这不是钱的问题，我也不认为在这个问题上您会对新法兰西丛书有所抱怨。难道我不是尽量友好地答复您的要求吗？我不明白，怎么能把作者和出版社之间的合同，非常明确的、双方都是自愿签署的合同等同于情感的忠诚。虽然，从我这方面来说，这种情感上的忠诚也是存在的。再说，我也不明白何谓"到别处试试我的运气"。没有所谓的运气。我不是自夸，您的下一本小说在伽利玛会受到更好的保护，比在别的地方更好。更兼之一个作者的书分散在各个出版社出，这是极不可取的……不，真的，我可以向您保证，您的位置在这里，我是出于友谊才给您写这封信的。

玛格丽特请求加斯东还她自由。她装出一副温存的模样："我在您这里出了六本书，一直很忠诚。第七本您就让我给别的地方吧。"加斯东很固执，说只有她把稿子寄给他才能给她答复！玛格丽特答应了。10月30日她完成了《琴声如诉》。厌倦了这场战争的加斯东终于让了步：

1957年11月8日

亲爱的朋友：

给您写这封信我感到非常遗憾。我始终不能明白，您为什么要把您的书给别的出版社，而不是给新法兰西丛书。再说格诺已经和我谈过这本书了，我认为这本新小说很自然地应该和《街心花园》放在一起。但是，鉴于我们合作已久，我又很看重情感上的忠诚，我希望我们之间既不要有欺骗也不要有苦涩。您就把这部手稿给别人吧。但是我相信您肯定会把以后的所有小说都给我的。做出这样的让步我情非得已，请您体恤我对您作品的关注以及我对您的友谊。

玛格丽特遵守了诺言。第二年，《塞纳·瓦兹的高架桥》在伽利玛出版。接着是后面的十本书，其中包括《劳儿·V. 斯坦茵的迷狂》《副领事》和《戏剧》……接着，十一年以后，玛格丽特又重新投入热罗姆·兰登的子夜出版社，在那里出版了一本《毁灭吧，她说》，然后再回到伽利玛。她在两家出版社之间的穿梭证明了她希望能够得到保证。在热罗姆·兰登那里，她受到了热情欢迎，出版社能够理解她的脆弱。兰登甚至会当晚就读她交去的稿子，以便第二天可以和她谈稿子的问题。《琴声如诉》受到了批评界的重视，但是作者从此被归为新小说派，这似乎是有些过分了。罗伯-格里耶，萨洛特，杜拉斯，同一个战壕里的先锋，某家文学杂志冠之以这样的头衔，它很为把他们放在一起而得意，但是这三个作者的作品却是在本质上大大不同。玛格丽特·杜拉斯当时也就随他们去说了，因为她对于自己能够和她所尊敬并一直保持交往的作家相提并论感到非常骄傲。再说，小说得到了于纳出版社颁发的五月大奖，大奖的评委当然少不了罗兰·巴特、乔治·巴塔耶、莫里斯·纳多、路易·勒内·德弗莱、娜塔丽·萨洛特、阿兰·罗伯 格里耶……二十年后，她才敢公开说新小说的坏话，并说自己从来不是其中的一个作者，甚至骄傲地宣称她根本不懂新小说都写了点什么……我就是我，玛格丽特不属于任何人，不想和任何人相提并论。不过应该指出，那时，她和罗伯-格里耶搞得一团糟。

热罗姆·兰登回忆说，《琴声如诉》在得到赞誉后也付出了成功的代价。萨冈在《快报》上发表了一篇非常不利的文章，然后是在《法国文人》杂志上也出现了一篇尖酸刻薄的批评，影响了书的销售。莫里斯·纳多倒是她忠实的读者，但是略略有点看不起女人，他颇为勉强地赞扬了这篇小说，说它"稳重而悦耳，文笔简洁，在女性作家中是少见的"。克洛德·罗伊是唯一一个热烈捍卫这篇小说的，在《解放报》上，他写道："这是贝拉·巴尔托克重写的《包法利夫人》。小说家，忠实的录音师，杜拉斯离开了叙述，把强光照射在人物内心的游离上，并且非常善于用未完成的结尾突出主题。"玛德莱娜·夏普萨勒把玛格丽特比成皮雅芙，强调指出她模糊艺术手法的运用。的确，小说可以得到多重阐释。安娜·德巴莱德步履蹒跚，不知道自己说了些什么，究竟要到哪里去。为什么她总是到这个咖啡馆来呢？是为了找寻和朔万先生——酒吧里的常客——的某种联系吗？她只知道他的名字，知道他是丈夫企业里的一个职员。是为了买醉吗？在咖啡馆半明半暗的灯光中，谈话声很大，都是港口的人，这个时不时低下眼睑的中产阶级的女人终于与一个男人的目光交会了，她走近他，挨着他，轻抚着他的双手。杜拉斯没有澄清这两个人之所以会在一起的原因。就这样，她把读者带入作品里，似乎他也是小说里的一个人物，她让他耐心等待，不断地滑出逻辑的轨道，扰乱他的追寻。她一直把阅读看成是独立的创造性活动。阅读对于她来说，也是一定程度的写作。只要有阅读，就有创造。一部作品只属于能够征服它的读者。作者在这征服的过程中引退了。第一次，杜拉斯在作品中部署了读者——观者这样一个角色，后来她用得很多，有的时候甚至有点泛滥。她把散开的一堆智力拼板给了你，没有给你拼好。叙述一结束，必须再从头看上一遍，重新寻找里面的符号。但是有几块拼板你始终是找不到的。

"我希望您死。"朔万说。
"就这样吧。"安娜·德巴莱德说。

小说没有结束。剩下的是一个女人沉甸甸的双乳间散发出来的玉兰花的味道，海浪拍岸烦人的声音，咖啡馆磨损的方砖上的血迹，从暮色中的港口里蹦出来、紧紧跟在母亲身后的小男孩闪闪发光的眼神，他想保护母亲，他感觉到有什么不对劲的地方，但其实也做不了什么。散文文学，练习式的小说，试验性的，书出版时有人这么说。这部小说成了古典与现代之争的牺牲品。今天，我们既可以把它当成摄影小说来读，又可以把它当成文体练习、情感故事来读。没有一点艰涩之处，让人能够顺畅地一读到底。

《琴声如诉》既不稳重也不悦耳。它运用了呼唤的艺术，加埃当·皮贡在《阅读的运用》一文中谈到，这是一种用空茫建立起来的艺术，甚至是在呼唤空气。杜拉斯把说不出来的都写出来了，生活中淫欲的蠢蠢欲动，一个女人对肉体欢娱的渴求。那个女人在临死前发出一声长叫，非常尖锐，戛然而止，安娜·德巴莱德想起了自己生孩子时的叫声。生命诞生时的叫声和生命逝去时的叫声是一样的。爱情在这里也是面临死亡。爱情可以改变生活吗？可以转化成命运吗？在杜拉斯笔下，一切都太迟了。女人从来都不清楚应该如何抓住机会，也不会适时地清醒过来。安娜·德巴莱德已经死了，对自己来说已经死了，欲望已死，她自己也知道这一点，她大声地说了出来，很有把握，也很平静。对书的编辑工作，玛格丽特不是很满意。一校时，她做了大量的修改，删除了相当的段落：她缩短了关于两个人物的描绘，去掉了可能会影响两个人物互相接近的企图的叙述。但是玛格丽特从来没有否定过这部小说。这和她对待自己其他许多作品的态度正相反。她知道自己找到了一条新的写作之路，但是必须避免自我引证。她很不喜欢皮特·布鲁克据这部小说改编而成的电影。1974 年，她说要用菲薄的资金自己再重拍一部。①

圣伯努瓦街的生活一切已依旧。要和情人见面，玛格丽特就得到他在里沃利街的单身公寓里去，她有时也睡在那里，特别是和他夜半三更地开车兜风之后，两个人都是烂醉如泥。迪奥尼斯不喜欢雅尔罗。雅尔罗很少到圣伯努瓦街去，这时的圣伯努瓦街又重新热闹起来。持不同政见的同伴们在 1958 年 5 月 13 日后又回来了，为迪奥尼斯筹办一本新杂志的计划助上一臂之力，玛格丽特自然也积极地投身于该项计划之中。

《7 月 14 日》是一本关于无条件拒绝的杂志，一本由迪奥尼斯·马斯科罗和让·舒斯特一起创办的反戴高乐政权的杂志。第一期于 7 月 14 日出版，各大报亭都有售。作为题铭，引证的是帕斯卡的这段话："只有沉默已经是一种罪恶的时候，我们才开口说话。"开卷的第一篇文章谈论了当前沉重的政治局势以及知识分子应该扮演何种角色："在找乐儿的黑压压的人群中，在这些惊恐万状的小鱼中，就像在历史纪念胜地有人扣动了机枪的扳机，溃不成军……那些说'是'的人跟跟跄跄地撞到宫殿门边，可耻的附和者擦墙而过，涌向谣言场所的出口……重要的是尽可能坚定地说出这个'不'字。"不顾一切。背靠着墙。《7 月 14 日》的编辑认为戴高乐是个暴君，写文章说必须打倒他，说他是个动物磁气治疗师，让整个法国都处在昏昏欲睡的状态中。《7

---

① 《谈话者》。

月 14 日》的任务是要"让民众觉醒,敢于发表意见,监督人民,不再让他们听凭别人窃取自己的共和国"。"这本杂志是一次重大的政治活动,我为之骄傲,"迪奥尼斯说,"这是反抗戴高乐私人政权压迫的基本反应。"① 迪奥尼斯和朋友害怕法国式的弗朗哥主义,据他们分析,戴高乐主义是一种带有宗教色彩的政权,对人民的透明度太低。

"我们处在一种历史性的失宠,历史性的羞愧中。这是个政治、理性和道德都在沦丧的时期。我们所处的这个政治世界空前的虚荣,有一种自以为是的空气,这连愚蠢都算不上,它让我们的思想变得越来越狭隘,简直到了令人绝望的地步,它暴露出了暴君同志的真面目。"第一期杂志的编委这样说。为杂志写专栏的有安德烈·布勒东、本杰明·佩莱、让·杜维尼奥、克洛德·勒佛尔,但是还有圣伯努瓦街的"老成员",路易·勒内·德弗莱、罗伯特·昂泰尔姆、艾里奥·维托里尼、爱德加·莫兰、雅克·弗朗西斯·洛朗、克洛德·罗伊和莫里斯·纳多。莫里斯·布朗肖也响应了号召,从他一贯的沉默中跳了出来。② 他经常到圣伯努瓦街去,并且把勒内·夏尔也拉进了编委会,还让他写了一篇政治长文——自第二期开始在杂志上发表,题为《拒绝》。这本杂志的确加固了迪奥尼斯和莫里斯·布朗肖之间的友谊:"从今往后,我们之间有了一种'默契'。"③ 共产主义,真理,对他们来说,是"对人人平等,对扩展人之所以为人的可能的信仰"。远离斯大林主义的强权政治,杂志呼唤另一个精神纪元,呼唤大家抵抗住内心的自我。当然,杂志里不是所有的撰稿人都和迪奥尼斯一样不事通融,但他们都一致团结在布朗肖谓之为"不的友谊"的旗下:不同意阿尔及利亚战争,不同意没收自由,不同意专制主义。

这桩事件虽然短暂,理性的、友情的交流却非常深刻、激烈,并且,在 1960 年 9 月,诞生了争取反阿尔及利亚战争权力的宣言。这种

---

① 作者与迪奥尼斯·马斯科罗的谈话,1996 年 1 月 18 日。
② 在《新法兰西评论》——杂志本身就被认为是左派杂志——的一篇献给普鲁斯特的文章里,在页注中,他表达了自己在政治上的不同观点:政变是一种虚无,我们自身的虚无反对的却也正是这种虚无。二十年来,他在政治上一直坚持这样的观点。在那个时代,他是亲法西斯主义者。
③ 迪奥尼斯著《追寻思想中的共产主义》序言。

从哲学的角度介入政治的方法让一部分左翼知识分子感到困惑，他们不理解这本新杂志存在的理由。"它既没有表达某种特定的流派，也没有表达什么新思想，却以友情或同志式的友谊为名将一些作者揽在一起，而这些作者完全可以在别的地方发表他们的文章。"《法兰西观察家》评论道[1]。这是自5月13日以来法国知识分子的第一个手势，玛格丽特在该报的专栏里回击说，面对"法西斯主义者"的威胁和工人组织的瘫痪，必须行动起来。但是政治难道只是几个领导人的工作吗？她问道。一个作家必须"得到选票或做了官"才能对自己的良心负责吗？要不然大家或许会对他说："您势孤力单，放下爪子，放下笔吧？"[2] 要知道当时可谓是杂志的黄金时代：《论据》《现代》《新文人》《社会主义和野蛮主义》《新改革》《国际记事》《思想》《季刊》等等。对于玛格丽特来说，这不是一本单纯的杂志，而是抵抗的机关。如果它让某些左派人士感到不舒服那是最好。它虽然只出了三期，在今天却仍然占有重要的位置。

这本杂志的目录上只出现了两个女人的名字：科莱特·加里格和玛格丽特·杜拉斯。科莱特把自己的家贡献出来做了《7月14日》的编辑部；玛格丽特负责打字和解决杂志的经费问题，她和愿意资助杂志的人接触，特别是一些画家，她向他们要了不少画，然后组织义卖，义卖所得便进了《7月14日》的金库。接受资助请求的名单很长。最慷慨的要属玛塔和吉亚科迈蒂。作为关键人物，玛格丽特一面纠缠捐赠者——她大量的通信可以证明，一面积极地参加各种会议，在会上还经常发表自己的意见，她曾在杂志上发表过两篇文章，其中有一篇名为《布达佩斯的杀手》，为伊姆勒·纳吉被判死刑而申辩。至于科莱特·加里格，她没有在杂志上发表过一篇文章。"所有这些知识分子都有一点看不起女人，"她回忆说，"于是我们也不很自信，也许是我们太羞涩的缘故吧。他们是大手笔，是有思想的人，我们只能做点杂

---

[1] 《法兰西观察家》，1958年7月24日。
[2] 《法兰西观察家》，1958年7月31日。

事。"① 在这群懂得说不的知识分子中,男人和女人的关系却并没有很大的发展。然而,玛格丽特除外,她有发言权。

自1957年起,玛格丽特就对给报纸写文章非常感兴趣。几家报社向她约稿。她选择了其中两家:一家是《法兰西观察家》,这是为了声誉而写的;另一家是《星座》,是为了经济的原因。玛格丽特创造了属于自己的报纸文章的形式;她的大多数文章都是自己亲身经历的故事。这些故事在给人以某种信息、让人思考之前首先是让人感动。玛格丽特把自己看成一个专事报道灵魂动荡的大家。一直在边缘地带偷猎的她讨厌各种公共场所,官方的宫殿,发言人,各种代表人物。要想理解这世界,她强调说,只需要睁开眼睛,走下楼梯,到大街上去,只需要懂得看和听就够了。玛格丽特又再现了19世纪大作家——报道专家的传统,但是对她而言,游历的范围仅限于街头。《阿尔及利亚人的鲜花》是她的第一篇专栏文章,发表在1957年的《法兰西观察家》上,这篇文章以简洁和激情而著称,成了这方面文章的范文。这不是一篇政治论文,但是至今它还作为一篇介入性的文章而掷地有声。故事发生在圣日耳曼—德普雷区。一个年轻的阿尔及利亚人正准备卖花儿,偷偷摸摸地推着他小车。这时来了两个警察。证件?他拿不出来。一个警察打翻了他的车子。就在那里,当着所有正在安安静静购物的人的面。这是个星期天的早晨,天气晴朗,一切都很好,阿尔及利亚战争正如火如荼地进行着。"可惜爱森斯坦不在,也没有其他人能够再现这一副满地落花的街景,只有这个二十岁的阿尔及利亚小伙子呆望着,被两位法兰西秩序的代言者夹在中间。"花儿一朵一朵地被路过的行人拾起来,他们把钱付给了这个一直被夹在两个警察中间的阿尔及利亚小伙子。"两位先生狂怒了。可是他们又能怎么办呢?这些花儿就是卖的,他们总不能遏止人们买花儿的欲望。一切不过十分钟不到。地上再也没有一朵花儿。不过无论如何,这两位先生最后总算得了空,把年轻的阿尔及利亚人带到警察署去了。"

---

① 三十年以后,乌塔和让-马克·图里纳在拍摄电影《不服从的精神》时采访了科莱特·加里格。

在她的文章中，玛格丽特多次谈到这场似乎没有名称的战争给大家造成的心理上的影响：因为外表和白人不同而遭到逮捕，警察对一个胆敢和阿尔及利亚人一道逛街的白人姑娘的辱骂。为了更好地展现场景，她尽量不做评论。她自己也很感动。她善于倾听那些平常没有发言权的人说话，更兼之她有传释出来的能力。她听孩子们说，听工人说，听"微不足道的人"说。玛格丽特在学校做过调查，写过一篇关于维耶特的令人赞赏的报道，夏天，她出发去多城，为读者描绘了赌场里女人颤抖的双手和在避风的咖啡馆里握着一杯薯条打哈欠的孩子。电报式的文体，词语的漫步：杜拉斯写得很快，勾勒出环境，然后再将人物搬上舞台。短促、激烈，她的这些文章在今天读来仍然不失兴味，经历住了时间的考验。她坐在咖啡馆里，一坐就是几个小时，听别人聊天谈话。她的声音传过来，我们似乎听到了。在她小说中日臻完善的对话让她得以创造出一种半口语半书面语的语言，就像是流行歌曲的间奏和反复。玛格丽特为所有人写，毫不提防。她自己是不会再去读这些文章的。对于她来说，报纸文章是昙花一现的。某一天的证明。给报纸写文章就是要快。等不得。新闻文章的写作要让人能够感觉到这份急促，这种不得不一蹴而就的味道，哪怕文体有可能不够精致。"是的，不假思索，我不讨厌这个词。"她说。①

玛格丽特为走出自己的卧室而写。没有大的写作计划的时候，写报纸文章让她得以继续写作，就好像一种体育锻炼。她从来不会同时进行，写小说和给报纸写文章。被书套牢的时候，她是不出门的，她对一切都不感兴趣，甚至不读报纸。对她而言，新闻写作是在空闲时产生的，是因为没事干。"写报纸文章意味着走到外面去，这是我最初的影院。"②1957年她发表了十四篇文章，只有三篇是关于文学的：其中的一篇文章里，她采访了一家大出版社的审稿负责人——虽然没有透露姓名，我们却不难辨认出雷蒙·格诺的影子——负责人谈了他是如何在来稿中甄别出版新书的；还有两篇是关于乔治·巴塔耶的，她一直视

---

① 1980年，她很快接受了让-路克·海尼的建议，将文章辑录成《外面的世界》出版，她把《阿尔及利亚人的鲜花》放在第一篇，认为这是她最重要的文章之一。
② 《外面的世界》卷一，第8页。

他为朋友和榜样。"因此我们可以说乔治·巴塔耶并不是在写作,因为他边写边在与语言作对。他创造了一种方式:写即不写。他让我们忘记了文学。"这正是玛格丽特回到小说上时努力想做到的。巴塔耶和布朗肖是她的导师。尽管她从来没有清晰地阐明过,他们对她文学作品的影响却是无与伦比的。

1958年,玛格丽特给《法兰西观察家》写每周专栏,既有关于文学的,也有关于日常生活和杂闻的。她笔下的主题千差万别:孔夫子的生活,一个旅游家的长途跋涉,巴黎日间堵塞的交通,大型画展,8月的巴黎;她做了一些关于书的报道,特别是萨特对丁托列的评述,为明星做过肖像描写(碧姬·芭铎、皮特·汤森……),还有那些诉讼事件,早在维尔曼事件发生的三十年前,她已经显示出对司法的激情和关注了①。在一篇令人侧目的文章——二十年后她坚持将它收录进集子里——《"垃圾筒"和"木板"要死了》里,她站起身来反对维护某个阶级利益的司法,她认为这样的司法毫无同情之心,不假思索地把两个二十岁的杀人犯送上了绞架。这两个不知父母是谁的孤儿,不会说话,态度漠然,在宣判死刑的时候,没有一点表情。对于那些司法者,垃圾筒和木板连狗都不如。他们只能勉强算得上是人,是人类的渣滓,不能满足重罪法庭上抱着猎奇心理、想来找寻感情刺激的公众。所以要让他们消失。"就让这两个小伙子哪儿来哪儿去好了,从空茫到空茫。社会会因此而庆幸的,以社会清除和社会卫生的名义。"玛格丽特评论道。司法的走过场和榨取他们招供的那一套让她觉得羞耻。

第一次参加重罪法庭审判时她非常震惊:西蒙娜·德尚,埃夫诺医生的性奴隶,一个有罪的奴隶。"非常抱歉,我无法习惯重罪法庭。但这真的令人目瞪口呆。"她记道。这份"无辜"给了她力量。她叙述了她的亲眼所见:司法被玷污了,被告根本没有发言权。只要他们开口说话,我们便会立即挫败他们的勇气。他们整个儿的生活都被他们可耻的行为所规定了。保护他们的证人也无法帮助他们,因为他们同

---

① 她总是站在被告的一边,想要揭露某一阶层、某一群人或某一个人所忍受的不公正——不管是什么阶层,她在《外面的世界》的序言里写道。

样会遭到法官的指责。诉讼只能是向天下昭示他们卑鄙的罪行。在整个审判过程中，不许被告说话似乎已经被看成是合法的。"西蒙娜·德尚无法说话了。但愿人们不要像我所说的那样，认为她这样做多么的卑鄙无耻。这只是在表达她的遗憾。这份不公正，是我们让她承受的。当一个罪犯——甚至是西蒙娜·德尚那样的罪犯，无法说明她自己的想法，此时便有不公正存在，西蒙娜是一例。非常惊人。孩子没有权利在饭桌上说话。缩减到一种强制的、迫切的幼稚症，西蒙娜·德尚闭上了嘴。不仅仅是因为她不再对任何人感兴趣，甚或她对自己都不感兴趣了。她再也不是什么人了。"

玛格丽特对犯罪这个领域一直很有激情。小哥哥完美的不道德给她留下了清晰的印象，还有大哥的偷盗行为，他毫不犹豫地把母亲逼得走投无路，对此她既害怕又艳羡。她喜欢流氓，喜欢游离于法律之外的人，并且从来不掩饰这份喜欢。她一直站在这群一无所有的人的一边——或许是因为回忆起悲惨的童年，甚至因为《情人》的成功，她变得富有了，非常富有的时候。她母亲就是最好的例子，承受着生活的残酷和不公正的典范，她被动地经历了所有的这一切。她对那些敢于走到社会边缘的男男女女总是持有欣赏的态度，甚至到了夸张的地步：持枪抢劫犯，夜里犯罪的人，风尘女子。她自称是乔治·费贡的朋友，这是个被判苦役的犯人，在1955年的审判中，他一改过去被告的身份，自己询问起证人来。她发表了一篇和他的长谈[1]，在长谈中，乔治·费贡承担了自己施暴的责任，却没有表现一点的忏悔之情，并且揭露监狱是个制造坏孩子的地方。"您是怎么看您自己的？"她问他。费贡答道："有点像那种心理倒错的人，喜欢别致的东西……"玛格丽特喜欢各种花边新闻，她经常满怀兴味地和热拉尔·雅尔罗一起出席重罪法庭，调查被告的故事，编就她的文章，登在《法兰西观察家》上。有的时候她实在是投入了太多的激情，以至于完全站在罪犯的一边。在写这样的故事时，她会陶醉于其中，纠缠于其中，不能自拔。

于是，在第二年，她发表了《塞纳·瓦兹的高架桥》，这是一本遭

---

[1] 《法兰西观察家》，1957年。

到她自己否定的书。但是十年之后，她又就这个主题重新创作，改了名字，成为《英国情人》。一个男人和一个女人，平庸得令人懊丧，毫无特别之处，他们平静地生活在一个小村庄里，受到所有人的尊敬，但是有一天，他们却下手摆脱了一个和他们在一起度过三十年生活的聋哑表姐。是女人在夜半时分完成了这桩罪恶，她将表姐切成块，也没有什么特别的情绪。她把尸块抛到经过她家附近高架桥的火车车厢上。她为什么要杀她？她和他都不知道。因为她疯了？警察这样问她的丈夫，而丈夫答道：更确切地说，是因为她从来就不是一个能够适应生活的人。她先是切下表姐的头，把头藏了起来，余下的尸块，她每天扔一块到车厢上。这桩罪恶没有动机。丈夫永远也猜不到，想起来都要发笑。但是对于她，他从来不知道她究竟要说什么干什么："你看看她，你是不是觉得她像头牛，是吗？你有没有突然发现，我们的生活里竟然有头牛？是吗？"两个人于是联合起来犯罪。他们俩杀了同一个人，他是在梦里，而她是在现实里。罪恶还是无知？两者兼有吧，玛格丽特在结束时写道。这些人和我们很相近，她说。他们是从表面上看起来没有一丁点儿特别之处的世界的鬼魂，在那个世界里，亲近的人犯了罪是不会改变事物的内在秩序的。我们也都有阴暗的一面，所有的罪恶都有它自身的逻辑。我们都是潜在的罪犯。倒错、肉欲、谋杀是彼此相通的。

玛格丽特给人以震惊的感觉；她喜欢震惊。再说，她终于能靠《星座》稿酬挣钱了，后来她说自己最终是走入了歧途。《星座》那时的总编是勒古特勒夫人，斯大林的情妇之一，喜欢雇用巴黎知识分子替她工作。我在1958年4月到9月间能找到四份这样的工作。玛格丽特还总是说自己忘了那时的笔名。知道她对母亲有多迷恋就行了。玛格丽特在写女性爱情那一类的少女文章时又重新用了母亲做姑娘时的姓名。于是在玛丽·约瑟夫·勒格朗的名下，玛格丽特给她的女读者开了些永远没错的方子；单看题目就清楚了：《谎言扼杀爱情》《他为什么要离开他的妻子？》《面对暑假悲剧的妻子》《丈夫，这个自私鬼》（收录在本书的附录中）。但是，1958年，玛格丽特不是凭借这个笔名近乎辉煌地得到公众承认的。《琴声如诉》使她成为一个著名的小说家，她还是《法兰西观察家》一位名记者，在戏剧舞台上，她的《街心花园》在巴黎附近的剧院又上演了三十场，然后在德国的四个城市进行巡回演出，颇为轰动。在文学、新闻、戏剧之后又是电影：她应阿兰·雷奈的请求开始起草电影剧本，并且勒内·克雷芒执导的《抵挡太平洋的堤坝》春天时已经在各大影院上映。这是一部具有意大利—美国风格的杰作，蒂诺·德·洛朗蒂斯公司和哥伦比亚公司联合出品，西尔瓦娜·芒加诺和安托尼·皮金斯主演，电影是由伊尔文·朔改编的，他和勒内·克雷芒签订了合约。电影是在泰国拍的，简直是受罪。泥浆，酷热，没有任何舒适条件。杜拉斯和朔很少见面，克雷芒很快就让玛格丽特知道，朔需要创作的自由。当然，她是应该坚持哥哥这个人物不能仅仅缩减为一个拉皮条的。于是她要求修改：哥哥应该是英俊的，迷人的，成熟的，有着强烈的性冲动。厌倦了和她的战争之后，克雷芒终于接受修改这一部分，接着他就消失去拍电影了。

《铁轨战役》《里布瓦先生》和《禁止的游戏》的导演显然不愿意涉足殖民地问题，他对家庭的心理问题更感兴趣。为了能走向世界，电影首先在好莱坞和意大利受到了检测，在意大利，一台电脑甚至记下了某些观众的反应！开始的时候，应该是詹姆斯·当来饰演哥哥一角，但是后来换上了更为合适的安托尼·皮金斯。电影出品的时候，勒内·克雷芒小心翼翼地保持着和书的距离。因为害怕评论界说他背叛原著，他宣称这不是诠释而是改编。他说，更确切地说，应该是"受到原著的启发"。但是，"虽然电影的中心话题改变了，我却可以肯定没有违背原者的精神。再说，玛格丽特看完电影都惊呆了。在电影的小竹楼里，她认出了自己的童年"[①]。实际上，尽管玛格丽特和克雷芒的友情深厚，杜拉斯从来没有喜欢过勒内·克雷芒的电影。她后来说他根本没有理解书中的那一份野性。他"校正"了她和母亲的生活，却回避了暴力。电影是大团圆的结局，母亲死后，儿子接受了白人圈子，并且自己建造起堤坝来。杜拉斯感到自己被背叛了，荣誉尽失。能有别的办法吗？也许没有。从此以后她再也不愿出让自己的电影版权，她

---

① 《法兰西观察家》，1958年5月8日。

要自己来拍,拍自己的作品。

但是电影出品的时候她却没有捣乱。"这是一部很美的片子",采访她时她都这么说。她正好趁此机会兜售她的书。玛格丽特没有晕头转向。电影在红磨坊公映的一个月前,她致信加斯东·伽利玛,问道:"您打算重印我的小说吗?我的统计表表明,1955年6月的销售数为三千册,而到1958年1月只有三千零七十册。《堤坝》难道在两年半的时间里只售出了七十册吗?"加斯东回信告诉她说,还有一千二百册的库存,他准备再弄个护封,印上电影的宣传画。"我希望您能够想到,我一直在尽力满足您的要求,我认为实践也证明了这一点,之所以这样,首先是因为我非常重视您的作品,再说我对您有着深厚的友谊。"

那也好,玛格丽特在自己的报纸《法兰西观察家》上替再版做宣传。不知羞耻?然后呢?"这篇文章必须不知羞耻。我却正在写这篇文章,虽然无耻。这一次的不知羞耻,我才不在乎呢。为什么我会不在乎?因为我相信,随着时光的流逝,不知羞耻会越来越让人觉得无可指责,会越来越神圣。"电影取得了巨大的成功,书再版时比初版的印数多出了一倍。多亏了电影,很多观众发现了《抵挡太平洋的堤坝》的美妙。新闻也报道了这本书的第二春。在报纸的恳请之下,玛格丽特再一次谈论了母亲,谈论了她在《堤坝》上所押的写作赌注。她没有选择。这不属于感情而是属于道德的范围。"有些人也许会因为作品而感到尴尬。对此我根本无所谓。我没有什么好再失去的了。甚至没有体面。既然我已经把它写了出来,我早就冒了这个险,早就不顾体面了。"她觉得自己赢得了一场战争。如今母亲已经去世了,但是电影又重新点燃了她的记忆。"对于我来说,问题在于让她消失在她自己的深厚之中,超越她的奇特之处,将她杀死,然后让她在自己的灰烬中得到重生。为了让她的生活不是毫无益处,我没有第二个办法,我只有一个:忘记她。看了克雷芒的电影后,我知道她真的是死了。"[①]

批评界的赞扬有点过分了。新闻界为克雷芒—杜拉斯组合建造了一座凯旋门。"电影取得了完全的成功,是一部没有瑕疵的杰作,天才

[①] 《法兰西观察家》,1958年5月8日。

取代了天赋,细节也带有时代的特征。"我们可以在《法兰西观察家》上读到罗伯特·夏萨尔的这段文字。"想想看,这是一部在好莱坞拍摄的帕伊萨,彩色宽银幕电影。"《战斗》的记者亨利·马尼昂写道,他看完电影目瞪口呆,因"深处的台风"而心旌摇动。《法国的日子》也没有落后,说这是部杰作,只有《改革》有一点疑问:"一部令人赞叹的电影,有一点令人困惑,也许算是神创之作吧。"雷蒙·格诺本人受玛格丽特之托,在《巴黎新闻》[①]上赞扬说电影风格严谨,是一种带有颠覆性的古典主义,并且对于哥哥—妹妹这对组合的描写也非常细腻。很少有人扫大家的兴。不过在《艺术》[②]上,埃里克·罗迈尔提出了一些批评:花费太大,耗资太高,太多的电影技巧,在导演方面缺少优雅,在拍摄自然风光时没有给观众留下足够的余地。但是如果说克雷芒不是雷诺阿,不是卡赞也不是维斯孔蒂,他却是第一个尝试彩色电影和宽银幕电影的。"这对兄妹在半卖淫、爱的呼唤和理想之间的犹疑,对此不乏冷峻的描绘,非常到位,在细节上准确无误,虽然有些地方仍有公式化的痕迹,我们很高兴又一次听见了伦理学家克雷芒的声音,自《里布瓦先生》以来就一直沉默着的声音。"让·杜都尔在《战斗》上发表了一篇名为《青春期,我们以你的名义犯下了多少罪恶》的文章,也承认这是一部很美的电影,虽然"书很平淡,有点枯燥,人物说话滞涩,太多无聊之处"。至今电影仍然定期在电视上播出,可以算得上是古典主义风格的一部经典影片,受到美国电影的影响,和以往那种显然与卡赞不无姻亲关系的影片不同。芒加诺·皮金斯对于兄妹组合的完美演绎,至今也仍然能够挑起肉欲的激情。乱伦之爱在一种永远联结在一起的舞蹈中得到了升华。热带的酷暑,不舒服,压抑的笑声,电影有一些非常精彩的片段,比如说淋浴和夜总会;至今,它仍然能够让人产生对美妙暴力的向往,还掺杂着懒洋洋的异国情调。

杜拉斯很快就摆脱了。在电影上映的十五天后,她在《快报》上宣称,电影当然拍摄得很好,但是"小说的读者也许会感到失望的",

[①] 《巴黎新闻》,1958年4月30日。
[②] 《艺术》,1958年5月7日。

她已经想到自己创作电影脚本的事情："如果我要在银幕上诠释自己的另一部作品,我相信我会做好的,我对待自己的作品有很大的自由,而这正是别的改编者所不敢的。我相信说到底,改编者都是太忠实了。我可以为电影重写这一段或那一段的场面,本着同样的精神,却似乎和原书没有多大的关系。如果谈到忠实,最主要的是风格的忠实。"[1] 风格,她不久就找到了。《广岛之恋》的风格。没有去过日本,也没有读过有关日本的资料,甚至没有特别投入的研究,她说在生命的某些时刻,想要创作就不能工作。《广岛之恋》很快就证明了这一点。

关于这部电影的故事是一系列的偶然。阿尔戈电影公司的经理和创始人阿纳托尔·多曼才摄制了一部《夜与雾》。阿兰·雷奈想要试着拍一部长胶电影。他有个计划,是贝尔纳·班夫为他写的,但是找不到买主。多曼那时正在和一家日本大公司谈判,于是向阿兰谈起想拍一部关于广岛的纪录片。题目都已经找到了,叫作《比卡杜》,在日文里就是核爆炸发出的光的意思。阿兰·雷奈并没有为这个想法所动,但是他还是请克里斯·玛尔克乘船前来和他一道看看有没有这个可能。[2] 雷奈看了关于这个主题的十多部片子,思考了六个月,对多曼说:"如果你要拍一部有关广岛的电影,还不如去买日本人的版权,玛尔克和我都不能拍得比他们更好。需要做的是,"雷奈补充道,"拍一部故事片,我们不能再拍这方面的纪录片了。"于是多曼开始寻找电影剧本的作者。两天后,他突然问雷奈:"您愿意和萨冈一道去日本吗?""可以,"雷奈回答说,"我不认识她,不过我觉得她挺热情的。"多曼考虑过西蒙娜·德·波伏瓦,但是最终还是选择了萨冈,他见过她,于是他约她在皇家大桥酒吧见面,想把她介绍给阿兰·雷奈认识。他们等了好几个钟头。萨冈忘了约会。"于是,"雷奈接着说,"我提到了玛格丽特·杜拉斯的名字。我才读过她的《琴声如诉》,立即对她一见钟情,我曾经非常喜欢她的《塔尔奎尼亚的小马》,我才看过《街心花

---

[1] 《快报》,1958 年 5 月 8 日。
[2] 作者与阿兰·雷奈的谈话,1997 年 12 月 6 日。

园》，很为语言的音乐性所感动……再说我很欣赏维托里尼的《西西里岛的对话》，每天晚上都翻译给同伴们听。"在雷奈看来，杜拉斯是个有"风格"的作家。他甚至想过拍《琴声如诉》，而且不告诉她，等拍好了以后再给她看："无论如何，我想和她联系上。"奥尔加·沃姆瑟充当了他们之间的信使。"让他给我打电话。"杜拉斯对奥尔加说。她邀请他第二天一起喝茶。"不是茶，而是啤酒，"雷奈说，"会面持续了五个小时。我们在一起玩得很开心。"他们很快达成一致意见，不拍纪录片。可怕的核爆炸不是电影的第一主题。出发点是：自从原子弹爆炸后，这份恐惧是不是也同样改变了我们的生活？

长谈的三天后，玛格丽特给雷奈打了电话。"我写了一段对话，您想读一读吗？""这是一个法国年轻女人和一个日本男人间的爱情对话，读了以后我很激动。我联系了制片商。"我很快就同意了，阿纳托尔·多曼说。玛格丽特开始快马加鞭地工作，夜以继日。雷奈给她提供了一份提纲："我明确地告诉她，我需要发生在不同阶段的两个不同的场面，其中一个是发生在里昂，在德占期间。我还坚持所有的都要用现代的。在我看来，电影的调子——一定得是这样——应该是永远不能回头的现在。"[①] 在两个多月的时间里，电影脚本已经有了个大概，而对话也完成了一部分。

至于演员，雷奈立刻想到了埃玛纽埃尔·里娃，他才看过她在米朔迪埃尔剧院和弗朗索瓦·佩里埃搭档演出。这将是她第一次演电影。他用十六毫米胶片给她拍了段实验性的默片。"给我留下了非常美妙的印象，"雷奈回忆道，"我很快就拿去给玛格丽特看，她也和我一样战栗了，一样对她一见钟情。"制片和埃玛纽埃尔签了约。只剩下日本男人这个角色。由于经济问题，他们不可能到日本去选演员。阿兰·雷奈只好根据照片来确定男主人公。他很快就要到日本去做电影的前期工作，他希望可以和他确定的演员见个面。他只是凭自己的直觉，在一百来号演员中挑中了一个。他迫不及待地约了这个演员见面："我还不知道，我挑了东京最有文化的一个演员。第一个晚上我请他吃饭。他问

[①] 作者与阿兰·雷奈的谈话，1996年2月4日。

我的第一个问题是：玛格丽特的作品和存在主义作品有什么不同？我放下心来。"

时间紧迫。雷奈要求玛格丽特要有两种连贯性：一种是电影的连贯性，还有就是"不为人所知"的连贯性。他要知道有关这个故事的一切，他即将在银幕上所讲述的这个故事以及不出现在银幕上的故事。他想知道关于三个人物的一切：法国女人、日本男人和德国男人——他们的年轻时代以及他们在电影之后的未来。玛格丽特于是按照他的要求做了三份传记。"女人原本有可能成为一个妓女。但是她可能会厌烦这个职业。她可能会出于恼恨选择这个职业。但是她一点也不恼恨，而是绝望。她已经没有幻想，可同时她又沉浸在最高意义的幻想之中。她想讨这个男人的喜欢，这样才能和这个男人一起得到她所希冀的欢娱，但这不是她的全部。在她身上，体现了女性喜剧的结局。"① 雷奈"看着"这个女人在他眼皮底下渐渐立体起来。他接着要求玛格丽特做一种关于画面的预先评论，这样可以使整个故事更为清晰。他从日本写信给她："告诉我在她的记忆里，纳韦尔是怎样的。""于是，"玛格丽特说，"我们两人一起勾勒了纳韦尔，想象着世界另一端的人应该怎么看纳韦尔。"② 雷奈知道他要什么，也知道他想以何种方式把故事继续下去。他向玛格丽特提了很多问题，玛格丽特很快都一一做了答复。

制片商没有想让杜拉斯一块儿去日本。雷奈一个人走了，7月28日，进行电影的前期工作。场记西尔维·波德罗随后就到。在飞机的舷梯前，雷奈对多曼说："如果这部片子拍不成，只要拍不成，我就立刻离开。"制片商给了他两个月的时间完成前期制作，并让他把日本的镜头拍好。他不是很放心，自忖在一个受到过核辐射的国家还能不能吃生鱼片；他一个日本字不懂，也不认识任何人。可无论在室外还是在自己的工作室内，他同样都做得很好，并且通过他的确切性、职业水准和彬彬有礼征服了日本工作小组。他每天都将自己的心得告诉玛格丽特，玛格丽特则沉浸于其中，把一个又一个的电影镜头补充进脚

---

① 电影备录，现代出版档案馆档案。
② 《画面和声音》，第128期。

本。他们先是通过通信合作的,还从来没有在口头上交换过意见。这种远离对两个人来说都有好处。杜拉斯解释道:"首先,广岛令我感到害怕。接着,恰恰相反,它给了我激情。将一个主题从'灰烬'中挖掘出来,重建起来,这是第三层意义上的工作,既关系到自己——已经忘却了——也关系到别的已经忘却的人。关于广岛我写了几千页纸。怎么办呢?多亏了雷奈,我发现将广岛从地下挖掘出来是可能的。至少,我们可以做点关于这个地方的什么事。"①

玛格丽特有九个月的时间写电影脚本。雷奈只和她说了一点:"您只要负责文学的一面,不要管镜头的事。"但是杜拉斯没有写过电影剧本,对于应该如何进行一点概念也没有。雷奈让她放心,让她尽管往下写,怎么高兴就怎么写。"来吧,我们是很有运气的,可以拍一部成本不高的片子。"他总是对她这么说。无论如何,迷信或悲观主义,他从来不表现在他的电影上!冒个险吧,最多也就是承担失败的命运。他在东京写信给她:"只要我们的电影在一家影院上映,那我们已经赢了。您想怎么干就怎么干,把我忘掉。"雷奈带着玛格丽特薄薄的电影脚本出发了日本,"显然,剧本是远远不够的"。她在制片的内部记录上写了这样的话——她一直用"我们"这个词来表达她和雷奈的亲密合作,而接下去她甚至将自己完全和雷奈混为一谈:"我们希望把广岛写成一个爱情故事。我们希望这个故事非常'美妙',但是这是个在任何地方都可能发生的故事,尽管这一次它是发生在一个充斥着死亡威胁的地方。我们试图让这两个人在地理上、哲学上、历史上、经济上、种族上都尽可能离得远些,越远越好。在广岛这个地方,肉欲、爱情或者不幸似乎显得比别的地方更真切。我们也许失败了。但是我相信,这值得一试。"不管是在电影剧本作者的眼里,还是在导演的眼里,它都不应该是法日合作的产物。甚至按照他们的想象,影片最好是反日本的。在这点上影片取得了前所未有的成功,杜拉斯在记录中补充道:"《蝴蝶夫人》不再流行。《巴黎小姐》也是一样。必须相信现

---

① 现代出版档案馆档案。

代世界的平等作用。"①

友谊和信任超越了大洋。所有的一切都像玛格丽特在信中所想象的那样：

亲爱的玛尔戈：
……在广岛的街道上都是一堆堆的木柴，就像在欧坦。河流就像卢瓦河那样，轻雾中传来钟声，混入海水的运河围绕着纳韦尔那样的房子潺潺流过……

还有山丘上的破庙，长得乱七八糟的荒草和卖纪念品的小店，有人在衣冠冢、在栅栏围起来的市场和鱼市前照相……重新种下的树像是再也长不高了似的。还有用混凝土重建的寺庙的石碑。成千上万的莲花取代了以前水里的石头，在8月6日之前，水里到处都是巨大的鲤鱼。还有侧墙被阳光烤得斑驳的市政府。

当她发现她所想象的和雷奈即将拍摄的东西完全吻合时，她在巴黎高兴得跳了起来。多曼回忆说她收到信时像个小姑娘一样拍着巴掌，跳着舞，把他也拖进一种罕见的狂喜之中。需要听到玛格丽特的声音和语调的雷奈叫杜拉斯把剧本录在磁带上。玛格丽特从此以后同时用信和磁带和他联系。"想想看吧，"他对她说，"那个男演员，他曾经在郊区的影院看过电影，他很善于扇人耳光，但是他遵从西方的礼节和人拥抱。"在她想象中，那个男演员应该很高，脸有点西方化，嘴唇的线条分明而生硬。"他的魅力尤其不能属于那种'异国情调'的范围，"她要求雷奈说，"他的魅力应该一眼就被所有人看出，就像那类已臻成熟的男人。""会这样的，"雷奈发电报给她说，"把下面的部分寄给我。"每天她都给他寄新的分镜头剧本：一共是三百五十七场。雷奈每次都问她这一类的问题：

8月25日，阿兰·雷奈致玛格丽特

---

① 现代出版档案馆档案。

"我坚持从事政治。"

"我一直不满意（我很讨厌，是不是？）您的回答，对于您来说，广岛究竟意味着什么？"

"纳韦尔有四万的居民？"

玛格丽特一直通过回信给予答复。

在开拍前两天，制片商发现预算已经超了三分之一。雷奈拍电报告诉玛格丽特说他还是决定开拍，但要她想到，他不得不做出一定的牺牲："我经常说最好是拍一部投资不多但主题有趣的电影，这好过在正常的拍摄时间里拍一部警匪片。我不得不遵从我自己的准则。"玛格丽特修改了剧本。演员冈田英二面对着镜头陈述台词。有些对话不合适，雷奈说。"关于广岛的对话太动情了，留下的余地不够：说到底我们有点不在乎。他们是黄种人。"玛格丽特重新写过。埃马纽埃尔·里娃应该在8月20日到达日本。剪辑应该在一个星期内完成。清账或债务翻倍。雷奈向玛格丽特透露了自己的恐慌："和里娃说，要她熟记台词。这样可以省下不少拍摄的时间。再让她把腿毛拔干净。"玛格丽特和埃马纽埃尔一起在巴黎工作；在日本，雷奈耐心地等待着。"我不会忘记，"他写信给玛格丽特，"在这里度过的奇怪日子，每天我和您的声音为伴，再就是那两个用来代替冈田和里娃的小木偶。在某种意义上，这让我回想起在多明我修会的日子。在这两种情况下我都没有那种神秘的狂喜的感觉。但是无论如何读到第四幕我还是被感动了。观众也会的……"

里娃的戏拍得非常顺利。雷奈带着他在日本的一班人回来了。原初的脚本里没有纳韦尔的镜头。关于纳韦尔的爱情故事，玛格丽特是分开写的，并没有考虑到时间上的顺序。"就像您已经做的那样对画面进行评述。"雷奈对她说。纳韦尔的镜头是1958年开拍的。做了好几次。雷奈记得热拉尔·雅尔罗一直陪伴在玛格丽特身边，他帮助她，做出评论或提出建议，很有判断力，玛格丽特经常会采纳他的意见。雷奈希望电影有一段发生在第二次世界大战的法国，女主人公和日本男人相遇时，脑了里浸满了关于前一次爱情的回忆。玛格丽特编造了和

339

德国士兵的爱情故事。纳韦尔是一座适合爱情发生的城市。"爱情在这里比在任何地方都更要受到监视。"[①]杜拉斯在拍摄前的一篇文章里明确道。一座想象中的纳韦尔,衍生出了一段不可原谅的感情。恰恰是在战争结束以前,女主人公爱上了这个年轻的德国士兵。不顾一切地爱上了他,尽管感到羞愧和恶心。在树林中,在谷仓里,在废墟上,在房间里爱着。"我们在城墙后拥抱。灵魂上的死亡,当然,但是我感到一种难以名状的幸福,我拥抱着我的敌人。"恐惧、欢娱和对死亡的等待掺杂在一起。"在纳韦尔,"玛格丽特写道,"唯一的奇遇就是等待死亡。"被虐和羞耻成为通向欢娱的唯一道路。杜拉斯坚持黑夜的主题,德军占领时的沉沉黑夜,年轻女人被关在地窖里无休止的黑夜,她第一次做爱之后在这个世界弥漫开来的黑夜。

我们还能记起贝尔纳·弗莱森——他饰演德国士兵一角——的温柔眼神。就在他死前,她冲着他微笑。"是的,你看见了,我的爱,即便这样,我们还是能微笑。"他被杀死了,她在他的尸体上躺了一天一夜。当他被拖进卡车,她还是想要他:疯狂的欲望,想要和一个死去男人做爱的淫欲。于是他们要剪去她的头发。在我们的记忆中依然保留着埃玛纽埃尔·里娃将脑袋送到剪子下的温柔姿态。剪光了头发以后,她还在等,一动不动。她害怕别人砍下她的脑袋吗?玛格丽特·杜拉斯参加了纳韦尔的拍摄,她无法忍受这个镜头。她大叫着然后昏了过去。当我们看到这些场面,重新读玛格丽特关于纳韦尔的描写时,又如何能不想到她和戴瓦尔在战争期间的交往呢?再说,直至生命尽头,尽管没有任何证据,玛格丽特一直认为戴瓦尔是个德国人,因为安全和做间谍的关系,伪装成法国人的样子。当玛格丽特让她的女主人公说"我的道德观点很成问题",说"我在撒谎,可我说的也是真话"时,难道不是在谈论自己吗?当她让埃玛纽埃尔说"我疯狂地迷恋着恶毒。我觉得恶毒可以成为真正的职业"时,她是在展现自己的恶毒吗?同样的,关于剪头发这一段,我们如何能不想起发生在她好朋友贝蒂·费尔南德兹身上的事情,在解放以后,她遭到逮捕,被剪光

---

① 《不为人所见的显然》,现代出版档案馆档案。

了头发，在巴黎的街区游街示众？这个一直缠绕着她的贝蒂，后来又作为主要人物之一出现在《情人》里。只有理解了玛格丽特想要澄清自己过去的欲望，才能懂得《广岛》里的纳韦尔，而雷奈对其想象的回应确实令人赞叹，他奇迹般地将之融入了这个故事。

然而雷奈非常焦虑。他自问这些分散的因素如何才能构成一部电影。很迷信的他一直对玛格丽特重复说："我们做的不是一部真正的电影。"他和亨利·科尔比以及雅斯明纳·夏斯奈一道进行影片的剪辑，他们俩都没有参加影片的拍摄。玛格丽特经常去看他们工作。制片商要求他们一方面要为电影找到合适的题目，另一方面写一个电影的概述。玛格丽特建议影片的题目叫作《广岛之恋》，并且最终做了这样的注释："谈论广岛是不可能的。人们所能做的只是谈谈不可能议论广岛的这件事。事情发生在1957年夏，观众应该清除脑子里关于广岛的一切成见，走出关于广岛的记忆，准备接受电影通过两个主角所讲述的一切。"这正是电影所提出的问题：相似和可信的问题。一部真正的影片还是一部虚假的纪录片？雷奈越来越多地考虑这个问题。在剪辑的时候，他决定试映几场。他邀请了朋友们前来观赏，所有的人在看了片子之后都肯定了这部片子的意义，但都说很难通过正常渠道公映。"这说明：我可以理解您的电影，但别人么……"雷奈解释道，然后他又补充说，"实际上是音乐构建了电影，使得主题清晰起来。"

他：你在广岛什么也没看见。一无所见。

她：我什么都看见了。

雷奈在剪辑后就再也不看、不听自己拍的片子了。他到处搜集意见。总共有三十四人看过连贯的片子。他们当然都提出了反对意见。长？太长了？不够和平主义的一部影片？不够尊重历史记忆的工作？这部已经拥有最好情节的玛格丽特的作品不讨大多数人的喜欢。"首先是过于突出的风格，让人感觉很不习惯，"弗雷德里克·德·托瓦尔尼茨基是在最后一次剪辑前观摩此片的人，他回忆说，"然后，电影部分的划分很惊人，对话成了吟唱，银幕上出现了一种抒情和押韵的诗歌。"于是雷奈毫不犹豫地剪去了三十五分钟！电影成了一小时五分钟。但这样一来根本没有什么内容了。雷奈决定重新剪辑。在最后的版本里，他只去掉了一分二十秒的镜头，决定就这样了，不容任何讨价还价。戛纳电影节评委会向文化部和电影节组委会推荐由这部片子代表法国参展。但是组委会以五票对四票否决了这项提议，认为该电影"不合时宜"。借口是美国人会大为震惊的！《夜与雾》同样没能进入戛纳电影节，因为可能会"不讨德国人的喜欢"。可能会引起"广岛事件"吗？

正如雷奈说的，"这部电影成了牺牲品。它应该可以参加角逐的，但是也许是它的运气不好"。[1]勒内·克莱尔、罗伯特·罗塞里尼、让·高克多、克鲁左、克洛德·夏布洛尔、弗朗索瓦·特吕弗、路易·马勒为这部电影高声喝彩。打乱了传统的叙事结构，《广岛之恋》根据情感记忆的事件顺序展开，将我们带入一片烧焦的土地：在这片土地上，爱情是罪恶，对于自己的了解也是不可能的事情。杜拉斯式主题的杰作……和《琴声如诉》一样，角色在很大程度上取决于观众。必须拼起记忆的拼图，而这拼图也映照出了自己的故事。人物内心的游离仍然是作品的主题，从来都没有离开过爱的行为，正是这主题将分散的镜头黏合在一起。"你杀了我，你对我好。"战争的诱惑成了惩罚的源泉，恶的源泉，但也是欢娱的源泉。杜拉斯还是第一次涉及战争，虽然从1946年起她就在记事簿上描写战争，但是一直等到1985年她才出版了《痛苦》，将这些年来的手稿拿去发表。《广岛之恋》里的法国女人和《琴声如诉》里的安娜·德巴莱德有许多共同点：两个人都知道爱男人，接近男人，到最后却都在躲避男人。她们希望能够全身心地投入，但是她们却在不停地回避。她们生活在梦境中，因为梦幻而心不在焉，被梦幻所吸引却没有生活的能力。毫无用处的爱。令人窒息的爱。绝望的自由权力。生活就该懂得抹去自己，投入内心的空茫。在安娜·德巴莱德和《广岛之恋》里的法国女人之后，劳儿·V.斯坦茵成了这种暗暗的不愿生存的欲望的具体代表。

---

[1] 作者与阿兰·雷奈的谈话，1996年2月4日。

《广岛之恋》是订购的工作。玛格丽特说过,并且不断重复道:如果没有人向她订购《广岛之恋》,也许她永远不会写关于广岛的作品。她是在写关于广岛的故事吗,还是在继续写她的致命的爱情,只不过把她的人物放在了这个叫作广岛的地方?事实总是超越虚构的。雷奈到广岛的时候,他乘着一辆旅游车去观光。在高音喇叭里,吉尔贝·贝果在唱一首情歌,和导游的话掺和在一起……"你在广岛什么也没有看见。"这句台词传遍了世界。在1969年,玛格丽特·杜拉斯曾在电台做过一次节目,她解释道:"她所想说的是,对我来说,你什么也看不见,什么也写不了,关于这个事件你什么也不能说。这部电影的出发点正是没有办法说这一事实。"① 雷奈非常尊重玛格丽特·杜拉斯的作品,甚至到了斤斤计较、手中握着秒表的地步,因为他要按照"《琴声如诉》里那种杜拉斯式的句子节奏"进行。电影的动人之处主要取决于导演和剪辑艺术。"他的谦虚给他带来了痛苦,我可以肯定地说,阿兰·雷奈才是自己导演的那些电影的真正作者。"今天,多曼如是说道。谁会怀疑呢?角色的分配是公正无私的,完全的信任,成功很快就成了真正的胜利。

在巴黎电影首轮放映了六个月,接着是在伦敦,在布鲁塞尔。在法国它拥有二十五万多名观众。这对于一部"难以理解"的电影来说可谓是个奇迹。在德国它也取得了空前的胜利,在意大利击败了《拉斯特拉达》,在特拉维夫造成了不幸,在雅典得到了奖项,南美很多国家,甚至美国都购买了《广岛之恋》的版权。在纽约、洛杉矶和芝加哥,它的票房高居非美国电影的榜首!

在电影的片头字幕上,出现了热拉尔·雅尔罗的名字,他是该片的文学顾问。在1960年出版的《广岛之恋》的前言里,玛格丽特写道:"我遗憾地把书稿交给出版社,因为我没能用上我们——一方面是雷奈和我,另一方面是热拉尔·雅尔罗,还有雷奈、雅尔罗和我三人一起——几乎每天都要分析脚本的谈话内容来充实它。"雷奈也证实了雅尔罗确实在心理平衡上起了重要作用——玛格丽特因他而避免了失去

---

① 《语言的痴迷》,见上述引文。

控制，而且他还经常嘲笑她在公众面前的自恋，那时玛格丽特还很相信他的职业能力。

在那时的一张照片上，我们可以看见玛格丽特站在海滩上，风吹起她的头发，齐腿肚的小裤裤腿高高卷起，露出晒成棕色的腿，微笑着，面容焕发，眼神活泼。旁边是雅尔罗，双手插在口袋里，像往常一样，装出一副冷漠的神态。玛格丽特仍然和迪奥尼斯住在一起，她也仍然在为晚上到圣伯努瓦街的同伴做晚饭，围绕着她的越南菜又重新营造了一个新圈子。雅尔罗过着双重生活，一面是他的家庭——他非常爱他的妻子和孩子，一面是里沃利街的单身公寓。各人有各人的生活，但是大家都知道我们在一起，玛格丽特说。雅尔罗当然同意。她们两个人经常在一起喝得酩酊大醉，开着车在海边兜风，相守爱情，在意大利或圣托佩兹度假。雅尔罗十分细腻，特别，温柔，敏感。"我爱他爱得发疯"，玛格丽特对她的一位女朋友说。雅尔罗因为报道的缘故，经常出差，他善于在最后一刻消失，不给任何解释地离去。玛格丽特只好等他，就像日后等扬那样，绝望地守候着漫漫长夜。她越来越迷恋雅尔罗。她的朋友玛德莱娜·阿兰斯惊奇地看着她把自己关在房间里，就为了等雅尔罗一个或然可能的电话。"她成了一个顺从的女人。作为交换，他要求她在文人圈子里给予他保护。"[①] 雅尔罗的同伴却早已深知他的为人。圣日耳曼—德普雷酒馆里的人都知道：雅尔罗是个标准的唐·璜，性游戏的斗手，他一直以自己征服过的女人的质量和数量为炫耀的资本。玛格丽特却是最后一个知道这件事的。

雅尔罗渐渐地被玛格丽特的圈子接受了：莫尼克和罗伯特·昂泰尔姆欣赏他这种懒洋洋的劲头和他的幽默，路易－勒内·德弗莱喜欢他的魅力和轻薄，阿兰·雷奈喜欢和他讨论问题，总是夸赞他活泼、聪明；米歇尔·米特拉尼也被他的外表欺骗住了，他看上去既像斗士又像圣日耳曼—德普雷的知识分子，才脱离存在主义，对知识有一种渴求，可以和人整夜整夜地谈论克尔凯郭尔以及远东的哲学。但是热拉尔·雅尔罗撒谎。正如他妻子非常简洁的概括一样：热拉尔有谎语癖。热拉尔

---

① 作者与玛德莱娜·阿兰斯的谈话，1995 年 9 月 18 日。

在任何事情上都要撒谎，却什么也不为，每时每刻，他自己都不知道自己在撒谎。玛格丽特刚发现他这一点的时候简直要疯了。无法改变他。接着，她试着妥协。雅尔罗悲剧性地死去之后，玛格丽特很久都不能走出这个阴影。她几次想要为他写一本书，却始终写不出来，甚至书的题目她都想好了，叫《被欺骗的男人》。

> 他每时每刻都在撒谎，对所有的人撒谎，编造自己的生活。早在真实的话语形成之前，谎言就已经到了他的唇边。他甚至感觉不到谎言的经过。他不会在波德莱尔或乔伊斯的问题上撒谎，也不会是为了炫耀或让别人相信他曾有过的奇遇而撒谎！不，不是这方面的。他在羊毛衫的价格上撒谎，地铁的路线，电影的场次，和同伴的会面，某次谈话，完整的旅行，城市的名字，还有他的家庭，他的母亲，他的侄子。就是这类无足轻重的事情。[①]

路易-勒内·德弗莱证实了这一点，他补充说："但是玛格丽特和他一样善于撒谎。他们互相欺骗。这是一种令人难以置信的关系。他就是谎言的具体代表，但是我喜欢他这样。我还记得我们曾打算一起到多洛米蒂山去旅行。我和玛格丽特在一起，本来约好雅尔罗在罗马碰头。下着大雨，我们白等了好几天。他根本没打算来。"[②] 雅尔罗嘲笑一切，真理，爱情和死亡；他只尊重唐·璜和作家。在他眼里，玛格丽特是个情人，但也是一个他喜欢和欣赏的作家。和她在一起，他创作了两个剧本，都签上了两个人的名字：《如此漫长的缺席》和《没有奇迹》，都是在1963年完成的，电影后来分别由亨利·科尔比和米歇尔·米特拉尼执导出品。雅尔罗在伽利玛出版的两部小说，《白色的武器》和《糟糕的地方》都由玛格丽特改写成了剧本，但是尽管他们尽了一切努力，两个剧本却始终只能留在抽屉里。

他们喜欢在一起工作。《如此漫长的缺席》的手稿的不同阶段——

[①] 《外面的世界》，第106页。
[②] 作者与路易-勒内·德弗莱的谈话，1995年2月18日。

玛格丽特后来否定了这次创作，说剧本非常糟糕——可以证明他们当时的合作情况，两个人都积极地参与了合作，剧本完全是合写的。总的来说，雅尔罗提供出发点。玛格丽特不断地和他说，讲故事给他听，最后留下一个，《英国情人》就是这么来的，出发点是一个真实的杂闻，一对退休的老夫妻把他们的哑巴表姐给杀了，是雅尔罗告诉玛格丽特的。《如此漫长的缺席》的故事情节也是一样，艾娃·雅尔罗有一天从收音机里听到了这个故事，于是就讲给丈夫听。热拉尔·雅尔罗写了下来，玛格丽特修改。他又重写，玛格丽特进行压缩，找到其中的逻辑。两人共有的文体从此诞生了：短促的句子，重复的运用，语言上的创新，一种迭句式的写作，间奏式的写作。

玛格丽特写了很多。她又恢复了自信。迪奥尼斯和罗伯特从今以后都不可能碰她的稿子了；只等出版以后她才把书送给他们。雅尔罗无论如何算不上是良师益友。他欣赏她，根本不会批评她；他让她放心。玛格丽特觉得自己不再在"她的男人"监督之下了。这时，钱也从天而降，《堤坝》的电影版权第一次让她得到了经济上的独立。她曾经与罗伯特和迪奥尼斯分享一切，现在，终于可以实现小女孩时的梦想：给自己买一间大房子。这就是诺夫勒城堡，洞穴，避处，同时又是一个极度沉沦、无上快乐的地方，她在这里写了《娜塔丽·格朗热》《劳儿·V.斯坦茵的迷狂》和《副领事》。在这座城堡里，一切都有可能发生，但玛格丽特最感兴趣的首先是孤独。孤独到令人颤抖的地步，孤独到在床上喝下一升的红酒，好让自己蜷缩在床单里睡去，孤独到看着一只苍蝇在墙壁上挣扎着死去而眼泪汪汪，孤独，清晨起床的时候，哆哆嗦嗦地在纸上写下夜晚的感受。她孤独一人看着满月时分，下面的玫瑰花披上一层乳白色的外衣，也只有她一个人知道去打开橱子的抽屉，找到一件过去女主人带血的内衣，她一个人把土豆韭葱汤热了又热，好让家里有点暖气。冬天，七点钟，她像个农妇，一边吃奶酪，一边想象米什莱笔下的巫婆正在花园深处游荡，想象树在说话交谈。她和她自己在一起，终于找寻到的自我，这座房子生就属于她，它终于接纳了她，在她四十四岁的时候，给了她头顶一片遮风挡雨的瓦，给了她大自然的享受。没有台风，没有海潮，没有虾兵蟹将吞噬房基。童年的噩梦尚未远离，但是小女孩的恐惧，那种唯恐母亲的房子有一天会被没收的担心似乎可以沉睡了。终于，玛格丽特可以把自己关在房里，觉得自己受到了保护，再也不用害怕了。可怜的小女孩，从一个地方辗转到另一个地方，住在公务员的房子里，唯一的避处就是楼梯下的那个小角落，这一回，这个小女孩成了产业主。"我喜欢诺夫勒。我没有故土，而这就是我的故土。可以尽情欢笑的故土，似乎它生来就是为了等我的。"① 她还希望这也是她孩子的房子。她的愿望得到了满足，直至今天，她的儿子仍然住在这里。

  玛格丽特，诚如我们大家都清楚的，喜欢夸张。诺夫勒是一座乡间的房子，在我们那时称之为塞纳—瓦兹省的地方，离国家公路不远。有一定的特色，就像专门的折叠说明书所说的，但是玛格丽特的诺夫勒不能仅仅满足于普通的诺夫勒，这座乡间的房子也不能像别的房子一样。首先，这是一座一年四季都有人住的房子，她是在这里安家，而不是风一样地来来去去。在这个地方能感觉到她的存在，非常强烈地感觉到。一个地方总是拥有一份存在，非常厚重的存在。其次——所有人都承认——玛格丽特有整理房子的天赋。玛格丽特曾经想重建诺夫勒城堡。她去了凡尔赛市政府，想要了解历代业主的情况，她查了档案，一直上溯到房子初建的时代。她只收集到一点零碎的资料：大革命时代是农民住在里面，遇到了饥荒，他们就在房子前的地上播种种粮，德国入侵法国时，德国人没收了房子。开始她先着手把房子整理得可爱一点，受欢迎一点，她要让自己融入这个地方，接着让这个地方带上她的人物的痕迹，让这座房子成为她内心世界的自然舞台。在《玛格丽特的领地》里，她和米歇尔·波尔特说，她在任何一个地方都没有在诺夫勒城堡住得多。"我似乎就出生在这里，我把这个地方完全看成是自己的，简直就觉得，它自……自我存在以前就已经属于我了，在我出生以前。"窗子朝着公园、池塘、森林，还有附近的一所学校。村庄就是这座房子的延伸部分。她经常出去，白天，夜里。和雅尔罗一起，他们深更半夜去逛咖啡馆，在吧台前喝得烂醉，直至倒下。

---

① 《外面的世界》，第119页。

有一天,下午的时候,她和雅尔罗在楼下做爱,没有拉窗帘。村里的年轻人在看他们。她抬起眼睛,也看见了他们。她从来没有忘记过这些年轻人。很长时间以后,她还说想杀了他们。

雅尔罗喜欢这座房子。他甚至建议她离开巴黎,说要和她一起生活在这里,两个人一道关在诺夫勒城堡里。真可怕,玛格丽特说,每个周末和假期,城堡都要对那些老朋友敞开大门:罗伯特和莫尼克·昂泰尔姆,迪奥尼斯和他的妻子索朗日,爱德加·莫兰,路易·勒内·德弗莱和其他人……其他所有人。迪奥尼斯霸占了花园,他是一个出色的园艺师:他种芍药和古典玫瑰,他确实建造了一座迷人的花园,后来,玛格丽特和他吵了一架后,干脆把这花园完全让给他了。从来没有插过手的玛格丽特写道:"玫瑰继续在蔓延;这会儿共有九万朵玫瑰,简直要把我给杀了。"[1] 诺夫勒还有猫,很多很多的猫,都是在路边拣来的,没人要的,自己找上门来要饭的。还有垫子,很多很多的垫子,沙发上,桌子上,有很多很多的桌子,干花,凋谢的花——在这里和在圣伯努瓦街一样,花不能扔在垃圾箱里,这是一条原则,刺绣的桌布,玛格丽特从最喜欢逛的旧货商店买来的别致台灯。蓝色的柜子是她用来放手稿的,后来她忘记了它们的存在。这里成夜都亮着灯,晚上搭起来的床白天再拆掉,还有一架走音的钢琴,谁都可以来弹,后来这架钢琴被录进了《娜塔丽·格朗热》里。外面像是一座庄园,里面,她的布置给人一种度假村的感觉,一切都显得那么轻盈:白藤的家具——殖民地的异国情调——菘蓝色的布料。每个人都选择了他的房间:放钢琴的房间,有壁炉的房间,饭厅,间间相通。房子里可以听到森林里的鸟叫,放学时孩子的叫声,公路上的汽车声。春天可以欣赏盛开的芍药花,冬天可以在雾中沿着莫尔德勒河散步。"在这座房子里,到处都畅通无阻。是的,可以方便地来来去去。而且还有走廊。在那里,既有千年古树,也有才种下不久的新树。有落叶松,有苹果树,有李树,一棵胡桃树和一棵樱桃树。杏树死了。我的房间前就是那株大西洋人的玫瑰。一棵柳树。还有日本的小樱桃、鸢尾花。在音

---

[1] 《绿眼睛》,第18页。

乐房的窗下，有一株茶花，那是迪奥尼斯·马斯科罗为我种的。"①

但是，玛格丽特到了晚年却不经常住在诺夫勒了，即便去也只待一个下午或一个晚上，过客一般；然后就走了。据说她是害怕自己安置在那里的所有存在，而她现在如果不被邀请参加宴会，她会感到厌烦，很厌烦，所以总是要动个不停。玛格丽特更喜欢大海，退潮时分一望无边的海滩，灰色的砂砾，海天连成一片。她先是对多维尔一见钟情。1924年她是第一次去，就在她完成那篇一直没有答辩的法学论文以后，她开着掀盖的福特车。在她眼里，多维尔是个奇怪的地方，旧时的建筑，空旷的街道，大海拍打着岸边的岩壁，荒芜的田地。很快，她就爱上了这海边一角，爱上了如此透明的阳光和那一排小山坡。但是一直到1963年她才在特鲁维尔买了一座公寓，彼时她仍然和雅尔罗在一起。海边的一座公寓。在公寓里看不见大海，必须在窗前俯下身或者干脆走出去才能看见大海。但是可以听见海的声音，就像脉搏的跳动，喜欢下楼观赏大海的玛格丽特说。她的童年就是在海边度过的。她笔下的人物经常在夜晚的海滩上闲逛。她母亲曾试图建造一座堤坝。母亲认为人可以与自然做斗争。小女孩知道战斗的结果。"大海让我感到很害怕，这是我在这世界上最怕的东西……我的噩梦，我可怕的梦魇总是和海潮有关，梦见自己被海水吞噬了。"② 在特鲁维尔，她第一次发现了西方的大海，在她的作品里，这是个充满野性、荒凉的地方，只有风和海潮。但是，等她成了一个老妇人的时候，她却在这里找到了安宁和某种从容；她在这里等扬，她生命里的最后一个男人。"特鲁维尔，现在它是我的家。它取代了诺夫勒和巴黎。我是在这里认识扬的。"③ 特鲁维尔的灰色夏天，特鲁维尔明亮的秋天，幻觉，摆脱不开的幻觉和稍稍加以控制的幻觉。朋友也到这里来，布尔·奥吉埃、热罗姆·兰登、埃马纽埃尔·里娃。但是在特鲁维尔，她更喜欢关上门，切断电话，不再在这里等待任何人。她知道柜子里摆满了红酒和甜的利口酒。等待。惊讶自己竟还活着。发现每天太阳照旧升起。诺夫勒

---

① 《物质生活》，第82页。
② 《玛格丽特·杜拉斯的领地》，见上述引文，第85页。
③ 作者与玛格丽特·杜拉斯的谈话，1995年3月8日。

然后是特鲁维尔，相继成了她的写作实验室。玛格丽特总是在夜晚走进实验室，毫无顾忌，寻找着内心的影子。在这里她远离人群，抛下一切指南，忘记所有的写作理论，充满力量地投入这片尚未绘制出地图的领土。

但是，在这一年，在1960年，她一离开诺夫勒的房子便立即置身于政治漩涡。"我不知道，"她说，"还有什么比搞政治或者说按照自己的意愿去搞政治更幸福、更令人心醉神迷的事情了。"① 她明确赞成阿尔及利亚独立，为此感到很幸福。《7月14日》撰稿者们早已介入"阿尔及利亚事件"，而这次不服从权力宣言更是将知识分子的反抗具体推进了一步。无与伦比的幸福，迪奥尼斯也说，体会到团结的力量的幸福，拥有一个革命的未来，和压制思想自由做斗争的幸福。② 玛格丽特重新全身心地投身于集体之中，和大家一起思想，一起行动，这是怎样快乐而美丽的事情啊。"121宣言"成为知识分子反抗"法属阿尔及利亚"的重要行动之一，这的确是集体的声音。甚至在德雷弗斯事件中，知识分子内部也分为几派，有的以政客的面目出现，有的以协会的名义行动，还有公众舆论这一边。但是在1960年没有这样的情况，迪奥尼斯强调说，他和莫里斯·布朗肖是当时的主要煽动者。整个民族都沉浸在一种不快之中，任何一个政权机构、学术机构、政党组织、道德或文化组织都无法给予答复。③ 签名者不无惊讶地发现，他们才是唯一的权威……

在起草宣言之前，迪奥尼斯和玛格丽特已经具体参与了阿尔及利亚独立解放事业：他们曾在圣伯努瓦街的壁炉里藏过阿尔及利亚民族阵线的经费；他们给阿尔及利亚人送过箱子，藏过因此遭到追捕的人。玛德莱娜·拉夫－维隆时任巴黎律师事务所的律师，也是亲阿尔及利亚民族阵线的斗士，她长期以来受到威胁国家安全的指控，被国家安全部门严格监控。就是她回忆说，每一次她请求玛格丽特"帮忙"时，玛格丽特都毫不犹豫。玛格丽特的公寓是个中心。"在圣伯努瓦街有很

---

① 《物质生活》，第82页。
② 作者与迪奥尼斯·马斯科罗的谈话，1995年5月17日。
③ 作者与迪奥尼斯·马斯科罗的谈话，1996年1月18日。

多基金,他们在巴黎发放这些基金。那时我负责送箱子。有一次我在送箱子时被跟踪了,遭到了搜查,可怕极了。"玛格丽特有一次对露斯·佩罗说。

起草宣言之前大家讨论了很久。《7月14日》第三期上发表了一篇舒斯特、布勒东、布朗肖和马斯科罗共同拟定的知识分子问卷调查及调查报告。这实际上已经发出了反抗的号召。1960年6月间,这篇报告有十五到十六个版本在流传。最后的题目是莫里斯·布朗肖定的,叫《不服从阿尔及利亚战争权力宣言》,以代替原来的《致公共舆论》,他在1960年6月26日写给迪奥尼斯·马斯科罗的这封信可以证明:

> 不服从,这个词本身有点狭隘。我们本可以将它补充完整或者说得更直接一些:不服从的权力和逃脱阿尔及利亚战争的权力。但是不服从在我看来似乎足够严谨了。不服从是对军事义务的拒绝。从这一点出发,这份态度可以具体转化成不同的行动——逃脱——从内心逃脱——逃脱到局外,在敌人面前逃脱,逃脱到敌人阵营中去。这个词可以包括一切或然的解释。这个题目,我相信,好就好在一目了然。①

文章先是在法国流传,后来流传到了整个欧洲。7月初,它还只收到二十几份同意的回执,但已经确定下来不再修改。油印了两百册以后,文章随着第一张签名名单一道散发,从一个人手中传到另一个人手中。玛格丽特的名字也出现在这张名单上,还有安德列·皮埃尔·德·芒迪亚居、特里斯当·扎哈、阿兰·罗伯-格里耶、让·皮埃尔·维尔南、热罗姆·兰登、克里斯迪亚娜·罗什弗尔、西蒙娜·德·波伏瓦、阿尔杜尔·阿达莫夫,当然更少不了莫里斯·布朗肖、罗伯特·昂泰尔姆、迪奥尼斯·马斯科罗和热拉尔·雅尔罗。玛格丽特负责和签名者及传播者联系。《快报》的让·达尼埃尔也是签名者之一,他

---

① 迪奥尼斯·马斯科罗遗赠。现代出版档案馆档案。

至今还能记起当时的场面[①]:"有一天,玛格丽特到我在《快报》的小办公室来,带着一种不由分说的神气,迷人极了。迪奥尼斯·马斯科罗陪着她,他的脸很像希腊人,长发,好像赫尔墨斯神一样,不太说话,总是保持一定的距离。玛格丽特对我说她要给我看的文章和我所写的关于阿尔及利亚的文章是一致的,说我写的东西对大多数签名者影响很大。她急于知道我究竟如何往返于突尼斯的阿尔及利亚民族阵线参谋部和遭到法国军队镇压的阿尔及利亚的其他城市之间。她知道我在阿尔及利亚问题上和加缪的意见不一致。我对她用'您',她则对我用'你':'这对你来说应当是件很痛苦的事情,你这么喜欢加缪。'我承认说我的确很喜欢加缪。她转向马斯科罗说:'我们都很喜欢他。尤其是罗伯特。'她所说的罗伯特当然是罗伯特·昂泰尔姆,他是第一个把玛格丽特的稿子送给加缪过目的。也是罗伯特·昂泰尔姆对加缪说:'如果我们不重视她的书,玛格丽特完全有可能自杀。'我接过"121宣言"。我立即谈了我在阿尔及尔的朋友,进步的法国人士会怎样来看待这篇文章。不服从?同意,但是我们能够抛下在阿尔及利亚的法国人不管吗?抛下一百万男女老少,任凭他们置身于阿尔及利亚民族阵线的恐怖行为之中吗?独立,这是可以商量的。我对玛格丽特说我可以签名,只要补充几行关于这些法国人命运的文字,他们并不是种族主义和殖民统治的罪魁祸首呀。玛格丽特有点困惑,她问我在阿尔及利亚是不是有家人。是的,我有。但是问题不仅仅在这里。她对我说:'给我一点时间。'她和马斯科罗离开了一会儿。但是离得不远,我基本上可以听到她所说的话。她对马斯科罗说她理解我。设身处地地想一想,确实不能把所有的法国人都归结为殖民主义者。她说在印度支那就有很多接近民族主义和革命派的法国家庭。她走回我身边,对我说:'我们同意。你想说的这些话,你自己写上去吧。'她拥抱了我。马斯科罗一句话也没说。他勉强地和我握了握手。两天过去了。玛格丽特给我打了个电话。不能修改文章。迪奥尼斯把新的宣言交给萨特,萨特说:'给海狸看看。'海狸不同意。迪奥尼斯于是决定不做任何修改。时间紧

[①] 作者与让·达尼埃尔的谈话,1996年2月8日,1998年让·达尼埃尔整理成文。

迫，我们已经无法后退了，玛格丽特抱歉地说。但是她还是坚持让我签名。我拒绝了。她重复说她能够理解我。后来她每次向我提起这件事，都是想让我知道她当时是站在我这一边的。让·戈告诉过我，玛格丽特的确尽力了，她想说服第一批签名者考虑一下在阿尔及利亚的法国人的权利，但是没用。"

"这真是天才之举，这份东西。非常美妙。简直不能不签名，而且是立即不假思索地签名，否则将是历史的迟到。它影响了所有人，也包括那些没有签名的人。"[①]1985年10月，玛格丽特说。宣言的签名活动遭到了镇压。先是辱骂，后来部长会议也介入了。那些所谓"宣传逃跑"的人从今以后禁止在电台或电视台以及收到政府补贴的戏剧界露面。文化部部长马尔罗发了一份通告，表示"对于由签名艺术家参加拍摄的电影，国家拒绝给予任何经济资助"。这些措辞含糊的举措却收到了相反的效果：在法国，宣言的追随者队伍一下子扩大了。动荡在1960年9月5日军事法庭准备起诉让森时达到了高潮。弗朗西斯·让森是1955年出版的《法律之外的阿尔及利亚》一书的作者，也是《现代》杂志的编辑。他从1956年就开始接触阿尔及利亚民族阵线，是他们最早的合作者之一。他组织了一个地下网络，负责掩护、帮助民族阵线的成员，同时替他们筹集基金。巴黎在谣传他们要暴动。让森到瑞士避难去了，玛格丽特和她的左派反对党一样，认为法西斯主义又重新在叩响法国的大门。右派认为放弃法国在阿尔及利亚的主权是不对的。一张反知识分子宣言的宣言也在流传。率先签名的当然有亨利·波尔多、皮埃尔·加克索特。它痛斥了这些"教唆背叛的人"的罪恶行径，说他们是帮助祖国叛徒弗朗西斯·让森的罪魁，要求让森到庭受审。让森事件更煽动起了大家的情绪，左右两派狭路相逢，分外眼红。洛朗·仲马回忆说大家排了好几个小时的队，都想到庭听审。他们一窝蜂地拥向法庭，简直像是把法庭当成了戏院。被告并不否认法庭对他们的指控，但是想要将辩论扩展成两派之间的战争。被控方提出了他们的道德证人。作为证人之一的让-保罗·萨特寄了封信给法庭，

[①] 《解放报》，1985年10月1日。

信在法庭上得到了宣读。除了他之外，还有二十来个其他证人，包括克洛德·罗伊、让·布雍、娜塔丽·萨洛特、克洛德·朗兹曼、热罗姆·兰登，他们都是出庭作证的。[①]玛格丽特因为无法前来作证，让人送了封信给签名者的律师洛朗·仲马，他也当庭宣读了这封信：

交洛朗·仲马律师启

1960年9月20日，星期二

亲爱的律师：

我由于要送儿子去学校，不得不今天出发去上卢瓦河省。

以下是我的证词，我希望您能将它转交给巴黎武装部队法庭的主审法官：

首先，我要向站在被告席上的男男女女致以兄弟般的敬意。

在今天，我坚持重申我签署不服从阿尔及利亚战争权力宣言的立场。我坚持重复最后的这几句话：我尊重拒绝拿起武器对待阿尔及利亚人民的决定，并且认为这是正义的行为。我尊重那些认为应该帮助和保护阿尔及利亚人民的法国人，阿尔及利亚人正受到所谓法国人民的压迫，我认为这些法国人才是正义的。我将阿尔及利亚人民的解放事业看成是所有自由人的事业，因为他们为摧毁殖民体系做出了决定性的贡献。

和法庭一样，也许，我对战争的恐怖感到惋惜。但是，这既然已经是场战争了，谁又会认为只有法国享有制造战争恐怖的特权？

这场战争的确非常恐怖。但在这场战争中，两方只有一方有权坚持下去。在代代相传的主人的打击和蔑视下，奴隶终于反抗了，也通过斗争来回答这么多年的压迫，那么，究竟谁是这个暴力的罪魁祸首？谁能够说不是主人？而如果主人被杀死了，谁又能说他不该对自己的死亡负有责任？

有些人坚持说"你们没有到过阿尔及利亚"，这样说有什么意义呢？

---

① 见《第四共和国时期的阿尔及利亚战争》。

"二战"期间，我也没有到过德国，但我和很多没有到过德国的人一样，知道德国有集中营。我还知道1947年在马达加斯加发生过大屠杀（八万马达加斯加人死于屠杀），知道1945年在君士坦丁堡也发生过大屠杀（四万五千人死于屠杀）。

我是出生在印度支那的法国人。我还能回忆得起我们祖父建立的所谓和平共处的殖民共同体。

从根本上说，都是同样的蔑视。压迫也总是建立在这同样的蔑视之上的。

如何能够永远地忍受这一份蔑视？

其他的民族，为了世界各民族的欢乐，已经在自尊前让了步，达成了和平的共识。

可我们拒绝战胜自尊，正是这份拒绝，让多少阿尔及利亚人死于非命，其比例与法国在"二战"期间的死亡比例大致相当。

我们还打算让多少阿尔及利亚人为了他们的自由付出生命？

玛格丽特·杜拉斯

面对军事法庭的法官，杜马律师是这样结束他的辩词的："我希望一百年或者一百五十年后，当大家谈论起你们此时的所作所为时，可以这样说：'他们的态度是可以理解的，虽然我们不知道那时支配他们的究竟是怎样的感情，是从名誉的角度还是从历史的角度。'"最后，十四人被判十年监禁，三人接受其他刑罚制裁，九人被宣判无罪释放。在这段日子里，玛格丽特又重新开始抵抗，并且用的就是这个词。解放时她已经对戴高乐怀有仇恨，此时仇恨更是急剧上升。在她眼里，戴高乐不仅是个独裁者，还喜欢撒谎。在阿尔及利亚战争上，历史确实让戴高乐犯了错误。玛格丽特是有道理的。在她看来，首先是戴高乐清算了抵抗组织，他在1945年解散了爱国武装。并且，戴高乐也不是阿尔及利亚和平的缔造者，他出于个人的策略，对所有人，包括他自己撒了谎，他之所以后来会一步步地退让，唯一的因素不过是想巩固自己的政权。

对于迪奥尼斯·马斯科罗、让·舒斯特和莫里斯·布朗肖，"121

宣言"还仅仅是个开头。《7月14日》由于经济上的困难已经停刊了，当务之急是找一本新的杂志，传播新的真理。正是在这种情况下，诞生了筹办《国际杂志》的想法，同时用意大利语、德语和法语出版。意大利由艾里奥·维托里尼、皮埃尔·波罗·帕索里尼、意塔洛·卡尔维诺和阿尔贝托·莫拉维亚负责；在德国，马丁·瓦尔泽、根特·格拉斯、安吉巴尔·巴赫曼很快就同意合作，并和法国的编辑小组见了面，法国小组已经轰轰烈烈地行动起来了，莫里斯·布朗肖、迪奥尼斯·马斯科罗、路易·勒内·德弗莱、莫里斯·纳多、罗兰·巴特、米歇尔·雷里斯，当然还有玛格丽特正不遗余力地为杂志最终得以出版而努力。但是，尽管这些欧洲的知识分子雄心勃勃地想要办成自己的杂志，杂志却只出了一期就停刊了，这一期也是在意大利出的，插在一家报纸里，并且报社说下不为例……因为缺少资金和宣传，杂志胎死腹中。迪奥尼斯精心编排的文章未见天日就夭折了。但是圣伯努瓦街的讨论和此时的论战成了"六八风暴"的前兆，在某种程度上可以算是它的前胚胎状态……

然而玛格丽特需要钱。为了购置诺夫勒城堡，她向蒂诺德·洛朗蒂斯借了不少，日子很拮据，到了月底往往入不敷出。加斯东·伽利玛建议她将《广岛之恋》的电影脚本放到出版社来出。尽管非常尴尬，她还是在1959年12月23日写信答复了他："如果我和阿兰·雷奈商量妥当后决定出版《广岛之恋》的话，这本书当然应该是您的。但是问题在于，应该怎么跟您说呢？问题在于我们觉得这样做有点厚颜无耻，不知该如何战胜这种心理：脚本只是为了自己而写的，雷奈，演员和我。把它公之于众似乎有点让人尴尬，尤其是因为电影这么成功。这就像是泄露了一个秘密，或是爱情故事才结束就把它告诉了别人。"最终，因为经济上的原因，她还是出版了《广岛之恋》。

《广岛之恋》成功之后，不少制片商都邀她加盟，玛格丽特于是和热拉尔·雅尔罗合写了《长别离》，这个故事也是源于一桩真实的杂闻，就是先前所说的艾娃·雅尔罗的那桩杂闻：奥贝尔维里埃的一个女人，雷翁蒂娜·弗卡尔德，她觉得有一天在街上碰到了以前被流放到布痕瓦尔德集中营的丈夫。影片叙述了一个女人与一个流浪汉的相遇，她想唤起他的回忆。雅尔罗构建故事的框架,玛格丽特则主要负责描写战争在女人心灵和肉体上留下的痕迹,描写这个从来不愿意接受心爱的人已经逝去的女人。还是战争,仍然是战争,玛格丽特已经摆脱不了战争主题了:只要一有机会,她就要回到这上面。忏悔,遗憾,罪恶感?玛格丽特早在《痛苦》出版以前,就已经产生了解释、理解和汇报的欲望。拍摄这部电影她首先想到了亨利·利尔比,他曾经和雅斯明纳·夏斯奈一道为《广岛之恋》做过剪辑。1960年3月10日,她给科尔比挂了电话,科尔比同意了。11日早晨,她请拉鲁尔·列维做制片人,当天晚上,她得到了雷奈的鼓励。

她很快为摄制组起草了大纲:"一个流浪汉经过一个女人的家门时,这个女人相信他就是她在1944年流放到德国的丈夫。流浪汉失去了记忆,只有这个女人可以证实他们的夫妻关系。表面上看起来,这个流浪汉似乎可以接受他是这个女人的丈夫,直到有一天,他企图撞车自杀,并且对此行为没有做出任何解释。他被关在圣安娜精神病院。可这对女人来说也不要紧。她继续到圣安娜精神病院看这个她坚持认为是她丈夫的人,永远。"剧本着重描写了女人为了唤回这个失去时间概念的男人所施展的千般万般的手段:窒人的酷热,温柔的声音。她越是设下陷阱,他就越是把自己关在围城中不肯出来。他混迹于人流中,满身泥浆,靠卖废铜烂铁为生,住在塞纳河边的小茅屋里,他不需要任何东西任何人。他不想损害自己那种无知的幸福,甚至都不愿装出认出她来的样子,以期改变自己的生活,他不愿找到属于他的家、身份和社会理性。没有任何人任何事可以阻碍的逃离,阻碍他回到不做任何人的自满中。"电影的目的,"杜拉斯说,"在于表现记忆和忘却的并存是不可能的。"从脚本的最后一稿可以看出杜拉斯和雅尔罗的合作态度都非常积极。雅尔罗负责最后的增减,玛格丽特则负责人物的心理描写和对话。

亨利·科尔比没有完全承担起执导这部影片的工作。但是它得到了阿里达·瓦里和乔治·雅尔森的完美诠释,虽然留有法国新写实主义电影的痕迹,比如过于强调效果、音乐过于外露,它仍然不失为一部可看性很强的影片。影片受到了评论界的普遍好评,尤其是剧本的优雅和演员的高超演技,除了《战斗》杂志认为它造作、沉闷,并说评论界把它捧得太高了。让-德·巴隆塞里在《世界报》上撰文说:"我喜欢这部影片。有些人认为它令人昏昏欲睡。但需要的正是这份锤炼和原地踏步。"科尔比记得玛格丽特从来不到拍摄现场来,有时她会参加剪辑,却不发表意见。后来她又将这项工作视为完成订货,说她不过是个技术员,而非作者。电影获得了戛纳电影节的一致好评,她给电影家带去了享受和幸福——这届的金棕榈奖由路易·布努埃尔的《维里迪亚娜》获得——她对此感到很高兴,而且玛格丽特总是为电影人带去好运,但是此刻她的问题是,尽管她能够毫不费力完成若干电影剧本,却无法全身心地投入小说的创作之中。如何才能谋生呢?她的小说卖得不太好,伽利玛出版社因此不同意再给她追加预付金。在她的要求下,1960 年 6 月 30 日,出版社寄了一张她的小说销售清单:

《宁静的生活》:　　　　发行 11000 册
　　　　　　　　　　　　售出 7087 册
《抵挡太平洋的堤坝》:发行 8000 册
　　　　　　　　　　　　售出 5935 册
《直布罗陀的水手》:　　发行 5000 册
　　　　　　　　　　　　售出 2648 册
《塔尔奎尼亚的小马》:　发行 5000 册
　　　　　　　　　　　　售出 2023 册
《树上的岁月》:　　　　发行 3000 册
　　　　　　　　　　　　售出 929 册
《街心花园》:　　　　　发行 3300 册
　　　　　　　　　　　　售出 2320 册

于是她接受了皮特·布鲁克将《琴声如诉》改编成电影,并为电影撰写台词的建议。但是她提出要和雅尔罗一道签署这个合约。制片商同意了。就像以往一样,玛格丽特做什么都不愿意草草了事,她完全把小说打乱了重来。由于故事在电影里必须有个时间上的限制,她决定朔万和安娜·德巴莱德之间的一切在五天之内展开。开头和小说的开头大致相同,一个女人在咖啡馆死去:"她住在军火库后面。结婚已经十年。从来没有过对她的非议。"尤其是她想象安娜·德巴莱德,这个阴魂在咖啡馆游荡,就是为了勾引朔万。在她起草的准备笔记中,她把安娜描写成"城里最富有的女人,也是最谨慎的。在代代相传的习惯中她感到深深的厌烦"。[1] 她即将出发,安娜·德巴莱德想离开她的圈子,她的丈夫,她的房子,甚至是她的城市。"我住在一座没有树也没有风的城市里。而这里一直有风,所有的鸟或几乎所有的鸟都是海鸟,它们被暴风雨拖得精疲力竭,暴风雨停下的时候,我们可以听到它们在树间啼鸣就像被割喉杀戮时发出的啼鸣。简直让人睡不着觉。"杜拉斯选定布莱耶城作为叙事的背景,因为布莱耶靠近吉隆德海湾,码头很宽阔。布莱耶这座外省的美妙小城,从晚上8点开始,每个人都把自己锁在家里,流言传得很快。安娜·德巴莱德在这里可不顾自己的名誉了。她成了全城的笑柄。毫无办法。她让朔万把自己赶了出去,但是她又回来了。表面的一切都不重要。她不在乎自己激发起来的那份厌恶。

"您到底要我什么?"
"就待在那里别动。一切将由您来决定。"

她把自己献给了朔万,不知羞耻,禽兽一般。电影脚本里的安娜·德巴莱德和小说中的不一样,对男人有贪婪的欲求;她到处寻找他们,工厂里,街道上,港口上。她要把自己奉献给他们,而她的丈夫似乎也表示了默许。身体因为一次又一次的激情而起伏,她拒绝一切有辱她已婚女人身份的规矩。她对朔万说:"我相信我不是那种可以长时间幸福的女人,我只能在一些男人的身边得到非常短暂的幸福。认识您以后我才知道了这一点。"

---

[1] 现代出版档案馆档案。

玛格丽特安排了四个结尾：丈夫带走了安娜，让她远离朔万，乘着一辆巨大的黑色小汽车远去；（已经可以窥见《情人》的端倪？）朔万想要把她勒死；朔万离开城市，被这个女人可怕的温柔吓坏了；安娜·德巴莱德想要自杀……四个版本的叙述中，安娜·德巴莱德的身体和灵魂始终处于昏昏欲睡的状态：安娜有个她自己都不知道的秘密，听凭自己置身于女人的野性中的她已经有了劳儿·V.斯坦茵的大致轮廓。"她心醉神迷地看着周围的一切。无幸地绝望着。"玛格丽特在最后一个版本里写道。最后写了八稿才算完成任务，像她所希望的那样，由她自己改编自己的小说。玛格丽特已经喜欢在开始工作前自吹自擂。因为这是她第一次改编自己的小说，开始的时候，她觉得最大的，几乎无法战胜的困难就在于使小说原有的叙事变形，并赋予主要人物以某种特点。的确，在小说里，玛格丽特没有在叙述故事。整部作品都只是故事的一个大致轮廓，因为文体和人物之间的引力而延搁下来。玛格丽特视人物为木偶，然而以他们之间偶或会发生的事情为起点建立起叙事结构：最常见的是某种气氛，而不是事件。读者一直处在事物的边缘。甚至是极限。一切都有可能发生，但恰恰什么也没有发生。她开始写作的时候还要构建整个天地所必需的机械装置，但是，等待和抹去渐渐成为她偏爱的两大主题。于是，在寻找过程中，她记录下必须保留的"成分"，然后再将它们混在一起：

——城市（最好是在芒什海峡）
——孩子钢琴从头至尾
——迪亚贝里从头至尾
——安娜·德巴莱德从头至尾
——罪行
——一男人
——咖啡馆
——安娜、男人和葡萄酒
——外面码头上的孩子

电影两年以后才出品。玛格丽特否定了这部片子，尽管她对女主人公的扮演者让娜·莫罗很欣赏，很尊重，也很友好。在她看来，造成失败的罪魁祸首是导演。皮特·布鲁克一点也没搞懂，后来她不止一次这样说。但正是这部她不喜欢的片子促成了她绕过镜头走到另一边去。

目前，她唯一的担心就是怎么回到小说创作上。面对自己，继续冒险。在她的脑中，各种各样的想法在突来撞去。她需要时间理清楚，翻译出来。她越来越像个译者，只是在把自己内心的东西翻译出来，而不是翻新语言形式的创造者。在和让·舒斯特——迪奥尼斯最亲近的朋友之一和圣伯努瓦街的常客——的一次对谈中[①]，她谈到了自己写作观念的形成发展。所有的人都是作家，她说，并且一直在重复这句话。问题就在于：如何才能不写呢？这种写作的功能在她看来是上帝赋予的。"我看到每个人都在写——那些似乎不写的人也在写。所有的人都能成为作家，就像所有的人都可能成为电工一样。"因为，在每个人的内心，都有一个"先锋的存在"。这个先锋的存在并非意识，确切地说，应该算是一种"后意识"，既包括我们曾经经历过的一切，也包括我们对真实的理解。我们所有人都有一个她所谓的"内在共同体"。写作正是从这里出发的。要想写作，就必须和真实生活保持时差："将真实变形，一直到它屈从于自我故事的主要要求。"我作为作家的存在向我讲述我的生活，而我是读者。我历史的存在在变形，在驱逐，分类，中断。我这份存在理性地将我这个整体的碎片聚在一起，这样"事件就可以通过我承受下去，我也可以忍受这事件，它可以找到我的内在碎片"。先锋的存在在玛格丽特·杜拉斯所谓的"内在阴影"这个区域存活、作用，内在阴影不久以后就会变成一大块黑，自我的档案正是存留于此。

玛格丽特一直和精神分析保持着相当的距离，尽管她将弗洛伊德《梦的解析》读了好几遍，并且和雅克·拉康交往深厚。那时拉康也是圣伯努瓦街的一位常客。但是拉康在《劳儿·V.斯坦茵的迷狂》出版之

[①] 玛格丽特·杜拉斯与让·舒斯特的对谈，发表在《极臀》第一期上。

际却写过一篇颇为令人瞩目的文章，对扩大该书的读者阵容以及增加它的知名度起了不可低估的作用。杜拉斯从来没有用过无意识这个词，但是不拒绝。只是让她屈从于精神分析的条条框框未免过于简单化、过于夸张了。是有很多"符号"，但这个解码的过程在一个不断地搅乱含义，颠倒意义本身的概念，在半路上重塑自己的生活，按照读者和周围人的意愿在各种潮流的影响下修补而不是构建自己写作的人看来，是一个信标过于固定的迷踪游戏。玛格丽特是块海绵。有人因此而指责她：她为兰登写贝克特式的作品，为《现代》写萨特式的作品，有一段时间又为伽利玛写海明威和多斯·帕索斯式的作品。雷蒙·格诺不喜欢《直布罗陀的水手》，认为其中的浪漫主义文学的痕迹太重。他毫不留情地向她指出过这个问题，并做了分析。她哭了，但是拒绝任何修改。她听凭维托里尼影响自己，接着厌倦了他，转向莫里斯·布朗肖和乔治·巴塔耶。写作是一种危险的艺术，由背弃和黑暗组成。杜拉斯，厚颜无耻的杜拉斯，后来无话不说的杜拉斯，这时已经显出人格上的双重性了。先前是一个文明的杜拉斯，开化的杜拉斯，历史学家杜拉斯，封闭、阻碍他人进入的杜拉斯，她已经决定将这样的一个杜拉斯埋葬，而让一个译电员的杜拉斯，梦一般的杜拉斯，沉思的杜拉斯脱颖而出，她在等待……成为一个真实的媒介，她的朋友玛德莱娜·阿兰斯说。"我完全可以肯定，写作就是听凭这个趴在工作台上的人干他想干的一切，参观者是书。"有一天杜拉斯说。[①] 作家都是内在阴影的修理机，是愿意让自己的内心空无一物的人。在寻找无法描述的一切之后，兰波开始寻找金子，他听凭自己的内在阴影在自我的棺材中死去。

她说自己曾经被逐出文学圈子，而这个圈子又接纳了她，承认了她。1960年，她被选为梅迪西斯奖的评委，接替皮埃尔·加斯卡尔的位置。她做了六年，当然，和菲里西安·马索、娜塔丽·萨洛特、阿兰·罗伯－格里耶以及克洛德·罗伊在一起，后来她和娜塔丽·萨洛

[①] 玛格丽特·杜拉斯与玛德莱娜·阿兰斯的对谈。参见《玛格丽特·杜拉斯，真实的通灵者》，人类时代出版社，1984年。

特、克洛德·罗伊一道辞职，因为"委员会将奖项考虑得比书本身还要重"。她觉得自己做了一定的斗争，对把梅迪西斯奖颁发给克洛德·奥里埃、莫尼克．维廷感到非常骄傲。但是这不足以洗清错误，她辞职后说。① 六年也许只有一个错误，那就是奖项本身的可疑性。十个只对文学抱有兴趣的人组成了沙龙，即便争吵也很高贵，她肯定地说。在这期间，她融入了可谓是文学界里的贵族圈。她受到电影艺术和散文艺术领域在当时最有威信的批评家的推崇。她对自己的写作有很高的评价，朋友和出版商都不能对她有一点微词。一切都发生在她和自我之间："我写作只是为了把我放进书里。为了减轻我的重要性。但愿书能够取代我的位置。我是想借助书的出版把自己杀死，溺死，彻底损毁。推销我自己。在大街上睡觉。这成功了，我写得越多，自己的存在越轻。"

她写得越来越多。四年写了六部作品。戏剧，电影，还有小说：《昂代斯玛先生的下午》和《夏日夜晚十点半》。

我们可以把《夏日夜晚十点半》看成是她嫉妒的呐喊吗？这份嫉妒已经开始损害她和雅尔罗之间的爱情故事了。小说的开头，一对夫妻由于暴风雨的缘故把自己关在意大利小镇上的一间旅馆里。和他们在一起的，有他们的孩子——一个美丽得要命的小姑娘，惊惶、脆弱、焦虑不安，日渐憔悴，似乎她已经知道父母之间爱情的命运——和一个朋友。杜拉斯描绘了雨后大地所散发出来的那种潮湿的味道，云的移动，变成避难所的这座小旅馆里的气氛和正在轰隆作响的暴风雨。接着出现了罪恶。对于杜拉斯来说，罪恶是一份签名。罪恶当然是爱情的罪恶。杀人犯叫里卡尔多·帕斯特拉。故事中他的名字出现了好几次。甚至他的名字本身就蕴藏着一个秘密。在苦苦折磨人的激情的棋盘上，杜拉斯放置了两个女人，一个为这两个女人所共同向往的男人和一个活着的死人，里卡尔多·帕斯特拉。两个女人相互敬爱，相互尊重。玛丽亚爱着克莱尔，克莱尔爱着皮埃尔。玛丽亚知道皮埃尔会和克莱尔做爱的。玛丽亚推进了这对未来情人的欲望，并为他们准

---

① 现代出版档案馆档案。

备了爱情场面。杜拉斯运用了资产阶级戏剧里惯有的三角关系，但是手法娴熟地改变了方向。在这里不是一个男人和一个女人之间的欺骗，而是两个女人之间的交换。没有断裂，只是有一点轻微的揪心。谁爱谁？谁是真正的情人？皮埃尔并没有因为朋友欺骗自己的妻子，但是玛丽亚用酒精欺骗了孩子的父亲。故事的主要一幕是在半夜，玛丽亚发现屋顶上有个因爱杀人的罪犯，而此时皮埃尔正在她的身后背叛她。她看着自己陷进去，甚至几乎是在默许，因为她觉得无力介入。她会想杀了她依然爱着的这个男人吗？就像里卡尔多·帕斯特拉杀了他不忠的妻子？也许，但酒精搅乱了她的思维。

和在《琴声如诉》里一样，女主人公只有在酒精里才能得到满足。难以遏制的欲望。倒下，杜拉斯的女主人公都在酒精里无精打采地倒下，再次站起身来的时候，已经伤痕累累、破败不堪了，没有记忆，也没有坐标，一直在欢娱的边缘，正好在悬崖前停住。酒精让玛丽亚得以把欲望交付给自己，她只作为自己的委托人而存在：于是她迫不及待地等着丈夫和朋友做爱的这一刻。"会一切就绪的。半个小时之后。一个小时之后。然后他们这份爱情的结合就会颠倒过来。她想要看到他们之间出点什么事情，这样她就能够在和他们同样的光线下照亮自己，进入她所遗留的这个共同体，总之，在维罗纳的某个夜晚，她已经创造好了这个共同体。"再说酒精很适合玛丽亚，除了在她脸上留下了若干痕迹以外。酒精无法消除内心深处的分裂，恰恰相反；但是如果她不喝，她就会坠入忧伤。多亏了酒精，她才不在嫉妒前屈服，她才能依然停留在爱情的田野上，没有酒精她就会在丈夫面前同时也在自己面前蒙受耻辱。第一次，玛格丽特的书没有追述爱情的开始，却展现了一个为大家所认可的结束，既没有失败的苦涩，也没有侮辱。罪恶感，杜拉斯笔下的女主人公总有一种罪恶感。存在的罪恶，那么需要酒精的罪恶，被欲求的罪恶或者是不再被欲求的罪恶；这都是一回事。她们无法和其他人一样随波逐流。《塔尔奎尼亚的小马》里的萨拉，《广岛之恋》里的法国女人安娜·德巴莱德，《夏日夜晚十点半》里的玛丽亚：这四个人都失败了，在酒精中沉沦，自满于这份失去的爱情，永远在逃避，宁折不弯。杜拉斯笔下的男人则总是在找寻太阳一般的女人，对丰满和安静的渴求永远得不到满足。所以很自然的，他们会掉转方向，不可逆转。"至少从自己的脸上她可以察觉到这一点，她知道，她知道自己依然美丽，但这种美丽已经开始褪色。她粗暴地抚着自己的脸庞，她知道，她已经接受了永远的失败。"

小说一完成，杜拉斯就想到把它拍成电影。一部很严肃的片子，杜拉斯立即投入了改编工作。起草了三个本子。罪恶一开始就出现了，深化的是对夫妻关系的批判。"可以把它拍成一部默片。没有任何闲聊。有也只有开启行动的几个关键词。语言尽量精简，就像我们呼吸的空气。"① 杜拉斯起了个题目：男人才将自杀。她希望这部片子没有结尾：电影在男人用剃须刀切脉时就戛然而止。这个拍摄计划很快就停下了。直到1967年，小说才被搬上银幕，于勒·达辛执导，美丽娜·迈尔古利饰演玛丽亚，罗密·施奈德饰演克莱尔。小说趁这个机会再版了一次，玛格丽特接受了几次采访，在采访中她强调说小说的主题还是爱情的终结以及一个女人面对爱情终结时所表现出的自尊。在这样的局势中到底应该怎么办？有人问她。"这并不能阻挡我们投身于爱情，因为这依然还是尘世间最美妙的事情，爱。甚至因爱情而痛苦时我们也什么都不做？是的，但是有一个办法能使这种痛苦变得可以忍受，这就是成为这种痛苦的爱情的作者。"②

大家对《夏日夜晚十点半》反应颇为冷淡。应该说玛格丽特的确太多产了，以至于已经开始遭到某些评论家的嘲讽。皮雅芙唱的总是同一支歌，杜拉斯写的总是同一本书。在这本小说里，我们还是能够发现她所迷恋的人物对她的影响，尽管小说中有些语言上的怪僻，玛格丽特自己也夸张了这份怪僻——对暴风雨之后云团的描写让我们想起了文体笨拙的《厚颜无耻的人》——这一次她模仿的又是《等待，忘却》一书的作者。玛丽亚的神秘正是布朗肖所意味的神秘："神秘是指可以让人发现但没有让人发现。"她被自己判了刑，行动时想也不想。我们总是说男人只有在性行为上会显得无能为力。玛丽亚，

---

① 现代出版档案馆档案。
② 现代出版档案馆档案。

她,却是无能为力的具体代表。她曾经是个被欲求的女人,而现在不再是。她身上的女性特征消失了,她绝望地尝试——在接受丈夫不忠的前提下——不完全离弃爱情。她成功地救出了那个罪犯,在黎明时分将他塞进自己的汽车里,把他带到田野里藏起来。男人死的时候,她发现自己的手枪就在他的生殖器边。她可以靠近他,她也可能死去。但是她宁可回到自己的车里,喝得酩酊大醉,等待曙光。满怀热情,玛丽亚一边沉思一边看着这世界。不安分的,玛丽亚搅乱了这个世界的秩序却犹不自知,或者她也不希望是这样的。"玛丽亚的真正秘密,"杜拉斯在手稿的留边处写道,"在于她已经和自我分离。更简单的是,她以漫不经心的方式对待这个秘密,她对待自己的存在也是这样一份漫不经心。"[1] 玛丽亚同样预告了劳儿·V. 斯坦茵的存在。玛格丽特借助这个人物完善了她笔下的女性形象。不,她还没有彻底放弃对这种有毒的女性心理的描写,就像手边一把生锈的武器,随时都有可能再杀人。

玛格丽特一直为钱所困扰,也一直在斗争着。

1960 年 9 月 16 日

亲爱的奥岱特·莱格勒:

5月,加斯东对迪奥尼斯说他打算每个月给我一点补贴。5月,6月,现在已经是9月了。迪奥尼斯不愿再管这件事,应该由我自己负责,他说。怎么办?……既然伽利玛保持着沉默,那么只好我来开口了。我需要这笔月贴,这样我才能摆脱写电影这一类的事,现在我要是不写电影连饭钱也没有。我烦死了。

玛格丽特胜诉了:从10月开始,她将得到月贴。在感谢加斯东的同时,她提醒他有些东西她是不卖的:"这些书没有带来一点利润,既然这样,别的书再跟着上,这是件很可怕的事。"但是两个月后,《抵挡太平洋的堤坝》和《直布罗陀的水手》出了简装本。印数:

---

[1] 现代出版档案馆档案。

六万册。

  您为什么要写作，玛格丽特·杜拉斯？"每一次采访别人都要问我这个问题，而我从来没有找到过令人满意的答案。所有的人都有写作的欲望不是吗？作家和其他人唯一的区别就在于作家写、出版，而其他人则没有想到。这甚至是对于作家唯一辩证的定义：一个出版的人。但是有很多人终其一生都陷在写作的欲望里却没有更进一步地去做。"① 玛格丽特写得很多，而且把她写的都拿出来发表了。此时她正在写一本书，开始的几个月，她给这本书起名为《当然，瓦匠先生会来的》，后来却改为《昂代斯玛先生的午后》。昂代斯玛是三个名字的缩写：昂（昂泰尔姆）——代（德弗莱）——斯玛（马斯科罗）。② 玛格丽特是不是想嘲笑一下这三个指责她写得太多、发表得太多、过多地介入新闻写作的男人呢？也许。玛格丽特也只有拿她的教父和兄长兼导师开刀了。一切都能给予她灵感。第一次，地点作为主要的机会出现，而且成了小说之所以存在的理由。在雅尔罗的陪伴下，玛格丽特在前一年的夏天参观了圣托佩兹和加散之间的一座孤零零的房子。强烈的光线和荒凉的感觉使她久久不能忘怀。她回到巴黎后就决定写写——就像某些新小说派的作家——这地方的东西。书出版时，玛格丽特在电台做过一个节目③，她承认自己付出了很多努力，但是没有找到合适的方式。接着昂代斯玛先生就出现了。他大腹便便，神态疲倦，佝偻着背，呼吸困难，有钱，是的，他很有钱但是孤独一人，被所有人抛弃了，尤其是他唯一心爱的人，他最小的女儿。他结婚很迟，而且现在这桩婚姻已经不复存在。"没有人物，我就没办法写成一本书。"昂代斯玛先生一个人在平台上待了很长时间。然后等待——昂代斯玛在等包工头给他砌平台——串起了整个故事。树叶飒飒作响，昂代斯玛先生有点害怕——不远处是个池塘，还有茂密的森

---

① 《语言的痴迷》，见上述引文。
② 昂代斯玛法文为 Andesmas，源于 An/telme（安／泰尔姆），des/Forets（德／弗莱）和 Mas/colo（马斯／科罗）。
③ 《语言的痴迷》，见上述引文。

林,他觉得自己快要死了,他与生命的最后一丝联系就建立在他对女儿瓦雷里的爱上。一条狗,一个小疯姑娘,一个悲伤的女人相继进入他的视线,打断了他的沉思。这三个人都是来看他的,但是昂代斯玛等的只是他女儿,他没来的女儿。

关于残忍的小说,《昂代斯玛先生的午后》描写了一个遭到众人遗弃的老人的惶恐,通过内心独白的方式展开。昂代斯玛在想,在不停地说,但他是在说给我们这些读者听,因为他也在谈论我们,谈论我们有朝一日都会像他一样,成为疲惫不堪的老人,体质虚弱,强词夺理,遭到众人的遗弃,孤身一人。"很长时间,生命中有很长一段时间,我都被四周的寂静压得喘不过气来,我知道成千上万的人都和我一样陷在这寂静里,"玛格丽特说,"我觉得作家的职责就在于让大家意识到这种寂静,想象一下这种寂静源于什么。"[1]但是书没有仅仅限于对人与人之间不可沟通的描写。森林,疯狂,年轻姑娘,到处可见玛格丽特喜欢纠缠的主题。她描写了生命的黄昏,什么都没有了,这反而成了老人的栅栏,成了他不自杀的原因。不幸,是的,但是很清醒。意识到自己不幸的昂代斯玛先生可以肯定,世界已经对他关上了大门,因为他的女儿离开了他。"他从来都不能够拥有自己心爱的人。他永远只爱他自己的孩子瓦雷里。"[2]昂代斯玛先生把所有的感情都倾注在他女儿的身上,他在等待,在等她和包工头跳完那支结婚舞曲,但是他白等了一场。他于是明白过来,等待已经结束,他知道瓦雷里,他的宝贝,他最温柔的女儿,他的光明,已经和这个或别的什么男人走了,究竟是谁并不重要,重要的是她走了,远离他。令人心碎的书,脆弱的书,因恐惧而紧张的书,《昂代斯玛先生的午后》一直留在读者的记忆里,因为它成功地让我们迷上了这个被爱钉在十字架上的男人,永远触及不到女儿的那份痛苦的爱啊。

最后一稿完成后,玛格丽特立即把它寄给了罗伯特·伽利玛,上面写了这样的话:"我已经烦死了这本书,然而我对它还是有一种深深的

---

[1] 现代出版档案馆档案。
[2] 《昂代斯玛先生的午后》,伽俐玛出版社,1962年,想象出版社1990年再版,第95页。

迷恋。"像以往一样,她请求他予以出版,并且开始考虑书的命运。犹豫了很长时间,1961年10月26日,她给加斯东·伽利玛写了这样一封短信:

很明显,我没有一点得奖的运气,实际上,我也不太在乎这些文学奖。当我们结束一本书的时候,也许有一个时刻我们会问自己,我为什么不能得奖?但是我已经过了这样的年龄……

好吧,加斯东,我同意,我也只有加快速度去写,为获奖而写。我们把《昂代斯玛先生的下午》放在1月份出。这对我来说根本无所谓,我终于舒了一口气……这样,我就能安安静静地修改我的实验作品了。

伽利玛没有因此提前出版日期。外界的反应又一次非常冷淡。《天真汉》上的文章题目是《玛格丽特·杜拉斯的失败》,作者克雷贝尔·阿当斯写道:"作者再也没什么要做的,没什么要说的了。"《曙光》宣称,这是一本伪《包法利夫人》,然而在《费加罗报》上,罗伯特·康特斯大呼她是个天才,撰文说她改变了我们呼吸的空气。在《批评》杂志上,让·皮耶勒强调指出了杜拉斯讲出了某种很本质的东西,说她运用某种挥之不去的力量在写,"这本书可以算是古典主义的一部小小的杰作"。克里斯蒂娜·阿尔诺蒂向她的女读者担保"读这则故事会像孤独一人品一杯中国茶那样愉快"。英国赫赫有名的《泰晤士报文学增刊》也高度赞扬了玛格丽特·杜拉斯的"天赋"。在加拿大蒙特利尔,《责任》赞扬小说竟然具有如此激荡人心和高妙的诗意。

杜拉斯很快,在有些人看来是太快了。杜拉斯飘飘欲仙,她改编的戏剧剧本越来越多,不停地替电影界机械地产出各种脚本,在报纸上写文章,还在电台做主持人。杜拉斯不懂得选择。她喜欢大家都喜欢她。她还被女性杂志《她》推选为"当今最懂爱情的作家",她似乎对此感到非常骄傲。她知道自己做得太多,但是她辩解说对于那些订货性的作品她是觉得做有趣,她全部的精力仍然放在文学作品上。在和罗伯特·昂泰尔姆合作改编《阿斯珀恩的证件》之前,她读了大量亨利·詹姆斯的著作。剧本是应雷蒙·鲁洛之邀改编的。该剧又一次获得成功，公众和批评界的反应都很好，玛杜兰剧院自1961年初就挂出了客满的牌子。让·雅克·高提埃却认为杜拉斯的作品是反戏剧的，因为作家介入得太多，剧本沉溺于情感的昏天黑地之中，全是填字谜式的方格，没有任何解决方法。

但是成功一个接着一个。玛格丽特很快就出了名，都说她善于理清文章的思路，找到合适的台词，赋予叙事以某种节奏——到处都在抢她。詹姆斯·洛德才把詹姆斯的小说《丛林猛兽》改编成戏剧，但是他很不满意自己的改编，于是请杜拉斯帮忙。她接受了。她对故事进行了剪裁，把不必要的成分删去，将文笔简洁的小说变成了爱情神秘主义的悲剧史诗。在写作技巧方面，她重新改换了叙事的结构、节奏和密度。"我为什么会和亨利·詹姆斯扯在一块儿？耐心，也许，总是披着耐心外衣的一份不耐心。"在《劳儿·V. 斯坦茵的迷狂》里，她说。改编的戏剧于1962年9月在阿岱内剧院上演，先是罗莱·贝隆，接着是让·勒弗莱担任该剧的导演。成功，在这部剧上，成功也是来自她，新闻简直就把剧本当成了她的。"玛格丽特·杜拉斯奉献给我们一出令人赞叹的戏剧，一出讽喻的戏，充满了等待和脆弱的美。"皮埃尔·玛尔尼写道。艾尔莎·特里奥莱也高度评价了改编的忠实性和质量。只有让·雅克·高提埃又一次嘟嘟嚷嚷开了："如果戏剧继续沿着这样一条没有出路的道路走下去，走入这条咬文嚼字和不疼不痒的死胡同，我要对作者、演员、剧院的负责人说，他们会因此付出代价的，两到三年以后，绝大部分观众会远离剧场，就像今天，他们远离电影院一样。"

但是目前，大家似乎都有这样一种感觉，只要是经过玛格丽特的手，那就一定行得通，就一定会讨人喜欢。有了玛格丽特就有了票房。她的戏剧不断地重复演出——1961年4月再次上演《街心花园》，是埃迪特·斯考布执导的。杜拉斯是时尚。玛格丽特像个苦役犯一般地陷在工作里。"她每天起得很早，每时每刻都在工作，几乎不说话，"她的朋友莫尼克说，"每个人都在做自己手头的事情。对她来说，她的工作就是写作。和别的事情一样，都是工作。她会停下来，做饭或者洗碗，但是她的写作不会被日常生活打断。她自然都做了分配。"太多太多的计划。比如说这个才从高等电影学院出来的年轻男人，想要和安妮·吉拉多、让·马莱一起将《树上的岁月》搬上舞台。玛格丽特答应了，但是该剧始终未曾与观众见面。《塞纳·瓦兹的高架桥》由克洛德·雷吉执导，1963年2月开始在蒙帕纳斯剧院上演，保尔·克罗歇和卡塔蒂娜·莱恩分别饰演男女主角。萨穆埃尔·贝克特出席了首演。"非常美妙。"结束的时候他说。他的这句话上了各大报纸。洛郎斯·奥立弗尔买下了剧本的版权。这出戏的确获得了成功，接着又获得了两个月以后颁发的青年批评奖。

在电影方面同样有很多的计划呈现在玛格丽特的眼前：让娜·莫罗急于得到《直布罗陀的水手》的版权，她希望影片能尽快开拍，并由她出演剧中的女主人公。玛格丽特还和热拉尔·雅尔罗一起为米歇尔·米特拉尼写了《没有奇迹》的脚本，这是一对现代夫妻的故事，他们相爱，尽管他们互相欺骗。应不应该说出真相呢？"我们彼此之间没有秘密。我们对于彼此来说，都像是一座玻璃房子。"玛格丽特和雅尔罗在这个脚本里展现了自己的爱情风暴。玛格丽特相信和男主人公的原型一道写这个故事可以平息自己内心的嫉妒；雅尔罗也接受了挑战，他希望可以让玛格丽特懂得，男人在欺骗一个女人的同时可能依然爱着她。电影脚本把他们拴在一起，米特拉尼说。当时，雅尔罗和玛格丽特经常在酒馆度过他们的夜晚。他们经常躲在那种流氓频繁出入的夜总会的后厅，后厅和夜总会是用没有镀锡的玻璃隔开的，玛格丽特可以看到夜总会发生的一切，但是别人看不到她，她觉得很有意思。他们喝葡萄酒和威士忌，都喝得很多。总是雅尔罗先开始。玛格丽特随后，比他喝得还要多还要快。雅尔罗的白兰地酒柜就在他单身公寓的床后。玛格丽特于是偷他的酒喝，还把酒揣在大衣的口袋里乱逛。玛格丽特从不隐瞒她酗酒，有时甚至在朋友面前炫耀。不分日夜地喝。莫尼克感到很害怕，但是听到她说当心的话，玛格丽特竟然爆发出大笑。

如何才能使雅尔罗变得忠实呢？玛格丽特那时还相信她能做到，只要她和他一起喝酒，一起写作。像对待年轻姑娘那样对待我，她要求他。把我塑造成一个作家，雅尔罗回答她。很多年以来，他一直写啊写啊，构思小说，接着把写好的撕掉，重新再来，直至绝望。玛格丽特要求他把写的东西念出来听，替他找出需要斟酌的地方，鼓励他。"在他写《狂吠的猫》时，她帮了他很大的忙，帮他修改。"艾娃·雅尔罗说。在玛格丽特的坚持下，他把书送到了伽利玛出版社，但是出版社拒绝出版。玛格丽特决定把雅尔罗带到特鲁维尔那套黑岩旅馆的房子里，知道他非常喜欢这里。她真的将他从绝望中拯救出来，多亏了她，他又鼓起勇气重新来过。

回到巴黎后，是他鼓励她将一项她有些害怕、有些不知所措的工作继续下去。她给他读了几页色情小说。她是应该扔掉、放弃还是重新开始？雅尔罗说文章很美，应该完成它。在当时，他是唯一一个能够得到玛格丽特信任，可以看到玛格丽特未完成稿的人。后来，玛格丽特决定发表这部名为《坐在走廊上的男人》的作品，原本什么样就什么样。这部作品1962年的初稿是这样开头的：

  一个男人坐在屋里，面对着外面初夏的空气。他在看藏在燧石小径上的一个女人，距离这里约摸两米远，在太阳下赤裸着身子。她抬起腿，叉开腿呈现在他面前，叉开，再叉开，这个动作带着一种疯狂的厚颜无耻，她的身体在膨胀，在扭曲，在变形，简直到了丑陋的地步。接着，她就不动了，在这种姿态中凝固下来，像是疯狂地要排出点什么，像是疯狂地要从自己的生殖器中排出点什么。

  蜜蜂，它们的蜜，夏日的沉寂包围着蜜蜂的住所。

  有一瞬，女人的性器在太阳下冒烟了。接着，男人看到它被包围在腾腾热气之中，慢慢地干枯了，他看见这蜂蜜之源干枯了。

  等这一切都完成了，男人知道行得通了，因为如果先前男人动一动，那会受伤的。是从嘴开始的。

  她闭上了眼睛。

水落在她的牙齿上，溅湿了她柔软的头发。接着沿着她的身体流下去，淹覆了她的乳房，流速已经很慢了。到达生殖器的时候却又重新获得了力量，在热气中溅得粉碎，和它本身的泡沫混杂在一起。

男人留在原地，他一直在看这具在太阳下冒烟的身体，当他接着确信她应该是睡着了以后，他将脚放在她的肚子上，很下的位置，想要在她生硬的欲望中帮她一把。

他压得很紧。

这部作品，玛格丽特打了三份。一份是给热拉尔·雅尔罗的，还有一份给了玛德莱娜·阿兰斯，第三份，她将它"遗忘"在橱子里，遗忘了好几年。她在1968年找到了它，重新读了一遍，修改后叫一个年轻的英国人于1969年9月12日送到子夜出版社，她没有透露自己的姓名。

只一下，她整个人就达到了某种极限。她合上嘴唇，紧紧地抿着两唇重叠之处。她的嘴巴很丰满。那样的一种温柔的感觉，她禁不住两眼含泪。没有任何东西堪与这种温柔相比，或者一纸禁令禁止任何东西与它相比。

禁止。

她的舌头上有5月，4月，一个男人的春天，但是她不让自己占有得更多，她的舌头在小心翼翼地舔着这份春天。

普通的一切，我们脑子里想的都在她的嘴里。她将这化成思想的东西吞下去，靠它存活，用它来满足精神。

嘴里的罪恶，她只能对它好，牙齿准备好了。她尤其是在舔。在两个吻之间，她的爱得到了名字，辱骂这份爱情，吼叫着吐出这些词，这些词。大叫救命。

她又一次在理性的温柔中精疲力竭，她大口吞咽着男人的奶，这瘦弱而贫瘠的男人，不停地用它来解渴。

没有任何人知道作者的身份。热罗姆·兰登记得自己很快地读了一遍，很肯定这一定出自玛格丽特之手。她后来也确实承认这是她的文章，并且在1980年出版前做了部分修改。男人和女人不再说话。欲望的满足通过暴力得到实现。在初稿中，女人的欢娱来自男人落在她身上的雨点般的拳头：

> 手在打。每一次都更加准确，几乎达到了一种机械性的速度和准确。一头畜生也不能做得更好。还有她，这脸迎接他的拳头也是越来越好。他移到了代表欲望的颈子上，颈子灵活得如同装了齿轮体系一般，蹂躏。颈子在手下似乎变成了阴道。好了。记忆离开了房间。智慧也被驱逐出去。只有拳手在回响。拳头落下，被接受。就像时间的走动那样一下一下。一个人除了迎接这拳头，什么也不知道了。一个人除了打，什么也不知道了。

在最后一稿中，随着拳头而来的是恐惧，尖叫，最后是沉默。男人和女人就这样得到了快感。杜拉斯没有对这种关系做出评价，她只是做了非常细腻的描写，令人惊叹的解剖。是她和雅尔罗正在经历的一切的写照？确实如此，她似乎一直就摆脱不了暴力，她自问是不是自己在呼唤这种暴力。记忆中又出现了母亲和大哥的殴打。现在是情人的殴打。关于《坐在走廊上的男人》，她说："如果我没有经历过这一切，我就不会写出这部作品来。"在雅尔罗的小说《狂吠的猫》里也有殴打，主人公只有在打了他心爱的女人以后才能做爱，而女人无疑也从中得到了快感。

我爱你。我杀了你。杜拉斯和雅尔罗打了个够却不分开。回到巴黎，他们合写了一些短剧，现在几乎荡然无存了，这种短剧都是在左岸的某个小屋里演出一到两个晚上就算完的。玛格丽特把雅尔罗介绍给了密特朗，他们彻夜长谈政治，三个人一起在巴黎的街衢上游荡。他们都对强盗，对法律之外的东西有一种偏好。杜拉斯把一个才坐完八年牢的持枪抢劫犯带给密特朗认识。晚上她睡得很少。白天，她给电视剧《水和森林》写台词，继续构思她最初起名为《法国驻加尔各答副领事》的小说，同时还和路易·马勒一道改编永远也未能见天日的《夏日夜晚十点半》。她正和一位青年导演马兰·卡尔米茨合作，开始时想写一部有关酗酒问题的剧本，后来变成了抒情沉思性的，这就是《加尔各答的黑夜》。她还接受了一位美国制片商的邀请，这位制片商是通过伽利玛联系上她的，同时也对贝克特、尤奈斯库和热奈发出了邀请。"我们发现，在美国，知识分子拍的片子也可以盈利，观众发展得很快，"她评论道，"您看我们拍一部美国式的知识分子片如何？"①制片商邀请她到纽约去。在她的朋友、画家若·达宁的陪同下，她登上了"法国"号，发现了她的"神奇的美国"，她后来是那么喜欢、那么捍卫的美国。美国计划很快就搁置了，但是玛格丽特并没有因此放弃电影。

从美国回来后，她打电话给阿兰·雷奈，让他立刻到她家来一趟。"您来看看我的剧本，我们两个星期以后开拍。"她用不容置疑的口吻对他说。他们曾经约好，《广岛之恋》上映后尽快在一起开始第二部片子的合作。她把他关了两个小时。阿兰·雷奈记得这部作品是在一间旅馆里展开的，网球落地的声音，一个绝望沮丧的女孩。很显然，玛格丽特是将1954年发表的《工地》改编成了剧本，这也就是1969年出版的《毁灭吧，她说》的来源。将以前的文章重新拿出来，这种搁置，然后重新拿到工作台上的方式显示了玛格丽特在某种程度上把写作也看成是烹调：在她的笔下没有剩料，但是有各种整理的办法，各种重新装置的方式和不同的组合，变化多端，一直到原有的材料彻底消失。雷奈没有被说服，这是一篇作品，而不是一个剧本，在走之前对她说："像以前那样去写。这样就能给我意象。不要写得干巴巴的。剩下的事由我来应付。"

玛格丽特因为这一次的拒绝恨上了他，从此以后对雷奈和别人的合作也总流露出嫉妒之情。"《穆里埃尔》毫无意义，"在这部电影开始公映时她说，"据说这是高克多的！"在这件事情上，她的态度越来越粗暴，直至指控阿兰·雷奈抄袭了《广岛之恋》的主题。接着，她又说

---

① 现代出版档案馆档案。

电影成功后,她没有能够得到她应该得到的利润,这都是阿兰·雷奈的错。她有一册1966年夏发行的《前台》杂志,杂志在封面上刊登了阿兰·雷奈的照片,而这张照片的确证实了她对阿兰的强烈仇恨:就像是一种奇怪的礼拜仪式,玛格丽特在他的脸颊和太阳穴上写满了"无聊"这个词,又在头发上写满了"不要脸"。雷奈提醒大家注意,她对他所有的指控都是侧面进行的,虽然当着公众的面说过,却从来没有当着他的面说。①在《谈话者》里,她又重新谈及造成他们冲突的原因。她说她因为他在《广岛之恋》上损失很大——两千两百万,她给了明确的数字。根据法律,她应该得到电影盈利的50%。但是她总共才拿到一百万,是在电影公映时收到的,而后来就再也没有拿过别的钱。"我曾经以为这是制片商捣的鬼。但这不是捣鬼,是1958年3月11日的合同条款规定的。"②但是阿兰·雷奈的说法就不一样了:"'不要签任何合同',我当时对她说。她对我说她眼下急需钱。"阿纳托尔·多曼说她接受《广岛之恋》合同时说了这样的话:"这虽然不是黄金做的合同,可也算得上是一份黄金合同,因为它可以给我所有的自由,而这份自由,正是拍《堤坝》时我所没有的。""后来,她跟我说她做了件蠢事。"电影公映两天以后,多曼接待了玛格丽特的来访:"她看上去怯懦而狠毒。她骂我。把我看成是个小偷。我于是给了她四百万。她又变得笑盈盈的,随和多了。"③

玛格丽特砸碎和别人的联系,割断和别人的联系。为了这样或那样的理由,有的是对的,有的根本无从说起。不过玛格丽特愿意承担自己行为的不公正之处,也不会秋后算账。她一直像个小姑娘,从来没有讨过母亲的喜欢,母亲离开了她,她爱的男人也离开了她。

她是最后一个知道雅尔罗在欺骗她的人。在这些年中,她真的对他抱有幻想,以为凭借写作的那一份象征性或挑逗性的能力,就能够拴住他,让他在众多女人中选择她,并且终止所有其他的爱情故

---

① 作者与阿兰·雷奈的谈话,1997年12月6日。
② 《谈话者》,第81、82页。
③ 作者与阿纳道尔·多曼的谈话,1996年4月4日。同时可参考《银幕的回忆》,阿纳道尔·多曼著,蓬皮杜中心出版社,1996年,第105页、111页和117页。

事吗？在《被欺骗的男人》中，她写道："女人是这个男人生活的主题，很多女人一看到他走近，一看到他的眼神就明白了这点。这个男人在看一个女人的时候已经成了她的情人。"很长时间以来，他们的合作成了他们的保护伞。多亏了玛格丽特，雅尔罗终于完成了《狂吠的猫》的最后一稿，他为此挣扎了十年。玛格丽特给了他很多有益的指导，他最终才得以重新理清叙事的顺序。雅尔罗将稿子交给了路易·勒内·德弗莱，由他推荐给伽利玛的审读委员会。小说终于通过了。于1963年9月出版。雅尔罗将第一册样书献给了玛格丽特。

> 献给玛格丽特
> 猫首先应该冲她狂吠，因为六年前，是她让我从默默的死亡中得到了重生
> 还有很多乱七八糟的回忆
> 色尼山的湖，那里有鳟鱼
> 去苏埃那-年的香精味道
> 加亚克翩翩起舞的预言家，多尔多涅河岸边渔夫的小教堂
> 上瓦尔省，路贝隆，拉科斯特的城堡，萨德侯爵的故土
> 哈格的大海滩
> 整个巴黎和郊区，当然还有纳韦尔，今年的特鲁维尔
> 加尔德湖边那个暴雨的夜晚，威尼斯，弗洛里安咖啡馆的大厅
> 献给玛格丽特，她在我这浩瀚的记忆里占了一半的位置
> 再一次献给玛格丽特我永远的爱

《狂吠的猫》长达四百六十四页，讲述了阿尔芒·邦什的奇遇和笑话，这位先生具有一种神奇的能力，可以随心所欲地在周围传播不幸。书出版之际，雅尔罗在《快报》的访谈中说："我花了十年的时间写成这本书——此刻分离来到，这对我来说实在是很困难。我成了一个不知所措的父亲，就好像我在爆炸中失去了我的家庭。"他承认描写了最熟悉的人：他自己，"可怕的一个大杂烩：施虐，被虐，自私，残忍"。这部史诗般的小说以滑稽可笑的方式描写了一个脆弱而

迷人的男人，成天被醉醺醺的、朝三暮四、歇斯底里的女人包围着。题目本身就阐述了小说的主题思想：一只狂吠的猫至少是失礼的，他恰恰是做了他天生不该做的事情……一本喧闹的小说，文体不太自如舒展，有一种震耳欲聋的感觉，有时甚至到了沸腾的地步，情节滑稽可笑，而且彼此之间缺乏连贯性，小说显然是受了一直被雅尔罗视为教父的雅里的影响。小说的出版让批评界感到颇为惊奇，因而对小说褒贬不一。"这只猫叫得有点离奇，把我的耳膜都震破，但是我应该承认，我忘不了这叫声。今夏流行的书是那种小小的、人物苍白的书，高贵而缓和，身材矮小，有点怕冷，可这只猫体现了一种兽性的粗暴。"克洛德·罗伊在《解放报》上写道。梅迪西斯奖的评委——玛格丽特仍然占有一席之地——在五轮评选后把奖颁发给了雅尔罗，讨论异常激烈，以至于一些评委不得不将选票用邮寄的方式寄给组委会。1963年11月25日，雅尔罗最后击败了备受阿兰·罗伯-格里耶和娜塔丽·萨洛特推崇的让·埃登·阿里埃。奖项也算是一种承认吧，雅尔罗等了那么久的承认。但它也开启了他和玛格丽特之间争吵的新纪元，因为他从此站在与她平等的位置上。嫉妒最终毒蚀了他们的爱情。在玛格丽特这一边，是性上的嫉妒。在雅尔罗那一边，是文学上的嫉妒。

玛格丽特此时却并没有下定决心和雅尔罗断绝关系。她避开了，在诺夫勒住下来，躲在楼上的房间里，对着池塘。一张单人床，一张桌子。她开始了一部作品，开始时是皮特·布鲁克预定的稿。玛格丽特投入了她所谓的练习之中。布鲁克要求她给他提供一个"戏剧平台"，"我可以做任何的发展，按照自然产生的想法去做"[①]。于是她开始为她喜欢的两个演员写对话，罗莱·贝隆和塔西亚娜·穆吉娜。"在写这个对话的时候，我仿佛听到了她俩的声音，我不知道自己会进行到哪一步。这很有趣。"只剩下了两个名字。因为作品很快就发展成一个故事，很长一段时间里，故事的名字叫作《海滩小镇的男人》。罗莱成了劳儿。处在爱情惶恐与孤独之中的杜拉斯听任有着一双如此明亮的

---

① 现代出版档案馆档案。

眼睛的劳儿向她走来。雅尔罗来找她，求她回到特鲁维尔，他们曾经在那里度过幸福的时光。和解的欲望？暂时的平息？暂时的延搁？不复自信的玛格丽特·杜拉斯面对大海，在这个 1963 年的夏天，完成了《劳儿·V. 斯坦茵的迷狂》。

第六章 关于沉沦

从劳儿·V.斯坦茵到奥蕾里娅·斯坦纳

好吧,于是有了《劳儿·V.斯坦茵的迷狂》或称《关于女性抵抗运动的论文》:学会安宁,灵魂归入天堂的方式,对上帝用"你"相称。这是一系列书中最主要的一本,正是围绕着它,在后来的几十年里慢慢地展现了安娜-玛丽·斯特雷泰尔、副领事、阿丽萨、艾米莉·L。终于实现了对自己的放弃。杜拉斯一直想达到的自我的荒芜开始了。打开《迷狂》,读者接受作者的邀请和她一起做了一种奇怪的旅行,围绕在自己的周围。劳儿这个人物在不停地逃避:普通意义上的逃避,逃避爱情的定义,逃避社会归属,逃避所有分类的企图。劳儿逃避未婚夫,逃避丈夫,逃避情人,逃避读者,甚至在逃避作者。在将手稿交给罗伯特·伽利玛时,玛格丽特在小学生练习簿上撕下来的一张纸上写了这样一句话:"完成了。我无法再重读一遍。我做不到。兽性的她就在那里,我喜欢她。"1963年12月24日她收到了样稿,一反常态,她没有做过多的修改:海滩小镇的男人这个人物成了米歇尔·理查逊的游戏对象,还有一些重复的部分被删去了。只有最后一页画满了杠杠。救护车鸣叫着要把劳儿带到医院。玛格丽特让她精疲力竭地躺在黑麦田里等待黑夜的来临。

如何走出黑夜?这是书的中心问题。在夜里,劳儿无可奈何地看着安娜-玛丽·斯特雷泰尔劫走她的未婚夫,爱情的夜,写作的夜。劳儿的话像谜团一般,或者说她是在破口大骂,他们在楼梯走道里打人,警察就在下面。她的脑中出现了幻觉,幽灵,灵魂,在说话,比如拉康所说的，每时每刻都在说话。不经过嘴的时候就是经过身体。劳儿生活在恐惧与颤抖之中。她总是觉得疲倦，无法遏制的疲倦，她总是很困，睡不醒的样子。劳儿生活在世界的边缘，在时间的屋脊之上，她一直紧紧抓住这根在过去和现在之间摇晃的钢丝。孤独，那么孤独，被笼罩在深深的忧郁中。"道出劳儿的空茫和透明，"杜拉斯写在初稿第一页的留边处，并且补充道，"她不是任何人，她很孤独，这就是所谓的劳儿·布兰。她在存在的边缘，从来不曾坠入幻觉中。"大家总是以为如果发生了什么不幸就应该忘记，永远不再提起，试着从记忆中抹去。家庭，朋友，亲人都以为这样会有好处，好像真的能够故作轻松地迈着沉重的步履前进，好像真的可以装作什么事情都没有发生过一样。这就是劳儿的问题。所有的人都害怕提起她被未婚夫抛弃的那个夜晚。对于他们来说没有任何先兆。劳儿等了十年，想要回到这起爱之罪的发生地点，她想要弄明白自己为什么会默许那个她曾答应嫁娶相守的男人离她远去。但是当初发生了这一切的赌场没能给她任何线索。劳儿知道。这片壮阔的寂静遮覆了一切。"没有任何痕迹，没有，一切都被包起来了，劳儿和所有的一切。"

谁是劳儿？这是个疯子，是个痴子，是个神经错乱的人。她不能控制自己的思维。她不是一个真正完整的人。"这要追溯到很久以前。"塔西亚娜，劳儿最好的朋友谈起她时说，订婚关系的中断不是造成她精神错乱的原因，这是一个看不清楚的深渊。也许在出生以前劳儿已经错乱了。平滑的劳儿，太平滑了。"她看上去是在忍受，平平静静地忍受着烦恼，装出一副乖顺的模样，但是她随时都会失去记忆。""她是疯子"，在第二稿的草稿簿上，玛格丽特写道。在留边处，她又加了一句："一切都应该不清不楚。""这当然是一种精神方面的疾病，"1976年她说，"但她真的是在这个世界之外。"[1] 玛格丽特知道，从一开始，这部小说就背离了传统叙事的轨道和心理上的常规，远离了普通意义。作品的众多草稿，烦琐的注释证明了工作的强度，但同时也证明了玛格丽特为了走完她强加给自己的这条真理之路所做的精神之旅，小说

---

[1] 与让-路易·巴罗的对谈，《勒诺·巴罗日志》，第91期，1996年9月。

总共写了九稿,我们可以借助这九稿大致重建小说中的主要人物:劳儿·V.斯坦茵。

一开始,玛格丽特把这个人物叫作曼侬。曼侬真有其人。玛格丽特在一本手稿中曾经向她的勇气表示敬意。玛格丽特是在某个圣诞节前夜遇见她的,在巴黎郊区的一家精神病诊所里,她和朋友一道去的,做了为病人带去礼物之类的善事。玛格丽特立即注意到了曼侬。她很美,很安详,目光空茫。节日后玛格丽特再次去探望她,并获准带她出去,和她一道散步,她还把她带回家,听她讲了整整一天。"我认识了她。可从此后再没有见过她。她成了我笔下的劳儿·V.斯坦茵。我不需要付出太大的努力。只需注视。"① 曼侬不是劳儿。玛格丽特·杜拉斯只是向她借了某些特征:这种远离人群的方式,这种迷惘的眼神,这种一眼就看得出是疯子的温柔。因此,曼侬是人物的出发点。玛格丽特在听一个大家都说是疯子的人说话,而她的话语合情合理。这个因为觉得自己和常人不一样就接受住院的女人给她留下了强烈印象。接着曼侬远去了。杜拉斯又找到了另一个名字:这就是罗莱。像罗莱·贝隆一样的罗莱,玛格丽特的朋友,最欣赏的戏剧演员之一,克洛德·罗伊的妻子。她还了她一个姓,布莱尔。接着又给了她一副身体:"她希望自己是瘦瘦的,而她真的像自己所期望的那样,非常骄傲。身体和脸的骨架都像自己所期望的一样。"

故事渐渐有了眉目:中心是劳儿,"好得简直应该到疯人院,但没有疯。"玛格丽特在大纲笔记簿上写道②。劳儿·布莱尔身处社会制约之外,在根本上是个另类。她既不停留在自己的身体里也不停留在自己的姓氏里。她在掩藏什么?为什么她会失去理智?她是《琴声如诉》里安娜·德巴莱德的小妹妹;和她一样,她永远那么懒洋洋的,永远在勾引别人。她还是《夏日夜晚十点半》里玛丽亚的女儿,她继承了她的敏感,她那份爱情的迷失和她想要得到欢娱的疯狂的欲望。三个人都焦灼而痛苦,强烈的情绪一阵阵地波动,把最大的幸福当成最深切

---

① 现代出版档案馆档案。
② 现代出版档案馆档案。

的痛苦来体验。她们不属于任何人，不属于父亲，不属于丈夫，更不属于情人。男人可以成为她们生命中的过客，但是不能占有她们。她们对自己也关上了门。也许她们有时会接待上帝的来访。"接着，有一天，这具虚弱的躯体在上帝的肚子里摇晃起来。"杜拉斯在《劳儿·V.斯坦茵的迷狂》的最后一稿中写道。玛格丽特笔下的女人里总有一点自己的影子。在这里是少女时代性体验时的那种恐慌。劳儿也是，当她成为自己的俘虏，与自己的身体分离，想回到自我时也感到狂喜。她必须找到重生的道路，尽管被玷污了，仍然相信着爱情。

开始起草《迷狂》时，玛格丽特暂缓了和雅尔罗的爱情故事，天天把自己关在劳儿的天地里。她找到了合适的词语吗？劳儿·V.斯坦茵，她找不到可以中断事件的词语。在表面的世界后面存在着另外一个世界，只有这个另外的世界，词语才能触及，才能指明。奈瓦尔说："为什么不一心一意地破除这重重武装的神秘之门，对我的感觉进行统治和管理，而是要忍受它们的折磨呢？"杜拉斯以极为细腻的笔触描写劳儿·V.斯坦茵所体验到的自我意识的变形。写作起了镜头的作用，进入存在内部的镜头。如何找到自己在这世界上的位置？如何在这世界生活，如何表达自己？劳儿一直在某种轻微的时差中生活。或者是在自己之前，或者是落在事件之后。如果说《劳儿·V.斯坦茵的迷狂》是杜拉斯最冒险的一本书，它同样是一本对写作本身进行探索的书。词语是什么？在我们身处的语言之塘中如何自处？作家能够缩短感觉和词语的距离吗？劳儿不能找到合适的词中断不可挽回的事。再说她根本怀疑这个词是否存在，但是作家有责任找到它、创造它。"由于不能存在，它沉默了。这可能是一个匮缺的词，一个词洞，在它的中心有一个洞，所有其他的词都被埋葬在这个洞里。我们不能说出来，但是我们能让它回响。巨大的，没有止境的，一只空锣一般，它会拴住要走的词，说服它们从不可能中挣脱出来，用另一种有别于自己的声音震得它们发昏，然后它给它们命名，它们，叫作未来和瞬间。"[①]读过《劳儿·V.斯坦茵的迷狂》，你很难不想到娜塔丽·萨洛特的作品，

[①] 《劳儿·V.斯坦茵的迷狂》，伽利玛出版社，1964年，简装本1994年再版，第48页。

尽管玛格丽特一直试图隐去她的影响；你也不可能不想到杜拉斯从来没有提到过的神秘主义的传统，尽管她的朋友都知道她是泰蕾丝·达维拉和圣让·德拉克鲁瓦的忠实读者。

因为劳儿正是在这种迷狂，在这种至乐中生活，她从现实中夺取了舞会的时间。接着她昏倒了。等她"回去"的时候，她再也找不到词语。她的亲人也一样。他们只能找到一些很糟糕的词，虚假的词。为了完成这漫长的寻找理性之路，她利用了她最好的朋友塔西亚娜，舞会的见证。这一回轮到塔西亚娜把劳儿的情人从她手中劫走，这样她就可以在这世界上给自己找到一席之地。劳儿不是想成为一个被爱的女人。她只是想看睡在黑麦田里的朋友和情人是怎么拥抱的，他们就在她身后，贴着土地，藏在麦浪里。劳儿知道情人进入了塔西亚娜的身体，但是她知道他发出的那些词都是对她说的，她也在那里，贴着土地，藏在麦浪里。曾经被动地目睹过类似场景的劳儿通过日光俘虏了这个新的情人，强迫她最好的朋友重演她曾经经受过的一切。在小说的最后，劳儿也不知道自己究竟是谁。她在一副怎样的躯壳里？她的名字是什么？她没有记忆，疲倦，非常疲倦，她只能躺在黑麦田里看着她的情人和她的好朋友做爱。在初稿里，劳儿还没有完全放弃赌局。杜拉斯是这样结束叙事的："沼泽中的必死无疑让劳儿充满了一种可憎的忧伤。她在等，在预见，在看。在她的腰部有一种恶毒的力量在升起。"[1]

雅克·拉康曾经问过杜拉斯劳儿·V. 斯坦茵是从哪里来的。她回答他说不知道。如何理解劳儿·V. 斯坦茵这个人物？雅克·拉康在一篇划时代的文章里冒了个险："我们可以按照自己的意愿摆脱这伸手可及的意义，通过象征。迷狂者给我们一种受伤的、在各种事物间游荡的形象，我们不敢碰触，但是她使我们感到痛苦。"[2] 得到莫里斯·布朗肖的认可后，拉康在这篇美妙的文章里将杜拉斯说成是一个破译升华的人，

---

[1] 现代出版档案馆档案。
[2] 《勒诺·巴罗日志》，1965年12月特刊，被玛格丽特·杜拉斯收录进《玛格丽特·杜拉斯》，玛格丽特·杜拉斯，雅克·拉康，莫里斯·布朗肖，迪奥尼斯·马斯科罗，克萨维耶尔·高提埃，信天翁出版社，1975年。

一个能够通过写作直接栖息在潜意识里的作者。"她的追寻就像是一种神秘主义的苦行。""她倾向迷狂。"马蒂厄·加莱在《艺术》杂志上补充道①。

玛格丽特似乎永远也不知道该如何结束这本书。她经常会想起自己写到最后那种强烈的恐惧。她松开了这部作品，就像松开了一件奇怪的东西，一件仍然不祥的东西。和劳儿一样，在这部作品的写作过程中，玛格丽特经常问自己是不是也疯了，她认为周围有些朋友确实以为她疯了。她将自己对疯狂的恐惧传递给了劳儿。完成这本书也是她第一次做完戒酒治疗的时候。以前在写书的时候，她总是一边喝酒一边描写黑夜，这一回她却需要面对自己的问题了。她写作的恐惧和不在酒精里找寻生活的力量的恐惧混在一起。"我对自己有信心。书是我最想做同时觉得最难做的事情。"她在《法国文人》杂志的访谈里说②。约瑟夫·罗塞想要买下《劳儿·V.斯坦茵的迷狂》的版权。杜拉斯拒绝了。他找了她好几次。杜拉斯却一直保留着自己将《劳儿·V.斯坦茵的迷狂》搬上银幕的权利。1991年，她把她想象成一个浓妆艳抹的老妓女，在特鲁维尔的街头游荡，疲惫不堪。

玛格丽特放弃了——暂时地——酒精，但还没有下决心与雅尔罗断绝往来。在雅尔罗的单身寝室里发现了一份《劳儿·V.斯坦茵的迷狂》的稿子。在出版前玛格丽特才更改了劳儿情人的名字。很长一段时间里，他一直叫热拉尔。劳儿对他说："我不爱您，但是我喜欢您，您懂我的意思。"《迷狂》是玛格丽特和热拉尔和解的最后机会，是他们最后一次合作。戒酒之后，玛格丽特决定离开热拉尔独自生活。她觉得自己太不幸了，要承受热拉尔种种艳遇，为嫉妒所折磨，这简直是一种失败。"他只有在女人身上才能对自己有一点的了解，"她在《被欺骗的男人》中写道，"我看到他在酒吧里，夜里，一个女人走近他，他突然脸色苍白，仿佛要昏倒似的。他看着她的时候，忘掉了所有的女人。每一个女人对他来说都是唯一的，都是最后一个。这样的

---

① 《艺术》，1964年4月15—20日。
② 《杜拉斯，小说，电影，戏剧：1943—1993回顾》中有引述，伽利玛出版社，卡尔多出版社，1997年。

情形一直持续到他生命尽头。"我爱你,我杀了你。你爱我,我离开你。雅尔罗不承认他的种种艳遇,请求玛格丽特不要这样,并做了保证。玛格丽特知道他和一个左派脱衣舞舞女有染,是的,一个介入政治的脱衣舞舞女。这不是一个真正的女人,既然她是个脱衣舞舞女,热拉尔的朋友对她说:这不算是真正的不忠,因为她属于每一个看她的男人,雅尔罗回答她。玛格丽特要求他和这个舞女断绝关系,雅尔罗同意了。故事又重新开始。米歇尔·米特拉尼的电影《没有奇迹》[①]开始公映,他们两人站在一起抵制住了评论界的攻击和反对[②]。玛格丽特建议伽利玛为《没有奇迹》出一本书。他们俩夜以继日地工作着,但是书始终没能出来,因为彼时法国工党联盟一直指责伽利玛出版社在行政管理和司法程序上不够得力,伽利玛正穷于应付。他们一起——这也是最后一次了——写信请求伽利玛出版这本预兆性的书:"有时爱情不是通过欲望相合甚至不是通过幸福的平静之路实现的。爱的性质是坦率地寻求毁灭。《没有奇迹》讲述了两个情人之间的斗争,在爱情中抵抗他们的爱情。"

"你知道他在欺骗我。他说过他会停止的,但是他在继续。"米歇尔·米特拉尼至今仍能回忆起玛格丽特那张绝望的脸,一天晚上,她说要见他,说非常紧急,然后就对他说了上述的话。"他和一个脱衣舞舞女在一起,这和他与别的知识分子型女人在一起是不一样的。"[③]米特拉尼出于友谊为他辩护道。"因此他是宁愿要一个漂亮的傻瓜,也不要一个聪明的女人。"玛格丽特回答道。她把雅尔罗赶了出去,态度非常激烈,从此以后完全把他当成一个叛徒来谈。雅尔罗想让路易·勒内·德弗莱和阿兰·雷奈帮他说情,想要重新获得她的爱情,解释一下。但是仇恨代替了玛格丽特的爱情。雅尔罗觉得很难过,很难过,沉陷在忧郁之中不能自拔。后来玛格丽特承认自己也度过了一段绝望的日子。他们再也没有见过面。但是玛格丽特的仇恨仍然纠缠着雅尔罗,他对阿兰·雷奈说:"玛格丽特很危险,她是个巫婆。"

[①] 该电影于1964年3月29日出品。
[②] 二十年后,朗格洛瓦又在法国电影院重新推出该片,受到普遍欢迎。
[③] 作者与米歇尔·米特拉尼的谈话,1997年9月10日。

"在一个扭摆舞、弗洛伊德和威士忌的时代,应该承认我们很难欣赏玛格丽特·杜拉斯的书,因为这等于承认我们的痴呆。我们的确有点痴呆,我们喜欢马塞尔·埃梅、罗杰·伊科尔,比较起痴呆来我们更喜欢智慧,比较起乙醇中毒来我们更喜欢明澈,比较起病态的迷狂来我们更喜欢对自我的把握。"《劳儿·V.斯坦茵的迷狂》出版时,安德烈·杜加斯在《外省人报》上如是宣称。杜拉斯被激怒了,恼恨异常。非常平庸,只是借助语言上的技巧进行重复,辛苦的体操,敌人说。天才之作,太了不起了,喜欢这部作品并且热情捍卫这部作品的人说。杜拉斯让人不得不尊重,不得不欣赏。克洛德·罗伊和克洛德·莫里亚克这两位永远的同伴,杜拉斯每出一本书,他们都会写文章说这是她最好最美的作品。

《劳儿·V.斯坦茵的迷狂》出版五千册不久后再度重印。一年里售出了九千二百八十二册。杜拉斯假装并不关心这本书所引起的评论。她只管往前走,和周围的人和事周旋,来者不拒:她接受邀请到电视上做节目——她参加了"头版五栏",并在声援巴黎女子监狱的材料上签了名,到广播电台做节目。她制作了一档关于于贝尔维耶和路易斯·克拉尔的节目,她还写电视剧剧本:从《夏日夜晚十点半》[①]到乔治·弗朗居执导的《白色窗帘》[②],并且她还在将《劳儿·V.斯坦茵的迷狂》改编成电影剧本,尽管这项工作永远也没能完成[③]。她对戏剧是越来越感兴趣了,和演员在一起工作让她激情倍增。从1960年开始,她的作品就陆陆续续被搬上了舞台,她还做了不少改编的工作,和罗伯特·昂泰尔姆一道改编了亨利·詹姆斯的《阿斯珀恩的证件》,和雅尔罗一起改编了威廉·吉卜森的《阿拉巴马的奇迹》,接着,在1962年,她又和詹姆斯·洛德合作改编了《丛林猛兽》[④]。但是《树上的岁月》的

---

① 尽管电视剧没能见到天日,于勒·达辛却产生了将之拍成电影的念头。
② 为德国电视台制作的。
③ 现代出版档案馆档案。
④ 1962年9月起,该剧由让·勒弗莱和洛莱主演,在雅典娜剧院上演。在詹姆斯·洛德看来(作者曾于1997年11月18日与之对谈),和玛格丽特·杜拉斯的合作非常不易。她占有欲极强,很专制。玛格丽特·杜拉斯喜欢洛莱·拜隆的表演。1968年,她特地为她写了一出戏:《苏姗娜·安德莱尔》。

上演对她来说具有非同一般的意义。首先，这是第一次将她的生活和她母亲的生活同时搬上舞台——残酷而惊人的实验。再者，她借此机会认识了玛德莱娜·勒诺，这次相识对她产生了决定性的影响。

玛德莱娜·勒诺饰演树夫人，玛格丽特的母亲。彩排的那天，玛格丽特到了现场，她几乎一动不能动：她的母亲就在那里，活生生地站在奥德翁剧院的舞台上。玛德莱娜·勒诺窃走了母亲的躯体和灵魂。贝克特鼓励玛德莱娜接受这个角色，并对她说这是一次好机会。玛格丽特于是把角色给了玛德莱娜，后者显得耐心、温柔而专注。玛德莱娜慢慢向她母亲走去。一天，她问玛格丽特要一张照片。玛格丽特拿出了家庭相簿，里面有一张母亲年轻时的相片，美丽，迷人。接着，她又告诉玛德莱娜，母亲是帕德卡莱农家的女儿，是当地一所学校的小学老师，是小学教育的小头头，于勒·费里是她心目中的英雄。玛德莱娜想要知道母亲的穿着。都是些口袋，不是裙子，玛格丽特对她说。玛德莱娜还要知道母亲走路的方式、说话的方式和她的气味。玛格丽特加入了游戏，排演时一直在场。她静静地待着。让·路易·巴罗对她没有任何要求。就在那里，这就足够了。已经是足够了。玛德莱娜很快就理解了母亲对儿子那种变态的爱，母亲日渐变得疯狂，中断职业时的痛苦，沉沦在绝望之中。词语在回响。玛德莱娜能够理解一切，这个女人的所有矛盾和痛苦。她不是像多纳迪厄夫人那样说话，她就是多纳迪厄夫人。这个关键角色，由她塑造，就是为她设计的，她征服了这个和她一样年纪的母亲的角色。她对玛格丽特承认说："你看，在上了年纪的人物里有一种沉淀和积累，年复一年的堆积。如果你还很年轻，你就不够分量，于是不能演像树夫人这样的角色。如果你太老了，你又演不动了，因为带着岁月的沉重，带着所有的身后事去演戏是非常累人的。"[①]

接着她就突然出现在奥德翁剧院的舞台上，穿着鬈毛羔皮的大衣，很长很长的，虚弱的身体，屈着膝，头上扣着顶黑色的帽子，白发从帽子里钻出来，苍老，非常苍老，咋咋呼呼的，腕子上戴着一连串的

---

① 《时尚》，1966 年，收录进《外面的世界》，第 290 页。

金镯,发出叮叮当当的响声。她哭,她叫,她笑着说:"我是最后的一个,我是最小的,我不能走得再远了,我缩得小得不能再小了。"她既是个农妇,又是个流浪的女人,就这么自言自语地,永远叉着两只脚站在观众面前。恶毒,专制,她遭到了所有人的遗弃,包括她的儿子。支离破碎的老玩偶。突然间整个奥德翁剧院充斥着她的存在。完全的存在:肉体的,精神的,血液的,呼吸的,一种强烈的人的味道,猛烈、野蛮而贪婪。巴罗更是把玛格丽特当成一个诗人而不是作家来看待的,而玛格丽特则给予他完全的信任。玛格丽特是个孩子,他说,一个正在成长的孩子,但不是一个大孩子。天天都在排演,她渐渐明白过来这部作品已经不再属于她,而是属于玛德莱娜的。"《树上的岁月》是玛德莱娜的,不是我的,我不是这出戏的负责人,她才是。"她不停地对评论界重复道。出乎玛格丽特的意料之外,玛德莱娜不仅承担起了原作里的那份粗暴与美,还承担了矛盾和那份未完成的感觉。玛格丽特说:"我没有想到这竟然是可能的,原文本身就是一堆杂乱无章的垃圾,这正是我最喜欢的地方,那种神奇的旧货,也不知道是什么东西。玛德莱娜却是如鱼得水,她完全承担了起来,她进行了重新创作。"[①]

不论是评论界还是观众,从第一场演出开始,就被这种强烈的激情吸引住了。他们为玛德莱娜大声喝彩。"创作是如此自然,如此宽阔,让人禁不住目瞪口呆。玛德莱娜·勒诺将整个戏归为己有。"激动不已的马克·贝尔纳在《新文学》上写道,而《新观察家》也在大呼天才,将玛德莱娜视为神圣的魔鬼。甚至让·杜都尔这次也一反常态,在《法兰西晚报》上对自己的欣赏丝毫未加掩饰。在一篇题为《老夫人和腌酸菜》的文章里,他津津有味地剖析了这个老太婆的天才之处,这个自私、阴晦、啰嗦,总是感到饥饿、虚弱、恶毒的女人。他几乎是在道歉了:"我很高兴,我终于有机会说玛格丽特·杜拉斯的好话了。这不完全是出于我的意愿,可也差不多算是情愿的了。《树上的岁月》一点也不糟糕,至少是开头。"十年以后,该戏又再次上演:让-皮埃

[①] 《剧院相遇》,《勒诺·巴罗日志》,第91期,1996年9月。

尔·奥蒙取代了让·德萨伊，布尔·奥吉埃成了难忘的马塞尔，一个慷慨而笨拙的笨蛋，在母亲的刁难和儿子的自私面前惊慌失措，毫无办法。每次排演杜拉斯都在。随着时间的流逝，主题也有所变化：母亲对儿子那一份惊心动魄、轰轰烈烈却不公正的爱仍然是挥之不去的主题之一，但是儿子的情人和母亲之间那种脆弱而紧张的关系也成了重点。儿子于是更加孤独，被母亲的爱啃噬一空，他是无辜的，这份激情对他来说是那么沉重。他是不是暗地希望她早点死，这样他就有爱或者被爱——随便什么人都好——的自由了？

很快，这出戏上了广播，玛格丽特为广播剧配上了安德列斯华尔兹和爵士舞曲，再接下去又被拍成了影片：开始是应二频道之邀组成了一个技术小组，由勒诺·巴罗小组资助。玛格丽特为改编付出了巨大努力。一本四十页厚的簿子密密麻麻的，有图稿，剪辑，记住注意事项，这位电影家可谓是无微不至，所有的问题都想到了：镜头的移动、角度，演员的移动。① 影片首先在电视上公映，取得了一定的成功。它获得了让 高克多奖，并应邀于1976年10月在纽约戏剧节上献演。趁这个机会，玛格丽特又一次谈到了她的母亲，双眼含泪："不，她不是最终回到欧洲以后，在最后一次看完儿子后死去的。她很迟才死，八十多岁的高龄，远离她视为故土的印度支那。她最后的话是对我的大哥说的。她只要有他在身边，她唯一的儿子，她只要他，除了他什么也不要。"②

杜拉斯一直否认戏剧和写作之间有本质的差别。戏剧来到她的身边。她接受了它的原则、恐惧和欢乐。她从此后再也无法摆脱排练时的那种气氛，下午服装师工作时这种突然的安静和沉默的恐惧以及晚上彩排时的激动之情。她喜欢木板道具的味道，喜欢沉重的幕布，喜欢这种光线，总是点亮整个大厅的光线。很快她又喜欢上了演员。她知道如何指导他们的动作，如何教他们说她那种特有的语言，破碎，断裂，局促，重复，表面上看起来就像是抱怨。"听好词语下的音乐"，

---

① 现代出版档案馆档案。
② 《纽约时报》进行了转载，海伦·加蕾·比肖普，1976年10月17日。

她对他们说。她欣赏维特拉克和洛朗·杜比亚尔。她喜欢瘦弱、仿佛在渐渐蒸发、处在精神崩溃边缘的女演员。总之戏剧对她来说就是生活，而不是现实漫画性的复制。演出是具有生命力的活动，一种请求赎罪的仪式，每一次都会产生新意。再说她喜欢女演员，首先是罗莱，当然还有玛德莱娜，但还有让娜·莫罗、苔尔芬娜·塞里格、布尔·奥吉埃，这个围绕在她身边的星团靠得那么紧，她把什么都给了她们。她和她们在一起总是很谦虚，很可爱，似乎总是想和她们换个角色，让娜·莫罗在一篇没有发表的访谈里这样形容她："您，玛格丽特，您任由别人剥夺您的一切，有些人是很小气的。可您恰恰相反，这真是一种极致的快乐。"① 在她的眼里，演员已经不再是人物，而渐渐成为可以映照出观众的镜子。

玛格丽特也会为了单纯的词语的快乐写剧本，她懂得如何玩词语的游戏。正是出于这个想法，她写了《水和森林》，1965 年 5 月 14 日在穆弗塔尔剧院上演，演员有海伦娜、絮热尔、克莱尔·德路卡和勒内·埃路克。题目仿佛是对路易－勒内·德弗莱的调皮的一瞥，再说这出戏的确就是献给德弗莱的。表面看来是行人之间的谈话，谈雨，谈天气、交通、小狗，可是突然他们的谈话被一起突如其来的事件打断了：马路中央，一位先生被一条小狗咬了，他拒绝去巴斯德学院医治。全部的故事仅限于此。事情发生在花神咖啡馆和双偶咖啡馆之间。有很多问题是围绕狗展开的，狗之夜，没有狂吠的暴怒，很快，狗都成了假狗，仿制的狗，但是它们在咬人的时候，也和真狗一样叫人疼。狗到处撒尿，到处屙屎。杜拉斯讲述的一切都是在人行道上展开的，这才是说这些东西的地方。她什么都谈到了，什么都没谈，主题恰恰就是这个什么也没谈。《水和森林》中的两个女人在交谈，她们交换彼此的地址：萨玛丽丹商场和以狗肉为原料的菜谱。比如说其中的一道："这是一道非常经济的菜，一道用鹰嘴豆做的好菜……"知识分子杜拉斯在玩文字游戏。评论界没有弄明白，他们想要找到无数层的含义和语法上的矫揉造作。但是杜拉斯什么都写，只是为了自己高

---

① 现代出版档案馆档案。

兴，根本没有什么内在的想法。"没有什么必然的联系。"创作完了这出戏后有人问她时她回答说，直到演出前的最后一分钟她还在改，但是这出戏好像真的有点显老，那种语言的幽默已经过时并且需要破译。"我只是想写一出喜剧，"她在电台宣称，"最初意义上的戏剧，公共场所，粗俗的东西。"首演的晚上她说。"这出戏值得我们喜欢。"让－雅克·高提埃谨慎地说。

三年后，她又用《莎伽王国》进行了再一次的尝试，这是一出关于成见的保留剧目的喜剧。它描写了在一个王国里，人们都讲一种奇怪的语言，根本听不明白是什么意思。昂波，翁布勒，哟，哦哟，卡巴克·伊都·卡巴克。一种零的状态。回到语言之初。在莎伽这个国度，可以就这么无穷无尽地讲下去，却什么也没有说出来。莎伽语是同韵音组成的。任何一句话都是一种噪音，所有的谈话都是没有意义的嗡嗡作响。为了发明这种具有异国情调的语言，杜拉斯在东方语言学院听了不少课，并且翻了很长时间的印度—美拉尼西亚语词典。在莎伽，水牛的意思是爱，雨的意思是幸福。只有一个法语词在这里得到了运用：结束。"斯塔加莫瓦。于米一个莫瓦。"一切都习惯了，到这出戏结束的时候，观众都觉得似乎听懂了几个词。剧院里有人表示轻蔑，表示嘲讽。杜拉斯要求雅里在舞台上对人物本身的概念做出解释。他是诺塔古。她是巴巴波波，其他人是 A，B，H；行了，行了，《莎伽王国》可以的。玛格丽特玩得很开心。她想要制造事端。她拒绝评论。她超越了评论、评价，超越了别人对她说这说那。杜拉斯只是做了自己喜欢做的事情，才不在乎其余的东西呢。这出戏在格拉蒙剧院上演，仍然是克莱尔·德路卡和勒内·埃路克，他们在《水和森林》中已经进行了勇敢的战斗，把杜拉斯中学生一般的胡说八道完美地演绎出来。《莎伽王国》没有任何意义，但它完美地道出了这份毫无意义。有些人将这出戏看成是1968年宣言。杜拉斯通过插科打诨和摧毁意义的方式庆贺一个空茫时代的到来，巴特说得有道理：只有杜拉斯能找到这些在任何上下文中都可以不负任何责任的词。

"实际上我对小说一直有一种倾向，有一种深深的偏好。这也许可以解释我本性中原始的一面。"她在1965年的这句话有点让人吃惊。

玛格丽特似乎正完全埋首于喜剧，还有她那些电视剧和电影中。她接受维托里尼的邀请在里弗纳度过了夏天，8月底回到巴黎完成为秋季戏剧节所作的《音乐》，还要对《街心花园》进行再次改编。她还在为金钱奔忙。她请求奥岱特·莱格勒替她找克洛德·伽利玛帮忙。她有大麻烦，她说。克洛德·莱格勒把她的月贴翻了两倍，仍然无济于事——每个月二千法郎还是不够。的确，这位圣日耳曼—德普雷的作家尽管不是很富裕，开销可不低：三处房产，两个佣人：诺夫勒城堡有位夫人替她打理，另外一位夫人，"一颗珍珠"，玛格丽特说，替她料理圣伯努瓦街的家务。一辆价格昂贵、速度很快的英国车。玛格丽特把交通罚款单收集起来——平均每年她要支付二万法郎的开销，她居然要伽利玛替她报销！每天晚上都要出门，经常出入夜总会，不过她现在只喝带汽的饮料。简直是地狱，她说，没有酒精的日子。她的头发剪得很短，穿着男人的羊毛衫和直筒裙，几乎一年四季都套着一件羊皮呢大衣——她非常怕冷。她抽吉塔纳牌香烟。每天都要工作，但是没有准确的作息时间。假如她无法坐在桌前工作，她就缝制各种各样的垫子，但是她也画画，画中国的那种水墨画，再不就是修电灯，为孩子和朋友织袜子。一颗孤独的心。一直生活在自我的旁边，一直离自己有一段差距，就像劳儿·V.斯坦茵一样。她喜欢幻想或许自己会感到幸福的别样的生活。实际上，写作不是一种职业，而是被迫的行为。她梦想着可以做一点实实在在的工作，可以让自己过度劳累，再也无暇顾及脑子里想的东西。比如说开饭店。她觉得自己很适合做饭店的老板娘，在郊区开一家饭店，专门负责婚宴。至少，在大吃大喝后可以睡个好觉，而不用忍受一个时时刻刻感到恐惧的知识分子的失眠。孤独。如此孤独。她对朋友们说，每天夜晚她回到空空的房间，空空的床上，她都会哭。她向往起一种正常的家庭生活来——她觉得自己很适合做一个人数众多的大家庭的母亲——她后悔和雅尔罗的这段日子，动荡、累人但是激荡人心。她越来越难抵御酒精的诱惑，对迪奥尼斯承认说她活在一种永久的恐惧里。

她把自己关在诺夫勒。开始了内心这段奇怪的游历。那个女人的存在又开始纠缠她。在很久以前，她在沙沥的白人区边缘遇见了她，夜幕降临时分，一边大叫一边狂奔。玛格丽特已经在《抵挡太平洋的堤坝》中把这个让她感到如此害怕的人物固定了下来。这是个女人还是个孩子？她似乎很年轻，很瘦弱。她的怀里藏着个婴儿。她看上去很危险。别人一看见她就想摆脱她。她经过之处，行人都垂下了眼睛。她像一条狗一般跟着别人。碰到女人她就把婴儿送给她们，那婴儿哇哇地哭着，浑身脏兮兮的，令人作呕。她的脚上有一道伤痕，很可怕的伤痕，被鞋跟遮没了。《堤坝》里的母亲收留了女乞丐和她的孩子。是个一周岁的小女孩，可看起来只有三个月大。"其实母亲从第一天就知道孩子活不了多久了，但是，我们也不知道为什么，她会有这份奇想，她给她做了个小摇篮，放在自己的卧室里，还给她做了好些衣服。""在这以前我就认识这个女人。我那时十岁，她让我感到非常害怕。"① 二十五年以后，玛格丽特·杜拉斯又回到这种痛苦上。一个母亲把快死的孩子留给了她的母亲。一半是女人，一半是动物，女乞丐穿过田野，不是在找她扔掉的那个孩子——她就像扔掉一个熟过头了的水果一样扔掉了自己的孩子，而是在找寻把她赶出家门的自己的母亲。过着游荡的生活，她脾气暴躁，成日像个巫婆般鬼喊鬼叫，白天黑夜叫个不停，这就是玛格丽特在《副领事》里塑造的又一个不朽的女乞丐。

她声称花了八个月的时间完成的这本书，她把自己关在诺夫勒城堡里，工作强度非常高：清晨五点钟就坐在桌前，一直不停地干，干到晚上11点。这本书，她已经酝酿了三年。想法早在起草《迷狂》前就形成了。在相当长的一段时间里，草稿和《迷狂》是同时展开的，但是渐渐的，劳儿这个人物先分离出来。女乞丐仍然在等属于她的时刻。作品几度修改，甚至几度重建。1963年，玛格丽特自认为完成了，同意先发表一些片段。② 当时，这还是个很复杂的故事，顺着两条线发展：一个住在诺伊的女人看到一座旅馆总是空着，禁不住生出想象来。她着手进行调查，得知这座旅馆以前属于一个男人，法国驻加尔各答

---

① 《现实》，1963年3月。
② 《新文人》。

的副领事。在这座城市里,有个女乞丐成日游荡着。两个故事除了在地点和时间单位上毫无共同之处。是文学赌注将它们联系在一起。

和以往一样,玛格丽特没有任何编造。副领事这个人是真实存在的。这是她大学的一个同学,后来成了外交官,才被调到孟买。他的名字叫作弗莱蒂,在调职之前他回到巴黎,玛格丽特的朋友也都见过他。蓝色的棕榈树,湿润的空气,白人圈那种令人窒息的烦闷,他和玛格丽特长谈过。诺伊的房子也是真实存在的。玛格丽特在散步的时候,注意到一座房子,圣尼古拉街10号,这是一幢19世纪的房子,百叶窗始终紧闭着,花园早就荒了,只有丁香还开着花。她曾经向街区的住户打听过,但是没有人知道房子的主人是谁。

渐渐的,玛格丽特抛开了真实的地点和小说的构建问题,她要给她所谓的"小女孩"以生命,这才是叙事的中心。"如何才能不回去呢?必须迷路。我不知道。你会教我的,我需要指引,指引我如何迷路。"① 这就是《副领事》的开头。如何才能学会迷路呢?《副领事》是一篇关于沉沦的作品。它的人物都迷失了方向,地理上的,身体上的,情感上的,心理上的,所有的人都不说话,都将自己关在不愿承认的过去里,蜷缩在自己的秘密里。二十年前究竟发生过什么,什么让安娜-玛丽·斯特雷泰尔从夫妻生活中分离了出来?副领事在拉合尔犯了什么错误?在加尔各答,在这酷热引起的懒洋洋的倦意中,什么都不重要了。你们认为爱情只是人们做出来的一个概念吗?副领事问道。没有人回答他。于是他就叫。

这部同时展开两个故事的小说若论到起源,还是玛格丽特为了钱的缘故答应下来的一项任务,为了挣点饭钱。当时对精神变态者进行了一项很大的调查,昂佛尔实验室建议马兰·卡尔米茨和作家合作拍一部半个小时长的影片。第一个主题是酗酒。卡尔米茨想到了玛格丽特,当时的玛格丽特正处在写作的惶恐之中,很快就接受了这项神奇的任务,于是她回到诺夫勒城堡起草电影脚本和这部关于酗酒的医学影片的对话。场景本来应该是在法国展开的,但是玛格丽特回到了这个男

---

① 《写作》,第35—51页。她屡次谈到过传记《副领事》那种氛围的困难。

人的故事上，加尔各答的副领事，她并不了解加尔各答这座城市，不过在她眼里，这象征着对生存的厌倦。"我必须彻底地编造一个加尔各答，它的酷热，到处都是风扇，它们发出的飒飒响声就像是受惊的小鸟在鸣叫，还有碰到的一个年轻女人的爱情。"[1] 玛格丽特渐渐改变了这项任务。为了保证电影的摄制，她起草了一篇文章，她认为自己是要讲述一个因厌烦而喝酒的男人，后来尽管他已经不再厌烦了，尽管他已经决定将写作当成是一生的志愿，他还是继续在喝。他喝酒，因为他感到幸福，因为他要庆贺在生命结束之前可以和自己重逢。玛格丽特出色地描写了酒精浸淫在这个男人的身体里，那一种在体内慢慢扩散开的感觉。玛格丽特之所以会接受卡尔米茨的建议，正是因为对酗酒的主题非常感兴趣。她夜以继日地写着，带着创作的醉意，这既让她感到迷醉，又让她感到害怕：

> 今夜，是我在写
> 醉醺醺的，多么大的一个玩笑，只要我想停下我就可以
> 颤抖的笔触，她倾诉道
> 酒鬼是另外一回事，是我们看不见的
> 喝酒从来都只是为了自己[2]

于是，为了逼真地描写这种醉酒的状态，又苦于找不到合适的词，玛格丽特越喝越多。她还是在寻找词语。但是如何才能走出来呢？副领事想要摆脱空气里致命的潮湿：

> 恒河卷走了死人，垃圾
> 我到不了那里
> 不可能的
> 怎样的恐惧啊

---

[1] 马兰·卡尔米茨档案。
[2] 马兰·卡尔米茨档案。第 398 页的引文也引自该档案。

她试图描写包围着副领事的这份沉重,这种似乎永远处在窒息之中的感觉。她绝望了。所有的一切不是都已经有了名称吗?而且是永恒的。她忘记了剧本。她在写一本书,精神状态有点迟钝。她在稿纸的留边处写道:"我不知道如何写作,我再也不知道了。但是究竟是什么垮了呢?是思想。碎成一块一块,彻底碎了。"恒河带走的只是人类的渣滓和垃圾。"我弄错了,我将失败和温和混为一谈。书抵御住一切留了下来,但是男人开始出现。平庸,乏味,无奇。他即将被任命到加尔各答。他马上就要去加尔各答。"于是她又燃起了希望。必须平平静静地重新开始。在手边的报纸上,她记录下了自己的教训:"必须每天都写,找到我所讲述的这一切事物之间的关系,从开始处开始,不再喝酒,变得理性一点。"她把加尔各答想象成印度的母亲和死亡的母亲。这是一座恶毒的城市,散发着臭味、便壶的味道和男人的汗臭。

一只巨大的蛋,黑色的,带着恶臭
画面堆积到恒河的出口喜马拉雅山上。
一个满身虱子的女乞丐蹲在河岸边的稻田里,那里有鲤鱼。
她抓起它们就这么生着吃了下去。

玛格丽特又绝望了,回到酗酒的作家上,回到别人订购的文章上,为剧本编造了两个女人的故事。副领事避开了。于是她喝酒。副领事又回来了。她涂涂改改,留下空白的地方。重新开始。资料里几乎没有玛格丽特自己对手头正在进行的作品的评价。只有一点日记的片段记录了她在构建人物的困难和酒精给予她的那种激动,从中我们可以发现杜拉斯是如何支持她的人物的,她让自己进入每一个人物的内心,和他们进行肉搏战,弃他们而去,再蹒跚着出发。她多次谈到过写作的危险,并说她现在所占据,所开拓的领地本是一片荒芜,于是她请她的人物来,和他们对话,似乎他们真的存在一样,就在她的身边,在创造他们的诺夫勒城堡的房间里。她赋予他们灵魂、躯壳,赋予他们存在。她沉浸在自己的混乱中,一旦有一个人物稍微接近她一点,她立刻穷追不舍地纠缠上去：

> 副领事的心走近了我。我必须欢迎他的晕眩。
>
> 我，法国副领事，面对幸福说我不在乎。
>
> 但愿人们可以理解，这个在加尔各答承受痛苦的男人，我就站在他身边。
>
> 让我安静一点吧，让我安宁，让我看我愿意看的东西，说我愿意说的话……思想可能是看不见的……
>
> 我在这里是为了什么？我的困难在哪里？就是在于我不知道自己为什么在这里……这种努力所包含的虚荣，还有不可替代的重要性……我要爆炸了。这间房里有什么东西正在死去？
>
> ……再远一点
>
> 我醉了，就在他身边。空茫，晕眩。
>
> 一个男人不能在加尔各答入睡。
>
> 什么样的过去。那么多的蠢事压在我的肩头。
>
> 我要爆炸了，因为我不能给自己提供力量，我也用不上自己的经验。我因此而爆炸。思想？因为此时它突然感到不舒服，它空了，分解了。突如其来的泄气是不是表明副领事的心正在慢慢地进入我的内心？是的，他在斗争。

杜拉斯在规定的期限里把剧本交给了马兰·卡尔米茨。"拍摄时我们在一起，工作得非常辛苦，"他说，"我到特鲁维尔，就在她的房子里，用她的东西拍。她站在一旁。她看着我做。她一直都在。"[①] 她对他承认说自己在电影方面有过很糟糕的失败。卡尔米茨一边做一边解释，告诉她自己是怎么拍片的。《副领事》在某种程度上和《加尔各答的黑夜》如出一辙，拍摄这部电影挑起了她做一名导演的欲望。"她不再在技术上心存畏惧。她发现拍电影也可以是件很简单的事情。"玛格丽特将马兰带到特鲁维尔赌场。她玩得很小，但是每次输的时候都会

---

① 作者与马兰·卡尔米茨的谈话，1996 年 4 月 18 日—24 日。

大发雷霆，弄得很丢脸。她带他参观了整个诺曼底地区，市场，海湾，荒地里孤零零的灌木，她向他讲述了她的哥哥和母亲。电影描绘了一座荒芜的城市，背景是铅灰色的处于平潮的大海，一波一波的沙。都说这是杜拉斯的风格。作家这一角色由莫里斯·加莱尔饰演，非常美妙。他经常出入酒馆，晚上独自走在街头，挑逗女孩可总是挑逗不上手。电影的确不错。有一种忧郁的气氛。这部电影的手法，后来杜拉斯真的成为导演时一直很喜欢用，甚至到了滥用的地步：即在评述与画面之间保持一定的距离。电影给人以耳目一新的感觉，褒贬意见不一。在图尔电影节入围以后，卡尔米茨让杜拉斯和他一块去为电影最后夺标而战。可是没能成功。影片遭到了观众的嘲笑，但是让·波朗和皮特·布鲁克则非常欣赏。

玛格丽特在其生命尽头的时候甚至忘记了《加尔各答的黑夜》的存在。她说《副领事》是第一部关于她生活的著作，最难懂的，也是最冒险的，因为它最大限度地描写了不幸，却没有追述引起这份不幸的可见的事件。她编造了一个加尔各答，但是她在制订女乞丐流浪的路线时查了地图。她所游历过的那些地点的名称都是真的。"没有她，"书出版时玛格丽特说，"《副领事》就不会存在。"[1] "他富有，颓废，到处都是胖胖的。她贫穷，几近毁灭，因穷困而浮肿。彼此之间正好相反。从来未曾相遇。但是他们非常接近，都在不幸中生存。他们在一个地方根本无法生存，哪怕只待上几秒钟的时间，这是一本我自己想写的书。"她在注释中写道。

她到意大利过了几天，暂时中断了写作，和吉内塔、艾里奥见了面。这将是她最后一次和维托里尼一起散步，一起喝康帕里酒，互相谩骂，跳舞，谈论共产主义，品尝细面条，评论陶里亚蒂和意大利共产党的最后决定。她决定不回巴黎。她害怕回到诺夫勒，她是那么恐惧，成日叫个不停。从里窝纳，她去了威尼斯，把自己关在旅馆里，一边是她的威士忌和手稿。威尼斯在下雨。布尔萨岩壁仿佛离得很远，法国驻加尔各答大使馆的夹竹桃也很远。少女时代对麻风病的恐

---

[1] 《语言的痴迷》，见上述引文。

惧又回来了，在这座让她恐惧、散发着死亡味道的城市。威尼斯也出现在《副领事》里：安娜－玛丽·斯特雷泰尔就曾经在威尼斯生活过。玛格丽特非常沮丧。书写不下去了。在一本簿子上她记道："我没有工作的欲望，我随它去，我随故事怎么发展。如果有一天这个故事能完成，我都不知道这是个怎样的故事。威尼斯还在下雨。窗外的街道上行人很少，我刚才买了一瓶威士忌。如果我愿意，我可以喝得酩酊大醉，然后睡去。"玛格丽特晚上喝酒，白天在街上跟着别人。她迷上了一个女人，就住在学院区，有天在小饭馆吃饭的时候恰好坐在她对面。玛格丽特看到她就开始编造上了，她对自己说这个女人要自杀，犹豫着要不要上前帮助她。她满威尼斯地跑，想找到一本关于加尔各答气温的书。她想象着大使馆的样子。每天晚上她都在哭泣。为安娜－玛丽·斯特雷泰尔哭泣，为副领事和马来西亚的森林哭泣。她喝很多酒，关于这个，她也曾在日记里记过："我在找一句话，有点醉了，坐在桌前，我找一句话，它再也回不来了。昨天这句话还在飘荡，今天它就在我的心里碎了。它再也重建不了啦。它很长，很活泼，像曲子一样和谐，有一种重唱的意味，像是很有抑扬顿挫，很有规律的抱怨。我还想得起来的词包括：淤泥，死亡，风扇，受惊的小鸟，小偷，我在寻找这句话。今晚我找不到它，这是怎样一种令人赞叹的痛苦啊。明天它会回来的，就像一条小狗在捕完猎物后又回到主人身边，夜晚多么不可告人。"

幸亏了味道，杜拉斯渐渐往下写着：河岸令人恶心的恶臭，法国大使馆的花园在早晨散发出来的那种似隐似现的夹竹桃的味道，精液散发出的寡淡的味道，她这样说副领事，那个总是没干什么就累得要命的副领事。在初稿中，他有个女人，尼古拉·古尔色勒，一个读科罗南的《城堡》的大傻瓜。在最后一稿里，杜拉斯只让她在最后一章里昙花一现了一下，她更喜欢她的女主人公，要在她身上花更多的笔墨，这是殖民地白人圈的一个虚幻的典范，既是母亲，又是妓女的完美结合：安娜－玛丽·斯特雷泰尔，这个平整、礼貌的女人，结了婚，有两个孩子，她将一个年轻人逼得走投无路，最后只有为爱而自杀。玛格丽特·杜拉斯后来说安娜－玛丽·斯特雷泰尔的确是存在的。从表面上来看，她是两个女人的综合：一个是大使的女人，隐居在暹罗湾的一角，玛格丽特曾在那里度过假。她和母亲在荆棘丛林的深处碰见了她。母亲和女儿坐了三天的小艇到她的住处去拜访她。她非常正式地给她们端来下午茶。她的美貌让小女孩惊诧不已。但是另一个人物也给了玛格丽特灵感：她的名字叫作伊丽莎白·斯特雷泰尔，在玛格丽特的少女时代，有一段时间，她们几乎天天都能见面。伊丽莎白是玛格丽特在夏瑟鲁普—洛巴中学一位同学的母亲。美，很美，玛格丽特的同学回忆说，她是个完美的母亲，还是个完美的音乐家。多亏了《印度之歌》，她得以从过去的轻雾中凸现出来。1977年10月13日，看了电影后，伊丽莎白·斯特雷泰尔的孙女写信给玛格丽特，告诉她祖母就住在巴黎郊区的一幢房子里。请她去找她。没有玛格丽特的任何消息，于是1977年11月15日，伊丽莎白·斯特雷泰尔亲自写信给她：

夫人：

您保持沉默是对的。

通过我年轻时的样子，您的想象创造了一个小说中的形象，之所以有魅力，完全是出于这份神秘，没有人知道她的名字，所以应该保留。我本人也是非常深切地认识到这一点，所以我既不想读您的书，也不想去看电影。对于记忆和印象所持的谨慎态度，因为记忆和印象只有留在晦暗之中才有价值，在变得不真实的真实之中……

1978年10月8日，九十一岁的伊丽莎白·斯特雷泰尔离世。

在威尼斯，玛格丽特让笔下的安娜－玛丽·斯特雷泰尔陷入了一种深深的沮丧之中。玛格丽特发了一封电报给朋友——这位朋友至今不愿透露她的姓名，告诉她她的恐惧和害怕。朋友给她找来了医生。威尼斯还在下雨，学院区的女人不见了。她像安娜－玛丽·斯特雷泰尔一样自杀了吗？玛格丽特是这样想的。她决定离开威尼斯。生或死的问题。"医生来了。不，不是酒精的问题。那么是什么？我老了，没有爱情。什么对我来说都是无所谓的，除了知道眼泪的由来。"

书后来是在诺夫勒完成的，那时的玛格丽特因为抑郁已经变得有点迟钝了。

热拉尔·雅尔罗死于1966年2月22日。正当盛年，写作天分也刚刚得到承认就夭折了。这个四十三岁的男人死于什么呢？心脏病，报纸上简洁地说。心脏病，在做爱时发作的，雅尔罗的朋友很快就都知道了。雅尔罗死在圣日耳曼—德普雷的一家旅馆里，午休的时间。一个年轻女人在电话亭打电话通知了警察局。玛格丽特得知这一消息时几乎都要疯了。当然一方面是因痛苦而疯狂，她至今仍然爱着这个男人，但是还有嫉妒，嫉妒那个她认为是造成雅尔罗之死的罪魁祸首的女人。她亲自去调查她的身份，甚至找到警察，觉得他们会帮助她。没有结果。雅尔罗的朋友都在想，也许雅尔罗已经知道了自己的结局，准备好了这样的死法：唐·璜式的死亡，通过爱来自杀。的确，他知道自己患有心脏病。事先已经发过病了。做爱，酒精，香烟对他而言都是绝对禁止的。"因为，失去理智我们就可以摧毁时间，也就是摧毁死神。同样，用诗歌，应需要而生的爱，酒精，吸毒……；用这一切我们也可以摧毁死神。"在梅迪西斯奖授奖仪式上他说。他留下的是没有出版的手稿，疲倦的微笑和温柔的存在。"他是一个无与伦比的男人，在所有的方面都完成得很好，总是耗尽自己的所有精力，虽死犹生，像期待激情一样期待着死亡。"玛格丽特在《被欺骗的男人》中写道。在书中，玛格丽特让他在埃特来塔死去。不，玛格丽特，他就在您身边，离您只有几条街，因为他，你如此痴迷于爱，爱的概念，爱的行为。这个男人是在和另一个女人做爱时死去的，他欺骗了您，也许就是为了这个女人您和他断绝了关系。不，您根本不知道。这样最好。于是您可以想象了："自从得了心肌梗死，每有一个新的女人出现，他都会害怕死去。他的死亡持续了一秒钟。是一种突如其来的死亡。他没有时间说瞧，这就是死亡。"但是关于这个男人的智慧，深度和纯洁，在这些问题上您没有撒谎。

艾里奥·维托里尼十天前也死了。这是个曙光中的男人，正如莫里斯·纳多在《新文人》上写的一样。玛格丽特失去了一位亲近的同伴，也许是现在唯一的朋友，斗争的同志，一个与她有着兄弟般友谊的男人，总是那么专注，那么靠近她，他们甚至想都没想就团结在一起。他也是她的导师，过去的导师，当然，道德上的，谦卑而勇敢。

《副领事》于10月底结稿。必须改三校。头两次修改工作的强度非常大，作品的开头几乎完全重新来过。"这个饥饿的小女孩，动物一般的小女孩走过缅甸的沼泽地，这就是《副领事》。"玛格丽特在电台宣称①。书仍然留有《劳儿·V.斯坦茵的迷狂》的痕迹。威尔士王子饭店接待大厅的窗帘拉起来了，就像在劳儿永远失去自己未婚夫的那次舞会上一样，悲剧突然出现在舞台上。《堤坝》中的不少场面也几乎原封不动地被照搬进《副领事》里：比如说女乞丐把自己生病的婴儿送人。在《堤坝》里，婴儿是因为被虫子啃噬一空而死的。在《副领事》里，女乞丐在医生到来的时候逃跑了。《副领事》没有结局，作者将叙事搁置了下来。在她的记忆中，人物没有消失。就是在跳华尔兹时那一种略带忧郁的曲调，后来又出现在《恒河女子》《印度之歌》，一直到《爱》才算结束。

书首印了二万五千册，1966年7月出版——在阿兰·罗伯-格里耶的《约会之所》出版三个月后。同样是远东地区一座潮湿的、令人消沉的城市，同样那种永无止境的感受，同样那种死亡和记忆深处里的过去的游戏。文学界经常拿这两本书相提并论，就是因为知道两位作家是朋友。这种相提并论却激怒了玛格丽特，她气愤到了极点，干脆利用这个机会来清算她和新小说——文学界经常不顾她的激烈反对，非要给她贴上这样的标签——之间的新仇旧恨。不，她对新小说一点也不能理解，一直觉得很陌生，她说新小说不过运用了一些夸张性的语言试验程序而已。她说新小说是在原地转圈，是美式超现实主义文学一种巧妙的翻版……"甚至有点沉重。从个人角度而言，我不相信这场文学运动。"②

《副领事》不太受欢迎。"叙事缓慢，拐弯抹角，令人窒息，让人喘不过气来的学者式的句子。"弗朗索瓦·努里西埃在《快报》上撰文

---

① 《语言的痴迷》，见上述引文。
② 现代出版档案馆档案。

说。"小说低沉、谨慎、悄无声息，充满了迟疑，变相的抱怨，羞愧，必须借助耐心，充满激情地竖起耳朵听才能听见。"通常无条件赞成杜拉斯的让－路易·波里如此写道。"人造力量之塔。"罗伯特·康特斯评论说。杜拉斯恼羞成怒。她出现在电视上，在皮埃尔·杜迈耶的身边，成了一个羞怯、敏感、脆弱的作家，她已经开始在报纸上进行自我颂扬，对所有不承认她的人表现出一副讽刺甚至恶毒的态度，可是这一切都是徒劳。瑞士一家报纸问她为什么《副领事》会如此不受欢迎，她回答说："法国的报纸杂志没有弄懂。然而这对我来说无所谓……瑞士评论界——通常都是这样——似乎更加严肃，更加深刻。"杜拉斯谈到了背叛。著名女歌唱家杜拉斯。反复无常的杜拉斯。她让记者等了几个月，一直拒绝采访，除了一问一答式的文章她还勉强接受。自言自语的杜拉斯，只对自己感兴趣的杜拉斯，这时已然出现端倪了。

《副领事》挖空了她的内心，将她打扫得一干二净。她在《副领事》的写作后居然没有产生别的写作计划，这样的情况还是第一次。她想要用另一种方式填满自己的时间，以平复汹涌袭来的绝望。于是她想到了做电影，"再也没有比镜头更让我放松的事情了。"她在一本簿子上记道。[1] 她不再愿意为别人工作，做够了把自己版权转让给别的导演的事情，他们根本不能理解她的精神，她也厌倦了为钱的缘故而给别人写电影脚本，那些电影拍出来以后，她看也不要看。杜拉斯要自己做电影。这也是一种接近自己儿子的方式，儿子才满十八岁。"我的儿子对我的书从来不加评论。他喜欢的是电影。如果说我投入电影，也许恰恰是为了他。他会是我拍摄小组中的一员。"

让·马斯科罗成了电影《音乐》的第二副导演，这部电影是杜拉斯和保尔·瑟邦合作完成的。她是在和杜迈耶做那档《大众读书》节目时，在拍摄现场碰到瑟邦的。他才和米歇尔·古诺一起拍了两部短片，《夏日的海岬》和《生活的时间》，两部片子杜拉斯都非常喜欢。他们之间的合同非常明确：两个人都是导演，但是杜拉斯在后来的访谈中——甚至早在电影出品之前，一直称"属于我的片子"。属于她的

---

[1] 现代出版档案馆档案。

片子，当然更是属于她的作品。《音乐》开始是一个戏剧脚本，1964年，玛格丽特受英国电视台的邀请，为他们的系列剧《爱情故事》写的一个剧本。伽利玛已经出版了该剧本，并且登上了1965年法国香榭丽舍剧院的戏剧舞台，阿兰·阿斯特吕克和莫里斯·雅克蒙导演，克莱尔·德路卡和勒内·埃路克主演。杜拉斯在把作品改编成戏剧脚本时已经做了很大的改动，并且积极参与了导演工作。她要求该剧"具有电影风格。对演员的脸要打强光，就是要十分贴近完全黑暗中的这些脸，直至将它们浸没"。① 已经是电影的概念了。我们知道《音乐》的故事，玛格丽特后来认为它有点轻佻。"《音乐》是我妓女的一面。"她笑了，并补充说她一年能写三到四个这样的故事。② 一对夫妻回到他们生活了十二年的城市。他们是来离婚的。他们之间的一切似乎都已经结束了。第二天，他们就分赴各自新的际遇，感情的或是职业的，这已经不重要了。永远分开。拍摄电影时，杜拉斯将一切都重新写过：她具体想象了人物，编造了新的场景。为了让电影有别于戏剧，她甚至不想起相同的名字。很长一段时间，这部电影叫作《强光》。

电影的拍摄工作应该在4月份开始。在诺曼底一座沉睡的城市找一间旧式旅馆。寻找地点的过程非常漫长。杜拉斯和瑟邦游遍了整个地区，参观了无数旅馆。一无所获。"保尔，我在这里听不见《音乐》的声音。"瑟邦干脆决定下来，就在多城的诺曼底式卡斯泰尔旅馆拍摄。拍摄工作于1966年5月7日正式开始，在埃弗勒和多维尔同时展开，持续了一个月。萨沙·维尔尼负责摄影，苔尔芬娜·塞里格饰演埃弗勒的女人。她很快就理解了这个角色，这个笨手笨脚的外省女人，傻大个儿，她的沮丧，她是V. 斯坦茵的小妹妹，也和她一样，偶然在街道和森林里游荡，借此平息灵魂深处的熊熊火焰；酷爱电影，就像《堤坝》里的苏姗娜，坐在银幕对面方能喘上气来，这样她就能躲到很远很远的地方去生活，躲在画面堆砌的岩洞里。"深刻但是轻如羽毛的女人。"玛格丽特在《电影日志》里评论道。③ 她总是给她所爱的男人以

---

① 在戏剧集《戏剧》卷一出版前的访谈，伽利玛出版社，1965年。
② 作者与玛格丽特·杜拉斯的谈话，1996年3月18日。
③ 《电影日志》，1967年2月。

充分的自由，爱的自由，性的自由，她从来不要求他恪守夫妻关系的约束，一直拒绝让他陷入爱的陷阱。可以自由处理的女人，总是那么孤独，表面上看来很开放，实际上非常保守。

苔尔芬娜·塞里格于是成了这个步履蹒跚的女人，像一头困倦的母鹿，她总是让自己的身体陷入椅垫，然后慢慢地、温和地吐出几句话，嘶哑的声音真的会让你轻颤。杜拉斯还是经阿兰·雷奈才认识苔尔芬娜的，是雷奈把她挖掘了出来，让她饰演《去年在马里安巴》里的主角。玛格丽特在用她之前也犹豫了很久。她更想用阿努克·埃梅，但是埃梅正好在拍另一部片子，恰巧也是在多维尔，《一个男人和一个女人》。玛格丽特建议等她。瑟邦强迫她接受了苔尔芬娜。她没有后悔。这是她们久远而深厚的友谊的开始。苔尔芬娜总是全身心地投入，她的友谊总是绝对的，铁一般的，杜拉斯说。如果你没有在电影院里见过她，我又怎么能向你描述她怎么做电影的呢？杜拉斯解释说："苔尔芬娜进了摄影棚，嘉宝和克拉拉·波的阴影便不复存在，或许我们可以把她归为加里·格朗那一类的。可是，电影界的混乱讲不清楚，我们也不要太认真了。"[1] 于是苔尔芬娜就是"她"，带着这种只属于她的纯净的光彩，她不会将东西整理分类，就这样顺其自然地生活于其中。他，他应该是罗伯特·霍森。瑟邦一下子就想到了霍森。听到霍森的名字，杜拉斯嚷道："谁都可以，除了霍森，多可怕啊！"瑟邦坚持。最终，在这一点上还是杜拉斯让了步。接下来的事情，霍森为我们叙述道："第一次她看见我就对我说：听着，我要让你变得聪明。当时我是演爱情片出名的。爱情片很适合我。她把瑟邦看成是我的技术指导。把我当成一个毛头小伙。她指责我注意力不集中。她认为我是公立中学的那种花花公子，或是专门勾引单纯少女的卡萨诺瓦。我于是称她为克里斯蒂安娜·罗什弗尔。[2] 她听到几乎要发疯了，但是她也笑了。她能让我把一个镜头重复七十遍。实际上，我很欣赏她。她是个妈咪·诺娃式的人物。每当我忧伤的时候，我就去找她，我印象很深。她不让我的本

---

[1] 《外面的世界》卷一，第254页。
[2] 作家，《战士的休息》(1958)、《世纪的孩子》(1961) 和《献给索菲的诗》(1963) 等作品的作者。

性得到发挥。她更看重激情的表达,而且很清楚自己要做什么。她很好。"① 杜拉斯想要把《音乐》拍成一部没有道具的影片——她批评《广岛之恋》过于注重道具,只有脸。一部戏剧风格的电影。一出电影风格的戏剧。

拍摄电影时的一张照片上,玛格丽特和技术人员在一起,快乐,活泼。她就在那里,无处不在,彬彬有礼,但是很坚定,一定要别人按照她的意愿取景,还喜欢指挥演员。瑟邦很快就明白他已经失去了这部电影:"我向她解释目的,镜头的推进,我小心翼翼地尽量做好每个分镜头的划分,一个镜头一个镜头地来,因为我知道和人合作导演是一件很困难的事情。我选择了出类拔萃的技术人员。但是一点用也没有。她很快明白过来了,必须分而治之。她成功了。"气氛很快就恶化了。米歇尔·波尔特证实道:"我从报纸上看到她要拍电影。我去了她家。我以前不认识她。她建议我和她一起拍摄《音乐》。我其实没有什么作用。我就站在那里,就这样。她对我说过:我们不能付给你钱,但是作为交换,我让你住到我黑岩旅馆的家中。瑟邦和她之间的关系很紧张。瑟邦掌握剧本,不是她。他是个职业的技术人员,她不是。她开口说话的时候,那些技术人员在她面前都说她对,转过脸去则说她什么也不懂。"在《艺术》上也刊登了一篇关于电影拍摄的报道②,同样证明了当时这种紧张的气氛:"他们的意见从来没有一致的时候。一个满意了,另一个又要重拍。他们分开进行。'您的是哪一个? 3号?我的是7号。我们去看看剪辑的情况。'为了节省时间,杜拉斯做出决定。""我重复了三遍,让布洛克和多丹——他们是制片商——走开,"瑟邦说,"他们拒绝了。最终,由于我的坚持,她总算接受了。我们拖长了电影的拍摄时间。因为制片商感到失望,我们只好再重新来过。在拍摄完的晚宴上,我们似乎和解了。后来她又想把一切都控制在她的名下。她甚至想在字幕上加上一条:该片由玛格丽特·杜拉斯制作。接着,她消失了,不愿和我一道推出这部片子。"③

---

① 作者与罗伯特·霍森的谈话,1996年3月20日。
② 《艺术》,1966年7月27日及8月2日。
③ 作者与保尔·瑟邦的谈话,1996年3月20日。

她或他。最后是她，是她的片子。她把它当作自己的第一部影片，1992年在法国做电影回顾展时也是如此。和苔尔芬娜·塞里格的故事才刚刚开始。和罗伯特·霍森就再也没有下文了。"玛格丽特曾经再次要求过我，但是正好我没空。在她看来，我是个港口的水手，一个粗鲁的人。很遗憾。只有她能够用一种无尽的温柔驯服我。"①

和于勒·达辛的合作则要比和保尔·瑟邦的合作和谐得多了。她积极投身于《夏日夜晚十点半》的脚本创作。她和他一起写了剧本大纲，想象着地点、气氛和味道，写了无数的草稿交给达辛，再由达辛重新工作。她为演员起草了两位女主人公的生平卡片，演员是美丽娜·迈尔古利和罗密·施奈德。她每天都去拍摄现场，她发现美丽娜完美地演绎了玛丽亚一角，欣喜若狂。"我相信，我甚至能够肯定，她饰演玛丽亚的时候，完全是她生活中原本的样子，从身体到灵魂。"她在《时尚》杂志中写道②。但评论界可不是这样看的。评论界对电影的反应非常冷淡——一部半人半鱼的电影，亨利·夏皮埃在《战斗》③上说，还有美丽娜·迈尔古利的演绎，她将电影变成了迈尔古利狂欢节。《新文人》指责玛格丽特·杜拉斯将灵魂卖给了电影，把书变成了一出粗俗的独幕剧，围绕着迈尔古利这个中心，超越了粗俗的界限。④

玛格丽特心中油然升起对美丽娜的一种感性的、智性的和爱情式的激情，而且这份激情并未随着时间的流逝而变质。玛格丽特经常会爱上自己的女演员：苔尔芬娜，美丽娜，让娜·莫罗。"您成为我的朋友后我才开始有了自己的朋友。你是我第一份成熟的友谊，"让娜·莫罗说，"从您开始，我才知道友谊为何物，然后我有了别的朋友。"⑤玛格丽特把自己奉献给她们，女演员也都做了回赠。玛格丽特喜欢她的镜头所展示的她们的身体，声音，体态，面容，这是她的，属于她的。对她来说，电影是一种获得爱情的艺术。她利用镜头偷取美。幸亏有

---

① 作者与罗伯特·霍森的谈话，1996年3月11日。
② 《外面的世界》卷二中收录了该文。
③ 《战斗》，1967年2月3日。
④ 《文学新闻》，1967年12月9日。
⑤ 让娜·莫罗与杜拉斯的访谈（未发表），1965年7月17日。

了这工具，我们终于可以看清一张脸。电影的客体甚或材料就是人类的脸：“在戏剧舞台上，你没有脸，你看不见脸，但在电影里不是这样。”① 离析、固定、发现每一份存在的秘密。杜拉斯是个窥淫癖。电影可以让她得到花边新闻上的满足，她像一个轻佻少女，经常愿意接触贫民窟，感受那一份令人战栗的堕落。她为让·夏波的第一部电影写了脚本和对话，这也是一桩花边新闻演绎来的故事，在德国的报纸上曾经连载过几个月。一个女人对丈夫承认说在认识他以前有过一个孩子，她把孩子交给一对工人夫妇收养。孩子的养父威胁她说，如果她把孩子带走，他就要杀了她。由罗密·施奈德扮演的母亲将要"偷取"她自己的孩子，从米歇尔·比科里扮演的孩子的养父手中。杜拉斯把自己也看成是一个小偷。"和杜拉斯的合作很不容易，"让·夏波承认道，"我想展现女人'偷'与'被偷'的双重性，但是她更倾向于'偷'。"② 电影开始的题目叫作《4号壁炉》，1966年11月出品。杜拉斯从夏波手上"偷取"了电影。新闻界把这部片子……当作杜拉斯的影片。"我们更喜欢说这是让·夏波的第一部片子，它宣告了一位电影作者的诞生。但是这位电影作者难道不是玛格丽特·杜拉斯吗？"亨利·夏皮埃在《战斗》中感叹道③。杜拉斯造就了杜拉斯。

她想澄清表面上看起来似乎是无辜的罪恶，这种欲望从来没有中断过。她喜欢在橱柜中搜寻，照亮那些可怜的小秘密。有些故事一直在纠缠她。比如说这桩新闻——一对夫妻摆脱了他们的表姐，把她切成一块一块，我们都知道她已经以此为基础写了一部作品，1959年出版的《塞纳—瓦兹的高架桥》。1967年她又重新拣起这个故事，用对话小说的方式进行了完全的再度创作。这就是《英国情人》，关于变态的一本书，却是一部极为优秀的侦探小说。她说她"看见"了这桩罪恶，仿佛她真的目睹了这一切：故事发生在一个冬天的晚上。男人在壁炉边读他的报纸。她手中握着一柄泥瓦匠的锤子。她将人物错开，在他们所说的和所做的之间引入距离，搁置了犯罪的本质原因。她安插了

---

① 现代出版档案馆档案。
② 《电影日志》66号，1966年12月。
③ 《战斗》，1966年11月28日。

一个叙事者,叙事者有一个录音机,放在村子的小酒馆里录下过往客人的谈话,而小酒馆正是罪恶的发生现场。读者的怀疑会分散在好几个人物的身上。这些人物分别受到了质询,质询者似乎在扮演重罪法庭法官和精神病医生的双重角色。

杜拉斯非常欣赏阿加莎·克里斯蒂。和她一样,杜拉斯也深深为罪恶中正常的一面和罪犯的平庸——表面上的——所迷醉。疯子和正常人的差别只有在犯了罪之后才能显示出来。她没有把自己放在牺牲者的位置上,恰恰相反,她将自己置于犯罪者的一边。通过猎物之死我们也摧毁了自己。"我们很容易忘记罪犯手下的牺牲品。"《英国情人》里的皮埃尔说。她让他们姓拉纳,克莱尔·拉纳和皮埃尔·拉纳。克莱尔有犯罪的倾向,她原本可以杀了她丈夫。可她杀了她又聋又哑的表姐。这也是碰巧。谁是克莱尔?她不说,不解释,也不对自己的罪行加以评述。于是杜拉斯将自己放在克莱尔的位置上。这让她感到激动,她喜欢为别人的罪行而行动。"我替她找寻犯罪的原因。"玛格丽特说[①]。克莱尔完成那个杀人的动作时,她以为自己什么也没做,她让谎言散发出光芒,回到了"原始的命运"里去。在真正的"克莱尔"事件里,诉讼后克莱尔被判了五年刑。她服完刑以后回到村里。杜拉斯跟着她。她知道她独自生活,和任何人都不说话。接着有一天,她消失了。关于她罪行的案卷最终和她的司法档案合在一起。在别人看来她是疯了,可在杜拉斯的眼里,她的行为自有逻辑性和连贯性,在她的笔下,克莱尔迷人,脆弱。她的罪恶让她清洗了原来的肮脏,她变得轻盈了。疯狂只是对于所发生的一切进行命名的合适方式,"寻找之后没有找到,于是我们就称之为疯狂,我知道"。[②]克莱尔愿意成为众人眼中的疯子,但是杜拉斯则在自己的叙述中把她描写成一个英雄,她是被丈夫逼得走投无路的,她的丈夫轻视她,随她的脑子里充满了各式各样的坏念头,而且不让她说出来。她真正的罪恶在于太满了。克莱尔,正如杜拉斯笔下所有的女主人公一样,知道得太多。有一点

---

① 访谈印在发给观众的节目单上。现代出版档案馆档案。
② 《新文学》,1967年3月23日。

轻度的幻觉，永远地生活在一种落差中。克莱尔和劳儿以及后来《夏雨》中的恩奈斯托的母亲一样，是个占卜家、预言家，又是个巫婆。她只知道事情的来源，从来不知道结果，在存在的神秘的禁区游荡："我有关于幸福的想法，关于冬天的植物，某些植物，某些事情，食物，政治，水，水上的，冰冷的湖，湖的深处，湖中之湖，吞咽一切、夺取一切、自我封闭的水，就是关于这东西，水，很多，关于慢慢爬行的动物，不停地爬，没有手，来来回回的东西……"就像《印度之歌》里那只受惊的小动物，克莱尔也在世界的混乱之中生活，大声叫喊着，没有人听得懂她在说些什么。虚弱，简单，两个女人都是非理性诸神派来的使者，森林女人，半人半鱼，才从潜意识的恶臭里脱出身来的女人，来扰乱我们这种小资产阶级的思维和推理方式。

1967年1月9日，杜拉斯把《英国情人》的手稿交给伽利玛出版社。又是好几校，因为玛格丽特重新组织了叙事，在边上、下面加了不少，贴了整幅整幅的照片。在第二校的时候，几乎每一行都有修改的地方，足可以证明作者在寻找合适的词上下了多大的功夫。书是1967年4月出版的，印数一万册。评论界沸腾了，高度赞扬了作品的深度和精彩的心理分析，并盛赞作者善于让生活在沉默边缘的人开口说话。"玛格丽特·杜拉斯，"弗朗索瓦·努里西埃概括道，"触及了一个属于我们的受伤区域。"

1968年12月，多亏了导演克洛德·雷吉和他的演员——玛德莱娜·勒诺、克洛德·多芬、米歇尔·隆斯达尔，这部作品成了留给玛格丽特·杜拉斯印象最深的一出戏。我们所有人身上都带有黑暗的部分，杜拉斯在挖掘罪犯的精神根源时说。罪恶，雷吉说，首先是罪恶的可能性，我们每个人都有。雷吉导演了这出戏，希望观众在这种谋杀前感到晕眩，"我们想成为罪犯、谈论罪犯、认识他、理解他、将自己等同于他的愿望"[①]。巴黎国家戏剧院的夏约厅被改造了一下。舞台、包厢都取消了。演员没有动作。动作应该是精神的，内在的。想要成为一种临床实验，一种在封闭的地方进行的实验，这出戏将演员和观众置

[①] 序言，节目单，现代出版档案馆档案。

于真理的考验之下。成功，杜拉斯从来没有在行为分析上走得那么远，简直让人迷醉。评论界的意见是一致的。"令人激动的探索，"让－雅克·高提埃在《费加罗》上撰文说，"真正的室内音乐"。罗伯特·康特斯在《快报》上也如是评论。

杜拉斯没有停下。她才完成了一出名叫《俄国戏剧》的戏：在烤牛肉的味道中，两个旧日同窗在清算斯大林主义时代的账！这出戏始终未能见到天日。她继续和电台积极合作，走遍了整个法国，给中学生谈文学和诗歌，谈米肖——她认为这是法国最伟大的诗人，她经常给他们读《某枝笔》的片段，一读就是几个小时。她大声为工厂里的文学辩护，说它具有和沙龙文学同等重要的位置。她参加了不少文化界的活动，例如"文学半月谈"什么的，经常到企业的委员会去宣讲。一位记者陪她去了帕德卡莱矿工委员会，她去说服那里的女工，让她们相信文学的重要性，在热情的听众面前她又开始读米肖，读《白鲸记》的片段，读塞泽尔。

1967年5月，她接受了卢森堡广播电视台的邀请，作为特使参加戛纳电影节。认真负责，富有激情，她推选了布莱森的《椭圆窗饰》、罗塞的《事故》，尤其是安东尼奥尼的《爆炸》，她坚决要求把金棕榈奖授予该片，果然她如愿以偿了。玛格丽特抓住了电影节的气氛，的确具有职业评论家的眼光，但是她写东西就像她说话一样，什么都写，不完全是电影，她沉浸在自己的电影中，不停地在拍摄之中的电影里："戛纳在这里。白色的石头和电影。有点像加尔各答。这座城市建得像一座剧院。我就在那里的四楼，海是舞台。新闻很可怕。我们在这里找到了这张报纸。就像可怕的夷为平地的海防在你面前展开。希腊的军事暴动已经过去了十一天。海滩上却还有美国兵，照片上，我们可以看见他们和为他们服务的年轻女明星在一起。"①

她从戛纳寄了一封措辞激烈的信给罗伯特·伽利玛，她说在城里的任何一间书店里都找不到她的书。罗伯特请求她的原谅，克洛德也是。

---

① 卢森堡广播电视台，1967年5月7日，重新收录在《戛纳电影节五十周年》中，《电影日志》，1997年。

他们立刻展开了对阿歇特发行渠道的严密调查,想要知道这种匮缺的原因。她于5月22日致信克洛德·伽利玛,回复道:

> 我真的是对这本书抱有希望。但是仍然没有超过一万——一万三千册的绝对印数。读者的雪球被摧毁了。成功转瞬即逝,很快就会无踪无影。如果我们不听取公众的要求,如果我们一拖再拖,我们就糟蹋了这种自然的关系。无论如何这一切都太迟了。
>
> 但是我所要求的,总的来说应该是一种特殊对待。我这样说不是太好。但是我应该说,《英国情人》比起《劳儿·V.斯坦茵的迷狂》和《副领事》来,更能赢得读者。我请求原谅。

"人们都是蠢货,但是这点我们早知道了。"她一直不停地重复这句话。法国厌倦了,玛格丽特也是一样。她对戴高乐将军的仇恨还在与日俱增。她沉溺于酒精里,借此来麻醉自己的幻灭。她缩在诺夫勒堡,躲在自己的幻想之中:世界是一片巨大的沼泽,对思想甚至对革命的背叛顺理成章。没有什么是再可以寄予希望的了,不管是政党还是别的什么,更不要说政治人物,从根本上说他们才是真正的叛徒。她经常和罗伯特·昂泰尔姆、迪奥尼斯·马斯科罗见面,他们都还对于乌托邦式的共产主义抱有希望。她仍然宣称自己是个共产党员,真正的共产党员,这样说可以有别于她所痛恨的那些阴险残忍的人。

1968年的"五月风暴"简直像是奇迹。5月5日,在迪奥尼斯和罗伯特的陪同下,她和其他知识分子及艺术家在法国广播电视局的抵制中心会合,让大家在请愿书上签名,并开始积极地投身于战斗之中。她从来没有落下过游行的机会,下楼来走到大街上,声嘶力竭地唱歌,在警察前奔跑,设置街垒路障。兴高采烈,诡计多端,调皮捣蛋。1968年的"五月风暴"又给了她重生的机会。这是她重返青春的泉水。她又找到了解放初期的那种快乐,街道是人民的,希望又重新掌握在自己的手中,还有和大家一起并肩战斗的欲望。她也加入了攻占索邦大学的人群,每夜都去听大学生讲演,她再一次呼唤,号召市民不要屈服,相信一个梦想的时代就要来到,相信也许国家会让出政权。

他们将要改变这世界。杜拉斯，和已经倒闭的《7月14日》杂志的朋友们一样，相信明天就会发生革命。她一直害怕自己在拥挤的游行队伍中被压扁，被撞坏，于是每一次都要拉上好朋友——布朗肖，尤其是马斯科罗和马兰——作为自己的保镖，一道气喘吁吁地在街头奔跑。她不再睡觉，把所有的时间都花在大街上，观察着正在发生的一切。她很快将这一切诗化了：对于她来说，1968年的"五月风暴"是对原始领域的开辟，是每个人内心深处混乱的表达。5月中，她和莫里斯·布朗肖——在体味着如此强烈的幸福感的一个月中，她几乎一直跟着他——一起建立了大学生、作家行动委员会。委员会下属还有不少部门，上面设有秘书处。第一天大厅里总共有六十来个人，作家，记者，大学生，电视专栏主持人，到了第二天只剩下了二十五个。电视专栏主持人是首先消失的，接着是记者。讨论没有那么激烈了，听起来也不是那么有意思了。玛格丽特每天都和布朗肖、昂泰尔姆、马斯科罗一起来。委员会移到了桑西埃，后来又搬到苏夫洛街。委员会有二十来个人是固定的，隔一定的时间就要会一次面，其他的大学生、教师都是听众，开始时很勤勉，久了就自然而然地消失了。有些人听了以后摔门而去永不回头，觉得委员会的人简直是有怪癖，居然热衷于一个字一个字地讨论革命文章。开始的时候提议总是遭到拒绝，接着文章遭到质疑，再后来干脆重写。有些人厌烦透了这套程序。玛格丽特则坚持了下来。她在这种磋商中似乎显得很能干，很善于发现左派主义的矛盾之处。她在这些斥骂她、训诫她，不承认她的年轻人中得到了重生，说实话，他们都是非常优秀的。把自己看成是主教的她觉得匿名做这些事情有趣极了，并且积极地投身到革命中去，成了捍卫法语语言的虔诚的小兵。她费尽心思地发明了一些口号，可以做口令用，有时也刷在拉丁区的墙上。"我们不知道自己会到哪一步，但这不是不前进的理由"，这句口号就出自她。"禁止本身才是被禁止的"，这似乎也是出自她，如果我们相信马斯科罗的话。但是她不在乎这究竟是出自何人之手了，她只顾一头扎在集体里——不再是个作者而是一名战士。委员会是很难存活下去的，她说，但这并不重要。有人试图暗中破坏，但是没能成功。同志们紧紧地团结在一起："没有再比拒绝更能让我们团结在一起的了。我们是误入歧途、被阶级社会剔除出来的人，但我们是活生生的，虽然没有阶级，但是是不可摧毁的，我们拒绝。"8月底，委员会依然紧密团结在一起。委员会的成员在政治上和思想上都表现出了一种拒绝。他们反抗一切：选举，恢复正常的秩序，夏天的无所事事。出于偶然聚集到一起的他们继续在讨论关于已经消失了的革命残余的哲学概念。他们坚持追随自己的梦想，希望有一天马克思主义能够最终摆脱斯大林主义的罪恶，某些超现实的向往最终能够得到实现。我们是永恒的，我们走在未来的前端，他们说，他们，他们是玛格丽特、莫里斯·布朗肖、让·舒斯特、迪奥尼斯·马斯科罗和其他一些人。这根乌托邦之弦从此后就有了语言上的仪式和代码。有不少1968年夏第一次来参加委员会的人都走了，因为这帮人变得让人难以理解。只有永无止境的革命是最重要的。这种以集体的名义抹去个人存在的技术，这种掩去一切个性的行为，这种对于价值系统的摧毁，玛格丽特都是亲身经历的，一切都令她感到非常激动。她甚至想换个身份。"杜拉斯，我够了。"她说。她还想换个祖国——离开法国到美国去。还有职业也换掉：永远地放弃写作。

有些人至今想到当时的场景还在笑。但是他们究竟扮演了什么样的角色呢？对他们来说，1968年的"五月风暴"甚至连一出轻歌剧的背景都算不上，充其量也只是口袋里装满了钱和虚荣的大学生的一幕短剧而已。玛格丽特却对"五月风暴"充满了信心。1968年的5月，她炽热地燃烧着。1968年9月13日，她写信给一个很快成为她亲近朋友的小伙子——亨利·夏德兰说：

> 发生了一系列的事件。我一直置身于其中，从早到晚。5月不复再有。我处在焦虑和厌烦之中。我是多么想离开法国啊，不知道有没有这样的可能。布拉格的悲剧简直能把我杀死。
> 我在巴黎和乡村之间生活，没有秩序，不太好……
> 我不写了。除了一点政治文章，一年以来或者说将近一年以来我几乎什么都没有做。不要和我谈论我的书，我梦想着有一天，我的写作能为其他事情所取代。

我依然喜欢昂代斯玛、劳儿·V.斯坦茵，尤其是副领事。

但我和此时欧洲成千上万的知识分子一样，处在浪潮的中心。[1]

唯一可能的道路依然，而且永远是共产主义。一种原初的共产主义，没有理想化、制度化，仍然在等着定义的共产主义。"没有人生来就是革命者，但我希望成为一个共产主义者。"[2] 玛格丽特卷入了她的信仰之中。她不相信极左分子的运动，没有追随他们在工厂和农村建立政权的想法。在她看来，左派应该过流浪生活，应该维持思想的自由。如果将左派主义固定下来，这等于是消灭它。所有的一切都在她的内心上演。介入政治，就是懂得如何承认这份原始性，这种拒绝的力量，自然而然，不经一点思考和限定地把它表达出来。个人的力量正在于它可以被忽视。首先拒绝为了什么而存在，接着，给这个世界重新定义。此时重要的不是寻找一种用以代替的理想，而是编造活下去的理由和希望的办法。她的身体和灵魂都很难承受1968年"五月风暴"之后的那种幻灭。一年的黑夜。然后她才渐渐浮出水面。她说她以为自己窒息了，再也出不来了，想任由自己死去。写作，又一次将她从虚无之中解救出来。"我重新开始写作的时候，一直是逆着自己的心愿在做，不再是过去的习惯，逆着杜拉斯在做，我再也忍受不了自己了。我觉得我应该冒个险，我处在黑暗之中。"1970年1月她承认道。玛格丽特感到自己很脆弱，而痛苦的《毁灭吧，她说》正是从这种脆弱中诞生的。这本书源于1964年她写的一篇小说，名为《子弹》，原来是要和雷奈合作拍部电影的。雷奈的拒绝深深伤害了玛格丽特，但是她也认真考虑了雷奈的意见：她将原来的哲学对话发展成一个没有爱情、充满忧郁的故事，故事中的人物在网球场前交换彼此对于这世界的看法。《子弹》更名为《长椅》。《长椅》于1967年被玛格丽特翻出来交给打字员，玛格丽特加以修改。"五月事件"强迫她再次修改，几乎算得上是重新创作了。以前叙事的中心在阿丽萨·马克斯夫妇上，

---

[1] 亨利·夏德兰档案。
[2] 《语言的痴迷》，见上述引文。

文章没有一点连贯性。杜拉斯又增添了毁灭的主题——爱情、政治和词语的毁灭。

女主人公,伊丽莎白·阿里奥娜沉浸在深深的忧伤之中,她成日在走廊上、公园里、旅馆的饭厅——又好像是一间私人诊所——游荡,对任何事情都没有兴趣。旅馆周围是森林,非常危险的森林,荒无人烟,充满魅力的沉沦之地。"《毁灭》根本不能算是小说,"她后来对阿兰·维尔贡德莱说,"它出自我的内心,是绝望的产物。"[1]沉思、念咒、抱怨、咒骂,却不乏诗意,这是一幕祭祀庆典。女主人公和她一样,不得不忍受强制给她的病后恢复期,按照药方吞咽药水,装出一副遵医嘱躺在床上的样子。因为玛格丽特和伊丽莎白所承受的痛苦是无药可救的。伊丽莎白晚上噩梦连连,白天在药物的作用下昏昏欲睡。她看着这片空茫。这是她看的唯一的东西,斯坦茵说。伊丽莎白·阿里奥娜失去了一个孩子。分娩过程非常糟糕。孩子出生时就死了。没有任何药物能够平息伊丽莎白的痛楚,这难道不就是玛格丽特的写照吗?

《毁灭吧,她说》是一组四重奏。伊丽莎白脆弱,倦怠,开放。阿丽萨生硬,美丽,残忍,感性,总是不合规矩。两个女人从表面上看来相距甚远,实际上却如一母同胞。马克思·托尔和斯坦茵,两个知识分子,窥淫癖,喜欢追逐女人,他们都是毁灭者。他们为彼此的欲望所吸引。马克斯沉浸在斯坦茵的欲望中,故事寄托在他的身上,伊丽莎白沉浸在阿丽萨的欲望中。两个男人都是阿丽萨的情人,却都为伊丽莎白着迷,这是他们新的猎物。两个男人互相之间并不嫉妒,但他们嫉妒伊丽莎白—阿丽萨联盟。阿丽萨看着镜中伊丽莎白的身体,承认道:"我爱您,我对您有欲望。"接着,世界坍塌,气氛变得难以承受。接着一切都没了意义。生活,死亡,写作。有什么益处?《毁灭吧,她说》为建立在窥淫癖和潜在的同性恋基础之上的虚无大肆庆贺。"写作对我来说,"玛格丽特说,"就是将危机发展到危机的尽头。我写

---

[1] 阿兰·维尔贡德莱与玛格丽特·杜拉斯对谈大纲,现代出版档案馆档案。同时可参考《杜拉斯》,于里亚尔出版社,1991年;《玛格丽特·杜拉斯》,写作出版社,1994年;《为杜拉斯辩》,卡尔曼·列维出版社,1995年;《玛格丽特·杜拉斯》,橡树出版社,1996年。

得很快，所以永远走不出危机。"① 一切都是以匮缺为基础描写的。一层轻雾笼罩在这些人物上，他们在为继续活下去而笨拙地斗争着。杜拉斯在语言上追究得更深了，干脆放弃了连贯的句子，将某些词展开，比如说疯狂，欲望，犹太人，鞭打它们，将它们追至穷途末路，穷尽它们所有的含义。

《毁灭吧，她说》在玛格丽特自己看来也晦涩得很，她一直难以谈论它："我从中看不出任何东西，我试着描述一个后面的世界，弗洛伊德以后的世界，一个有可能不再困倦的世界。"② 结束了这本书以后，玛格丽特又重新感到了倦意，内心也得到了一定程度的休息。在伽利玛还不知道的情况下，她的这本书已经在子夜出版社出版了：等了她十一年的热罗姆·兰登感到非常幸福，因为他和他欣赏的作者又重逢了，他觉得这本书非常重要。但是他不喜欢原来的题目《长椅》，建议玛格丽特换个名字。她掇议"毁灭"，罗伯-格里耶又补充了"她说"，"《毁灭吧，她说》是个非常杜拉斯化的题目，她立刻满怀热情地接受了下来"。③ 罗伯-格里耶评论道。但是玛格丽特要把她的作品当成政治武器来用。"我想应该毁灭。我想能摧毁一切注释，一切好奇心，滑向无知和黑暗的深渊。"④ 毁灭，而且是为了不再重建。世界即将不复存在。这样最好。作家应该是毁灭资产阶级和旧有的社会准则的动因。《毁灭吧，她说》还只是个开头。必须一边学习一边将战斗继续下去。

1967年1月，玛格丽特建议伽利玛做一套政治丛书。罗伯特没有拒绝但也没有追问细节。玛格丽特不耐烦了。革命不能等待，再说她已经向一些年轻作家许下了诺言。1969年1月16日，她写信给罗伯特和克洛德·伽利玛：

上个星期一我和你们谈过政治丛书的事情——属于对现状不

---

① 阿兰·维尔贡德莱与玛格丽特·杜拉斯对谈大纲，现代出版档案馆档案。同时可参考《杜拉斯》，于里亚尔出版社，1991年；《玛格丽特·杜拉斯》，写作出版社，1994年；《为杜拉斯辩》，卡尔曼·列维出版社，1995年；《玛格丽特·杜拉斯》，橡树出版社，1996年。
② 《语言的痴迷》，见上述引文。
③ 作者与阿兰·罗伯-格里耶的谈话，1996年6月16日。
④ 作者与阿兰·罗伯-格里耶的谈话，1996年6月16日。

满的那类，我最近才写的作品可以放在第一卷。

政治关系逼着我要快。我也没有四个到五个预先的计划，虽然你们说对于抛出一套丛书来说，这是起码的。

所以我除了这部篇幅很短、而且可能我不会签上自己名字的作品，一无所有。这份对自由的强烈向往使得我不能忍受别人的监管，只能由我本人来完成。

我和别的出版商签了约，一切就绪。

我们必须亲和的关系维持了二十年，现在面临着不可避免的危机。我也处在危机之中。这也是我才签了那份约的原因之一。

"克洛德的反应像个受到欺骗的情人，"罗伯特·伽利玛说。他向她重申了他对她作品的欣赏和这份友谊的忠实性。但这份爱的申诉毫无用处。太迟了。玛格丽特不愿意再做伽利玛的女作家，她是罗伯特·昂泰尔姆的前妻，迪奥尼斯·马斯科罗的旧伴，而他们两个始终在伽利玛占有重要的位置。她拒绝只被看成是个作者，她也想做出版。很多通信可以证明她曾经多次以个人的名义寄去别人的书稿要求出版，但是没有一次引起注意的。为什么呢？她不知道什么才能使他们感兴趣。

我们很少见面，我对你们喜欢什么样的新作品，甚至是否想想新作品一无所知。至于我自己，我知道我不再愿意单单只是个作者，为你们写你们的书，我厌烦透了我自己。正是从这个角度出发，我想要注意别的作者，挑起他们写作的欲望，对大家开放这份职业，赋予写作某种意义。如果各自为营的话，它的意义只能非常有限。①

玛格丽特在伽利玛和子夜出版社之间犹豫了几个星期。关于丛书的构想于是有充分的时间成熟：这套丛书名为"断裂"，包括各种文学体裁，但是一定要有反抗的思想："'断裂'题下的这份多样性，勾画

---

① 伽利玛档案。

出了一点，那就是共产主义在我们看来并非缺乏理性的希望。"她觉得非常有必要将自己的信念付诸实施，也有必要和原来的"7月14日"小组团结在一起。在这项编辑任务中，她得到了莫里斯·布朗肖和迪奥尼斯·马斯科罗的热情支持，前者将自己的一部作品推荐给她的丛书，后者则仍然坚持要解放想象力，为"寻找通往充满希望的未知世界的道路"而写作。1969年2月3日，她对克洛德·伽利玛宣布说她的下一本书要给热罗姆·兰登，"很短，很简单，完全是颠覆性的"一部作品。2月6日，她再一次建议伽利玛做这套不包括她的书的丛书！3月，《毁灭吧，她说》出版。"这是这一年最重要的一部小说。读这部小说要求我们放弃原来那种琐碎的求证和寻求解释的习惯。"菲利普·布瓦耶在《文学两星期》上写道，可以大致概括评论界的肯定态度。①

很快，玛格丽特决定将小说变为电影。从小说出版开始，她已经投入了电影脚本的创作，并用了一个星期的时间完成。② 玛格丽特终于将自己的梦想付诸实践，第一次真正独立地拍成了自己的第一部作品。她包揽了一切：监制、导演、脚本创作、对话。她甚至做了预算：总共一百三十四万三千六百法郎，其中二十五万法郎是付给演员的酬劳。尼古拉·斯蒂芬尼和莫尼克·蒙蒂维埃出任制片。影片分工进行，拍摄预计在十四天内完成。玛格丽特负责安排，她在这上面永远是一种轻佻少女的样子，打电话给了所有的明星。她们不一会儿都来了。③ 圣伯努瓦街的来客络绎不绝。玛格丽特让她们一个个试演。玛格丽特相信自己的直觉。可以肯定，就是他。她经常第一天大发雷霆，第二天又要后悔；聘用，解聘。玛格丽特把自己看成是一个伟大的电影人，但实际上她只是在盲目中摸索。洛朗·杜比亚尔、米歇尔·布盖和克洛德·奥莱尔受到了她的恣意。隆斯达尔负责说出尾白。然而总是进行不下去。"如果你找不到人，我可以试试看。"隆斯达尔说，他就这样走入了这个杜拉斯式的北欧传说。玛格丽特最后选中了达尼埃尔·杰兰、亨利·加尔森、尼古拉·里斯和卡特琳娜·塞莱尔。得到主人允许

---

① 《文学双周刊》，1969年6月16日—30日。
② 她对帕斯卡·波尼采尔说过。现代出版档案馆档案。
③ 作者与米歇尔·波尔特的谈话，1996年5月21日。

后，拍摄在一个富有的银行家的花园进行。玛格丽特是在实践中学拍电影的：米歇尔·隆斯达尔还记得有一天下午，才开拍不久，她走向他和坐在草地上的杰兰，说："耐心点儿，我亲爱的朋友，我不知道把摄影机放哪儿了。"[①]气氛非常友好，玛格丽特觉得大家一块儿工作甚是有趣。"一起做点事情真是一种无上的幸福，相比之下，孤独的创作简直就是一种坏习惯。"[②]但是玛格丽特的灵感出了问题，不知道该如何把她的电影进行下去。有一次，她偶然听到了《赋格曲的艺术》。音乐代替她决定了电影的色调和节奏。这是献给年轻一代的电影，它当然应该完全是政治性的：摧毁这个世界，进行革命，摧毁爱情这个概念本身，找寻一种全新的爱的方式。背景是夏日的天光。不知道时间，也不知道日子。在公园里，人物在闲逛。周围就是森林，无处不在，黑压压的，"森林，你愿意想象成什么就是什么，可以是弗洛伊德，是死亡，是真理，是一切"[③]。音乐是从森林中传来的。曲子在颤抖。电影一共有六十个分镜头，交错运用固定镜头和面部特写，摄影机似乎是不够谨慎地离析出人物的倦怠、恶心、恐惧和等待。杜拉斯充塞了大量含有政治影射的对话。于是斯坦茵的话竟然在评论巴库宁1870年在里昂的演讲！"人民在忍受苦难，但是他们已经开始明白他们没有必要忍受的。"政治和爱情成了两大主题：拍摄完成后，在法国广播电视局做的一篇报道里，玛格丽特解释说她采访了十来个妓女，想为肉体之爱重新定义。她最后得出了结论："不论和谁做爱都可以，重要的是交配本身。重要的是随便使用。"

口号式电影，宣传式电影，《毁灭吧》还想成为预言性的，希望呼唤起一种新的政治乐观主义。"在这部电影里，我试着将革命前线放置进内在的生活。"她在大纲中写道。1970年年初，它在艺术圈这个小范围内流传了一阵，没太引起公众的兴趣，但是深受精神分析影响的知识分子圈倒是经常谈论到它。为了"破译"这部电影，还组织了不少讨论。在1970年1月5日的《新观察家》上，菲利普·索莱尔斯撰

[①] 作者与米歇尔·隆斯达尔的谈话，1996年4月4日。
[②] 关于电影的笔记。现代出版档案馆档案。
[③] 关于电影的笔记。现代出版档案馆档案。

文说电影是在形式上的伟大变革，是恩格斯作品《家庭、私有制和国家的起源》的再版。"这也是一部非常性感的电影，结尾美极了，捅破得非常突然，音乐声似乎暗含着一种终结性的性欲高潮，终结性的发射。"① 凭这一份令人激荡的暴力，电影原本可以叫作《阉割，她说》，它最终是不可能为大众所接受的，索莱尔斯同时也预言说。索莱尔斯没有弄错，反应的确很激烈。《费加罗报》上一篇题为《枯萎的幻想》的文章猛烈抨击了这部电影，说它让人感到厌烦，并且有自恋倾向。《文学双周刊》则认为风格过于简练，缺少严肃的政治主题。《世界报》说这是部可怕、毒害人、令人头昏的片子，必须有相当的勇气才能顺着这份曲折深挖下去，甚至说只有本身也反常的人才能在电影厅里继续看到头。② 但是也有些专业杂志，比如说《青年电影》，高度赞扬了这种"美妙绝伦的视觉上的大胆创新"，这种"接近真理的成功尝试"。玛格丽特才不在乎评论界呢，她后来的蔑视就是最好的报复。只有最亲近的人的意见才最重要，其他人还什么都不能明白呢。她为什么要做电影呢？"因为我想从外部看见、听见我在内部看见、听见的东西。我想知道这是否是可以沟通的。"③

杜拉斯并不想解释、评论、澄清。要么跟着她，要么就算。她嘲笑这一切。她任由她的思想自由发展，高声地自言自语，将转过她脑袋的一切诠释出来，并且追究它晦涩的一面。于是她出版了她最难读懂，最为晦涩的一本书，可她自己却十分喜欢：《阿邦、萨芭娜和大卫》。关于这本书，她也承认，她自己再读一遍的时候，也什么都没读懂。她说这本书弄得她精疲力竭，说和这部作品的肉搏战对于她的精神健康来说是那么危险，而她的身体也于其中耗尽了元气。《阿邦、萨芭娜和大卫》和在网球场展开的《毁灭吧，她说》不一样，它的故事发生在夜半时分一座荒废的宅子里。子弹真实地在飞。生或者死。大家都是用枪顶着胸口射击，手枪无处不在。《阿邦、萨芭娜和大卫》是

---

① 现代出版档案馆档案。
② 《世界报》，让-德·巴隆塞里文，1969年12月17日。
③ 现代出版档案馆档案。

黑夜的核心，是陨星，是一篇关于虐待与被虐待的长篇诗朗诵，表面上悬浮着一些意义的孤岛。她一直努力捍卫着这部作品免受评论界的攻击，直至生命尽头，但却不愿对此做出解释。[①]《阿邦、萨芭娜和大卫》是从来未曾泯灭的犯罪感的长篇独白，就因为没有及时地明白何为纳粹主义，就因为觉得对被动地承受大屠杀、对眼睁睁地看着人类竟然遭受这样的灾难却无能为力要负全责。作品的初稿题目为《布拉格诸神》，追述了在捷克斯洛伐克发生的痛苦事件。渐渐地，玛格丽特把论述的中心转向了犹太教。什么是犹太人？谁是犹太人？为什么会做犹太人？

　　　　　　一个男人走过去。
　　"大家都喊她犹太人阿邦，小狗阿邦。"萨芭娜说
　　　"真是犹太人，真是小狗吗？"
　　　　"是的。"
　　　"我们怎么称呼斯塔特的犹太人呢？"男人问。
　　　　"别人。"
　　　"如何称呼小狗呢？"
　　　　"犹太人。"

　　书是献给莫里斯·布朗肖和罗伯特·昂泰尔姆的。阶级斗争和养狗掺和在一起，流氓无产阶级的愚笨和巴赫的一生掺和在一起。完全拒绝意义，她在解构自己的问题，在酒精的绝望之中，在革命的幻灭之中，杜拉斯只管写，甚至不回头再读一遍，甚至自己也不能明白，就像一个结实的游泳运动员劈开海浪，相信自己总有一天能触到海岸。书后来也变成了电影，题目叫作《黄色太阳》。

　　"《阿邦、萨芭娜和大卫》不是一本叙述危机的书，它是政治的建构。一种逻辑的、建构性的话语，不是战斗性的，它恰恰揭示了战斗主义的无能为力。我写《阿邦、萨芭娜和大卫》所花的时间是写《毁

[①] 作者与玛格丽特·杜拉斯的谈话，1995年3月4日。

灭吧》的四五倍。"她在1972年承认说[1]。校样可以证明这痛苦的反复思索的过程。文章的确做了很多修改，增加神秘的厚度，使事实变得晦涩难懂，场景变得更为复杂，使"犹太人"这个词承受一次又一次的折磨，解剖它，仿佛在这语言的体操里它最终能够释放它的秘密。杜拉斯精疲力竭了。她说她度过了漫漫长夜。她将她的感觉比作海水表面的融化。在她的内心噼啪作响。她知道自己处在肉体和精神的双重危险之中。她在观察自己。确切地说，她很愿意——甚至很激动——承受这样的状况，但是她同时也感到害怕，害怕她沉没于自己那么善于描写，并且很长时间以来她是那么熟悉的疯狂之中。她写的时候——或者说是作品自己在写，为她而写，因为她决定在体力上和精神上放弃自己，向包围着她的这一切投降，对自己的叙事结构不加一丁点儿组织，也不管自己的视野是否上下一致——更觉得疼。也许是酒精使然，但更多是出于对孤独的恐惧。她觉得自己被朋友抛弃了，像个死人。那时的照片上，她面容疲倦，皱纹已经非常明显，头发成了灰白色的，目光茫然，在那副大眼镜后闪烁着。几乎是个老妇人了。无论如何也是个放弃——暂时地——勾引男人的女人。

她开始写《爱》的时候，体力上一点也没有得到恢复；她的关节炎蔓延到了全身，她说那是她歇斯底里的结果。《爱》开始是《劳儿·V.斯坦茵的迷狂》的续集，劳儿的未婚夫回到了中断的地方。舞会后萨塔拉城坍塌了。人物都陷在泥沙之中，令人恶心的一波波海水包围了他们。

在《爱》中，海无处不在，黏乎乎的，翻滚着向前涌来，卷走了一切，万物之源的大海，她在特鲁维尔观察到的大海，失眠的夜晚，那海让她感到如此害怕，从第一本书《平静的生活》开始，她就一直想要描写这海。"她孤零零地躺在阳光下的沙滩上，正在腐烂，想象中的狗死了，她放在白包边的手埋在沙下。"再说，萨塔拉（S. Thala），《爱》里的这座城市，把字母倒过来就是塔拉萨，THALASSA[2]。二十年

---

[1] A.维尔贡德莱，见上述引文。
[2] Thalassa，古希腊语，"大海"的意思。

后，杜拉斯在自己尚未意识到的时候说了，萨塔拉并不存在。是杜拉斯编造的。这沙滩，这广袤的荒地，在所有地图上都找不到，对于她来说，萨塔拉代表着对未来的等待，这就像里尔克所说的，是个开放的地方——杜拉斯很喜欢里尔克，读了一遍又一遍——这个只有"通过动物的面容才能辨认出来"的地方。爱的世界彻底地被毁掉了。"必须在巴尔扎克的现实和司汤达笔下的激情前扭转脖子。"这也是一种绝望的企图，想在书从脑中离析出来的时候毁掉它是不可能的。关于这本书，她说她只是追随着表面文字穿了过去，遵从了自然来到她笔下的一切。它唯一的向导是大海，大海和它的波浪，它退潮后留下的海藻和贝壳，它的泡沫。它想写一本很物质化的书，机械的，并且在晚年对朋友让-皮埃尔·瑟通承认说她本应该以这本书开头，再以这本书结束的。[①]"《爱》是一本可以带来一百本书的书，带来我写的所有的书，我写的。然后还有其他的，其他我有可能写的书。"[②]

杜拉斯于是在自忖她是否是个作家：她写作的时候，到她笔下的东西都太粗糙，太容易令人受伤，太叫人精疲力竭，太危险了。写作的欲望捶打着她，就像下冰雹。无法避免，难以控制。"就像是危机，我尽我所能抗争。我抄的时候要放心多了。这是一种承受。我害怕，当我写作的时候，就好像周围的一切都坍塌了。词语很危险，带着灰尘和毒药。它们在下毒。接着我就会觉得我不应该写。"[③]

于是杜拉斯远离了写作，逃避这种一直纠缠于她的疯狂。她于是躲进了电影院，就像在山上，天变得阴沉沉的时候我们会急着找一处避雨的地方。她需要别的东西，这样才能安静下来，放心一点。对于她来说，电影并非美学上的选择，而是一种生理上的需要。她的内心一直在说，不停地说，说得太多，从四面八方溢出来，她的声音，她的人物。她将彻底征服她的视野，将它们通过镜头从体内驱逐出去，她在电影摄制小组这个临时的集体里找到了一种让她能够得到灵感，

---

① 现代出版档案馆档案。
② 《活语的痴迷》，见上述引文。
③ 《语言的痴迷》，见上述引文。同时参见现代出版档案馆档案。

让她放心的东西。杜拉斯对于电影的看法有了很大的改变，甚至谈论电影时也不无矛盾之处。开始时，她觉得拍电影比写书要简单。在拍了《卡车》之后——她认为这是她最成功的一部片子——她却说拍电影和写书之间根本没有差别，差别存在于拍电影的人和写书的人之间。但是，很快，她又觉得拍电影是很复杂的，她一直认为在电影里她能更多地遭遇到自己，而写作需要服从一种绝对的要求，因而也就隐含着一种极度的危险。在她看来，电影是物质的，书是精神的。一部电影可以诠释激情，书却就是激情本身。她认为进入创造的直接方式是写作本身，电影说到底仍然是一种物质材料，是一种带有未分化性质的技术和精神操作的结果。但这不是说电影是个不得已的选择。电影是梦想之地，是通过声音庆贺美的理想舞台，是一种制造时间的可能，我们可以争先恐后地打开或合上，是一种接近神秘的方法。但是很快，她又被那些想将她的小说改编成电影的人弄得失望了，尽管她过了相当长的一段时间才敢讲出来。如果说她终于开始拍电影了，终于像她自己所说的那样，把她的文本放到银幕上，那首先是因为要阻止这令她难以忍受的背叛。

玛格丽特·杜拉斯拍了十九部电影，其中四部是短片。开始时都是黑白的，《毁灭吧，她说》《黄色太阳》《娜塔丽·格朗热》，接着，一种奇怪的，褪了色一般的色彩出现在《印度之歌》和《在荒凉的加尔各答她名叫威尼斯》里。她尝试了所有的调子：传统叙事型的、颂歌式的，实验电影，创造性的纪录片，哲学对话式的，喜剧电影。她甚至拍过没有画面的电影，只有声音、文本和黑色，黑色。加在一起是整整的十年，拍电影成了她最主要的活动，而写作成了附带的。杜拉斯做的是文本电影，电影文本，文本的电影，反正我们愿意怎么叫就怎么叫好了。在她之前，这种电影形式尚不存在。不可否认，拍电影对她来说也是一种写作方式，一直要等到1981年的《阿加莎》，她才重新找回写作的欲望，并且不是那么急于将它用画面的形式翻译出来。接着她写了《死亡的疾病》和《情人》，如果说她回到写作是通过自传这一中介，应该说不是一种偶然。她总是说"我"，就这样重新触及写作的那一份混乱和粗暴。电影给了她跨越自己的力量，将她一分为二。

从此后，在她的生命里，杜拉斯再也不要这个"我"了。她用第三人称谈论自己，她称自己为杜拉斯。

"玛格丽特不只是写了一点蠢东西，她还拍过电影。"皮埃尔·德普罗热在1986年将很多人很久以来的窃窃私语大声说了出来[①]。玛格丽特·杜拉斯也是在做自己的电影，做《卡车》的时候将自己置于银幕之上，做《印度之歌》的时候把自己的声音放了上去，她把自己看成是《萨瓦纳凯特》里的疯子，《英国情人》里的杀人犯，诺曼底海边的妓女。她试着通过塑造这些人物来平复自己内心的惶恐，这些人物都有一个共同的特点，灵魂的倦怠和平静的绝望。她是这个分裂的世界出众的木偶操纵者，在这个世界里，镜子不再倒映出图像，土地下陷，身体和声音不再相吻合，她开创了一种新的电影风格，昏厥的，扭曲的。她创造了一个充满密码和秘密的想象世界。声音懒洋洋的，身体是不由自主的，那样的一种晕眩，那样的一种狂喜。我们仿佛觉得世界的毁灭已经迫在眉睫，所有的一切都在坍塌。但是杜拉斯并没有像她自己所期望的那样，毁灭电影本身的概念；她没能触及某种她认为可耻并且大加揭露的电影；她没有能够像自己宣称的那样，彻底改写电影史。她只是其中的组成部分：她的电影在今天看起来已经过时了，只是1968年以后那个时代的知识分子和艺术家的写照。当然有一些已经永远留在我们的记忆之中；甚至只要一提到《印度之歌》之类的名字，我们还要禁不住地唱歌跳舞……这已经足够了。

在一篇没有发表的文章[②]里，她承认道："电影就在那里，很简单，于是我做了。总有种堕落的感觉。这种谈论我不清楚的事情时小小的羞愧……做电影的时候，我是在堕落，是误入歧途。"玛格丽特一直在这种坦白的供认和宣称自己是个即将彻底革新电影界的天才之间摇晃，其实玛格丽特明白，她是不可能在这门艺术上留下持久的痕迹的，她

[①] 皮埃尔·德普罗热，1986年10月轻喜剧《殴打》在格雷芬剧院上演时，说："广岛之恋！多么奇怪的叫声啊，玛格丽特·尤瑟纳尔在谈到玛格丽特·杜拉斯的这个题目时说！……玛格丽特·杜拉斯，您听见了吗？……玛格丽特·杜拉斯，乡间弑子者的衰老的卫道士……玛格丽特不只是写了一点蠢东西……她还拍过电影……这是真的，多么奇怪的叫声：广岛之恋——为什么不说奥斯维辛我的孩子！"

[②] 在准备《电影杂志》特刊《绿眼睛》时的对谈。现代出版档案馆档案。

更多的是把电影看成满足她写作欲望的一种别样的方式,而不是一种自治的表达方法。"为什么,究竟是为什么我要拍电影?我所陈述的所有理由只是近似的理由,我自己也弄不清楚。应该是和我的生活有关。也许是想把身份证贴在作品上或是电影院大厅里。"① 还要加上她是那种属于某个街区的人,她不能在老之将至的时候忍受孤独,她想和年轻人在一起,她想找回当日圣伯努瓦街的那种团体的精神。

因为杜拉斯的电影都是以家庭为单位制作的:迪奥尼斯·马斯科罗是她最崇拜的演员之一,她的儿子乌塔也几乎参加了她所有电影的制作,或是作为助手,或是摄影师。做电影不仅仅是拍摄,它更是在创造一种生活和分享生活的方式。电影一部一部地拍摄下去,杜拉斯发展了一种部落精神,以她的道德观念、她的语言为核心的部落,一个奇怪的部落,可以不计报酬、拼命工作,然后住在玛格丽特家里,为玛格丽特活着,和玛格丽特一起生活。那时想要下这着棋试试看的人有很多,想要进入这个圈子,为她工作,哪怕什么也不要,只是为了看看玛格丽特是怎么领导工作的。让-马克·图里纳,《语言的痴迷》的作者就是这样,他成了玛格丽特的朋友。"在1970年,"他回忆说,"我将《劳儿·V.斯坦茵的迷狂》改编成电影脚本后寄给杜拉斯。她很礼貌地拒绝了。后来我碰到了苔尔芬娜·塞里格,我和她谈起了杜拉斯。1971年1月,我收到杜拉斯的一个电话。她对我说:'您还在上学?''是的,但是读的是哲学。''这没关系,'她说,'一个星期以后我们的电影开拍。如果您有空的话就来吧。我不会付您报酬的,但是您的吃住我可以管。我们将过一种团体的生活。'"② 马斯科罗把图里纳带到了诺夫勒。他毫无准备地卷入了这场拍摄风暴。杜拉斯看上去谦逊和善。如果演员没有弄明白她的意图,她就一遍遍地纠正他们,再重新开始,直到他们比较自然地说出台词为止。她对每一个人都很关心,晚上亲自准备一点精美的小菜,对技术人员和演员颇为照顾。路克·拜罗,这部电影的第一场记,向她推荐了一个才开始做电影的小伙

---

① 在准备《电影杂志》特刊《绿眼睛》时的对谈。现代出版档案馆档案。
② 作者与让-马克·图里纳的对谈,1996年5月16日。

子，布鲁诺·努伊当。她很快建议他负责影片的宣传照片。"您是越南人吧？"玛格丽特没有询问他的职业经验。她正好猜中了。"就凭一种直觉，"布鲁诺·努伊当说，"她就发现了这种将我们从家庭氛围中孤立出来，并且总是让她的作品处于紧张状态，根植于童年的混乱。玛格丽特就是这样的，敏感，直接，喜欢掌握他人和他人的故事，也很慷慨，让人信任。"①

玛格丽特知道努伊当还没有做好拍电影的准备。但是她收留了他。"我们立刻进入了一种家庭关系。"后来努伊当成了杜拉斯的第一摄影师、乌塔的朋友，甚至玛格丽特将《情人》献给了他，他也是玛格丽特朋友的朋友。努伊当进入了她所谓的恩斯特小组，所有的这些兄弟姊妹都和她生活在一起，拒绝接受他们不知道的东西，即便拍摄完成后也不愿意分离。大家在玛格丽特家安营扎寨；一起吃饭，一起聊天，睡也睡在玛格丽特家。当时"自治"这个词很时髦，但是在她家才得到了充分的实现。每个人对正在拍摄的电影都有发言权。玛格丽特会认真地听，并考虑大家的意见。"她不是要操纵别人，但是她喜欢用魅力征服别人。"努伊当追述道。缺钱，集体生活，拍摄的强度，那种仿佛在创造一种新的电影形式的感觉，所有和她一起工作过的男男女女都会满怀乡愁似的回忆起这一切。而她，玛格丽特皇后统治着这个小圈子，简直令人难以置信，她既像个轻佻的少女，又像个专业女明星，很善于把英俊、聪明的小伙子支配得团团转，似乎所有的关系都带有一种艳情的色彩，她把很多天才都吸引到自己身边，吸引到这个想象中的世界里来。所有的，努伊当、雅戈、图里纳和其他很多人都钟情于她。玛格丽特有建立爱情关系的天赋，而且这种关系总是她事先挑起的，她善于挖掘每一个人生命中的暗点，使之暴露出来，滋生爱情，她把男人都变成了她的小哥哥，仿佛她和他们之间是一种乱伦的感情。不择手段的玛格丽特。拍摄电影对她来说始终是对真理的追寻，是一种原初的精神分析，一种进行交流的激烈时刻。这时所经历的一切都应该用到电影上去。杜拉斯对事先的一无所知一点也不感到害怕，她

---

① 《电影日志》，第501期，1996年4月。

是拍着拍着才知道自己要拍什么的。她是个电影的业余爱好者，她一直在大声地要求自己的权利："很多人都认为我在谈论电影的时候是处在'边缘'的位置，认为我在谈论电影的时候自己都不知道自己说了些什么。我则说所有的人都可以谈论电影。电影就在那里，于是我们做了。没有先于电影的存在。我们经常会产生做电影的欲望，因为电影无须任何特殊的天赋，这就有点像掌握开车的技术一样。"[1] 杜拉斯是就地学习的，但是她善于选择属于自己的技术人员和演员。阿洛诺维齐负责她第三部影片《黄色太阳》的灯光，米歇尔·隆斯达尔和卡特琳娜·塞莱尔，萨米·弗雷和热拉尔·德萨特诠释她的主要角色。杜拉斯已经瞄得很准。很少弄错。在她电影里出演的大多数演员在此之后都对她非常忠实。但是如果说她的确欣赏有些演员的表演天赋和职业经验的话，她却认为所有的人在第二天都有成为演员的可能。于是在《黄色太阳》里她用了马斯科罗，让他在修剪园林的空闲说点台词，她求了他很久的，因为他更愿意修剪他的玫瑰花，而不是演一个评论阶级斗争的工人。

《黄色太阳》是《阿邦、萨芭娜和大卫》的电影版本，它赋予小说中的人物声音和面孔。但是杜拉斯要捕捉的不是他们的故事，而是他们之间的交流，她不愿把注意力过于集中在演员的具体形象上。"我想给人一种无电拍摄的感觉，似乎所有的光线效果都被完全围起来了，整部影片都沉浸在一种光线中，不会给任何人物以特别的诠释。"[2]"这是一部以说话为主的电影。画面只是为了承受话语。"[3] 不过萨米·弗雷饰演的流浪的犹太人一角还是那么引人注目。玛格丽特重新修改了《阿邦、萨芭娜和大卫》的所有片段，增加了犹太教主义的内容。在准备电影拍摄时她记道："犹太人，他们完全是根据自己的存在来看待、判断时间的。他们对自己的捍卫是一种政治思想。他们对这世界做出了评判，他们不再忍受，因此他们从这世界里解脱了。"[4] 犹太人成了电

---

[1] 《绿眼睛》。
[2] 在准备拍摄《黄色太阳》的笔记中找到了这份手稿。现代出版档案馆档案。
[3] 现代出版档案馆档案。
[4] 现代出版档案馆档案。

影的主题，未来世界的犹太人。"上帝，这玩意儿"，这是《费加罗报》评论文章的题目，文章对杜拉斯这种政治哲学的说教甚为惊异。乌塔最近才找出了这部电影的复制本，而在这之前，没有人再能看到《黄色太阳》，因为它丢了。除了少数几个斗牛士支持以外，这部电影几乎没有什么观众，很快就被人忘却了。对于这次失败，玛格丽特不仅没有泄气，反而更增添了力量。她已经开始《副领事》的拍摄准备，自童年时代起就纠缠着她的这个安娜－玛丽·斯特雷泰尔啊，谁能赋予她身体、存在和声音呢？

自此后她完全生活在诺夫勒。外界向她走来，而她不再向外界走去。她躲在这座房子里，只邀请她笔下的女主人公前来做客：劳儿，塔蒂亚娜，女乞丐，安娜－玛丽·斯特雷泰尔。她尚能按照自己的意愿随时让她们出现或消失，但她们已经开始如灵魂般在这座房子里出没。她经常坐在二楼卧室窗下的写字台前，一坐就是几个小时，她呆呆地望着池塘和周围让她感到害怕的森林。池塘，森林，房子。

她在这座房子里拍了一部家庭电影：《娜塔丽·格朗热》。迪奥尼斯·马斯科罗是演员，乌塔是摄影师，马斯科罗的侄女瓦雷里饰演小女孩这一角，马斯科罗的妻子索朗日负责剪辑。但是她还请了国际舞台上最耀眼的两位明星，卢西亚·波斯和让娜·莫罗，她们很快就同意了。这是一部休息性的电影，暂缓了那份摧毁的欲望，她的确有必要喘口气了。一部女人的电影，一部关于女人的电影，《娜塔丽·格朗热》极具古典主义风格——也许是她拍的唯一一部古典主义风格的影片，无论在结构、进展还是诠释的方法上。今天看来它依然不失魅力，它那份温柔、感性和忧郁仍然能够打动人。在准备拍摄的笔记上，玛格丽特是这样描绘她的女主人公的："她看着自己的孤独在周围蔓延开来，充满了整座房子。就像一只猫，她成天蜷缩在自己的地界里。但是这种得到重建的孤独正是女人所希望的，是她深切的向往。"电影还试图表现一个地方，一处居所。房子是什么？如何才能居住于其中并且产生在家的感觉？镜头慢慢地展现出两个女人居住的这个地方，两个相处不太和谐的女人。房子本身就让人感到焦虑。体验一下这种感觉，玛格丽特要求道："随便走入一个什么地方。随便什么地方都让人感到害怕。不管是什么地方我们都会不自禁地问：如何能在这里生活？"在电影脚本里，外在的偶发因素——这地区藏着一伙抢劫犯，还有热拉尔·德帕迪厄扮演的惟妙惟肖地推销自己产品的洗衣机商——打乱了平静的日常生活。

杜拉斯精心修改了自己的剧本，一个镜头一个镜头地勾画拍摄细节。她工作的进程很快，但是不把任何一点东西交付偶然。她是将摄影机扣在眼睛上完成的这部影片。在说开拍之前，她会在取景框里看上很久。等到她满意了，摄影机开始转了，她还是控制着一切，包括事故在内。比如说，在影片的开头，两个女人看上去是在将一张桌子搬走。她们的动作很慢，比脚本所预计的还要慢。但是玛格丽特捕捉到了缓慢的动作，她们的重复，从未拍摄过的这种日常生活中的诗意。我们会到电影院里花八分钟的时间看两个女人——尽管她们是那么高贵——搬走一张桌子吗？是的，玛格丽特说。我们可以这样。这个镜头挑明了影片的精神：将注意力集中到事物物质性的一面，尊重日常生活中的每个举动，歌颂平庸的欲望。

杜拉斯已经在超现实主义和幻想主义之间徘徊了。"我所说的魔术，是就电影的普遍存在状况而言的，让我们置身于电影生活之中。因为电影是很奇怪的。你把摄影机放在那里，什么也不会发生，表面上什么也不会发生，但是在电影里一切都带有魔幻的意味，似乎有人就要从这条路上走出来，我们会感到害怕。"[①] 杜拉斯听凭自己的直觉，相信偶然。在脚本中，一只鸟应该落在那里不动，但是租来拍摄的那只鸟不听从安排。只好随它去。在电影里，镜头变成了在等一只没有来的鸟。卢西亚·波斯不知道如何搬走一张桌子，她弄错了，很笨拙；很好，她就是一个虚弱的人，一直因为恐惧而备受折磨。

《娜塔丽·格朗热》的光线非常美，这应该归功于吉斯兰·克洛盖，是努伊当建议她聘用这位黑白片的大师。这是一种冬末的光线，有一点酸涩，轻雾一般笼罩着。有一只黑猫，平台上是坏了的玩具，一个小女孩在笨拙地弹着钢琴，懒洋洋地躺在沙发上的女人的身体，让

---

① 《谈话者》，第72、73、75页。

433

娜·莫罗穿着一件润湿的羊毛衫,卢西亚·波斯忧郁而冷峻,目光茫然,不知看着什么地方。观众有一种走进这座房子的感觉,这房子好像一具活着的机体。时间缓慢凝重,日常生活中的动作,还有这种交错的声音——这在后来成了杜拉斯影片的主要特点:广播里播报新闻的声音,不甚悦耳的钢琴声,女人的小声嘀咕,还有热拉尔·德帕迪厄的吵吵嚷嚷。德帕迪厄在杜拉斯的片子里演了生平的第一个角色。她对这个人物做了一定修改,有点奇怪,半流氓,半脱离社会生活的模样,他是在舞台上出现的,正在彩排一出克洛德·雷吉的戏,他演一个不太重要的角色。玛格丽特喜欢他,但是也有点害怕他。她是临时决定用他的,在脚本即将完成的最后时刻给他专门添了一个角色。从拍摄一开始,玛格丽特就谈到有个奇怪的人物要来。每天她都在失望,可仍然在等待:五天后他就会来的,四天,三天。到了约定的那天,她在门后架了一台摄像机,禁止任何人出入房子。她让德帕迪厄开着小型翻篷货车来。当她听见汽车声音时,她说:开拍。她将门开到准确的位置,自己躲到了摄影机后面。"于是,我们看见他来了,"努伊当说,"一个奇怪的家伙,身形硕大,走起路来摇摇晃晃的年轻人,正在穿越诺夫勒城堡的小径。他似乎在和土地调情。他就是热拉尔·德帕迪厄。"[1]

在房子和森林之间,玛格丽特造了一条小路,她在电影开拍之前看到——因为她一直平静地承认自己有幻觉——一个男人从庄稼地里回来,一个女人弯下身去,抱起在落叶松中睡着的孩子。女人看了孩子很久,抱怨天太热。尽管她没有拍下这样一个场景,它却确实是这部电影的出发点。正是从这里开始,她决定拍一部有关房子的电影。"作品就是房子本身。房子就是书。"玛格丽特开始时想试着写本书,却写不成。接着,有一天,她有了那份幻觉,电影脚本渐渐地离析出来。她用化入化出的手法将拍摄连接起来。电影一结束,她又回到了书上,名字也叫作《娜塔莉·格朗热》。睡着的孩子成了这个孤独而暴烈的小女孩,一直和别人保持着距离,一直受到惩罚。庄稼地里的女人成了这个不知拿女儿如何是好的母亲——在某种程度上这正是她和

---

[1] 《电影日志》,第 501 期,1996 年 4 月。

乌塔关系的写照,母亲也不知道自己应该离开她还是看着她:我们不会忘记,有一段时间,迪奥尼斯认为玛格丽特和乌塔这种母子关系里有一种不正常的激情,过于激烈,于是不顾母亲的反对坚持把乌塔送到寄宿学校。

玛格丽特在追赶她所经历、所看到、所听到的一切,将它翻译出来。她控制着一切。演员问她应该按照怎样的节奏在房子里走路时,她临时在钢琴上弹奏了几个琶音,这不仅成为演员步伐的节奏,后来干脆成了电影的主题音乐。对于调制一个故事而言,一切都会派上用场的,生活应该"进入"电影。在准备电影的时候,她偶然间从广播上听到有两个年轻人杀了本地区的三个人,但是没有明确的动机。他们在南方公路上被抓获了,他们说自己是在猎人,没有表露出一点点的忏悔之情。玛格丽特将这个新闻引入电影中,把这些流氓变成了小娜塔丽粗暴的兄弟。《娜塔丽·格朗热》是一部非常脆弱的电影,交织着无数的沉默。在拍摄最后,胶片断了。玛格丽特就此中止了电影的拍摄,放弃了原来写好的结尾。

玛格丽特越来越喜欢制造画面,她找到了词语的回声,找到了词语和画面之间那种神秘的默契和差距。在这永远的创造之地,她生活了好几年,她建立的这个热情而团结的小组可以使她免受幻觉之扰。她不能用小组成员塞满房子的时候——因为小组成员也睡在诺夫勒,她给他们每人一个房间,她就把自己关起来听音乐。在她同伴的眼里,诺夫勒城堡像是属于她自己的。实际上,它已经不完全属于她了。这座经常有人居住的房子渐渐地不再是她一个人的产业。

在这群经常在夜里来访问她、纠缠她的魂魄中,安娜-玛丽·斯特雷泰尔似乎是最坚持的一个,她请求玛格丽特给她一份存在。她是来索债的。玛格丽特能够忍受她,并且后来的确给了她满意的答复。她将把她对她的这份迷醉,这份爱情搬上银幕,其中混杂着恶心、欣赏和恐惧,就在这一系列即将为世界所知晓的影片中:其中当然有《印度之歌》,但是还有这之前的《恒河女子》。安娜-玛丽·斯特雷泰尔潜伏在黑暗之中等了很久。这个皮肤如此白皙的女人具有光滑的身体,鹿一般轻捷的步履，嘶哑的嗓音和疲倦的目光。她既是恒河女子，又是《印度之歌》里的舞女，是加尔各答荒漠里的盗墓者。玛格丽特和安娜－玛丽·斯特雷泰尔一道开始了漫漫旅途，这次旅行期间的电影和书都缺乏一种智性和地理的坐标；既不是加尔各答，也不是威尼斯，也不是拉合尔。杜拉斯搞乱了踪迹。唯一重要的是等待的恐慌，这种永远不知道生命周期的忧郁。只有欲望在游荡，灾难似乎就在眼前。玛格丽特叙述的是同一个故事，不停地重复，直至厌烦，甚至有的时候到了诲淫的地步。她有一些摆脱不了的东西，但是她缺少想象。依靠地图上的名字或是童年时代隐约看见的某些人物，她建立了某种史诗，情节展开的缓慢和欲望的无限夸张增添了神秘的气氛。

杜拉斯说她做的电影分量都很轻。在《恒河女子》里，一个推进镜头也没有，但是有一百五十二个固定镜头。她在拍摄的时候也不知道自己究竟在找寻什么，她对拍摄小组承认了这一点；她想靠剪辑来最终做成这部影片。拍摄是在她家前面进行的，在特鲁维尔的海滩上。雅戈最后还是来了，加入了她这个小组，和大家一起生活在黑岩旅馆的房子里，就像那时在诺夫勒一样。玛格丽特出了问题。她打牌，喝酒，似乎对拍摄不感兴趣。她叫伯努瓦·雅戈拍海滩和天空的镜头，拍沙滩的镜头。努伊当就这么云里雾里地拍。我们回头再看，玛格丽特说。对于布鲁诺·努伊当来说，这部电影更像是一次彩排，是另外一部电影的试验。但是杜拉斯是有道理的：剪辑之后电影才真正完成。杜拉斯发明了无须拍摄的第二部电影，加在第一部上，两部电影并不相配。两部电影在观众面前同时展开：一部是花了十二天时间在特鲁维尔拍的画面性电影，剪辑也非常迅速；另一部就是杜拉斯所谓的声音性电影，在放画面的同时观众可以听到声音，但是这些声音完全是另外录制的。这些声音并没有对画面做出评述，话语与画面没有任何关系，她就是要加重这种完全置观众于茫然之中的感觉。读书的时候，我们能找到自己的位置。进了电影院，我们就迷失了。杜拉斯想让她的观众迷路。通过这部电影，她终于到达了书前的这个领域[①]，终于到

[①] 她在《玛格丽特·杜拉斯的领地》里使用了这个词。

达了这块疯狂、惶恐之地,而这一点,她想了那么久那么久。进去或不进去。拥有全部或一无所有。"更确切地说是一无所有。"杜拉斯说,她并不指望这部片子有人看,除了一些年轻人。但是片子在蒂涅电影节上大受欢迎,并被选中参加纽约电影节。

已经无法控制了,玛格丽特已经无法控制所有这些包围着她的女人的声音。她害怕自己的脑袋会炸掉。于是她继续下去。不是一个人在诺夫勒城堡里大喊大叫,而是再一次召来摄制小组,重新建立起她的小团体,一部一部地拍摄下去。"诺夫勒那时是真正的工厂,"融入了这个"男孩小组"的伯努瓦·雅戈回忆说,"玛格丽特没有停止运转,为了拍电影而写,然后再为了写作而拍。就这样一直不停地继续下去!电影的花费很少,两到三个星期就能拍成一部,总是在她的四壁之中,她拍电影一般需要两到三个固定的帮手:布鲁诺·努伊当,场记热纳维也夫·杜弗尔,然后就是雅戈。"[1]让·马克·图里纳自《黄色太阳》起也成了这个小组的"男孩"之一,他是诺夫勒的寄宿生,乌塔的朋友,玛格丽特手稿的审读者,他也没有忘记过这段连轴转的日子,这段集体生活,他说起吃饭就是他们最重要的事情。因为玛格丽特很会做饭,她喜欢做饭,而且饭做得实在很好。所有人都是晚睡晚起,除了玛格丽特,她黎明时分就要爬起来,写作、准备早餐。

和玛格丽特一块儿工作意味着必须同意她的看法:玛格丽特不能够忍受别人不"跟"着她,不像她这般充满激情地投入。"她是我们的母亲。我们要求她搀着我们的手走路。"图里纳说。"她永远是那么充满魅力,"努伊当补充道。"她经常一谈就是几个小时,"伯努瓦·雅戈回忆道,"她觉得自己拥有一笔财富,自认为超越于其他人,她需要在被她俘获的朋友面前陈述她的想法,一切一切的想法,也不管是什么方面的想法。"[2]"她活得实在与众不同,"米歇尔·波尔特说,"一点羞耻感也没有,那时已经宣称自己是个天才了。"一段快乐得发疯的日子,工作的强度很高,大家一起分享的幸福,热纳维也夫·杜弗尔不无伤

---

[1] 《电影日志》,第501期,1996年4月。
[2] 《电影日志》,第501期,1996年4月。

感地回忆说。玛格丽特创造了一种有别于圣伯努瓦街知识分子圈的集体生活方式，更为融洽，更富创造力，她和一些至少比她小三十岁到四十岁的年轻人在一起，他们都和她的儿子差不多大，是她儿子的好朋友。她欣赏年轻一代，把他们当成榜样，认为自己要迈着"六八风暴"之后的步伐，创造一种新型的社会关系。她试图将这1968年带来的断裂付诸实践，失望和随之而来的消沉之后，她从这群崇拜她、保护她，使她不被创造的疯狂所伤害的年轻人中找到了新的力量。

《印度之歌》开始只是别人问她要的一个剧本[①]，但是她在创作时感到了一种强烈的激情，所以在《恒河女子》第一次剪辑完毕以后，她想到了将新的声音引入已经拍摄完成的电影。在这种画面与声音的分离中，她发现了一种新的灵感源泉，一块世界避开、意义也不存在的精神领地。自《劳儿·V.斯坦茵的迷狂》之后，她就一直试图进入这种无法描述。杜拉斯在我们最为晦涩的感觉深处点燃了火焰；她将真实的界限推得很远，真实，她觉得过于贫瘠和平坦的真实；她拓宽、展开了我们的理解范围。她感兴趣的倒不是我们每个人的内心在想些什么，而是先于我们的存在，或许够不到，但无论如何也要试着征服。在这层意义上，比较起精神分析，她受到的影响更多来自超现实主义。开口的时候究竟是谁在说话？经常谁也不在说话。话语经常沉溺于一片嘈杂之中，我们称之为对话。要想说话，也许得叫喊着说才行，但是如今谁还有能力叫喊？副领事在叫喊前首先要进行通知：他那种尖锐的嗓音会撕裂空气，让人感到害怕。"然后就是这沉寂的声音，这种储备，我们一般情况下是触及不到的，一种未经丝毫损害的、致命的储备。"杜拉斯在《印度之歌》拍摄笔记的一开始就写道。

《印度之歌》是关于意义的《奥德赛》史诗，是史无前例的庆典，是时间的搁置，它将一个临时世界搬上了舞台。因为一切都将坍塌：社会准则，爱情的谎言，金钱和虚伪的统治。杜拉斯在她生命尽头说《印度之歌》是她唯一的电影。她承认说，她第一次听到卡洛斯·达莱西奥的华尔兹舞曲时感动得双眼含泪，她说她听到副领事怒吼时禁不

[①] 皮特·阿尔，伦敦国家剧院负责人向她约的稿。

住抽泣了。然而,这部电影她从来没有看过第二遍——因为害怕,也因为害羞。"《印度之歌》所展现的是我自己。丝毫无误。"[1] 当然,她十七岁时隐约看过印度,她中转时曾在加尔各答停留过两个小时,可她从来不曾忘记过。但是她以回忆的碎片为基础重建了印度,一个她想告诉所有人知道的印度。

在将付诸实施之前,她小心翼翼地自己做了一个简述,因为她不愿让别人来诠释这部电影。《印度之歌》是属于她的。这份简述是唯一能够配得上《印度之歌》的,她提醒道:

这是一个爱情故事,发生在印度的30年代,在恒河边一座人满为患的城市里。这桩故事维持了两天,电影记述的正是这两天。季节是夏季季风转换期。

声音——没有面容——是四个人的声音(一方面是两个年轻女人的声音,另一方面是两个男人的声音在叙述这桩故事)。

声音不是冲着观众或读者的。它们具有一种完全的自治性。它们彼此交谈。不知道有人会听。

关于这份爱情的故事,声音知道,或者说读到了。在很久以前。一些声音比另外一些声音记得更清楚。但是没有一个声音能够完全回忆得起来,也没有一个声音是完全忘记的。

我们从来都不知道这些声音究竟是谁的。但是,它们忘却或回忆的方式是唯一的,它们早在存在之前就为我们所知。

故事是一个激情高潮上固定下来的爱情故事。在它周围展开了另一个故事,关于恐怖的故事——潮湿的季风期里有一种饥馑和麻风病混杂在一起的味道——也是固定在日常生活中的高潮上。

女人,安娜-玛丽·斯特雷泰尔,法国驻印度大使夫人,现在已经死了——她的坟墓在加尔各答的英国公墓中——仿佛就是生于这种恐怖。她在内心保持着一份优雅,一切都沉下去了,沉没于一种无边的寂静之中。多亏了这些想要重新见到她的声音,危

---

[1]《勒诺·巴罗日志》第91期 1996年9月

险的她，对于有些声音来说她也是危险的。

在这个女人身边，在同一座城市里，有一个男人，法国驻拉合尔的副领事，他在加尔各答失了宠。他，通过愤怒和谋杀他也连接上了印度的恐怖。

在法国使馆将举行一场招待会——在招待会上可恶的副领事对安娜－玛丽·斯特雷泰尔大声喊出了他的爱情。就这样，在看着这一切的印度白人圈面前。

招待会后，她将沿着三角洲笔直的公路到恒河出口处的小岛上去。

多米尼克·桑达最终退出后，杜拉斯选择了苔尔芬娜·塞里格来诠释安娜－玛丽·斯特雷泰尔一角。她有一头棕红色的头发，露出整个背，非常紧身的黑裙子，颀长优雅的脖子，还有看着副领事的如此温柔的目光！苔尔芬娜·塞里格是杜拉斯的宝贝，那种似乎来自远古的美，微笑中所含的这种忧郁，那缪斯一样的谜一般的神情，这牛奶一般光滑的皮肤。我们在《印度之歌》里根本看不见加尔各答，我们只能看见这个女人，这个在法国大使馆大厅里跳舞的女人，这就足够了：苔尔芬娜填满了银幕。在哪里并不重要。加尔各答是世界上所有殖民地的垃圾箱。加尔各答散发着麻风病和欧洲夹竹桃的味道，因为一到晚上患了麻风病的乞丐就到夹竹桃花坛边来休息乘凉。安娜－玛丽·斯特雷泰尔会为他们放一坛水。她是唯一一个这样做的白种女人。其他人都闭上了眼睛。然而谁说麻风病人都是些男人？安娜－玛丽·斯特雷泰尔，她的心患了麻风病。

在题目上，玛格丽特犹豫了很久。她首先选了《恒河的情人们》，想要强调它和电影《恒河女子》之间的姻亲关系，后来又想到过《小岛》，或是《季风转换期的天》，再或是《金德讷格尔公路》。她将她之"所见"传释了出来，一切都是想象的，她拒绝看任何关于加尔各答的照片。她"看见"了恒河，罗望子树，香蕉树。她"感觉"到了河水的存在，滞重的、浓厚的、肮脏的河水。初稿是1972年7月给皮特·阿尔写的一个剧本。接着是个剧本，她在一本簿子上正反面地写，不无狂热。但是很快，她又有了将它拍成电影的想法。安娜－玛丽·斯特雷泰尔突然从她的幻觉之中跳了出来。"我听到了她的声音，我看见了她的身体，尤其是她在花园里的步态，穿着短衫，她是要去网球场，你瞧，我看见她在那里，我看见了她头发的颜色，棕红色的，她那两弯轮廓清晰的眉毛。眼睛似乎有些空洞，非常清澈的眼睛，你知道的，在太阳下那种非常清澈的眼睛。"[1]她解释说。没有安娜－玛丽·斯特雷泰尔这个双重意义上的挑起者，玛格丽特也许不会写《印度之歌》。但是为什么要将它拍成电影呢？也许是为了摆脱她，为了让她死去。因为整个电影都沉浸在一种死亡的气氛中：或然可能的副领事的死亡；安娜－玛丽·斯特雷泰尔的自杀——她并没有死于爱情的忧伤，而是希望在一种完全的明澈中死去；一个从内部开始瓦解的世界的死亡。

一切都建立在演员和人物的分裂以及声音和画面的距离上，这就造成了一种存在的微颤，一种妙不可言的不适，一种爱情燃烧的忧思。《印度之歌》是推迟放映的。杜拉斯说她讨厌真正意义上的故事片，讨厌动作片和心理片，讨厌她所谓的直观电影。"这些电影里的先生都是在度假，他们都做给他们那些个小家庭看，让他们看到孩子们正在揉面玩儿。"[2]这一类的片子早就招她厌了，就像那个时候，有个制片商来找她，让她把《劳儿·V.斯坦茵的迷狂》改编成电影脚本，她也感到很厌烦。"拍小说根本是徒劳之举，"她在给《印度之歌》摄制小组准备的簿子[3]里写道，"没有一部电影可以把写作充分表达出来。我们拍摄的不过是小说情节的电影诠释，舞会这样的情节。舞会，一丝不差的，需要诠释。摄影机应该是窥淫癖。它朝光线遗漏的角落前进，它环视整个大厅。一切都关闭了，没有办法出去。摄影机在角落之间迅速地来来回回，转动，停止，喘息，然后再来，继续寻找：不，我们出不去，这是内心的地方，是在书的内部。噪音平息下来，摄影机不再动了。我们听见了声音，气喘吁吁的声音，然后就什么也听不见了。"[4]

---

[1] 《谈话者》，第171页。
[2] 现代出版档案馆档案。
[3] 现代出版档案馆档案。
[4] 现代出版档案馆档案。

这部电影由斯蒂芬·查尔佳杰夫任制片,拍摄成本是二十五万四千五百四十二法郎。拍摄本应在两个月内完成,可是因为缺钱的缘故,没能按照预计的时间开拍。玛格丽特在5月中旬向时任文化部部长的阿兰·佩勒菲特紧急求救。5月21日,他以国家电影中心的名义给她寄了一笔二十五万法郎的预支款,并简短附言道:"我对您的事非常尽心,我希望这样可以让您按照自己的意愿尽快开拍。"

玛格丽特写了四本分镜头剧本,对剪辑、摄影机的移动、演员的位置做了详细规定,甚至画了草图。在第一本簿子一开始,我们可以读到这样的话:"事实上,一切都是空的,他们从镜子里出来。"玛格丽特走了很多地方,花了几个月的时间,想找到能确切将书面文字变为画面的地方。有一天,她碰巧在散步时发现了罗斯柴尔德行宫,就在布劳涅森林里。一直到生命尽头,她还清晰地记得这个给她留下强烈印象的地方,经常追述起那里的一切。她说戈培尔曾在那里住过,而罗斯柴尔德的仆人竟然能够藏在隐秘的地方,仍然继续抵抗斗争,宫殿里有很多不为德国人所知的秘密房间。战后,罗斯柴尔德家族决定永远不再回去。她选定这里为拍摄地点时,宫殿的一切都处在极其荒废的状态,破败不堪。另外有些镜头是在凡尔赛宫的特亚依广场上拍的。拍摄还用了两套房子,一套在学院街,另一套在即将拆迁的洛里斯通街。房客把什么都留下了,甚至钢琴。玛格丽特占据了这些地方,原本什么样就什么样。尽管她没有通知道具负责人,她倒是想到了一些必不可少的附件:一台电风扇,檀香,卫生香,花束,垫子,死去的安娜-玛丽·斯特雷泰尔的一张照片,香烟。就这些。

1974年5月13日开始了正式拍摄。玛格丽特预先在录音棚里录好了音。拍摄的第一天,在洛里斯通街,她要求技术人员一边录下卡洛斯·达莱西奥的音乐,一边放事先录好的对话。那么喜欢挑战技术的她却不得不发现这几乎是不可能的:她只好在对话和音乐之间做出选择。她没有犹豫,她是对的。她说卡洛斯·达莱西奥才送给她一份精美的礼物:《印度之歌》的主题曲。她立即意识到它所能产生的感人效果:"曲子应该无处不在,到处都有,这样填满观众所需的时间——总是很长,这样演出一开始,观众就能从他所处的公共场所走出来。"在用"发动机"一词之前,她在簿子上写道:"想象一下什么也没有的画面。"电影完成的时候,她建议朋友们闭上眼睛看。

"《印度之歌》不完全是我的电影。它是小组的作品。然而某些镜头在今天仍然能够让我领悟其中的意义。"她在剪辑之后做了这样的结论。① 随着拍摄工作的渐渐深入,小组成员之间产生了感情。布鲁诺·努伊当把它当成色情仪式的开始来谈。玛格丽特对他——对他和对其他电工一样——有一种深切的同情,类似她对副领事的那种同情,那个沉沦堕落,朝乞丐开枪,大声叫出他的爱情和绝望的男人。② 苔尔芬娜·塞里格每时每刻都是摇摇晃晃的,仿佛陶醉在从小半导体中传出来的音乐和录制好的重音之中。③ 玛格丽特让所有的人都感到非常舒服,让所有的演员渐渐地,自然地走入这个故事。玛格丽特有一种奇怪的说服他人的能力,并且很善于运用,在诺夫勒城堡里,她和苔尔芬娜之间就发生过这样一段对话,她们回忆起当时拍摄《印度之歌》时的场景:

苔尔芬娜:可我从来没有去过印度。

玛格丽特:但是你以前离它很远。

苔尔芬娜:我在黎巴嫩,可你所说的印度我是了解的。它成了我的,而不是你的。这条路对我来说很容易。我演,就像我将在你映照之下的我的形象写下来。我向自己陈述我的故事,它和你的故事融为一体。④

所有的,演员,技术人员,作者,都认为安娜-玛丽·斯特雷泰尔在贫穷悲惨的印度抗争着。罗斯柴尔德的花园成了殖民地的花园。一架强光石英探照灯吸引了无数夜蛾,有些毫不犹豫地扑了上去,燃尽自己的生命。巴黎夏天的耀眼白光真的有种季风转换期的味道。您是

---

① 现代出版档案馆档案。
② 《电影日志》,第501期,1996年4月。
③ 与多米尼克·诺盖的对谈,未发表,现代出版档案馆档案。
④ 《玛格丽特·杜拉斯的电影》,多米尼克·诺盖执导,外交部制片。

在印度的什么地方拍摄的呢？后来影片上映时经常有人会问玛格丽特这样的问题。有时，银幕上什么也看不见。时不时地，也会什么都听不见。玛格丽特录了好几次音，然后把它们完全混杂在一起。她想应该有七十二个主题的对话，每次对话大约包括三十句。在这话语之群中，有一个词渐渐从不同声音的池塘中浮出水面：这些声音，她都是拿着录音机在教堂、地窖、走廊和咖啡馆分别录来的。

玛格丽特喜欢声音。电影对她而言主要的功能之一就是释放声音。在电影中，隆斯达尔在听自己的声音，就像一个聋子在听自己说话。开拍前八天，玛格丽特问这位未来的副领事如何才能表达这种与自己远离、迷失自己的感觉。玛格丽特的思维有点滞涩，她很慌。隆斯达尔也在考虑。玛格丽特突然有了个主意："要么你叫？我让你和她跳舞。你一边跳舞一边对她说。你认为可行吗？"[①]他认为可行，他叫了。这喊叫和眼泪的场面没有丝毫困难。"我将自己从深积的痛苦中释放出来，我有怒吼的欲望。"隆斯达尔说[②]。副领事的叫声至今仍然能够穿透我们的内心，他的痛苦是如此强烈、如此尖锐，观众没有不同情他的。《印度之歌》里没有任何一个演员是在为别人表演，他们只为自己表演，非常谨慎，似乎他们即将死去。声音——除了副领事的——从来没有抬高过，一直是那么温和。玛格丽特曾经想过让吉尔·德勒兹、弗朗索瓦·密特朗或爱德加·莫兰当主配音，他们就有她所谓的这种作者式的声音。最后是迪奥尼斯·马斯科罗。维维安娜·弗莱斯特诠释女乞丐一角，她的声音细若游丝，似乎随时会断一样。所有的声音组成一间回音房，一座声音的迷宫；它们在互相交谈但是彼此并不呼应。演员虽然在磁带上录下了他们的声音，在银幕上却是闭着嘴的。

音乐确立了电影的节奏和色调。一想起这部电影，就不可能不想起卡洛斯·达莱西奥的旋律。它是在一次舞会上，临时地用一台五音不全的钢琴弹奏出来的，贯穿了整部电影，就像是血流遍全身。"这音乐我听到过，那时每过三年就能回一次法国，在船上，在大海中间，我

[①] 《语言的痴迷》，见上述引文。
[②] 作者与米歇尔·隆斯达尔的谈话，1996年4月4日。

听到的就是这样的音乐。"① 卡洛斯和玛格丽特非常投机，彼此结下了很深的友谊。玛格丽特从来无须与卡洛斯做过多的解释。"我请他为我的一部电影制作音乐，他说好的，我说没有钱，他还是说好的。我留一些空白处给他的音乐，然后我再根据他的音乐配上画面和台词，我向他解释说这部电影发生在一个对我对他来说都很陌生的国度，殖民地时代的印度，黄昏时分的背景，麻风病，加尔各答的情人，饥荒蔓延，我说我们得齐心协力地完成它。我们做了。事情就是以这种方式完成的，他和我，我们完完全全是合两人之力做好了这部名为《印度之歌》的电影。电影结束了，从我们的手中跳了出来，离开我们……"②

卡洛斯·达莱西奥死了，苔尔芬娜·塞里格死了，玛格丽特·杜拉斯也死了，而电影录在带子上，总是能勾起一种痛苦的感觉，一种弥漫开来的混乱。爱情，甚至是绝对的爱情，也无法将我们从绝望中拯救出来。

电影拍到最后，玛格丽特有点不知所措：她不知道自己都做了些什么。她问自己：既然根本没有人去看她的电影，她是否应该拍这部《印度之歌》？从另一方面来说，这部电影是她的需要。应该让这些声音说出来，所有这些包围她的声音："声音，有很多声音。必须加以选择。所有的人都要说话。"③ 夏末时分，可怕的酷暑和恐惧，还有孤独。拍摄完成之后，所有的人都走了，回到各自生活的漩涡里，玛格丽特又是一个人。她被掏空了，处在失重状态。但是那些声音又回到了她原本想休息的诺夫勒城堡。"一点办法也没有，"她对一个朋友说，"我无法回到现实里来。"再说现在做什么呢？玛格丽特已经想到过第二个《印度之歌》了。她想回到犯罪领域，撬开现实的大门，最终开启安娜－玛丽·斯特雷泰尔的坟墓。杜拉斯做了一个奇怪的梦：她梦见她被劫掠一空，梦见有人洗劫了她在特鲁维尔的房子，另外甚至她再也看不见大海了。接着她的身份证，她的钱，她的包全被偷了。玛格丽特泪流满面地醒来。但是接下来的漫漫长夜又是同样的梦魇。她定时

---

① 多米尼克·诺盖，见上述引文。
② 《外面的世界》，第328页。
③ 《语言的痴迷》，见上述引文。

地会梦到自己被劫掠一空，梦到钢筋水泥的潮水淹没了她，让她难以呼吸。她无法相信电影已经完成了，再也无法谈论，她觉得尴尬。"让我从自己身上扫出一句毫无用处的话来，"她对一个想要采访她的记者说，"我恨我自己总是这么蠢，总是这么这么蠢，我恨这部根本不会有人看的电影。"① 玛格丽特又回到了开始时那种沮丧的状态。

"最近这两本书情况不太好，这让我感到非常害怕，狼狈不堪。"她写信给克洛德·伽利玛说。② 她觉得孤独，觉得没人瞧得起她。

> 您没有时间读这本书，我非常能够理解，但是在一篇谈论我的文章里（不管说话人的口气是否得当，这并不是问题），有人说我是一个天才的剧作家。
>
> 您忙不过来。而我必须生活下去。我的政治观点非常激进……**我必须生活下去，我孤独一人；我再也不年轻了，我不愿在穷困中结束我的生命**。如果不这样我就会在我童年所体会到的这种穷苦中死去。没什么好做的，我要捍卫自己。我不是一个圣女。没有人是圣女。巴塔耶的悲剧（他的书大概只卖五十法郎左右）我很难认为是正常的……如果我的在这里卖不下去了，我只好到国外去。

对电影有保留的欢迎是玛格丽特始料未及的，也给她带来一点心灵的慰藉。《印度之歌》成了典范之作，至今仍然在世界各地放映，这是玛格丽特唯一一部得到商业成功的片子：1975 年 6 月，它已经拥有十八万观众。1975 年 5 月，它通过正式渠道进入戛纳电影节，评委安德烈·戴尔沃宣称："这部电影既是作者的电影作品，也是作者的诗歌作品。它迷住了整个电影节，我知道。如果它参加竞争，毫无疑问，我们将把金棕榈奖颁发给它。"米歇尔·莫尔在《费加罗报》上说他非常喜欢这部片子，并说它是这一年戛纳电影节上最为独特的作品。他

---

① 现代出版档案馆档案。
② 伽利玛档案。

也赞成把金棕榈奖颁发给它。亨利·夏皮埃的抒情气质更浓一点，他几乎是在唱赞美诗了："在这样一部杰作面前，又如何能屏住呼吸，控制自己的激情，再扮演评论家的角色？《印度之歌》是电影节上的重大事件，一部独特的电影，和其他任何电影没有丝毫相像之处，很明显，它将是1975年唯一一部将深刻在我们记忆中的电影。"《快报》上也是一样的赞美诗，吉尔·雅各布撰文说它达到了艺术的顶点。"一部提前了好几年的影片。"罗伯特·查匹尔在《法兰西晚报》上写道。这已经不仅仅是一种认可了，而是一种喝彩。一直遭到电影界贬低——除了声名卓著的《电影日志》和《幕前》——的杜拉斯生平第一遭成了祝圣的对象。这些年来，杜拉斯一直站在摄影机后为改变观众被动的角色而斗争，她不再给他们一个完整的故事，这一回她终于得到了补偿：评论家以各自不同的方式重建起自己的电影，完成了自己的电影。玛格丽特把他们打发上了一条独特的旅途，她独特的语言——混杂着各种声音、音乐、音响以及缓慢的全景的萨比尔语——终于得到了理解。

《印度之歌》没有获得金棕榈奖。"这是一个错误，"我们可以在《法国电影》上读到这样的评论，"坏到极点的错误，不可原谅的蠢事。"戛纳电影节成了永远的遗憾，因为《印度之歌》没能获得它应该获得的金棕榈奖……作为补偿，它获得了法国试验艺术电影协会奖。几乎没有评论家攻击过这位左派主义的女战士，她没有尖锐地宣布资产阶级末日的来临，却描写了法国大使馆里穿着长裙的妇人，用水晶高脚杯喝着香槟，懒洋洋地跳着伦巴。有人把杜拉斯比作维奇·鲍姆，甚至比作饥饿印度底色下的埃玛纽埃尔。《电视周刊》感到非常气愤，说她把富人精神上的贫瘠和穷人物质上的贫瘠混为一谈。"我早就烦透了这些事，"玛格丽特回答道，"富人是肮脏的，穷人不肮脏。这是两个女人。在这世界上的同一个地区，在同一个地域，她们都将失去一切。女乞丐是被社会逼死的，安娜-玛丽·斯特雷泰尔是自杀的。我并没有赞扬其中的一个而贬低另外一个。"在很多访谈中，玛格丽特又将电影放在政治这一面来谈：印度对她而言代表着这世界的所有悲惨，围绕着印度的是战争。影片是对阶级平等的呼唤，并没有滑向迷人的诗意。"我不会把胶片浪费在非政治的事情上。"她高度肯定了一种独特的电影:"这就是说我们不再满足于那种官方的电影,那是资本主义社会的表达。而另一种电影走出了社会的俗套。《印度之歌》恰恰昭示着资本主义社会的彻底完蛋。"①

自此以后我们必须耐心等待。这伟大的革命和没有阶级的社会何时才能来临呢?不久,玛格丽特回答说,她又恢复了希望,又充满了女性左派主义的战斗豪情,活得纯粹而艰难,预言欧洲无产阶级将突然出现,这是一个摆脱了马克思主义教条的无产阶级。年轻的革命者将掌握国家的最高领导权,他们会将整个人类从谎言和不平等中解放出来。玛格丽特谈论、预言、宣告、公布。玛格丽特宣布这个美好的未来,就像一个女算命家,一个后资本主义社会伟大的未来主义者。她成了绝望、浪漫和炽热的左派主义的主教,她充满热情地投入这些女性主义的连篇废话之中,周围当然有不少男男女女的崇拜者。玛格丽特在说话,或者说话不由自主地从她的内心宣泄出来。她进行一些很肯定的判断:"每个人的内心都沉睡着一个伞兵。家庭里也有伞兵。我相信每个人更愿意靠近将军或战士,而不是小女人。"②还有:"阴茎阶级是我们最坏的敌人。必须等到这个时代过去。"玛格丽特尖酸地宣布说必须等到男人主宰的时代过去,女人才能喘上一口气。但是在男人那一面,杜拉斯却是很受宠的。迪奥尼斯完全不是伞兵,他对友谊很忠实。他才发表了一篇评论《印度之歌》的美妙文章,盛赞玛格丽特已经超越了电影的界限,他将玛格丽特和兰波相提并论:"这是一部闪耀着高贵的厚颜无耻的电影,一部慎重的作品,接近于完美。"迪奥尼斯是玛格丽特可以接受的极少数男人之一。每个周末,他都带上自己的妻子——索朗日·勒普兰斯,也是《印度之歌》的剪辑——和女儿维吉尼亚一起去诺夫勒。他是个出色的园艺师,经常进行创造性的嫁接,种一些古典玫瑰,建设了一座迷宫式的花园。诺夫勒花园是多亏了他才变得灿烂起来的。

---

① 《玛格丽特·杜拉斯》,信天翁出版社,见上述引文。
② 《谈话者》,第33页。

满月。晚饭后,夜很深了。D.在园子里,他喊我,他说他要让我看看,在满月时明亮的月光下白花会变成怎样的一种颜色。他不知道我之前是不是已经注意到了。的确,我没有,从来没有注意到。一丛丛白色的菊花和玫瑰变成了如此耀眼的雪地,如此耀眼的白色,整个花园都显得昏暗了,其他的花,其他的树,统统地暗了。红色的玫瑰变得特别阴沉,几乎都要消失了似的。这难以理解的白色一直留在我的记忆中,我无法将它忘却。[①]

玛格丽特还谈论她自己,谈得很多,尤其是要谈自己,除了自己,什么也不谈。她那时的朋友都可以证明这一点:她将自己关在自恋的笼子里,不要对话者,不停地重复着她的勇气、她的天分和她是个天才。玛格丽特惊异于自己所获得的成功。她像个轻佻少女一般,给自己添枝加叶。她对自己进行修修补补,属于她的杜拉斯。开始的时候她还不可避免地把这当作一种消遣,只是闹着玩的,并不清楚,也不是真正地想这样,玛格丽特越来越远离杜拉斯了。如何继续保持她的成功呢?建立神话。玛格丽特在她活着的时候亲手炮制了杜拉斯崇拜。自此以后她毫无羞耻之心地谈论自己,所有朋友、同伴和兄弟姐妹都这么说。不能忍受就只有离开。玛格丽特什么也不怕。她说:"我的名誉,我才不在乎呢!钱,我也没有。所以我只做我喜欢做的事情。别人从来不做自己喜欢做的事情。"她给人一种放开缆绳的感觉:"我随我自己去。"[②] 那么长时间以来,她害怕疯狂,那么长时间以来,"大家",尤其是男人都说她总有一天会疯的,但是她现在不再害怕了。疯狂从此之后成了别人竖在她面前吓唬她的东西。她越是气馁,这种原初的混乱就越是可怕,她就越是害怕,越是恐惧。她将自己工具化了。这一点是她自己说的:"我在写作的时候,有一种精力极度分散的感觉,我不再拥有我自己,我成了一个漏勺,我的脑袋满是洞洞,我也无法解释自己究竟写了些什么,就是这样,因为我无法在我写的东西

[①] 《绿眼睛》,第18页。
[②] 《谈话者》,第43页。

里辨认出它们来。所以这些东西来自其他地方,我写作的时候不是我一个人。"①

"我"是他人。玛格丽特从此建造起了一个杜拉斯,用以牵制所有这些想要逃走的杜拉斯,所有这些住在她心里、和她说话的人物,所有这些不断纠缠她、黏着她的感觉。玛格丽特是个高级占卜者。她走在大街上的时候,什么都想抓住,直至眩晕得要昏过去;在诺夫勒,她看着苍蝇在玻璃上挣扎,她觉得自己也变成了这只苍蝇;她在衣橱里发现了一件带有血迹的内衣,她就会像米什莱笔下的巫婆一样,上溯时间而去,她能够感觉到血在流。她成了超现实主义和兰波主义的混合体,继续在攀登越来越危险的领域。她越来越否认现实的存在,宁愿和自己创造出来的人物来往,她疏远了朋友,除非朋友愿意追随她这梦一般的道路。

于是,布鲁诺·努伊当又陪她重新回到《印度之歌》的拍摄地,罗斯柴尔德宫,陪她一起彻底驱除劳儿·V. 斯坦茵和安娜-玛丽·斯特雷泰尔。拍摄《印度之歌》的时候,她从来没敢进入宫殿,电影只拍了墙壁和外面的楼梯。她围着房子四周转,似乎备受煎熬。电影才出来,她就宣布说电影没有完成,还缺点什么东西。但是如何才能回到电影这样物质的东西上去呢?电影和书画不一样,一旦上映,就永远完成了。拍摄后的六个月,她打电话给努伊当,对他说:"带上你的摄影机,我们两个进去拍。"②制片商皮埃尔和弗朗索瓦·巴拉筹集了十三万法郎。电影开始投入具体的拍摄。第一天,玛格丽特拽着努伊当的手、腰、肩,和他一起进入了这座房子,房子里的气氛恐怖极了。她浑身都在颤抖。她带了一架放音机,带着《印度之歌》那团乱糟糟的声音和一台探照灯。努伊当拿着摄影机走在前面。"她真的是要走入安娜-玛丽·斯特雷泰尔的墓地,而我也真的是觉得我们打开了一座坟墓。她确实很害怕。她拿着灯给我照路;向我描述《印度之歌》里的废墟和安娜-玛丽·斯特雷泰尔身上的灰尘。"他们在跋涉中碰到了一块板,

---

① 《玛格丽特·杜拉斯的领地》,第 98、99 页。
② 作者与布鲁诺·努伊当的谈话,1996 年 10 月 8 日。

玛格丽特不愿意揭开,她说德国人仍然在下面折磨犹太人。她听见了叫声。沉浸在自己的过去里,玛格丽特将自己的历史和安娜-玛丽·斯特雷泰尔的历史混在一起。她让努伊当在拍摄时尽量不要弄出声音,她说那会吵醒处在永远沉睡之中的安娜-玛丽·斯特雷泰尔的。

《在荒凉的加尔各答她名叫威尼斯》里没有人的面容。我们只能听到演员的声音。杜拉斯只不过是纯粹简单地抄袭了《印度之歌》里的那团声音。重复?艺术方法?这在电影史上还是第一次,声音是另一部电影的声音,却配上了全新的画面。电影是一种技术上的尝试,完全是逆光拍摄的。试验性的,在好几个方面都是如此:光线,音响,节奏和结构。只有七十八个镜头,其中的三十七个是固定镜头。《在荒凉的加尔各答她名叫威尼斯》不是《印度之歌》的具体阐释,而是一种反动:它让《印度之歌》在黑暗中失去了平衡。杜拉斯创造,然后摧毁,野心勃勃地要对整个电影叙述手法提出反动。"我对自己说我并没有到达或者走向电影的不毛之地。我承担的是完成摧毁的任务,但是我找不到摧毁的意义。"[①] 杜拉斯几乎没有时间,也没有钱,拍摄是在八天之内完成的,小组成员减少到了不能再少的地步。杜拉斯总是在剪辑的时候真正开始制作她的电影。剪辑总是非常辛苦。不得不反复了四次。绝望的玛格丽特几乎要随它去了。她处在一种痛苦的幸福之中,有一种智性的迷醉和激荡,在体力上却已经精疲力竭。她又一次觉得自己没有能完全走出去。

电影于1976年上映。受到了普遍欢迎。评论界很欣赏这种感性的摄影方法,那样温柔地扫过废墟,还有这种永远迷失了的爱的暴力的气氛,对沉重的等待的智性描绘。"我们听见了《在荒凉的加尔各答她名叫威尼斯》,在满是裂缝、沟沟坎坎的墙上,地毯的碎片混杂着麻风病散发出来的玫瑰味道。"让·路易写道。《精神》杂志将它与帕斯卡的传道书相提并论,《电影日志》则赞美了它完美的图像效果。在评论界受到了欢迎,可是观众很少。只有《印度之歌》的追随者发现了这部电影的妙趣,而且至今仍然乐此不疲。杜拉斯在老之将至的时候说这

[①] 现代出版档案馆档案。

是她最重要的一部电影。她只是遗憾没有将摧毁的程序推进得更深更远。"真正的摧毁应该是把我自己杀死。"①

尽管她得到了承认,玛格丽特仍然感到很孤独。她的《阿邦、萨芭娜和大卫》只卖了四千六百本,《爱》只卖了六千本。她承认说如果她还能活得下去,完全是靠国外一些计划的定金:"我一直处在边缘,你们是知道的,我不是一个人,我们有好多人。我们没有选择,对于发生的这一切我们是那么害怕。这不是一种选择,一种态度。这成了一种本能的行为。"②玛格丽特在夸张。她想做什么就做什么,在公共权力的帮助下不停地拍。再说她很快就开始拍摄《薇拉·巴克斯特》了,脚本是根据她的一个剧本《苏姗娜·安德莱尔》改编的。她收到了四千万法郎的预付金。真正的奇迹!第一次事情组织得井井有条,而且小组成员在拍摄一开始就领到了报酬。奢华之至!玛格丽特雇了一个厨师,但是她一直不停地发牢骚,说自己的汤比她做得要好得多。因此每天晚上,她还像从前没有钱的日子一样回到炉子前!

从此再也没有人可以取代杜拉斯管理她的那个烂摊子。制片商靠剥削她养肥自己的时代结束了(无论如何她认为他们当中的一部分人确实不得不把财产和名誉让出来还给她)。她成了自己天赋的出色经纪人。她不断地回收杜拉斯。这不再是创造,而是复制。她把她所写的东西用画面的形式固定下来,或者从电影脚本出发将之变为书。"两星期后,你就会被认为已经将杜拉斯所有的书熟记在心,她笔下所有的人物,他们所体验到的感情。"③努伊当说。她在拍电影,但总认为电影不能算是一种表达方式,并且因自己无法重新开始写作而深深绝望着。她之所以拍电影是因为她写不了。电影给她存在的感觉。

有些观众在等待她的电影:她小说的痴心读者,当然,但也还有一部分女性主义者,他们把她看成是自己的教母。杜拉斯于是拍了些很有女性主义色彩的电影。《薇拉·巴克斯特》就是如此,这个女人深为"忠"的概念所折磨,来自远古的时代,在"一生只能爱一个男人"

---

① 作者与玛格丽特·杜拉斯的谈话,1994 年 4 月 8 日。
② 《世界报》,1974 年 7 月 29 日。
③ 作者与布鲁诺·努伊当的谈话,1996 年 10 月 8 日。

的说教中长大。"一千年以前,在大西洋边的森林里有很多女人。她们的丈夫在很远的地方,不是在替领主打仗,就是加入了远征十字军,她们经常独自住在森林中间的小棚屋里,一待就是几个月,等待丈夫的归来。就这样,她们开始和树木、大海以及森林里的动物说话。大家说她们是巫婆。她们都被烧死了。据说她们当中也有一个女人叫薇拉·巴克斯特。"[1]杜拉斯用试验性的画面来阐述她女性主义的主题。她高声宣布她厌烦透了小资产阶级的电影。她的电影越来越凝滞。大量的固定镜头。摄影机始终在一个位置,想要捕捉住我们每个人都视而不见、充耳不闻的领域,激情的领域。杜拉斯的电影越来越有梦幻的色彩,充满了诗意,在讲述自己的感觉。她创造了一种基调,一种阐述爱情绝望的独特手法。如何爱?爱到什么程度?一对生活在一起的男女之间究竟发生了些什么?不可承受的究竟是什么?女人可能忍受什么样的痛苦?巴克斯特只能靠和他人通奸活下去。他的妻子接受了这一点。有一天他一声不吭地走了。薇拉等待着他,内心充满了恐惧。他回来了,并且将他的妻子卖了很高的价钱。他把她从这桩婚姻里扔了出去,希望她也可以变得让人对她有所欲求。薇拉听从夫命与他人通奸。电影是一首关于资产阶级婚姻死亡的讽刺诗。结局完全如梦一般。杜拉斯想要让观众看清楚自己的极限,她试着扰乱他的心智,追问他。但是,电影上映后一年,杜拉斯说她在《薇拉·巴克斯特》这部电影上失败了。她感觉到有点什么不对劲的地方,却总搞不明白。直到剪辑《卡车》时她才明白:她很遗憾,没有一个男人的目光注视过薇拉·巴克斯特。没有对她有所欲求的男人,薇拉·巴克斯特根本不存在。电影所记述的这种女人之间的伪团体运转不了。她对此表示悔过。时下流行的女性主义理想妨碍她说了真话:在女人之间,欲望无法流通。她后来出版电影脚本对故事做了修改。很久以后。电影是改不了的了。她只有否认。

玛格丽特一直沉溺于电影的画面之中,简直到了晕眩的地步,但是她也不愿意就此放弃戏剧。所以她接受了电视台的建议,将《树上

---

[1] 现代出版档案馆档案。

的岁月》拍下来，再一次的巨大成功。戏剧也可以搬到银幕上，玛格丽特说。只要不偷懒作弊，不把它拍成一部电影化的戏剧就行了，要将戏剧中的精华继承到手。杜拉斯遵循时间的顺序，保留了原来的对话，但是增添了大段大段的沉默以增加戏剧效果。她用古典的手法进行拍摄，但同时也不愿背叛自己。电影将注意力放在母亲和儿子之间这种封闭关系上，疯了般地仔细探索着玛德莱娜·勒诺那张闪耀着年龄的光华的脸，捕捉着布尔·奥吉埃那份令人感动的笨拙，她在拍摄时有点羞涩，但是极为尊重贪婪的母亲和流氓式的儿子之间这唯一的对话，让-皮埃尔·奥蒙饰演的儿子的确精彩极了。文学、电影和戏剧终于联合起来描述这一片空茫，这种生存的空虚和人与人之间荒谬的关系。

又一次混杂的声音占据了重要位置。电影《树上的岁月》的画面很暗，就是为了让观众不要过于注重画面，而将注意力放在话语的迅速扩散上。玛格丽特向摄影负责人奈斯托·阿尔芒德洛解释说她拍电影是让人听的，而不是让人看的！她拍电影是为了抓住词语的意义和话语的回响。女演员都接受了这种探索，她们按照玛格丽特的要求进行重复，尤其注重词语的音乐性。"玛格丽特的写作就像数学一样准确，"布尔·奥吉埃解释说，"她是通过话语的速度让我明白意义的，我们也终于感觉到能够表达她的写作了。""她的作品不应该被说出来。要掌握和她声音相符的这种没有调子的调子。"玛德莱娜·勒诺补充道，她一直在寻找所谓没有声音的声音。克洛德·雷吉，玛格丽特在戏剧界的朋友、同谋、知心伙伴证实道："她很欣赏戏剧演员，可同时又忍受不了他们。她只需要自己内心的声音。她自己的思想应该穿过演员，走向观众，然后由观众来延续她的思想。"[①]

苔尔芬娜·塞里格、卡特琳娜·塞莱尔、布尔·奥吉埃、尼古拉·里斯很快都找到了这种表达杜拉斯的方式。但对于玛德莱娜·勒诺来说是很困难的。她必须停止她原本的说话方式，表达马里沃的方式，她必须忘却贝克特的语言，而她在玛格丽特的专制前显出无比的耐心，忍辱负重，玛格丽特经常让她把一句话重复上几十遍，再几十遍。"我

---

① 作者与克洛德·雷吉的谈话，1995年10月8日。

一点也不明白你为什么要沉默,"她经常对玛格丽特说,"你什么时候才能把下一句台词告诉我呢?"玛格丽特在玩弄玛德莱娜的耐心、精力与光华。杜拉斯和勒诺之间存在着激情和欣赏,但是不久就演化成猜疑和挑衅。两个魔鬼在互相观察,她们并没有真正相遇,彼此信任,也没有相爱。再说玛格丽特如何能爱一个总是让她想起母亲的女人呢?在电影里,玛德莱娜是母亲,她的母亲,所有的母亲,穿着过于宽大的大衣,戴着奇形怪状的帽子,穿着棉袜。玛格丽特为她写《萨瓦纳海湾》之前首先在《伊甸影院》里再现了树夫人的形象。

玛格丽特觉得自己没有受到应有的爱戴、尊敬和赞扬。她这样一个如此讨厌荣誉和公众承认的人竟然抱怨缺少声名。她对前来看她的人说她在美国是个明星,但在法国却默默无闻。那时她很想离开这个不要她的国家。"我不知道我在哪里,我只知道我不是这里的!我离开自己的圈子已经快二十年了:我从来没有真正融入过社会,我觉得周围全是陌生人。我和这个国家的主要关系是税务和电视。"① 她不是把自己关在诺夫勒,就是关在圣伯努瓦街,门出得越来越少,甚至也不上电影院去。她生活在一个越来越狭小的圈子里,电视从此以后在她的生活中成了相当重要的角色。那时认识她的人都可以证明她对电视有一种欣赏和反感交织的感情,尤其是对晚上八点的新闻,她几乎一次不落,简直是像参加神圣的宗教仪式,然后她会在电话里无休无止地讲给朋友们听,好像她直接和这些国家领导人对话了似的。"这该死的电视",就像她自己所称的那样,她仿佛永远也看不够,却同时满怀愤怒和蔑视。经过审查的电视,被俘获的电视,宣传工具的电视。残忍而颇有灵感的批评,她非常善于描写主持人那种串通好了似的微笑,不得不说的谎言以及独特的说话腔调。通过电视,她自以为在家就可以征服整个世界,于是在家继续反抗对无产阶级的压迫。她宣称自己是个原初、自然的左派主义,但是从此以后对任何战斗性的主张都持怀疑态度,除了对不工作主义。她欣赏自己那个什么都不做的儿子。她也很想这样,给自己休假。但是她沉溺在自己的形象,自己的身份里。

---

① 现代出版档案馆档案。

但是她究竟是谁？杜拉斯？她问自己。这成了电影《卡车》的主题。她，还是她，永远是她。写了这部作品的她在讲述她自己，将自己搬上了银幕，成为主角。但是谈些什么呢？谈论一位夫人。哪个夫人？

"是卡车里的夫人。"
"没有阶级。这是唯一的信息。"
"她为什么要哭？"
"这桩爱情故事。她也许有过。"

在《卡车》里，杜拉斯一头短发，戴着一副大眼镜。她就这样，没有任何伪装地上了镜头，唇连合处日益加深的皱纹，疲惫而失去光彩的脸，几乎看不出原来的椭圆形了，满是裂口，微微有点浮肿的皮肤。她倒没有想过要修饰一下，或者用一种特殊的光线，或者用化妆抹去时间和酒精留下的痕迹。不，她是什么样就什么样：一个身体已经破旧的老妇人，但是目光仍然活泼，坐在一间大房间里，晚上，在同伴家。她似乎很平静，很有耐心。她给人一种从容的感觉，时间充裕。她这样描写自己："小个子灰发女人，瘦弱，平庸。她具有一种平庸的高贵。她是看不见的。"

她是谁？当然是杜拉斯，但也是她建立起来的一个人物：一个不知来自何方、亦不知经历过怎样的故事的女人。她是否就是一个从旁边一跳出来的老妇人？一个招手停车要去看她才出生的孙子的老祖母？或者只是想找人说说话，于是利用这个机会和卡车司机聊聊脑子里穿过的念头？实际上这一切都不重要，她在那里，在我们的面前。她在和我们说话，而我们在听。这位老妇人是个作家。小女孩的时候，她住在殖民地。作为导演的杜拉斯弄乱了一切踪迹。观众自忖演员杜拉斯究竟在朗诵作品还是在揭开自己生平的碎片。她在不停地自言自语。他，卡车司机，他在嘲笑她可能还算说得不错的事情。对他来说，她只是个伤痕累累的老人，在谈论这世界，谈论随便什么东西。

玛格丽特第一次同时出现在镜头的前面和后面。最重要的，她对摄制小组的成员说，是她作为导演的角色。她在拍电影。但这真是一部电影吗？这么奇怪，只有两个人物一边说话一边穿越郊区的景色，公路、平原和森林依次被他们甩到身后。这究竟是电影还是电影的假设？在这个故事里，两人正在谈论一部或然存在却并不存在的电影？"这可能是一部电影。拍摄应该在很短的时间里就完成了。成本不应该很高。"在放映的开始，玛格丽特的声音说。今天，这部电影仍然显得古怪、活泼、深刻、感人。《卡车》坚持走完了它的道路！重新听到这个愤怒的老妇人和年轻男子之间的对话仍然是件很愉快的事情，老妇人在谈她对革命的执着，她对无产阶级的深厚感情，而年轻男人有点惊讶，有一点戒备，他在问自己和身边这个小个子，老妇人究竟要到哪里去。这个老妇人恰恰哪里也不去。再说她清楚什么都没有了，没有梦想，没有希望。而她的对一无所有的了解是建立在时间流逝的经验之上的，她为此感到高兴。她不仅没有哭，而且笑了。"她说：但愿世界走向迷失，这是唯一的政策。"

做《卡车》是个幸福的过程。杜拉斯觉得自己找到了一种新的电影形式，而且不再处于匮缺写作的状态了。《卡车》终于让她得以和自己的书平起平坐了。通过作者—演员这一双重身份，她的确让观众不知所措。在我们面前说话的这个人是玛格丽特·杜拉斯吗？她在谈论她自己吗？《卡车》里的女人神经好像有点问题，但这种疯狂恰到好处，恰恰可以当成时髦和魅力来看。这位夫人，当然，首先是她自己。我们甚至会在一秒钟内想象到她可能会疯狂！她后来对多米尼克·诺盖说："当然是我。这描写和我很相符，不是吗？"[①] 是她，这个不清楚自己要到哪里去的女人，也不知在哪里上路的，没有编号，没有社会身份，没有家庭，"和这社会的一切都脱了钩，直至到达一种最基本的关系，但这是和什么的关系呢？和整体？有时我说是上帝"[②]。

《卡车》最后定稿之前有三个大纲。第一个关于电影的观念：如何能够做到用电影的形式将电影杀死，同时建立一种随便什么都行的信仰。第二个超越了电影本身，它想要创造一种革命性的拒绝艺术，彻

---

① 多米尼克·诺盖，见上述引文。
② 多米尼克·诺盖，见上述引文。

底摧毁她所谓的消化性电影。第三个大纲已经将女人放了进来——杜拉斯没有确定她的年龄和身份,一个等在公路上的女人。玛格丽特开始还不愿承认她创造的这个女人不是别人,就是她自己。她想找苏姗娜·弗隆来演,后来又想到了西蒙娜·西尼奥莱。两个人都拒绝了,于是玛格丽特放弃了这个计划。六个月后,她想到可以由自己来诠释这个角色。她于是立刻和朋友们说了,并说这是一个非常糟糕的主意。她放弃了。但是这位老夫人的灵魂日日夜夜地缠着她。有一天打瞌睡的时候,她突然想起来可以不拍电影,但是讲讲应该拍摄的电影的故事。如果电影要拍,应该拍成什么样子。发挥到极点的杜拉斯主义!

因此《卡车》首先是一部并不存在的电影。用的时态都是条件时。在书稿前的说明中,杜拉斯从语法上定义了这个表达可能或不现实的时态,经常它是来表达一种简单的想象,比如说孩子们在游戏中提建议时经常就用这样的时态。正是这样:《卡车》是个游戏,就像所有游戏一样,但是它有它沉重而严肃的一面。一个关于电影的游戏,也是一个关于疯狂,关于"主我"的游戏。《卡车》讲述了男人和女人之间一种不可能的关系。她想向他走去,但是他不听她的。对于她的状况,他毫无办法。但是她和他说了很多重要的事情,关于上帝,关于童年,关于在这个世界上生存的方法,关于死去的星球。他什么也没听进去,什么也没有。他害怕,他还不习惯这样自由的话语。他只习惯于那种连贯的演讲,以政党或者工会的名义,也只能忍受这样的讲话方式。他把自己关在与生活毫无关系的定义和话语里。她有点轻度的精神失常,所以她用这样的词语,意义暧昧含糊。她不说话的时候就闭着眼睛唱歌。"我从来没有遇到过像她这样友善的人。"杜拉斯在电影上映的时候说。我们知道这是为什么。多亏了《卡车》里的这位妇人,玛格丽特最终发现话语和书写是可以相互呼应的。《卡车》里的女人在说话,而玛格丽特·杜拉斯,终于又可以开始写作了。

电影是在三天之内拍摄完毕的,当时冰天冻地。第一天,努伊当把摄影机绑在卡车外面拍。玛格丽特讨厌这种做法。当天晚上,她对摄制小组说:"我们还是回家吧,在家里可以热一点,我们围着代表方向盘的圆桌就行了。"① 对话是在谷仓里展开的,这里既可以是卡车驾驶室,又可以是妓院里的一间房子,一个封闭的地方,她明确地说。如果没有德帕迪厄,她永远也拍不成这部片子。一切都很快:他在什么也不清楚的情况下接受了这个拍摄计划。她要求他把作品读出来,但是不要背下来。他读的时候有时会跳错行——玛格丽特也是一样,会搞错,他迷失了。这样最好。所有的事故在剪辑时都保留了下来,这样就可以强调对心理化的现实主义的拒绝。无论如何,"德帕迪厄不知道怎么读书,怎么写作!他是个文盲,所有人都知道这一点。"② 一个非常聪明的文盲,脆弱,善良,在整部电影里,演员玛格丽特一直用钟情的目光贪婪地注视着他。

背景音响本应该选用鲍伯·蒂朗和若昂·巴兹的摇滚,但是版权太贵了。杜拉斯于是选用了已经在《印度之歌》里用过的贝多芬的变奏曲。玛格丽特想把片子拍成黑白的,但是制片商——皮埃尔和弗朗索瓦·巴拉——反对,他们说黑白片卖不出去。玛格丽特在颜色上让了步,电影沉浸在冬日午后一种美丽的惨白之中。在拍摄过程中,玛格丽特感到非常幸福,兴高采烈,非常自信:"这是我第一次完全抛逻辑于不顾。我随自己去,然后我尝到了失眠的滋味,我对自己说:好了,这样不行,你在胡说八道。现在,我发现不是这样的,我是朝着所有的方向去?同意:我的确朝着所有的方向去了。"③ 她说通过这部电影她成功表达了她的政治观点,一点也不害怕别人会说什么:她第一次当众承认自己的反共产主义倾向,也不怕别人指责她是反动派了,她表示既不支持左派也不支持右派。她高声宣布说自己不再相信革命这个概念本身。剩下的唯有乌托邦的希望。"我们无须再拍申张社会主义希望的电影了。或是资本主义的希望。也没必要再拍关于未来的公正的电影,社会的,最终的公正或是别的什么公正。关于工作的电影。关于优点。关于女人,年轻人。葡萄牙人。马甲人。知识分子。塞内加尔人。没有必要再拍关于恐惧的电影,关于革命。关于无产阶级专

---

① 《电影日志》,第 501 期,1996 年 4 月。
② 现代出版档案馆档案。
③ 《卡车》,米歇尔·波尔特,子夜出版社,1977 年,第 99 页。

政。关于自由。关于可怕。爱情。没有必要。"[1]杜拉斯在自言自语。杜拉斯大声地说。杜拉斯觉得自己说的一切真是天才之语。杜拉斯震惊了玛格丽特。既然她说了又说,她当然是有道理的。杜拉斯成了高音喇叭。杜拉斯认为自己被接到了集体无意识上。讲话的是杜拉斯,玛格丽特于是让她说。她毫无羞耻地说,吹嘘说这是极端自由主义者的行动。

1977年5月,在戛纳电影节上放映的《卡车》引起了不小的论战:支持者和诋毁者形成了互不相容的两大阵营。在一次为时很长的新闻发布会上,杜拉斯拒绝把自己说成是个电影家。这部电影对她来说只是政治行动。所以她谈论的是政治:"在莫斯科和在埃塞俄比亚一样,希特勒主义又抬头了。还有在阿根廷,在东德,都是一样。"[2]两星期后公映,玛格丽特借此机会庆贺虚无,大声赞美空茫,并且觉得欧洲正在度过致命的黯淡期。

玛格丽特在政治上绝望了,在心理上也非常抑郁。她那时向米歇尔·芒索承认说她不知该从哪里汲取这种生存的愿望,尽管过去这种愿望是那么强烈。现在什么也无法让她产生第二天要爬起来的愿望。她没有希望的主要理由,或者说失去了希望的主要理由。于是她重新回到诺夫勒,越来越少和外界接触,只管养鸡、养鸭,养鸟,做果酱,缓了一口气,按照自己的节奏生活,没有钟点,没有限制,也没有他人注视的目光。她把自己一关就是几个星期,切断了电话,放任自流,又一次陷入酒精之中。杜拉斯曾经有过肉欲的满足。情人,她有过很多。一夜风流,生活中的伴侣,笨拙但是美妙的男人,心爱的人。但是她这一生当中唯一忠实不变的是酒精。她想让自己纵欲,所有意义上的纵欲,想让自己气喘吁吁,她顽固地追索着,而酒精是她最喜欢的达到欢娱的道路。

开始是母亲让她喝酒的。"在我们那里,"她说,"在法国北方,女孩子如果像你那么瘦弱,他们就让她喝啤酒。"玛格丽特为了讨母亲的

---

[1] 《卡车》,米歇尔·波尔特,子夜出版社,1977年,第73页。
[2] 戛纳电影节,玛格丽特·杜拉斯的报告。

喜欢，于是开始喝啤酒。她没有养胖，但是她渐渐习惯了酒精，很快酒精变成了她的需要。她到巴黎的时候，她喝得还比较有节制，但是已经觉得自己离不开酒了。酗酒的习惯是后来养成的，和共产党的同伴在一起，政治会议结束后他们经常要喝得酩酊大醉，还有在战后，在圣伯努瓦街套房里度过的那些疯狂的夜晚。她喝质量低劣的威士忌、金酒和朗姆酒。她把这些酒混在一起喝。酒精会让她说话，给她安上翅膀跳舞，让她和男人接吻！当时，在圣日耳曼—德普雷地区，大家都喝酒，喝得很多，而且经常喝。尤其是男人。女人很少喝。女人喝酒总是丑闻。但是玛格丽特从来没有制造过丑闻。她很喜欢喝酒，仅此而已。她的朋友没有发现任何问题。只有她自己知道她成了个酒鬼。"我很快就像个酒鬼那样喝了。我把所有的人抛在身后，我开始晚上喝酒。"① 她开始偷偷地喝。接着一个喜欢喝酒的男人出现在她的生命中。他们一起喝，白天，晚上，喝得摇摇晃晃，互相谩骂，打架，相爱。母亲之死让她酒量大增。玛格丽特不喝上一小杯威士忌就出不了门；不管是什么时候，白天或者晚上。热拉尔·雅尔罗，有一天突然倒在了地上：严重的心肌梗塞。医生都是一个腔调：停止喝酒，否则您就会死。他是干脆停下了。只剩下玛格丽特一个人喝，而且她拒绝去看医生。"总是太迟，在太迟的时候才会告诉人们他们喝得太多。你喝得太多。这话不好意思说，不管在什么情况下都不好意思说……百分之百的，我们都会把这种话看成是一种辱骂：如果您对我这样说，那么您肯定是恨我。"② 玛格丽特喝得越来越多，吃得越来越少，总是觉得自己精疲力竭。有一天早晨，她咳血了。她没有告诉任何人。但是第二天，咳嗽又开始了。她害怕了，终于去看了一位医生，医生诊断为肝硬化。她五十岁了。她接受了治疗。她得救了。她拒绝回到专业诊所，她非常孤独，真的不想再喝了。

十年的休息。1975 年她又开始了。开始的时候是喝上一小杯白葡萄酒，有时也来上两杯香槟，渐渐地她加大了剂量，回到了红葡萄酒

---

① 《物质生活》第 23 页。
② 《物质生活》第 24 页。

上，经常一个人躲在诺夫勒喝。她喝得那么多，但是她不需要证人。她把自己关了起来，按照酒精为她规定的节奏生活。酒精给了一种退化的快乐，她是那么喜欢，进而沉溺于这样的感觉里。玛格丽特心甘情愿地成了酒精的俘虏，而且她很清楚这一点。她不顾一切地把自己奉献给了它。她发现有一刻的放松真的是很温柔的一件事情，什么也不要做，就这么待上好几个小时，懒洋洋的，身体松弛下来，恐惧也不复再来。她只喝红葡萄酒，很糟糕的，超市里整箱整箱买来的廉价酒。她喝酒，咯血，为了恢复元气再喝，然后再咯血。效果不够好了，她就喝威士忌，然后再喝红葡萄酒。玛格丽特把自己给毁了，她什么都不能做。尽管她的周围似乎有很多人，这事儿她却谁也不敢说。如果她有时在朋友面前喝多了，她就会求他们："如果你们不喜欢就不要看，你们什么也不要说。"米歇尔·波尔特自从和她合作了她的第一部片子以后，经常住在诺夫勒，她们彼此之间非常信任，她说了一件事："我们两个人才完成《领地》①。有一天晚上她打电话给我，想要说说话，但是她找不到词。我害怕极了，开着车子火速赶到诺夫勒。她已经虚脱了，非常令人惊恐不安。她在吃增高血压的药丸，就着红葡萄酒和威士忌吃。她走不动路了，也不能正常呼吸。"她同意让医生来，第二天，医生把她带到了圣日耳曼医院。她在那里住了五个星期的医院，接受了治疗。她回到诺夫勒，坚持了几个星期，然后一切又重新开始。"我在酒精里写作，我有这个本事，所以醉酒之类的事情不会轻易发生。也许是因为我不愿意酩酊大醉。我从来不是为了酩酊大醉而喝的，我是为了逃避这个世界，让自己变得无可碰触，而不是为了酩酊大醉。"②

《卡车》的成功鼓舞了她，而她从此后重新找到了写作的力量。在克洛德·雷吉的建议下，她开始写剧本，并且想给玛德莱娜·勒诺找个合适的角色。母亲的形象又萦绕在她的脑际，折磨着她。雷吉记得她那个时候真的是精疲力竭，酒精弄得她光彩全失，他经常到诺夫勒城

---

① 《玛格丽特·杜拉斯的领地》被制作成两集的电视片，由国家声像学院制作，1976年在法国电视一台播出。
② 现代出版档案馆档案。

堡去看她,她给他看了几张写给她母亲的诗剧,由《抵挡太平洋的堤坝》发展而来的重新创作的一些片段,混杂着一个女儿的报复和对殖民地不公正的揭露。她的记忆出现了问题,无法将叙事连贯起来,几度想要放弃。她害怕自己在重复,"我已经厌烦了我的小曲儿。"她对雷吉说。雷吉和她在一起一直保持着清醒的思维,不过也经常戏谑她几句。他鼓励她,支持她,说服她继续下去。两个月后,她把《伊甸影院》交给了他。多亏了勒诺·巴罗公司的支持,雷吉导演的《伊甸影院》于1977年10月25日第一次在奥塞剧院上演。仍然是关于母亲的故事,她的母亲,当然,但也是所有的母亲。玛德莱娜又一次扮演了母亲,一个常常沉默的母亲,一个溃败、正生着病的母亲。"除了她,我简直还想不出有任何一个人可以扮演这个角色。"[1] 但是母亲——叙事的客体——从来不就自己发表意见,玛格丽特在手稿的边缘记道[2]。杜拉斯和雷吉对于戏剧持有同样的观点:戏剧不应该是生活的复制;表演从来都不应该影射某种真理。"它应该像是展开一本书,把我们在读书时能够让我们有所梦想的东西拿到舞台上来。"[3] 她的愿望得到了满足,玛德莱娜,又一次,以她独一无二的那份存在奠定了母亲的分量,令人赞赏。她说话不多,但是她的痛苦是那么分明,她在消耗她自己。布尔·奥吉埃苍白脆弱,纯洁透明,她一直扶着这个残忍而可恨的母亲。卡洛斯·达莱西奥的音乐再一次为她的剧本平添了几分美丽,将这种思乡的忧伤凸现了出来,观众在走出剧院的时候无不动容。

《伊甸影院》本来应该是《抵挡太平洋的堤坝》的续集,但是有所改动:杜拉斯把母亲写成了一个钢琴家,并且利用这出戏和勒内·克雷芒好好地算了一下账,因为电影《抵挡太平洋的堤坝》背叛了真正的家族历史,在电影里,母亲死后,哥哥和妹妹就永远地留在了越南,在特许经营土地上生活下去,简直就是美国开发西部的先锋。在这出戏里,玛格丽特加深了对殖民体系的揭露,她觉得自己在《堤坝》里太羞答答了;她坚持要体现使母亲忧心忡忡的这份暴力,并且让她发

---

[1] 《巴黎日报》,1977年10月25日。
[2] 现代出版档案馆档案。
[3] 《巴黎日报》,1977年10月25日。

表了一通控诉性的演说,在《堤坝》里,她曾经把这段演说安置在哥哥的嘴中。现在是母亲在怒吼、控诉和自卫。是她在斥责这些欺骗她的殖民行政署的官员,所有这些腐化堕落、下流无耻的官员:"我把一切都给了你们,我牺牲了我自己,我牺牲了我自己就是为了我的孩子能有花一般的前途。而这些钱给你们拿去了……怎么可能?怎么有人竟然能以劫掠穷人为职业,怎么有人竟然在别人毫无察觉的情况下就做了这样的恶事?而你们丧尽天良竟然不会得到报应,我们都是一样要死的,我们都是一样的人。"母亲控诉官员杀死了平原的孩子,抢了白人的钱,他们把整个国家都置于托管之下,嘲弄一个民族的自尊和荣誉。这斥骂持续了一刻钟的时间。玛格丽特本人也被这种力量吓住了。她甚至犹豫着要不要把母亲亲口大声说出的斥责取消掉。最后她决定还是保留,考虑到家庭历史的真实性,她记得真的有过这样的事:"尽管这种粗暴有点让人接受不了,但是我觉得如果让它们变为沉默,这比丑化母亲的形象还要严重。这样的粗暴对我们来说确实存在,我们的童年都是在这样的粗暴中度过的。母亲对我们说应该如何来个大屠杀,把那些抢走她希望、抢走普雷诺普平原上农民的希望的人统统从这个世界上抹去。"①

杜拉斯又回到了自己的历史之中,仍然想澄清她和母亲之间的关系:在这扇关闭的门后究竟发生了些什么?为什么母亲从来没有替她打开过这扇门?在表达母亲所经历的痛苦的时候,她依然很尊敬她,但同时也没忘了和她清一清账。有时她觉得她勇敢,美妙,有时又觉得她残忍,恶毒,不公正。玛格丽特说母亲不是一个完美的女人。她认为她和丈夫之间从来没有过欲望,而她成了寡妇之后,她就躲了起来,不再需要肉体的欢娱。她是不是因为不想像自己的母亲那样生活,所以她才从来不掩饰自己勾引男人的欲望,并且高声宣布自己很贪欲,也很喜欢肉体之爱?必须注意到在杜拉斯的时代,还很少有女人敢于承认对于肉体欢娱的向往。玛格丽特自少女时代开始就一直听从身体的需要。有很多不愿透露姓名的男人都异口同声地说玛格丽特很善于

---

① 《伊甸影院》书后所附的注意事项。

勾引。男人的英俊外表，他的优雅，他的魅力，他的雄性气质，她会谈个没完。玛格丽特是爱情方面的专家。听她吹一个男人如何如何英俊真的是一种享受，就像一个花花公子在谈论漂亮姑娘一样。她说生活应该也只能听凭欲望的管理，尽管它可能把生活弄得一团糟，这就是她的爱情科学，是她独特的方式，在这种方式里，人处在激情之中可以大声地叫出来。没有体会过这种肉体激情的人对其他事也一无所知，她不停地说，一种甚为肯定的神气。

她觉得自己老了，丑了，皱纹满面，"功能不行了"，这是她用来描绘自己的词。继《伊甸影院》之后，她很快又写成了另一本小说，一个欲望、性和等待的故事，是一个朋友说给她听的。不过她过了很长时间才把它搬到银幕上。开始她一直想知道朋友讲给她的故事是否是真的：一个男人和一个女人在电话里交谈了几个月的时间，关系非同一般，但是他不想与她见面。他想努力禁止欲望。可是没有用。女人说她病了。有一天，电话铃声永远地停下了。她怎么样了？杜拉斯对这个故事着了迷。她要求和这个故事的男主人公见一次面。在《黑夜号轮船》里，她称他为 J.M。他的真名叫让·穆涅，当时和克萨维耶尔·高提埃交往甚密。他们在 1977 年 12 月见了第一面。他向玛格丽特证实了别人所讲述的一切。玛格丽特不愿意故事就这样没了下文。可 J.M 正钟情于另外一个女人，已经忘了这故事的部分细节。她问他是否愿意讲述一下他和原来的那女人的故事是怎样发展的，并要求录音，J.M 同意了。

杜拉斯的工作正是从把录音转化为文字开始的。作品的初稿于 1978 年 2 月刊登在子夜出版社的第二十九期杂志上：电报体，密密麻麻的整整十四页纸。声音又在这部作品中占了绝对的优势。爱情正是通过声音实现的。女人控制着这游戏，她的电话铃声使得男人心惊肉跳，她还不断地提出和男人约会，但是她从来不赴约。他在等她。她说她看见他了，知道他什么样子，像什么，穿得怎样，而他却不得不让她停留在自己的想象之中。接着，有一天，有一个女人给他送来了她的两张照片：公园里站着一位年轻的女郎，个子很高，很苗条，长发。男人失望了。"照片中断了一切。"杜拉斯写道。男人想把照片还回去，忘记他所见到的面容。他情愿不知道她的模样。电话铃声又重新响起。声音成功地抹去了他的记忆。他最后终于只能看见这个女人的"黑色形象"，这个女人一直在回避他，但是她说她只爱他一个。玛格丽特用她问 J.M 的一个问题结束了作品：她问他现在是否愿意见她。他犹豫了，后来回答说：现在是的。玛格丽特交给杂志的只是处于临时状态的作品，她打算着手重写。在她的脑中，这也根本只是一个故事的雏形，无论在形式上，在文体上，在故事的发展上，它都还远远没有完成。在文章的结尾，她却采纳了 J.M 的建议，称这部作品《由玛格丽特·杜拉斯辑录》，说作品"在 1978 年 2 月 10 日就定了稿"。

但是玛格丽特不太好。她喝得越来越多。她接受外交部的邀请赴以色列访问。这个国家给了她很大的震惊。她喜欢那里的人民和那里的一些景致。她后来的两部短片都浸润着以色列的味道。她成功地在耶路撒冷推出了《印度之歌》，继而又在特拉维夫推出了《卡车》。安德烈·卢贡时任法国驻海法文化专员，他还记得部里特别关照他，说作家的身体很不好。他要求一定要有人陪她，并说不能让她住旅馆。安德烈·卢贡于是在自己家里接待了来自远方的玛格丽特·杜拉斯，她神色间似乎非常焦虑。她大口大口地吞着威士忌，很少说话。参观的时候他建议她到加利利去看看，她被美丽的村庄和透明的日光深深震撼了，可是同时又觉得害怕。穿过基督所游历的土地，她仿佛回到了基督起源的历史时期。在塞扎蕾，她受到了某种启示：她立刻爱上了这块感性而神秘的土地。她在这里停留了很长时间，并对安德烈·卢贡说有一天她会为这个地方拍一部电影的。她履行了自己的诺言。有一天，她真的用创造性的短片《塞扎蕾，塞扎蕾》重建了自己当时那份强烈的激情。自打以色列国成立的那一天起，玛格丽特·杜拉斯就成了它的支持者。一直到生命尽头，她的政治观点仍然非常亲以色列，她不顾一切地为这个在很长时间里无视巴勒斯坦人民存在的国家而辩护，玛格丽特甚至不顾朋友们的意见，在黎巴嫩战争中坚决对贝京表示支持。在看到集中营的时候她就已经成了犹太人。因此，做一个犹太人，对她而言，首先就应该是不顾一切亲以色列的。她成了最富压迫性的政策的拥护者。没有任何事情能够让她改变意见。这一次旅行更加深了她的认识：她觉得犹太人始终被围困，始终生活在危险之中。以色列这块土地在她看来是个避处，是依靠，是在大屠杀中幸免于难的人的圣地。

她是从以色列回来以后考虑拍《黑夜号轮船》的。但是她有些犹豫，因为找不到合适的形式。可她也很清楚，如果不把它拍成电影，作品就永远没有结束。于是，她建议伯努瓦·雅戈做一部对话性的电影。为了让这个拍摄计划上马，她遇到了很大的困难。1978年4月4日，她决定写信给电影创作办公室主席，向他要八十万法郎的预支款，整个电影的拍摄成本预计为一百九十八万法郎左右。她希望能在夜晚最短的时候进行拍摄，需要五个星期，同期录音。电影只得到了六十万法郎的预支款。《黑夜号轮船》由洛桑的艾里克·罗梅和巴尔贝·施罗德公司制作，于7月底开始拍摄。

玛格丽特依然像以前一样，在准备拍摄时沿着巴黎城郊的大街小巷转悠，不分白天黑夜，这一回，雅克·特洛奈尔陪着她。雅克回忆说她对拉雪兹神父公墓怀有极大的兴趣，成天就在那里散步，经常在帝国时代的将军坟墓前一停就是几个小时。她最喜欢看维克多·努瓦尔的棺材雕像，这是位深受人民爱戴、彬彬有礼的将军，雕像的生殖器是青铜做的，她和他谈起了将军的英俊和勇敢。和玛格丽特·杜拉斯一起准备电影不是工作，而是要日日夜夜陪着她，当时仍然没有解散的小部落成员都这么说。她要把脑子里的画面用电影表现出来。这些画面大多是在散步时产生的。采点成了梦游的借口。于是特洛奈尔陪着玛格丽特在诺伊附近转了无数个日日夜夜，想要找到这个她才编造出来的地方，她说那地方应该是在一条废弃的街衢的尽头。他们简直像是私人侦探，小心翼翼地向周围居民打听这一带的情况。推开铁栅栏，他们发现了诺伊城堡荒芜的花园。两个人对这种夜游既感到害怕又感到新鲜有趣。玛格丽特几乎什么话也不说。她只是走，只是做梦。接着突然，她停止了她的游荡。她不再需要寻找。她把自己关在圣伯努瓦街，匆匆忙忙花了两个月时间完成了《黑夜号轮船》的电影脚本。尽管她觉得脚本还有点啰唆，拍摄计划规定的交稿期却到了，当然，她还需要人物来阐述她的作品，但是她没有感觉到他们的存在。叙述故事的只是一些面孔还是有血有肉的演员？玛格丽特犹豫了。像往常一样，她让制片小组住在诺夫勒城堡里，并且着手开始分配角色：登上"黑夜号轮船"的有布尔·奥吉埃、多米尼克·桑达和马休·卡里埃尔。她对他们说她要拍一部货真价实的电影。开拍两个星期后，她宣布她要拍一部没有画面的电影！《黑夜号轮船》的人物在她看来应该是看不见的。于是有了这样的解决办法："画面是黑的，空的。不完全开放的画面。未完成的画面。我想强调文本的力量。"

《卡车》被当成总谱来写。《黑夜号轮船》成了在电影院里朗读文本。可是怎么才能拍成这部电影呢？玛格丽特和以往一样明确划分了镜头，但是接下来她完全改变了计划。电影将是伯努瓦·雅戈和她本人之间的对话；演员成了哑角，在这一对不时交谈的人物身边走来走去。这个拍摄计划很脆弱，玛格丽特自己也没有把握，但是时间已经非常紧了。1978年7月31日，拍摄正式开始。头两天玛格丽特一点情绪也没有，只是根据原本的拍摄计划往下进行而已。第二天晚上，她发现问题大了。简直是灾难：这只是在说话，画面作为支持，这根本不是电影。在记事簿上她写道：失败的电影。她放弃了拍摄计划，并且决定离得越远越好，就像电影是个活生生的人，让她感到不舒服的人。她如释重负地睡着了。电影终于结束了！她曾经那么想杀死拍电影的欲望，现在终于成功地将它埋葬了！"在做出重大决定时我从来没有如此大的把握，我知道自己是成功了，这成功正建立在这失败的基础之上。"[①]第二天早上，她向摄影小组宣布说这部电影完全是个灾难，现在所要做的只能是用剩下的胶片把这场灾难继续下去。她命令演员忘记他们的对话，她像拍默片一样地拍摄他们。镜头捕捉住正在化妆的多米尼克·桑达，和正在放映机之间睡觉的布尔。玛格丽特颠倒了角色，把正在拍摄的场面拍进了电影里。

渐渐的，它有一点起死回生的味道了。她把整个片子拆得七零八落，然后将对话和背景音响填充进去。她用特写镜头拍演员的脸，靠

---

① 现代出版档案馆档案。

得如此之近，根本看不出演员本来的样子了。按照她自己的想法拍摄下去，很快她调转了镜头，对准黑夜、空气和放映机。"我发现可以拍一部由《黑夜号》偏离出来的电影，这证明我尽管尝试了几个月，这部所谓的《黑夜号》是拍不出来的。"[1] 也许，玛格丽特在寻找理由为自己辩护。她在体力上已经不能支撑了，在文字上也到了尽头。她不愿在支持她的拍摄小组面前丢面子。她接受打赌：结束这部片子，不损害电影的古典概念。但是玛格丽特一直不满意《黑夜号轮船》。剪辑之后，她没有在新闻界预映，只给几个记者写了封短信作为解释："《黑夜号》是一种偏离，我反正是这么叫它的。我希望它能够独自一人走它自己的路。"她还起草了一份说明，在那个唯一放映《黑夜号》的电影院入口散发给观众。"每天夜里，在巴黎，几百个男男女女都会占用不属于自己的电话线，这是自德占期间就开始的事，他们不用真名，在电话里交谈，相爱。这些人，这些沉溺于爱情、欲望的人都因为爱情死去了，他们走不出孤独的深渊。这些在夜晚的深渊中叫喊的人也会相约。但是相约从来没有演绎为相见。只要有约会就好了。没有人会去的。这是深渊中的呼唤，是挑起欢娱的叫喊。"

接着，在成为小说之前，《黑夜号轮船》先是被改编成了剧本，又一次由克洛德·雷吉搬上舞台。"一切进行得都非常快。玛格丽特的情况很糟糕，演员也不知道自己进行到哪里，而玛格丽特做的只是不停地改动剧本，变换剧本的方向。"他说。米歇尔·隆斯达尔也让实道："排练的时候，玛格丽特到爱德华七世剧院来了，她问：'有没有人能出去替我买一瓶里卡尔酒？'我们当中就会有一个人出去替她买酒，尽管她从来不掏钱。"玛格丽特几乎一直不停地在喝，变得越来越富攻击性。布尔·奥吉埃和米歇尔·隆斯达尔的台词被改了又改，他们根本就记不清了。著名的布景师玛丽·法朗士在玛格丽特的要求下做了一个状似星球的东西，并做了一堆高跟使之倾斜，布景师真的觉得很好笑。她感到很不舒服，也不知道自己究竟在做些什么。玛格丽特也不受自己的控制了，她看上去更像一只走投无路的迷鹿。三个演员在彩排的

---

[1] 《黑夜号轮船》序，法国商神出版社，1979年，简装本丛书再版。

那两天大段大段地忘词。克洛德·雷吉决定自己给他们提台词。为了不让观众看出来,他把自己安置在舞台后的大厅里,大声地将剧本吼出来!"我没有对任何人说,有些来看戏的人认识我,他们都把我当成疯子!"观众几乎都很失望。这一次是彻底的沉船。

的确,"只有文本分散的碎片,"雷吉回忆说,他经常去诺夫勒要求玛格丽特更明确一点。而被酒精折磨得疲惫不堪的玛格丽特什么也给不出来。他只好根据这些乱七八糟、很不完整的碎片导演。布尔·奥吉埃也还回忆得起这种摸索中的排演,剧本的大纲完全偏离了轨道,老是出问题。玛格丽特有时会来,将那些碎片重新写过,她的指导只能让演员更加无所适从,比如她会说:"欲望是未经开垦的森林。电影里可以有未经开垦的森林。而如果把未经开垦的森林搬到剧院,那么这座森林应该是在观众中间。"克洛德·雷吉要求演员在舞台边缘说话,这样可以给人一种深渊里的感觉。电影里,玛格丽特在结尾处喊了一声"off"[①],这一手法也被搬上了舞台,只不过这声"off"是米歇尔·隆斯达尔喊的。首演和电影首映是同一天。玛格丽特想要通过这样的安排彼此呼应,让观众通过不同的方式感受它的存在。但是几乎没有观众再看第二遍的。电影失败了,而戏剧则是彻底的惨败。《杜拉斯的偏离》,这是《新观察家》上评论文章的题目,文章出自吉·杜穆尔之手。不是只有他一个人这样说。电影和戏剧评论界都说杜拉斯在做杜拉斯,她夸张,自我重复,简直到了令人恶心的地步。戏剧和电影一样,单调得可怕。杜拉斯认为自己的风格没有问题,有问题的是演员,他们磕磕巴巴的,根本不具有任何说服力!玛格丽特·杜拉斯也许和波德莱尔一样发现了这个问题:"没有再比公共场所更富魅力的了,但是为了达到这高峰,还要更为简单一些。"杜穆尔在下结论前明确道:"等待的时候,我们可以重新把她以前的书再读一遍。它们的确很美。"皮特·汉克解释得非常清楚:杜拉斯在引诱了读者之后,把他们赶了出去。很多人和他一样,曾经那么喜欢过她,如今都放弃了,因为杜拉斯似乎不再需要他们,"对于我这样的读者观众来说,什么也没

[①] 就是"到舞台边缘"的意思。

有剩下：零度空间"①。

电影上映几个星期后，《黑夜号轮船》在法国水星出版公司出版。玛格丽特在出版前将它交给故事的"始作俑者"，他认真读了以后对玛格丽特说，一切都真实，但我什么都辨认不出来了。他只能这样说。确实，杜拉斯叙述的故事的确和J. M.讲述给她的故事大相径庭。从一开始，她就引起了读者的怀疑：

"故事发生了吗？"
"某人说他曾亲身经历过，是的。"
接着这个故事经他人之口流传开来。
接着它被写下来。
被写下来。

故事完全变了，细心的读者可以于其中辨认出《副领事》和《加尔各答的黑夜》中的一些段落，《安娜·玛丽·斯特雷泰尔》的一些碎片。当然，作者没有忘记评论，很过时的评论，关于政治和精神分析的重要性的。

《黑夜号轮船》从表面上看起来是一个动人的爱情故事，实际上它是项文学练习，作者一直在致力于扰乱读者对于"故事"的兴趣。许多突然来临的"出现"打破了故事的延续：因此意外出现了一个银行家、共和国主席的私人财政顾问，一个无产阶级的真母亲和一个在诺伊城堡的资产阶级的假母亲，还有一个石雕女人头像，面容已经损毁得看不清楚了，以及似乎挥之不去的豹皮皮夹。这些奇怪的因素彼此之间没有一点联系，渐渐地打破了原来的叙事结构。让杜拉斯感兴趣的不是故事而是破坏稳定的游戏，她可以从自身开始展开这样的游戏。再说，这个女人真的存在吗？"从她来的地方，从她使用的某些不在场证明来看，她是存在的。她存在。甚至她可能是万桑一个六十岁的老太太，住在廉价租金房里，然而即便这样她也是存在的。他说这个问

---

① 见《世界报》所载的一篇文章，1992年11月19日。

题没有对象。"如果我们计算一下他们的通话,这两个人在一起生活了几个月的时间。真实的故事?这并不重要。真实的,或者似乎是真实的。杜拉斯让我们一直处在真实的边缘。她说《黑夜号轮船》是她寄放的某件东西,是穿过她的一条河流,是一种再现穿越她脑袋和身体的某样东西的方式。对于她来说,欲望也是一种思想,性智慧也是存在的。这两个从来没有接触过的情人恰恰也许爱得很深,比两个人在一起更好地享受了对方的存在。在欲望中,我们总是非常孤独。她把自己造就成一个"黑夜号轮船"的公共作家。"对世界的欲望不能够代替欲望本身。但是通过一种欲望,欲望可以得到实现。它会安下身来,会移动,它就是以这样的方式存在的。"[1] 书的出版对于 J.M 来说成了一场严峻的考验。他才结婚,但是他在读玛格丽特写的故事时产生了一种强烈的欲望,他想再见到 F,那欲望是如此强烈,以至于他要求她把 F 的名字全写出来,而不是字母,这样 F 就能认出自己的名字。玛格丽特拒绝了。字母的大写在她看来已经足够了。玛格丽特有她的道理。电影上映后的一个星期,F 给 J.M 去了电话,或者更确切地说,是 J.M 收到了她的电话。电话线的另一端似乎没有人,只有这呼吸声,他知道,他知道这是 F 的呼吸,"因为这是她的方式,她特有的方式,在整个的故事中,她正是用这样一种方式来告诉他她爱他,爱得是那么强烈,他觉得她简直会因此而死去"[2]。

《黑夜号轮船》是和其他五篇作品一道出版的:奥蕾里娅系列,由《墨尔本奥蕾里娅·斯坦纳》《温哥华奥蕾里娅·斯坦纳》《奥蕾里娅·斯坦纳》《塞扎蕾》和《否决的手》组成。后两篇是玛格丽特根据《黑夜号轮船》分镜头剧本所拍的两部短片的评论。用没能成功的材料拍一部电影的想法对玛格丽特一直有很大的诱惑力,她在生活中和电影中或是文学中一样,什么也不愿意扔,她讨厌浪费。她在作品中不断地回收,她总是用相同的词来表达相通的主题,只是表述方法不同而已,因为她想歼灭主题本身,想要从内部倒空、损毁这些词。在

---

[1] 《黑夜号轮船》序。
[2] 现代出版档案馆档案。

她制作电影的时候，她运用词语、捕捉词语的艺术要比画面更加重要。于是，杜拉斯此时不再对演员感兴趣了，不再对他们之间发生的事情感兴趣，她将兴趣转移到了他们的声音上，转移到即将触到我们、扰乱我们的声音的应用音域上。写作在她看来包含了一切，也将电影包含在内。单独的一个词就能包含一切画面。词语具有繁殖的能力，一种画面所不具有的独特能源。因此杜拉斯能够完全除去对画面的描绘，因此在杜拉斯所拍的电影当中，她自己用嘶哑破碎的声音读出来的评述可以与我们所看到的东西完全不一致。画面只是一种丰富词语所挑起的混乱的工具。玛格丽特·杜拉斯希望能将词语本身的印记深深铭刻在观众的内心深处。

第一部短片是《否决的手》，这个题目本身就象征着她进行的探索。我们把马格德林时期岩洞里的手看成为否决的手，这些手的轮廓通常会抹成蓝色或黑色。二十年前，玛格丽特和迪奥尼斯·马斯科罗一道去西班牙的阿尔塔米拉旅行时看到过这样的手，给她留下了极深的印象。她的叙事诗正是从对这些手的回忆开始的：

  在大洋的前面
  在峭岩的下面
  在花岗岩石壁上面
  这些手
  展开着
  蓝色
  和黑色
  海水的蓝色
  夜晚的黑色

在《否决的手》里，人们大声喊出凝聚了三万年的爱情。这爱的呼唤，这对史前岩洞的影射和一群男人的形象交织在一起，他们是一大早在巴黎街头拾垃圾的黑人。没有一个白人，只有黑人。这爱的呼唤像是向黑色种族发出的，遭到遗弃、蔑视、侮辱的黑人，我们这个白人社会把最下层的工作交给了他们。"你有身份,你有名字,我爱你。"作品里这样说。我们听到了玛格丽特那因酗酒而嘶哑的声音,疲惫不堪,在冬天大声唱着欲望燃烧的勃勃愤怒,她真的已然到了生命的冬天。

在《塞扎蕾》里,是贝蕾尼斯,"犹太人的王后,为了国家的原因被抛弃",是她在叫喊,她因为禁止的爱,这种危险的爱而被摧毁。在画面和文本之间是同样的距离:画面展现的是协和广场的雕塑,象形文字、广场上的纪念碑和杜勒伊花园,从玛格丽特嘴中吐出来的词展现的却是台伯湖的风光,圣女贞德的那种光芒,还有伽利略的橄榄树、橘园和麦田。

巴黎的这个夏天非常糟糕。寒冷。总是笼罩着轻雾。无论如何杜拉斯都讨厌夏天,似乎尘封凝固了的夏天,让她感到害怕和恐慌。夏天没有未来。玛格丽特一直喜欢秋天。她回到了诺夫勒。一个人喝酒。巴黎那边正在奥迪泰尔家剪辑,她早晨到,然后立刻到小酒馆里去喝上三到四杯白葡萄酒,她还把空了的伊云矿泉水瓶给老板,让他装上白葡萄酒。玛格丽特一点油腻都受不了。在酒馆里,负责电影剪辑的热纳维也夫·杜弗尔求她吃点东西,她拿手绢一根一根地把薯条上的油擦尽。她的身体却再也不能承受一点点酒精的刺激了。她在诺夫勒写作。步履蹒跚。什么也不做。什么都不做是件很困难的事情。听自己说话:迷失,任由自己被穿过。晚上,玛格丽特到那种很明亮的大咖啡馆去,在吧台前,疲倦不堪、满脸皱纹的男人喝得躺在地上。台球,自动电唱机,流浪汉的华尔兹。在掀翻桌子以前,有的男人会在十杯酒下肚后唱起歌来。还有人就像玛格丽特的一位意大利朋友可可一样,一个人在电唱机前跳舞,一跳就是几个小时。玛格丽特黎明时分才回家,精疲力竭,但是总算能够恢复平静。在生命的尽头,她依然能够回忆起这段幸福的日子,带一点回忆的忧郁。如何继续生活下去。尽管非常疲惫,还是得写。于是她接受了一部三十分钟的片子,这样就能强迫自己写作。写作,是的,但是写什么,为谁写?孤独中玛格丽特于是想象出了一位对话者,她想讲个故事给他听。开始的时候,她把他想象成以前曾经通过话的一个男人,不过在十三年前失去了联系。有些朋友则认为是她最近爱上的一个男人，他们谈起了伯努瓦·雅戈或米歇尔·古尔诺。而这两个男人对此一无所知。玛格丽特从来没有跟他们说过。是的，某个人，玛格丽特写信给他，为他而写，但是她从来没有寄出过这些信。于是一本书信体的小说开始成形了。"我想把所做的一切写信告诉你，将这些新鲜的东西写给你看，新的，新鲜的绝望，我现在生活中的绝望。"她在混乱中写着，写着混乱。她什么都不知道了，只知道自己在试着写作。她对写作的质疑太深太激烈，以至于她无法再开始写一个故事。她很想这样，但是她什么也不知道了。

于是她就听凭酒精的掌握，她藏了起来，笨拙迟钝，不过仍然在享受生活，她看着外面的花园，最美的玫瑰，听着风声，还有高贵的钟声。没有时间的概念，没有休息。无论如何，她已经不明白生活中发生的事情了，她对自己的生活一点也搞不懂。她在忍受。她在承担她所谓的这种"忍受"。她认为在这种一切意义上的愤怒中，她可以找到非写作的写作，所有人都能写的写作，她可以通告自己走向他人："我写的时候，我不会死，谁会在我写的时候死呢？"[①] 她离开了玫瑰园，离开了被孩子们弄脏的池塘、偷食的乌鸦，还有那只让她感到如此害怕，而她又不愿意养的瘦弱的白猫，她到特鲁维尔的房子里住了下来。她又需要大海了，需要一望无际的海滩，那种温和的空气，风暴的声音，灰色的波浪。在特鲁维尔，她继续写信给那个陌生人，信始终没有发出。"为我自己写信给您，就是写这些，因为连接你我的，是这种如此强烈的爱情。"她在大海上写，想要和大海融为一体。大色昏暗的时候她就开始喝酒，听凭大海的声音进入房间，喝，然后写。与其说她在写，不如说她在记。然后她进行修改。她得了谵妄症：她听见了她留在诺夫勒的那只猫发出的叫声！她把幻觉用文字的形式固定在了纸上：

　　一条血河，荆棘丛生、荒废了的官殿，瘦弱的女人。

[①] 《绿眼睛》，第17页。

如何才能承受这份爱情？

如何？

如何才能让这份爱情为我们所承受？

通过《奥蕾里娅》，玛格丽特·杜拉斯又一次和写作展开了肉搏战。从一开始，这封永远写不完的信，这落在黑夜深渊里的声音，这不知名的故事就这样迷失在词语的喧哗声中。《奥蕾里娅》是最终走向迷失的一个故事。这是一个如此具有繁衍力的故事，简直叫人害怕，"我也许会给你写上一千封信，给你写关于我现在生活的信。而您，而您将做我愿意您做的事，这就是说您愿意的事"。

首先是这个名字：奥蕾里娅·斯坦纳。一个没有主体的名字，玛格丽特·杜拉斯说。奥蕾里娅·斯坦纳既是一个死于毒气室的女人的名字，又是她在集中营生下的女儿的名字，一个七岁的小女孩的名字。她在一个老太太那里生活，母亲遭到逮捕的时候，把她留在了那里。它还是个十八岁的少女的名字，少女现在生活在墨尔本或温哥华。奥蕾里娅也是她，玛格丽特，叙述者，成日躲在大海涛声之中的房子里。"多年来我独自一人住在这房子里。所有的人都已离去，为了找到更为安静的土地生活。"奥蕾里娅·斯坦纳这个名字本身不属于任何人。自从母亲在集中营死去以后，它就在整个地球上回响。写了三个奥蕾里娅·斯坦纳的故事后，玛格丽特又回到了对犹太人民的罪恶感中。我们可以嘲笑这种夸张。在《人类》发表了三十五年之后，她终于也敢涉及这个主题了。三个奥蕾里娅。第一个奥蕾里娅，玛格丽特用来向萨米·弗雷的母亲表示敬意：在战争期间，这位母亲听到警察上楼的声音，对儿子说："快下楼去找邻居，我回头就来找你。"萨米五岁。她的母亲再也没能从奥斯维辛集中营回来。第二个奥蕾里娅取自维塞尔的《夜》，里面有个十三岁的小男孩在集中营里偷了汤，他要被处以绞刑。奥蕾里娅是在集中营生下一个小女孩的母亲，她慢慢地在血泊中死去，而旁边是她的孩子。活着。"我失去了一个孩子，一个兄弟，我在抵抗运动中失去了很多朋友，他们都死在集中营，但是比较起犹太人的总体命运，我个人的这些失去根本算不上什么。当我谈起这个问题的时候,我一直处在这样的激动之中,这也正是我在《奥蕾里娅》中所想表现的。"① 一首神秘主义的诗歌,爱情的咒语,哲学的沉思,奥蕾里娅也是一首没有开头亦没有结尾的怨歌,它是一种释放,一种极度的苦闷,一种诅咒,玛格丽特扔到纸上就算了事,自己都不愿再回头重读一遍。如何通过它继续生活下去呢?给了它一种文字上的存在后,她还想给它一张脸。

《奥蕾里娅·斯坦纳》系列才完成,玛格丽特就立即着手把它改编成电影。她离开特鲁维尔,又回到诺夫勒,她召来了一个她很喜欢并且很尊重的摄影师,皮埃尔·洛姆。在诺夫勒她碰到了一个很像刘易斯·卡罗尔笔下阿丽丝的小女孩。皮埃尔·洛姆把她拍了下来,但是玛格丽特很失望。玛格丽特觉得拍些她的照片就够了,放弃了拍摄真实的小女孩的想法,她回到了特鲁维尔;亨利·夏皮埃做出了很大努力,把杜拉斯的这个计划列在巴黎市政府的名下。预算很少:玛格丽特决定拍摄要尽快完成——四天,用最少的胶片,人员也要精简。拍摄当然在特鲁维尔进行。玛格丽特从此只能忍受在自己的地方拍电影。她拍蓝天,沙滩,沙滩上的洞。她先是踩点,走很多很多的路,脑子里并没有预设的什么概念。《奥蕾里娅·斯坦纳》基本上都是逆光拍摄的。没有墨尔本,没有奥蕾里娅,有的只是犹太人大屠杀史的片段,一只"喵呜喵呜"叫着的猫和在轻雾笼罩下的海滩。一切都在这一切之中。玛格丽特说自己就是这只患了麻风病的猫,她就是奥蕾里娅·斯坦纳,她还说那猫是只犹太猫。② 就在她拍完这部电影的时候,皮埃尔·戈德曼被暗杀了。在《世界报》的访谈中,他宣称:"我们唯一的祖国是写作,是动词。"杜拉斯只是舯公,是奥蕾里娅·斯坦纳通过她在写,奥蕾里娅也像皮埃尔·戈德曼一样在呼救。斯坦纳、戈德曼是在同一场战争中:他们将永远留在流离失所的犹太人的记忆中。玛格丽特决定立刻投入《温哥华奥蕾里娅·斯坦纳》的拍摄,还是原班人马,这一次是在翁弗勒尔。她选择了白天那种耀眼

---

① 《玛格丽特·杜拉斯在蒙特利尔》,文集及访谈录,苏姗娜·拉米、安德烈·罗伊辑录,魁北克,螺旋出版社,1981 年。
② 《闺中女友》,米歇尔·芒索著,阿尔班·米歇尔出版社,1996 年。

的阳光。她觉得自己有必要离开大海,拍穿越奥蕾里娅、吞没整座城市的"河流"。玛格丽特回到巴黎,她选择了塞纳河。河道就是电影的轴线。水的出现使得电影沉浸在一种令人焦灼不安的奇怪氛围中。旅途也正结束于这水面上。水远比石头更具永恒的意味。死亡之船可以静静地滑过水面。

第七章　情人之园

玛格丽特回到了诺夫勒，精疲力竭，支离破碎，仍然不停地喝，喝得更多。"非常可怕"，后来她自己都说。

> 没有人能够代替上帝
> 就像什么也不能代替酒精
> 所以上帝仍然是不可替代的

玛格丽特认为她之所以喝酒是因为她知道上帝并不存在。玛格丽特从来不是个信徒，从小就不是。她总认为信徒不是很健全，认为他们不负责任。但是斯宾诺莎、帕斯卡和吕斯布鲁克让她懂得了对神秘的信仰。"他们发出非信仰的叫声。"[①] 奥蕾里娅·斯坦纳叫，让上帝来救她。当时，玛格丽特经常谈论到上帝，"我们缺少一个上帝""我不相信上帝，相信上帝是不健全的，但是不相信上帝反而是一种信仰"[②]。酒精可以直接与灵魂发生关系。"上帝不在，但是他的位置还在，空着。"1990 年她说[③]。她醉心于寻找"逻辑的谬误"。塞尔日和亨利还记得有一年秋天的下午，玛格丽特不停地在喝，酒瓶里装着好几升威士忌，她一边喝一边在背诵《福音书》。"酒精就是为了让我们可以承受世界的空茫、星球的摇摆，承受它们在空间永不停止的转动，承受它

[①] 《谈话者》，第 240 页。
[②] 《谈话者》，第 239 页。
[③] 《新文学》，1990 年 6 月。

们面对你的痛苦漠然的沉默。"她在《物质生活》①里写道。酒精让她进入一些她从未进入过的领域，她觉得自己就是那里的女皇。酒精可以让她重新凝聚起自己的力量，她不会再被现在炸得粉碎，这折磨她的现在啊。"我没有历史，我没有生活。"

在诺夫勒，她能够写的时候仍然在继续写那些信的片段，自己都不知道自己写了些什么。她甚至弄不清楚自己是真的写了，还是仅仅是想象。无所谓。这种书信的关系至少还能维持她的生命。"我的夜晚不应该再在酒精中度过，我应该早点睡，这样我才能给你写很长很长的信而不死去。"②她知道自己离死神很近了。有一天夜里，她给米歇尔·波尔特打了电话，说她活得太累了。米歇尔赶过去看她。她完全是个醉鬼的样子，步履蹒跚，眼睛半睁着，什么也看不清。她甚至可能活不到一年，她说。米歇尔照顾她，安慰她。她又重新站稳了脚跟。她走出家门，和米歇尔一块儿出去散步，欣赏麦田的颜色，去看坟墓，一边开车一边哼唱皮雅芙的歌，她还接待儿子的朋友，做饭，邀请朋友前来做客，看电视，接受大学生的采访，短暂地离开她那诺夫勒—特鲁维尔牢笼。这一年夏天她接受电影节里最不受重视的一个摄影小组的邀请——这个小组仍然相信电影的激进效果——去参加了伊也尔电影节，推出她最后的几部片子。

这十五年来，玛格丽特一直在圣伯努瓦街收到很多来信。她拥有自己的崇拜者，狂热的杜拉斯迷。有些人崇拜她已经很长时间了。他们说话的腔调都和她一样，甚至能背诵她的作品。玛格丽特不讨厌某些年轻人对她的这种崇拜，然而并不刻意维持这种关系。所有这些信都堆在她家里。她小心翼翼地保存着。她会经常打开来看，但是她不回信。不过几个月来，有一个卡昂的大学生给她写了很多信，非常美的信，出乎她自己的意料之外，她有的时候竟在等他的信。恰巧在伊也尔，有个年轻的导演说起卡昂的朋友经常在星期六的晚上一边听《印度之歌》里的曲子一边不停地跳舞，他们都像《塔尔奎尼亚的小

---

① 《物质生活》，第 25 页。
② 现代出版档案馆档案。

马》里的主人公一样喝康帕里酒。"卡昂有个人写信给我,我收到了他的很多信,"她对他说,"也许您认识他?"当然,他认识他。她让他描述一下写信的这个年轻人的外表,谈谈他的事情。导演提供了他的一些情况,却没有意识到她已经是仔着心思在问的。① 几个月以后,玛格丽特接受一个大学生电影俱乐部的邀请去了卡昂,这些学生想组织一场关于《印度之歌》的讨论。她已经忘记卡昂年轻人给她写的这些信了吗?似乎是。讨论完以后,一伙年轻人邀请她去旁边的小酒馆。凌晨两点钟,她正准备开车走的时候,一个小伙子说愿意陪她。是我,他说,他和她谈起了安娜-玛丽·斯特雷泰尔、劳儿·V.斯坦茵、米歇尔·理查逊,他对她说开车要当心,然后看着她在夜里上了回诺夫勒城堡的路。

几天后,她决定回信给他。她很清楚地记得那个日子:是1980年1月的一天。正好在她发病后。她在诺夫勒。才去看过医生。她对医生说她身体不太好,但是没敢承认自己酗酒。医生诊断为忧郁症,开了些抗忧郁症的药和酒,三天的鸡尾酒之后,她多次昏厥。又忍受了四天的病痛折磨后,她在夜里被紧急送往圣日耳曼—昂拉耶医院。她在那里待了两个月。回来后她又给他写信,她向他诉说了继续活下去是多么艰难。"我对他说我酗酒,说我因为这个又在医院住了一阵子,说我也不知道为什么会喝到这样的程度。"她相信他,不假思索地把自己生活中最隐秘的事情告诉了他。在医院度过那段艰难时期之后,这个年轻男子突然成了她的一个知心朋友,一个兄弟,一个绝望中的同伴。他就是那个陌生人吗?她写了无数信给他,却没有寄出的陌生人吗?也许。又一次虚构变成了真实。她想象了一个男人。而这个男人真在这里。他在,在等她。于是她继续要和他交往下去。但是这一回是他,他没有回信。

玛格丽特又开始了和酒精的斗争。痛苦、艰难、孤独的斗争。对自己她一点也不温柔。有六个月的时间,她没有沾过一滴酒。但是她变得易怒,暴躁,有时甚至有点恶毒。不过她并没有因此失去精力,生活的欲望和讲述故事的欲望。米歇尔·芒索,她的邻居和朋友,讲述

---

① 作者与让-皮埃尔·瑟通的谈话,1996年9月14日。

了她是如何把她所看到的一切加工成小说，如何将现实加工成一系列的虚幻。"她喜欢夸大一切，她也夸大了我的生活，她把个别的夸大成普通的，把日常生活中的夸大为形而上的。我有幸参与了这种变形。"米歇尔·芒索在《朋友》中写道。玛格丽特又开始在诺夫勒接待朋友的来访。她又一次对政治感起兴趣来，非常感兴趣，猛烈抨击"苏联法西斯主义"和侵占阿富汗的行为。

玛格丽特又有了新的工作计划。塞尔日·达内去找她，希望她负责《电影日志》的一期特刊，她非常高兴地接受了。她想利用这个机会重新回到自己的故土。童年，她提议在杂志的后面排上母亲和两个哥哥的照片。她喜欢将文字和画面混在一起，喜欢让读者玩追索的游戏，而不愿为他们提供一个完整的故事。她想要重新回到文字和画面的关系上来，想知道自己的位置在哪里，和电影究竟又是怎样一种关系。为了完成如此丰富重大的任务——做一期文学的、电影的、自传性的，集体的和政治性的杂志，她首先用录音机录下了她和塞尔日·达内的长谈，然后塞尔日再将录音内容破译出来交给玛格丽特，由玛格丽特重新创作。特刊出来了，它有个很美的名字，叫作《绿眼睛》。玛格丽特成功地将画面、文本、对话、私人信件和私人秘密组合成一曲重奏，诉说着略带忧郁的乡愁。后来《电影日志》重新编辑后出了一本真正的书，一种既残酷又诙谐的自我描述，这个电影家想要引导电影界的变革，可是确切地知道自己做不到。

玛格丽特于是好些了。她重新开始正常地进食，开着车闲逛，这是她的癖好之一。她决定在特鲁维尔度夏，仍然希望在那里，面对着大海，她能够写一本新书。她没有明确的计划。也许写作的欲望会自然而然地来，她希望如此。于是，当塞尔日·于利请她为《解放报》写专栏的时候，她立刻就表示了兴趣。于利经常到特鲁维尔的黑岩旅馆和她见面，提出了约稿的想法："玛格丽特看着大海，看着这世界的碎片一点点地来到她面前。孩子的脚步，动物的印记，动物残骸。我看她把这扇窗子当成了自己的报纸。"[①] 于利希望她的名字，她看待这个世

---

① 作者与塞尔日·于利的谈话，1998年2月3日。

界的独特角度可以登上自己的报纸,但不需要有什么确切的想法:不要政治专栏,也不是文化方面的报告,应该说是什么也不像,仅仅属于她自己的什么东西;她感兴趣的东西,不是表面意义上的新闻写作,而是一种潜在的现实性写作,现实的意义,而不是大家都关注的爆炸性事件。这个想法吸引了她,她觉得这能让她重新开始她一直激烈捍卫的"主观新闻写作",而且她能够重新回到那种十分流畅的文体。于利希望的是长期合作,建议她每天为报纸写一张纸,写一年。这是不可能的,玛格丽特回答他,她认为自己最多只能写一个夏天。"是的,但每天都要写,"于利说。开始她说不,后来却答应了,但是明确规定了条件:三个月,每周一篇,幽默性的作品。于是在三个月的时间里,她谈论雨水,谈论晴朗的天气,但是她最喜欢谈雨,因为这个夏天有一种似乎要腐烂的感觉。她什么都谈,什么也不谈,天的颜色,旅客的蠢事,愚蠢的太阳浴,火腿三明治的价钱,伊朗,阿富汗,布雷奈夫,卢旺达,格但斯克的工地,一个年轻的女教练,鲨鱼,她还特别提到了她在黑岩旅馆阳台上观察到的那个灰眼睛的瘦弱男孩。翻 翻杜拉斯的目录我们就可以知道她的爱好了:战争,犹太教主义,法国共产党的仇恨,对戴高乐将军的蔑视,她对大海的迷恋和恐惧,变幻无常的天色——她非常善于描写这种变幻,她从语言的其他部分分离出来的几个词,这几个词因为她的偏好而变得极具诗意:昂蒂费角,比如说,昂蒂费角这个词;不管它的本意是指一个港口还是别的什么,仅仅是作为词语的昂蒂费角,通过它的发音就能让我们神游一番。她像说话那样写作,像思考那样说话,她每时每刻都在思考,一切都能引起她的思考。玛格丽特还一直期望着革命的来临,为每一次革命而狂喜,总是想从时政的一团乱麻中离析出革命的因子。波兰事件使她心荡神驰。她想过要到格但斯克。当地的罢工敲响了她革命的希望。

她在燃烧,玛格丽特,她还要她的朋友都像她这般具有急遽产生的热情;朋友亲切地把她的这份热情称为"狂热"。现在的朋友,他们几乎无一例外地年轻、英俊,并且对她非常温柔。他们欣赏她,保护她,总想和她在一起,因为有她的生活是那么独特、活泼。和她在一起,亨利说,^① 我们总是想倾诉,一起走上很长时间,跳舞,大笑,听音乐,观察阳光,享受夜晚,每时每刻都想睁开眼睛看这世界。玛格丽特的活动总是安排得很满,玛格丽特对别人非常感兴趣,玛格丽特喜欢友谊,玛格丽特喜欢自己被包围着。和她接触,年轻人有一种自由和惬意的感觉。"我可以完全放开来和她谈话,谈我自己,我非常信任她,"他们当中的一个小伙子说,"就像我在和自己的母亲谈话,或者更确切地说,是在和一位母亲谈话。"^② 很长时间以来我们都把她看成是一个极度自恋的女王和自我夸耀的天才,而她也是一个耐心的听众,有很强的好奇心。那些曾经在法国或在国外参与过她主持的讨论的男男女女,都非常惊异于她将问答的角色颠倒过来的本领:"那么你们呢?你们是怎么想的?"她这样来回答别人提出的问题。这不是一种技巧,而是她真想知道的欲望。玛格丽特是难以满足的。她靠别人来充实自己,问朋友问题从来不多加考虑,深更半夜地给他们打电话,掺和他们的爱情故事,不管什么都要插上一手。侵略性的玛格丽特。独自一人。她总在梦想有一天会有一个男人向她走来……她曾对一位朋友说爱情对她而言是永远地结束了。但是在《奥蕾里娅》里,她写道:"闭上眼睛,我也许会问你:你是什么样的?金发?一个北方的男人,眼睛是蓝色的?我会问:你在找人吗?我们谈论过的某个人?你说:是的。你重复道:是的,是的,我根本无法辨认出的某个人,我超越自己能力去爱的某个人。"

她不再等待。身体永远地关闭了。报废。一只被酒精彻底摧毁的老布娃娃。她再也不能引起欲望了。甚至看上去曾经如此羞涩地热恋过她的那个年轻男子也把她忘记了。接着,有一天,他给她打了个电话。是他,那个如此温柔、如此优雅的小伙子,神秘的诗人,喜欢康帕里的哲学家。那个有着忧郁的微笑的脆弱的男孩,一身白,将她所有的书和电影都熟记在心,那个曾经在某个夜晚和她如此温柔地谈了一夜的人。

---

① 作者与亨利·夏德兰的谈话,1996 年 10 月 14 日。
② 作者与亨利·夏德兰的谈话,1996 年 11 月 25 日。

您不会知道的,玛格丽特,这将是您的最后一次恋情,您生命中的最后一个男人,一直到您生命尽头,他都将倾听、注视,将您抱在怀中。他的名字叫作扬。不是扬·安德烈亚。安德烈亚是她后来给他的名字,杜拉斯天堂里的教名。他很活泼,他喜欢笑,这也许是他生命中最喜欢的东西,笑,他也喜欢走路。我还能看见他的时候——如今他把自己关在玛格丽特房子对面的一间保姆房里,除了有时他姐姐会来看他以外,他几乎谁也不见,他总是和我约好在远离圣日耳曼—德普雷的地方见面,而他也总是步行前来。他动作很平缓,手长长的,声音很高。他会照顾人。和他在一起,不论是男人还是女人,很快就会有一种安全的感觉。他谨慎,耐心。他很瘦,像是《80年夏》里那个灰色眼睛、发育过快的小男孩,只喜欢女教练躺在沙滩上给他讲故事。

他给她去了电话。时值9月初。他要求去看她。"为什么?""为了相识。"他回答说。玛格丽特那时正处在极度的孤独之中。不,我有工作,她说,再说我不喜欢新朋友。他又给她去了电话,但是电话在一片空茫中响了很久。玛格丽特到意大利参加一个电影节去了。每天,他都给她打电话。接着,她回来了。为什么要来?"来谈一谈泰奥朵拉。"他回答她。她没有坚持。在挂断电话的时候,她气喘吁吁地说:"两个小时以后再给我电话。""您什么时候到?"她那时的声音很低。"明天上午。汽车是10点半到,我到您那里大约11点。"她在卧室的阳台上等他,看见他到了。"您是那种布列塔尼人,高而瘦。我觉得您很优雅,非常谨慎,甚至您自己都不知道您很谨慎。"[1]他敲门了。她没有马上应答。是我,扬。她又等了一会儿,她没有弄出一点声音,然后她下决心去开门。"在故事被写就之前我们从来不知道它是什么样的。"[2]她拥抱了他。他们交谈。夜深的时候,他问她知不知道附近的旅馆。她对他说现在正是旅游旺季。说她儿子的房间空着。他可以睡在里面。"只要听见他的声音,我就知道他的确是疯了。我对他说来吧。他放下了他的工作,他离开了他的房子。他留了下来。"[3]布尔·奥吉埃

---

[1] 《扬·安德烈亚·斯坦纳》,P.O.L.出版社,1992年,第17页。
[2] 《扬·安德烈亚·斯坦纳》,P.O.L.出版社,1992年,第20页。
[3] 《扬·安德烈亚·斯坦纳》,P.O.L.出版社,1992年,第27页。

回忆说玛格丽特第二天打电话给她。"我刚碰到一个天使,"她对她说。天使留了几天。开始她教他如何在夜里观赏大海。第二天大海总是风平浪静的。"我在黑暗的房间里。您在那里。我们一起看着外面。"①

扬突然走入玛格丽特的生活。突然之间,她将他安置在她想象中的舞台上,分配给他一个角色,他已经知道了,他在那里只是为了证实她所看到的一切。很快,她就用爱吞噬了他,她夺走了他所有的视线。从此之后,将是她站在他的位置上替他看这世界。她夺取了他的名字,他的夜晚,他的时间,他的爱情。爱情的俘虏,扬;被激情吞噬的扬,默认了这种牺牲的扬。靠近天才就会变成作家了吗?从关在黑暗的房间里一起听涛声的第二天起,扬就成了扬·安德烈亚。扬是同伴,情人,玛格丽特电影里的演员,玛格丽特的司机,她的知心朋友,扬从此以后再也不离开她了,他成了她的出气筒,她的护士。只有扬一个人知道这个故事,可是今天,扬躲起来了,扬·安德烈亚·斯坦纳。

在黑暗的房间里,她把自己给了他。他们发现了一片新的领地,玛格丽特以前的任何一个情人都没敢冒过的险,他们俩却将拾级而上,夜晚,白天,在酒精的作用下,在激情的狂喜中,在痛苦和等待的欢娱的叫喊中。生,或是死。

> 您说:在黑暗的房间里我们都谈了些什么。今天我已经不知道了。我可以说您也不知道。夏天的事件,也许,雨,饥馑,糟糕的天气,您记得吗?每天每夜都是风,寒气,酷热,八月流逝过去的那些酷热的夜晚,墙角下那块阴凉,那些残忍、穿得刺眼,挑起欲望的年轻姑娘,旅馆,旅馆的走廊,荒弃的房间,那里曾经有人做爱,有人写书。②

他对她说她是天才,令人敬佩,他对她承认说他也想写作。她能为他做一切,他想。她回答说她什么也不能为他做。您的信写得很美,

---
① 《80年夏》,子夜出版社,1980年,第91页。
② 《扬·安德烈亚·斯坦纳》,第129、130页。

继续写下去。他和她谈起了泰奥朵拉，他让奥蕾里娅得到了重生，他们一起继续着年轻女教练和灰色眼睛小男孩的故事，她正在给《解放报》写专栏。她很清楚她在写，但是说她不清楚自己都写了些什么。她没有爬上黏土丘陵，没有看见《80年夏》里的小孩，从来没有到舞台上去过。书快出了，可当她审读《80年夏》最后一稿的时候，她的精神出现了危机，这危机持续了一天的时间。她"无法弄明白小孩子在丘陵上究竟经历了什么……她感到愤怒，生活无法和她所写的东西对上号……"①

接着，几天后扬走了。玛格丽特在等他的信，或是电话。什么也没有。在绝望之中，她写了一头母鲸的故事，它在大海里受了伤，它的奶水源源不断地流了出来，大海变得一片雪白，它正在死去的时候，孩子们在饮她的奶。扬没有回来。玛格丽特在等他。她无法再独自走进黑暗的房间。痛苦已经产生了，已经招供了，已经是错误，已经是不可能。还有爱情的折磨：她爱他，爱他就是因他而痛苦，甚至她知道他只爱男人；也许，也正因为这个，因为那个夜晚，她想他或许会改变；她已经发疯般地爱上了他，因为只要一想到这份爱情，她已经产生了写作的动力和能力。

扬回来了。他们把自己关在特鲁维尔那间黑暗的房间里。第二年，她写出了《大西洋人》："您会以为是我选择了您。您。每时每刻您都是您自己的一切，您都在我的身边，不管您在做什么，或远或近，您都是我的希望。"扬在玛格丽特快喘不上气来的时候出现在她的生命里。他将给予她写作的欲望，也正是在这份欲望的推动下，她想拍下他们的爱情，他们相爱的这份不可能。扬保护她，忍受她，一言不发。他常常是默不作声地陪着她，忍受她的殴打，辱骂，忍受玛格丽特的恶毒——但是为什么我会这么恶毒？有时她会一脸迷惘地问他。扬犹豫过，不知道该不该回特鲁维尔，似乎他已经知道突然发生的一切都是不可能的。但是他回去了，而且没有再走。他经常会消失。在特鲁维尔也好，在巴黎也好。有时他一走就是好几个晚上。玛格丽特着急

---

① 《玛格丽特·杜拉斯在蒙特利尔》，见上述引文。

得都要发疯了，打电话给她的朋友，让他们去找他，去火车站的旅馆，去危险的街区。她甚至给街区的警察署打过电话。她想要抓住他。因为扬并没有离开她：他只是逃跑。然后他又会回来。"……他不愿意我死，而我也不愿意他死，这就是我们之间的感情，我们的爱……"①

打故事一开始，他们俩就一起沉溺于酒精之中。美国人，她有时会给他这样的昵称，第一次他来看她的时候，就带了一瓶葡萄酒。她打开酒瓶，两个人一道把酒喝了。玛格丽特让他出去再买一瓶来。整整一夜，他们一直在谈话，在喝酒。"我不知道他为什么会和我一起喝，我喝他也喝，"后来玛格丽特说，"我想他不知道我正在死亡。"当时玛格丽特已经不再喝了。她很骄傲地谈起在她橱子里放着好几瓶意大利苦艾酒，放了好几个星期，而她一直坚持没有打开。扬到超市里买来了整箱的葡萄酒。秋末的时候，两个人一道回到诺夫勒。米歇尔·芒索很快就注意到玛格丽特又开始喝了："我一下子便发觉她又重新将白兰地酒杯放在伸手可及的地方，这只普通的杯子和她的玉镯、戒指和手表一样，都是她不能离开的东西。"② 酗酒大大激发了她的嫉妒心。玛格丽特开始嫉妒扬的情人，嫉妒他的同性恋，这份吞噬人的激情，因为她没有办法阻止他，她骂他，挑逗他："早晨，我听见您总是很迟才下楼，脚步很轻，步态可爱，那些令人作呕的词进入了我的脑中，'同性恋''鸡奸''二尾子'。是的，他就是这样的。您看上去像个可爱的男人，但是我自忖您在我家都干了些什么。反正在这世界上，我只能容忍您的龌龊，您在我眼里就是龌龊的代表。我一直想哭，比认识您之前还想哭。"③

玛格丽特还嫉妒自己写的东西！嫉妒她的书，她编造的人物。扬安慰她，同意和她笔下的人物一起生活，似乎这些人真的存在，就在他们的身边。这不是扬和玛格丽特的同居生活，而是扬，杜拉斯笔下的幽灵和玛格丽特的同居生活，很奇怪。扬将平息这种写作的痛苦，这种身体和精神的疯狂，他知道玛格丽特因此备受折磨。和扬相遇后

---

① 现代出版档案馆档案。
② 米歇尔·芒索，见上述引文。
③ 现代出版档案馆档案。

的一个月,她向让-皮埃尔·瑟通承认说:"您知道的,我不总是明白自己究竟说了些什么。我知道的仅仅是这一切完全是真的。我们不能同时跨越所有的战线。"①

没有人能够理解她。即便是扬,虽然他自以为可以。"我想我们的地狱是史无前例的。您不明白我在说什么。什么也不明白。没有一次您明白的。没有一个鸡奸者可以明白有同性恋情人的女人在说什么!我自己都很混乱。这应该属于一种神秘,一种宗教的东西……"②

玛格丽特和同性恋的关系非常复杂。她后来所能忍受的男人基本上都是同性恋;当时她的很多朋友也是。同性恋在她的眼中是一种力量。能够拒绝性游戏规则会让她产生一种欣赏同时又掺杂着挑衅的感觉。一个女人,她那时想,更容易接近一个同性恋者,而在他们之间性的问题一直是存在的,每时每刻都在。一个不承担任何责任的同性恋者,他对女人的欲望只能使这个女人对他的激情倍增,因为这个男人的首选不是她。"他进入她,享受欢娱。他不是在和她做爱。他做的只是一件事情:对爱情的戏谑模仿,和同性恋的爱情。至少他是这么想的……我想同性恋者从来都不做爱。女人的同性恋情人只有在恐惧和拒绝中才能进入她。"③她越来越不能忍受将同性恋看成是一种另类,一种看待这世界的方式。她是可以接受同性恋,但是与此同时她也对此进行了否定。同性恋是变态,只是他自己不知道罢了。她这样一个遭到无数同性恋读者崇拜的作家,却在遇到扬的两个月前发表了宣言。"我认为同性恋是一种暴力,它一直在寻找自己施暴的对象,就像是在怀念对暴力的一种新配置,而同性本身正是这种暴力的始作俑者。在同性恋温情脉脉的外表下正是这样一种对暴力的挑衅。"④她的很多同性恋朋友都说她当时骂了很多难听的话,比如说"肮脏的鸡奸者"。和扬的爱情令她感到十分痛苦,还有他在肉体之爱上的无能为力。这种痛苦变得如此强烈,以至于她请求他永远地离开她;她开始对这些拒绝

---

① 法国文化部转播,速记笔记,现代出版档案馆档案。
② 现代出版档案馆档案。
③ 现代出版档案馆档案。
④ 访谈速记,未发表,现代出版档案馆档案。

繁衍后裔的男人充满了刻骨仇恨。玛格丽特太喜欢男人，太喜欢肉体之爱了，所以她无法接受和承认扬的同性恋！在她身上有"鞭子母亲"的那一面，她也是精神殿堂的守护神。和他相遇的三个月后，她宣布道："我只能觉得激情应该是异性间的，可怕的，短暂的。当一个男人进入女人的时候，女人会觉得他碰到的是自己的心，我说的是感官上。如果不知道这种滋味，就谈不上是激情，那只能是一种性游戏。必须找到本质。"①

有一天夜里，他们做了爱。他躺在她的身体上睡着了。像个孩子。他们会整夜整夜地说话，丝毫不加设防。他还是会走，在夜里消失。早晨他又带着水果和牛奶回来了。她等他。为了等他，她写作，为他而写。她在写连接他们的这种几近疯狂的爱情。写别的东西是不可能的，那等于中断写作。她将他因禁在这份疯狂的爱情中。作为交换，她把自己所写的一切都献给他，她请求他留下来陪她，直至她死去。她不是骗子，玛格丽特。她既是个轻佻少女，又是个残忍的老妇。Y.A从此被关进了M.D的牢笼。1982年7月，她写信给扬："我们之间的激情会延续下去，我这一生剩下来的所有时光，还有您尚且漫长的一生。没有办法。我们彼此没有等待，没有孩子，没有未来……您是个鸡奸者，而我们相爱……没有办法。您即便再回到杜勒伊宫周围闲逛，再到后厅，到能通车辆的大门里去胡作非为，再围着圣马丁广场转悠也没用。没有办法。您会用尽一生来爱我。因为我几年后就会死的，比您死得要早得多，我们之间的巨大年龄差异可以让您安下心来，可以暂缓您遇到一个女人的恐慌。"②但是他，他难道就不会感到嫉妒了吗？他不会嫉妒她？为什么写作的是她而不是他？扬让她放心。在这世界上唯一让他感兴趣的事情是"帮助"她写作，在她剩下来的时光里。她写。在她写的时候，他有权离开，到外面去看看。他总是在凌晨精疲力竭地回来。早晨她看着他睡去，在他身边写。特鲁维尔是他们的地方，相遇的地方，黑暗的房间，风中的散步，大海永不停止的

---

① 访谈速记，未发表，现代出版档案馆档案。
② 现代出版档案馆档案。

咆哮。一直到她生命的最后时刻,他们还是会经常回来,就像在森林中建了棚屋,放好自己生活必需品的孩子。就在离开特鲁维尔前,玛格丽特写了这样的话给扬:"我们就要去巴黎了,离开这阳光,这声音,大海永不停止的声音,这份极目处的透明,我们,我和你就迷失在这样的透明里,有时这份透明也会变得沉重而贫瘠,当你在夜里闭上眼睛的时候,当我看着你因爱的绝对丧失自我而闭上眼睛的时候。"

1980年10月底,玛格丽特开始读罗伯特·穆齐尔的《没有个性的人》,读完之后,她被深深震撼了。仿佛是为了延续这部未完的作品,她写了《阿加莎》,一个乱伦的故事,兄妹在最后分离前的对话。一个男人肯定地对他妹妹说,在这世界上,只有他知道她是个女人。妹妹没有隐瞒她对他的这份爱情——肉体之爱,一生之爱。他们在这世界上没有其他亲人,但是他们俩因为这秘密紧紧地团结在一起。"我爱您,但正因为我无法爱您。"他对妹妹说,请求她不要爱那个男人,不要爱那个即将娶她为妻并且要带她远走的男人。他们约定最后一次见面。两个人都精疲力竭。他威胁她,说要杀了她。他们就在那里,面对面,在这座他们曾经相爱的废弃的别墅里,就像两个在回忆过去激情的傻瓜,回忆灿烂的结合,天生可以销魂的肉体。《阿加莎》高度颂扬了爱之禁地,是灾难之后的对话。通过《阿加莎》,我们进入了一个乱伦的世界,而这在玛格丽特看来正是爱的本质。"这是一种永远不会结束的爱,没有任何解决办法,无法体验,无法存活,被诅咒,但却在诅咒的安全中坚持下来。"[1] 不过这种爱情不能发生。所以它是属于秘密的,属于黑夜。我们可以在《阿加莎》里认出孩提时代的玛格丽特所住过的那幢多尔多涅的房子,还有对母亲的描写——"那个教会我们如何美妙地忽视自己的人",对哥哥的描写——"您很英俊,只是您不愿意表现这份英俊,从来都不愿意,而这更为您平添了一种飘忽的童年般的优雅。"这是她自己家庭故事的写照。阿加莎和玛格丽特一样,是家里的附属品。玛格丽特曾经数次提到过她和小哥哥那种几近

---

[1] 《玛格丽特·杜拉斯在蒙特利尔》,见上述引文。

乱伦的感情①，这种兄妹共同分享的欢娱，如此强烈以至于他们总是想再重新来过。

对于乱伦，玛格丽特一向表现得很激烈，她总是讽刺那些批评乱伦的人，并且说不了解的人根本无权对此做出评判。她越老，便越是把它看成是爱的最完整的形式。阅读穆齐尔又痛苦地撕裂了她的伤口，她对消失了的小哥哥的这份爱情的伤口。"如果没有我和小哥哥之间的故事，我永远也不会写《阿加莎》。阅读穆齐尔以及和小哥哥共同度过的少女时代促成了这个故事，他那时还是个小男孩，不善言表，一点也不听话，非常英俊，可是在学习上似乎有点迟缓，他很可爱。这是肯定的，如果我没有经历过这一切，没有过对死去的小哥哥这份深厚的爱情，我就不会写这本书。"②小哥哥的形象，他的爱，他的宝贝，他的灿烂和扬的形象重叠在了一起，她将电影里小哥哥一角交给扬来演。因为《阿加莎》后来也成了一部电影，名字叫作《阿加莎或无限的阅读》——当然是在特鲁维尔拍的。玛格丽特配阿加莎的声音。她和扬·安德烈亚，小哥哥，一起叙述这个乱伦的故事。"阿加莎是我，"玛格丽特说，"我想，没有不带一点乱伦色彩的爱情，第一桩乱伦的爱情是母亲的。乱伦是看不出来的，它没有特别的表面形式。这是一场火灾，发生之后大地平平整整的，通道就打开了。"③为什么她不允许别人用恐怖的口气谈到这种爱情？因为那些童年时代未曾体验过这份无可救药、不可逆转的感情的人是不可能理解的，这种从最无辜、最自然的血亲关系中跳出来的爱情。④

"《阿加莎》是我第一部关于幸福的片子，"玛格丽特说，"整个拍摄过程也非常幸福。"热罗姆·博茹和让·马斯科罗共同制作的纪录片《杜拉斯拍电影》可以证明这一点，在镜头里，玛格丽特活泼、幽默、滑稽。灰白的头发剪得很短，因为酗酒的关系脸有点浮肿，但是双唇

---

① 作者与路斯·佩罗的谈话，1997年6月6日。
② 《语言的痴迷》，见上述引文。
③ 《玛格丽特·杜拉斯在蒙特利尔》，见上述引文。这句话后来在《ELLE》杂志与安娜·辛克莱尔的谈话中玛格丽特又再次提及。
④ 《玛格丽特·杜拉斯在蒙特利尔》，见上述引文。

涂了口红，眼神里满是欢喜，她看上去像个天使。周围都是毛头小伙子，紧密团结的小组，永远都会跳出来的技术事故。玛格丽特拍电影不是针对特别的人或事的，她只是为了打发时间，并且给她的新情人找点事儿干。玛格丽特站在摄影机后，她把摄影机当成是控制和征服主要演员扬·安德烈亚的一种手段，扬·安德烈亚的开头很艰难。玛格丽特显得很专制。"就这样走过来，看着我，不要似乎看着我，只能看着我，我就是我，我就是镜头。"玛格丽特指挥着扬，她吸干了扬的血，让他全身心地投入她想象中的世界。

电影的拍摄是一种休息；所有的人又都离开了。扬又恢复了以前的习惯。在黑暗的房间里听海，相爱，谈话的日子结束了。他夜里消失的时候，她就等他，一直等到凌晨。入睡前，她给他留了这样的字条：

> 葡萄酒是不能喝的。可我们喝了。接着您默默地留了下来，似乎在想如何对我说您已经说过的话。
> "您永远不会完成泰奥朵拉的故事。"
> "我说我对一切都没有把握，对自己即将要写的东西也是如此。"
> 从我们故事发展到这一刻开始，我相信您到这里来是为了杀死您自己。[1]

我爱你，我杀了你。我爱你，我离开你。杜拉斯式的老生常谈。扬总是会回来的。

1981年4月初，电影拍摄才结束，两个人就乘上了去蒙特利尔的飞机，杜拉斯将在扬的陪伴下做一系列的讲座。她参观了杜尔蒙特海岬，那里的风景让她想起了她的童年。她显得既活泼又严肃，魁北克大学生问到她的作品时，她的回答都是没有一点余地的："在《卡车》里，我站到了上帝的位置上""我只喜欢我的电影""我是个绝无仅有的人，一个完全自由的人，可以超越一切规矩说话"。天才，她旁观自己时下了这样的评判，这就更加深了她的自恋。扬一直陪伴在她左右，

---

[1] 现代出版档案馆档案。

笑盈盈的。"如果我敢说我是个天才，如果说我有时敢于厚颜无耻地把自己写的东西视为天才之作，这不是出于虚荣心。这是一种谦虚的形式。虽然我说的是自己的书，但即便这些书不是我的，我也会这么说。萨特式的谦虚，知识分子的罪恶感只能让我觉得恐怖。"[1] 听众不禁为杜拉斯的这番话震惊了，可是又听得入迷。她添枝加叶，只谈论自己，一直谈论自己。她吹嘘说自己是很入时的，并且一直用挑衅性的变换来维持这种时尚的感觉。她说自己在别人眼里总是站在政治的边缘地带，具有颠覆的能力，什么都敢说。别人越是嘲笑她的野心，她就越会添油加醋。让-弗朗索瓦·若瑟兰在他的文章里总结道："我们总会有一点嘲笑玛格丽特·杜拉斯的欲望。我们这样是有道理的。这个女人一向把自己很当回事，简直到了夸张的地步。"[2] 她还认为自己是个政治天才。1980 年夏，她经常就格但斯克事件大放厥词，情绪激荡。苏联人，她已经在巴黎看见了他们的明天："他们建构了一个很好的干部体系……想想纳粹德国吧。还有我们的统治者以及他们最好的走狗，世界的末日是原子弹爆炸的时刻。"[3] 她发狂了，把所有的东西都混在一起，伊朗，阿富汗，捷克斯洛伐克，波兰。既然她想到了这些，那就可以证明她的聪明："我经常有杀人的欲望。我打开报纸就会产生杀人的欲望。纳粹和我之间的差别，法西斯和我之间的差别，杀人犯和我之间的差别就在于我知道我有这样的能力。希特勒无处不在，只是不为我们所知罢了，伊朗的沙赫也无处不在，皮诺切特和他的集团，杀人集团，他们无处不在。"

从加拿大回来后，在被问及她对总统竞选所持的意见时，她将吉斯卡描绘成一个让她禁不住爆笑的傀儡，马歇则是个职业谎言家。她心目中的偶像仍然是皮埃尔·芒戴斯·法朗士和雷翁·布鲁姆。至于弗朗索瓦·密特朗，她在第一轮选举前就已经回答了："我喜欢密特朗的那份绝望，他对政权的蔑视，他的怀疑。""您把他说成是个失败的人物？""是的，我只对他的这点感兴趣。""您会投他的票吗？""我不

---

[1] 《玛格丽特·杜拉斯在蒙特利尔》，见上述引文。
[2] 《新观察家》，1981 年 4 月 13 日。
[3] 《80 年夏》，第 38 页。

知道，也许我不会。""竟然不投密特朗的票？""如果他是唯一的候选人我会投他的票。"①在两轮竞选之间，她竖起了她的心理肖像："他对政治不感兴趣。只是出于偶然他才会从政的。但这是个很善良的男人。以前我指责他的文化是历史性的而非理念性的。今天我倒觉得这是个优点。在他身上，有一种为我们大家所熟悉的悲观主义的味道。他可以结束谎言时代。"在第二轮她还在犹豫要不要投他的票但是她反对弃权。把政权拱手相让给右派，这就是纵容恶毒的资本主义泛滥。在危险之中必须站稳立场。所以不投票就意味着"像1940年一样，我们听凭纳粹势力占据了法国（！）"，玛格丽特没有充分的论据，她只是发散她的观点，大肆夸张。她才不在乎呢。1981年5月的胜利并没有给她带来幸福的感觉，她正沉溺于和扬分离的痛苦之中。因为扬走了。

玛格丽特一直因为扬对她没有欲望而痛苦。她觉得这是对她的一种否定，否定她作为女人的存在，她也知道这种对爱的抗拒一直以来就是他们故事的一部分。"我回到我们的地方，这个黑漆漆的地方，一片沉寂，几个月来，我们总是在这里待着，这原初的地狱啊，这被驱逐的情人的幸福啊……"她对自己说在这样的年龄，她应该无所希冀了，但是她做不到，她觉得自己是罪魁祸首，她不应该是个女人，她不应该衰老，她不再能够挑起他的欲望，她想在他的身边。晚上，她关上房门："在这层意义上您无须再害怕任何东西。我的要求不是这个层面的。您是个不同的人。我们不同，我们之间具有最大的差别，性的差别。"②她进一步观察道："您的生活远离了我，您的远离没有一点拖泥带水，对他人来说也没有任何可能开辟出一条欲望之路。"于是她开始构筑这种无法共同生活的感觉，她接受了不可忍受，接受埋葬自己的性欲，然而她还在希望，希望能够通过她的写作，她的生命力，她的魅力，变异可以产生。"我应该把连接我们的这种疯狂的爱情写下来，哪怕我们会因此而死去。写别的东西对我来说等于不写。写作现在对我而言就是您，我将试着去做，我将为您写我……"③

---

① 让－雅克·费西采访记。现代出版档案馆档案。
② 现代出版档案馆档案。
③ 现代出版档案馆档案。

  我打扫了房子。我在自己的葬礼之前把一切都打扫干净。生活中的一切都干干净净的,免除了一切符号,倒空了一切符号,然后我对自己说:我要开始写作了,为了将自己从这正在结束的爱情的谎言中痊愈,我清洗了自己的物品,四样东西,一切都很干净,我的身体,我的头发,我的衣服,还有包裹这一切的东西,身体和衣服,房间,这座房子,这座花园。①

  玛格丽特写《大西洋人》只是为了留住扬。在这封充满绝望的情书里,她要这个痛苦的爱情世界为她作证,她现在还不愿意破坏这份爱情。酒精只能增加这份激烈,更加激起她的欲望。要么这样,要么就不写。要么这样,要么就死去。被一小撮狂热的崇拜者包围的杜拉斯以为自己仍然能在这种肉体之爱中赢得胜利,赢得一个不爱女人的男人。玛格丽特相信自己能够改变他人。粗暴,专制,杜拉斯可以让别人对她充满感激却不能强迫别人对她产生欲望。那么这种排除了性的感情究竟是一种什么样的性质呢?在这么多年的孤独和惶恐——害怕自己有朝一日疯了——之后,杜拉斯竟然离不开这个没有打一声招呼就在她生命之中安顿下来的年轻男子了。然而,他又一次想逃走。于是她写信给他:"让我们仍然在一起。这个房间是属于你的。我不能忍受我们的分离。我觉得这会是个错误。即使没有欲望,我们的分离也是一种不幸。今天夜里,我睡在你身边,却对你没有一点点欲望,而我并没有做出这样的决定。所以这是可能的。自由。你想做什么就做什么。我要求于你的唯一事情就是不要把威士忌藏起来,再也不要有那个让我感到如此害怕的夜晚,这种疯狂会杀了我的。我们没有走出战争的地狱,你和我都是。我们被杀死了。我处在绝对的绝望之中,我不知道该把自己的身体放在什么地方,我不知道如何还能忍受着继续活下去。"②她爱的究竟是他,还是这个在遇到他之前她就已经编造出

---

① 现代出版档案馆档案。
② 现代出版档案馆档案。

来，并且不断写信的人物？她想把他替换掉。

我知道这最后一夜让我们永远地分离了……我也许是在给另一个取代您的男人写信。一切都死了，受到传染，甚至我们过去对彼此的欲望也死了。

一切都结束了。没有我您在这世上很孤独。您自由了。昨晚，您那令人心碎的谈话重点就在自由的问题上，我们的故事结束了……您还说我更喜欢我们故事开始以前的生活。是的，同性恋才是问题所在，双重的背叛，对人和欲望的双重背叛，我永远都不能从这种恐惧中完全恢复。我生活在双重的圈套中，从第一天开始我就后悔了，也就是说我后悔这并不存在的一切，尽管我以为这一切的确存在。

扬走了。扬会回来的。玛格丽特接受了弗朗索瓦·密特朗的邀请，代表官方出席纪念拉法耶特1781年征服约克敦的庆典活动。以前她宣布说："比较起这一堆废物的空间，这垃圾，比较20世纪的任何一种理念，我更喜欢空茫，一种真正的空茫。比较起这些虚假骗人的谎言，我更喜欢没有国家，没有政权。"[①] 在纽约她和扬重逢了，她仍然在不断地重复自己是个天才。玛格丽特和这个世界里的大人物频繁接触。玛格丽特此时已经相当有钱了，一方面是卖版权所得，另一方面她的不少小说都被改编成了电影，她把这笔钱的绝大部分都用来在巴黎购置产业。但是，尽管她自视为天才，并且也确确实实被某些人看成是天才，她仍然是那个在圣伯努瓦街小套房里生活着的来自印度支那的贫穷的小女孩，战争开始她就住在圣伯努瓦的小套间里，什么都没有改变。米歇尔·芒索为我们讲述了在玛格丽特正准备和新上任的共和国总统一道出访的前一晚，她去圣伯努瓦街看她。"玛格丽特在厨房里缝衣服。天花板上吊着一个灯泡，一个陈旧的洗碗槽，没有任何家庭小摆设。明天她准备和共和国总统一起出发。她给我看了她用机器缝制

---

① 玛格丽特·杜拉斯与克莱尔 德瓦里厄的谈话，《世界报》，1981年10月6日。

的背心，准备在美国总统举行的欢迎仪式上穿。她给我看了她的行李，每件衣服都被卷成一包，系着饰带：在印度支那，人们就是这样做的，这很好，衣服不会皱。"①

玛格丽特觉得和密特朗重新接上头是一件很幸福的事情，自此以后，她没有少吹捧过他。我们知道她这种举动的意思：左派胜利的法国正经历着"重大的事件"，一种"全球范围内的事件"，没有人能够对此做出真正的解释，甚至是这起事件的负责人。在整个旅途中，玛格丽特还是在喝，喝到醉倒为止，在旅馆房间里，扬陪着她。布尔，她昵称她为布莱特的，也在美国和他们重逢了，她亲眼看着玛格丽特这样沉溺在酒精里却无能为力。从美国回来后，玛格丽特和扬在诺夫勒安顿下来。

"她面如死灰"，米歇尔·芒索说。她的手无时无刻不在颤抖。她一个人根本不能行走。实际上，她出门的次数的确越来越少了。她回到巴黎，走在圣伯努瓦街上的时候，总是靠着扬的臂弯，全部的重量都支撑在他身上，她是他浓妆艳抹的布娃娃，他是她的小兔子。简直是嘲讽。分开但是又复合了，多亏了酒精。保尔-奥查可夫斯基·洛朗就是在这个时候和她见第一面的。他给她寄去了莱斯利·卡普朗第一本书《剩余工厂》的清样。两天以后，她给他去了电话，对他说："和莱斯利一道来诺夫勒，我们谈一次。"她给他们上了非常好的红葡萄酒。她不停地喝。她把工厂比作集中营，宣称"工厂这种机构无处不在，全世界都有，它无处不在"……《解放报》和《新观察家》要求删节玛格丽特和莱斯利的对谈。她们拒绝了。对谈先是在比利时一家托洛茨基主义的杂志上全文刊登出来，后来《另类日报》又进行了全文转载。在这篇对谈里，玛格丽特承认自己处在"承受"的状态，说自己的写作状态也是非常"虚弱"。

1982年1月，《大西洋人》在子夜出版社出版，在她生命尽头，她还一直坚持说这是她最重要的书之一。"我也不知道我们在哪里，是怎样一种爱情的怎样一种终结，是另一种怎样的爱情的怎样的重新开始，

---

① 米歇尔·芒索，见上述引文。

我不知道我们迷失在怎样的故事里。"《大西洋人》也被拍成了电影，电影里只有一个演员，扬·安德烈亚。电影为时四十二分钟。当中一部分是《阿加莎》里没有用上的镜头。由于画面不够，玛格丽特拍了大量的黑。唯一能够听到的声音是她的。她说："我不再像第一天那么爱您，我不再爱您。"她坚持道："我的爱在生与死之间。这是一部电影，只是一部电影，一本书，一本小书。"玛格丽特很担心扬的生活。"我想我唯一感兴趣的是您的生命还在延续，否则的话，生命的进程对我而言根本无所谓，它不能教会我任何事情，它只能让我尽快地死，尽量地接受死亡，希冀死亡。"[1]

书非常感人，到了催人泪下的程度，因为丧失的痛苦是如此强烈。尽管看电影的人很少，但是评论界还是对它表示了一定的兴趣，盛赞杜拉斯背离电影常规的方法。《大西洋人》自始至终充斥着一种巨大的恐慌，黑色的银幕。这是她第一次用黑色拍摄，她觉得黑色是最为深刻的颜色，比任何别的颜色都要深刻。黑色，缺少光明，可怕的黑色。"水流，湖，海洋有一种黑色的力量。就像黑色的画面一样，它们在动。"[2] 其实在杜拉斯所有的电影里，画面下都埋藏着黑色。电影的黑色联结了写作的黑色，她称这种写作中的黑色为"内在的影子"，这才是生命力之所在。"我想，我在电影中所追寻的和我在书中所追寻的是一致的。说到底是一种消遣，只是消遣而已。在这一点上我没有变化。差别很小，从来都很小。"[3]

电影只在巴黎的一家影院上映，"艾斯居里亚尔"影院。在这之前，玛格丽特觉得有必要为观众写一点什么，那些认为电影"欠他们"的人别进去，他们可以随它去，忘记它的存在，而其他人可以"毫无错误"地看这部片子，不管什么借口都不应该错过，因为"片子的生命很短，就像闪电，只上映十五天"。[4]

玛格丽特开始了《罗马对话》的创作，意大利广播电视台向她订

---

[1] 《大西洋人》，子夜出版社，1985年，第31页。
[2] 《外面的世界》卷二，第14页。
[3] 《关于〈大西洋人〉》，《女人周刊》，1982年3月。
[4] 《世界报》，1981年11月27日。

购的一部短片,一种关于战争和世界末日的诗性思索,正准备分手的一个男人和一个女人的对话。在罗马,玛格丽特拍摄着城市的景致,但是稍微一动就会令她感到精疲力竭。她很孤独,很不幸。电影的主题是受到她和扬所经历的一切的启发吗?似乎是这样的。杜拉斯在绝望中拍摄这爱情不可医治的创伤。她没有具体的想法,也没有脚本。她拍电影只是为了确证自己的存在。电影的确显得无聊,冗长,晦涩。她本来想拍罗马,可拍摄的时候她就明白这根本是不可能的。晚上,她睡不着觉。她很晚才回到旅馆房间,带着好几瓶白葡萄酒——为了"让自己在昏昏然中忘却一切。"她对负责剪辑的朋友说。扬这一次是真的不见了。她在等他,哪怕一封信也好,可扬没有任何消息。她回到巴黎的时候,在一种极度的恐慌和昏昏然中剪辑。她每时每刻都离不开酒。"喝酒是因为迷失。"她说。[①] 她再也没什么可失去的了。怎么办呢?死亡?写作?她回到了诺夫勒。她在楼上的房间里写作,或是在楼下的钢琴旁,再不就是在靠近通马车大门的走道上写,过去这里是用来储存麦子的。她在写《萨瓦纳海湾》的初稿。"在写作的时候还算个人,在生活中根本算不上。"玛格丽特觉得她不再是人。

扬回来了。他觉得玛格丽特的情况很糟,惊惶之下他去问米歇尔·芒索是否认识医生。玛格丽特谁也不愿见,宁愿一个人清静一点。米歇尔这次也跨越了禁区——因为这是生与死的问题——和她的朋友让-达尼埃尔·兰诺尔联系上了,后来兰诺尔也成了玛格丽特的朋友,"一个天才,"玛格丽特这样评价他,"摩尔达维的犹太人。"第一面是在诺夫勒的运动咖啡馆。他们谈了很多东西,除了她的健康问题。她和他谈起了以色列:"一个美妙无比的国家,那里只有犹太人。"她不停地喝着酒。他没有问过她一个问题,也没有让她进行检查。在走之前,他对她说是否进行戒酒治疗可以由她自己来决定。他又去看过她几次。玛格丽特继续在喝。他什么也没说。"除非她想死,要不然她就会到医院去了解情况的。"她开始减少酒量,因为她想结束《萨瓦纳海湾》。

《萨瓦纳海湾》讲述了一个外祖母被外孙女制服的故事,非常美

[①] 《写作》手稿,未发表,现代出版档案馆档案。

妙。1983年，玛德莱娜·勒诺演绎了这位祖母，这也成了她在戏剧舞台上的绝唱，这位外祖母已经弃绝了自己的存在，迷茫而不知所措，对于生命，对于这世界无所期待。她以前是个戏剧演员，曾获得过耀眼的成功，而今她成了一具幽灵，成了行尸走肉，有一天，她接待了一位年轻女子的来访。这个年轻的女孩要求她讲讲母亲的故事，母亲是因为爱而自杀身亡的，在年轻女孩出生的当天晚上，母亲投海自杀。而外祖母从女儿自杀的那天起把自己关在房间里，因此从来没有见到过外孙女。外祖母的房子离女儿自杀的地方很近。对于她而言，外孙女只是那个死去的孩子的女儿，跟她没有关系。但是，渐渐地，外孙女成功地将外祖母从昏昏然和迷失的疯狂中拯救了出来。

玛格丽特说《萨瓦纳海湾》是为玛德莱娜写的。自打《树上的岁月》之后，玛德莱娜只演她的母亲，她也真成了她的母亲。在《英国情人》里，她继续演绎这种疯狂，激烈，梦幻。在《伊甸影院》里，母亲仍然在那里，沉默，粗野而病态。玛德莱娜演够了玛格丽特的母亲。她要求过玛格丽特好几次，让她为她量身定做一个角色，为她写出喜剧，让她能有所改变。不过玛格丽特用悲剧代替了喜剧：

> 你不知道自己是谁，曾经是谁，你知道你演过戏，但是你不知道自己演过什么，正在演什么，你不知道自己正在演戏，你知道你应该演戏，你再也不知道自己演些什么。不知道演什么样的角色，也不知道哪些是你活着或死去的孩子。不知道哪里是你发出情人的呼唤的地点，舞台，首都，大陆。除了付了钱你必须出演的大厅，你一无所知。
>
> 你是个喜剧演员，处在世界上最灿烂的年龄，完成，最后的释放。
>
> 你什么都忘了，除了萨瓦纳，萨瓦纳海湾。
>
> 萨瓦纳海湾是你。[①]

[①] 《萨瓦纳海湾》增补版序，子夜出版社，1983年。

她在等待死亡,《萨瓦纳海湾》里那个温和的疯子。她不悲伤,不,她觉得人们将点起灯光,她呼吸着旧裙子的味道,还听着爱情歌曲,回忆过去的幸福时光。《萨瓦纳海湾》里有对《印度之歌》的模糊回忆,一种沉默的悲凄,自杀在这里也是一种充满勇气的举动,安娜-玛丽·斯特雷泰尔的坟,白色的石头被不断涌来的海潮吞没。安娜-玛丽·斯特雷泰尔死于季风期的恒河三角洲。《萨瓦纳海湾》里一直没有出现的年轻女人也在大海中死去。她们俩都是十八岁。

玛格丽特不能写字了,因为她的手抖个不停。是扬把她所陈述的写下来,再打出来。完成《萨瓦纳海湾》的初稿时,她的情绪非常激动。扬把稿子送到了子夜出版社。第二天,热罗姆·兰登就打电话给她,说他非常喜欢。这几天她好了些。但很快又开始了:每天至少五升葡萄酒。腿浮肿得都不能走路!她甚至连花园都不去了,不洗头发,也不换衣服。她成了一个流浪汉,她开玩笑地对米歇尔·芒索说,不无得意,当时只有芒索和医生让·达尼埃尔有权跨进她的房间。[①] 她的朋友都以为要永远失去她了。他们目睹了这场灾难却无能为力。后来,她曾温柔、感伤地回忆起这段时光。她喜欢让自己感到恶心。她甚至觉得自己很勇敢。但是她还是到特鲁维尔去了。她重新开始投入写作,在一种狂欢的气氛中,这就是后来的《死亡的疾病》。作品那个时候叫作《一种天芥菜和枸橼树的味道》。她成天泡在酒精里,一天六到八升。她的状态很奇怪,看一切都是变形的,除了自己的脑袋。"我从来都不是个酒鬼,我只是走了。"大夏天她成日昏睡,后来她谓之为"蛰眠"。大海对她是有好处的,她经常会出去看大海。但是看大海也越来越少了。她摇摇晃晃,根本迈不出一步。一切变得非常可怕。扬害怕了。他想把她带回巴黎医治。她拒绝了,成天扑在作品上。写到十页的时候,玛格丽特同意离开黑岩旅馆。她已经不能驾驶了。这对她来说已经结束,这种掌握方向盘,这种因速度而飘飘然的感觉。扬来开

---

① 她后来对玛里亚娜·阿尔方说过。《善意》,法国文化部 1984 年播出,在《语言的痴迷》中也有类似的话。她对米歇尔·芒索说:"我们是流浪汉。"(见上述引文,第 144 页)

车,他没有驾驶证。方向是诺夫勒。

此时是1982年9月5日。早晨,玛格丽特把她头两杯葡萄酒吐了出来。第三杯留住了。只有酒精能够平息她的颤抖。她不再进食,连蔬菜汤都很少喝。她也不再出门,除了每三天一次到街角的超市去买成箱的葡萄酒,劣质的波尔多葡萄酒。"我们在不知不觉中就把酒给喝下去了,甚至数不清究竟有多少瓶子。"[1]每天早晨扬醒来都会想,也许今天夜里她就会死。

她再也没有什么好失去的了,玛格丽特。她知道自己处于极度消沉之中,因为她从来没有丧失过意识和智慧。她老了,病着,一点力气也没有。"我已经到了可以死的年龄,为什么还要延长生命呢?"她对扬说。但是生活中总会出现她所希冀的极度幸福的时刻。她叫来扬。无须解释。他懂。他坐在打字机前。她的声音也已经细若游丝:仿佛夜间的呢喃。经常是沉默了几个小时后她就会叫扬。扬随时准备着。他打字的速度很快。她什么也不记得。甚至她才说出的句子里的一个形容词。扬记录下一切。写作就是这样进行的。扬看到作品慢慢地厚起来。就像一株野生的植物。玛格丽特听写的时候,扬总是想哭。到二十页,她说要把作品的名字改成《死亡的疾病》。她终于肯接受治疗了。好的,去诊所。扬吻了她,继续给她喝,然后给让·达尼埃尔打了电话,让第二天一早就赶到了诺夫勒。他被她的状况吓坏了,他担心她是老年痴呆,脑栓塞,肝硬化。玛格丽特看出了医生的恐惧。开始她同意治疗,可后来又拒绝了。无论如何她情愿一个人在家里安静地死去。接着又是个大转变,这在她身上也是经常发生的,一种直觉,一种希望,她说:我选择医院。在走之前,她仔仔细细地锁好门。她知道自己已经没有写作的力气了,希望医院能让她完成这部她已经疯狂爱上了的作品。让·达尼埃尔将她放进一辆出租车。她哭了。她醉着。扬陪着她。

米歇尔希望让·达尼埃尔答应,如果在检查当中发现她的确无可救药的话,就立即让她出院。玛格丽特认为是太迟了,但是她愿意听从

---

[1] 《M.D》,扬·安德烈亚著,子夜出版社,1983年,第9—13页。

他的决定。现在是 10 月 18 日。出租车把玛格丽特和扬放在圣伯努瓦街。住院期定在 21 日。玛格丽特继续喝酒，19 日那天还接待了一位阿根廷记者，谈了两个小时的文学和上帝。记者什么也没有发觉。21 日，让·达尼埃尔带着一辆出租车来找她和扬。方向是美国医院。到了晚上她大喊大叫说要喝酒，威胁护士说她什么都做得出来，说她会逃跑的。护士微笑着回答她："并没有完全禁止您喝酒，吃药片也可以。""我住得那么远，真是可怕。可怕的原因是我一点也不想治愈。"① 巴黎的朋友都非常焦虑。电话里，扬支支吾吾的。"在某种程度上，"让-皮埃尔·瑟通写道，"常量的酒精对她来说已经不够了。她逃走了，为了暂时地躲避她自己。"② 大家都为她担心。她能好吗？

很快玛格丽特便拒绝所谓的"快速肉片疗法"和"冷冻火鸡疗法"。她宁愿死。她花招百出：病房的价格太贵了，饮食很差，护士太笨。治疗非常辛苦。没有其他的办法，医生说，他们也不知道疗程结束后她是否还活着。可如果不治疗玛格丽特肯定会死的。这成了一个月之内的问题。在《玛格丽特·杜拉斯》中，扬谈到，如果说玛格丽特最后还算是"接受"了的话，那是因为她本能地感觉到自己的确要死了。事实上，比较起医生——她这一生几乎从不去看医生，而且自战争时期她的第一个孩子去世开始她就对他们持一种怀疑的态度——她更相信自己的直觉和生理反应。治疗的第三天，她出现了幻觉，她对扬说：她从窗子望出去"看见"了牛，而实际上那是些汽车，她还说"看见"矿泉水瓶子里有鱼，说"看见"护士在抽烟。

在两次昏睡之间她说她现在是离正常状态最远的时候，但是她没有一点承受药物刺激的力气了。她越来越狂躁。一天早晨她冲着扬喊："我知道，今天夜里你和一个葡萄牙女护士去了波士顿。没有必要撒谎。既然我已经知道了，告诉我事情的真相。"医生想给她做个脑造影：因为身体状况引起的脑萎缩还是仅仅出于她编造的嗜好？检查结果表明没有任何反常现象……玛格丽特喝牛奶，像猎狗一样睡在浴缸

---

① 和玛里亚娜·阿尔方的对谈，见上述引文。
② 《艾梅达的故事》，让-皮埃尔·瑟通著，罗歇出版社，1997 年。

里，做着梦。有时她的脑子会清醒一下："我脑力衰退了，完了。"她重新回到了童年，看见自己在印度支那，在母亲的学校，哭得像个受到斥责的孩子。医生停了一切，药物，治疗，治疗忧郁症的药。孤注一掷。一切都在二十四小时之内，玛格丽特或生或死。"死可不是件好玩的事。"在等待中，她对扬说。她知道自己的身体发生了怎样的变化，但是她的脑子里仍然在翻腾。一个是船长的妻子，另一个是中国人，他们经常进入她的脑子流浪。第一个成了小说《艾米莉·L》的主人公，后者则因《情人》而不朽。玛格丽特沉浸在幻觉之中：黑暗中的酷刑，几百只鸟栖息在枝头。她很痛苦，但是在承受命运。她转向扬，哭着问他："为什么是我？"玛格丽特觉得自己是命运的玩偶，是一种超自然力量的工具，她也不清楚这种超自然的力量是什么，上帝么，也许是，也许不是，这都不重要。治疗结束后，她对扬说："上帝从来没有具体的形象，什么情况下都没有，能代表上帝的只有黑匣子或者空茫。"她不怕死。有时，她会害怕上帝并不存在，很老的时候，她宁愿装作上帝是存在的。在生命结束之际，她只读《福音书》。"我所有的书都是谈论上帝的，"她经常不无嘲讽地说，"但是没人发现这一点。"[①] 她交往了五十年的朋友，她的《圣经》注释者玛德莱娜·阿兰斯也认为她的所有作品都充斥着一种神秘的呼唤，似乎有一种想要接近上帝的无止境的欲望，一种在精神上不断完善的愿望。

三个星期后，玛格丽特治愈出院，然而精疲力竭。唯有写作对她而言还有意义。在离开美国医院之前，她将自己的文集《外面的世界》赠送给一位夫人，对她说："您看看，这本书不错。"在回圣伯努瓦街的路上，她问扬要的第一件东西是《死亡的疾病》的手稿。第二天，她约好了她的理发师，到美发厅的时候，理发师简直认不出她来了。于是她告诉她自己是从哪里出来的。美发厅的女人全都不说话了。理发师让她小声点。她问为什么要这样：她没什么要隐藏的。米歇尔·波尔特也才去看过她：表面上看来她确实好了许多，很有精神，充满生命力，但是她的谵妄症越来越厉害了，只讲她的幻觉。她看见很多东

---

① 作者与玛格丽特·杜拉斯的谈话，1995 年 3 月 18 日。

西：魔鬼，传奇中的动物——我们似乎真的能够感觉到她内心深处的想象一点点浮上来，经过她的嘴表达出来。她不是在讲述，不，她是在编故事：每一次幻觉都是美化、投入某些她认为很漂亮的词语的机会。米歇尔·波尔特还记得有一个下午，她给她讲了一条在地毯上挣扎的蓝色金鱼的故事。"美妙绝伦。"[1] 医生不理解出现这些幻觉的原因究竟是什么，只是说脑子并没有受到病患的感染，可能是一种过度易感性造成的，或是想象到了极致的疯狂。有一天夜里，扬看见玛格丽特穿着睡衣和黑色高跟鞋，拿着一把伞，想要杀死房间里的所有动物：猫、狮子和河马。怎么办呢？应该陪她一起进入这个游戏还是告诉她事情的真相。朋友们都为她所讲述的故事所着迷，可又实在担心她的状况。在这封名为《M.D》的美丽的信里，对这段痛苦时期充满感情的追忆中，扬写道："……我不想知道你是否是真的相信，不知道你是否在玩游戏，我知道在讲述的愉悦里也掺杂着恐惧，我知道恐惧和传奇混在一起，我知道在你的脑子里，所有的东西都逻辑地混在一起，我知道你是唯一洞悉这一切的。"[2] 当玛格丽特要他杀死这些可怕的动物时，他真的拿起伞来到处敲击。玛格丽特放心了。米歇尔·波尔特却情愿回答她说她什么也没看见。玛格丽特并不坚持。迪奥尼斯对她说她得了谵妄症，说这些东西都不存在。玛格丽特就摇头。

渐渐地，这些噩梦般的幻觉变得稀疏了：取暖器后面的死狗离开了房子，脸涂得白白的男人也一声不吭地离开了客厅。玛格丽特也能出门了，但是走得不远。扬带她去参观了巴尔扎克的故居，她还沿着塞纳河岸散步。她进入了康复期，又重新恢复了理智，有足够的精力修改《死亡的疾病》的清样。她甚至想立即把它搬上银幕。在一本簿子上她记下了将它视觉化的打算："我们可以听到大海的声音，但看不见。卖身做爱的女孩平躺着，身上盖了张床单。演绎这个角色的女演员应该美丽而独具个性。"[3] 玛格丽特做了不少计划，她此时不再需要服药，在房间里走动也无须扬的搀扶了。

---

[1] 作者与米歇尔·波尔特的谈话，1996年11月4日。
[2] 扬·安德烈亚，见上述引文，第118页。
[3] 现代出版档案馆档案。

《死亡的疾病》出现在书店的柜台上。在某种程度上它是《坐在走廊上的男人》的续集。《坐在走廊上的男人》先是写于20世纪60年代初，两年前玛格丽特重新修改了之后终于付梓发表。《死亡的疾病》，玛格丽特改动很大，尤其是在标点上。她曾经犹豫要不要出版。突然她觉得它过于私人化，拿出去给所有人看不好。她写进了少女时代的爱情，并且采用了唯一给予她震撼的文学体裁：诗歌。《死亡的疾病》是一首诅咒欲望匮缺的诗歌，但同时也是一个男人和一个女人之间伟大爱情的史诗。黎明时分他们躲在一间房子里。他付了钱让她来。来做什么呢？试一试——试什么呢？你们所谓的爱。女人的身体仿佛一只在床单间死去的小鸟，被一个男人操纵在手，而男人不知从何进入。床单也可以象征着裹尸布。不知欢娱是死亡的停顿。都说一个男人在做爱之后会觉得"小死一回"。《死亡的疾病》里的男人却有大死一回的能力。女人，她是懂得肉体欢娱的。阴唇间流出黏稠而炙热的液体。

因为男人不喜欢女人，而且他患有一种他自己也不知道的病，有些人觉得书里已经预示着艾滋病的威胁。也许……玛格丽特在捕捉意识上有点巫婆的味道，通过写作，事件会被煽动起来，但是由于缺少命名仍然无法存在。《死亡的疾病》也是她写给她深爱并选择与之共同生活的男人的一封信。"一天晚上，你枕在我两腿之间睡着了。你顶着我的性器，已经沐浴在我身体的湿润之中。它张开来。听凭你的摆弄。"[①] 女主人公的性器，玛格丽特的性器。这是一个老妇人的性死亡通知书，她仍然在叫喊着自己的欲望，她要报复那些否定男女之间的欲望的人。《死亡的疾病》是对同性恋的控诉，而不是像将它搬上银幕的皮特·汉克所认为的那样，展现了死亡的冲动。"这一天来了，"她说，"所有一切都将开始，除了您，您永远都不能开始。"书出来后，扬大声读给她听。"这是一部很美的作品"，她听完后说，接着又补充说这本书是写给他的，是私人行为，是做给他看的一种姿态。《死亡的疾病》有六十来页纸，大号字。里面没有什么是可叙述的。当书进入商业渠道，摆在书店的柜台上，成为可以带走，可以占有的某种具体物

---

① 《死亡的疾病》手稿，现代出版档案馆档案。

质时，作为驱魔法她对迪迪埃·艾里蓬说："你只要读了这名字的书，你就会觉得《死亡的疾病》和你内心里的一切是呼应的，书并不存在，这是一本非常古老的书，讲述着一个很长的故事。只有在你心里留下的痕迹，没有书。"[1]"您想通过这本书到哪里？"雅克—皮埃尔·阿迈特问她。她回答道："我要走向未知。"

"她身体确实好转了，说话越来越像杜拉斯。"米歇尔·芒索写道[2]。她、玛格丽特、扬和两位救治玛格丽特的医生一起度过了圣诞节前夜。只有玛格丽特没有买礼物，但是所有人都送了她礼物。她当着尴尬的扬的面攻击让·达尼埃尔，攻击这个摩尔达维犹太人，这个一直陪着她戒酒，救治了她的医生。"医生有机会救治作家是他们的幸运。"然后她又继续攻击说："你运气真不错。正是因为我，医学才取得了巨大的进步。"玛格丽特身体好多了，于是又重新找回了她的恶毒。"我为什么会这么恶毒呢？"她问了我好几次，"恶毒……我是如此恶毒。"玛格丽特不再喝酒，圣诞节前夜，在回到工作台之前，她喝了一杯汽水作为替代。

从米歇尔·波尔特拍的一部片子上我们可以看到在《萨瓦纳海湾》排练现场的玛格丽特，大约是在8月12日到9月22日之间：脸已经不浮肿了，线条也柔和了许多，透过她那副大眼镜，我们可以隐约看见她那双充满活力、生动的眼睛。玛格丽特有点变形了。才从地狱回来。在整个治疗期间，她觉得自己身体里仿佛埋藏着一座没有爆发的矿山。在排练期间，她表现出了一种惊人的精力，每时每刻注意力都非常集中。她让演员一遍又一遍地念台词，倾听词语的音乐，将她觉得不够清晰的段落重新修改。她负责一切：灯光，动作，服装，玛德莱娜的手势，布尔的噘嘴。她滑稽，活泼。逗得人大笑。她又活了过来。在观众尚未出现的戏剧舞台上，她变得年轻了，哼唱着皮雅芙的歌曲。她在空旷的舞台上一边呢喃一边跳舞："我能爱上你真是疯了，我的爱，我的爱。"扬坐在她的身边，专注，羞涩，像个保护神，他给演员

---

[1] 《解放报》，1983年1月4日。
[2] 米歇尔·芒索，见上述引文，第149页。

提台词，将所有的对话都熟记在心。她又重新发现了戏剧舞台，这有可能遭遇最激烈的感情的小小的地方，她在排练的时候表现得无比耐心。这个患了遗忘症的老妇人，没有身份，没有社会地位，只是迷失在过去的荣耀之中，她就是玛德莱娜·勒诺，八十三岁的玛德莱娜，令人赞赏的玛德莱娜，有一种动物般的温柔和内外统一的专制，迷失在自己的记忆里。"我能爱上你真是疯了，我的爱，我的爱。"皮雅芙的歌对于玛格丽特来说——她能够背出皮雅芙的所有歌曲——是在反抗死神。玛德莱娜又一次成了她的母亲，玛格丽特毫不犹豫地粗暴对待这个戏剧界的魔鬼，态度极为专制，但是玛德莱娜也远远超越了演员本身的游戏，她将一份王者般威严的衰老，将一份存在的力量，面临日益靠近的死神所显示出的无辜呈现给了观众。

《萨瓦纳海湾》是一出悲剧。在玛格丽特看来，只有悲剧才能称得上是戏剧。剧院应该是激情的展现地，应该展现看不见的东西。在她眼里，戏剧的绝对典范是《贝蕾尼斯》。罗伯特·普拉泰的置景加深了永恒的、不可动摇的意味。"我认为戏剧是一种祭祀的仪式，"她宣称，"祭献一个古老的空间，所有的演员都会冒生命的危险，对于他们来说，他们所创造的人物一直是个谜。"[1] 在剧院，一切都可以呈现给观众。首演前的几分钟，她对精疲力竭的女演员简短说道："你们应该构筑看不见的东西。"[2]《萨瓦纳海湾》是一出传奇，或者说是一个真正的故事。玛德莱娜将词语一个个地剥皮——用玛格丽特的话来说，把词语的肉翻出来，她去除了词语的某种东西，不是意义，而是含义。玛德莱娜·勒诺成了玛格丽特的艄公，她如此完美地将自己和文本融为一体，以至于大家都忘了是别人为她写了这出戏。

首演的当晚，观众全都哭了。米歇尔·古尔诺在《世界报》上描绘了穿透大厅的这种激情，自从首演听到玛德莱娜气喘吁吁的声音开始："正是为了这戏剧的神秘，演员的这种魔力，这亲切的、揭露真相的声音，这生命的声音，这一汪清水，这一份永恒，观众才会如潮水

---

[1] 《巴黎日报》，1983 年 9 月 30 日。
[2] 米歇尔·波尔特的电影。

般涌向隆普安剧院，感受天才玛德莱娜·勒诺的手，她的目光，她的抚摸，他们不是冲着玛格丽特·杜拉斯的剧本去的，而他们也没有揣度过，玛格丽特·杜拉斯写这出戏也恰恰是为了这个目的。"[1] 不再成为作者，敢于让观众遗忘作者的名字，这是玛格丽特所昭示的新的野心；这不是谦虚的表现，正相反，这是通过自己将自己的写作神圣化的一种方式。杜拉斯从来没有停止过构筑杜拉斯。现在，杜拉斯只能以杜拉斯的方式生活，构筑超杜拉斯：她不再是生活中的某个人，她是仅仅因着她的书而存在的存在。书里的一切远比写书的作者要真实。同时，她却对玛德莱娜的成功感到极为恼火——无论如何终究是她写了这出戏——抱怨记者对她的作品缺少兴趣，她又想重新在《解放报》上开专栏，但是于利没有再给她电话。真是无法理解。玛格丽特·杜拉斯？

正是在《解放报》上和扬的一篇令人目瞪口呆的访谈中，她说："我认为现在的问题仅仅在于评论界没有正式地谈论我的书。在一个作者的一生中，有时批评会放弃它的角色，我要说的是批评不再陪伴我们，即使它有话要说也不知道该如何说，它变得毫无用处。"玛格丽特恼火了，愤怒了，她觉得自己说的一切都很有意思：关于黎巴嫩的，关于以色列的，关于右派和左派的。玛格丽特只和自己说话。其他人还存在吗？玛格丽特有一些朋友，但很少，主要是年轻人，她对年轻人一直怀有强烈的感情，比如说让-皮埃尔·瑟通，她为他的《城市喧嚣》作了序，并推荐给子夜出版社出版，她鼓励他再写一部新的艳情作品。她和他一起去饭店，和他一起在夜晚的巴黎散步。玛格丽特的所有朋友都会陶醉地谈起和她开着车子夜游的事情，说她总是用一种引人发笑的方式评论她所看到的一切。玛格丽特说，不停地说，她停不下来。但是她在对谁说呢？

她编造生活，今天她的朋友都这么说，她创造生活，呈现生活。她越感到死神离她远去，她就越敢跨越雷池和禁忌。她把扬当成她的布娃娃，她的爱，她的小山羊，还有——她的出气筒。在大家面前她不知骂过他多少次，她吐出那些残忍的词，就是为了让他出丑，而他

---

[1] 《世界报》，1983年10月5日。

呢，神经质地笑着，默默地承受这一切，有时也走，总是很平静地回到自己的房间里，关上房门听舒伯特。玛格丽特养活扬，给他吃饭，给他穿衣，替扬说话，为扬选择一切：在饭馆吃饭时的菜单，在圣罗兰店里购买什么样的衬衫——她总会小心翼翼地叫来皮埃尔·贝尔热，这样可以打个折。玛格丽特还要替扬思考。于是不时地他会消失。当时他们的同伴里有多少人没有收到过玛格丽特神经分分的电话，叫嚷着要去警察局请警察出动替她到街头去找扬，或是打开旅馆房间的门？接着他会回来，但是玛格丽特甚至找不到一句话请他留下来。有时他在那里，但是一言不发。于是玛格丽特宁愿他走。有一天，在意识到自己的这种双重心理状态和精神及心理上的奴化后，他想在录音机里录下自己的话给米歇尔·芒索，以求解脱。玛格丽特也很赞同他的这种原始的精神分析，可是几天后他放弃了。然后玛格丽特的魅力又占了上风。玛格丽特完全剥夺了扬真实的一切，硬把他塞进自己想象的框子里。这种主人—奴隶的关系中，她说她更喜欢——当然她是这么说的，我们不一定就能相信——做奴隶；只是他觉得她比他更年轻，是的，更年轻，更强壮，更有精力，所以应该由她来掌握游戏的主动权。"我无法再离开她。这就像一种毒品。我是她的主要目标，她所关心的唯一目标。谁也没有像她这样爱过我。她没有杀死我，因为她靠这股热情写作。我，扬，我不再是我，但她以强大的威力使我得以存在。"①

扬不再和玛格丽特一起生活，但是沉浸在杜拉斯的世界里。而杜拉斯呢，她在哪里？"我更是个作家，而不是生活中的什么人。"②她说。她将自己的一部分埋葬了。戒酒治疗以后，她终于明白母亲和小哥哥已经死了，明白她和儿子孤独地活在这世界上，死亡对她而言已经没什么可怕的了。"我死的时候，"她在1983年1月5日对扬说，"我几乎不会因为任何什么东西而死，因为主要的东西已经走了。所剩的不过是这具躯壳，是它死了。"在肉体死亡之前，她所要做的就是写几本

---

① 米歇尔·芒索，见上述引文，第126页。
② 《外面的世界》卷二，第25页。

书，彻底地杀死自己，因为，她宣布说："每一本书都是作者对自己的一次谋杀。"①

她变得很快乐，给人一种能够更好地承受生活的感觉。她会非常固执地给你递上一杯掺了一点点酒的巧克力，求你赶快喝掉，以免她再度陷入酒精的泥潭里，喝，哦！只是晚上，哦！一点点，哦！一小杯，开始的时候是香槟——但是香槟真的能算是酒吗？她很严肃地问，然后是几杯美妙的白葡萄酒，接着就是红葡萄酒了，究竟是几杯也不用数。总之，她又重新和酒接上了头，只是这一次非常平静。她不吃奶了——她的一些敌人谈及她时就用了这样卑劣的词，不，她喝酒。

她喝酒是为了写作。她称之为危险状态。她既不能不写作，也无法想象自己能不喝酒，因为写作将她置于一种极度危险的状态。"如果我不再冒喝酒的危险就能承受住这样的状况，我也没有必要写了，有时我对自己说，仿佛我真的能坚持一样。尽管戒过酒，还是可以重新开始。今天晚上，什么也不为。就是为了喝而喝，没有其他的原因。"②自戒酒以后，她在重新学习写作，如何写信，如何组织词语，如何留出空白。学习持续了几天，接着她很快就校正了自己的姿态。但这几天留下了一些痕迹：这种小女孩式的"爆裂、破碎"，仿佛认罪般的写作方式让她产生在寻求简单中走得更远的欲望。从此以后，她要让词语呼吸。这就是她所谓的日常写作，几乎没有什么特别之处，就是打你心中涌出的潮水，这些轻捷、马上就要蒸发的词语，急匆匆想要固定下来，因为，就像海潮一样，它在奔跑，写作在奔跑。它溢了出来，盲目地误打误撞，把一切混在一起。所以它想留住这条词语之河的一些碎片，然后将它们——就像一个耐心拼起迷板的孩子——聚集起来，组织起来。

"《情人》？但这不是一本小说。这只是编年史。"她说。

"《情人》？但这是别人向我定的稿子。"她评论道。

"《情人》？但这只是对相片的评论。"她解释道。

---

① 《解放报》，1983年1月5日。
② 现代出版档案馆档案。

玛格丽特讨厌别人说她"写"了很多讲故事的书。《情人》，这本让她饮誉全世界的书应该被当成她的生活故事来读。这成功里掩埋着致命的误解，她要的不是一种承认，而是真正意义上的祝圣。因为写作甚至恰恰是讲述故事的反面。然而《情人》的读者读到的是一个故事。他们把《情人》当成了现金。因为成功，因为玛格丽特完全知道"真实的故事"才是成功的关键所在，玛格丽特只好任由它去。开始，书才出来的时候，她还不无羞涩地替自己辩解过，站在小说构建的立场上据理力争，讲到叙事的错综复杂，重复说《情人》是虚构的而不是自传。接着她便放弃了，她也心平气和地回忆起自己十四岁的时候，还是个小姑娘，有一天，在印度支那湄公河的渡船上，在一辆黑色的大轿车里……

开始，开始是她在诺夫勒的柜子里找到了她以为已经永远丢失了的手稿，一本小学生的簿子，上面记录了她和雷奥的故事，还是战争刚结束时记下的。玛格丽特翻了翻，后来也就忘记了，只在记忆的某个角落保留了这份描写的确切性。后来乌塔建议她做一本家庭影集，加上对照片的文字说明。1983年，玛格丽特想和她儿子一起工作。他们俩一起想象能把这本书做成什么样子。玛格丽特接受了乌塔推荐给她的两个年轻的出版商。她于是投入了工作，又重新在柜子里翻，恰巧看到了以前的一篇旧文章和家里的一些老照片，她小时候的照片，少女时代的照片。"我很年轻的时候这张照片就已经存在了，没有它就不可能生活下去。"在《物质生活》里她写道。不论是她还是她儿子都没有想到过去会重新占据她的一切，而写作又朝追寻失去的时间的方向而去，她在重新组织过去，想让它少一点痛苦的感觉。于是她不顾一切地写了，把淹没她的一切记了下来。"它在我之前就已经存在，在一切之前，它一直留到现在，我是在后来才明白是另一回事，明白它是属于我的，它为我而存在。"[①] 作品的核心已经开始存在了，当时它还叫《绝对相簿》。"为什么我生活的绝对相簿没有被拍下来呢，"她为这本未来的相簿写了这样的评论，"这本绝对相簿也许是不被当成相簿

---

① 《物质生活》，第33页。

的，也许没有任何可看的东西。它不存在，但是它本应该存在。它被遗漏、被遗忘了，被弄脏了，被剥夺了起源。正因为它没有得以存在，它才能代表这种绝对，成为自己的作者。它抵御住了时间的流逝。这是一张能动的照片。也许，在它合上的那一刻它就不再能动了。它的确停下了。结束了。把自己关闭在坟墓里。在坟墓里。我十五岁半。"

文本接着写了下去，开始评论河内的那所房子和母亲的绝望，而这绝望本身也是叙事的开始……我们知道，《情人》最后的那个版本，那个确确实实出版的《情人》是从描写一张老妇人的脸开始的——十八岁就已经老了，一个名叫杜拉斯的老妇人。一张皱纹满面，备受摧残的脸，作者不无残忍地描述着自己。"我们在生活里最少看见的是自己，包括在镜子里这种虚假的影像，注视着这个由自己组成的形象，我们也想留住最好的，涂脂抹粉后的脸，我们在照相时摆好姿态、想要在日后重新看到的正是这张脸。"她在《物质生活》中记道。玛格丽特·杜拉斯拿掉了面具。正是怀着她开始用来对待自己的这种平和，她着手写后来成为《情人》的这些文字。和扬之间那种不可能的欲望，那暴风雨般的故事是该结束了，签署停战协定。《情人》是和读者的对话——"对你说什么好呢"，其中解释的成分大于叙述的成分。

玛格丽特于是改变了计划：她把原先做一本配发说明的家庭相簿的计划抛在一边，换了内容，仍然称她的作品为《绝对相簿》，但是投入淹没她，包围她，在她内心沉睡而今想要释放的一切中去。"六十九岁了，我仍然站在这个我不认识的女人前。在这些互相刻骨仇恨着的孩子面前，她真的成了一个十足的孩子，似乎我们正经历着战争。"在簿子的留边处她写道。所以是母亲促使她写作的，对母亲的恐惧，对上帝、对童年、对大哥的恐惧，还有对母亲对大哥的那种爱情的恐惧。《情人》成了一场战争，她和自己家庭这种致命的沉默之间的战争。她害怕自己又写了第二本《抵挡太平洋的堤坝》。在她的本子上她记下了自己的犹疑："我生活的故事，我或多或少地写过……我现在所做的一切是不同的。在这里，我说的是关于这个故事的一些要点，尤其是我所隐藏的……我亲手埋葬的一些东西，某些事实，某些感情……他们都死了，这些曾经住在我童年时代房子里的人。他们是因为我而死的，因为所有的人，也因为我。写作的陈规于是消失了……"

这不是又一本《抵挡太平洋的堤坝》，也不是要和母亲算账，而是和自己清算，终于……把门微微打开一点，既然已经老了，满身病患，满脸皱纹。"运用写作不是为了以史诗的形式重建我的生活，而是为了进入某些事情，"她在第一本簿子上撕下来的一页纸上记道，"那些仍然藏在我身体深处的东西，就像新生儿在他生命的第一天那样盲目——无法写就的东西。"玛格丽特·杜拉斯渡过了这条河。她换了河岸。如果说和中国人是在两个河岸之间的渡船上相遇的，这绝不是巧合，在这波涛汹涌的河水上，在这么黄、这么黏看不到底的河水上，在这让她如此害怕、她觉得简直会卷走一切的河水上。玛格丽特又见到了那个小女孩，瘦弱的，黄皮肤的小女孩，惊慌失措，那么丑，她的母亲以为根本不会有一个男人对她感兴趣，还有那样一身滑稽可笑的打扮，她简直难以想象还会吸引谁的目光。那么一个动作迟缓，那么一个迟钝的小女孩，她的哥哥总是对她又打又骂，那么害怕自己，也害怕别人，害怕上帝，害怕这个世界的小女孩，总是躲在楼梯后面，希望被这个她所惧怕的世界遗忘。

玛格丽特沉浸在自己的记忆之中。战争结束期间的小学生练习簿上已经出现了玫瑰木色的帽子，她才翻到的，这顶独一无二的帽子，母亲非常喜欢，但是未来的情人雷奥可不欣赏："而我却一直那么相信母亲的审美眼光，因此，尽管没有一个人戴着和我一样的帽子，尽管雷奥对此感到很不舒服，我仍然背着雷奥偷偷地戴，在中学里，在所有同学的眼皮底下。"当然，玛格丽特美化了这个她后来不再给予任何名字的雷奥，只称呼他为"情人"。他不再出天花，既不平庸也不可笑。他有细腻的肌肤，缓缓的手势，东方的异国情调。玛格丽特梦想着，梦想着少女时代故事里应有的，可能有的故事。玛格丽特编造了这个如此温柔、耐心，如此钟情她，对她如此温存的情人……对童年时代照片的描写还是占了《情人》的三分之一。很简单，它们代表和情人相遇以前的各个时期。

玛格丽特·杜拉斯，在这次偶然成功后的一年，说她不喜欢这本书。她唯一想保全，唯一还能忍受的片段是作品中对战争的描写，很遗憾自己没有充分发挥。但是从定稿前的各个版本中可以看出她的犹豫。她曾经重写过开头，从战争的故事和对玛丽·克洛德·卡彭特的描写开始。故事的题目叫作《贝蒂·费尔南德兹的故事》，她描写了1942年冬末玛丽·克洛德·卡彭特沙龙的故事，那是亨利·芒道尔、安德烈、泰里弗、P.H.西蒙、罗伯特·康特斯和诗人克迈尔·玛嘉利·弗尔经常出入的沙龙，曾令年轻的玛格丽特艳羡不已。在最后版本里，玛格丽特·杜拉斯放弃了部分关于战争的描写，但仍然留下了拉蒙和贝蒂这两个人物，他们是玛格丽特不愿再提及的过去的幽灵；他们停留了下来，像是两个迷途的、不起眼的配角，一不小心才被固定在这本相簿小说里。书的秘密正在于作者所创立的这种滑动，在多余的因素之间。[①] 为了保持叙述的平衡，杜拉斯编造了一张并不存在的照片，而这张照片在最后恰恰成了作品的中心。

的确，中国人并不是书的中心。他不是杜拉斯的主题，虽然成千上万的读者都这样以为。《情人》的主题是写作。她寻找了很久，却从来没有捕捉到的写作方式。如今在《情人》里，她将从这些人物写起而不再是写他们，也不是在像《抵挡太平洋的堤坝》里用的那样一种道德的方式，而是从写作的重负中解脱出来。"现在，写作似乎已经成为无所谓的事了，事情往往就是这样。有的时候，我也知道，不把各种事物混为一谈，不满足虚荣心，不随风倒，写作就什么都不是了。"[②] 但是如果说《情人》仍然可以被读成是一个富有的中国人和一个贫穷的殖民地白人少女之间的爱情故事的话，因为那时杜拉斯也想这样安排。她一直忠于自己的叙事方式，把读者安排在演员、配页工和译码员的位置，她提供给读者的是多重的阅读可能。有无数踪迹，有无数开启的可能。《情人》是个挑起读者想象的试验场。也许正是因为这个原因它获得了这样大的成功：读者成了主人公，故事将由他自己来重写。《情人》不是自传。必须按字面理解玛格丽特的这些话："我生命的故事并不存在。我不是为了叙述自己的故事才写的。写作剥夺了我

---

① 阿兰·罗伯-格里耶对此进行了诠释和评论，与作者的谈话，1996年6月16日。
② 《情人》，第14、15页。

生命中剩下的一切，让我远离人群，我无法再分辨什么是我笔下的生活，什么是我真实经历过的生活，真的。"

比起《堤坝》，《情人》更接近劳儿·V.斯坦茵。杜拉斯是想告诉我们，写作可以是一种和自己妥协，回顾过去，澄清过去的方式，她并不想描述现实，描述真实或是阐述自己对人物的看法。重新找到一种统一。劳儿仿佛是一个想要继续呼吸下去的小女孩。写作的作用就是从"所缺的环节"开始将现实重新串起来。因此《情人》可以有无穷的阐释，而不管是否是潜意识里的东西，玛格丽特要说的是：最高的禁忌不是和中国人睡觉，而是和附敌者睡觉；回忆屏可能还掩藏着某种她自己也不愿承认的东西：和自己的哥哥睡觉。"缺席的中国人是敌人的士兵，"阿兰·罗伯－格里耶写道，"尽管《情人》的发行量达到了两百万册，它仍然是一本相当重要的书：我们不要过于计较了……玛格丽特·杜拉斯很蠢，但她算是一个伟大的作家……是的，是的……她的直觉是创造性的，非常智慧，而她自己并不知道。"[①] 玛格丽特·杜拉斯真的什么也不知道了。被问及写《情人》的深层原因究竟是什么时，她回答说她想有一本属于自己的书[②]，扬·安德烈亚出版《玛格丽特·杜拉斯》是促使她着手写这本书的根本契机。"应该说，这次回到自我，使我产生了阅读自己的书的欲望。做一本自己的书。读自己的书……于是我就冲着这个方向去了，不与任何人分享，也不能与任何人分享。如果我这样做了，我就失去了经过的火车，失去了这本书，我只想把我自己装在这车上，否则我就会失去这一阵阵涌来的记忆之潮。"[③] 她对玛里亚娜·阿尔方说。

一直到生命垂暮，玛格丽特才让别人——同时也让自己——相信她曾经爱过中国人。写作让她得以远离当时那种恶心的感觉，抹去了一个被母亲出卖的小女孩的耻辱，美化了这种关系。她修正了自己的存在，从此以后，比较起自己的真实记忆，玛格丽特·杜拉斯更相信白

[①] 吉尔·德勒兹在《意义的逻辑》中也谈到类似的话题，谈话在下诺曼底省文学基金会资助的《特点》杂志第 7 期上刊出。
[②] 《解放报》，1984 年 9 月 4 日。
[③] 《解放报》，1984 年 9 月 4 日。

己在《情人》中所叙述的一切。因为情人有钱，所以母亲和哥哥要把这个故事强加给她，这种粗暴在《情人》中荡然无存。多亏了写作的优雅，一个白人小妓女成了中国人的爱情玩偶。和情人的故事持续了一年半时间。哥哥需要钱抽鸦片，母亲需要钱买吃的。玛格丽特的母亲从中国人的父亲那里得到了一笔相当可观的钱才回到法国。在《情人》中，玛格丽特·杜拉斯保护了关于母亲的记忆，捍卫了她的名誉，发誓说母亲不知道女儿和中国人"睡觉"了。然而正是母亲，她不仅知道这个故事，更为了经济上的原因让他们把这个故事继续下去。情人给玛格丽特钱，玛格丽特并没有私自收起来。带回去的钱为她在母亲和哥哥面前争得了地位。玛格丽特到后来才明白这种邪恶交易究竟意味着什么："但是与此同时，不知不觉地发生了其他的事情。有一个故事隐藏在里面，我分配给自己的绝不仅仅是个救生的角色，我对他有所欲求，你们知道的，这个情人给我的是钱。而且他害怕白人。但他把钱付给一个白人女孩。不是我母亲。是我。我是两个世界的连接点，我上了舞台。"①

作品完成得很快。三个月左右。玛格丽特一直想配发家庭相簿。可出版商不太感兴趣，居然将它列入 1986 年的计划！扬·安德烈亚打完文章后，对玛格丽特说也许这可以算是一本小说，让她给拉于纳书店销售部的艾尔维·勒马森看看，完成后再给伊莱娜·兰登。伊莱娜·兰登深夜读完之后，给扬和玛格丽特去了电话，说自己实在非常喜欢。她的父亲热罗姆·兰登到玛格丽特家，对她说这既非序言也非图片的文字说明，而是一本真正的书。她听完后同意交给他出版。

新闻界立刻有了强烈的反应。书出版的第二天，贝尔特朗·布瓦罗·戴尔佩奇就写了一篇名为《不听我们说的那些人可得注意了》的文章。虽然提出了一些批评——"细枝末节太多，第三人称的间接宾语句泛滥，还有杜拉斯式的别扭句子：我要的是写作"——他首先承认阅读这个故事给他一种出海的享受，作者"有一种大家风范式的慷慨"，这个故事也可以被当成是自己的。三天后，玛里亚娜·阿尔方也在《解放

---

① 《解放报》，1984 年 9 月 4 日。

报》上撰文盛赞了作品的优雅,独特,灿烂和句子之间的内在的紧密联系。① 同一天,在《晨报》上,德尼斯·罗什用了整整一页的篇幅表达了自己的赞赏之情。说杜拉斯的写作是"一曲爱情的赞歌。美,绝望,纯真。绝对的文学。是的,让自己沉浸在《情人》之中吧"。书是夏末出的。首印二万五千册——这对于子夜出版社已经是首创了,因为该出版社的首印数从来不超过一万册——第二天便告罄。热罗姆·兰登尽管对反应速度之快稍感惊异,对书本身能让这么多人着迷却并不吃惊。但是评论家们大多有点窘,因为他们当中的大部分人在前一本书《死亡的疾病》出版时都说了坏话,说它过于复杂,令人焦虑。布瓦罗·戴尔佩奇就曾经在《世界报》上这样说:"玛格丽特·杜拉斯似乎认为批评界把她和那些不甚重要的作家等同起来,忽视她也是对她的安慰。可她应该很清楚,有时候,在她的问题上,沉默和尴尬也意味着赞美。"② 但是"他们在等着说她是天才的那一天。我已经感到了这一点,玛格丽特对我说"③。实际上,9月28日的《省音符》节目使得问题更加尖锐了。贝尔纳·皮沃冒险和作者面对面坐在一起。一个小时十分钟的时间,玛格丽特·杜拉斯一会儿诙谐一会儿凝重,一会儿活泼一会儿深沉,从对酒精的迷恋讲到写作,讲到法国共产党,讲到让-保罗·萨特和自己在印度支那度过的童年。她没有一丁点儿的沉默,深深地注视着观众,让人觉得她说的都是真话,是发自内心的,没有一点取悦于人或炫耀的意思。"这真是一门伟大的艺术。"事后弗朗索瓦·佩里埃叹道,他第一次领教了玛格丽特的谈话艺术,第二天就给她去了电话,盛赞她谈话的质量。"她不是在演戏,"他说,"这应该说是一种内在的控制力。读了《情人》之后,我在想:在整个节目中她撒了谎,发誓说故事是真的,可这更增添了她的美丽。不将谎言上升为真理,在镜头面前我们就可以用谎言来满足各种艺术的需要。"④ 不管是否真诚,玛格丽特让人震惊,让人愤怒,让人感动,都到了让人掉下眼

---

① 《解放报》,1984年9月4日。
② 《世界报》,1983年1月14日。
③ 作者与热罗姆·兰登的谈话,1996年6月8日。
④ 《向玛格丽特·杜拉斯致敬》,《电影日志》,1985年1月。

泪的地步。第二天，书店里出现了抢购风潮。门槛社，子夜出版社的出版发行部一天收到了一万册的订单！子夜出版社只能分两次加印，一次是一万五千册，另一次是一万八千册，因为一时间找不够原来设计采用的那种纸张。在国外也是一样的情况，世界各地都一窝蜂地要求购买翻译版权。第一次，《新闻周刊》为法国作家花去了整整一版的篇幅。

"《省音符》节目的效果的确惊人，"热罗姆·兰登解释道，"在这之前还有报纸的幕弹射击，几乎所有的报纸都一致承认这是个事件。"不错，评论界仍然在继续夸赞《情人》的优点。雅克—皮埃尔·阿迈特在《观点》上再也抑制不住自己的激情了："和同时期的其他小说家不一样，杜拉斯不'做'书。她在体验书，就像信仰宗教那样。"在《新观察家》上，克洛德·罗伊也高度赞扬了小说的语言，说它剪裁精美，说只有杜拉斯才具有这样的剪裁功夫。[①]杜拉斯不再是个作者，她成了出版史上的一道风景：有些书店老板还记得，当时他们不得不采取限购政策，因为有人想一次买好几册《情人》，似乎书很快就要成为奇缺品似的。这也成了社会的一道风景：很多人写信给玛格丽特叙述他们的生活——热罗姆·兰登记得当时出版社每天都要收到成千上万的邮件，简直比总理的邮件还要多——大家都模仿杜拉斯那样说话，带有停顿的沉默；甚至，颇令玛格丽特开心的是，在圣日耳曼—德普雷街上，好多人模仿起了她的穿着：围脖，没有袖子的背心，小靴子。玛格丽特像个得到满足的孩子那样拼命地拍手。她终于得到了圣诞树，她的花环，她的圣诞老人，都是给她的。大家都在谈论她，只谈论她。报纸上，广播里，电视上。太多了。她似乎都有点尴尬了。她很不好意思地对贝尔纳·皮沃说："真是有点令人发窘。我周围已经沉默了十年。现在产生了一系列的反射现象。"

从九月初开始大家就都在传：杜拉斯会赢得龚古尔奖。这不是今年最好的一本书吗？但是她自己的态度就不清楚了。她是有可能拒绝的。米歇尔·图尔尼埃打电话给热罗姆·兰登，问他为什么没有收到书。兰登回答说他从来没有给各种文学奖项的评奖委员寄过一本书。

[①] 《新观察家》，1984年8月31日。

图尔尼埃只好自己买了一本，看完后又打电话给兰登，问他：杜拉斯会接受龚古尔奖吗？玛格丽特似乎持嘲讽的态度。她在特鲁维尔的黑岩旅馆，不想回到巴黎。1950年，她真正应该获得龚古尔奖的《抵挡太平洋的堤坝》被挡在了大门之外。所以这个奖对于她来说像是一只过熟的水果，有一种发酵的味道，她已经没有欲望了。但是她也没有说不。她简洁地回答兰登说："普鲁斯特也得过龚古尔奖。"第三轮选举之后果然把奖颁给了她。与之竞争的有贝尔特朗·布瓦罗·戴尔佩奇的《26年夏》和贝尔纳·亨利·列维的《头等魔鬼》。《情人》已在各大排行榜上高居畅销书榜首，持续了几个星期，印数更是超过了二十万册。"龚古尔兄弟应声跑去援救胜利者，"若斯亚纳·萨维尼奥在《世界报》写道。在《观点》上，弗朗索瓦·努里西埃回应说：她这样一个从来没有被任何文学奖项评委会挑中的人，此时得奖，年纪和名声是不是都太大了一点呢："我们似乎应该把这个奖命名为'最优秀想象散文奖'，就像爱德蒙·德·龚古尔在遗嘱里所规定的一样。"

兰登将这个消息打电话告诉了玛格丽特，他曾经非常平静地评述道："结果的确很好，但我们也不会像庆贺国庆节一样来庆贺这次获奖的。我相信玛格丽特会同意我的意见。"是的，她非常赞同他的意见。很快她就回答道："龚古尔没有找到拒绝将奖颁发给我的理由。"并且就她的获奖的问题做出了政治化的解释。对于她来说，自从左派上台，人们都有了新的行为，新的姿态。以前，他们不敢把奖给她。现在敢了！如果说她得到了龚古尔奖，这不仅仅是因为她受之无愧，更要感谢密特朗！无与伦比的玛格丽特啊，她在得奖两小时后竟然宣称说："所有的人都想模仿密特朗，模仿他率性而为的样子，想怎么做就怎么做，在所有和龚古尔奖一样受到重重保护，然后又被拆掉垫块的领域都是如此。"[①] 黑岩旅馆没有香槟，只有水；没有花式糕点，只有熟肉酱饼，没有媒介的狂轰滥炸，只有情人扬·安德烈亚和朋友玛里亚娜·阿尔方陪着她。

但是从这天开始，玛格丽特不再承认这本书是自己的。她最终远

---

① 《解放报》，1984年11月13日。

离了它，她搞错了，她说，她以为这本书会让读者对她感到恼火。公众的承认却令她极为尴尬。在她看来，《情人》的成功是缓慢进展的结果：到目前为止，她的作品所拥有的读者一直很少，但只要是她的读者，却始终是充满激情，忠心耿耿的。这本书的风格使她得以为广大读者所接受："这是一本如此有文学味道的书，却又没有一点文学的架子。文学不是身体里的血。"当然还有她所谓的"大众谈资"的缘故：酗酒、色情，让人困惑、着迷和深深为之吸引的殖民主义。最后，我们可别忘了书的价钱很低，只有四十九法郎，书本身也很薄，一百四十二页。《情人》很快成了大家一谈再谈的东西，就像玛格丽特一直哼唱的皮雅芙的歌曲："我能爱上你真是疯了，我的爱，我的爱。"但是她已经在想下一本书了：《情人》还能演变出无数本书来，故事在她看来远远还没结束。

11月底，书已经销售了四十五万册。26日，热罗姆·兰登和玛格丽特·杜拉斯在勒诺·巴罗剧院召开了一次招待会。奇怪的庆典，巴黎的所有知识分子和艺术家都来向女王玛格丽特表示敬意，玛格丽特被她的崇拜者包围着，就在这个她以前经常出入的地方。她坐着，双手交叉放在胸前，戒指闪闪发光，被一群著名的演员和不知名的狂热崇拜者吻了又吻。玛格丽特·杜拉斯品尝着自己的成功，终于报了战后默默无闻的这么多年的仇，成功抹去了少女时代的痛苦记忆。从此以后，她只相信自己建立的传奇。早就染上用第三人称谈论自己这种奇怪习惯的玛格丽特从此更是——出于幽默或是自恋——称自己为"那个杜拉斯"。她在自己某些手稿的边缘写道："这不像是杜拉斯写的。""这真的是出自杜拉斯之手吗？"玛格丽特·杜拉斯在哪里？她是谁？由于编造了自己的生活，并且造成了亲近大众的假象，她自己也不清楚这些问题了。她在幻觉构筑的半梦半醒间生活着。"但愿你知道我有多烦我自己"，她和一个朋友随口说道，像是在诉说知心话一样。通过《情人》，玛格丽特最终远离了生命的历史，从而转向了生命的小说。大家都在极力奉承《情人》：评论界，书商，读者，电视观众。但是她被捧上云端不久，这当中的一部分人又开始降温了：这本书是不是太过分了，太像个圈套，太肤浅了？玛格丽特自己不是说过《情人》不过是老生常谈而已？最终，有人终于高声说我们一点也不喜欢《情人》，这些《昂代斯玛先生的下午》和《塔尔奎尼亚的小马》的忠实读者觉得他们钟爱的作者堕落了，成千上万册的销售额，居然在超市的柜台里闪闪发光，成堆供应，他们以为自己和她之间有一种秘密的关系，已经那么久了……

玛格丽特·杜拉斯感觉到了这一点。她知道自己被甩掉了：这是成功的赎金。《电视周刊》的巴巴拉·卡尔特朗这么说，① 维基·波姆·德托皮克，还有其他人也都这么说。"我的马尔戈皇后，我的咪咪，我的杜拉斯，你永远是我的朋友，不管你头上有怎样的荣光。"她的老朋友，雅克·弗朗西斯·洛朗对她说②。玛格丽特才不在乎呢。玛格丽特既不需要支持也不需要保护。她很快就能适应成功给她带来的一切的。的确，她喜欢这份荣耀，很快就感到非常习惯。但是她已经把注意力转移到别的事情上了。她为《法国文化》做了一期节目，在两阵疯笑之间，她和玛里亚娜·阿尔方谈起了她的房子，菜谱，并且大肆攻击电视台说："他们根本不知道怎么拍片子，他们随便问个什么问题，然后就站在那里说话。福柯死后，他们放了一期他在法兰西学院的上课片段，始终是节目主持人在说话，福柯的声音根本听不到。"③ 她和多米尼克·诺盖进行了五次系列长谈，谈论她的电影生涯，为出版全套影视作品做准备。④ 我们可以看见她温柔地站在一边，苔尔芬娜·塞里格和布鲁诺·努伊当在叙述《印度之歌》的拍摄过程；还有她和卡洛斯·达来西奥在一起谈论音乐的作用，那样子既和善又感人，只是有时候她对自己颇感震惊。"《劳儿·V.斯坦茵的迷狂》和《副领事》是同一年写的，不过就得这样。"她在后记里令人惊叹地评论道。"做《卡车》真是一种巨大的幸福，我自己每次重新看片子的时候都觉得幸福无比。拍摄《卡车》所调整的角度非常准确。这也许是我调整得最好的片子。"

---

① 《电视周刊》，1984年11月14日。
② 《巴黎竞赛报》，1984年11月21日。
③ 《善意》，法国文化部，1984年10月20日。
④ 影视版，热罗姆·博茹和让·马斯科罗制作，1983年12月13日完成，P.加莱领导的外联部投资。

玛格丽特·杜拉斯是最好的。她很爱自己。但是当她表现出对某人的感情时，她也会用最令人感动的词。在布尔的女儿帕斯卡尔·奥吉埃——她也是一位敏感而富有才华的女演员——死后一个月，她在《解放报》上写了一封信，追念她，并谈到了她的消失带给她的震荡："二十四岁的永恒。帕斯卡尔一直活着。每天我们都会觉得她的离去给我们带来的痛苦又深了一分。"[1] 她炽烈慷慨地捍卫着几个她喜欢的作家：让-皮埃尔·瑟通，她为他的《城市喧嚣》作过序[2]；她盛赞过莱斯利·卡普朗的《剩余工厂》所表现出的那种强烈的诗意，她喜欢电影家巴巴拉·罗登的《旺达》。她还让公众知道了不少给过她自己震撼的人物：比如说普朗雄和苏克，她为苏克写过一篇非常美妙的文章。玛格丽特和忏悔师、巫婆一样，具有让人说真话的本领。她问过苏克一个关于对死亡的恐惧的问题，苏克回答道："不，我不怕死，但是得学会死亡。如果有一天，您感到很害怕，千万要给我打电话，我们可以彼此拥抱，您或者别人。"[3] 玛格丽特一直没有忘记过她和苏克的这次会面；她一直不曾忘记苏克在拒绝学习他人教授的东西时表现出来的那种令人赞赏的智慧。后来《夏雨》中的恩奈斯托就有苏克的影子。

1985年是她回到戏剧舞台上的一年，她改编了契诃夫的《海鸥》，并且答应了让-路易·巴罗的请求，重新排演《音乐》。她一面毫不犹豫地说《音乐》这样的作品是很容易写的——"这是我妓女的那一面，像《音乐》这样的东西，我想写多少就能写多少"，一面却打算重写后由米乌·米乌和萨米·弗雷重新演绎。她在隆普安的剧院里给观众发了一篇短文，上面解释道："《音乐之一》和《音乐之二》整整相距十九年，几乎是在同一个时刻，我产生了写第二幕戏的欲望。十九年来，我一直听到这第二幕戏破碎的声音，被疲惫的白色黑夜折磨得溃不成军。而这声音却一直保持着这初恋的青春，非常可怕。有时，我们会转而写别的东西。""是的，看着我，我是你唯一的禁区，"女主人公安娜-玛丽·罗什对她过去的丈夫说。他们现在已经分开三年了。他

---

[1] 《解放报》，1984年11月20日。
[2] 《外面的世界》卷一收录，第330、331页。
[3] 《解放报》，1984年12月13日。

们很迟才上法院。现在,他们必须共同度过一个夜晚。在1965年的那个版本里——先开始是戏剧,后来拍成了电影,由苔尔芬娜·塞里格和罗伯特·霍森主演,这对夫妻在艾弗勒旅馆重逢了。他们一直谈到凌晨3点,精疲力竭方才睡去,明天就要永诀。这一次,萨米·弗雷和米乌·米乌谈了整整一夜。他们重复,互相漫骂,互相接近。他们彼此相距很远,但是他们从来没有像今天晚上这样谈过心。他们是在谈话中发现他们根本是分不开的。那么又为什么要离婚呢?他们知道明天会让他们各自东西。"某个人"在等他们。每个人的生活里都有了别人,他们有各自的计划,关于未来的假设。她似乎比他要自由一些,更想忘却伤口,更期待明天的来临。他只是在无奈而绝望地等着最后时刻的来临。她和劳儿·V.斯坦茵或者安娜-玛丽·斯特雷泰尔一样,已经离开了,在离他很远的地方,他无法够到的地方,躲在她自己的内心深处。

最后彩排的那个晚上大家都在咳嗽。是因为寒冷导致的传染性感冒,还是尴尬的反应?咳嗽得那么厉害,简直听不见剧本了!"我们必须教会孩子三件事情:尊重父母,尊重别人,不要在剧院里咳嗽。"玛格丽特这样鼓励她的演员。"沉思的写作,这是在排练的恐慌中写就的。杜拉斯的《音乐》不时会有精彩之处。它的句子有一种空茫的味道,它有一种净化灵魂状态的独特方式。"[①] 马里翁·斯卡利在《解放报》上写道。"故意的绝对,平静的完美。"吉尔·科斯塔在《晨报》上做了这样的评论。"纯净生活",米歇尔·古尔诺在《世界报》上为玛格丽特高声喝彩,将她和米肖、拉辛相提并论,说这出戏令他激动不已,是"戏剧的顶峰"。但是,首演之夜文化部部长杰克·朗的出席令不少职业观众颇为不满,贝尔纳·托马斯在《被缚的鸭子》上撰文讽刺说每次去剧院看杜拉斯的戏都像是在朝圣,大家不得不对她表示崇拜。显然像是去望弥撒。玛格丽特对评论界一向持嘲讽的态度,不管他们是善意的还是恶意的。她毫不隐瞒地说:评论只对新手才具有意义。"我很抱歉评论界的人物也来看我的戏。一直是这样。到现在还要忍受戏剧

---

① 《解放报》,1985年4月2日。

老看守的气真是让人吃惊——上帝知道从事这职业的人还真多,评论界的批评仍然建立在那种心理相似的老掉牙的标准上,和四十年前毫无分别,要么没有说好,要么没有做好,他们只顾自己的名誉,这也是这些标准的唯一基础。"①

评论界吹捧她,她却向他们吐唾沫;评论界不理她,她尽管会觉得很不幸,但沉默更让她安心。杜拉斯成了一个明星。大家都在探问她,什么都想知道,又什么都不知道。很多人向她讲述自己的生活,把手稿寄给她。一家女性报纸甚至让她给人算命!幸好她拒绝了。她拒绝了一切,或者说几乎拒绝了一切。她只在《新观察家》上写了一篇关于爱情不忠的美妙文章,为亨利·舒克隆的书《创造的经济》写了序——在序中她猛烈抨击了电影资助制度,还为《世界报》写了一篇关于右派的文章,名为《右派死亡》②。她继续在谈论自己对密特朗无限的欣赏,实在是有点夸张了,不像一个对什么都无所谓的人,同时她还表达了对希拉克的强烈仇恨,简直有点戏剧化:"密特朗,头脑灵活、尖锐、条理清楚,用词准确……希拉克,不求实际,语言过时,无能到了极点。"夸张的杜拉斯,可笑的杜拉斯。她知道这一点,因此尽管喜欢,她尽量减少自己在报纸上露面的机会。有些人恨她,还期待她做点什么。热罗姆·兰登保护她,为她辩护。他亲自验收一包包的信件,有很多这样那样的建议。到最后她甚至拒绝再接收信件。不过在这些成堆的建议中她还是接受了路克·本蒂和皮特·斯坦茵的,同意将《死亡的疾病》搬上舞台,在柏林朔布纳剧院上演。翻译和主角由皮特·汉克负责,他才在戛纳电影节上推出经他改编的电影。观众对电影的反应颇为冷淡,评论界普遍认为它笨拙,过分细致,学生腔十足,目的不够明确。③因此玛格丽特·杜拉斯亲自着手改编剧本,并将改编稿寄往德国。两天后,她打电话给斯坦茵和本蒂,说她放弃了。在他们的坚持下,她又重读了自己的作品,三度振作勇气重新来过。可是她对自己写的东西感到恶心。"我挖空心思地想,这样做完全有悖于作

---

① 现代出版档案馆档案。
② 《世界报》,1985 年 2 月 17 日。
③ 参见《解放报》,1985 年 5 月 20 日,《残酷的绝望》专栏文章。

家的原则。这不是书。这是对书的背叛,我对自己失去了信心,我迷失了。"一年以后她正式放弃了这项计划,在1986年夏天的一个夜晚,她将它改成一篇名为《诺尔曼海岸的妓女》的文章。

很久以来,杜拉斯一直在破坏礼貌和规矩。1985年,随着《痛苦》的出版,她似乎开始冒险破坏爱情和友谊的规矩。这是一本尖锐得让人喘不过气来的书,如果罗伯特·昂泰尔姆事先知道,《痛苦》是绝不可能出版的。但是书出版的时候,他已经躺在医院里,动也不能动,更不要说对此有所反应。玛格丽特知道罗伯特看到自己的生活如此被暴露在光天化日之下一定会感到震惊的。可是玛格丽特不在乎了:她只考虑自己的意见,偶尔也会征询一下上帝的旨意,上帝说到底也还是她自己。《痛苦》的第一个版本登在1976年一本女性杂志《巫婆》的2月号上,是为了挣口饭钱写的,玛格丽特没有署自己的名字,文章的题目是《没有死在集中营里》,作者详尽描述了从集中营里回来的丈夫如何一点点地恢复生命的感觉。罗伯特·昂泰尔姆也不知道这篇文章,还是一个朋友凑巧看见,立刻意识到这是罗伯特的故事,然后才拿给他看的。罗伯特知道了以后简直目瞪口呆。[1]

为什么她会在《没有死在集中营里》发表的十年后,事情过去的四十年后决定出版这样一本书?书是献给尼古拉·雷尼埃和弗雷德里克·昂泰尔姆——罗伯特和莫尼克的儿子——的。她是要把自己故事的一部分和前夫的故事遗赠给前夫现在的家庭吗?书遭到了朋友和罗伯特家庭的一致唾弃。她把书寄给罗伯特的妻子莫尼克,书的扉页上写了这样的题词:"莫尼克留念,为了他的——生命,他的爱情,为了爱情。"莫尼克拒绝接受。在朋友们中间,迪奥尼斯也毫不隐瞒自己对于这本书的严厉态度:"这本该是个机会,她可以表明她和罗伯特之间的崇高的爱情。可是她没有这么做。她保留了名字,但是她称罗伯特为L。这种猜谜的游戏很不圣洁。"玛格丽特·杜拉斯实际上是保留了丈夫

---

[1] 罗伯特的妻子说在读了该文以后罗伯特感到异常气愤,脸色都变了,因为他的前妻竟如此详细地描述了他从集中营放出来以后种种令人作呕的细节。他们之间的不和已经产生了十年:在夏尔邦埃饭店的一次晚宴上,罗伯特对玛格丽特说她的自恋和自我宣扬到了让人难以忍受的地步,玛格丽特起身离席。

在抵抗运动时期的化名勒洛瓦的首写字母。

其实这是有着某种逻辑关系的，在《情人》出版之后，玛格丽特想要继续陈述自己的故事，连上少女时代的那一段。"这是我生命中最重要的事之一。但是作品不太让我满意。"《痛苦》不属于文学的范畴，这是回忆场，是对过去的一种回顾①。一切在瞬间已经变得太迟。"重新拾起这些文章是有这样的担心在里面，担心一切都太迟了，担心很快我就不再操心这些，或是还没有回头看过就已经死了。"②她对玛里亚娜·阿尔方说。玛格丽特已经忘记了这些文章。她只是模糊地记得它们的存在，整理好后放在某个地方。她找到的不是罗伯特回来时的日记，而是对于那种精神上和道德上的恐慌的确切记忆底片。如果上帝真的存在，他为什么会允许让集中营存在？保尔-奥查可夫斯基还能回忆起玛格丽特重新读完这些本子时燃烧的激情，那时她还没有把它们交给出版社出版。"有一天，她打电话给我，对我说：快来，我找到了一点无与伦比的东西。她拿给我看了，很感人，一本小学生练习簿，差不多已经坏了。笔迹陈旧，纸张也都损毁了。自战后就再也没有修改过。很快，两人谈着谈着，决定再增加一点以后写的文章，她又进行了一些改动。但是《痛苦》，放在文集开始的那篇文章她一丝一毫也没有动过。在我看来，这是一部神圣的作品。在玛格丽特家谈话的时候，我给作品拍了照，把原件保存在我出版社的柜子里。从这一天开始，我就一直担心出版社会着火……"③

玛格丽特以真相的名义在写——她的真相。在第一篇故事里，她指责亨利·弗雷奈没有想到在盟军到达之前对集中营里的犯人实施保护。在她看来，原本可以派敌后伞兵特遣队去的。可是弗雷奈反对，因为"他不愿意又回到抵抗运动的措施上去……所以他听任他们被枪毙了"④。《痛苦》出版以后，亨利·弗雷奈反应强烈，他找到罗伯特·昂

---

① 她曾对弗朗索瓦·密特朗解释说她之所以犹豫了这么长时间，不知要不要出版，是因为她想避免拉比埃·戴瓦尔的孩子受到伤害。（《另类日报》，1986年2月26日—3月4日）
② 《解放报》，1985年4月17日。
③ 作者与保尔-奥查可夫斯基·洛朗的谈话，1996年6月16日。
④ 《痛苦》，第39页。

泰尔姆以前在抵抗组织的同伴雅克·贝奈，致信给玛格丽特，要求她在再版中对这一段做出修正，"因为这种巨大的幻觉，这种与事实有巨大偏差的谎言被当成了历史真实呈现给观众"。1985年12月6日，玛格丽特·杜拉斯回信了："我是凭直觉说这句话的。我怎么想就怎么说了，该怎么写就怎么写，有一种无法再等待下去的焦灼和痛苦。就像所有关于戴高乐的话，也是这样的。如果我下任何论断都要考虑到它们的法律依据，考虑到我的'非法性'，那就根本不会有这本书。我要提醒您，我也没有隐去自己在惩罚犹太告密者时对他进行的折磨——在《首都的阿尔贝》里。我相信人们会理解在当时的情况下我的所作所为，设身处地地为我想一想，他们应该能够原谅我的错误。他们也许也是这样做的……的确，我没有收到一封指责我的信——但是如果我能够删去这句话，虽然已经太迟了——我很乐意为您这么做，为了友谊。"①

她没有删去这句话，《痛苦》的简装本里一切照旧。以痛苦的名义就可以接受错误和过度的阐释了吗？《痛苦》不是一本关于战争的历史书，也不是一种客观的证明。"《痛苦》里所讲述的很多事情都是真的，"迪奥尼斯说，"另一些则夸张了。""这有点像我们所经历过的历史，"密特朗说，"但是我肯定不会这样叙述的。《痛苦》不是她最严谨的一本书。"②在玛格丽特眼里，她没有隐瞒自己对他人进行过折磨，这本身就给了她玩弄真相的权力。奇怪的交易！在路斯·佩罗和玛里亚娜·阿尔方面前，她再次提起她折磨别人，并强调自己说出这一切的勇气，直至生命尽头她还一再说她不怕因此接受他人的评判："没有人有权利对我做出评判。任何评论都是不可能的。我无须向任何人汇报，我就在这里，在不可解释之前。"③同时她又和克里斯蒂娜·维尔曼说，在整个折磨的过程中，她是受上帝的"驱使"，是受上帝的指派，是上帝让她完成任务的，所以她永远不应当受到任何人的批评……她的行为是神圣的，在黎世留街的这个地窖里得到了圣化，在那里，她等待

---

① 雅克·贝奈档案。
② 作者与弗朗索瓦·密特朗的谈话，1994年4月8日。
③ 《电影日志》，1996年9月。

着那人的身体像一只柔软的布娃娃一般倒在地上。

奇怪的是,《痛苦》出版的时候,没有报纸对她在《首都的阿尔贝》中的忏悔做出评价,除了《文学双周刊》有些惊讶以外:"即便是在勒彭的时代,也没有提起折磨人的事情。"杜拉斯后来说读到这篇文章非常令她失望:"我当然没什么好遗憾的,我遗憾的只是像《文学双周刊》这样的杂志,竟然会出现这一类的论点和论据,会从单纯的规矩,从文学战略来评论。"① 评论界普遍有些不知所措,认为杜拉斯这一次的词汇过于贫瘠,难以表达感情。"我们如何能够对这样的书做出什么评论呢?"在《新观察家》上,弗雷德里克·费尔内自忖道,"难道只有一个词可以表达超越自我的这份诚意吗?因等待和拒绝而绝望的高贵?《痛苦》是一本战斗的书,应该说是不可比的。"② "除了这个,没有任何一个词适合表达所经历的这一切……词语匮缺的时候,呼吸局促,时间仿佛稍纵即逝。这书得低声地读一遍,再高声地读一遍,只有这样混杂起来我们才能得救,因为它在颤抖,直至死亡。"米歇尔·布泰尔在《另类日报》上写道。

1985年5月29日,夏纳电影节闭幕以后,玛格丽特入选参加柏林电影节的《孩子》在巴黎几个影院上映,大家反应冷淡。又是这一类亟待被拯救的孩子,老掉牙的故事。一切起源于1971年,玛格丽特在非常出色的哈林·奎斯特丛书中出版了一个讲述破坏者的故事,一个古怪、恶毒的故事,是为孩子们写的,写的也是孩子们,1984年她又将它改编成了电影。故事深受刘易斯·卡罗尔的影响,书的题目叫作《A. 恩奈斯托》,描述了一个无可救药的小男孩的心理状态,他不愿去学校,因为学校里学的根本不知道是什么。恩奈斯托七岁,身体已经长成个大人了,还有相当于哲学教授的智力。最后,他终于去了学校,老师对他说:"世界被放大了,恩奈斯托先生。"书在法国没什么反响。但是玛格丽特的朋友很喜欢这部作品,因此决定将它改编成电影。其中就有让-马克·图里纳,他在1978年建议玛格丽特做个短片。玛格

---

① 《电影日志》,第375期,1995年7月—9月。
② 《新观察家》,1985年4月19日。

丽特没有给他专有权。玛丽·斯特罗布和达尼埃尔未经允许就拍了一部短片。银幕中间，是无须努力学习的恩奈斯托。如何将孩子已经知道的东西教授给他呢？老师恶毒地问。"拯救"，这是电影里用的一个特别意义的词，正好和电影的题目相吻合。这部片子很忠实于原著。玛格丽特看了以后，重新思考了她的作品，觉得它有点过于"无辜"。她决定修改：她增加了关于《福音书》的记忆，让恩奈斯托读，并把作品改名为《以色列的孩子》，后来又叫《国王的孩子》。她还不知道自己要把作品改成什么样子。接着让－马克·图里纳从非洲远行回来，问起计划进行到哪一步。"我们三个人来拍这部片子，乌塔、你和我，"玛格丽特回答说，"我才从部里得到五十万法郎，用来拍《死亡的疾病》的，而我现在不想拍这部片子了。"

玛格丽特完全重写了这本书，两年的时间里，让－马克·图里纳和乌塔写了六个剧本。开始的时候他们让恩奈斯托在电影中死去，接着又让他复生，让他开口说话。因为他什么都知道，恩奈斯托。什么都知道，不管在什么方面。"一切，关于上帝，美洲，化学，知识。马克思和黑格尔，地球上的数学大国。恩奈斯托是个英雄。"恩奈斯托代表着这个世纪末的绝望，五年后，他又成了《夏雨》里的主人公，《夏雨》这个书名恰恰选自《福音书》的片段。

至于恩奈斯托一角的演员人选，玛格丽特首先想到了热拉尔·德帕迪厄，可是他拒绝了。后来她找到了阿克塞尔，克洛德·雷吉麾下的天才演员，玛格丽特和乌塔的朋友，他真的像个无辜的孩子，长着一双胖胖的手。

达尼埃尔·杰兰和塔蒂亚娜·穆基纳饰演孩子的父母，安德烈·杜索里埃饰演老师。拍摄期间，原先那个忠实的小组又重聚了：卡洛斯·达莱西奥负责音乐，布鲁诺·努伊当负责镜头，罗伯特·邦萨尔·柏森负责制片。拍摄地在塞纳河畔维特里。大部分镜头都是教室里的。室内镜头很快就显得过于凝滞了，话语也出现了偏差，很不自然。很难在电影上将语言的戏剧性充分体现出来，尽管可以说演员都是一流的，录像带也是放了一遍又一遍。玛格丽特疲惫不堪，她也不知道自己做到哪一步了。她说她根本无法理解普遍意义上的电影，不理解叙事的连贯性和人物之间的逻辑关系。"完完全全的乱七八糟。我无法再跟上电影的逻辑。我已经彻底脱离了这种心理，真的，我根本不能看警匪片，一点也不能看了。我把所有的东西都忘了，因此一点情节也没有，消失了，我不知道自己看的是什么。"[1] 二十年来如此善于巧妙配置声音和画面的她，这一次却做了一部标标准准的古典片，不同的只是不知所云的语言。拍摄时又出现了制片的问题，焦点在剧本的所属权上——杜拉斯要求片头字幕里出现图里纳和马斯科罗的名字，这更加剧了电影出品前拍摄和剪辑的紧张气氛。

借口讨厌"欧洲的冷漠"，杜拉斯没有去柏林推出她的电影，但是报纸将这部电影定义为"一部无限绝望着的喜剧，阐述了关于知识的主题"。《孩子》获得了一定的成功（在柏林电影节上获了一个奖），但是法国电影评论界的意见分歧很大。在《费加罗报》看来，这是一部没头没尾的哲学片，自负，夸张，不协调，以至于《费加罗报》的撰稿人在看电影时自问是不是放映师搞错了卷盘[2]；而《晨报》则认为这是一个忧郁得令人疼痛的寓言故事，非常幽默[3]；《解放报》认为这部电影有一种引人发笑而绝望的滑稽[4]。接着司法当局做出了禁映的决定。无奈之下，杜拉斯去了好几次法院，她抖得像个犯了罪的小姑娘，生怕别人把她投入监牢。后来她的律师通知她电影又能上映了，并告诉她上映的日期。她想反对——"这是今年最糟糕的一部片子"——电影上映时她自己都不感兴趣了，彻底的失败。她决定拒绝所有采访，但是夏末，在《电影日志》上她还是做了一个很长的访谈，承认这是场失败："《孩子》？我必须记起这部电影的确存在，我好像才从垃圾筒里出来。我必须忘记这种奇怪的激情，几乎是致命的激情，还有恐惧，因为我有的时候的确害怕。"[5] 几个月前，《痛苦》出版时，玛格丽特已经谈到了她的迷失。她害怕自己再也不能写作了……是否出于这个原

---

[1] 她在法国电影院杜拉斯回顾展时对《孩子们》所做的评论，可见她与达尼埃尔·布兰的一次谈话。
[2] 《费加罗报》，1985年2月23日。
[3] 《晨报》，米歇尔·佩雷文，1985年2月22日。
[4] 《解放报》，热拉尔·拉弗尔文，1985年2月22日。
[5] 《电影日志》，1995年9月。

因，再加上《孩子》失败的刺激，她决定重新回到新闻写作上呢？但是她此时在心理上和体力上都非常脆弱，因此在那个所谓的维尔曼事件时期，这些都成了她可以减轻罪行的托辞，以"天才"为名，她成了不幸的预言家和迷路的知识分子的代表。

一直听不够花边新闻和悲剧性故事的玛格丽特·杜拉斯打一开始就对克里斯蒂娜·维尔曼表现出极大的热情。当然，从文学上解释可以说她征服她不是冲着她个人去的，而是为了通过故事重建一个想象中的人物，几乎与真实的弑子凶手克里斯蒂娜·维尔曼——她企图谋杀自己的儿子格列高利——没有一点相通之处。也罢。但是玛格丽特·杜拉斯知道命名意味着什么。她没有再度编造一个新的安娜－玛丽·斯特雷泰尔或是另一个劳儿·V. 斯坦茵。这个她天真地倾注了无比热情的女人是活生生存在的。玛格丽特看来是被她迷住了，她占据了她的所有经历。有一段时间，她只谈论她的事情，她的孩子，她的丈夫和她。她的名字，她的面容，她的目光，她的故事，她的性生活纠缠着玛格丽特的想象。她写了很多关于她的东西：除了在《解放报》上的那篇文章，还有很多没有发表的纸页。她甚至想过要写一本书。在她看来，克里斯蒂娜·维尔曼是受上帝的指派来完成这桩至高的罪行的。

一直到生命尽头，杜拉斯还认为自己没有得到应有的理解，觉得别人对她的评判是不公正的。她没有一点点追悔之情，甚至每次谈起有关话题时，总是显得无比愤怒和仇恨。牺牲品，是的，玛格丽特自认为是真实的牺牲品，一种如此复杂的真实，别人根本不可能看清楚。她会不会想到是自己这个糟糕透顶的预言家设下了陷阱呢？为了斥退正统的因循守旧，她的行为超出了自己真正的想法？我不相信。她在玩火，很明显。她想要将克里斯蒂娜·维尔曼猎入自己的世界，使之成为当代的悲剧女主角。开始时她和所有人一样，是在电视和报纸照片上看到的她，她觉得她很孤独。就像一个站在门口的女侍者。她很同情她。她想给监狱里的她寄些书，但是她想也许书永远也不会到她的手中。这时，她真正地开始想她了。也有关于维尔曼事件的报道，但是用她的话来说，没有"格调"，没有"叙事"，没有"小说"。她希望能够见到克里斯蒂娜·维尔曼，想知道在她以前的生活中都发生了些什么。她无法忍受左右整出悲剧的司法演出。"那种为了更好地惩罚犯罪而让格列高利哭泣的语言让我们想到了人类无法呼吸的领域,想到了鲜血淋漓、严惩不贷的社会。"[1] 她对一个朋友这样说。

在这激情性的选择中,我们可以看出玛格丽特对女人的所有矛盾态度,她对女人的恐怖以及她在实验上的极限。

让我们来回顾一下事情的经过。1985年7月13日,《解放报》建议玛格丽特·杜拉斯就此悲剧写篇文章,这已经成了今年夏天的连载了。玛格丽特犹豫了,不知道自己能不能说话,后来她产生了就地看看的念头。地方会说话的,她想。于是,她在《解放报》记者埃里克·法弗勒和扬·安德烈亚的陪同下去了雷邦日。杜拉斯失望了:她想和克里斯蒂娜·维尔曼谈一次的请求没有得到满足。杜拉斯投入了游戏之中。她很想见见主角,因为媒介对她每一句话,每一个细微的手势都做了透辟的分析。她觉得如果她能见到她,她是会懂得她的。于是她坚持要见。克里斯蒂娜·维尔曼再一次拒绝了。如果她不愿意见她,那么可不可以仅仅让她看看她,她不会说话的,杜拉斯问克里斯蒂娜的律师。玛格丽特特有的奇怪方式,就是不惜任何代价要看一看她,哪怕没有任何交流。无辜看得出来吗?难道克里斯蒂娜真的是这样一个可以拿来展览,看了就能产生想法的怪物,就像19世纪时,精神病医生观察精神病患者从来不和他们交谈也不看他们的眼神?玛格丽特·杜拉斯没有见到克里斯蒂娜·维尔曼,她非常恨她的律师,觉得他是那类社会蠢货的代表,代表着"腐朽的正义"。她的想象正是从这次未能相遇开始的。既然克里斯蒂娜·维尔曼拒绝见面,杜拉斯会用别的办法捕捉她的。她跑不掉。"我从来没有见到过克里斯蒂娜·维尔曼。已经太迟了。但是我看到了法官,他肯定算是当时最靠近这个女人的人了。"7月17日《解放报》上的文章是这样开头的。这是沃罗涅事件的第二百七十三天。南希的法官释放了克里斯蒂娜·维尔曼。上诉法庭同意警察局所搜集到的证据,但是也提请注意当时没有直接证据可以证明克里斯蒂娜·维尔曼谋杀儿子的动机。

---

[1] 《电影日志》,1995年9月。

《解放报》上的题目是："属于无辜者的权利"，在头版的这期导读上写道："克里斯蒂娜·维尔曼，高贵，非常高贵。"玛格丽特·杜拉斯一直强调"高贵，非常高贵"；她后来说在把文章送到报社之前她将这行字圈掉了，她指责塞尔日·于利没有征求她的意见就把它重新添了上去。但是，对于剩下的部分，她承认她在激情促就下写成了以后，又重读了一遍，修改了手稿，后来又修改了报社的清样。"我一看到那座房子，就叫道，罪行肯定发生过，我相信。这是超越理智的。"玛格丽特·杜拉斯没有见到克里斯蒂娜·维尔曼，但是她看了她的房子。看到她的房子，她产生了一种感情，后来演变为了肯定，尽管这是"超越理智"的。这"一眼"就产生了一种身份上的确认：克里斯蒂娜·维尔曼是我。她可能是我。我是超越一切羞耻心之上的。我破坏秩序。只有不理解令我着迷。最高的智慧隐藏在我们内心最黑暗的地方。克里斯蒂娜·维尔曼也许完成了对于一个女人来说是最最可恶的愿望。也许？因为如果我们仔细读这篇文章，我们就会发现玛格丽特·杜拉斯从来没有写克里斯蒂娜·维尔曼是有罪的。有好几次她想引导读者做出这样的结论。她反反复复地纠缠，可是从来没有肯定。玛格丽特·杜拉斯很希望克里斯蒂娜·维尔曼真的是罪犯。她体会到了这个欲望："夜幕落在她的身上。无辜的克里斯蒂娜·维尔曼也许在自己不知道的情况下杀了人，就像我在不知道的情况下写作……"

玛格丽特·杜拉斯不知道自己看见那幢房子时为什么会叫出声来。但是她很自信，如果说她叫出声来的话，那绝不会是没有理由的。玛格丽特·杜拉斯相信自己有未卜先知的本领。当然，她很害怕自己的这种通灵，而且她回到雷邦日的第一反应是不要写这篇文章。在犯罪地点度过了四十八小时后，在一群记者间察觉到了一点什么的她回到巴黎，宣布放弃。她不会写任何有关克里斯蒂娜·维尔曼的文章的。但是，凌晨两点钟，她开始写了，不是她的故事，而是她对这件事情的看法。她从想象中这个已经成了众矢之的的女人的痛苦写起，玛格丽特·杜拉斯沉浸在自己的想象之中，一个男人和一个女人之间爱情不再，母爱消失了，男人会为了煎焦的牛排殴打女人，孩子的存在不再有任何意义。

真正的克里斯蒂娜·维尔曼却离得很远。再说从此后她不是叫克里斯蒂娜·V.了吗？但是这位作家的游戏过于沉重了，我们似乎难以进入她的领地，因为在这块领地上，女人都是行尸走肉，全都缩减到了奴隶状态，被关在家里，被那类以虚无为口号的男人呼来喝去。"有可能，"玛格丽特是这样写的。这个克里斯蒂娜·维（尔曼）让她尊重，也许她很欣赏她。她把她变成了一个充满野性，四处游荡，患了漫游症的不忠女人："一个真正意义上的流浪者，一个没有信仰，不谙法律的真正的街头艺人。""有可能。"她把克里斯蒂娜·V.变成了英国情人的姐姐，这个女人成天无所事事，坐在凳子上，什么也不想管，甚至对花园也没有兴趣，她望着空荡荡的天空，精疲力竭，脑子里谋划着最为可憎的罪行。玛格丽特让我们想起了她自己的童年，那时，为了取悦于她的母亲，她想象自己成了一个罪犯，朝那些造成她们家庭不幸的殖民地官员代表开枪。玛格丽特·杜拉斯任由她的叙述朝着故事的方向去，不再关心事实，而是在讲述一个故事，大部分源于自己的故事。她燃起了熊熊烈火以供贪得无厌的想象之用，她毫不犹豫地在践踏别人的自尊，嘲弄无罪的假设。她这样一个顾全整体性的人，她这样一个以在政治道德中扮演抽象法官，以为各种错误打抱不平为乐的人，这一次竟然投入了她以为是同时代人最大的过错中：损害个人，损害超越法律之上的愿望。

"没有不涉及道德的新闻写作。所有的记者都是伦理学家。绝对无可避免。"两年前，她为自己文集《外面的世界》写序时曾经说过。在这篇题为《克里斯蒂娜·V.，高贵，非常高贵》的文章里，道德何在呢？某些杜拉斯研究者白白地研究了一通这种现实和故事之间的捉迷藏游戏，他们没有说服。塞尔日·于利本人也觉得有必要在玛格丽特·杜拉斯这篇文章旁边刊登另一篇文章，题目叫作《写作的逾规》，试图对杜拉斯的文章做个定性的分析。玛格丽特·杜拉斯读了报纸后大发雷霆。在她看来，这篇文章无疑等于一份悔过书，一封致读者的道歉长信，例如这些令人尴尬的解释："这不是记者的工作，不是为了查清事实真相所做的调查。但这是一位作家辛勤工作的结果，她在想象着事实，追寻着并非通常意义上真相的真相，它不失为一种真相，即写作的真相。当然，这不是关于克里斯蒂娜·维尔曼的真相，也不完全是玛格丽特·杜拉斯的真相，它是一个'高贵，非常高贵'的女人的真相，在两种话语之间飘浮，一面是作家的，另一面是非常真实的，大多数未曾说过的，克里斯蒂娜·维尔曼的话语。"

塞尔日·于利可能是为了提防这篇文章可能遭到的指责。然而后来发生的一切却和他的愿望恰恰相反。一大群愤怒的文人向《解放报》发起了攻击。其他报纸组织了这场杜拉斯事件……女性作家纷纷发表自己的意见。弗朗索瓦兹·萨冈在接受《星期四事件》记者热罗姆·加尔辛采访时充分表达了自己的愤慨。西蒙娜·西尼奥莱指出文章的含混和模糊，伯努瓦特·格鲁说这是一桩丑闻，雷吉娜·德弗日说对于有人竟然无耻地面对别人的不幸这样洋洋自得，并且采取这种形式的控诉，令她感到恶心和难过。在这一片声讨中唯一温和的乐符来自爱德蒙德·查尔斯·鲁克斯，她认为文章写得很不错。"玛格丽特·杜拉斯当然认为克里斯蒂娜·V.有罪。这方面她没有表示任何怀疑。但是她在试着透过犯罪的深层原因找寻些什么。从此刻开始，读者被招来共享杜拉斯的意见。"[①] 信如雪片般飞往《解放报》——大多数都是对作者不利的，同时法兰西广播电台和《星期四事件》也收到了大量听众、读者来信，因为有一位记者曾在法兰西广播电台公开说他不赞同杜拉斯的做法，不少读者却也捍卫了杜拉斯，嘲笑那些女性作家装出一副笃信宗教的模样，没有勇气承认女性温柔下隐藏着暴力。读者举了包法利夫人和维奥莱特·诺齐埃尔这些名字，把她们和玛格丽特·杜拉斯归为一类，说她是将现实变形以便更好超越的作家。

说说这篇文章吧。杜拉斯是在一天夜里完成的，仿佛是为了和她发现的这片风景对话，又像是从潜意识最阴暗的角落逃出来的，她要揭开禁区的秘密，要高喊出对恶的习好。玛格丽特撬锁进入了克里斯蒂娜·维尔曼的屋了，进入了她的风景，她的夫妻生活，她作为格列高利母亲的这个角色。她窃取了她的一切：她最隐秘的思想，灵魂的搏动，身体的颤抖，甚至是她的梦。她站在她的位置上思想，行动，站

[①]《星期四事件》，1985 年 25 日—31 日。

在她的位置上承受这份痛苦，没有欲望没有爱却应该爱的痛苦。玛格丽特·杜拉斯认为自己是在替克里斯蒂娜·维尔曼辩护：她的行为已经不再属于法律的范畴，她只需向上帝汇报。她自认为占有了她，是世上唯一理解她的人，因此也是唯一能替她辩护的人。克里斯蒂娜·V.是她的同类，她们两个人都很孤独。"她仍然停留在孤独里，非常孤独，那些在大地深处，在黑暗中的女人仍然停留在孤独里，这样她们就可以和从前一样，被搁置在物质的物质性中。"①

远了，很远了，玛格丽特·杜拉斯。远离大家的意见，远离正常的评判。文章发表的第二天，她凑巧在拉丁区的一家书店碰到了弗朗索瓦·密特朗。密特朗赶上她对她说："说吧，别拐弯抹角！""是的，我是这样的，"她回答道，"很难有确切的解释，我从来不觉得犯罪可以说是恶还是善，我总觉得这是一种事故，每个人内心都潜藏着犯罪的可能。请原谅我不能就此做出判断。"②密特朗一言不发地走了，但是他接受了在下一个星期里和她做一系列的访谈——即将产生划时代的效应的访谈。杜拉斯只有在犯罪的背景下才能得到至上的欢娱。克里斯蒂娜·维尔曼成了所有受到侮辱的女人的代表，她唯一得到这个世界理解的途径就是犯罪。玛格丽特·杜拉斯把她看成是自己一直想重建的女主人公。她开始了一本关于自己和克里斯蒂娜·维尔曼的书。克里斯蒂娜·维尔曼，随着这本永远没见天日的小说的慢慢展开，逐渐被杜拉斯创造的其他所有女人吸干了血：她们无一例外的慵懒、被动、贪婪、倦怠。"这使写作变得充满野性。我们在生命之前就得到了这份野性。"在死前的三年她这样说。

玛格丽特·杜拉斯面对文章所激起的强烈反应有点喘不过气来，她看了报社转给她的一些信，没想到读者居然会如此狂怒，她受到了深深的伤害。她觉得自己是有道理的，她总结说是她的作品深深触动了每个人的潜意识，以至于显得有些下流。"吼叫的女人并不比因不谨慎说出这些是非的女人更坏。""她们白天黑夜都对男人感到恐惧，而男

---

① 现代出版档案馆档案。
② 作者与弗朗索瓦·密特朗的谈话，1994年4月8日。

人却并不清楚这一点。"某些女人的批评尤其令她受伤，开始时她还想过要给其中的一个回封信，给伊莎贝尔·C.，她已经拟好了回信的提纲："这些人都在对我说什么是该写的，什么是不该写的，怎样烦人的事情，怎样的一个错误啊。仿佛我们还是萨特父亲的孩子，由他来制定写作的法律。人们对我说，迟早应该是这样的。行。甚至包括《蓝色自行车》的作者。安娜－玛丽·斯特雷泰尔这辆看不见的红色自行车是我造的……他们根本不能对写作进行评论，因为他们不知写作为何物。"[1] 接着她又仔细阅读了自己的文章，听凭它随着时间流逝，一会儿听听这人的意见，一会儿听听那人的意见，将各种可能发生的情况考虑进去，开始反省自己。她重新拿起笔，以给这个年轻女人的一封信的形式，写了这样一篇文章：

> 仿佛罪行都是应该受到指责的，好像和被告说话都是一种错误，恰恰相反。好像控告（德弗日小姐，在您的词典里，多么贫乏！）就是编造理由，好像只有知识分子才应该承担起责任，可是所有的人都是这样，甚至包括无产阶级，甚至包括冒牌的作家和文盲。
>
> （……）
>
> 我是在给您，伊莎贝尔·C.回信，通过我所收到的其他信，不管它们表达的是愤怒还是激动（……）
>
> 您赞同沉默，仿佛是为了避免什么也不要说，这才是沉默。
>
> 我反对沉默。
>
> 因此我们在表面上是无法和解的。彼此相距很远。但是读了您的信，我觉得我们或许会在半路相逢，您，克里斯蒂娜·V.和我。尽管我们的差别也许是在智慧上。
>
> （……）
>
> 因为我不认为自己梦想过克里斯蒂娜·V.的"难以理解的命运"，因此，我也没有让读者相信她是有罪的。

---

[1] 感谢亨利·夏德兰把这篇没有发表的资料带给我，可以对她当时的精神状况做出分析。

我没有梦想。

写作的时候是不会梦想的，否则就干脆不写。

我和克里斯蒂娜·V.很接近。

我编造了，但仍然不出共同命运的平庸，我不认为克里斯蒂娜·V.的罪行会因为这篇文章的缘故加重或减轻。①

1994年1月27日，克里斯蒂娜·维尔曼指控玛格丽特·杜拉斯和塞尔日·于利干扰了了无罪的假设，损害了她的形象。但克里斯蒂娜·维尔曼败诉，没有得到她所要求的赔偿，法官强调说"司法当局允许记者发表和诉讼案件有关的个人的文章，他也有权展开，事先不需要获得司法当局的同意"。但是这个故事让杜拉斯感到了苦涩和惶恐。《解放报》上的文章损害了她的声誉和形象。"能够指责作家不够道德是一种机会。"有好几个月，她一直觉得自己受到了公众的鄙视。"就算我写得过分了，从另一个方面来说，大家也叫得太过分了。"法庭宣告克里斯蒂娜·维尔曼无罪。但是人们无法忘记她所承受的苦难。那么多的攻击，那么大的痛苦，还有愤慨……到最后才摆脱了谋杀犯的罪名。事件发生后不久，在一次谈话中，玛格丽特·杜拉斯承认自己走得太远："也许，我没有遵守谨慎的原则。我确实犯了错误，有一种写作的激情，一种写作至上的激情，因为面对人类最极端的行动：杀人，我无法自控。"②

在发表了关于克里斯蒂娜·维尔曼的文章的一星期后，杜拉斯又将枪口调转到另一位明星的身上：弗朗索瓦·密特朗。正在准备出版《另类日报》的米歇尔·布泰尔想要让杜拉斯和密特朗谈一次。他和他们俩都提起过让他们正式会一次面的想法。他的计谋得逞了。事情很快有了结果。密特朗在圣伯努瓦街的这次访谈中出现了很多记忆漏洞。玛格丽特·杜拉斯有些尴尬，她试图按照抵抗运动的时间顺序重建事

---

① 亨利·夏德兰档案。
② 现代出版档案馆档案。

实，但是后来也不得不放弃了。①她要求能再见他一次。密特朗同意了，因为她是玛格丽特，是他非常欣赏的罗伯特·昂泰尔姆的前妻，罗伯特在漫长的住院期间，密特朗曾几度前往探望；除此之外，还因为玛格丽特的行事方法，她的那些东拉西扯令他觉得有趣。第二次见面是1986年1月23日，在爱丽舍宫。玛格丽特没有任何准备地去了。她想到什么就说什么。谈话内容是非洲、战争、动物、童年和植物。受到玛格丽特式自由的强烈诱惑，密特朗放弃了政治人物那种干巴巴的语言，经常会用第一人称谈话。玛格丽特扮演着助产士的角色，掌握着谈话方向，希望能够继续这些谈话。但是密特朗中断了。于是她不断地纠缠密特朗的秘书办公室。她想做一本书。她已经找到了题目，《杜班街的警察署办公室》，书要写二百〇四页，甚至稿酬也是标志性的：二十九万八千。伽利玛出版社同意先付二十万法郎。但是玛格丽特没有能够等到再次约会。密特朗为了自己名誉起见，既没说好也没说不好。玛格丽特没有泄气，她坚持着。密特朗觉得等待过于焦虑，不如给个明确的答复。他的文化顾问却居心叵测地让玛格丽特再耐心点儿，玛格丽特发怒了，要求解释……三年以后，玛格丽特仍然没有彻底放弃她的计划，她还修改了书名：《这将是大海前的最后一个国家》。她甚至想过干脆就将两次谈话的内容这样发表出来算了，也不用再增添完整，因为这原本就是些"充满了智慧，力量和激情的文章"②。密特朗很为玛格丽特的魅力所动，也很欣赏她的一些书——尤其是《塔尔奎尼亚的小马》和《抵挡太平洋的堤坝》，他承认她的能量和激情，但是对她所陈述的事情的准确性没有太大的信任，他认为她为了不惜一切地扮演好挑起者的角色所持有的提问方式阻碍了真正的政治讨论。他还对她的自恋，对她总想把一切都并入自己的思路的做法表示怀疑。他不希望她把自己看成是他特许的传记作家，让她收集一个在任总统的真正思想。玛格丽特因此再也没有见到过密特朗。她继续给他寄书，他都看了，并且每次新书出来，他就会彬彬有礼地要求她给自己寄一本。

---

① 作者与米歇尔·布泰尔的谈话，1996年10月4日。文章一直到1986年2月才发表，在《另类日报》的第一期上。
② 致安托万·伽利玛的一封信，伽利玛档案。

她很认真地看待自己在《另类日报》的记者工作，同时她还兼任编辑，这让她变得年轻起来。她喜欢编辑小组的那种气氛，经常发表意见，所有的政治主题都要插上一手，一旦她有了一点想法她会毫不犹豫地深更半夜打电话给米歇尔·布泰尔。1986年3月19日，她写信给越南社会主义共和国主席，要求他释放作家、政治犯阮锡泰[①]，并且为他的事请求国际特赦组织出面干涉。1986年4月7日，在文化部部长弗朗索瓦·雷奥塔尔的陪同下，她从M.阿尔菲的手中接过里茨—巴黎—海明威奖，奖金五万美金。她已经很富有了，现在她真的成了一个拜金主义者。她把这笔钱又投入了不动产。

5月初，玛格丽特终于实现了自己的愿望，在伽利玛，她曾经试过几次，但是最后都没能成功，后来在子夜出版社她又周期性地出任过他们的编辑，而这一回，她成了P.O.L.丛书的负责人：丛书的头两本书，《外面的世界》，摆到了书店的柜台上。"这个想法是自然产生的，"保尔-奥查可夫斯基·洛朗解释说，"她对我说想帮帮年轻人，让他们为读者所了解。她想给他们出书，保护他们。我将这件事完全授权给她。"[②]文坛浸淫在"灵魂的苦涩与狭隘中，被文化这个整体概念所制约，而且时有恶毒的嫉妒在作祟"。杜拉斯，她想革新游戏的规则。"读者读的不是作者，而是书。"[③]因此她组织的都是年轻、有潜力的作家：卡特琳娜·德里朔、尼古拉·古戴尔克和让-皮埃尔·瑟通的新书《爱情劫持》。组稿的经验至此为止。"我们并不恼火，"P.O.L.出版社说，"我们趣味不同。她从来没有要过一个苏。"

只有写作能够平息——暂时地——重新侵入她生活的恐惧。恐惧成了她才开始的一篇小说《蓝眼睛黑头发》中挥之不去的主题，小说是《死亡的疾病》的续集，她曾经将《死亡的疾病》改编成剧本，中途却又放弃了，《蓝眼睛黑头发》是她在这个剧本基础上的再度创作。《死亡的疾病》发生在房间这个封闭的空间里，《蓝眼睛黑头发》也是献给扬·安德烈亚的。两部作品相距四年。《死亡的疾病》是在对同性

---

① 原文为Ngnyen Syte，疑有误。
② 作者与保尔-奥查可夫斯基·洛朗的谈话，1997年12月18日。
③ 《解放报》，1986年5月8日。

恋的恐惧和这种恐惧所带来的欢娱中写就的。《蓝眼睛黑头发》描述了中止的爱情：一个女人如何才能接受她所欲求的男人是个同性恋呢？他们睡在一起，一动不动，赤裸着身体，躺在这间房子里，爱是不可能的。在他们周围，演员念着他们的故事。最大的距离。她想要他的一切。他什么也不要。甚至不愿意她碰他。碰一碰他也不要。"她对他说来吧，来吧。她说这是一种天鹅绒般的感觉，头晕目眩，可是别信，这是一片沙漠，是一种邪恶的东西，会导致犯罪和疯狂。她让他来看看，说这是一种散发着恶臭的、罪恶的东西，是浑水，很脏，血水，说有一天他会做的，哪怕只有一次，在这公共的领地上翻腾，说他不可能避得了一生。"女人是个作家，他什么也不做，除了在感情上爱着一个已经离开他的男人；他还在为他哭泣。他们是谁，在做什么都不重要。故事具有普遍意义。女人想也许正是出于这种对爱的恐惧，她才能向他倾诉这种不再能享受肉体上欢娱的悲伤。他们已经一起生活了五年，不能相爱，也不能相离。她将走出房间寻找欢娱：海滩上男人和不认识的女人做爱，做爱的时候看也不看她们，或是在旅馆里，一个男人在等着，为了尽快地得到快感他会打她。但是夜深的时候，她总会精疲力竭地回到他的身边，回到这个不属于她，哭泣着不能进入的男人身边。

《蓝眼睛黑头发》昭示着扬和玛格丽特共同度过的一个时期，似乎是想彻底地从记忆中拔除这段痛苦。没有肉体之爱的欢娱我们能够相爱吗？一个喜欢男人的男人的女性情人最终能够不再要求情人给她性吗？作品里没有同性恋这个词。杜拉斯想要摧毁它。以前她经常用。现在她觉得这个词是不准确的；同性恋不仅仅是一种性行为。与此同时，杜拉斯也深刻分析了女性的性爱：她详细描写了阴茎深入阴道的感受，欢爱的液体，并且描绘了一个女人在各个时期不同的理想情人。《蓝眼睛黑头发》是一曲女性的爱情之歌，一曲肉体欢娱的颂歌。在这场事先已经失败的战斗中，女人出来时却取得了胜利：如果说男人没有办法进入她，他从此之后却不得不躺在她的身边，否则他就会哭个不停。她知道自己不久后就要死了。她可以肯定直至最后一刻他都会守在她的身边。死神的临近和与上帝对话的不可能使小说蒙上了一层忧郁色彩。

玛格丽特犹豫着要不要出版这本书。她害怕读者的反应。《情人》出版的两年后，她完全改变了自己的风格，彻底放弃了她想要描绘的自己的形象：这不再是那个穿着饰有金丝的鞋子的女孩，冒着大雨投入情人富有经验的怀抱之中，她已经老了，像一头隐居在巢穴中的老狮子，向一个令人恶心、令人沮丧的同性恋男子要一点性的欢娱。书出来以后，在电台被访问时，她没有隐瞒小说中的自传成分："我们写的总是关于自己的书。编造故事不是我的所为。谈到这个我找不到合适的词。在书中我几近粗鲁，罪恶。分开来看是这样的。欲望是存在的理由，另一个人不变的欲望，短暂的但是却浸透了一切的欲望：黑夜，白天，话语，写作。"[1] 不合礼仪的杜拉斯？显然她毫无隐瞒。她早就提醒读者注意："这是一个爱的故事，是我所写的最伟大、最可怕的爱情故事。我知道。每个人都知道。这种爱没有名称。它是不能用词语来描绘的，迷失了。读读这本书吧。在任何情况下，哪怕总的来说非常讨厌。我们没有什么再好失去的了，你不能失去我，我也不能失去你。"

杜拉斯写的是扬。她也给扬写信："我要你写你不爱我了，在信尾署上你的名字，这是笔录。您写上：我不爱您。您写上日期，然后签上名。在信尾，您补充一句：我不能爱一个女人。"[2] 扬没有签名。杜拉斯把朋友和情人都变成了自己舞台上的演员。杜拉斯决定一切，也包括读者的反应。听您的命令，杜拉斯同志。有些人厌倦了她的电影，她那份强加于人的不合规矩，厌倦了她对自己的模仿，重复的话语，重复的音乐，重复不断的词：爱，情人，叫喊，泪，海，夜。她笔下的爱情总是那么可怕，还有吼叫，张皇失措的情人，不是做爱太多，就是从来不做爱，残酷的，吞噬一切的大海，冰凉的夜，没完没了。这个被看成法国文坛卡拉斯的女人变成了有点苍老的碧安卡[3]？杜拉斯翻来覆去还是这一套，到了泛滥的程度，简直有点让人恶心。但是我

---

[1] 《语言的痴迷》，见上述引文。
[2] 现代出版档案馆档案。
[3] Bianca Castafiore，意大利女歌唱家。

们不是永远都不会厌烦皮雅芙的老歌吗？音乐，作品，性。

她写给谁？为谁写？为扬，可又不仅仅是为扬，还有所有虚假的情人。"我们终于开始对爱情产生怀疑。这是季节的循环，也许随着夏天和大海而到来。在以往的书中，我们总是用一种过于简单的方式来谈论它。"[1] 在难以生活下去的痛苦中，她接近了上帝之爱，神圣的惩罚。在一篇名为《诺曼底海岸的妓女》的作品里，玛格丽特·杜拉斯谈到了写作《蓝眼睛黑头发》时的状况，作品先是在《解放报》上刊登的，后来由子夜出版社出版。在这里，扬不再叫年轻男子，他就叫扬。每天有两个小时，他在打《蓝眼睛黑头发》的手稿。他打字的时候不叫。可剩下来的时间，他一直叫个不停，骂她，骂自己。然后他就走了。他到大饭店寻找英俊的男人。有时他能找到，不是蓝眼睛黑头发的男人而是酒吧间的侍应生。回来以后，他又继续叫。不管她说什么，他都叫。他不让她写。但是很快她就离不开他的叫声了。是扬写成这本书的。他不仅仅把书的各个不同阶段打了出来，也不仅仅是将这堆乱麻整理成文，把粘在一起的纸头堆放整齐，不，他给了她灵感，他是她的投资人。表面上的服从。看上去别人甚至会以为他委曲求全。但实际上是玛格丽特怕他。她害怕他的叫声，害怕他逃走，害怕他死。他对她说："您成天写个不停干什么？您是被您自己抛弃的。您疯了，您是诺曼底海岸的妓女，一个蠢货，您令人尴尬。"玛格丽特写这本书是为了让他安静下来。

通过《蓝眼睛黑头发》，玛格丽特觉得自己成功地捕捉到了扬·安德烈亚。她把他固定在纸上，把他关在那里，她可以说有关他的一切，最为隐秘的癖好，最喜欢的姿势，最疯狂的欲望。她将他呈现出来，就像一年前她对前夫罗伯特·昂泰尔姆所做的一样。罗伯特的大便，扬的性。扬的性不是她的。但她和扬的故事属于她。扬本人成了写作的动机。写他，她才开始不再处于那种贪得无厌的饥渴之中，她才可以耐心地等待。她终于能够远离属于她的生活，把他的名字白纸黑字地写下来。正因为写了他，她才恢复了元气。暂时地。

---

[1] 现代出版档案馆档案。

书受到了普遍的欢迎。"黑暗的小说,和《情人》一样短,也一样美。"[1] "杜拉斯做了最残忍的招供。"[2] "在荣誉和艺术的顶点上,这又是一个沉迷于爱情的杜拉斯。"[3] "一个真实的杜拉斯,在内心深处同样暴虐,撤除了戒备。"[4] "这简直是奇迹,《情人》之后的杜拉斯竟然还能写出更美、更纯净的作品,仿佛黑夜深处和疯狂深处的童年。"[5] 可第二年,杜拉斯自己否定了这本书,觉得这是个失败。"这本书里有种巴特的散文腔,我有想法,我就把它们展现出来,可小说有时也会受到各种各样的评判,就像在评文学奖一样。"[6]

玛格丽特不停地写着。写着《诺曼底海岸的妓女》的时候,《艾米莉·L》也开工了。在《诺曼底海岸的妓女》中,杜拉斯已经影射到了在基耶波弗度过的一个下午。她不是真的要写这个下午,她情愿忘记。那时,在基耶波弗,扬和玛格丽特在每个夏日的下午都要去美丽的海滨,在安静的海岸饭店酒吧里喝酒,一瞬间,玛格丽特看见从船上下来了一群外国人:都是不敢正视的眼神,鬈曲的头发,都是同样的脸,同样的身体,他们是亚洲人。酒精又让玛格丽特产生了幻觉,就像戒酒之后的一段时期经常折磨她的那种幻觉,她称之为"黑夜里的东西"。韩国人就在那里,可扬没有看见。为什么是韩国人呢?她不知道,但韩国人围着他们转圈,又在他们身边坐了下来。韩国人带着残忍的微笑看着他们俩,他们孤零零的,不知所措。玛格丽特感到非常害怕。扬笑她。为什么是韩国人?您不过是个平庸的种族主义者。玛格丽特说他说得有道理,她像个小女孩般抖个不停。扬让步了,让她进咖啡店坐一会儿,避开那些目光残忍的韩国人:"我跟您去咖啡店,我一直都会跟着您的,不管您上哪里。"

《艾米莉·L》就是这样开始的。恐惧平息了,作者处在一种可怜的愚蠢的境地,从第一页开始就是对这种境地的描写,小说能够开始

---

[1] 《日内瓦法庭》,1986 年 11 月 24 日。
[2] 《法兰西晚报》,1986 年 5 月 3 日。
[3] 《巴黎日报》,1986 年 1 月 6 日。
[4] 《解放报》,1986 年 3 月 14 日。
[5] 《费加罗报》,1986 年 2 月 11 日。
[6] 《物质生活》。

了。因为，在海岸酒吧里，艾米莉·L 和船长在等两个来自大洋深处的人物，还有阿夏布船长的小孩子，斯蒂文森的远房表兄弟们，以及一群没有国籍的人，地平线是他们唯一的疆界，威士忌是他们的祖国。但是韩国人围着海岸酒吧绕圈子。他们从四面八方走来。于是玛格丽特看着扬，希望他能保护她。但是扬看着远方。玛格丽特在说话，解释自己的恐惧，扬没有听她说话。于是玛格丽特哭了。我们不知道谁最残忍，是对扬说"我不再爱您了。是您在爱我，您不知道"的作者，是想要折磨他们的韩国人，还是将静默——死一般地静默——强加给作者的扬。

又一次，杜拉斯在写她看到的东西。基耶波弗，她那时几乎天天都去。她疯狂地爱着这个小港口，在厄尔省和滨海塞纳省的尽头，油船来来往往。扬，是她寸步不离的年轻男子，没有他她一步也走不了，她和他一起喝酒，为了忘记只有通过写作，只有在她写作时，她才和他有故事，因为她叫玛格丽特·杜拉斯，而不是因为她是个七十二岁的老妇人，极富创造性，充满魅力，活泼，生机勃勃，滑稽，有趣，对生活充满渴望，渴望着爱与被爱。

  您说：
  没有什么好说的。从来都没有什么好说的。

这个时期，扬和玛格丽特每天要喝六到八升葡萄酒。他们根本不吃东西。两个人都胖了许多，变得面目可憎。"我觉得令自己感到恶心很有意思。我看着自己垮下去。这种迅速衰落真是一种享受。"[1] 有了酒精的作用，他们就不知道爱是太近还是太远了，也不知道爱已经消失还是仍然存在。他们只知道喝酒时两人是在一块儿的。杜拉斯具有难以置信的力量。她知道死亡在慢慢地靠近，也知道酒精会加速死亡的来临。可她在继续。她知道应该离开扬，这样她才能写下去，才能重新找回暹罗湾，暹罗湾的天空，她的少女时代。她知道幻觉不停地出

---

[1] 《善意》，法国文化部，见上述引文。

现，扰乱她的视线，占据着她的想象，阻止她塑造故事里的人物。是的，故事里的人物，而不是梦魇里的生灵，然而她还是成功地塑造了艾米莉·L。这个被酒精摧毁的女人，手指上戴着硕大的戒指，身体也是支离破碎；艾米莉·L，这个成天在酒吧里闲逛的女人，这株从此后永远凋谢的水生植物，这个越来越弯向大地想要逃避死亡的女人。

借助艾米莉·L，玛格丽特塑造了一个和劳儿·V.斯坦茵一样讨人喜欢、和安娜－玛丽·斯特雷泰尔一样令人着迷的人物。艾米莉·L是维吉尼亚·伍尔芙和艾米莉·狄更生的小妹妹。她写诗，因为她觉得这些诗很有意义，然后她让她的诗随风飘去。她不知道自己用这些词都做了些什么。她生活在对词语的忘却之中。她的丈夫船长发现她写东西的时候离他很远，他嫉妒了。尽管她向他解释说她在写诗时倾注了对他的所有激情，船长却不相信，他看不到这一切，也不能理解。船长读不懂艾米莉·L写的东西。有一天他烧了艾米莉唯一想保留的一首诗，一首描写冬日天光的诗，那是在他们的小女儿死后，她很长时间都没有开口说话，然后她就写了这首诗。她到处找。船长从来没有告诉她事情的真相。她再也不写了。他们一起出海。她开始喝酒。她成了一个破布娃娃，指甲全都断了，脏脏的，她成了一只颤抖的小鸟，因酒精而消瘦、疲惫，生活的不幸彻底摧毁了她，从此后她永远地离开了写作。

"艾米莉·L是个天才，"玛格丽特说，"这是我在这世界上最喜欢的女人，这个沉溺于酒精，穿着有洞的皮鞋的老女人。活该那些人看不出她是谁。如果他们看到她，他们就不会是现在这个样子。但是我看到了，这改变了我，我带着艾米莉·L。"[①] 艾米莉是她的姐妹。她害怕的时候，玛格丽特甚至能够听到她的心跳。艾米莉·L和她有如此多的共同点，让人几乎觉得玛格丽特·杜拉斯塑造这个人物是因为感到生命受到威胁，她想要保护自己：艾米莉·L从她遗忘的词语深处跳出来，在等着一个她知道确实存在，却永远触不到的爱情，在船的甲板上，醉醺醺的、眼睛半睁半闭，随着大海前后摇摆，等待死亡。玛格

---

① 《语言的痴迷》。

丽特·杜拉斯成功地将读者带入一个完全能够自由处理的空间，让他们回到一张白纸上。这也许就是杜拉斯现象：让我们从零开始计数，从原初出发。也许这就是她呈现给我们的，给我们这些读者的，玛里亚娜·阿尔方说得很好，她是想让我们相信"日常生活中的事故"[①]。玛格丽特·杜拉斯在写《艾米莉·L》的时候，她已经明白扬·安德烈亚不爱她的事实。她的直觉告诉她，他会抛弃她的。可疾病改变了事情的发展方向。

几个月前，玛格丽特·杜拉斯出了一本不是书的书，以对话的方式，漫长的沉思和流浪。一条话语之路，正如她自己所说的，什么都谈，也什么都不谈，谈天的颜色，谈菜谱，某些夜晚的绝望，阅读时遭遇的一种魅力，一次大笑。这既不是小说，尽管在某些片段上有点像，也不是《80年夏》这样的日记，不是《外面的世界》这样的文集，也不是《谈话者》或《领地》这样的访谈录，没有开头也没有结尾。书的名字叫《物质生活》。玛格丽特在和热罗姆·博茹谈话。在夏日将尽，没有什么特别的计划占据你的精力的时候，谈话也和别的事情一样，是一种打发时间的方式。谈一些无关紧要的话题，表面上看起来似乎根本不值一提，但是也许能让你从混沌中或平素的阅读习惯中醒来。理清一团乱麻：童年，母亲，性。杜拉斯承认说她从来没有得到过内心的平衡，说她一生之中什么都做了，说她总是慢一拍，赶火车要迟到，时尚要迟到，幸福要迟到。她也想和其他人一样生活，可她屡试屡败，自己也绝望了，她永远找不到一种现成的生活方式："我无法接近任何一种生存方式，我在想别人是以什么为基础谈论他们的生活的。"她谈了很长时间的同性恋，这已经成为她的"症结"所在了："同性恋者的激情就是同性恋。一个同性恋者所喜欢的一切，情人，祖国，他创造的东西，他的故土，这一切统统不是他的情人，而是同性恋。"从此之后，所有男人都成了同性恋。异性恋也是尚不自知的同性恋，或者说在等待着被改变的契机。杜拉斯痛恨同性恋者，她一想到扬是个同性恋就恨。她有很多同性恋的朋友，而从此之后，她觉得他

[①] 《解放报》，1987年10月13日。

们都是肮脏的鸡奸犯，鸡奸或被鸡奸。

杜拉斯有一张备受摧残的脸，身体上也满是皱纹，她有一种想要摧毁一切的恶毒，一种引诱的欲望，这才是她把自己看成是杜拉斯的唯一武器。"万人景仰的杜拉斯。"杜拉斯生硬的欲望。想要不朽的杜拉斯。可笑的，可模仿的杜拉斯。帕特里克·朗波①在《维吉尼亚·Q》里没少讽刺她。荣誉的代价，当然，但是那种矫揉造作的杜拉斯话语，那种她自己也深深为之痛苦的自我的病态恶性发展，那种谈论"真相"的方式，不管说什么都是这样的一种方式，的确可以被朗波当成讽刺的靶子。②可同时，杜拉斯知道自己应该在何时，以何种方式重新站稳脚跟，停下她的杂耍，正如这四次电视节目所证明的那样③，她和路斯·佩罗面对面地坐着，显得脆弱，迷茫，像个农妇，却仍然那么善于挖苦，不可一世，涂着深色口红的嘴唇。杜拉斯，受伤的女高音歌唱家。放下心来的杜拉斯，因为"男人都想和她做爱"，在《物质生活》里她不停地重复道。用这类显而易见的道理打击我们的杜拉斯："一个女人和一个男人，说到底还是有所不同的。"谁能够抵抗住杜拉斯？一旦她遇到这种人，她便会目瞪口呆。"有一次我乘飞机，凑巧碰到一位先生，他对我的任何问题都不予回答，什么也不说。我放弃了。我对自己说也许他觉得我不够热情。我根本没有想到他会不认识我。他走的时候，他对我说：'再见，玛格丽特·杜拉斯。'好吧，这很好，他就是不愿意和我说话。"④

玛格丽特从此只在自己身上打转转。如果她和你说话，也只是为了谈论她自己。在她的眼中，巴黎成了一座玻璃之城，到处都是西班牙式的观景台。她几乎足不出户，最远也就是走到街口的报亭，看看张贴画上有没有自己的形象。她还把扬·安德烈亚寄放在自己的房间里，后者成天沉溺在音乐中。有时，在她的要求下，他会把她装进她的那辆汽车，带她去看一看夜晚的郊区景色。在别人面前，他们争执

---

① 帕特里克·朗波是法国滑稽模仿作家，专门模仿其他作家的文体风格，以示嘲讽，他曾获龚古尔奖。
② 关于塔比的文章，1993年7月28日。
③ 法国电视一台，1988年7月。
④ 《物质生活》，第132页。

得越来越厉害了。根本不是什么大不了的事情：厨师的状态，咖喱鸡的做法或是某个记者的名字。他们还要找人去作证。两个人都喜欢暴露他们的这种关系。所有在玛格丽特身上发生的一切都是有意义的，因为这是玛格丽特啊。于是他们争执，她觉得让你听是你的运气，让你看到她，听她说话，尽管你可能只想逃走，但是您不敢，她已经告诉你了，羞耻之心只是虚伪的一种形式。"我的性格？你去问别人好了；我很难相处。我的儿子说我恶毒。有可能。和他一样。我和他一样喜欢叫。我相信男人都喜欢我，因为我是个作家。作家是很奇怪的一块土地，作家呼唤强奸。作家呼唤强奸就像人们呼唤死亡一样。"[1]

玛格丽特以自己的名义说话，一个转过一圈的女人，看到到处都是绝望的爱情却仍然没有死去；一个情人，等着从内心深处享受爱情的欢娱，在这海洋的深处，在这黑色的大陆深处；一个作家，认为书既非回忆，亦非思想，更非故事的作家，她说书是一种等待，一次旅行，一份冒险。玛格丽特·杜拉斯自我呈现。她的生活，她对于这个世界的评论在报纸上随处可见。她所谈论的东西，自己都很感兴趣。是她，而不是我们。她谈论着帕斯卡、布伊格，谈论勒彭，谈论舞蹈。"我喜欢极了！喜欢极了！"要么是喜欢极了，要么是厌恶极了。她喜欢舞蹈，还有运动，尤其是普拉蒂尼，她和他在《解放报》上做了一次不朽的对谈[2]，题目叫作《天使的运动场》，弄得读者既尴尬又好笑，因为她又来了个自恋情结大暴露，还有她尖酸刻薄的访问技巧也用得过分了。玛格丽特·杜拉斯允许自己做任何事情。因为她是个天才，还因为，正如她自己动不动就说的那样，她是"总统的朋友"。

在科莱特·菲鲁的请求下，她答应和让-吕克·戈达尔一起做个电视片，在法国电视三台的"海洋"栏目中播出。"两个人都是国王，野蛮，粗鲁。"她不同意把《情人》的电影改编权出让给他，并且问到他电影的未来。他们这次虚假的谈话成了这时期电视台的重大焦点。戈达尔假装睡着了。杜拉斯命令他不准打哈欠。杜拉斯命令戈达尔说：

---

[1] 现代出版档案馆档案。
[2] 《解放报》，1987年12月15日。

"你说话不要这样颠三倒四的。"杜拉斯对自己永远都是那么洋洋自得:"人们做的一切都毫无用处。"在一本簿子的旁边,她写道:"我不知道我自己能否容忍杜拉斯。"

她的日子屈指可数。她知道。肺气肿病越来越严重了。这加剧了她的恐惧,她于是更加不能出门。玛格丽特缺氧。她的体力甚至难以支撑她下楼,以前她是那么喜欢散步,贪婪地捕捉着周围的一切。而在精神上,她也是越来越孤独了。年龄、时间和疾病改变了她和扬的关系,随着时间的流逝,扬成了她的保护者,护士,超出了情人或同伴的关系。玛格丽特已经看不见自己的明天。她觉得生命快到头了。但是玛格丽特是个农民的女儿,脚踩着法国北方的土地。那里的传统教育告诉她要坚持到底。她一直在为活到最后一口气而斗争,哪怕是在昏迷的时候。1986年2月14日,她记道:"有一天我也许老得写不动了。这在我看来几乎是不可能的,不现实的,是荒谬的。"也许。但她已经想到了:

> 未来
> 男人,知识分子,生活的贫瘠
> 只有速冻食品
> 不再有房子
> 不再有咖啡
> 不再有管家,空间
> 女人
> 男人的未来。[①]

她在一本簿子的留边处写下了这些话,1988年10月,恰巧就是她发生呼吸困难住院前不久。她动了手术。外科手术后她长期昏迷,直至1989年6月才醒。

---

① 现代出版档案馆档案。

他们说她不行了。他们招来她的儿子，告诉他，他们不得不"切断"她的呼吸，说一切都结束了。儿子很迟才来。怎么能对医生说是的，同意，可以中止他母亲的呼吸了呢？乌塔不愿意。一种直觉，他说，一种预感。乌塔自出生起就已经和他的母亲情感同化了，他和她一起叫，一起笑，一起哭。乌塔在巴黎街头游荡了整整一夜。他喝了很多酒。第二天早晨，医院的人把他弄醒，告诉他母亲"又行了"。医生也不明白是怎么回事，但心脏曲线又反弹了：玛格丽特·杜拉斯正努力浮出生命的水面。"生命就是这样乱七八糟的。根本无法理解。没有人能理解。"[①] 她笑着说。她很喜欢说她是个特例，是真正的奇迹。是她自己想要活下去，不是医学，不，医学已经不愿意延长她的生命了。她永远相信自己的力量，永远相信正是这种根本的孤独让她在需要的时候产生了能量。玛格丽特从七岁开始永远就只相信她自己。她的智慧保佑她从疾病的魔爪下逃了出来。她用词语给自己缝制了第二张生命之皮，因此缓解了死亡的威胁。她后来说在这九个月中她忘却了一切，过去。

　　扬非常令人赞赏。每时每刻他都在她的身边。玛格丽特睁开眼睛的时候他都在。她吐出了他的名字，扬，就像昨天夜里她还看见他来着，没有一点点的激动。她觉得自己喊出了他的名字。因为她的喉咙已经发不出任何声音了。实施了气管切开术后她就失声了。但是扬从她的目光中看出她已经重新开口说话了。她问他要纸，咕哝出几个词：她说她急着要昨天夜里写的那页手稿。"有句话写得不好。我要重写。"玛格丽特成了睡美人。在长期昏迷的美丽丛林中，她只是延搁了时间。她可爱的王子——此时就是这篇她于一个月后完成，题目为《夏雨》的作品——叫醒了她。这次恢复神智以后，她消瘦了，很可怜，说不出话来，又一次沉浸在幻觉中。她生活在想象的世界里，这一次她在想象王国里安置了新的男性人物。她的幻觉总是围绕着性。她不停地说强奸的事，说女人是牺牲品。

　　渐渐地，她又站稳了生命的脚跟：她有了新的戏剧、电影和写作计划。她招来了克洛德·雷吉，建议他将《艾米莉·L》改编成戏剧脚

[①] 《解放报》，1990年1月11日。

本。她要带他去看那些地方，甚至要带他去基耶波弗，去法国饭店。雷吉去了诺曼底。他们在当地踩了点。她希望奥玛尔·夏里弗饰演船长一角。她还想用圣伯努瓦街楼下的邻居。计划完成了，拟好了，呈给波比尼剧院，剧院接受了。开始时这出戏剧的名字叫《韩国人》，后来改成《亲爱的，我亲爱的》。接下去她又放弃了。她说她要完成《死亡的疾病》，这项流产的计划一直在纠缠她。于是她重新拣了起来，以一种不那么激烈的方式重新写过。她为它起名为《眠》：一个女人试图在夏日的温柔中弄明白一个说爱她的男人的同性恋行为。没有歇斯底里，没有什么场景，似乎完全是《音乐》的那种氛围。但是写出来的这个东西令她感到恶心。她又放弃了。杜拉斯仿佛在清算自己的作品，看一看它们究竟能走到哪一步，能否改编，还是干脆丢到忘却的黑夜中算了。她非常焦虑，觉得自己没有留下一部开放式作品，没有被延搁的存在。她重新阅读自己写的东西，想看看到底能不能利用和改编。就这样她凑巧发现了自己在20世纪60年代初写的一出戏：《一个男人来看我》（伽利玛出版社将它收录进杜拉斯《戏剧卷二》中），戏中有一个法官——斯坦纳，一个以前的被告——在莫斯科事件发生十八年之后。她请克洛德·雷吉负责将它搬上舞台，并联系了安托万·维泰，让他饰演斯坦纳，然后再度放弃。

出院几个月后，她完成了《夏雨》。她知道书已经完成了，"放在那里"，但是篇幅很短：只有二十五页。"然而它在那里，是不可避免的。"有一段时间，她觉得自己之所以能逃脱死神，就是为了完成这本书。"事实正相反，"一年后她说，"也许我病重就是为了扼杀这本书的存在，但是我没能做到。"[1] 书带着穿越死亡之路的痕迹。它是献给艾尔维·松斯的，拉奈克医院救她一命的医生。昏迷前写的这二十五页几乎没有修改。《夏雨》看上去像是电影《孩子》的续集。这在杜拉斯还比较少见，她几乎从来不会把电影变成书。很久以来，她在自己的语言里掺杂了不少颇为奇怪的词。《艾米莉·L》里就有不少英文词汇的碎

---

[1] 《解放报》，1990年1月11日。

片,《夏雨》又是一本语言混杂的小说,有西班牙语、葡萄牙语和她自己发明的词语,还有外语片段,为她的语言平添了一种新的节奏和韵律。一种自然流出的语言,与感觉在同等的位置上,是为了命名,而不是为了评论。

主人公和电影以及孩子讲述的故事里的一样,名字叫作恩奈斯托。他在十二岁到二十岁之间。非常聪明。他从来没有学习过,然而他知道关于这个世界的一切。他被接在世界的起源之处,被接在这个"为什么"的地方。他知道上帝并不存在。他把一切都哲学化了。他的母亲和姐妹理解他,后来父亲也有点懂得了,再后来也许兄弟姊妹都有所领悟。而其他人则远远地被他甩在身后。故事仍然发生在电影的拍摄地维特里,玛格丽特去过好几次,捕捉色彩、感觉和激情。维特里,在一片钢筋水泥的海洋中有一株美得惊人的树,房子经常都是荒弃的。还有一条荒草丛生的公路,塞纳河弯弯曲曲地流过。这里有很多兔子窝,通常成了穷人的住处。严禁孩子吵吵闹闹的市立图书馆,当然还有恩奈斯托的父母,艾米莉奥和吉内塔。他们已经失业很长时间了,他们慷慨,成日游荡,酗酒,很长时间以来在别人眼里根本无足轻重。然而还有书,破破烂烂的书,丢在郊外的火车上,恩奈斯托的父母经常贪婪地不愿放手的书,兄弟姊妹席地而坐看的连环画,还有那本烧得差不多了的讲述耶路撒冷故事的书。关于移民区的报告文学?不能算是。和往常一样,杜拉斯打乱了主要的故事,即这个被放在社会垃圾箱里的失业者的儿子的故事,这个儿子比地球上所有老师加起来还要厉害,能谈论乱伦的问题,能和上帝对话。

《夏雨》是个回音房间,杜拉斯描绘了所有她听见却无法弄明白的声音。问到书的内容,她答道:"但是你们都已经知道了,恩奈斯托的故事,书的故事,树的故事,书,公路。我没有任何用处,是他造就了一切,一切……恩奈斯托很厉害。很厉害。从这点来说,也是他创造了杜拉斯,我只不过徒具虚名而已。"[1] 杜拉斯模仿着自己,克隆自己,把穿过脑中的一切说了出来。杜拉斯才不在乎呢。她有一种再次

---

[1] 《语言的痴迷》,见上述引文。

走出地狱的感觉,像是不知害臊只知道说实话的调皮鬼:"《夏雨》就仿佛是我还年轻的时候。对写作有点害怕的那种疯狂的快乐,这是我的私生活。"

杜拉斯夜里出门,和扬一起迷失在巴黎的郊区。他们会沿着不知通向何方的路一直开,在小酒店前停下来,凌晨方归,然后再把自己关起来。杜拉斯什么人都不见,除了儿子和一个女朋友,什么都不看。六个月中,她没有看过一次画展,没有去过一次博物馆。她再一次沉浸在自己的内心世界中。她说除了那种应迫切需要而产生的写作,她不相信还能有别的东西算得上是写作的,写作这条路经常被人歪曲:"下流没有年龄的限制。"[1] 对这本书的意见分歧很大。"《夏雨》不是玛格丽特最好的一本书,但是鉴于这位夫人是个有品位的人,我们也就不苛求了。"[2] 让-弗朗索瓦·若瑟兰写道。有人认为这本书很让人恼火,有人认为非常细腻,里纳尔蒂觉得它显示了一种"充满感情的放诞"[3],热罗姆·加尔辛则认为"既没有同情心也不具煽动性"[4]。《文学杂志》在六月号上刊登了有关她的消息。她对阿里埃特·阿尔迈解释了她的长期昏迷,以及生理上对写作的迷恋。此后她一直试图让自己的生活"变得逻辑起来"。她试着每天凌晨五点钟睡觉,两个小时后醒来写作。她要"重新进入这片丰富的领地"。

杜拉斯什么都说,觉得自己说的一切都是创造性的。"里根,一个真正的民主牛仔,希拉克是个流氓,希拉克—密特朗,两个调皮鬼的结合,马歇尔的精神已经衰落了,是个活死人,谢弗奈芒说话一副帕斯卡的腔调,高丹也是活死人,都腐烂了,克莱森是个勇敢的农妇。"[5] 她自言自语,什么都说,每时每刻都在关心政治,她知道中国、罗马尼亚发生的一切,知道柏林墙,她对一切都有自己的看法,因为她看电视。一种语言的饥渴占据了她的心灵。她谁也不见,和外界的联系

---

[1] 《解放报》,1990 年 1 月 11 日。
[2] 《新观察家》,1990 年 1 月 11 日—17 日。
[3] 《快报》,1990 年 2 月。
[4] 《星期四事件》,1990 年 2 月 1 日—7 日。
[5] 注释,1992 年 4 月 28 日,现代出版档案馆档案。

就是通过那一叠作为中介的报纸，这些报纸上都有她的专栏。她逗弄读者，让人头昏脑涨。这个玛格丽特。她在谈论她花了九百万法郎买的405号房："是的，九百万法郎。你们瞧好了，先生，只要在巴黎兜一圈看看就知道了。我听你们的，杜拉斯在夸张。但是我不，我没有夸张，405真的值九百万法郎。"①她和我们谈论她才买的微波炉，她给扬买的圣罗兰的外套，她对运动场上的天使普拉蒂尼的欣赏之情，警察局待领场的丑闻（她从来不付违章罚款），在一次谈话中，她把密特朗这个飞行驾驶员说成了潜水员；②无所谓，这根本算不了什么，因为她是杜拉斯，这是杜拉斯的声音……一个高声自言自语的人倒是少见！经常有记者先下手说她自恋，非常自恋。杜拉斯对此也有回答："你们看上去非要坚持说我自恋不可。同意。的确是这样的。作为一个作家，再也没有比自恋更勇敢的了……是这样的。回到书上来说。所有的作家都很自恋。但是他们不说。听好，我不是很美，也不优雅，就是这样的。但是瞧，我是个作家。你们认为我的书之所以能在世界各地卖得很好是因为我自恋吗？就是因为我说我的书在世界各地都卖得很好，我的书才越卖越好。那么你们还有什么可抱怨的？你们唯有忍受我。"③有时她真能说准。比如说在"疯牛病"发生前她就说了："我们欧洲人吃的都是生病的动物，虚弱的，没有钙质的，流动摊贩卖的肉，一点肌肉也没有，还没到屠宰场就要摔倒的。"④她说她梦到北非的马格里布人在火车上痛打了一个法西斯主义者。有些人是一直在嘲笑她，还有一些过去把她捧到天上的人也厌倦了她的矫揉造作。菲利普·索莱尔在《记事簿》里叹道："杜拉斯，可怜的女人。"有些人喜欢她到了发狂的地步，总想碰碰她。玛格丽特觉得自己是个偶像……她说在大选的某一天晚上，有个家伙过来蹭在她身上……"共和国的总统，"她补充道，"觉得我是无法抗拒的。有一种融为一体的壮观，有

---

① 《解放报》，1990年1月11日。
② 《另类日报》，第3期，1986年3月12日。
③ 《星期四事件》，1990年1月—7日。与让-马塞尔·布格洛的谈话。
④ 《星期四事件》，1990年1月11日—17日。

一种与众不同的壮观。"①

她说得太多了,以至于无法再写。写,是要懂得对事物保持沉默,懂得遭遇孤独,懂得达到不说的层次,就像她自己说的那样,达到"宏阔"的境界。她知道,但是她无法阻止自己的"喋喋不休"。那么上帝呢?"我认为目前的生活和上帝是不相容的。他再也没有什么神圣之处了。"②罗伯特·昂泰尔姆于10月25日至26日间去世。玛格丽特没有出现在他妻子身边,也没有去参加葬礼。杜拉斯很烦。她的眼睛老花了,已经不能缝制睡衣,制作台灯,腿也不好,不能去买东西了,尽管有时她还是很愿意下下厨什么的。玛格丽特虽然贪嘴,却很节省。她此时很少见人。必须坚持。但是她邀请你的时候,她会铺上带有流苏花边的桌布,在用来盛早饭的小碗里,给你装上一碗美妙无比的韭葱汤,欧洲最好的汤,她说,甚至是世界最好的汤。给业余爱好者的建议,下面就是食谱。文学性的食谱:

> 我们以为自己会做,这件事看上去是如此简单,以至于我们经常会有所疏忽。煮十五到二十分钟就够了,而不是两个小时——所有的法国女人煮蔬菜和汤往往都煮得太久。还有,最好在土豆开的时候再把韭葱放进去:这样就可以保持它的绿色,而且闻上去要香得多。还有得注意韭葱的配量:两个中等的韭葱配一公斤的土豆正好。饭馆里,这种汤从来都做不好:总是煮得太久(不是现煮的),太"陈"了,它是那么黯淡,那么悲伤,和其他法国外省的"蔬菜汤"差不了多少。不,我们如果要做韭葱汤,就必须认真去做,避免"把它忘在炉子上",否则它就不成其为韭葱汤了。吃的时候,要不然什么都不加,要不然就着新鲜的黄油或奶油。我们还可以加一点小块的面包皮:给它起一个别的名字,发明一个,而不是多少有点滑稽地叫它土豆韭葱汤,这样一来孩子们就更愿意吃了。必须假以时日,必须等上很多年,才能重新

---

① 《总体》,1988年7—8月。
② 《文学杂志》,1990年6月。

找回这汤的味道，现在我们只好靠各种各样的借口把汤强加给孩子们（汤能让你快快长大，能让你变得更可爱，等等）。在法国烹调里，没有比韭葱汤更具简单性，更具必要性的了。想来当初发明它的时候，应该是个冬天的夜晚，在西方的某个地区，一个年龄尚轻，过着外省小资产阶级生活的女人很讨厌油腻的汤汁——也许比讨厌更甚——但是她自己知道吗？她的身体幸福地吞噬着韭葱汤：这不是猪油鹅肉卷心菜浓汤，不是那种可以一煮再煮的营养汤，不，这是清淡、新鲜的汤，她的身体大口大口地吞着，清爽无比，身体汲取的都是精华，是最新鲜的绿色植物，每一寸肌肉也得到了浇灌。这味道很快在房子里散发开来，很香，很平俗，就像穷人吃饭的狼吞虎咽，女人工作的琐琐碎碎，像牲畜倒地就睡的憨样，又像初生婴儿的呕吐。我们会什么也不想做，然后就是做汤，是的，就是这汤：在这两种欲望之间，总有一条很窄的边缘地带，总是同一条：自杀。①

让-雅克·阿诺准备将《情人》改编成电影，杜拉斯终于能够投入她的计划了，几年以来，她一直沉浸在童年、暹罗湾的天、可恨而又可爱的母亲里。故事是早就开始了：准确地说是1987年春。杜拉斯打电话给雅克·特洛奈尔，她以前的电影副导演，也一直是她的朋友，当时正和克洛德·贝里合作。她向他打听，美国人想买她的《情人》版权，但是出的价钱少得难以启齿。是不是应该接受呢？雅克·特洛奈尔当日就和克洛德·贝里说了，克洛德建议她把《情人》的版权卖给自己。约会很快安排好了。杜拉斯和贝里相互拥抱。在杜拉斯的脑中，她一直觉得应该由自己来做这部电影。贝里没有表示不同意。为什么不呢？杜拉斯自己退缩了，说自己年纪大了，很疲惫。她心目中导演的合适人选是：罗曼·波朗斯基和斯蒂芬·弗里。但是两个人最终都拒绝了。米盖尔·西米诺接受了，签了合同，却又最终放弃了这个机会。

---

① 《外面的世界》卷一，第345、346页。

这段时间，杜拉斯却有所进展，她听从克洛德·贝里的建议写好了一个电影脚本。雅克·特洛奈尔建议玛格丽特面对摄影机将《情人》大声地念出来。录音在制片公司的一个小录音棚里进行。雅克·特洛奈尔提问题并进行拍摄。克洛德·贝里也亲自前来对她进行鼓励。现在再倒回头去看这些磁带，我们可以发现杜拉斯从一开始就很难将《情人》平静地念下去。她承认道："每次我开始念《情人》的时候，我都觉得灯光黯淡了。"在读到小哥哥死时她抽泣不止。她越是大声地把书读下去，越是觉得这部电影根本拍不成。"这部电影的最大敌人就是小说，"她对贝里说，"拍电影是可能的，但应该是一部商业性的片子，不，根本不可能。"再说究竟应该只描写情人的故事呢，还是整个家庭的故事？玛格丽特不想拍一部讲述自己故事的电影，她拒绝时间顺序，拒绝色情的背景，她想的不是要拍在印度支那发生的自己的初恋故事，而是一部关于写作的电影：对于她来说，《情人》讲了一个小女孩，多亏了她的中国情人，发现了自己想写作的愿望。贝里让她说。玛格丽特在流浪。她又回到了沙沥，就在那里，当年的小姑娘变成了一个老妇人。在她两度把《情人》读给特洛奈尔听的当儿，她说："我下来了，我靠近舷墙站着。就像在《艾米莉·L》中一样，他上来和我攀谈。白人是很少见的，就像在一公斤的扁豆里发现了一粒豌豆那样。他很富有。他有一辆大房车。很正常，他问她是谁。他害怕。但是他这么做了。我知道他在看我，但是我没有看他。"玛格丽特随着录音的进展，重新构筑了她的生活，她的书，大声地梦想着。她回忆起那种弥漫着椰香的柔软的点心，都是些老妇人在卖，在码头边，还有一直到西贡的那条公路上窒人的暑气，寄宿学校院子里的那种灯光，黄昏时分，混血的姑娘跳着舞，海伦·拉戈奈尔在等她。"海伦·拉戈奈尔，哎呀，她真是十分十分美丽。她哭了，海伦·拉戈奈尔。她总是哭。我和她讲中国人的故事，她听得非常入迷。"[①]

在这混杂着许多对话，确认，添油加醋的阅读过程中，电影的计划渐渐成形了。克洛德·贝里建议玛格丽特自己在电影结束的时候出现

[①] 克洛德·贝里档案。

在银幕上。"我不觉得有多大意思。"她回答他说。贝里说："不，不，这样可以证实电影的可信度。"玛格丽特说："好吧，如果需要的话。"录音完成之后，她对他解释说："不能写好这个电影脚本。我不能按照你的愿望去做。""你把你想做的东西写下来。然后我们再看。"他回答说。玛格丽特于是开始了工作。她不想像勒内·克雷芒那样撒谎抄袭，拍一部有关自己故事的电影。她要讲述一个"小女孩"的故事——她明确地说她不希望用她自己的名字，为了母亲的爱出卖自己的小女孩，想成为作家的小女孩。她看见人物渐渐向她走来了：殖民地行政署舞会上的安娜－玛丽·斯特雷泰尔，在黑暗的街衢里吼叫的恒河女乞丐，还有禁止写家庭故事的母亲，因为写作预示着死亡。

1987年8月20日她完成了改编的第一稿。另一边，贝里发现让－雅克·阿诺在拒绝之后又对电影表示出了一定的兴趣。他本人也在对书进行改编，渐渐离析出了一个年轻女孩的故事，在殖民地异国情调的背景基础上，这个少女和一个年轻的中国男子在一起，开始了她最初的激情，这成了殖民地的一桩大丑闻。我们看得出来，他们不是在同一个波段上，准备拍的也不是同一部电影。接着玛格丽特就进了医院。阿诺继续他的工作。他喜欢上了这个故事，一个小姑娘的故事。在玛格丽特住院期间，克洛德·贝里把玛格丽特正在写的电影脚本手稿交给他，并且说服导演热拉尔·布拉赫参与合作：他们一起根据小说和玛格丽特的脚本写出了自己的脚本。阿诺到越南去采点了。玛格丽特正奄奄一息。她的医生都觉得没有指望了。这个拍摄计划在没有她的情况下亚自进行着。

1989年秋天，出院后不久，玛格丽特便打电话给阿诺。她想见他。他带着她童年时代的几张照片到了诺夫勒城堡：沙沥，永隆。玛格丽特双眼闪闪发光，看着，听着。第二天，她打电话给克洛德·贝里："这个小伙子很热情。关于这部电影，他谈了些很有意思的观点。他甚至把它当成自己的电影来谈。"蜜月又持续了几个星期的时间。玛格丽特在公众面前承认说他们合作得很好。渐渐的，阿诺明白过来，玛格丽特只不过想让他做摄影师。写出来的是她的电影。"我的电影脚本怎么样？"她问他。"不怎么样，我更喜欢小说，它给了我越来越多的灵感。""它给了你什么灵感?""它给了我一个电影脚本。""可这是我的电影,而你要从我的电影里套钱。"杜拉斯装出开玩笑的样子。阿诺继续到圣伯努瓦街去看她。他听她回忆,记笔记,接着有一天,他把布拉赫写的脚本交给她。她在他面前显出很了解情况的样子。在第十页她停下了:中国人的车子穿过坑坑洼洼的泥浆。"不是泥浆,是泥泞。"她就不再读下去了,就泥浆还是泥泞的问题讨论了三个小时。阿诺对她说这样的细节根本无足轻重,因为他将在干季开拍。"那你什么也管不了?如果是尘土飞扬,你怎么会让他写泥浆?""从那时开始,"阿诺解释说,"我们的关系进入了第二层面,她骂我。她觉得自己一无所有。布拉赫知道了她的秘密,所以她恨我。她越来越混乱。有一天她对我说:'你看到饭厅里的花了吗?你知道那是谁送的?阿佳妮。她接受了这个角色,还有苏姗娜·弗隆。'"[1] 阿诺和克洛德·贝里联合起来。今天,贝里是这样评论这件事的:"玛格丽特表面上看起来似乎不愿接受阿诺的魅力。可我们已经签了约。我拥有版权,但还有著作人格权。她可以站起身来反对这部电影。所以我等着她表示同意。"[2]

磋商是漫长而复杂的,中间签署了不少和平协议——都是暂时的,在特鲁维尔或是在基耶波弗。热拉尔·德帕迪厄、梯也里·列维都出了不少力,细腻而耐心。扬·安德烈亚躲在幕后,和平进程最后取得了这样的结果,一切以现金支付:玛格丽特得到五十万法郎的版权违约金,再加上五十万法郎的电影脚本违约金,再加上百分之十的利润,当然,我们不能忘了,开始时《情人》版权转让费已经高达一百五十万法郎。在经济上似乎占了便宜,作为交换,玛格丽特同意承认自己的改编不合适"《情人》的电影操作"。她签署了这样一份文件:"我停止所有的写作工作,不反对电影的制作。"

玛格丽特·杜拉斯于是开始讨厌自己的书。她恨自己在最后为了图方便,以收到情人的电话而告结束。她后悔自己违背了事实。这部"成本上亿的电影"使她远离了自己的书,不久以后,她表示对小说感

---

[1] 作者与让-雅克·阿诺的谈话,1995年9月18日。
[2] 作者与克洛德·贝里的谈话,1996年10月8日。

到恶心。在和阿诺彻底断绝来往前，她对他说："《情人》是糟粕。是火车站小说。我是喝醉酒的时候写的。"她已经开始构思另一部作品了，后来这部作品大大损害了前一部。她想要重新回顾情人的神话。她写了四遍。在最后定名为《来自中国北方的情人》之前，它依次叫作《街头的情人》《蜂蜜和茶的味道》《情人的小说》《重新开始的情人》。尽管杜拉斯一再否认，其实这部作品在开始时就是她自己写的那个《情人》电影脚本。手稿的不同阶段可以证实这一点：玛格丽特甚至就在原有的剧本上裁、剪、增、圈，然后才渐渐地将这个剧本变成了小说。书最后是在1990年5月重新安装好出炉的，这时玛格丽特收到了一个电话，在电话里她得知情人已经死了很久。

她在这部小说里待了一年，在这桩情人和孩子的爱情故事里。她又找回了童年时代的时光，小哥哥的温柔，印度支那的土地在雨后散发出的那股味道，母亲的残忍，她那种病态的疯狂，还有夜间，在涉禽振翅声中和野兽的恶臭中紧贴着她的母亲的身子。她坚守了她的诺言：打开大门，回到童年，和自己和平相处，超越时间的概念后，放下武器，将她的生活呈现给她最爱的人，她的痛楚，她的依靠，她最美妙的不幸：她的母亲玛丽·多纳迪厄。

  这是书
  这是电影
  这是黑夜

杜拉斯还是以那个剧本为出发点，那是突然产生的念头，也是对《情人》原初意义上的回归：一系列固定的画面和场面，从此后在小多纳迪厄身上留下深深印记的一切。杜拉斯运用了连续的和不连续的两种进程。由读者自己进行安装。"我的书成了世界性的之后，我只上演玛格丽特·杜拉斯的故事，而不是整个家庭问题。"她在手稿最后一章的留边处写道。镶有金丝的鞋子变成了黑色的，舞场改叫"瀑园"，而不叫"泉园"。这是一回事，但已经全变了。杜拉斯在做自己的电影：视觉性的写作，无数的对话，场面的提示。黑色的雷翁·波雷。在夜里跳华尔兹的红裙女人那辆黑色的翻篷朗西亚车。《劳儿·V.斯坦茵的迷狂》《抵挡太平洋的堤坝》《情人》《艾米莉·L.》和《伊甸影院》在为了电影而重建的少女时代的炽烈的光线下纠缠在一起。玛格丽特·杜拉斯想让我们相信她是在讲述一个真正情人的故事,她弄乱了故事的线索,编造了一个别样的、有点迟钝的哥哥和一个英俊、高大的情人。但是与此相反的是,她仍然承认母亲的疯狂,她欲把女儿卖了换现金的企图,哥哥的殴打,母亲的殴打和她在故事发生时确定下来的想要成为作家的志愿。他们哭了。"有一天我们会死的。""是的,爱情将和尸体一起进棺材。""是的。棺材外面会有书。""也许。我们现在还不可能知道。"中国人说:"不,我们知道。我们知道会有书的。"

与写作的欲望齐头并进的是死亡的欲望。写作可以帮她分解这份忧伤。从此之后,玛格丽特·多纳迪厄跳出自己来看这个生活。"我觉得我的生活开始在我面前展露了。"她在《来自中国北方的情人》的手稿边写道。从此之后,就像故事的结尾,作家玛格丽特·杜拉斯彻底地离开了她的故事。通过写作,她变得不可企及。

玛格丽特·杜拉斯为这部作品做了很多注,又剪又贴。1990年秋,她从特鲁维尔将涂涂改改的手稿寄给热罗姆·兰登。整整两个月,她没有他的一点消息。她着急了。热罗姆·兰登说他正在看,回头会把改好的稿子寄还给她的。[1] 他真的这样做了。在玛格丽特去世的一年半前,每当谈起关于《来自中国北方的情人》的手稿的事情,她仍然会哭个不停。她就像一个受到不公正的惩罚的小女孩,抽泣着说:"你绝对不会想到的,他又删又改,圈的都是红杠杠,就像是在改学生作文。"[2] 热罗姆·兰登没有否认,他说他觉得稿子很让人失望,于是进行了修改:"我觉得这一点也不够水准,可她不能接受。实际上,她自己也没有把握。她需要安慰。我也许不该把实情告诉她。但正是出于对她和她的作品的尊重和欣赏,我才会直言不讳的。"[3] 开始时玛格丽特·杜拉斯似乎一面很为热罗姆·兰登的反应而伤心,但也觉得他是有道理的,的

---

[1] 作者与热罗姆·兰登的谈话,1996年6月8日。
[2] 作者与玛格丽特·杜拉斯的谈话,1994年4月8日。
[3] 作者与热罗姆·兰登的谈话,1996年6月8日。

确应该重写。接着她又感到愤怒了，再后是狂怒，最后是仇恨。在一本簿子上她记道："他删去了我三十一页的手稿，我立即重新放回作品中去了。"①回到巴黎之后，她打电话给他，说他们之间的一切到此为止，说她决定把他删去的手稿重新放回作品里。"他对我说：那么也只好放进去了。我说不。说这是彻底的结束。他还坚持并写信给我。没有用。"②她将合同寄还给热罗姆·兰登，上面写着：她认为自己的作品已经彻底地"残缺不全"了，说编辑是在"扒窃她的手稿"。的确，作品从二百一十三页减少到一百五十四页。"还包括很多惊人的修改，每一页都会删掉很多句子和词。您寄还给我的书不是您从我这里收到的书。"她通知他，她要离开子夜出版社，重新找回"她的朋友罗伯特"，他可以"合法地让我离开您"。

玛格丽特从此后对热罗姆·兰登怀有刻骨仇恨，而他当时则认为她过于偏执了。她将所有的罪名都加在他的头上：想要篡改她的题目，想要扒窃她的作品，因为她的手稿里有些色情描写就大惊小怪，说他阉割了她的作品……和伽利玛的合同很快就签了，临时定的题目叫作《情人的影院》或《街头的情人》。兰登和玛格丽特解释说他不过是重新打了一下手稿而已，一种简单的、技术上的校正，当然有一点建议，比如说在什么样的地方应该做出改动和必要的修改等，可是没有用，无济于事。在1990年11月7日写给她的一封信旁边，她写道："将手稿从二百一十三页减到一百五十四页，您居然称之为重新打了一下？您把我当成谁了？"1990年12月4日，她又变了腔调："热罗姆·兰登，您在撒谎……我从来没有要求您修改《情人的影院》，我只是像往常一样，要求您核查一下书的标点，谈谈您对这本书的看法，书都寄给您一个月了，您也没有看……您却摆出一副恩人的态度，把情人之间的性场面删掉了，把情人的旅行去除了（九页），不惜一切代价地要缩短有关欲望和爱情的场面……即使不说这本书是死于您的手中，至少它变成了一道平淡无味的菜。"③

---

① 现代出版档案馆档案。
② 现代出版档案馆档案。
③ 现代出版档案馆档案。

在这次彻底中断前他们之间就已经起了不少小冲突，倒不是关于她的作品，而是关于出版这个概念本身。杜拉斯指责她的出版者不敢冒险，只喜欢那种语法上绝对正确的作品，她的出版者最后只好同意让她担任某丛书的负责人。① 她难以忍受的还有扬的事情，扬想要在子夜出一本书的时候，热罗姆·兰登迫不及待地投入了运作，甚至都没有通知她。从手稿到出书的速度之快，令她觉得自己被剥夺了应有的权利。可别忘了杜拉斯一向自认为是世界性的杜拉斯，是天才杜拉斯。这种轻佻少女的自恋发展成了知识分子的脆弱，她为之深深地恐惧。"我觉得我为文学增添了新的一页，一个名叫杜拉斯的作者。"她那时在一本小学生的簿子上写道。这句话是她写给自己的，为了让自己放心，为了让自己相信大家都是这么看她的。她在住处的入口处贴了一张《世界报》的广告页，上面是《情人》的销售曲线。旁边她还贴了一张浮冰上企鹅的照片，亲手注释道：《情人》的读者。1990 年 12 月，热罗姆·兰登问伽利玛要百分之六的作者版税和子夜出版社将《来自中国北方的情人》的版权转让给伽利玛应得的部分。他说自己的工作并非"没有留下任何痕迹"。他问伽利玛要手稿，但是没能成功。1991 年 4 月 15 日，两方终于寻求到了满意的解决办法，安托万·伽利玛建议两个出版社共同均摊盈利，并接受了兰登开始提出的条件。

书受到了普遍欢迎。杜拉斯说它和《劳儿·V. 斯坦茵的迷狂》与《副领事》一样，是她最为重要的作品之一。有人很快指责她在模仿，她反驳道："我没有重写一本《情人》，我写的是另一本书。叙述没有采用原来的书信体。在《来自中国北方的情人》里，情人的回忆消失了。这是满洲里的新情人，同样的名字，来自同样的国度，他也应该有他自己的位置。情人，我将在满洲里寻找他们，为他们写爱情小说。还有在堤岸的小棚屋里，或是在维特里，下临塞纳河的丘陵的岩壁上。"《解放报》实际刊登了一篇《情人之园里的杜拉斯》的文章，指出文学上这种重复是不妥当的：《情人》的故事永远也结束不了。故事不是真实的，但是它成了无数个故事的发端。作者却奋起捍卫自己：

---

① 作者与玛格丽特·杜拉斯的谈话，1994 年 4 月 8 日。

"在《来自中国北方的情人》里，编造的成分比《情人》里要少。都是真的。我的小哥哥，还有我的大哥：这远比我们所能讲述的一切要真实。"[1] 她觉得自己已经结束了整个情人的故事，因为她写了出来："我想这是我最后一次写这个故事。但是有时我也不是很清楚。"[2]

玛格丽特的生活成了小说，不止一部的小说，而情人是她更加深化自己工作性质的借口：仍然在追寻——永远都在追寻——一种破碎，懈怠的语言，与其说是在写作，不如说是在喘气，是一种她称之为"澳洲犬"的语言，完全是编造出来的，搅乱、翻覆意义，使意义走入岔道，一种荒弃的语言，拉丁—安南风格，绝对得难以理解。"我觉得我这种难以理解的语言十分奇妙。"杜拉斯说她是一边听《蓝色月光曲》一边写的，沉浸在一种难以描述的优雅之中，她渐渐走近了这个故事，简直都害怕自己被彻底地焚烧殆尽。正是通过又一次的编造，她重新为自己占据了这份生活，将它安置进话语和节奏之中。这是艺术和生命的捍卫，在她眼里，《情人》是过去读者向她订购的，他们还要我的故事吗？有了《堤坝》，有了《情人》，他们还没有够吗？"让人惊奇的是，"她说，"人们还在读我的书。这足可以证明这个故事是经久耐用的。"

书后，玛格丽特附了三页的图画——所谓的电影拍摄的大纲，有朝一日可以此为依据拍摄一部《来自中国北方的情人》，一部她的电影，而不是几个月以后将要出品的让-雅克·阿诺的《情人》。她已经预先知道那会是一部怎样的片子了。阿诺把《情人》看成是自传，而实际上那却是一种翻译。他就地转了一圈，像警察局办案那样仔细调查了她和《情人》，在越南拍摄了影片，重建了那一个背景，她说她只要在塞纳河边便可拍出故土的轮廓来。她要求和演员见面，可制片拒绝了。在电影出品以前，她从杂志照片上看到了女主角，她觉得挑选的女演员太漂亮了，不合适演这个角色。在《来自中国北方的情人》里她增加了一条注释说："那种法国小姐的形象会摧毁整部片子。更甚

---

[1] 《解放报》，1991年6月13日，与玛里亚娜·阿尔方的谈话。
[2] 《解放报》，1991年6月13日，与玛里亚娜·阿尔方的谈话。

于此：她会使电影消失，美无济于事。她是不会看的。她是被看的。"《情人》拍摄期为七个月，耗资一亿五千万法郎。让玛格丽特感兴趣的是那种投资菲薄的影片，没有预算，也没有条理清晰的故事。她从克洛德·贝里那里取得了两年后重拍《情人》的权利，一直还想着一部属于自己的影片，她的影片。阿诺的《情人》在法国和国外都取得了巨大的成功。在越南，它被尊为杰作；被剪去了所谓的色情镜头以后，片子以录像带的形式广为流传，非常抢手。杜拉斯装作没有看过这部电影的样子。有一天晚上，她在克洛德·贝里永远给她保留一张桌子的公爵饭店碰到了阿诺，她上前拥抱了他，在他耳边说："我实际上看过你的影片。非常美妙。"①

在戏剧舞台上，以她和密特朗谈话为原型的一出名为《玛格丽特和总统》的戏获得了极大成功。但是杜拉斯还是没能摆脱掉做电影的欲望："在文学界我没有家庭，可在电影界有。"1992年11月，多米尼克·帕伊尼为她在法国电影院组织了杜拉斯电影回顾展，她觉得非常幸福。每一场放映时她都在场，看到某些片子激动不已，因为她以为早已经丢了。大厅里座无虚席。"你瞧，年轻人都喜欢我"，她对多米尼克·帕伊尼说，他本人也深为惊讶。对于自己的电影作品，她大致上是持肯定态度的。每次放映她都坐在电影院负责人的身边，不遗余力地发表自己的意见。"看，听，这样是对的。看，听，真是美妙啊。"她重新看了一遍自己的电影，一副心醉神迷的样子，似乎自己真的全都忘记了。她把观众当成了自己的朋友，经常主持临时组织的讨论，控制入场人数。她承认不再那么喜欢《孩子》，她觉得在形式上过于拘谨了，但是她仍然保留着对《树上的岁月》的一种特别感情，当然还有《印度之歌》。

杜拉斯做了不少计划，她想把两部《痛苦》里的短篇小说拍成电影，《巴黎的奥蕾里娅》和《破碎的荨麻》；她为短片《饭店里的最后一个顾客》写了评论，讲的是夜里香波堡中情人们的对谈；她想拍一部

---

① 作者与让-雅克·阿诺的谈话，1995年9月18日。但是乌塔的意见却恰恰相反，他说玛格丽特从来没有看过电影。

十分钟的片子,最多半个小时,是关于劳儿·V.斯坦茵的:在片子上我们可以看到她已经很老了,浓妆艳抹,像个妓女,坐在轮椅里在特鲁维尔的街道上游荡,年轻的中国人推着她。她想要拍一些偶发的,轻捷的,毫无准备的电影,她想以特遣队的方式工作,梦想带着一小队人,在夜里的巴黎游荡着,看到什么就拍什么。她只想拍这种类似纪实的片子。在《绿眼睛》里,她写道:"我们总是为拍电影寻找地方,可是有这么多地方在等着摄影机的镜头。"她最想立刻开拍的是《80年夏》。她都为它找好了片名:《年轻姑娘和小孩》。这将是个"另类"的孩子和夏令营里女教练的故事。她记道:"它将非常难以忍受,非常危险。"[1]

但是她从此后再也没有拍过片。《年轻姑娘和小孩》的拍摄计划变成了一本书,亦即《扬·安德烈亚·斯坦纳》,又是《80年夏》里的主题,特鲁维尔,天空,灰眼睛的孩子,女教练,还有鲨鱼的故事——但是融进了和扬·安德烈亚的相遇,还有她根据奥斯维辛集中营一个流放犯的画所写的泰奥朵拉的故事,故事是为扬写的;在读了《80年夏》以后,乔治·阿尔杜·哥德施密茨为她带来一张画,画上有一株树,一只板凳,板凳上有个穿着白裙子的女人在等德国人的火车。她已经等了很久。"现在,"杜拉斯说,"我将从我到我。这就是自恋。"她将从扬到自己,从自己到扬,从眼皮底下的海滩,从她不厌其烦地描写着的天空开始。她反反复复地说来说去,总是同样的话题,爱情,文学,从未熄灭过的犹太人大屠杀的痛苦,童年的优雅、恐惧与欢娱并存的乱伦。《扬·安德烈亚·斯坦纳》是一首忘却写作的诗歌。"午轻女孩说我们总是写世界的末日和爱情的终结。她看孩子不懂这些。于是他们一起笑这一切,非常大声地笑,两个人一起笑。他说这不是真的,说我们只是在纸上写。""在白纸黑字的领域里,杜拉斯仍然迷恋着爱情、死亡和平庸。"[2] 雅克-皮埃尔·阿迈特在日后写道。这已经不再是个作家了,而是道德的象征,在七十八岁高龄的时候仍然用迷板的形式又

---

[1] 现代出版档案馆档案。
[2] 《观点》,1992年6月27日。

编了一本处在写作过程中的书。"有人说不喜欢自己的书，假如真的有这种人，那是因为他们没有战胜羞耻感。我喜欢我的书。我对它们非常感兴趣。我书中的人物是我生活中的人物。"她在一本簿子上记道。

玛格丽特·杜拉斯喜欢自己。她喜欢自己所写的一切。她是通过自己写的东西来喜欢扬的。斯坦纳，她又一次用了《有个男人来看我》这个剧本里的人物的姓名。扬只保留了个名字，可以确证他早在玛格丽特之前就已经存在。玛格丽特吸干了他的血，赋予他犹太人的灵魂。她陈述了他的生活，他的性，他说的话，他的幻觉，他勾引别人，他的恐惧，写了他喜欢吃的东西，喜欢喝的东西，他何时又是如何入睡的。他的表面已经一览无余，现在她又扒开他的内心给别人看。书出来的时候，她和他一起拍了张照片，扬和玛格丽特站在特鲁维尔的一条街道上，玛格丽特和扬在一个自动加油站前——从巴黎到特鲁维尔时他们一贯喜欢停留的地方，玻璃后的扬看着诺夫勒城堡花园里的玛格丽特，玛格丽特和扬并排望着大海，玛格丽特对《法兰西晚报》宣称，"我对扬的激情日日常新，"她进一步解释道，"早晨我看见他穿过房子，等着黑咖啡，我有一种从来没有见过他的感觉。""衰老，孤独，她在遇到他之前已经是这样了，"在书中她写。他要什么？为什么他会留下来？杜拉斯的爱里始终有一种害怕，恐惧，也许是希望在自然死亡之前被他杀死，一种浪漫的死亡，死于具有摧毁性的，可以使时间凝固的激情，就像歌剧舞台上的那种死亡。扬并非我们所想象的那种人，她试图通过写作透析他的内心："我所有的朋友和熟人都被您的温柔迷住了。您是我最好的名片。我，您的温柔，它会置我于死地，您希望我死，可您自己一点都不知道。"① 扬让她说话，让她继续她的故事，强迫她不要中断，重新拣起《泰奥朵拉》的故事线索。这部她刚开了个头却永远完成不了的小说，这个成为牺牲品的年轻女人的故事，无辜的女人，"迷失在死亡的欧洲的纯洁女人"。

"最艰难的事就是继续活下去，完成著作，因为时间已经所剩无几"，马尔科姆·劳里在《火山下》写道。杜拉斯没有时间了。她很清

---

① 《扬·安德烈亚·斯坦纳》，第15页。

楚，在一本簿子里写道："……很多次，我们都害怕一张纸还没写满就要死了……我们知道方位标在何处，我们知道我们想要达到什么样的事件，但问题是要把作品领到那里。必须到达那里，走完整个旅程，有时这……我觉得正是这种活动每天都提醒我们，死亡就在那里，每天如此。"[1] 她不再有时间死了。她一向不在乎肉体的死亡，她更害怕的是写作的中断。"不写作的时候，应该走进一座永远不会关上门的森林，因为那里，是一座封闭的森林，你被囚禁了。"[2]

的确森林关上了门。玛格丽特不再写了。当然她还在出版，其中就有像是遗嘱的《写作》，但所有这些出版的书只是类似报告的东西，是对谈话和电影的破译。玛格丽特再也不能和纸笔展开肉搏战了，再也没有这种过去体验到的释放和卸去重负的感觉，就像托马斯·曼所说的，这种打碎玻璃的感觉。"活着成了死亡的激情。"她用颤抖的笔迹在撕下来的一张纸上写道。

只有死亡还让她感兴趣，肉体的死亡，死亡之后的世界，关于死亡的回忆。她参观完一座坟墓，写了《一个年轻的英国飞行员之死》。这是一个真实的故事吗？战争时代的故事？农妇记忆中的一桩轶事？杜拉斯自己都不知道。在到特鲁维尔看她的伯努瓦·雅戈的镜头前她一边说一边编造完了整个故事：从诺曼底一个村庄里某座坟墓上的名字开始，她牵引出了这个二十岁的英国小伙子的故事，他死于战争时代，是在沃维尔森林里被德国人杀死的。《一个年轻的英国飞行员之死》是一首献给无辜生命的歌，是献给她死去的小哥哥的，这也是——尤其是关于死亡的沉思。玛格丽特一直很喜欢参观公墓，这算得上是她最喜欢游览的风景点之一；当然是旧式的公墓，而不是现在的，她称之为普里斯由尼克式的公墓，连草都是塑料的，像高尔夫球场。发现村庄里的这座坟墓给了她很大的震撼。关于死去的小哥哥的记忆一直在纠缠着她。她又出现了幻觉，她看到了这具尸体，编造说他的尸体被人扔在壕沟里，和其他的尸体混在一起。她也许有一种罪恶感，现在

---

[1] 现代出版档案馆档案。
[2] 现代出版档案馆档案。

她知道自己即将不久于人世，但是她已经不能到西贡去给他扫墓了，也不能到童年的故乡去祭奠自己的父亲。于是她说："不管是什么样的死亡都是死亡……任何人的死亡都是完全的死亡。"《一个年轻的英国飞行员之死》不是一本书，也不是一首诗，也不是沉思录。这也许是尝试着和死神对话的一种呻吟。"死亡从来没有给过我如此程度的震撼。我完全被俘虏了。不能自拔。"

写作能让她远离死亡吗？玛格丽特没有想过，她已经做好了准备，平静地等待着死亡的来临。写作能够缓冲死亡这个概念，这时思想似乎已经显得无关紧要了。但是，玛格丽特神志清楚地记道："结束了，关键的时期已经过去了。"[①] 死亡，她了解，昏迷的时候她曾经离它很近。她知道死亡从来没有真正地松开她的手。玛格丽特不信宗教。她不相信上帝，尽管在一生之中她一直试着和他对话。"上帝什么都不是，上帝是我为了图方便用的一个词。"但是她相信耶稣基督和圣女贞德在这片土地上确实存在过。"我不祈祷，我说过的，而在某些夜晚，我会为了超越这禁锢人的现在而哭泣。"她的确很爱哭。她不再离开圣伯努瓦街的套房，睡得很少，不读书，只看电视，整理书橱，然后再将它搞得乱七八糟，看家庭的照片。"我想什么就说什么，我从来不明白为什么要写作，也不明白怎么才能不写。在生活中，有时我会想这是无处不在的，无法避免的一切都处在怀疑之中：怀疑就是写作。"玛格丽特不再写了，她在伯努瓦·雅戈的镜头面前谈论写作，扬将它记录下来。扬手上有很多事情。他和伽利玛商谈版税和题目。在《一个年轻的英国飞行员之死》拍摄后期[②]，玛格丽特对伯努瓦·雅戈说："我还没有说完。"他提议在诺夫勒城堡进行紧急拍摄。他明白她是希望有人关心她。伯努瓦叫来卡萝琳娜·尚普提埃调整图像位置。玛格丽特在这部电影里显得非常美，非常感人，他们选择了一种柔和的光线，用特写来表现她这张布满皱纹的中国化的脸，越来越像中国人了，这深沉而闪闪发光的眼神，这嘶哑的声音，像是从身体内部传出的呼吸。她

---

① 《写作》手稿上的注释。现代出版档案馆档案。
② 图像，卡萝琳娜·尚普提埃负责。音响，米歇尔·维奥奈尔负责。

还在谈论,永远在谈论写作行为。她谈到了孤独、酗酒和疯狂。

> 我在家中写作的时候一切都在写。写作无处不在。
> 我们也可以不写,忘记一只苍蝇,只是看着它。看着它是如何用一种可怕的方式在陌生的、空无一物的天空中挣扎。就这样算了。

杜拉斯见的人越来越少。迪奥尼斯有时会去看她。乌塔是定时探望的。她的朋友亨利和塞尔日把她带到特鲁维尔。他们是最后仍获准探望她的一批人。她渐渐地隔断和外界的联系,自己不听电话,一般都由扬代劳。他过滤去不必要的联系,渐渐不准任何人来探望她,包括最老的朋友,扬总是说服他们让她安安静静地待着,直至玛格丽特去世以后,他们才悔恨当初没有坚持,她似乎很为弗雷德里克·勒贝里即将出版的一本关于她的书而焦虑不安①。她给我看了手稿,说这简直是场灾难。但是相反,她很喜欢克里斯蒂娜·布洛·拉巴里埃尔献给她的一本书。她已经忘了其中所引述的自己小说中的段落。读给她听的时候,她都听不出是自己写的。"很困难,但是也很奇妙,突然,你发现你是这句话的作者。她引述我的小说时,墨迹变了。克里斯蒂娜·布洛·拉巴里埃尔说出了我写的话,她教给我,送给我。我,我都忘了。"

要将作品一读再读,她对我说过。给别人读。把自己的阅读呈现给读者。想要谈论写作。当时,她经常对我说起苍蝇之死,她觉得能把这样的场景放在纸上是件很幸福的事情;她还经常谈到她的母亲——"我只剩下母亲了,为什么还要把她藏起来?"几乎每时每刻她都要掏出相片,回到童年:"我一生中最贫瘠的时期。再也没有比少女时代更缺乏想象力、更干脆清晰的了。"②扬始终在那里,我们谈话的时候,他总是在自己的房间里,让我们单独谈。她经常需要他的帮助,一个日期,或是确证点什么,或是需要他帮助回忆。她很快就会感到

---

① 参见弗雷德里克·勒贝里,见上述引文。
② 作者与玛格丽特·杜拉斯的谈话,1994 年 1 月 8 日。

精疲力竭，笑着留你，像个孩子般地拥抱你。玛格丽特是个天真的人，她的一位朋友说。在她视作唯一存在的写作之外，我记住的是她的温柔，是的，她在你身边的那种温柔，她拥你入怀的那种方式。离开她时她会对你说："当心自己。"

见面越来越少了：在电话里和她说话也越来越困难。扬，可爱的，令人钦佩的扬，他会和你谈论下雨或晴天，谈论天的颜色，昨天晚上的散步，他笑着，说着，但是不会把听筒给她。玛格丽特渐渐远离人群，隐居起来。扬关上了房门。黑暗房间的房门。玛格丽特是不是还在？他这样小心翼翼的究竟是在保护什么？她还是她的神话？玛格丽特也有事情做。她在平静地等待死亡。她想把这一切都写下来。无论如何玛格丽特还不是因犯，她可以拿起电话求救。不，玛格丽特在等。扬成了她的看守，甚至在某些玛格丽特朋友的眼睛里，他成了这种等待的看守。不再需要这世界的噪音，存在的虚荣。什么也不要做。他呢？他保护她，关心她，继续着和她的故事。他希望她再写点什么。在1993年9月5日的一篇题目为《给您，玛格丽特》的文章里[①]，他说道："您没有戴墨镜，您没有摆架子，您听凭大家错去，让他们看其他的东西，几乎什么对您来说都无关紧要，您走得更远，您说道：来吧，你们无法拥有我。我不在那里。不为任何人。也不为我。"

不再为任何人留在那里。那么如何才能与她相逢呢？玛格丽特已经住在别处了。玛格丽特什么都说，又什么都没说，一团乱七八糟没有逻辑顺序的话，有时孤零零地吐出些句子，仿佛是诗歌的开头。但是除了扬、迪奥尼斯和两个轮流给她打床头针的护士，再没有任何人可以和她说上话了。扬给我打电话的时候，她就拿个高音喇叭和我说，从来不拿起听筒。她很滑稽，生动，活泼。有时她神志清醒。其余的时间，她就谈脑子里涌上来的东西。有时，在这些从她内部钻出来的话语中，她会滞搁在一个词上，然后花很多的时间评论它。最后一次谈话她迷上了湾流这个词。扬基本上不出门，要出门也得带上手提电话，每隔十五分钟打一次电话给护士。他的活动范围不会超过圣伯努

---

① 《时尚》杂志上刊登出了一张照片，由多米尼克·伊塞尔曼拍摄。

瓦街。乌塔成功地将父亲和母亲一起弄到诺夫勒城堡，给他们照了相。他拍下的母亲美而忧郁，催人泪下。镜头前的还是那个戴着面具的玛格丽特吗？这个小个子的老妇，直瞪瞪地看着目标，化了妆，摆好了姿势？玛格丽特白天看电视，晚上整理她的书橱。迪奥尼斯在她死前一个月见过她。扬请来为她合上眼睛的迪奥尼斯。她死的时候，迪奥尼斯真后悔自己没有经常去看她。他相当沮丧。最后一次按响圣伯努瓦街的门铃时，是她来开的门，她看了他很长时间，将他拥入怀中，对他说："我们俩曾经非常相爱。"

玛格丽特不愿意死。扬几度打电话给医疗急救部门，而生命真的没有离开她。她挺住了。扬说她每时每刻都在说，如果仔细听，会发现在白天或夜里她都有清醒的时候。她说了一些很重要的东西，他决定当着她的面记录下来。她开始了这场游戏。最后一本书就是这样写出来的，《一切结束》，书在出版的时候引起了很大的争议。最后一口气的时候的私人日记？一个奄奄一息的人暴露在我们面前，时不时地叫出一些绝对的话？书是 1994 年 11 月 20 日开始的，以 1995 年 2 月 29 日 13 点意大利未删节本出版而告结束[①]。在这本对话录中，杜拉斯只谈到死亡，如此临近的死亡，说她并不害怕，她谈到了身后事。死后什么也不会剩下的。"但愿活着的人微笑着互相支持。"她的童年又回来了，故土温柔的气息，一生之中她对母亲那种无尽而不幸的爱。M.D 在等。她从此后进入了另外的时间存在。"我说的是大地冒出的时间。"她离开了活人的世界。神志清晰：

扬我还在。
我得走了。
我不知道把自己放在哪里。

仍然恶毒，自恋，已经耗尽了气力然而仍然自恋："我是个天才。现在我已经习惯了。"她投入了最后一场战争：她不愿意"被抛入"死

[①] 蒙达多里收藏，奥斯卡小图书馆，1995 年。

亡之中，她要控制这个时刻。为什么身体还能抵抗得住，而词语已经无法形成了？是母亲让她暂时留住了生命："我非常爱我的母亲。扬没什么可做的，我一直很喜欢他。"相信上帝的扬也相信她能够抗得住上帝。天堂只能让她发笑。她已经准备好了，准备好离开，眼睛睁着，不知盯着什么地方。

  最后一句话是给扬的：我爱您。
  再见。

附录Ⅰ "丈夫，这个自私鬼！"

玛丽·约瑟夫·勒格朗　著

当然，我们才结婚的时候，我还真喜欢约翰留下的这份混乱，他去公司上班的时候，房子里到处摊的都是他的东西。我甚至可以说每当我一个人在家，我简直是怀着一种……虔诚来整理这份混乱。我觉得这一切都有他的味道，可以代表他的存在。

"然后呢？"

"然后，渐渐地，事情就反过来了，约翰的这份混乱成了他不关心我的证据。"

"但是，索尼亚，你们爱情伊始的这段美妙时光为什么不能永远地维持下去呢？蜜月的中断是不是意味着约翰和您之间的爱情变淡了呢？请原谅我提这样的问题……"

"一点儿也不是。约翰和我仍然一如既往地相爱着……即便不是越爱越深。但是这已经是一种别样的感情。如果要延续下去，爱情也应该变得成熟起来。随着家务的增多，爱情应用另一种方式来体现它的力量和永恒，而不是约翰的混乱。"

"瞧，索尼亚，我听明白了，但是我应该说您指责约翰的都不是什么大问题……"

"您错了。单独地来看，一百件小事中的一件也许算不上什么大问题。但是聚沙成塔，久而久之，一百件小事加起来就变得难以忍受了。"

"完全难以忍受？"

"是的。我可以和您解释一下……一个月前，就是因为这些不值一提的小事，我险些觉得我们的婚姻无可救药……我差点觉得有一天我会离开约翰的。"

"是不是只是说说而已呢，索尼亚？您说真的？"

"是的，我是说真的，还因为我觉得约翰变成现在这样，我是有责任的：我们可以在爱着一个男人的同时……离开他。没有必要做文字游戏。我想的是，我觉得约翰变成现在这样一个自私的丈夫，我是有责任的。"

"索尼亚，您是否愿意和我讲讲这一类的聚沙成塔，最后导致悲剧性的'小事'呢？"

"当然。但是您要知道，一个男人，一个人的自私在开始时总是很难察觉的。别笑，因为这是很严肃的事情。当一个男人把空的咖啡杯放在架子上却没有想到或然可能会有第二杯，待他把杯子放在架上，没有想到应该清洗，擦拭，一个小时后放回原来的位置，我们可以说这已经接近了男人自私的层面，尽管看上去似乎微不足道。"

"的确，在学校课本里，自私一向被定义为想不到'其他人'，不能设身处地地为别人着想。您是否愿意讲一讲其他的'小事'，索尼亚？"

"我很愿意。还有比如说，结婚伊始我觉得如此可爱的混乱，约翰的混乱，无可救药，令人绝望的混乱。"

"还有呢？"

"笼统一点说吧，您知道的，我们有三个孩子，住的地方很小，为了让我们的房子还过得去，甚至显得舒适一点，我必须做大量的工作，这占去了我四分之三的时间。您瞧，这项工作从来不会由约翰和我一起分担。约翰根本无视这项工作的存在，似乎一切都是机器人做的一样。"

"所谓的'小事'很严重，索尼亚！"

"是的，这的确是很严重的事情。因为，我也一样，就算我多承担一点家务工作也无所谓。我觉得难以忍受的是约翰根本不知道我在工作。我不是英雄，我和所有人一样。和约翰一样，就像他本人，不多也不少。"

"就像约翰，是的，您经常和他一起分担事务所的烦恼和过重的负担吗？"

"是的，晚上，等他回来了，孩子们都睡了，我们终于有了一个小时喘息的时间,这就是听约翰倾诉他烦恼的时候了,从来没有轮到过我。"

"再说一点,您愿意吗?"

"有必要再叙述这些人尽皆知的细节吗?女人,甚至男人——他们的情况恰恰与我相反的话——都熟记在心的。"

"我觉得回到这所谓人尽皆知的事情上来不会毫无用处的。您不认为吗?"

"我知道,是的。好吧,如果您愿意,一个处在我这种情况下的女人都熟悉的例子。我们去年开始供了一辆车子。我们两个人车子开得都很好。可是从来都是约翰用车,甚至在我急着要去伦敦购物,为孩子们买东西的时候。"

"您没有要求他把车子留下来吗?"

"不,我只是简单地告诉他我急着要去买东西。可他从来没有想到过车子或许对我也有用,能让我减少一点疲劳。"

"索尼亚,我想问一个不是很谨慎的问题:像这种情况,为什么您不直接要求约翰不要开车去事务所,而把车子留给您呢?"

"开始时是因为约翰很喜欢这车子,简直有一种疯狂的爱好,如同孩子一般。接着,因为我以为他会想到我的。再后来,唉,因为我希望约翰自己能意识到他从来没有把车子给我用过,他自己也会感到吃惊的,希望能有一天,他真的会大吃一惊,承认他实在是过分了。"

"我懂了,您已经对约翰怀有足够的怨恨,在心底里,您已经开始准备对他进行起诉。您已经收集了很多对他的指控。请原谅我的坦率。"

"不用原谅。我想我们谈到这分上,已经没有什么好避讳的了。我只能感谢您的坦率。"

"索尼亚,在继续谈话之前,我想知道您是如何提醒约翰的,用一种……粗暴的方式,提醒他你们现在的状况的。我想说的是,在您的爱情生活之外,您同样艰难地生活着,和他一样。"

"我不愿看到的事情陆续地发生了,和您想象的正相反。我非常疲惫。一个月以前,全家人都患了感冒,卧床不起。而我是唯一一个挣扎着下床救治这场集体感冒的。但是,没有人察觉到这一点。没有人,除了约翰的一个朋友。我有必要继续下去吗?"

"是的，索尼亚。您觉得'其他人'都不关心您，这使您被置于一种沉重的孤独之中，随着时间的流逝越来越沉重，这也许会打破您所说的秩序……尽管您没有明说。"

"我说了。的确，这种孤独有时如此强烈，再加上时间和疲惫的作用，真的能让您恼羞成怒，而当某个人看了出来，当一个男人走向您，对您说'您看上去很累呢，索尼亚'，这会产生奇迹一般的效果。我记得，那是一个晚上。我在起居室的沙发上睡着了，疲倦，忧伤。这时皮特来了。他进来的时候我醒了，就像犯错误时当场被人捉住一样。于是皮特对我说了我刚才说过的那句话：'您看上去很累呢，索尼亚……'他笑着。皮特和我之间仅限于此。然而我开始想皮特和约翰有很大的不同。"

"在这天以前，皮特对您有特别的关心吗？"

"所有的夫妻在相处中，都会碰到某些朋友对女人有一种特别的温情。这会让人想入非非，不一定造成任何后果，这的确会有的。"

"约翰对此有所怀疑吗？"

"约翰太想着自己了，他什么都没有察觉。约翰就是弗洛伊德所谓的自恋的人。"

"请原谅，我想问您，索尼亚，您是否肯定约翰对您的感情？"

"当然我从不怀疑约翰对我的感情。我不能欺骗我自己，因为我确确实实地爱着约翰，和当初同样的疯狂。约翰不仅仅是喜欢他的妻子，他是钟情于她。"

"我觉得'钟情一个女人'意味着将这个女人和其他女人之间的'差别'被无限夸大……"

"这和一个男人自私地对待他的妻子并不矛盾。正相反。我从来没有说过，约翰对'其他'女人的优点和疲惫也很麻木，您能理解吗？恰恰相反！我是说我的存在是特殊的，不受支配其他女人存在的规律的制约，我的疲惫和别的女人的疲惫是不同的。"

"我觉得，索尼亚，在约翰的这种忽视，这种——您所谓的自私中，您有一种病态的欲望，您想保持你们的爱情，使之如同约翰自私的问题尚未暴露之前一样浓厚。"

"当然，约翰原本希望我们没有任何物质的困扰，没有任何能限制我们自由欲望的东西。总之，约翰想要我们成为永远的未婚夫妇。现在怎么样呢？正因为他无视我的存在，孩子们的存在，无视家务的存在，等等，现在我变成了他的妻子，一个负责任的妻子，而不再是他的未婚妻。"

"但是比起你们最初的日子，约翰的抱怨是不是也增多了呢？抱怨工作和旅行社。"

"当然。但是这些烦恼早在我之前就存在了，尽管因为我们的婚姻，在这方面他的负担也许更重了。而在他面前我的烦恼从来不存在。如果承认这点，会使他良心不安的。自恋让他逃避责任。"

"我能不能问您一下，索尼亚，是不是因为女人的家务活带不来任何工资，因为女人的工作是不付薪水的，男人才会看不上眼的？"

"这种解释过于简单了，您瞧，这种解释只能说基本上可以行得通，但不是在任何情况下。不，得上别处找原因。一个女人的工作和一个男人的工作的区别之处就在于女人的工作永无尽头，而男人的工作基本上都有时间的限制。晚上六点，世界上的所有男人都自由了。到了七点，所有的男人都希望女人可以和他们一样无忧无虑，和他们一样摆脱烦恼。"

"很多年来，您就这样强迫自己接受生活的循环，索尼亚？"

"是的，但不可能每时每刻都能这样。在某些情况下——我很清楚自己就是这样的——这需要奇迹般的精力和恒心。而如果这种奇迹不为人所知，至少约翰是不知道的，您会感到非常孤独，于是您又一次被推向悲剧性的结局！"

"我应该告诉您，索尼亚，约翰对您清洗空咖啡杯的能力有一种绝对的信任，从这点上来说您根本不会把洗咖啡杯之类的活儿交给他的。"

"我知道。但是说什么好呢，我也一样，有种自恋的情结，和表面上看起来的正相反……"

"我不明白。"

"我那么喜欢约翰，从第一天开始，我就觉得自己完全能够忍受他，能够独自承担他自私的一面。我过高估计了自己的力量，您瞧。

我需要和您再重复一遍，就在几个星期前，我差点不再爱约翰了，我觉得自己有朝一日会不再爱他。"

"您还是选择了……爱他？"

"我什么也没有选择。我一直爱着他。但是我不清楚自己对他的爱了。"

"您对约翰说过吗？"

"我没什么好对他说的。约翰模模糊糊地意识到了皮特的存在。危险的存在。他意识到皮特来的次数越来越多了，接着突然他跳出了他的自我中心，他发现皮特不完全是为他来我们家的，不是为约翰，而是为他的妻子。"

"他对您说了吗？"

"是的。我也回答了他。我听他说，他也听我说。当时他非常悲伤，就像所有的男人发现事情不像他们想象的那个样子时的悲伤。但是这个问题多么复杂！"

"解决不了？"

"不，只是困难。男人的自私是他魅力的一部分。女人觉得男人的自私里有种孩子的味道，她对此往往非常敏感。成年男子的自私只是回归童年时代任性的方式。您知道的，孩子经常能够按照自己的愿望忘记让他们尴尬的事情，他们的母亲往往觉得这样很可爱。而且作为母亲——这已经是无须证明了的事情——总觉得孩子是越孩子气越好……这也许正是女人爱情的圣洁之所在吧。"

"夫妻相处中，男人的自私或许有一种超凡入圣的感觉？"

"我想是的。就像所有人的自私。我们刚才所谈到的一切完全可以反过来用于女人。"

"皮特还来吗？"

"他是约翰最好的朋友之一。如果他不再来了，如果约翰不再希望他来，那就说明我没有和约翰解释清楚。这只取决于我对皮特的态度，我是否让皮特明白我只爱约翰一个人。"

"现在您开车去购物了吗，索尼亚？"

"您难道不知道，从自私到慷慨只有一步之遥？又是想到想不到的问题。也许从想自己占尽所有的好东西到把所有的好东西都给自己心爱的人，只需要一个小小的决定。"

"决定不再自欺？"

"是的。"

(《星座》，123期，1958年7月，125—130页)

附录 Ⅱ 致伊莎贝尔·C.的一封信

仿佛罪行都是应该受到指责的，仿佛和被告说话都是一种错误，恰恰相反。仿佛控告（德弗日小姐，在您的词典里，多么贫乏！）就是编造理由，好像只有知识分子才应该承担起责任，可是所有的人都是这样，甚至包括无产阶级，甚至包括冒牌的作家和文盲。

甚至我喜欢的人，像伊热兰，像苏顺，像迪亚纳·杜弗莱斯恩——你们好，亲吻——

甚至对您，

我是在给您，伊莎贝尔·C.回信，通过我所收到的其他信，不管它们表达的是愤怒还是激动，都是围绕着我在《解放报》上那篇关于雷邦日罪案的那篇文章，关于克里斯蒂娜·维尔曼。

我没有读有关的报道，除了在《解放报》上登的一些女人写的文章的片段。

您赞同沉默，伊莎贝尔·C.。而我，我说话了。

您赞同沉默，仿佛是为了避免什么也不要说，这才是沉默。

我反对沉默。

因此我们在表面上是无法和解的。彼此相距很远。但是读了您的信，我觉得我们或许会在半路相逢，您，克里斯蒂娜·V.和我。尽管我们的差别也许是在智慧上。

我对您说什么好呢，一个星期后，我重新读了一遍自己在报纸上登的文章：如果要重写的话，我会取消第二部分的一段，从"反正这是另一种犯罪……"一直到"如果是第四桩谋杀案"，因为我写这一段只是为了拉长文章的篇幅，仅此而已。

开始的那一段也要去掉，关于奶妈的那一段，但是显然那一段没完没了的时间的滴滴答答声，克里斯蒂娜·维尔曼在某些夜晚所经历的那种感觉更应该去掉。

照片　　很漂亮——我会统统地去掉，没有必要，尤其是在展现我所说的一切的时候，它们显得多余，甚至是类似暴露狂的行为。

这就是说，我想说的是：我没有对克里斯蒂娜·V. 犯有任何过错。

这就是说，在这篇文章里，我会保留关于女人的一切，居住在这所房子里的女人，还有别的关于生命意义的段落。

所有司法证供只属于公众舆论的范围。

我编造了耳光……

我没有编造夫妻的共同生活，婚姻，某些发出声响的家具，我也没有编造公众舆论，比如说沙龙的奖，村里某些男人的骄傲，空洞的，疯狂的骄傲，要逃离的新房子，假的沙滩，假的问题。

真正的问题还是女人的问题，女人对于生命意义的追寻，她们或许并没有期望过这种追寻。

如果我认为这篇文章会有损于克里斯蒂娜·V.，我就不会写这篇文章了。也许对于我来说这是个错误，这还不一定，但是也许我不写反倒是不可原谅的（……）

我想，就像所有的人都知道的那样、也正如那些或许希望我损害C. V. 的女人所想的那样，我将会因此而受到惩罚，她们会摆脱我在她们生活中所代表的那种地方性的困窘。

你们很清楚，和我一样清楚。

因为我不认为自己梦想过克里斯蒂娜·V. 的"难以理解的命运"，因此，我也没有让读者相信她是有罪的。

我没有梦想。

写作的时候是不会梦想的，否则就干脆不写。

我和克里斯蒂娜·V. 很接近。

我编造了，但仍然不出共同命运的平庸，我不认为克里斯蒂娜·V. 的罪行会因为这篇文章的缘故而加重或减轻。

人们老是撒谎。他们很虚伪。他们说我应该闭嘴，把这桩事件交给专家们去处理，为了说明这个，他们用了整整四页纸。大家指责我的，实际上，就是《解放报》问我要了这篇文章，并且写文章的人是我。

因此我在他们眼里失去了名誉，彻底失去了名誉。

就这样，你们瞧。

我很荣幸失去了名誉。

我很荣幸被共产党开除出党，我的一位朋友说。

所有的信都在谈论这个不能自卫的孩子。

有些人在谈我的文章风格过于草率，另一些人则说我蔑视靠双手劳动生活的人，谈起诉……是为了让您了解情况。很幸运，不是所有写信给我的人都让我将他们的信拿去发表。不是所有的人，但有很多。

还有什么好说的呢，男人都反对我，女人一般来说不多，很少。

几乎所有男人的信都写得措辞激烈，非常可怕。所有的信都用了无人称的"大家"①：大家没有权利，大家应该，大家不应该，大家很愤怒。

有些信写得很美。这个以你相称的女人的信，没有署名。这是两个年轻的囚犯写来的。还有囚犯的妻子写来的这封。——你好，吻你——

这起罪恶的问题是女人的问题。

孩子的问题是女人的问题。

男人的问题是女人的问题。

男人不知道。

因为男人幻想着自己肌肉的力量、物质的力量能够自由配置，可智性的深刻从来都不是阳性的。

只有女人能够意识到男人的自误。

男人会因女人牛排煎得不好就扇耳光，但比这更糟糕的是日复一日的生活。

自己的力量让男人自误。

我们可以说得好听一点：男人的力量搅乱了男人对于这世界的认

---

① 这里指的是"on"这个无人称代词，在法语中有"大家""我们"的意思。——译注

识，就像在童年时期，几滴牛奶滴在思想的清水里便会使他们彻底地远离智慧。

男人经常认为他有责任重视生活里可定义的荒诞，我读哲学读出的只能是小说。

在男人读出哲学的书里，我读出的是写出这些哲学道理的男人的故事，和读哲学的男人的故事。这是因为我**什么都读**。

我相信，和您一样，伊莎贝尔·C.，我相信雷邦日罪恶是难以接近的，如此难以接近，任何人都不能成为作者。

即便有人犯下了这桩罪恶，他也不是作者。

罪恶的作者操纵着这一切，然后立即缩了回去，只剩下这手，这具肉体。

这就是我在文章里所要说的。

我很喜欢的波特歇尔用的事故这样的词，说我们很可能将事故打扮成罪恶的模样。而我，我在谈及罪恶的时候也许正是在谈一桩事故。

在旧时宗教高贵的连篇废话里，非常高贵的废话里，是罪恶光顾了罪犯，操纵他，然后再从他体内逃走，有时甚至会让犯罪的记忆消失得无踪无影。

玛格丽特·杜拉斯作品目录

《厚颜无耻的人》，1943 年，小说，布隆出版社，1992 年伽利玛出版社再版。

《平静的生活》，1944 年，小说，伽利玛出版社。

《抵挡太平洋的堤坝》，1950 年，小说，伽利玛出版社。

《直布罗陀的水手》，1952 年，小说，伽利玛出版社。

《塔尔奎尼亚的小马》，1953 年，小说，伽利玛出版社。

《树上的岁月》，收有《蟒蛇》《多丹夫人》《工地》，1954 年，短篇小说集，伽利玛出版社。

《街心花园》，1955 年，小说，伽利玛出版社。

《琴声如诉》，1958 年，小说，子夜出版社。

《塞纳-瓦兹的高架桥》，1959 年，戏剧，伽利玛出版社。

《夏日夜晚十点半》，1960 年，小说，伽利玛出版社。

《广岛之恋》，1960 年，电影脚本，对话，伽利玛出版社。

《如此漫长的缺席》，1961 年，电影脚本，与热拉尔·雅尔罗合作，伽利玛出版社。

《昂代斯玛先生的下午》，1962 年，短篇小说，伽利玛出版社。

《劳儿·V. 斯坦茵的迷狂》，1964 年，小说，伽利玛出版社。

《戏剧——卷一：水和森林—广场—音乐之一》，1965 年，戏剧，伽利玛出版社。

《副领事》，1965 年，小说，伽利玛出版社。

《音乐》，1966 年，电影，与保尔·瑟邦合作执导。

《英国情人》，1967 年，小说，伽利玛出版社。

《英国情人》，1968 年，戏剧，伽利玛出版社。

《戏剧——卷二：苏姗娜·安德莱尔—树上的岁月—是的，也许—莎伽王国—

一个男人来看我》，1968年，伽利玛出版社。

《毁灭吧，她说》，1969年，子夜出版社。

《毁灭吧，她说》，电影，伯努瓦·雅戈发行。

《阿邦·萨芭娜和大卫》，1970年，伽利玛出版社。

《爱》，1971年，小说，伽利玛出版社。

《黄色太阳》，1971年，电影。

《娜塔丽·格朗热》，1972年，电影。

《印度之歌》，1973年，戏剧，电影，伽利玛出版社。

《恒河女子》，1973年，电影，伯努瓦·雅戈发行。

《娜塔丽·格朗热》，收有《恒河女子》，1973年，伽利玛出版社。

《谈话者》，1974年，与克萨维耶尔·高提埃的对谈，子夜出版社。

《印度之歌》，电影。

《巴克斯泰尔，薇拉·巴克斯泰尔》，1976年，电影。

《在荒凉的加尔各答她名叫威尼斯》，1976年，电影，伯努瓦·雅戈发行。

《树上的岁月》，电影，伯努瓦·雅戈发行。

《卡车》，1977年，电影。

《卡车》，收有与米歇尔·波尔特的对谈，1977年，子夜出版社。

《玛格丽特·杜拉斯的领地》，1977年，与米歇尔·波尔特合作，子夜出版社。

《伊甸影院》，1977年，戏剧，商神出版社。

《黑夜号轮船》，1978年，电影。

《黑夜号轮船》，收有《塞扎蕾》《否决的手》及三篇《奥蕾里娅·斯坦纳》。

《塞扎蕾》，1979年，电影。

《墨尔本奥蕾里娅·斯坦纳》，1979年，电影。

《温哥华奥蕾里娅·斯坦纳》，1979年，电影。

《薇拉·巴克斯泰尔或大西洋海滩》，1980年，信天翁出版社。

《坐在走廊上的男人》，1980年，短篇小说，子夜出版社。

《80年夏》，1980年，子夜出版社。

《绿眼睛》，1980年，《电影日志》。

《阿加莎》，1981年，子夜出版社。

《阿加莎或无限的阅读》，1981年，电影。

《外面的世界》卷一，1981年，阿尔班·米歇尔出版社。

《年轻姑娘和小孩》，1981年，录音磁带，扬·安德烈亚自《80年夏》改编，玛格丽特·杜拉斯朗读。

《罗马对话》，1982年，电影。

《大西洋人》，1981年，电影。

《大西洋人》，1982年，短篇小说，子夜出版社。

《萨瓦纳海湾》，第一版1982年，增补版1983年，子夜出版社。

《死亡的疾病》，1982年，短篇小说，子夜出版社。

《戏剧——卷三：丛林猛兽（根据亨利·詹姆斯小说改编，詹姆斯·洛德和玛格丽特·杜拉斯合作改编）；阿斯珀恩文件（根据亨利·詹姆斯小说改编，玛格丽特·杜拉斯和罗伯特·昂泰尔姆合作改编）；死亡的舞蹈（根据奥古斯特·斯特林堡的小说改编，杜拉斯改编)》，1984年，伽利玛出版社。

《情人》，1984年，小说，子夜出版社。

《痛苦》，1985年，P.O.L.出版社。

《音乐之二》，1985年，伽利玛出版社。

《契诃夫的海鸥》，1985年，伽利玛出版社。

《孩子们》，与让·马斯科罗和让·马克·图里纳合作制片，1985年，电影。

《蓝眼睛黑头发》，1986年，小说，子夜出版社。

《诺曼底海岸的妓女》，1986年，子夜出版社。

《物质生活》，1987年，P.O.L.出版社。

《艾米莉·L.》1987年，小说，子夜出版社。

《夏雨》，1990年，小说，P.O.L.出版社。

《来自中国北方的情人》，1991年，子夜出版社。

《扬·安德烈亚·斯坦纳》，1992年，P.O.L.出版社。

《写作》，1993年，伽利玛出版社。

《一切结束》，1995年，P.O.L.出版社。

《杜拉斯，小说，电影，戏剧，1943—1993年回顾》，1997年，伽利玛出版社。

译后记

觉得再说任何关于杜拉斯的话都是多余的。

爱，恨，传奇，写作，绝望，死亡，这本五十余万字的传记都囊括在内，让人再也不想说，再也说不出任何话来。作者是个历史学家，有历史学家的冷峻和苛刻。欣赏与贬损都被包裹在平静的叙事语调中。

也许我们从此以后可以遗忘她了，杜拉斯，一个世纪的传奇，印度支那长大的穷白人，没有提交论文的法学院大学生，抵抗组织的成员，"总统的朋友"，其作品畅销世界的作家，电影家，戏剧家，给了无数个版本的自传作家，她终于没能抵抗住死亡，也终将不能抵抗住时间的流逝。

也许从此以后我们可以开始新的传奇了，带着新的激情和欲望对待这世界。杜拉斯说，每个人都是作家，重要的是，怎样才能不写。不知道在新的一个世纪即将来临的时候，我们是否可以不写？

书里有太多的人物，太多的书名，太多的背景，于是有太多的注释。作者唯恐讲不清似的。但是读者需要很大的耐心——历史学家不在乎的恰恰是故事，他不相信杜拉斯式的"真实"，真是矛盾。

关于文中杜拉斯作品的片段，多为译者自己所译，参考了王道乾先生的《情人》译本以及漓江出版社的杜拉斯小丛书，在这里表示感谢。

译者
1999 年 9 月 14 日

图书在版编目（CIP）数据

杜拉斯传：我的生活并不存在 /（法）劳拉·阿德莱尔著；袁筱一译. -- 北京：中信出版社，2022.3
书名原文：Marguerite Duras
ISBN 978-7-5217-3661-8

Ⅰ.①杜… Ⅱ.①劳…②袁… Ⅲ.①迪拉斯(Duras, Marguerite 1914-1996) —传记 Ⅳ.
① K835.655.6

中国版本图书馆 CIP 数据核字 (2021) 第 208103 号

MARGUERITE DURAS by Laure Adler
Copyright © Éditions Gallimard, Paris, 1998
Chinese simplified translation copyright © 2022 by Chu Chen Books
All Rights Reserved.
本书仅限中国大陆发行销售

杜拉斯传 —— 我的生活并不存在
著　者：[法] 劳拉·阿德莱尔
译　者：袁筱一
出版发行：中信出版集团股份有限公司
　　　　（北京市朝阳区惠新东街甲 4 号富盛大厦 2 座　邮编　100029）
承 印 者：当纳利（广东）印务有限公司

开　本：710mm×1000mm　1/16　　印　张：37.5　　字　数：558 千字
版　次：2022 年 3 月第 1 版　　　　印　次：2022 年 3 月第 1 次印刷
京权图字：01-2021-6801　　　　　　书　号：ISBN 978-7-5217-3661-8
定价：168.00 元

版权所有·侵权必究
如有印刷、装订问题，本公司负责调换。
服务热线：400-600-8099
投稿邮箱：author@citicpub.com